工程经济与管理系列丛书

U0673685

"新基建"新工程咨询服务导论：
模式与案例

主　编　王瑞镛　邬　敏　潘　敏　韩江涛
　　　　曹培才　刘红芬　余庆生
主　审　尹贻林　黄先俊　王宏毅　解文雯
　　　　周　蕾　孙冲冲

中国建筑工业出版社

图书在版编目（CIP）数据

"新基建"新工程咨询服务导论：模式与案例 / 王
瑞镛等主编 . —北京：中国建筑工业出版社，2020.6
（工程经济与管理系列丛书）
ISBN 978-7-112-25175-9

Ⅰ.①新…　Ⅱ.①王…　Ⅲ.①建筑工程—咨询服务
Ⅳ.①F407.9

中国版本图书馆 CIP 数据核字（2020）第 082724 号

责任编辑：朱晓瑜　宋　凯　张智芊
责任校对：姜小莲

工程经济与管理系列丛书

"新基建"新工程咨询服务导论：模式与案例

主编　王瑞镛　邬　敏　潘　敏　韩江涛　曹培才　刘红芬　余庆生
主审　尹贻林　黄先俊　王宏毅　解文雯　周　蕾　孙冲冲

*

中国建筑工业出版社出版、发行（北京海淀三里河路 9 号）
各地新华书店、建筑书店经销
逸品书装设计制版
北京圣夫亚美印刷有限公司印刷

*

开本：787×1092 毫米　1/16　印张：32　字数：717 千字
2020 年 7 月第一版　　2020 年 7 月第一次印刷
定价：**110.00** 元
ISBN 978-7-112-25175-9
（35885）

本书编审人员名单

主　　编：王瑞镛　邬　敏　潘　敏　韩江涛　曹培才　刘红芬　余庆生

副 主 编：王雁然　王爱丽　黄俊忠　张　岚　王海青　刘　英　吴康康　明　媚

主　　审：尹贻林　黄先俊　王宏毅　解文雯　周　蕾　孙冲冲

参编单位：天津理工大学

贵州理工大学

贻林项目管理顾问有限公司

天津维正工程造价咨询有限公司

江苏启越工程管理有限公司

海天工程咨询有限公司

中量工程咨询有限公司

源海项目管理咨询有限公司

中建卓越建设管理有限公司

四川开元工程项目管理咨询有限公司

鼎正工程咨询股份有限公司

河北永诚工程项目管理有限公司

湖北大有工程咨询有限公司

重庆君恩工程造价咨询有限公司

河北康瑞工程咨询有限公司

大地仁工程咨询有限公司

江西凯烨暢建工程咨询有限公司

北京数圣工程造价咨询有限公司

编审委员会（按姓氏笔划排序）：

王宏毅　王彦刚　王　塱　白丽平　朱成爱　邬　敏　孙俊英　李　军
李　岩　杨宝昆　吴虹鸥　吕春艳　邹　芸　邹春明　张永功　张　民
张　岚　张海军　张　雷　陈丽玲　陈锦华　邵荣庆　赵　平　钟　泉
袁亮亮　黄　玲　董善义　富　强　阙金声

上 篇

主　编：董　然　刘文禹

主　审：王雁然

编　委：陈丽玲　张海军　陈锦华　吴康康　王爱丽　邹　芸　赵　平
　　　　孙冲冲　邬　敏　李　岩　张　岚　富　强　韩江涛　余庆生

编写人：董　然（第一章）
　　　　程　露（第二章）
　　　　肖婉怡（第三章）

中 篇

主　编：毛慧敏　龙　亮

主　审：潘　敏

编　委：吴虹鸥　杨宝昆　曹培才　刘　英　董善义　邵荣庆　张　民
　　　　王瑞镛　李　军　王彦刚　张永功　刘　丹　孔　晶　范振刚

编写人：毛慧敏（第四章）
　　　　高明娜（第五章）
　　　　程　帆（第六章）

下 篇

主　编：李佳恬　王　曌

主　审：邹春明

编　委：袁亮亮　钟　泉　周　蕾　张　雷　阚金声　白丽平　李春蓉
　　　　黄　玲　明　媚　黄俊忠　孙俊英　赵　平　吕春艳　解文雯

编写人：李佳恬（第七章）
　　　　樊莹莹（第八章）
　　　　穆昭荣　刘　贺（第九章）

序言　新基建：总咨询师的今天与未来

疫情马上过去，我们工程咨询产业将以改革的姿态迎接"新基建"的到来。为此有必要对"总咨询师"再次做出符合"新基建"的阐释，以便各专业统一思想，共同前行。

一、何为新基建

第一种窄定义：2018年12月中下旬的中央经济工作会议重新定义了基础设施建设，把5G、人工智能、工业互联网、物联网定义为"新型基础设施建设"，随后"加强新一代信息基础设施建设"被列入2019年政府工作报告。2020年3月，中共中央政治局常务委员会召开会议提出，加快5G网络、数据中心等新型基础设施建设进度。

第二种宽定义：疫后中央会发起"新"一轮基建，可能总投资将超过2008年的四万亿，也可能会超过六万亿。学界认为这新一轮基建投资可能会出现三个"新"的特征，即新模式（新主体+新方式）、新领域（5G、AI等新一代信息基础设施与医疗机构、铁路、轨交等新兴城市基础设施）和新技术（BIM、装配式建筑、IPD……）。

所以，"新基建"就是以新模式和新技术建设新一代信息基础设施和新兴城市基础设施，概括为"四新"，即新投资领域、新建设模式、新建设技术和新工程咨询。

（一）新投资领域

（1）新一代信息基础设施：新兴5G、AI、互联网与物联网、智慧城市、教育等高科技领域；

（2）新兴城市基础设施：大型综合医院和社区医院新建与改扩建、农田建设、城市服务功能改善项目（社区中心、蔬菜与副食品市场改造、区疾控中心改造等），还有海绵城市、管廊、轨交、机场、养老设施改造、监狱改造、铁路+城市轨道交通、高速公路+公路、基础设施工程（综合管廊、海绵城市、供水与水处理）等。

（二）新建设模式（新主体+新方式）

（1）EPC工程总承包模式：EPC模式将由设计主导转变为由施工总承包企业主导的设计/施工真正一体化模式；

（2）投建营模式：大型施工企业将采用投建营方式进入新一轮大规模基建热潮，成为新的投资主体；

（3）PPP模式：PPP模式将简化成特许经营模式的基本方式，即BOT、TOT；

（4）最终形成三种新基建的主流组合模式：EPC工程总承包模式；"PPP+EPC"模式；"投建营+EPC"模式。

（三）新建设技术

"新基建"要求多学科融合，尤其是与信息科学和数据分析相结合。因此"新基建"需要的新技术包括：BIM正向设计、基于BIM的项目管理技术、装配式建筑技术、数字孪生技术、集成管理技术、IPD集成项目交付技术和基于投资管控的全咨技术等。

（四）新工程咨询

"新基建"的另一个重要特征就是"新工程咨询"为之提供顾问服务。"新工程咨询"技术特征是针对"新基建"的新主体的新需求提供"顾问+管控"式服务，取代传统工程咨询的"技术+体力"服务。"新工程咨询"的组织再造障碍已被《住房和城乡建设部关于修改〈工程造价咨询企业管理办法〉〈注册造价工程师管理办法〉的决定》（住房和城乡建设部令第50号）打破。

《住房和城乡建设部关于修改〈工程造价咨询企业管理办法〉〈注册造价工程师管理办法〉的决定》（住房和城乡建设部令第50号）于3月3日公布。我们倡导的"1+N+X"全咨模式明显获得助推，原来倡导全咨是一种咨询产品，但是没有符合标准的厂商（咨询人）。我们致力于培养总咨询师和团队，但是承接任务是企业，大多数企业资质不全，尤其是监理与造价咨询分隔，割裂了全咨核心项目管理的三大目标控制，使得全咨推行过程中步步艰难。

现在把双60%这道"隔离墙"拆除，打通了工程造价咨询产业与其他咨询产业的链条，可以预见大量工程造价咨询企业与工程监理企业甚至勘察设计企业会大量合并成"新工程咨询"企业，以全能、全资质的全咨崭新面貌为"新基建"服务。"新基建"必将迎来加速发展的春天！

二、"新基建"的继承与创新

万丈高楼平地起，再新的概念除非范式革命（另起炉灶）都是继承的发展，绝对不会断层，"新基建"也是在传统工程建设的基础上发展起来的。

（一）新投资领域

（1）新一代信息基础设施：都是在传统互联网基础上逐渐优化发展而成，移动互联网迭代至今已经到了5G；大数据不断积累，分析技术不断创新，现在已经能自动在支付宝中生成个人健康码；AI已经从简单人脸识别到与大数据分析结合在今日头条和拼多多上为定制个人解决方案，当然也在辅助决策上进展顺利；这些都是渐变的过程，能找到其发展的清晰轨迹可循，从而得出可研及顾问方案。

（2）新一代城市基础设施：可表述为"传统基础设施+"，可以是+AI、+互联网、+大数据、+区块链、+大健康、+人的需求与消费升级。

（二）新模式（新主体+新方式）

EPC工程总承包模式：把设计与施工分立的DBB集成为一体；

"PPP+EPC"模式：两种模式组合创新；

"投建营+EPC"模式：脱胎于PPP的优化创新；

全过程工程咨询：把可勘设招监造分立集成。

从上述表述可看出，"新基建"中的新模式均为近年行之有效的项目管理方式方法的组合创新。

（三）新建设技术

"新基建"利用的各种新技术：BIM发展成数字孪生、湿法现浇现场作业发展为工业化干法装配式建筑、离散串联的项目管理发展为集成项目管理的IPD整合项目交付，甚于分工范式的传统咨询发展到集成化的全过程工程咨询1+N+X模式，无不体现了继续发展的特点。

（四）新工程咨询

新工程咨询内核是：

以"顾问+管控"式服务，取代传统工程咨询的"技术+体力"；

以"一只团队干到底的总咨询师团队"取代传统承包制；

以"策划、管控、增值为内核的工程造价+"的IPD项目管理技术取代传统项目管理。

（五）"新基建"矛盾的解决方案

"新基建"脱胎于传统工程建设，又有鲜明的集成解决创新特色，其最佳解决方案就是"整体IPD地图+模块化+协调会议"制度。

（1）整体IPD地图：总咨询师要了解项目从起点到终点的每一步骤和关键节点所需完成的工作和利益相关方的参与；

（2）模块化：不打破各传统专业咨询内在联系，比如勘设监就应该独立模块，其他专业只参与不打破其内在逻辑，保证五方责任主体完整；

（3）协调会议：是总咨询师的最佳管理方式！现代管理突出：理念一致、信任合作、协调控制、各方共赢，协调会议就是这种理念的体现。协调会议像高效胶粘剂，把各相对独立的专业咨询模块粘合成一块整体，实现IPD项目成功。

三、总咨询师新职业的产生背景

2015年中央城市工作会议提出了推进建筑业领域深化改革，2017年国办发文《关于促进建筑业持续健康发展的意见》（国办发〔2017〕19号）提出推行工程总承包模式和全过程工程咨询，2019年国家发展改革委及住房和城乡建设部联合发出《关于推进全过程工程咨询服务发展的指导意见》（发改投资规〔2019〕515号）正式宣布全过程工程咨询在全国工程建设领域推广，从此各地纷纷响应并制定实施细则，全过程工程咨询成为工程建设领域的改革热点。各地不断推出试点企业和试点项目，并且要求政府投资项目应优先采用全过程工程咨询。在这个大背景下新工程咨询产业痛感急需在"人·能·团队"三方面突破，"人"就是急需掌握集成项目管理能力的总咨询师，"能"就是企业提供全过程工程咨询服务的能力，"团队"就是进行全过程工程咨询服务的企业应能组建一批集成项目管理的团队。由此，新工程咨询产业界达成共识："人·能·绩"就是全过程工程咨询的三要素。从"人·能·绩"三要素看，全过程工程咨询的人才是最基础的要素，它的称谓就是"总咨询师"。全国近2万家工程咨询企业已急迫地感受到对总咨询师需求，如果一个企业的规模为百人，它最少需要组建6个全咨团队，需要10个总咨询师，以此类推全国工程咨询企业至少需要20万个总咨询师。我国每年全社会固定资产投资规模约为65万亿元，政府投资约占20%为13万亿元10万个项目，每个项目持续两年叠加需要20万个总咨询师，证明了对总咨询师新职业需求的分析结论。

四、总咨询师在"新基建"中的作用与地位

总咨询师是全过程工程咨询的领导者，总咨询师带领全过程工程咨询团队负责向业主提供拟建项目的集成项目管理服务。标准全过程工程咨询采用的服务模式是1+N+X方式，其中"1"是项目管理，是最基本的服务；"N"是总咨询师带领全过程工程咨询团队提供传统的工程专项咨询服务（一般为招代、工程监理和造价咨询）；"X"是总咨询师带领团队不直接服务进行监管优化协调的工程专项咨询服务（一般为可研、工程勘察和工程设计，也可以加上工程财务和法务）；"+"是集成项目管理平台，在此平台上各专业在总咨询师的领导下进行信息交换、采集、处理和控制。总咨询师在全过程工程咨询中起到了不可或缺的重要作用，而全过程工程咨询又是建筑业深化改革的重要组成部分，可以说如果没有总咨询师，全过程工程咨询就无法推进和发展，建筑业深化改革的目标有可能会踏空。

五、总咨询师的技术和从业方式

传统的工程咨询均为分离的六个阶段，即可勘设招监造（即可研、勘察、设计、招代、监理与造价），分别授予六种资质进行碎片化服务，其分散化和交易成本高企的弊端十分明显。进入互联网时代后，提供集成化解决方案满足业主一揽子目标的需求日益凸显，全过程工程咨询就是这种提供一揽子解决方案的集成项目管理的最佳方式。

提供可勘设的设计院设有总工程师、总建筑师和总设计师；工程监理企业有总监理工程师，工程造价咨询和招标代理企业称总负责人；施工企业的项目管理负责人称项目经理。全过程工程咨询本质是代业主进行集成项目管理，不宜与施工项目经理同名，宜称总咨询师，既反映了代业主咨询的职业特点又反映了其工作的内容，朗朗上口，容易被社会各界接受（总咨询师推出近三年已被社会认可）。

总咨询师开展工作的直接相关技术包括：项目管理技术（集成PM、CPM、WBS和风控技术）、设计优化与审查技术（LCC、VM、可施工性分析、限额设计）、招标与合同管理技术、信息化技术（BIM应用和数据分析）。

总咨询师的从业方式是一支团队干到底的形式，即从接受项目开始组建全过程工程咨询团队，与企业的关系是强矩阵组织结构，即总咨询师作为全过程工程咨询团队负责人的决策优先于专业部门，全过程工程咨询团队的人员来自于各专业部门，各专业部门是全过程工程咨询团队人员的蓄水池和加油站。

六、总咨询师新职业的发展前景

党中央国务院做出的建筑业深化改革英明决策代表了世界工程建设的发展方向和趋势，顺应了互联网、大数据、人工智能、区块链的发展要求，是强化国家竞争力的重大举措。纵观世界工程建设发展历程无不向集成化、模块化和信息化方向发展，全过程工程咨询正是这个伟大进程的关键因素，其中的总咨询师更是关键之重点岗位。建立全国各地统一的"总咨询师"新职业是世界首创，反映了中国在工程建设领域实现了从长期跟跑到领跑的历史性突破，是一件非常有意义的事，值得探索与实践。总咨询师新职业问世后必将形成行业长期的热点，引起培养"总咨询师"的长盛不衰的热潮，进而推动全过程工程咨询的发展，为提高国家工程建设领域的竞争力作出贡献。

天津理工大学教授、国家级教学名师

公共项目与工程造价研究所所长　严玲林

中国重大工程技术"走出去"投资模式与管控智库主席

目 录 | CONTENTS

中 篇

**"PPP+EPC"
模式下的全过程
工程咨询**

下　篇

"投建营 +EPC"
模式下的全过程
工程咨询

EPC模式下的
全过程工程咨询

第一章 EPC总承包模式概述

第一节 EPC总承包模式的定义

一、工程总承包模式

从2003年建设部发布《关于培育发展工程总承包和工程项目管理企业的指导意见》建市〔2003〕30号（简称"30号文"）提出培育工程总承包企业，到2016年住房和城乡建设部发布《住房城乡建设部关于进一步推进工程总承包发展的若干意见》建市〔2016〕93号（简称"93号文"），直至《房屋建筑和市政基础设施项目工程总承包管理办法》建市规〔2019〕12号的出台，历经十几年的推动和培育，我国工程总承包市场步入了快速发展期。国家相关政策文件对工程总承包概念的定义如表1-1所示。

国内相关政策文件中工程总承包的定义 表1-1

序号	年份	政策文件	文件编号	定义
1	2003	《关于培育发展工程总承包和工程项目管理企业的指导意见》	建市〔2003〕30号	工程总承包是指从事工程总承包的企业受业主委托，按照合同约定对工程项目的勘察、设计、采购、施工、试运行（竣工验收）等实行全过程或若干阶段的承包
2	2005	《建设项目工程总承包管理规范》	GB/T 50358—2005	工程总承包企业受业主委托，按照合同约定对工程建设项目的设计、采购、施工、试运行（竣工验收）等实行全过程或若干阶段的承包
3	2011	《建设项目工程总承包合同示范文本（试行）》	GF-2011-0216	工程总承包，指承包人受发包人委托，按照合同约定对工程建设项目的设计、采购、施工（含竣工试验）、试运行等阶段实行全过程或若干阶段的工程承包
4	2016	《关于进一步推进工程总承包发展的若干意见》	建市〔2016〕93号	工程总承包是指从事工程总承包的企业按照与建设单位签订的合同，对工程项目的设计、采购、施工等实行全过程的承包，并对工程的质量、安全、工期和造价等全面负责的承包方式
5	2017	《建设项目工程总承包管理规范》	GB/T 50358—2017	工程总承包（EPC）是依据合同约定对建设项目的设计、采购、施工和试运行实行全过程或若干阶段的承包
6	2019	《房屋建筑和市政基础设施项目工程总承包管理办法》	建市规〔2019〕12号	工程总承包，是指承包单位按照与建设单位签订的合同，对工程设计、采购、施工或者设计、施工等阶段实行总承包，并对工程的质量、安全、工期和造价等全面负责的工程建设组织实施方式

由以上文件对工程总承包模式的定义可知，工程总承包是指承包单位按照与建设单位签订的合同，对工程设计、采购、施工或者设计、施工等阶段实行总承包，并对工程的质量、安全、工期和造价等全面负责的工程建设组织实施方式。根据《关于进一步推进工程总承包发展的若干意见》(建市〔2003〕30号)，工程总承包有下列形式：

1. 设计采购施工(EPC)交钥匙工程总承包

设计采购施工总承包是指工程总承包企业按照合同约定，承担工程项目的设计、采购、施工、试运行服务等工作，并对承包工程的质量、安全、工期、造价全面负责。交钥匙总承包是设计采购施工总承包业务和责任的延伸，最终向业主提交一个满足使用功能、具备使用条件的工程项目。

2. 设计—施工总承包(D-B)

设计—施工总承包是指工程总承包企业按照合同约定，承担工程项目设计和施工，并对承包工程的质量、安全、工期、造价全面负责。

根据工程项目的不同规模、类型和业主要求，工程总承包还可采用设计—采购总承包(E-P)、采购—施工总承包(P-C)等方式。

二、EPC总承包模式

EPC(Engineering、Procurement、Construction)工程总承包是指总承包商受业主委托，根据所签订的合同对工程的设计阶段、采购阶段、施工阶段实现全过程的承包。工程承包商和业主双方签订相应的合同，工程承包商需要对所承包的工程项目的工期、安全、质量、成本、环保进行控制管理和负责，业主则只对项目的总目标、总方向、总要求进行把控，对于项目的具体实施环节则参与较少。EPC模式下项目各方关系如图1-1所示。

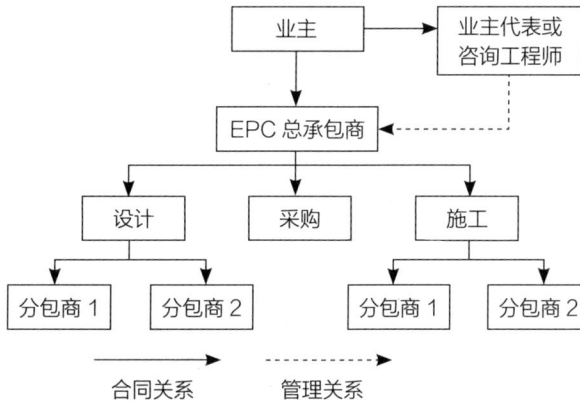

图1-1　EPC模式下项目各方关系

在EPC模式下，业主只需概略地将待建工程的相关要求与条件明确地提供给总承包商即可，诸如工程的具体设计、采购、施工、竣工移交这一系列的工作则是由总承包商单独进行的，最后总承包商再向业主交付一个完全达标的工程项目。总承包商的工作范围非常广泛，概括如下：

1）设计——Engineering，具体涉及诸如设计图纸等多项业主提出的设计工作，以及"业主要求"明确罗列出来的与工程相配套的其他设计工作。

2）采购——Procurement，总承包商必须按照业主提供的相关技术文件制定其采购策略，采购设备材料，然后再将所采购的设备物资运至施工现场。

3）施工——Construction，EPC项目的施工管理由总承包商全面负责，如施工计划、施工质量和施工安全等；业主则只需直接与总承包商联系即可。

第二节　EPC总承包模式的内涵

一、EPC模式与DBB模式的对比

通过上述对EPC模式的内涵分析，可看出EPC总承包模式与传统项目模式DBB有所区别，以下对EPC模式与DBB模式的特点等进行分析对比，如表1-2所示。

EPC与DBB模式对比 表1-2

序号	对比要点	DBB模式	EPC模式
1	概念	DBB模式（Design-Bid-Build）是传统的设计与施工相分离的发承包模式	EPC模式（Engineering-Procurement-Construction）是对工程设计、采购、施工或者设计、施工等阶段实行总承包，并对工程的质量、安全、工期和造价等全面负责的工程建设组织实施方式
2	特点	设计、采购、施工交由不同的承包商承担	设计、采购和施工都由一个总承包商来承担
3	适用项目	一般房建、土木工程，范围比较广	一般适用于规模较大，建设内容明确、技术方案成熟的项目
4	合同双方	甲方：业主；乙方：设计单位、采购供应商、施工单位等	甲方：业主；乙方：EPC总承包商
5	承接主体资质	与工程规模相适应的工程设计资质或工程施工资质	工程总承包单位应当同时具有与工程规模相适应的工程设计资质和施工资质，或者由具有相应资质的设计单位和施工单位组成联合体
6	设计施工进度控制	协调难度大	可实现深层次交互
7	合同形式	单价合同为主	总价合同、单价合同、成本加酬金，多采用总价合同
8	计价形式	工程量清单计价	模拟工程量清单计价或下浮率报价
9	风险承担	业主的风险较大，承包商的风险相对较低	业主的风险较低，承包商承担较大的项目风险
10	对承包商的综合要求	要求较低，一般不需要特殊的技术和设备	要求很高，需同时具备设计施工的专业能力及特殊的技术设备

序号	对比要点	DBB 模式	EPC 模式
11	交易成本	较高	较低
12	投标的竞争性	竞争性强	竞争性不足
13	业主参与程度	较深	较浅
14	业主控制力	相对较大	相对较小
15	业主项目管理代表	工程师	业主代表

二、EPC 模式下的风险分配

通过第一节对 EPC 模式与 DBB 模式特点的对比分析，可看出两种模式存在很多的不同。对于 EPC 总承包模式，其风险分担与传统 DBB 模式也是有所不同的，如表 1-3 所示，总结了在《建设项目工程总承包合同示范文本（试行）》GF－2011－0216 下采用 EPC 工程总承包模式业主和承包商之间的风险分配。

EPC 模式下业主与总承包商的风险分担　　　　　　　表 1-3

项目阶段	风险类型	条款编号	风险因素	风险承担主体	
				业主	总承包商
设计阶段	工程资料	5.1.2	发包人提供的工艺技术或建筑艺术方案	√	
		5.2.1（1）	项目基础资料的真实、准确、齐全和及时	√	
		5.2.1（2）	现场障碍资料的真实、准确、齐全和及时	√	
		5.1.1	承包人提供的工艺技术或建筑艺术方案		√
		5.2.2（1）	对发包人提供的资料提出补充的要求		√
	设计因素	5.2.2（2）	承包人设计的原因造成的费用增加/工期延误		√
		5.2.6	因承包人原因，造成设计文件中的遗漏、错误、缺陷和不足		√
采购阶段	工程物资	6.1.1	发包人提供的工程物资存在质量缺陷、抵达延误	√	
		6.1.1	发包人要求的境外采购工作所发生的费用	√	
		6.1.2	承包人提供的工程物资存在的质量缺陷		√
		6.1.4	工程物资的保管、维护和保养		√
施工阶段	施工条件	7.1.2	用地许可、拆迁及补偿延误等	√	
		7.1.4	提供临时用水、用电不及时	√	
		7.1.6	须由发包人办理的各项批准手续不及时	√	
		7.2.2	施工组织设计编制不合理		√
		7.2.3	提交临时占地资料不及时		√
		7.2.4	临时用水、用电等资料不及时		√
		7.2.6、7.2.7	应由承包人办理的各项批准手续不及时		√

项目阶段	风险类型	条款编号	风险因素	风险承担主体	
				业主	总承包商
施工阶段	工期延误	4.1.3	相关审查部门批准时间延长	√	
		4.1.3	发包人原因造成的延误	√	
		4.1.2	承包人原因造成的延误		√
	暂停风险		发包人的暂停/施工	√	
			承包人原因的暂停		√
	调价风险	13.7（1）	法律法规、国家政策、行业规定等的变化	√	
		13.7（2）	政策性调价风险（涉及承包人投入成本增减的）	√	
		13.7（3）	非承包人原因的停水、停电、停气、道路中断	√	
		13.7（5）	合同中未能约定的增减款项		√
	变更风险	13.2.3	承包人新发现的施工障碍	√	
		4.1.4	发包人的赶工要求	√	
		13.2.4	发包人提出的变更	√	
			因承包人原因造成的赶工		√
			承包人引起的工期延误费用增加		√
			承包人为实现工期目标的赶工费用		√
		13.2.6	其他变更		√
	不可抗力	17.2（1）	永久性工程和工程物资等的损失、损害	√	
		17.2（2）	受雇人员的伤害（依据各自的雇用合同关系）	√	
		17.2（3）	机具、设备、财产和临时工程的损失、损害		√
		17.2（4）	停工损失		√
	工程质量	3.3	工程质量事故及责任风险		√
	分包	15.2	分包商选择、管理		√
	监理	7.5.2	监理工作失误	√	

以上我国总承包文件的风险分配表显示，对于业主与总承包商之间的分配坚持"过错分担"原则。

三、EPC总承包模式的特点

结合以上EPC总承包模式与DBB项目管理模式的特点对比和风险分担分析，EPC总承包模式主要有以下特点：

（一）总承包商面临的项目风险高

EPC项目要比设计或施工等单项承包复杂得多，风险也大得多，它承担几乎所有的经济风险、技术风险、管理风险和大部分的政治风险、社会风险、自然风险。并且EPC项目一般采用的是固定总价合同，所有材料、设备市场价格变化将被视为EPC总承包商在投标报价时已经充分考虑的情况，所有地质等不利条件也被认为总承包商已充分考虑。业主将大部分责任和风险转移到总承包商这边，这就意味着总承包商承担的风险更高。

（二）EPC总承包商在项目实施过程中处于核心地位

在 EPC总承包项目实际推进中，EPC总承包商按照合同约定对项目设计、施工和采购全权负责，根据项目特点对招标而来的分包商进行协调与组织，责权利的扩大确定了总承包商的核心地位。同时，该模式也要求总承包商需要具有很高的总承包能力和风险管理水平。

（三）业主权利受到更多限制

EPC模式的承发包关系与传统的承发包关系不同，在签订合同后的实施阶段角色发生变换，承包商处于主动地位。业主在工程实施过程中合同管理相对简单，由业主或业主代表管理工程项目，极大地减少了工作量。

EPC项目的内容范围广，包括工程的设计、采购、施工以及试运行服务，业主单位除了负责整体的、原则的、目标的管理和控制，其他都全部委托给工程总承包单位（可以是一家企业或者是联合体）负责组织实施。业主对EPC项目的具体实施过程不会给予过多的干涉，但是还是会进行合适的监督管理，一般不会严密监督或控制承包商的工作。

（四）总承包商负责全部设计、采购与施工，业主减少协调与交易成本

业主只与工程总承包商签订EPC总承包合同，如果是联合体承包项目，业主除了与联合体签订EPC总承包合同，还需要承包商提交联合体协议，在联合体协议中明确联合体的牵头方，并将设计、采购、施工等工作内容界定明确。工程总承包商可以选择把部分设计、采购、施工工程，委托给分包商完成；分包商与总承包商直接签订分包合同，而不是与业主签订合同；分包商的全部工作由总承包商对业主负责。这样使业主在招标准备、合同谈判、管理协调等方面的工作量大大减少，减少了其交易成本。

同时，EPC项目的设计、采购、施工全部由总承包商承担，因此EPC项目各阶段是相互搭接的，没有清楚的时间界限，采购阶段工作可以在设计进行到一定阶段就开始，而施工工作也可以从设计阶段中期就开始，这可以减少工期与成本。

综上所述，EPC模式在缩短建设周期、降低项目造价、减少纠纷等方面具有明显的优势，在国际承包市场上得以普遍被业主采用，在国内工程建设领域则呈现快速增长的趋势。

四、以施工单位为主导的EPC总承包

《房屋建筑和市政基础设施项目工程总承包管理办法》第十条："工程总承包单位应当同时具有与工程规模相适应的工程设计资质和施工资质，或者由具有相应资质的设计单位

和施工单位组成联合体。工程总承包单位应当具有相应的项目管理体系和项目管理能力、财务和风险承担能力，以及与发包工程相类似的设计、施工或者工程总承包业绩。设计单位和施工单位组成联合体的，应当根据项目的特点和复杂程度，合理确定牵头单位，并在联合体协议中明确联合体成员单位的责任和权利。联合体各方应当共同与建设单位签订工程总承包合同，就工程总承包项目承担连带责任。"

该办法明确了工程总承包单位条件，确立了我国工程总承包新的设计和施工"双资质"制度。同时，也表明设计单位和施工单位可以组成联合体共同为业主服务。

在这种情况下，从联合体牵头单位的角度来讲，工程总承包的牵头单位可分为以下两种：

1. 由施工单位主导的EPC总承包

施工单位发展工程总承包的优势包括在现场管理方面有优势、成本意识强、工程造价相对合理，由于长期在施工现场，具备较强的问题解决能力和抗风险能力。但也存在着缺少设计管理人才、业主信任水平较低等问题。

2. 由设计单位主导的EPC总承包

设计院长期处于工程建设价值链上游的技术优势，能够把握工程建设的核心和前沿技术；也正因为设计院的技术优势，作为知识密集型的代表，设计院更容易获得业主的信任。但设计院发展工程总承包也有短板，包括较为薄弱的服务意识、较弱的施工现场管理和较弱的抗风险能力。如表1-4所示，对比分析了两种主导模式各自的优劣势。

设计单位和施工单位主导的EPC总承包模式的优劣势 　　　　　表1-4

EPC总承包类型	优势	劣势
以施工单位为主导的EPC总承包	现场管理能力强	缺少懂设计的管理人员
	成本意识强	业主信任水平较低
	进度控制能力强	
以设计单位为主导的EPC总承包	具有设计技术主动权，有优势	施工现场管理能力弱
	业主信任水平较高	设计人员进行设计优化的积极性不高
	设计单位可在设计过程中提前准备采购工作，缩短采购周期	设计人员成本意识弱

综上所述，无论是以设计单位为主导还是以施工单位为主导的EPC总承包，都分别具有各自的优缺点。随着EPC总承包模式的发展，建筑业市场不断涌出工程总承包发展突出的施工单位，一些优秀的施工单位在工程总承包领域中正发挥着越来越重要的作用。以施工单位为主导的EPC总承包商更有利于突出一体化的特点，打破原有设计单位主导但实际将施工分包的格局。本篇接下来主要探讨的是以施工单位为主导的设计采购施工一体化EPC总承包模式。

第三节 EPC模式下的全过程工程咨询

一、全过程工程咨询的定义

2017年国办发19号文中确定培育全过程工程咨询的指导思想以来，国家陆续出台相关政策明确其定义、服务形式和工作内容，具体内容如表1-5所示。

全过程工程咨询相关政策 表1-5

政策名称	发布部门	时间	政策重点	相关内容
《关于促进建筑业持续健康发展的意见》（国办发〔2017〕19号）	国务院办公厅	2017年2月21日	确定培育全咨的指导思想	（四）培育全过程工程咨询。鼓励投资咨询、勘察、设计、监理、招标代理、造价等企业采取联合经营、并购重组等方式发展全过程工程咨询，培育一批具有国际水平的全过程工程咨询企业
《住房城乡建设部建筑市场监管司2017年工作要点》（建市综函〔2017〕12号）	住房和城乡建设部	2017年2月24日	确定全过程工程咨询试点	（三）推进全过程工程咨询服务。试点开展全过程工程咨询服务模式，积极培育全过程工程咨询企业，鼓励建设项目实行全过程工程咨询服务。总结和推广试点经验，推进企业在民用建筑项目提供项目策划、技术顾问咨询、建筑设计、施工指导监督和后期跟踪等全过程服务
《工程勘察设计行业发展"十三五"规划》	住房和城乡建设部	2017年5月2日	强调工程勘察设计在全过程工程咨询中优势	4.培育全过程工程咨询。积极利用工程勘察设计的先导优势，拓展覆盖可行性研究、项目策划、项目管理等工程建设全生命周期的技术支持与服务，提高工程项目建设水平
《关于开展全过程工程咨询试点工作的通知》（建市〔2017〕101号）	住房和城乡建设部	2017年5月2日	确定全过程工程咨询试点单位	选择北京、上海、江苏、浙江、福建、湖南、广东、四川8省（市）以及中国建筑设计院有限公司等40家企业（名单见附件）开展全过程工程咨询试点
《关于推进全过程工程咨询服务发展的指导意见》（发改投资规〔2019〕515号）	国家发展改革委、住房城乡建设部	2019年3月15日	明确两阶段全过程工程咨询服务	在项目决策和建设实施两个阶段，着力破除制度性障碍，重点培育发展投资决策综合性咨询和工程建设全过程咨询

综上所述，全过程工程咨询是对工程建设项目前期研究和决策以及项目实施和运行的全生命周期提供包含设计和规划在内的涉及组织、管理、经济和技术等各有关方面的工程咨询服务。

二、EPC总承包模式与全过程工程咨询的关系

EPC工程总承包是指总承包商受业主委托，根据所签订的合同对工程的设计阶段、采

购阶段、施工阶段实现全过程的承包。

从合同关系看，全过程工程咨询主要接受业主的委托负责全过程的项目管理和服务，在合同关系上更偏向于委托合同，为业主提供有偿的咨询服务，而EPC工程总承包模式下承包商和业主签订的是总承包合同，通过合同规定发包方和承包方的权利和责任。

从管理范围和工作的内容讲，提供全过程咨询服务的企业管理范围更广，工作范围涵盖了项目的全生命周期所有的管理和咨询服务，除了前期帮助业主进行机会研究、项目建议和可行性研究、选择相关合作方等，还包括对相关合作方的管理和监督，提供招标、造价、监理等各方面的咨询。而EPC工程总承包单位根据和业主谈判的结果，参与设计—采购—施工环节。

根据最新发布《房屋建筑和市政基础设施项目工程总承包管理办法》（建市规〔2019〕12号），明确提到"建设单位根据自身资源和能力，可以自行对工程总承包项目进行管理，也可以委托勘察设计单位、代建单位等项目管理单位，赋予相应权利，依照合同对工程总承包项目进行管理"。即表示一个项目建设可以采用EPC工程总承包模式，也可以同时委托项目管理公司对其进行监督。

全过程工程咨询单位受建设单位委托，按照具体的委托内容对工程提供项目建议、前期策划、勘察设计、监理、招标代理、造价咨询、项目竣工后评价及运营等多元化的咨询服务，并在授权范围内代表建设单位对工程总承包单位进行监督和管理，从法律关系上而言，全过程工程咨询与EPC工程总承包单位之间存在管理与被管理的关系。由此，可以形成全过程工程咨询、EPC工程总承包商、业主之间的三足鼎立关系，如图1-2所示。

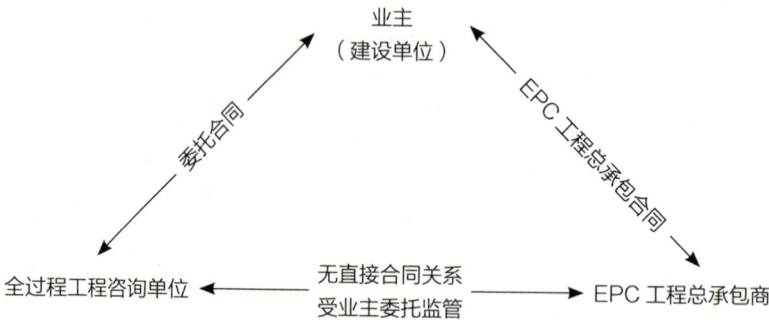

图 1-2　EPC工程总承包商、业主与全过程工程咨询单位的关系

传统的建设模式是将建筑项目中的设计、监理、造价咨询等服务功能分隔开来，各单位分别负责不同环节和不同专业的工作，不能统一目标和调度管理，缺少全产业链的整体把控，信息流被切断，很容易导致建筑项目管理过程中各种问题的出现以及带来安全和质量的隐患，不仅增加了成本，也分割了建设工程的内在联系，甲方管理协调内容多、管理难度大，投资难以控制。实行全过程工程咨询是从可行性研究伊始，就站在投资决策及项目完全控制的管理高度，并由其高度整合各项服务功能，实现安全、进度、质量、投资控制等全方位的管理目标。

推行全过程工程咨询和工程总承包有利于提高工程管理的质量与效率，并有助于政府投资工程进行造价控制，两者均为政府投资工程所鼓励的管理模式。提供全过程工程咨询服务的企业利用自身在管理、技术、法律等方面的专业知识，接受业主的委托，通过对总承包商的监督、管理和咨询服务，将对项目的顺利进行提供保障，有利于工程总承包市场的健康发展。

第二章 EPC模式下业主痛点及管控要点

　　传统的建筑模式难以满足建设单位低投资、短工期、高质量的要求,工程项目越来越复杂庞大,建设单位面临的管理风险不断加大,工程总承包模式在市场需求的演变中应运而生。EPC模式是基于信任的集成范式,让总承包商对项目有更强的控制权,其效率源泉则源于组织和流程集成后的交易成本降低。采用EPC模式的基础是合作,合作的前提是信任,而信任表现为双方不利用对方的漏洞。但目前我国推行EPC模式缺乏信任基础,故用EPC模式集成之形,施严格管控之实,称为“中国特色EPC”。业主作为工程的项目投资人,项目产品的所有者和使用者,无论从保证投资效率还是从降低投资风险的角度,都不能放弃管理责任。在管理实践中,由于业主缺乏项目建设专业的人才和技术,存在总承包商为避免麻烦擅自主张,没有提前进行充分沟通从而导致后期协调困难的问题,达不到项目预期的建设目标。

　　在中国“弱信任”的环境中,为了实现项目建设的预期目标,业主需要采用“强控制、强激励”的手段,在EPC总承包商获得项目主导权的情况下,业主如何在不干预总承包商合同权利的基础上,实现业主对项目目标的控制,最终达到预期的建设水平和效果,这是业主值得深思的一个管理实践问题。以下我们将基于“中国特色EPC”的环境下,对业主存在的管控的痛难点进行分析,并给出相应的管控措施,以期为业主进行项目管理提供指导和参考,提高项目整体建设管理水平。

第一节 项目决策阶段

一、项目细节不明确,总投资难以把控

(一)痛点描述

　　业主作为EPC总承包项目投资管控的重要管理者,对项目实地调研以及经济性预估是前期决策阶段投资管控的重要工作。业主在EPC总承包项目前期决策阶段需要完成项目建议书及可行性研究报告等工作并完成投资估算。对于建设项目而言,投资管控贯穿于

项目建设的全生命周期，而 EPC 总承包项目全生命周期投资管控各个阶段对控制目标影响程度不一，前期决策阶段对项目的投资控制影响高达 75% ～ 95%。

前期决策阶段是开展和决定 EPC 总承包项目投资行动的重要过程，在这一阶段需要对拟建 EPC 总承包项目进行建设必要性和经济可行性的科学论证，EPC 总承包项目投资决策的正确与否将直接决定着项目建设的成败，关系到项目的投资效果好坏。

（二）管控措施

1. 加强对前期投资管控重视程度

对于 EPC 总承包项目而言，加强前期投资管控具有十分重要的现实意义，尤其是有效节约投资。在前期决策阶段，业主的核心工作就是要确定符合现状满足估算精度的投资估算值。在 EPC 总承包项目投资估算过程中，依托现有资料、方法、工具对拟建项目将来可能产生的投资额进行科学、合理的预测和估计。前期投资估算的准确性不仅直接影响业主对项目的决策以及全过程管控，而且还关系项目后期的建设规模、方案设计和经济效果等。

2. 完善前期准备工作

在进行投资估算前，业主应进行充分的市场调研，准确分析项目目标，全面收集项目资料，通过多方案比较选择最优。基于一系列完备的前期准备工作，投资估算才能更加符合拟建项目的基本要求，不会出现对项目全局影响较大的事件。

3. 进行标杆管理，确定合理项目投资范围

所谓标杆，即 Benchmarking，最早是指工匠或测量员在测量时作为参考点的标记。"标杆"的概念是由日本施乐公司最先提出的。而标杆管理这一概念的提出则起源于 20 世纪 70 年代初美国学习日本的运动中，这是一种新的管理理念，也是一种新的管理方法。它与企业再造、战略联盟一起并称为 20 世纪 90 年代三大管理方法（图 2-1）。

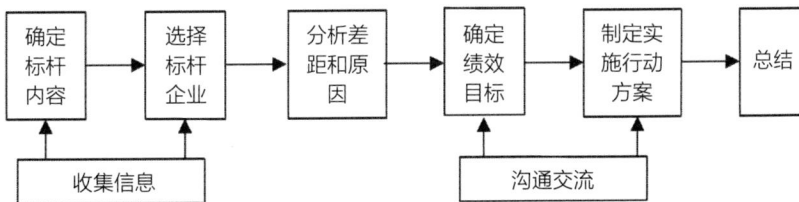

图 2-1　标杆管理流程简图

在项目前期的决策阶段，业主可委托全过程工程咨询单位进行大量相似案例数据收集，并利用以往项目的成功案例采用标杆分析等方法对本项目实施过程中可能出现的造价控制的难点、重点及风险等重要问题进行分析，根据对比分析对本项目的投资进行预估，得出分析报告，以保证项目的总投资在合理范围内。

二、前期论证评估资料准备不充分、基础资料不全

（一）痛点描述

在项目前期的准备阶段，业主需要向承包商提供可行性研究报告、项目勘察、设计等项目资料。由于EPC项目设计专业较多，业主可能由于专业性不足或时间不足，项目前期论证评估资料准备不充分，基础资料准备不全面。在项目的设计与建设过程中，由于业主提供项目前期资料不充分，可能产生大量的项目变更与承包商索赔。

（二）管控措施

业主可在项目前期招标前引入全过程工程咨询单位，使项目前期的大量工作由全过程工程咨询单位完成。由全过程工程咨询单位对EPC项目的选址、工艺方案、设计实施方案在资料不全的情况下进行把关。全过程工程咨询单位还应站在专业角度，努力在前期就尽量挖掘甲方需求，使之能用可描述化、可视化、成本化的方式展现出来，便于减少后期变更。项目前期引入全过程工程咨询单位进行内部合约风险审计，并对招标控制价的依据性、价格与指标的合理性进行第三方复审，这样通过多方碰撞、论证，也可避免内部腐败的产生，化解投资风险及项目自身风险等。

第二节　项目发承包阶段

一、招标控制价应如何确定

（一）痛点描述

EPC项目招标通常是在核准或者备案后进行，以及在初步设计完成以后进行，没有完全确定的设计图纸，进而也没有完整的工程量，也就无法采用传统模式下的工程量清单计价的方法来确定招标控制价。因此，招标控制价如何确定也是EPC项目中业主的难点之一。

（二）管控措施

1. 确定招标控制价的编制依据

《房屋建筑和市政基础设施项目工程总承包计价计量规范（征求意见稿）》中5.2.1条规定：最高投标限价应根据下列依据编制与复核：

1）《房屋建筑和市政基础设施项目工程总承包计价计量规范（征求意见稿）》；

2）国家或省级、行业建设主管部门颁发的相关文件；

3）经批准的建设规模、建设标准、功能要求、发包人要求；

4）拟定的招标文件；

5）可研报告、方案设计或初步设计；

6）与建设工程项目相关的标准、规范等技术资料；

7）其他的相关资料。

完善的编制依据是工程总承包项目招标控制价编制的基础。招标控制价编制前，还应收集以下编制依据内容：

1）项目前期批复资料

包括项目批复的可行性研究报告及估算、方案设计资料及估算、初步设计资料及概算。

2）建设场地状况

包括项目水文、地勘、地形资料，场地自然地坪标高；建设场地上待拆除的建筑物、构筑物及地上线路、地下管线，需要移位的地上、地下管线；业主提供的现场三通一平情况及水、电、暖、动力、电话、电信等市政设施位置及容量。

3）招标文件及合同条款内容

招标文件中与招标控制价编制相关的资料，具体包括：①建设项目的室内、室外、场外工程的具体情况；②招标范围内的工程内容；③承包商的工作内容。如勘察、设计、采购、工程建设；④需要承担的工程建设其他费用类别。即按照目前定额规定不包括在定额价格体系内，但招标文件要求承包商负担的费用的种类、范围；⑤项目质量要求、建设工期要求；⑥项目的安全文明施工要求及招标人对现场安全文明施工特殊要求，如对于施工场地的维护、道路的使用等；⑦依据合同条件确认的应由承包商承担的风险范围；⑧合同付款条件；⑨工程保险、保函类别及数额；⑩不可抗力约定条款；⑪业主要求提供的现场办公生活设施及规模、标准；业主为项目监理单位提供的办公生活设施及规模、标准；⑫设备材料品牌、参数要求；⑬其他的业主要求及合同要求。

4）相同/类似项目造价资料

业主已建成或市场上与招标项目相同/类似项目的估算、概算、预算、结算资料，包括其建设时间、建设地点、建设标准、具体方案；设备材料采购价格资料。

5）可参考的行业规范、计价依据

①国家、行业、项目所在地工程费用计价办法、依据；

②可参考的行业收费标准；

③属地性质的工程建设其他费用收费标准。

6）市场价格资料

①项目所在地发行的工程造价信息资料，包括人工、材料、设备、施工机械信息价资料，造价指标及主要材料价格趋势分析；

②项目所在地的工程建设市场竞争状况；

7）项目所在地非常规的风险

是否存在扰民等问题及相应的补助/补偿标准。

8）其他需要的资料

根据项目具体情况需要的其他资料。

2. 依据项目特点选择编制方法

《房屋建筑和市政基础设施项目工程总承包计价计量规范（征求意见稿）》第3.1.3条："建设项目工程总承包费用项目由勘察费、设计费、建筑安装工程费、设备购置费、总承包其他费组成。"并作以下规定：清单分为勘察设计费、总承包其他费、设备购置和建安工程费项目清单；清单所列数量不视为要求承包人完成的实际工程量；投标人可对项目清单中认为需要增加的自行增加并报价，一切在报价时未报价项目，均被视为已包括在报价金额内；招标人对土石方工程、地基处理、施工措施等无法计算工程量的可只列项目，不列工程量，由投标人自行报量。

由以上条款规定可看出，工程总承包项目也是可以采用项目清单的方式来计价，但又不是作为工程结算的标准，而是以合同总价为准。

目前我国尚未出台关于工程总承包项目招标控制价编制的相关规定，所以对招标控制价的编制方法也没有统一的要求。我国现行的工程计价计量体系主要建立在施工图完成的基础上采用工程量清单的方式进行计价，但EPC工程总承包项目一般是在核准或者备案后进行以及在初步设计完成以后进行招标，无法直接采用工程量清单的方式来计价，各地对工程总承包项目计价（报价）方式的相关规定如表2-1所示。

各地对工程总承包计价的相关规定

表2-1

政策文件名称	文号 （发布时间）	条款	计价方式
《福建省住房和城乡建设厅关于印发标准工程总承包招标文件（2020年版）和模拟清单计价与计量规则（2020年版）的通知》	闽建筑〔2020〕2号	1.0.4 工程总承包实行模拟清单计价	模拟工程量清单计价
《广州市从化区人民政府关于印发从化区政府投资建设项目工程总承包（EPC）管理办法（试行）的通知》	从府规〔2019〕3号	第十七条 工程总承包项目合同计价模式 （一）采取固定总价合同的，建设单位在明确初步设计方案、建设规模、建设标准和招标控制价后，由总承包单位自行编制估算工程量清单进行竞价。合同中需约定材料和人工费用调价原则和方式 （二）采取固定单价合同的，建设单位在明确方案设计、建设规模和建设标准后，负责编制招标估算工程量清单和招标控制价。总承包单位按招标估算工程量清单填报竞价。总承包合同明确约定投标竞价作为最终结算依据，工程量按实结算 （三）采取下浮率报价和批复的总概算作为上限价结算方式的，由总承包单位编制投资估算，并采用下浮率的形式进行报价。总承包单位编制的初步设计经建设单位确认后，编报项目总概算。合同结算价须按照投标下浮率执行	模拟工程量清单计价/设计概算下浮报价

政策文件名称	文号 （发布时间）	条款	计价方式
《广西建设工程造价管理总站关于桂林两江国际机场工程计价有关问题的复函》	桂造价函〔2019〕11号	该工程招标时无T1～T2连廊的设计图纸，采用模拟工程量清单招标	模拟工程量清单计价
《黄山市人民政府办公厅关于推进工程建设管理改革促进建筑业持续健康发展的实施意见》	黄政办〔2019〕1号	建设单位可以在项目可行性研究、方案设计或初步设计完成后，以工程估算（或工程概算）为经济控制指标，以限额设计为控制手段，组织开展工程总承包招标工作	估算/概算下浮计价
《山西省住房和城乡建设厅关于推进山西省房屋建筑和市政基础设施工程总承包的指导意见》	晋建市字〔2018〕341号	（三）工程总承包发包阶段。建设单位可以在项目可行性研究、方案设计或者初步设计完成后，以工程估算（或工程概算）为经济控制指标，以限额设计为控制手段，组织开展工程总承包招标工作	估算/概算下浮计价
《房屋建筑和市政基础设施项目工程总承包计价计量规范（征求意见稿）》	2018年12月	3.1.3 工程总承包的费用构成为勘察设计费、建安工程费和设备购置费、总承包其他费、暂列金额 4.1.1 工程总承包项目清单应由具有编制能力的招标人或受其委托、具有相应资质的工程造价咨询人编制。投标人应在项目清单上自主报价，形成价格清单 4.1.2 清单分为可行性研究或方案设计后清单、初步设计后清单 4.1.3 编制项目清单应依据：本规范；经批准的建设规模、建设标准、功能要求、发包人要求。其中建筑安装工程项目在可研或方案设计后发包的应按附录A.1或B.1或C.1编制；初步设计后发包的应按附录A.2或B.2或C.2编制 4.1.4 除另有规定和说明者外，价格清单应视为已经包括完成该项目所列（或未列）的全部工程内容 4.1.5 项目清单和价格清单列出的数量，不视为要求承包人实施工程的实际或准确的工程量	模拟工程量清单计价
《成都市人民政府办公厅关于印发成都市政府性工程建设项目招标投标活动事中事后监管办法的通知》	成办发〔2018〕38号	（费率招标）政府性工程建设项目施工招标活动必须在履行设计审查、概算审批手续后方能组织实施；除采用EPC（工程总承包）模式的项目外，其他政府性工程建设项目施工招标不得实行费率招标	费率计价
江西省住房和城乡建设厅关于印发《江西省装配式建筑招标投标管理暂行办法》的通知	赣建招〔2017〕15号	采用工程总承包方式招标的，在需求统一、明确的前提下，由投标人根据给定的概念方案或设计方案（如有）、建设规模和建设标准，自行设计并依据设计成果编制估算工程量清单和报价。采用总价包干计价模式的，地下工程可不纳入总价包干范围，采用模拟工程量的单价合同，按实计量	模拟工程量清单计价
《海口市人民政府关于印发市政府投资项目工程总承包建设管理暂行办法的通知》	海府〔2012〕104号	第十条实行工程总承包的项目以审批的可行性研究报告确定的投资估算（或下浮一定比例后）或初步设计概算作为项目招标价格，最终工程总承包合同原则上实行概算包干	概算包干
《抚州市人民政府关于印发进一步规范招标投标市场行为提高招标投标工作效率实施意见（试行）的通知》	抚府发〔2008〕26号	凡全部使用国有资金或者国有资金占控股或主导地位的招标项目，除上级行业主管部门有明确要求外，原则上采用经评审的最低投标价法评标，并采用工程量清单计价。因特殊情况需要，经行业监管部门批准，可以采取施工费率招标	工程量清单计价/费率招标

如表2-1所示，在实践中工程总承包项目通常采用模拟工程量清单计价、设计概算下浮招标和费率招标的方式进行发包。

模拟工程量清单是一种特殊方式的工程量清单，是在初步设计阶段以及施工图纸不完备的情况下，参照类似工程项目或者标准化清单编制本项目清单估算工程量，投标人根据业主提供的模拟工程量进行投标，施工图设计图纸完成后按实际工程量结算的一种清单计价方式。它是工程量清单下的一种代替和衍生模式。与传统复杂而严谨的工程量清单模式招标相比，模拟工程量一方面缩减了项目的工期，另一方面对于同质性大、建设难度小的项目，起到了降低项目交易成本的目的。

设计概算下浮招标是在建设工程施工招标时，由招标人在招标文件中约定投标人在工程初步设计概算的基础上所报下浮系数进行结算或计价的方式。设计概算下浮招标的结算方式是以各投标单位所报的下浮率作为价格分的计算依据，最终结算价以审定的初步设计概算和合同约定的下浮率（该下浮率适用于设计费、建安费、其他费用等）为基准，再加上非总承包商原因产生的变更费用。

费率招标是指在建设工程招标投标活动中，招标人在招标文件中明确要求投标人在投标报价时，以费率的高低代替工程总造价的多少进行竞标，经评标委员会以各投标人所报的费率为主，结合所报工期和质量承诺、施工组织设计及企业施工业绩等其他相关指标进行综合评审，最终确定中标人的一种招标方式。费率招标的结算方式就是按招标文件规定的各项目的计量方法，核定承包商的实际完成量，乘以该项目的投标费率，即为该项工程的支付价。累计各项目以及据实报销部分即为总承包竣工结算价。

不同招标类型的对比如表2-2所示。

不同招标类型对比分析 表2-2

招标类型	模式特点	适用范围	优点	缺点
模拟工程量清单招标	招标定标快，但执行起来问题多，结算麻烦	设计较为标准化，有类似工程或标杆工程的项目，赶工期的项目	能够明显缩短工期，对造价事前控制提供可能	清单与工程实际相比会出现偏差，部分清单不能用；项目的普遍适用性差，部分项目不适合，需重新确定，过程中会造成意见分歧；容易出现不平衡报价
设计概算下浮招标	对设计概算的编制要求较高	初步设计已经完成，概算已经批准的项目；工期紧迫的应急项目	业主工程造价可控；项目竣工结算简单，结算周期短；总承包商可大力开展设计优化，获得合理利润；业主招标工作简单，过程变更控制工作少	业主无法分享设计优化的成果，易对总承包商产生为获得超额利润而过度优化设计的误解
费率招标	工程量清单的准确程度取决于设计深度，与图纸相对应，也与合同形式有关。投标人根据工程特点、技术要求以及现场情况自主报价	设计没有完成，边施工边设计；工程项目确定但图纸未到；赶工期的项目	节省复杂的计算造价过程，评标路线简单，根据工程定额计价部分，签证和设计变更一次即可计算完成	忽视了造价的"事前"控制，给建设期间的造价管理带来困难，对业主的工程管理水平要求很高，容易造成投资失控

如表2-2所示，模拟工程量清单招标、设计概算下浮招标和费率招标三种方式有不同的优缺点和适应范围，业主可根据工程总承包项目的自身特点选择合适的招标类型。

二、如何选择合适的承包商

（一）痛点描述

EPC项目普遍具有投资额高、专业技术复杂、管理难度大等特点，加上业主要求合同总价固定，工期固定，潜在投标人可能采取非常谨慎的态度，投标人的减少可能使业主无法选择到最合适的承包商。同时，如果没有充分考虑承包商类似工程经验和业绩、设计采购施工能力、投标报价这些因素，可能导致业主错误地选择了承包商。业主将项目建设大部分风险转移给总承包商，一旦总承包商的内部管理或财务出现重大问题，整个项目也将面临巨大风险。因此，需要慎重选择总承包商。

（二）管控措施

1. 招标文件中要准确定义项目要求

在对EPC总承包项目展开招标工作过程中，为避免各方理解偏差而造成工程纠纷，招标文件应对业主的项目要求做出清晰准确的定义，并以此作为项目开展后业主或总承包方调整合同价款的依据，项目要求包括：功能定位、建设标准、工期要求、投资限额、建设条件、设计任务书（用户需要、技术规格书）、材料（设备）的技术参数、档次及参考品牌等。并对上述因素发生变化时的处理方案及计价约定，尽量避免索赔和争议。

2. 建议采用综合评估法进行评标

为了选择合适的总承包商，业主应给投标人提供足够的时间和资料，让投标人仔细研究业主的要求，认真进行投标文件的编写，全面评估项目风险，使投标人确认是否有能力承担 EPC 项目的工程建设任务。业主选择承包商时，可以从几个方面对投标人进行评价：对业主要求的理解；以往类似工程的业绩和经验；财务状况；现有的工程负荷；设计能力；设备材料的采购渠道和采购能力；项目管理能力和相关经验；投标报价和工期；其他相关资源。

由于EPC项目的招标是将设计、采购、施工、试运行等综合在一起，因此，最常用的评标办法是采用综合评估法进行评标，并且北京、上海、浙江、江苏、山东、广东等省市均在指导意见中明确工程总承包的评标应当采用综合评估法。综合评估法简明直观，如果合理分配各项指标的权重，组建高水平的专家评审委员会，这种方法则为评选最佳EPC承包商的一种有效的手段。

（1）评审标准

1）初步评审标准。综合评估法下的初步评审标准包括形式评审标准、资格评审标准和响应性评审标准三个方面。

①形式评审标准：主要的评审内容包括投标人名称与营业执照、资质证书是否一致，投标函是否有法定代表人或其委托代理人签字并加盖公章，投标文件格式是否符合规定要求，联合体投标人是否提交了联合体协议书并明确了联合体牵头人，报价是否唯一。

②资格评审标准：主要的评审内容包括营业执照、资质等级、财务状况、类似项目业绩、信誉、项目经理、设计负责人、施工负责人、施工机械设备、项目管理机构及人员、联合体投标人等各个方面是否符合投标人须知的规定。

③响应性评审标准：主要的评审内容包括投标报价、投标内容、工期、质量标准、投标有效期、投标保证金、权利义务、承包商建议等各个方面是否符合招标文件的规定。

详细内容如表2-3所示。

EPC项目投标文件评审因素表　　　　　　　　　　　　表2-3

序号	评标要点	评审因素
1	形式评审标准	投标人名称
		投标函签字盖章
		投标文件格式
		报价唯一
		串标情形
		联合体投标人
2	资格评审标准	营业执照
		安全生产许可证
		资质等级
		财务状况
		类似项目业绩
		信誉
		项目经理
		设计负责人
		采购负责人
		施工负责人
		施工机械设备
		项目管理机构及人员
		联合体投标人
		其他要求
3	响应性评审标准	投标报价
		投标内容
		工期
		质量标准

序号	评标要点	评审因素
3	响应性评审标准	投标有效期
		投标保证金
		权利义务
		价格清单
		分包计划
		承包商建议

2）详细评审。综合评估法的详细评审分别从承包商建议书、资信业绩、承包商实施方案、投标报价和其他评分因素的各个方面进行综合评定。

①承包商建议书评分标准：通常包括图纸、工程详细说明、设备方案等因素。

②资信业绩评分标准：通常包括信誉、类似项目业绩、项目经理业绩、设计负责人业绩、施工负责人业绩、其他主要人员业绩等因素。

③承包商实施方案评分标准：通常包括总体实施方案、项目实施要点、项目管理要点等因素。

④投标报价评分标准：主要包括偏差率等。

（2）选择总承包商的评价指标

在EPC总承包模式下，项目的目标是通过EPC承包商来实现的。业主通过招标以及评标，希望选择出能够达到项目目标的承包商。EPC承包商的技术水平、投标报价、管理水平等是决定是否达到目标的关键因素。

1）商务指标

商务指标的评价是以控制业主的工程造价为目的，因此投标报价是业主评判投标书的一个重要因素。对于EPC项目，在满足业主招标要求的条件下，投标者的报价可能基于不同的设计方案，因此不但要考虑投标者的工程造价，还应考虑由于不同的技术方案所导致工程完成后在整个寿命周期中的运营费不同，运营费越高，该项指标的得分就越低。此外，还应考虑投标者投标报价的合理性，如整个报价可以分解为设计、采购、施工三大项的费用。

2）技术指标

对于EPC总承包的投标，招标文件一般要求投标者根据对业主要求的理解，提出自己的设计方案。判断投标者的设计方案优劣与否，业主关心的因素主要有：设计方案的完整性，是否符合业主的要求；设计方案的创新性以及可建造性；是否有偏差；整体工程设施在现场地区气候和环境条件下的总体适应性；拟使用的设备和仪器的功能、质量、操作的便利性等技术优点；整体工程设施是否达到了规定的性能标准；工程运行期间所需要的备件类型、数量、异构性、相应的维修服务等。就施工而言，业主要看总承包商的施工方法是否合理，施工所需要的仪器与机械设备的充分性、适用性、先进性。

3）管理指标

在技术方案可行的条件下，总承包商是否或能否按期、保质、安全并以环保的方式顺利完成整个工程，主要取决于总承包商的管理水平，管理水平则体现在总承包项目管理的计划、组织和各种控制程序与方法，包括选派的项目管理团队组成、分包计划、整个工程的设计—采购—施工计划的周密性、质量管理体系与HSE体系的完善性。具体而言，主要体现在项目人力资源配置的合理性上，尤其是项目经理与其他关键管理人员的综合素质和管理经验。详细评价指标如表2-4所示。

业主选择EPC承包商的评价指标　　　　　　　　　表2-4

评审指标		评审内容
商务指标	工程总报价设计	工程总报价的净现值、费率、单价
	全生命周期运营费	不同设计方案导致全生命周期中的运营费不同
	报价组成的合理性	主要为分部分项工程合理性分析；主要材料合理性分析；措施费合理性分析
技术指标	设计	①完整性；②是否符合业主的要求；③创新性；④可施工性；⑤是否有偏差；⑥关键设计人员
	采购	①工程设施对气候和环境的总体适应性；②拟用设备功能、质量及操作的便利性；③工程设施对规定的性能标准的达标程度；④备件类型、数量及易购性和维修服务
	施工	①施工方案的合理性；②施工机具的充分性；③施工机具适用性、先进性；④关键施工技术人员
管理指标	计划能力	①设计计划；②采购计划；③施工计划；④分包计划；⑤类似工程总承包的经验
	组织能力	①项目经理以及管理团队的整体综合实力；②内部组织结构与沟通；③公司总部的后方支持机构
	控制能力	①质量管理体系的完备性（公司与项目的综合）；②建设工期的控制能力及对问题的敏感性；③价值工程与价值管理；④健康、安全、环保体系的完善性

三、EPC合同条款如何设置

（一）痛点描述

对于EPC项目，一般投资额大、建设期长、影响项目的因素众多，因此对于业主来讲潜在的风险和不可控因素也会增加很多。那么采取事前控制的思路，可通过运用合同管理手段，在合同中规定好业主与承包商间的合理风险分配、合同价格与支付、工期管理、质量管理、HSE管理、风险与保险、索赔与争议处理办法等相关问题，提前规避业主可能会存在的风险，以减少后期的争议等问题。

（二）管控措施

1. EPC合同条款要重点策划功能要求、合同价格与支付、工期管理、质量管理、HSE管理、风险与保险、索赔与争议处理办法等

招标文件中的合同条款一般分为通用合同条款和专用合同条款两种，其中最核心的部分是在通用合同条款的基础上进行专用合同条款的设定。EPC合同条件可参考《设计采购施工（EPC）/交钥匙工程合同文件》《建设项目工程总承包合同示范文本》《标准设计施工总承包招标文件》等相关文件。专用条款主要从以下七个方面简述条款策划要点，如表2-5所示。

EPC合同条款的策划重点

表2-5

重点条款	重点策划内容
功能要求	合同中要明确业主的功能要求、品质要求、建造功能、设备功能
合同价格与支付	合同价格采用固定不变的总价合同，除合同明文规定的情况外，合同价格不因情况变化而调整；支付条款规定合同价款的支付方法，包括预付款、进度款和最终结算款支付时间和条件
工期管理	包括：竣工时间以及设计、采购、施工的里程碑计划；承包商进度计划的提交；工程开工日期、工程暂停和复工、进度延误；赶工、延长工期；竣工验收；延期赔偿费；质量保证期等事宜
质量管理	包括：承包商在实施过程中，在材料设备选用、施工工艺等方面，应依据合同与法律的规定严格遵守相应的技术标准；总承包商对工程质量总体负责，业主有权要求承包商对不合格的工程返工
HSE管理	总承包商对项目实施期间有关项目人员、公众的人身和财产安全负责；做好疾病预防并为项目人员提供必要的医疗服务；采取合理措施防止对周围环境进行破坏，从而造成大气污染、噪声污染、水污染等
风险与保险	对非业主和承包商由于自身原因造成的影响，在合同中约定风险分摊方法；规定对工程进行保险的投保方、保险金额、保险条件等内容
索赔与争议处理办法	明确只有发生因由业主负责的风险事件并对承包商造成了影响，承包商才有权提出索赔；确定因双方对索赔产生争议的解决程序

2. 在总承包合同条款中约定限额设计等要求

（1）结合EPC项目特点扬长避短，针对项目的功能定位、建设规模、建设标准、工期要求、建设条件及物价波动情况选择合适的计价模式和风险分配方式，既能促进总承包商加强项目策划和组织管理，实现合理降低施工成本，有效控制项目投资，又能充分调动总承包商的主动性和积极性。

（2）EPC总承包项目的业主虽然保留着对项目及总承包商的监督权，但对项目实施过程参与程度及控制力度会大大降低。在项目EPC总承包合同中必须清晰约定限额设计、设计优化、设计审查等相关的要求，并在实施过程中落实到位。必要时聘请设计咨询或设计监理机构协助监督总承包商的设计工作，并对各阶段的设计成果文件进行审查把关。

（3）在招标文件及总承包合同中，要清晰准确约定设计概算、预算、设计变更、增加

项目相应的计价方式及相关要素，包括定额、计费程序、税金、信息价、费率（包干费、暂列金、预备费）、调价范围及基期价等。

（4）EPC总承包项目实施过程中，材料（设备）定价引起的争议和纠纷较为普遍，对项目的正常推进有较大影响。在招标文件及总承包合同中，要清晰准确约定材料（设备）的定价办法和管理审批流程，包括材料（设备）技术参数、档次、参考品牌等要求，采用的政府部门的指导价（信息价）依据、市场询价及招标采购的工作流程和审批制度，以及材料（设备）及供应商的征集、定板定样等工作要求。除了要尽量避免争议，也要制定好可能出现争议的处理方案。

（5）重视招标文件及合同条款的制定质量，聘请经验丰富的招投标、法律、造价的专业人士参与 EPC合同的制定或审查；避免出现合同与招标文件前后矛盾或不一致的现象；必要时提前委托全过程咨询单位或全过程造价咨询单位参与项目的策划和实施。

四、如何防范承包商"不平衡报价"

（一）痛点描述

以施工单位为主导的设计采购施工一体化的EPC总承包项目中，承包商为了获取更多的利润，可能会对将来发生签证变更的部分特意提高报价，在可能会取消的部分工程里降低报价，以达到在工程竣工结算时获取更多利润的目的。因此，业主要积极采取相关措施提前防范EPC总承包商不平衡报价。

（二）管控措施

1. 费率招标与模拟工程量清单招标并用

费率招标即在工程招标中业主提供项目费率招标清单，承包商据此仅填报相关造价要素费率标准的特殊招标操作方式。在解决模拟工程量清单对新增清单项目单价认定意见不统一的问题中，业主方可将费率招标并入招标模式。

2. 在招标文件中明确人工费和主要材料费单价

业主应该在招标文件中明确拒绝"不平衡报价法"，在招标文件中，可以写明对各种不平衡报价的惩罚措施。然后业主要掌握工程涉及的主要材料的价格，在招标文件中，对于人工费和特殊的主要材料，可提供适中的暂定价（投标报价时的政府指导价），并在招标文件中明确对涉及暂定价格项目的调整方法。针对特殊的大宗材料，确定其价格有难度的，可提供详细的规格型号及技术指标，确保投标报价有据可依、基准统一、减小离散度。

3. 在招标文件中明确写出清标的相关规定

业主应改进现有评标程序，重视清标工作。招标人可以采取随机抽查的形式对变更可能性较大的分项工程重点评审，尤其是要检查是否存在远低于成本或者远高于市场价格的存在，必要时要求投标人予以澄清，出现严重问题时，该投标文件应视为废标。

4. 在合同中约定允许工程变更的范围

业主可在招标文件中约定，工程实施期间的变更工程量无论增减，均采取市场价调整的处理方式。即以变更工程量为基准，凡是数量增加的要按照市场价调增，凡是数量减少的也要按照市场价调减。这样，可以从根源上规避不平衡报价在结算时遇到的问题。

并且业主通过合同管理的方式，在合同中约定允许工程变更的范围，防范总承包商调整图纸及工程内容。为实现施工合同质量目标，施工图设计缺陷必须进行修正，但应防范承包商有意通过设计施工图会审、施工过程中的工程变更获得不平衡报价的超额利润，即承包商针对将来可能会发生工程变更的部分特意提高报价。

第三节　项目设计阶段

一、业主控制权减弱，投资易失控

（一）痛点描述

EPC总承包模式下，业主对项目设计控制权减弱，总承包商负责设计、采购、施工和试运行等全部工作，业主此时不需要介入具体的工作。但是目前EPC总承包模式在实际操作中针对设计过程存在的一些问题，比如业主与总承包商之间由于缺乏沟通与互动使得总承包商无法准确把握业主需求，使业主初衷无法很好地实现；缺乏对设计阶段的审查，双方会由于设计问题承担由此带来的建设项目价值损失等问题。因此，业主必须要加强对EPC总承包项目设计阶段的管理工作。

（二）管控措施

1. 明确设计成果要求

EPC总承包模式下总承包商完成的设计成果，其中设计文件要满足EPC总承包项目本身功能需要、符合国家及地方法规规定；设计意图要满足业主对拟建项目的需求；设计档次要吻合业主前期所设定的投资管控目标；设计形式要注重业主的偏好和周围环境。设计过程总承包商要将合同履约情况和现阶段项目的进展情况以及所遇到的问题及时反馈给业主以使业主实时掌握项目信息，为业主做决策提供依据。对于业主而言，设计过程是实现前期设想的重要过程。

（1）深度要求

1）执行住房和城乡建设部颁布的《建筑工程设计文件编制深度规定》（2016版）。

2）设计图须通过政府、相关部门的审查、审核。

3）各专业设计图及专项设计、深化设计图面表达清晰、大样详图完整、满足建筑功能和结构安全、满足现场施工需要。

4）图纸设计满足业主各项相关要求与标准。

5）根据设计图编制的工程造价，满足工程总造价控制的要求。

（2）设计成果的提交要求

技术设计最终完成后应向业主提交经其认可及政府、相关部门的审查、审批通过的施工图设计、专项设计文件、设计概预算及其他相关资料，份数见合同相关约定，并提供电子文档及光盘。

2. 加强设计审查

业主在EPC总承包项目设计过程中开展设计审查是业主把设计过程的审图权和设计预算的审批权重新控制在手里，通过对总承包商所提交的施工图设计方案及对应预算进行关键点审查，使最终建成的EPC总承包项目能够满足业主需求、项目功能要求、投资管控要求以及可施工性要求，从而实现项目的使用功能目标、业主投资管控目标，最终实现项目增值。因此，开展设计文件审查是保证EPC总承包项目满足业主要求、确定管控目标和项目顺利实施的重要实现路径。

针对设计过程，首先由业主提供方案设计及初步设计，总承包商按照合同及规范完成施工图设计，由业主组织相关部门对总承包商提交的施工图设计文件进行审核并出具审查通过证书。期间业主也可提出相关修改意见，与总承包商探讨最终完成设计过程的设计文件（图2-2）。

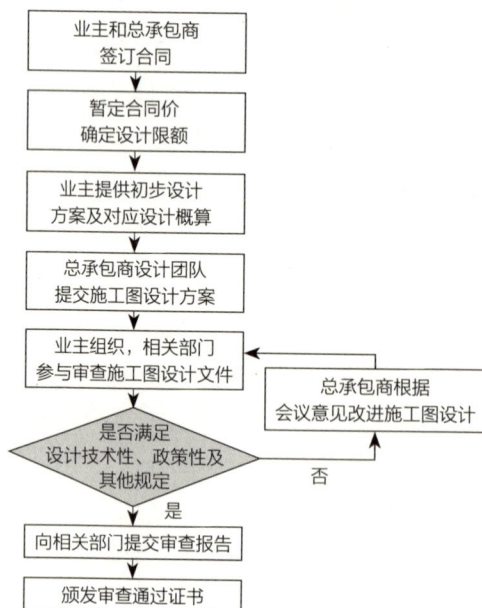

图2-2 EPC总承包模式下业主与总承包商参与的设计过程

施工图审查目前有效的规范性文件是《国务院关于第三批取消和调整行政审批项目的决定》国发〔2004〕16号，其中施工图审查被列入国务院决定改变管理方式、不再作为行政审批、实行自律管理的行政审批项目目录，即从2004年开始由行政审批改为自律管理。

对于施工图设计文件审查重点在于技术性审查和政策性审查，其中技术性审查的主要内容有：

（1）建筑工程设计文件是否符合国家有关规定中的要求；

（2）建筑结构安全稳定性审查，审查检验地基基础以及主体结构的安全可靠性；

（3）对抗震、消防等强制性标准进行审查；

施工图设计在工程项目实施阶段是十分重要的一个环节，施工图设计是设计阶段的最后一个成果，也是设计阶段的最终成果，是工程项目建设的依据。施工图图纸中包含：建筑物的平面图、立面图、剖面图、建筑物使用材料、安装工程电气水暖等管线分布及型号，是工程建设现场指导项目施工最主要的依据，是业主审核工程质量和阶段性工程验收的主要参照标准。加强施工图后审也是减少和避免施工后期总承包商机会主义或恶意变更的关键。

3. 强化业主与总承包商的沟通与协调

EPC总承包项目的最大特点之一是由总承包商承担项目的设计、采购和施工的全部工作，业主在项目实施过程中参与力度很小。业主仍有权利监督总承包商的工作，但并不能过分干预总承包商的设计工作。但是由于业主与总承包商之间因缺乏有效的沟通，致使双方各自的行为结果与目标之间发生相互偏离，因此需要加强业主与总承包商的对话沟通。

业主与总承包商在设计过程的沟通务必坚持"尽早沟通"和"主动沟通"两个原则。"尽早沟通"将有关问题扼杀在前期，"主动沟通"加强对项目的重视度和参与度。

业主与总承包商保持密切的沟通，在完成设计任务的过程中妥善处理、协调与总承包商的关系。沟通的方式可以采用开会方式，如设计例会、工作汇报会、专题研讨会、电话会议，甚至可以采用视频等方式。

（1）通过强化双方沟通交流手段一方面可以有效解决业主在设计过程参与度低的现状，业主虽不能过多介入总承包商承担的项目设计、采购、施工的全过程，但可以通过及时对话沟通的方式提供给总承包商在设计过程关于详细设计所需的指导意见，还能在一定程度上增强业主对总承包商的控制影响力，同时确保以不影响总承包商正常行使权利和工作灵活性为前提，使业主的设计意愿在设计过程中得以很好的实现。

（2）总承包商可通过及时的沟通更清晰地了解业主的需求与期望，减少项目后期实施过程中可能出现的变更与索赔等不利情况。另一方面，业主与总承包商还可以充分利用彼此各自拥有的专业技术知识将设计过程可能存在的问题在前期设计过程中予以解决，并对设计中所涉及的技术经济指标进行明确，从而实现业主与总承包商站在全局视角下提供全方位、全过程和多角度设计服务。

4. 构建业主与总承包商信息获取渠道

在EPC总承包模式下，在业主与总承包商之间存在一个现象即各自对有关于自身所涉及领域的信息更感兴趣、更愿意花费时间成本去掌握，而对提供给另一方所需的信息缺乏积极性，由此造成在建筑业中部分业主对项目具体的运行规则了解不够、承包商存在潜在的运作不规范，导致双方之间处于不信任的工作环境。

通过在业主与总承包商之间建立通畅的信息获取渠道，有利于双方站在各自专业角度提出针对具体问题的专业见解，双方所拥有的资源可以以开放、公开的方式实现共享，业主与总承包商之间相互认可、相互信任、相互合作共同完成建设项目。

信息获取的方式包括正式渠道和非正式渠道，通过官方网站平台以及定期的交流会进行正式的信息获取；通过搜集以往类似案例以及与往期合作者进行交流作为非正式获取信息渠道，同时注重现场考察和市场调查，通过宣传或参与回馈活动等措施，促进业主与总承包商双方进行信息分享的积极性。

5. 强化EPC总承包商的自主管理意识和自主管理能力

在EPC总承包建设模式下，国内总承包商对于设计的自主管理能力参差不齐，施工单位为主体的总承包商往往受到人力资源获取条件的限制难以提高自主管理能力，即使是以设计为主体的总承包商，许多设计单位也未能建立适应EPC总承包建设模式所需的企业组织结构、管控模式和项目管理体系，从而限制了总承包商对EPC项目工程设计的自主管理能力。

因此，在国内成熟EPC总承包商为数不多的情况下，业主应重视运用合同管理等手段提高总承包商自主管理意识和自主管理能力。例如，由于设计接口管理对设计输入的正确性和及时性都非常重要，总承包合同中应明确要求总承包商的项目管理团队设置"设计接口工程师"岗位。

在努力提高总承包商设计自主管理能力的基础上，业主仍应在以下方面加强对项目设计的管控：

（1）积极参与设计阶段的策划和重要成果的中间评审，加强过程管控。例如参与设计阶段的设计联络会、专业方案评审会和综合方案评审会等。

（2）引导总承包商做好合同签订后的"设计优化"，一方面要防止总承包商"过度优化"，避免以牺牲性能、工程质量和运行维护来降低成本；另一方面支持总承包商根据有益于工程全寿命期、共赢的原则提出科学合理的设计优化。

二、承包商设计优化动力不足

（一）痛点描述

EPC项目按照业主需求实施，无论是从业主功能需求和建设投资把控的视角，还是从总承包商项目管理三角关系把控的视角，优化设计一方面是业主给予总承包商产生利润空间的机会；另一方面是业主投资节约的机会。激发共赢需要共享，但目前项目实际执行中针对EPC项目的优化设计部分，业主认为总承包商没有承担优化掉部分工作的实施而应收回优化设计部分的收益，而总承包商认为其付出和收获不对等，这就产生了业主收回全部优化设计收益与因对总承包商激励不足而丧失对优化设计部分高效履约积极性的矛盾。实践中，参建各方很难形成有效的利益共同体，很难达成一致的利润分配方案，从而导致了优化设计缺乏动力。

（二）管控措施

实行设计奖罚制度，激励设计人员认真设计，在保证安全与功能的基础上，鼓励设计者采取新型工艺、新型材料、新型施工技术减少工程投资。业主将节省下来的工程造价用于设计人员奖励；相反，若造成投资增加或浪费，则予以一定的处罚。

由于EPC工程项目涉及的资金额度比较大，且业主缺乏专业建设能力，难以使得项目资金发挥其最大运作价值。相反，承包商作为工程的具体执行者以及专业能力的拥有者，对整个项目工艺了解程度较深，具有丰富的工程经验，可以通过向业主提出合理化建议来帮助业主降低其建设成本，给项目带来较大收益。因此，在EPC项目合同中，常常会添加合理化建议奖励机制的相关条款，以此来激励EPC承包商尽可能多地向业主提出合理化建议，帮助业主提高项目价值，使合同双方都获益，将这一内容引入工程合同，标志着现在管理思想已融入工程建设管理之中，也体现了EPC合同编制在管理理念上的前瞻性。

价值工程中提高价值工程的五种途径与承包商合理化建议的联系如图2-3所示。

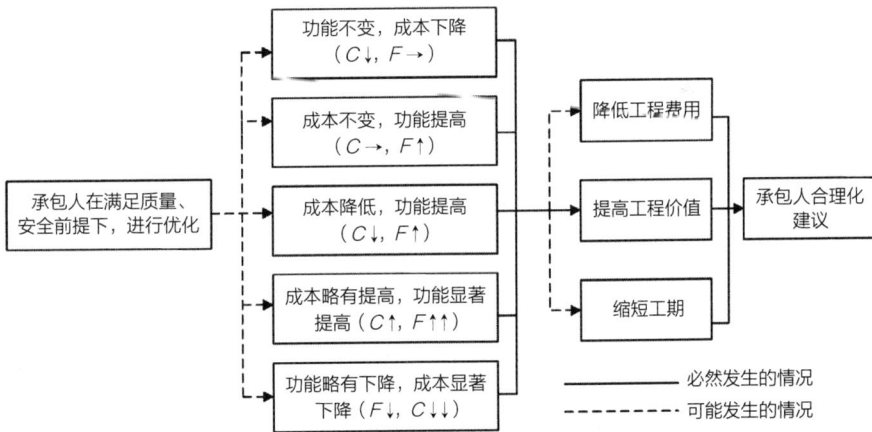

图 2-3　价值工程分析

由图2-3可总结分析得出，如果承包商提出的建议符合价值工程五种实现途径中的其中一种，那么必然可以推出该项建议提高工程价值，符合价值工程原理。FIDIC银皮书条款13.2规定：承包商可随时向雇主提交书面建议，采纳后将：①加快竣工；②降低雇主的工程施工、维护或运行的费用；③提高雇主竣工工程的效率或价值；④给雇主带来其他利益的建议。从条款内容可知，承包商合理化建议的效果之一即为提高竣工工程的价值，符合价值工程情况的建议变更，有助于提升项目价值。

三、承包商为追求利润过度设计

（一）痛点描述

在EPC模式下，承包商承担了项目绝大部分的风险，相应的，承包商也对项目享有较大的管理权限和自由度。为争取最大利润，承包商可能会在后期施工利润空间高的地方加大设计投入，在满足业主需求的前提下尽可能使得项目经济技术指标偏高，从而造成投资的增加和资源的浪费。

（二）管控措施

1. 进行设计方案比选

根据《建设工程设计文件编制深度规定》（建设部〔2008〕216号文），我国建筑工程的设计一般应分为方案设计、初步设计和施工图设计三个阶段；对于技术要求简单的建筑工程，经有关部门同意，并且若合同中有不作初步设计的约定，则可以在方案设计审批后直接进入施工图设计。前一个阶段的设计文件应能够满足编制后一阶段设计文件的需要。

（1）设计方案评价指标

设计方案比选通常在方案设计和初步设计阶段进行，在设计方案比选过程中，应从方案设计和初步设计阶段设计方案拟订过程中所考虑的指标入手，严格执行相关设计标准或设计规范等依据。对于工程建设项目方案设计通用指标主要有结构形式、空间设计、平面布置等，建设项目主要从以下几方面指标进行评价：

1）建筑物内部各种使用空间的大小、形状、设施等结构形式：设计方案的结构形式应满足建筑物的立项意义、主题和功能要求设计，以及可能由此产生的社会与经济效益。

2）建筑平面、空间布局和总平面布置：需要明确功能分区、空间组合及景观分析、交通分析等情况，关系到使用功能、交通流线组织的合理性，强调整个系统的"接口"联系及总体设计的合理性。在平面设计时要充分利用地形、地貌、地质，少占农田，尽量避开大型建筑物；纵断面设计时，避免大填大挖，减少土石方工程量；特殊路基、软基设计时，尽量采用经济实用的处理方法；在桥梁、涵洞设计时，尽量采用经济的结构形式。

3）建筑方案与环境：建筑物自身最好能够尽量规避外来的污染，这在平面布置中应考虑到。同时建筑物会因自身的形体和一些特殊工艺对周围环境产生影响，能否将这些影响降低到最小，也是设计方案优化的一个主要目标，这不仅体现设计者的水平，也在一定程度上影响着项目的社会效益和经济效益。

（2）设计方案比选的控制要点

1）应根据待比选设计方案的实际情况选择恰当的比选依据和标准

设计方案比选的依据主要包括两类，即工程建设国家及行业标准和业主提供的项目设计方案及相关资料。由于工程建设标准种类繁多，适用范围也各不相同，在进行设计方案比选过程中，应严格根据设计方案及相关资料选择合适的工程建设标准，以确保设计方案比选结果的正确合理性。

2）确保待比选方案的可行性及具备满足用户需求的必要功能

确保待比选方案的可行性及具备满足用户需求的必要功能，不能盲目追求成本降低而删减必要功能或使方案不具备可行性。

3）在利用价值工程优化设计时，选择合适的设计方案

在通过价值系数选择设计方案的过程中，应尽量选择价值系数靠近1的方案，不能一味追求价值系数越大越好，因为价值系数过高有可能带来功能过剩、成本无法满足必要功能实现等问题。

2. 引入全过程工程咨询单位，进行限额设计

EPC总承包合同签署阶段，设计尚处于初步设计阶段，对于一些技术性要求比较高的项目，甚至处于概念阶段，很多报价和工程量都是根据经验估算的。做好限额设计，对于总承包项目成本控制至关重要。在满足国家规范、规程和地方标准的前提下，从优化设计角度进行方案论证，审查设计文件，检查设计进度，同时在项目实施过程中严格控制设计变更。业主可聘请造价咨询单位或全过程工程咨询单位进行设计管理，从投资控制的角度进行限额设计与设计优化以节约成本。

第四节　项目实施阶段

一、业主控制权弱，主要材料设备采购风险性大

（一）痛点描述

由于设备、材料费在整个项目造价中所占的比重很大，且种类多、技术性强、涉及面广、质量要求高，具有较大的风险性。采购进度影响项目进度，采购质量制约着项目质量，并决定着项目投运后的安全稳定运行。材料设备采购控制是EPC项目成败的重要因素之一。不仅要对货物本身的价格进行选择，还要综合分析一系列与价格有关的其他方面问题。例如，根据市场价格浮动的趋势和工程项目施工计划，选择合适的进货时间和批量；根据周转资金的有效利用和汇率、利率等情况，选择合理的付款方式和付款货币；根据对供货厂商的资金和信誉的调查，选择可靠的供货厂商。

EPC项目在物资采购方面，不同于施工总承包项目的地方有以下两点：一是一般无甲方供料。在通常的施工总承包合同中由甲方负责的部分采购，在EPC项目中都由承包商负责，这方面的采购和安装需要提前考虑。另一方面，质量标准的确定与设计是可以互动的，与施工总承包相比，物资设备的选择空间更大一些。

在EPC总承包建设模式下，业主对于总承包商主要设备采购的管理宜进行"重点管控"，在保证管控效果的前提下充分发挥总承包商自主管理的能力和设计、采购、施工调试一体化管理的优势。

（二）管控措施

1. 加强供应商管理

（1）业主可对总承包商提出的潜在合格供方进行审查和批准

对于重要设备和重要装置性材料的购置可在总包合同谈判期间业主和承包商进行协商确定，并要注意避免单一来源或形成不合理的竞争限制。

（2）对供应商进行履约评价，并对采购工作进行后评价

业主可通过监督总承包商建立供应商履约评价平台，加强采购管理部门与合同执行部门之间的沟通与交流，掌握供应商在合同执行过程中出现的问题并及时监督总承包商进行落实整改；同时可对总承包商的采购工作进行后评价，通过合同执行过程中出现的问题，反思采购环节业主需重视或改进的相关措施；根据供应商履约评价结果，为其他项目的采购提供参考。

2. 重点物资分级管控

根据物资采购对项目进度节点影响程度、物资采购周期及质量要求等原则，对物资采购控制及质量检验控制进行分级管理。

首先，业主可在EPC合同中建立《受控物资清单》，从源头上保证重点物资采购处于业主管控范围之内。

其次，业主可将工程物资划分等级，在给总承包商信任授权的基础上加强"重点管控"，例如将工程物资划分为ABC三个等级。

对于A类物资，业主方应严加控制，宜派人参与技术评标和技术谈判，如聘请设计监理，设计监理宜在合同技术附件上"页签"。

对于B类物资，业主方可视情况派人参与技术评标和技术谈判，但供货合同技术附件必须提交业主方审查。

对于C类物资，业主方仅控制合格供方的批准，总承包商自行完成招标后应将合同技术附件提交业主备案。

3. 加强物资出厂前检验

（1）重点加强对物资出厂前的检验，将质量控制重点由到货检验前移至出厂前，及时发现不合格项并督促供应商完成整改，避免货到现场后因质量缺陷需现场整改或调换设备，影响项目正常进度。对于A类物资，业主方宜派人参与总承包商组织的出厂验收。运输过程的质量控制主要依靠总承包商的自主管理，业主方可以"抽查"的方式来检查总承包商的管理是否有效。

（2）设备材料进入施工现场前，应委托第三方复验，确保进入现场的设备全部合格，

确保用于工程的材料全部符合相应的标准规范。例如，可以对特殊材质的螺栓进行到货后的外观检查和尺寸复核，按批次进行性能复验，确认其外观完好、几何尺寸符合图纸要求、力学性能合格后，才能交付总承包单位使用。

4. 监管设备和材料的采买

（1）审查重要设备和装置性材料招标技术文件

关注总承包商建立的与招标技术文件相关的质量管理体系，参照初步设计质量控制的要求校对、审核设备和材料招标文件。当业主缺乏审查能力时宜由设计监理或外聘专家对招标文件进行审查。并且业主对招标文件的审查不免除总承包商合同项下的责任。

（2）审核招标方案并派人参与技术评标和合同技术谈判

理论上在EPC建设模式下如何招标是总承包商的权力，但从业主的角度应防止总承包商不管设备的重要性等一味采用"最低价中标"。因此应要求总承包商根据各采购包对性能和运行的重要性等特点事先策划各类设备和材料的招标模式，形成《采购包采买招标规划》，业主进行审查并可提出合理建议。

二、如何监督承包商，保障工程质量

（一）痛点描述

在EPC总承包合同中，由于往往采取固定总价的合同规定，EPC总承包商承担了大部分的合同风险，虽然EPC总承包商在投标报价时考虑了各种成本风险，如人员配置成本增加、物料价格上涨、业主要求变更、自然不可抗拒因素等，但是在工程的实际建设过程中，许多不可预测的风险所造成的代价危及了EPC总承包商的利益，故EPC总承包商极可能采取更换原材料、降低技术标准、采购劣质设备等手段以降低成本，最终以降低工程质量为代价，严重影响了工程项目的质量，无法保障业主的权益。

（二）管控措施

1. 重视设计接口与界面管理

业主应当派出设计负责人与EPC总承包商的设计负责人一起协调好设计专业之间、设计与供货商之间、设计与施工之间的接口管理，提升设计方案的可施工性，从而减少设计变更，最终缩短工程建设周期，发挥总承包模式的优势。通过对设计变更的严格管理与考核，减少由于变更带来的设计质量问题。

2. 加强合同中质量奖罚条款的约定与执行

为了避免工程实施中质量标准问题复杂化，业主和总承包商最好在签订EPC合同时就对质量标准作出明确的约定，在合同中明确规定质量条款可以在出现纠纷时有章可循。下面关于合同质量的约定应成为EPC合同的重要条款：

（1）质量等级的约定

合同应明确工程应当达到的质量等级（由工程质量监督部门根据国家质量检验评定标准评定），是合格还是优良。如约定质量等级必须合格，实际达到优良，发包人对承包商有何奖励措施（包括支付由此增加的经济支出，对工期有影响的应给予相应顺延等）；进一步获得某些公认的奖项又有何奖励措施。

（2）约定质量等级未达到的法律后果

EPC合同中应当约定一旦质量等级未达到的法律后果，如负责返工和修复，直至达到约定质量等级和条件，工期不予顺延。返工后仍不能达到约定条件的，由承包商承担违约责任。因业主原因质量达不到约定条件的，由业主承担返工的经济支出，工期相应顺延。

（3）约定双方对材料、设备的质量责任及相应规定

合同应当对材料、设备的质量责任加以规定，设定不同的验收程序及不同情况下的相应责任。

（4）对隐蔽工程再检验的约定

可规定无论业主代表是否参加验收，当其提出对已经隐蔽工程重新检验的要求时，承包商应按要求进行剥落，并在检验后重新进行覆盖或修复。检验合格，业主承担由此发生的经济支出，赔偿承包商损失并相应顺延工期。检验不合格，总承包商承担发生的费用。

（5）约定工程质量的分阶段控制

针对建设工程采取边设计、边施工、边修改的"三边"现状，在设定EPC合同条款时增加质量分阶段的控制内容，配合分阶段预结算程序，按工程形象进度分项、分阶段进行质量控制。增加相应的约定：约定分阶段质量标准及其约束力；约定分阶段质量符合标准是分阶段结算的主要依据；将分阶段质量控制与分阶段结算直接挂钩等。

3. 从制度和方案上保证质量

业主可通过监理单位全方位监督和审核总承包商制定的施工组织设计、施工质量管理办法及施工质量管理细则等。监理单位通过建立一些施工流程审批制度、质量管理控制制度和工作例会制度，并根据施工部位的重要性、技术难度和风险程度等，制定施工技术方案审批制度等，对总承包商进行有效的管理。对于关键的、影响较大的施工技术方案必须经过监理单位、EPC总承包商和业主的审批，保证施工技术方案的科学合理，并在实施过程中落实监督、跟踪检查。

4. 定期审核工程造价支出

业主可以采用委托第三方工程监理的方式来进行，通过审核工程实施中对应成本的实际支出量、使用量、库存量等信息，并在对比工程进度的基础上提出审核报告，发现其中存在的可能问题与建议，在与承包商沟通的过程中提出改进建议。通过此种方式既可以避免承包商在工程中存在不遵从行为，也可以形成良好的监理态势，为工程的总体质量提供保障。

5. 建立随程检测体系

按照施工进度的不同而开展必要的监理检测。从具体内容来看可以包括材料检测、设备检测、工程进度检测以及工程质量检测等四个内容。通过检测的方式获得工程的实际进展，并对其造价合规性进行评价。通过此种模式除了在造价管理层面上形成绩效之外，还能够综合保障工程建设的质量，是工程监理的重要内容之一。

6. 监督总承包商关键工序质量和隐蔽工程质量

业主不仅要验收最终产品，并且在施工过程中也需要进行监督。因此，首先应严格控制工序交接质量。在承包商自检合格的基础上，报监理单位进行质量检验，业主要参与关键工序交接质量的检验；其次，业主需要监督总承包商关键工序质量和隐蔽工程质量，要坚持隐蔽工程质量检查验收制度和技术复合制度。施工分包商必须按照质量控制点的要求上报隐蔽材料，经各方检查确认合格后，方可隐蔽。土建基础等交接过程中要进行复测复量；经各方签字确认后才能正式移交。业主代表需进行施工巡查，并督促监理正确全面地行使好工程质量的监督审查权，现场巡查、旁站检查、平行检测到位。从而实现建设施工质量全过程、全视角把控。

7. 建立互信机制，对监理充分授权

在管理链条中，业主与监理单位双方要建立互信机制，在明确了双方职责的情况下，业主可通过引入全过程工程咨询单位对监理单位进行充分、必要的授权。在项目不偏离预期目标的前提下，不干预或过多干预监理单位对工程项目的监督管理，使监理人员在发现问题时能够充分行使监理权利和决定，提高监理人员的积极主动性，梳理监理人员威信。与此同时，监理单位也应充分注重自身的管理效益，不断提高项目管理水平，包括建立健全项目监理部组织机构和监理工作程序体系，提高监理人员的专业技术水平、工作责任心、服务意识等。在项目监管过程中，通过既定的沟通渠道，及时、准确地向业主方反馈、汇报工程建设方面的信息，并寻求与双方一致的意见。

三、传统施工监理不能满足EPC模式下业主的需求

（一）痛点描述

根据《建筑法》中的规定，监理人由建设单位委托，监理人应该对EPC总承包单位进行监管。《建设工程监理规范》中体现，监理工作是针对施工单位的管理。在EPC总承包工程项目中，为保障业主权益、监督EPC总承包商的行为，业主往往与具有资质和丰富经验的监理单位单独签订合同，依靠监理单位对EPC总承包商实行监管。

自1988年监理制度被引入国内以来，监理的职能主要是质量控制、进度控制和费用控制，合同管理、信息管理和综合协调（即通常说的"三控两管一协调"），但由于多方面的原因，实际监理工作主要定位于施工现场，且工作的重点是对程序及质量的控制。在传统模式下，监理制度主要针对现场进行施工监理。

在原有的监理制度下，明确约定了监理范围及监理的相关工作要求，各地均明确了对监理单位招标的相关规定，如监理的人员配置要求、监理单位工作内容、监理取费要求等。但这些相应的规定大部分是从施工监理服务方面进行考虑的，对EPC总承包商如何监管很少有系统性的涉及；相应的监理收费也是参照《建设工程监理与相关服务收费管理规定》（发改价格〔2007〕670号）执行；建设工程监理合同（示范文本）也主要考虑传统模式下的施工监理情况。

而在EPC总承包模式下，工程总承包商的工作内容大为扩展，包括了设计、前期办理、招标、施工及调试和后期服务等多个或全部阶段，这导致监理团队人员的组成可能不符合EPC总承包模式的监理工作要求，技术力量不足，监理取费也难以支撑监理单位雇用设计管理、招标管理等方面的人才，与常规的监理工作存在较大的差异。

（二）管控措施

1. 采用创新工程监理服务模式——全过程工程咨询服务

从上述对EPC总承包模式下监理工作内容的分析可看出，其服务要求已经突破了常规工程监理的工作要求，除了施工阶段的工程监理工作、设计阶段的监理相关服务内容外，延伸到了设计技术管理、施工前期准备管理、造价咨询管理和竣工验收及运营保修等其他阶段的管理服务。服务内容更加延展，服务要求向高质量、大纵深方向等方面递进，精细化、系统化、规范化和全方位的需求充分体现了专业工作由专业人员完成的市场发展规律。《房屋建筑和市政基础设施项目工程总承包管理办法》提出："建设单位根据自身资源和能力，可以自行对工程总承包项目进行管理，也可以委托勘察设计单位、代建单位等项目管理单位，赋予相应权利，依照合同对工程总承包项目进行管理。"

在建设单位管理力量、管理经验和管理水平等都相对欠缺的情况下，借助全过程工程咨询单位，充分发挥和利用其在管理、技术、法律和经验等的优势，对EPC工程总承包单位进行全方位的监督、管理、指导和咨询服务，对建设工程项目的顺利实施能够提供有力保障，从而转变由于体制问题导致的多个建设环节（可研、设计、造价、招标代理、工程监理等）肢解并设置单独的准入门槛，以及工程咨询市场被强行碎片化、服务分散的弊端，从而有效地促进国内工程建设与管理水平尽快与国际惯例接轨。

2. 引入设计监理

设计监理即受业主单位委托，在设计阶段对设计活动进行全面监督管理。业主作为整个项目的投资者与受益者之一，对整个工程项目的建设情况乃至运营情况有着不可推卸的责任。鉴于设计阶段对项目的影响程度之大，因此可委托引入设计监理来实现对前期和设计阶段的全方面管理。

国外建设项目有的推行全过程监理制度，而我国目前建筑行业只重点关注施工过程的监理，若设计阶段引入设计监理制度可在一定程度上实现较好的投资管控效果。在设计过程推行设计监理制度，可以对设计前期勘察工作和设计工作两个方面进行监督管理。在设计前期，总承包商进行实地考察核准业主提供相关勘察设计资料，勘察工作的重要性在于不仅影响后期设计质量，而且还对施工中是否出现较大的内容变更产生影响；在整个设计过程中，业主也可委托监理单位对设计工作质量、进度、费用和设计概算、施工图预算实行控制和管理，让总承包商提交满足业主需要的强技术、优经济的设计方案。设计过程推行监理制度可以使总承包商提高拟建项目的设计质量，并控制设计过程投资以及整个项目总投资。

四、业主与总承包商项目信息不对称

（一）痛点描述

在 EPC 模式下，一方面，业主和总承包商所扮演的角色不同、分工不同，天然决定了双方在工程项目的安全、质量、进度、成本等方面的信息不对称，一般是总承包方拥有更多的信息；另一方面，业主依据合同约定，在工程价款支付方面掌握着主动权，比总承包方更胜一筹。

具体来讲，一方面，业主对总承包商的总体管理水平和能力以及设计施工实力等方面的情况了解得并不全面；另一方面，在工程项目实施过程中，业主不能及时有效地掌握总承包商是否能按总承包合同的约定完成设计和施工任务。例如，在质量管理方面，由于业主未能全程参与和监督，导致相关信息掌握得并不全面，很难确定总承包商是否有偷工减料的行为。从该角度分析可知，业主相对于总承包商处于不利地位。同时，在大型 EPC 的总承包项目中，由于业主的专业水平有限，且掌握的工程信息不全面、不及时，工程总承包商很可能借助其在信息上的优势，通过不正当的手段和行为追逐自身更大的利益，从而使业主蒙受较大的损失。

（二）管控措施

1. 建立 EPC 模式工程信息共享平台

EPC 模式下设计、采购、施工等建设项目的大部分工作交由一个承包商负责，承包商同时也负责各个分包商的协调管理工作。在总承包商的协调下建立信息共享平台可实现设计采购施工的深度交叉，使得建设项目实施过程中产生的信息流沿着项目基本建设程序无损流动，保障建设项目顺利开展，从而达到提高建设项目绩效的目的。对 EPC 项目信息进行合理管控，是保障建设项目正常运转的承载基础，也是提高 EPC 项目建设效益的重要手段，并且为 EPC 模式中的各个参建方提供协同管理的平台，保证项目建设信息流共享的及时性与准确性。

EPC 模式下发承包方及各个分包商等建设项目的参与方是建设过程中信息的产生者和提供者，可以将项目实施过程中的建设项目信息及时上传到 BIM 共享平台中，实现设计、采购、施工等建设基本程序中信息流的交互，进一步减少因信息不对称问题所形成的"信息孤岛"现象，充分借助"互联网+项目管理"的优势，实现工程信息的及时性、有效性、可追溯性、可视化等，为EPC模式下项目参与主体搭建有效的信息沟通平台，逐渐平衡业主和总承包商对项目管理的全过程信息的掌握程度。

业主作为平台的投入方和受益方可以通过项目信息的监管及时发现项目建设过程中的工程变更风险因素，加强各单位之间交流协作，增强信息交流，从而达到控制工程变更的目的。因此通过建立基于BIM的EPC项目信息管理共享平台及时公布项目建设信息，也可以达到抑制承包商机会主义工程变更行为的可能。

2. 加强业主自身建设，引入外部监督力量

采用EPC总承包项目管理模式后，主要风险和管理工作集中于总承包商，能否充分发挥总承包商的优势、调动参建各方积极性，是整个项目成败的关键。业主作为信息不对称的劣势方，在做好外部环境协调管理的同时，需全面加强自身队伍建设，积极培养技术水平过硬、管理能力超强的综合性人才，进一步降低因信息不对称而导致的业主利益损失；应充分利用社会外部监督机制，引入国内外优秀的项目管理人才和专业团队，作为工程建设的第三方监督力量，全面解决信息不对称现象下的专业技术问题。例如，积极邀请设计、施工方面的专家和院士作为技术咨询对现场进行阶段性评价；在质量管理方面，引入试验、物探等专业机构作为第三方监督力量等。采取上述有效措施，可为工程项目全生命周期管理提供增值服务。

3. 完善履约评价制度，加大考核奖惩力度

采用EPC模式进行工程项目管理，业主方较传统DBB模式权力大大削弱，信息不对称问题尤为突出。但是，业主作为工程项目的牵头人，仍然全面掌握着工程项目的价款支付权利，相对于总承包商具有一定的优势。一方面，业主可根据总承包商进度节点完成情况进行支付，履行合同职责；另一方面，按照考核管理制度加大对总承包商进行合同履约评价考核的力度。具体来讲，根据合同约定重点对勘察设计管理、安全管理、质量管理、进度管理、合同商务、综合管理等方面开展专项打分与评价，由业主定期向总承包商呈报考核评价结果。与此同时，结合该工程的实际特点，不断完善该评价制度，严格执行合同约定对总承包商的考核奖惩办法。通过合同管理的有效手段，进一步降低EPC模式信息不对称状态下总承包商的"道德风险"。

五、EPC模式下业主如何审核进度款支付

（一）痛点描述

在EPC总承包工程项目合同价款管理中，价款的支付条件直接关系项目进度、资金周转和工程质量的有效把控。EPC总承包项目工程进度款支付方式的选择对于业主和总承包商而言始终是影响工程项目合同完美履约的重要影响因素。

在EPC模式下，我国EPC模式试行的几个省市对于工程进度款的支付不全都一样，

有按照里程碑支付的，有按照月进度计量支付的，以及按预算评审工程量清单和实际工程进度计划进行支付的等，但是，主流的支付方式有两种：按里程碑支付与按月支付。这两种支付模式深受业内人士的欢迎，在现阶段国内外工程项目中，占有相当大的份额。我国各省市对于工程进度款的相关规定总结如表2-6所示。

各省市进度款支付一览表   表2-6

各省市	文件规范	文号	进度款支付方式	支付及控制依据
住房和城乡建设部	《建设项目工程总承包合同示范文本（试行）》GF-2011-0216	建市〔2011〕139号	按合同约定的支付方式支付	形象进度和合同条款
住房和城乡建设部	《房屋建筑和市政基础设施项目工程总承包计价计量规范（征求意见稿）》	建办标函〔2018〕726号	按合同约定的支付方式支付	合同条款
深圳市	《EPC工程总承包招标工作指导规则（试行）》	（深建市场〔2016〕16号）	按比例或按月度约定额度方式支付	合同条款
四川省	《成华区政府投资工程建设项目采取EPC总承包模式的管理办法（暂行）》	成华府〔2012〕74号	按合同条款约定支付方式支付	合同条款
福建省	《福建省房屋建筑和市政基础设施项目标准工程总承包招标文件（2020年版）》	闽建筑〔2020〕2号	按月支付	支付分解表
安徽省	《蚌埠市政府投资项目工程总承包招标投标管理办法（试行）》	蚌政秘〔2014〕84号	按预算评审工程量清单与实际工程进度计划方式支付	经项目业主审定的预算控制价及工程量清单
广西壮族自治区	《广西壮族自治区房屋建筑和市政基础设施工程总承包标准招标文件（2017版）》	桂建发〔2017〕14号	按月进度支付或按阶段节点协商支付	每月实际完成的工程量（按月支付）；形象进度（里程碑）、计划完成的工程量以及专用条款（按付款计划表）

由表2-6可知，国内各省市对于EPC总承包模式下工程进度款的支付方式、支付依据、支付数额等都有不同的规定，但从总体归纳看，工程进度款的支付方式可分为以下几种：按月工程进度申请付款、按里程碑付款或双方约定的其他方式。

（1）里程碑支付

EPC总承包模式合同条件下的工程价款结算通常根据形象进度即里程碑式的方式进行结算。里程碑付款（Milestone Payment）是一种常用的基于总价合同的付款方式，合同中的"付款计划表"是EPC总承包模式工程价款结算的主要依据。其中，里程碑的节点通常是由业主根据合同的工作范围结合合同的总工期确定的。

承包商按照合同中的付款计划表，根据每支付期限内完成的里程碑工程量（含设计、采购、施工、竣工试验和竣工后试验等）的合同金额，直接向业主提交付款申请，详细说明承包商自己认为有权得到的款额，同时提交按进度报告中规定编制的相关进度报告在内的证明文件。业主在收到承包商提交的每期付款申请报告之日起的规定时间内审查并支付。

（2）按月支付

按月工程进度申请付款要根据实际已完成的工程实体量进行计量支付，再依据合同条款以及专用条款的规定等进行进度款的拨付。

承包商在实施工程时，按照合同约定的程序，由业主和总承包商双方或者双方的代表，对实际发生的工程数量进行实地测量。测量的目的是确定工程的支付价值。经过对实际已完成的工程量进行测量，如果双方都对结果没有产生异议，那么就认为所测量的工程量是准确的并被双方都接受的价格。因此，工程量的正确计量是业主向总承包商支付工程进度款的前提和依据。

EPC总承包模式下，不是传统模式中的监理人来审核计量出工程量，而是由业主或者业主代表来审核承包商提交的已计量工程量，对工程量中合格的量进行确认，并且剔除由于承包商自身原因产生的多余的工程量。同时，工程量的审核必须由业主和总承包商双方共同完成，并由业主或其代表签发已审核工程量报表，用于申请进度款。

（3）按月计量结合里程碑付款

即以实际完成的实物工程量、进度测量程序为计算依据，并将当月的里程碑纳入计算体系，按月申请期中付款。

从以上分析可看出，EPC模式与DBB模式下的工程款支付方式和流程是不同的，那么在EPC模式下，业主如何把握并审核好进度款支付是需关注的问题。

（二）管控措施

1. 严把进度款合同内容

在EPC模式下，业主对工程的各项管理工作都是通过合同管理模式落实完成的。因此业主对进度款管理的核心，就在于其与总承包商的总承包合同相关条款的制定与签订过程。

1）严把条款内容与数据。在工程合同制定过程中，业主需要对工程进度、进度款资金需求、施工资金使用情况等内容及相关数据进行严格估算，并与总承包商进行严密的核对，形成严谨、详细同时便于执行的支付结算条款，确保支付结算质量。

2）严格合同签订程序。在总承包合同签订过程中业主需要严格遵守相关法规与制度，落实合同公证制度，避免因签订程序错误造成合同部分条款失效，进而影响进度款支付结算工作的正常完成。

2. 根据项目特点选择合适的付款方式，有效激励承包商

综上分析，可看出EPC总承包合同的支付方式一般有里程碑支付、按月支付、按月计量结合里程碑付款三种方式。对于不同类型的项目，业主应结合项目的特点选择合适的付款方式。付款方式的特点评价应从以下几方面进行：

（1）是否有助于承包商进行资金预算保持项目现金流稳定（付款是否及时、支付时间是否清晰）。

（2）是否有助于提高承包商工作效率，激励承包商积极组织关键路径上的里程碑付款活动以保障整体工期。

（3）是否简便易行。

（4）适用范围。

以下是三种支付方式的特点评价表（表2-7）。

EPC模式支付方式特点评价表 表2-7

评价层面	按月计量付款	里程碑付款	按月计量结合里程碑付款
付款是否及时	付款及时，承包商资金压力小	不能按实际进度按比例逐步收回款项	付款及时，承包商资金压力小
支付时间是否清晰	支付时间固定	支付时间不固定	支付时间固定
是否有助于工期控制	作用小	作用很大	作用较大
是否简便易行	付款程序复杂；付款支持性材料收集难度小	付款程序相对简单；付款支持性材料收集难度大	付款程序复杂；付款支持性材料收集难度大
适用范围	多数项目适用	节点明确的项目	多数项目适用

如表2-7所示，按月计量付款能保障承包商现金流平稳，但对激励承包商想方设法保障关键路径工期影响不大；里程碑付款能极大地提高承包商的积极性，但容易导致承包商对长时间里程碑项目垫资过多，不利于现金流平稳；按月计量结合里程碑付款的方式则综合了按月计量付款和里程碑付款在保障项目顺利执行方面的优点，但付款程序更加复杂。

鉴于此，EPC总承包模式下工程价款的支付，业主可以结合不同类型的里程碑项目特点，选择合适的付款方式来激励承包商提高工作效率。

3. 审核形象进度或分阶段工程量

对于签订总价合同的EPC项目，业主审核每一支付周期内承包商实际完成的工程量，应对照在合同专用条款中约定的合同总价支付分解表所表示的阶段性或分项计量的支持性资料，以及所达到工程形象目标或分阶段需完成的工程量和有关资料进行审核，达到支付分解表要求的支付进度款，未达到要求的应相应减少支付金额。

4. 审核进度款支付比例

业主审核进度款支付的比例。其比例应按照EPC总承包项目合同约定。审核时对照本支付周期内应计量的工程量、应支付的进度款，按照合同中约定的比例进行核算，既保证不向承包商多付进度款，又要保证承包商的资金周转，避免因资金不到位而影响工程的质量及进度。

5. 做好专项资金管理工作

为了避免因资金管理问题造成的进度款支付延误问题，业主需要对项目资金进行严格监管。特别是项目直接负责人需要定期核查项目资金，确保用于进度款的专项资金安全到位，不出现挪用、转借等问题，影响进度款按时支付。对于已经出现的资金问题，业主需要与财务、项目建设等相关部门协调联系，确保资金链正常运行。

6. 严守支付原则，不符合要求不予支付

业主审核进度款支付申请的过程中还注意以下几点：承包商要求对不能计量的工程量［即承包商超出设计图纸（含设计变更）范围和因承包商原因造成返工的工程量］要求支付的，不能支付；承包商未经业主同意，擅自将部分主体工程或非主体工程分包，不能支付；工程质量不合格的部分不能支付。

六、EPC模式下如何合理确认工程变更

（一）痛点描述

对于固定价格类型的EPC项目而言，虽然业主风险在很大程度上转移给了承包商，而且变更范围也在缩小，但是项目变更现象依然存在。由于工程项目施工阶段条件复杂，影响因素多，以及一些主观和客观方面的原因，工程变更是难以避免的。其引起变更的因素有很多种，比如由设计引起的变更、由采购引发的变更、要求提前竣工引发的工程变更、业主要求引起的工程变更和其他因素引起的工程变更等。

频繁的工程变更往往会增加业主和监理工程师的组织协调工作量，打乱业主和监理工程师正常的工作程序，同时也对承包商的现场管理增加难度。例如，为处理工程变更，尤其是处理关系项目全局的一些变更，业主和监理工程师需要召集一系列的专题协调会议，组织业主、监理、勘察、设计、总承包商及分包商对工程变更事项进行研究和协商。一些重大的设计变更还需增加施工现场补充勘察和调研环节。由于工程变更的复杂性和不确定性，处理工程变更会耗用建设项目参与各方的管理资源，降低项目管理效率，增大业主的管理费用和监理费用支出，对建设项目管理带来不利的影响，所以必须引起业主方的重视。对于一个有经验的承包商，通过变更和索赔是获得成本补偿的重要机会。对于业主，必须尽量避免太多的变更，尤其是因为图纸设计的错误等原因引起的返工、停工、窝工。

在工程变更的过程中可能存在虚假的工程增量，对于业主方来说则需要合理确认：

（1）在实践中，在施工过程中可能存在项目参与方为了增加自身的利润，利用工程变更增加收入的情况。项目参与单位利用自身的专业技术上的优势，在项目即将发生或者已经发生，且合同相关文件未明确规定的内容，以签证、联系单等方式向业主方、监理单位提出建议，利用业主单位对专业技术的不了解，虚报工程变更增量达到增加收益的目的。

（2）主要问题存在有：工程签证、联系单、变更单存在虚假、恶意篡改、工程款变更产生的减量不予扣减等情况。

（二）管控措施

1. 严谨制定合同有关工程变更的条款

EPC合同条款订立的不严谨可能会造成双方对EPC工作范围的理解有偏差，双方互

相推诿，从而造成了项目实施中不必要的变更的产生，导致费用的增加，严重时可能会造成项目的延误。

因此，业主要在招标文件中明确发包范围，并严谨制定EPC的合同条款，根据工程特性、工期要求、气候条件和工程款到位情况等因素权衡考虑，针对工程变更的范围在专用条款中做出明确的规定，尽量在源头上避免或减少在工程建设过程中发生不必要的工程变更。

2. 构建工程变更签证内部控制流程

业主方工程变更内部控制流程中，工程部负责受理工程变更建议书，并对工程变更建议方案进行初审，包括确定工程变更的种类、判定是否属于重要工程变更或重大工程变更。对于一般工程变更，工程部既是工程变更审查的受理方也是工程变更建议方案的审定方，对于重要工程变更或重大工程变更，则在初审合格的前提下进入设计部技术性评审环节。设计部技术性评审侧重于工程变更方案的可行性和先进性以及对项目功能的影响评价。设计部评审完成后进入合约部经济性评审环节。合约部经济性评审包括工程变更方案实施成本测算或复核，工程变更方案实施前后投资额分析以及工程变更实施对工期的影响评价等。销售部价值性评审系指对工程变更方案实施后的建设项目功能改进与工程变更实施成本之间的关系进行比较分析，选择价值系数较大的方案作为工程变更实施推荐方案。采购部资源可供性评审则侧重对工程变更建议方案涉及的材料、设备和施工机具等进行市场可供性调查和评价，以进一步衡量工程变更建议方案实施的可行性，业主总工程师是重要工程变更的最终审定人。对于重大工程变更，应由业主方进行审查，若重大变更造成建设项目规模和建设标准超出原项目审批机关批准范围时，则应报原项目审批机关审定。业主方承担的工程变更控制职责及其工作流程如图2-4所示。

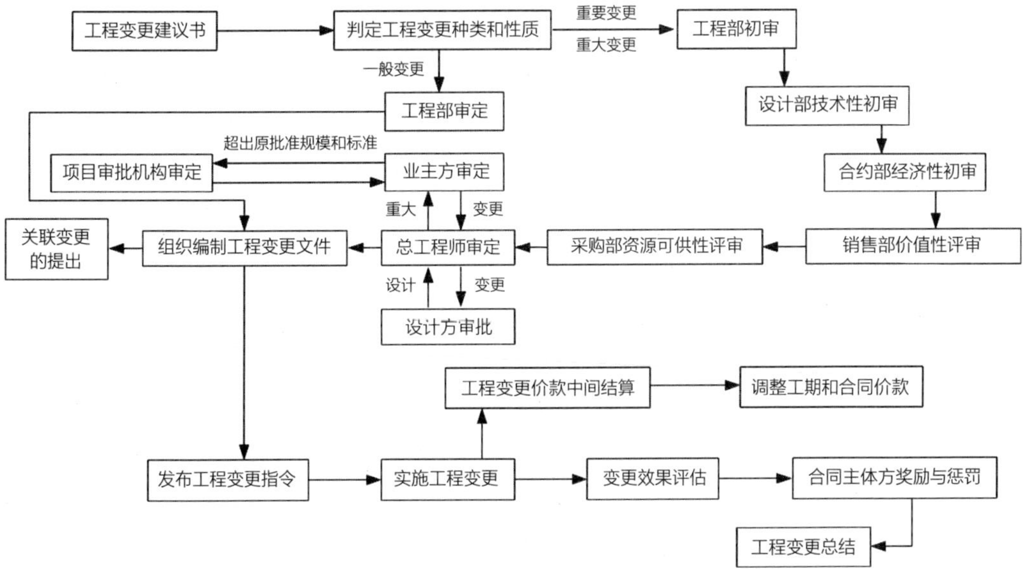

图2-4　业主方工程变更控制工作流程

3. 以价值工程为基础严格审核，制定良好的工程变更评审机制

因为工程变更会直接影响建设项目进度、费用以及质量，不管是变更性质，还是变更费用额度在哪一个审批权限，都需要具有科学严谨的技术论证，如此才能够确保工程变更管理方面的合理性与科学性。所以，业主方必须综合评审工程变更方案，以确保工程变更带来的影响能够控制在一定的承受范围内。另外，还应当有效降低因工程变更所带来的风险。

从业主角度考虑，因为工程建设的阶段性特点，大部分业主单位不会有较多专业的工程管理经验以及相关技术人员，从这个方面来说，与专职从事工程总承包单位具有较大差距。此时，业主方就需要根据相关变更管理流程和授权体系，组织内部部门，或者依赖外部专家与专业技术顾问公司的经验和能力，对变更要求进行多角度分析，判断变更请求所提出的技术、进度、项目、质量、环保、费用以及安全等建设目标所带来的综合影响，要将可预见风险降到最低，做出较为详细的分析判断，如此对工程变更进行有效控制，才能够弥补业主方在技术与经验方面的欠缺。在具体评审过程中，工程变更评审需要注意以下3点：对变更设计方案技术进行相关分析，论证变更必要性；分析变更工程量和投资增减额度，检验变更合理性；分析以及预测变更对合同价与工程项目总造价的影响，论证可行性。

EPC模式下工程变更分为业主提出的变更、承包商提出的变更等。其中承包商提出的变更多数以价值工程或者合理化建议的形式存在。由于EPC工程项目涉及的资金额度比较大，且业主缺乏专业建设能力，难以使得项目资金发挥其最大运作价值。相反，承包商作为工程的具体执行者以及专业能力的拥有者，对整个项目的工艺了解程度较深，具有丰富的工程经验，可以通过提供合理化建议的方法，降低项目的建设成本。承包商提出合理化建议，则双方都会受益。

1947年，美国通用电器工程师麦尔斯提出了"价值分析"是价值工程理论的起源。价值工程（Value Engineering，VE），是指以产品或作业的功能分析为核心，以提高产品或作业的价值为目的。"价值工程"研究属于工程经济学研究范畴，围绕如何使功能/费用的比值最优，从而使得成本金额效率最大。根据FIDIC银皮书规定，合理化建议的内容归于条款"价值工程"下。由表2-3可得，若是承包商提出的工程变更方案属于上述表格中价值工程类型之一，那该种工程变更方案便可以算作是价值工程提议，业主审核后应批准，承包商执行。由此可以看出，若想保证承包商真正提出有益于项目实施或项目功能的建议，业主必须以价值工程为基础严格审核，降低总承包商机会主义行为发生的可能性，提高合同的履约效率。

4. 实施工程变更控制进行反馈

关键时间节点的阶段性总结汇报是控制变更的一项重要措施。为了能让必要变更获得执行，而项目的总投入又不超项目概算，承包商在项目管理过程中应结合里程碑计划，在关键时间节点对项目的实施进展状况进行阶段性总结，统计工程变更对项目的累计影响程

度，并将结果汇报业主方，使得业主方对项目的投资、进度有个综合性的了解，对工程变更将会有选择地进行，有助于业主的工程变更管理，以确保实现项目目标。一方面使业主更好地掌控工程变更情况，另一方面可以减少索赔的发生。

5. 工程结算阶段，严格变更预算审查

（1）仔细研读合同中有关工作范围、风险因素及可调整合同价款的情形，再次复核变更签证是否确属合同外新增工作内容，对EPC总承包项目而言，大多数都采用固定总价合同时，则要对合同价款包含的工作内容有清晰的认识。

（2）根据合同中关于变更签证价款调整方法的约定，重点审查定额套用或价格计取是否合理。对于变更签证中事实不清楚的，可组织监理、现场管理人员、总承包商单位人员召开结算专题会议，还原事实；对于定额执行出现争议的情况，可就具体问题共同到定额站进行咨询；针对没有造价信息的设备材料价格，可进行市场询价。

（3）将实际完成情况与合同工作内容进行对比，重点审查是否有业主反索赔的项目。通常，承包商对于费用增加的项目会千方百计进行索赔，而对费用减少项目却不主动申报，审查时要关注是否存在因变更导致费用的减少，或者是否存在未履行或未完全履行合同义务的情况，如EPC总承包商实施过程中有未实施及总承包商为增加利润进行的工艺变更。

七、EPC模式下签证如何管理

（一）痛点描述

EPC工程总承包项目由总承包商承担大部分的风险，所以向业主进行索赔的工程签证不多，主要有以下几个方面：

（1）因为业主的原因，没有按照合同的规定，提供场地、长时间停电停水，未按要求支付工程款，造成工程项目不能顺利进行，致使总承包方窝工、停工、返工，造成总承包商的经济损失，因此而办理的工程签证。

（2）因业主要求，提前工期。总承包方要投入大量的设备、人员、加班等费用，故而会额外产生多的费用。

（3）因工程项目另外增加的零星工程，而发生的工程费用。

（4）因为监理工程师的工作失误，造成总承包方的窝工、停工和返工等损失。

《最高人民法院关于审理建设工程施工合同纠纷案件适用法律若干问题的解释》（法释〔2004〕14号）第十九条规定：当事人对工程量有争议的，按照施工过程中形成的签证等书面文件确认。承包商能够证明业主同意其施工，但未能提供签证文件证明工程量发生的，可以按照当事人提供的其他证据确认实际发生的工程量。

该条司法解释从量支付原则非常明显，明确表明"现场签证"不依赖于其他证据存在，其本身就是履约过程中工程量变化的依据。当程序合法时，现场签证必然得到支付。

实践工作中，常因虚假签证、内容不全等不予支付，但实际上承包商的请求难以推翻。从法律角度来说，现场签证作为原合同的补充协议，经承包商要约与监理工程师承诺两个程序后，双方意思表示真实一致，合同成立。业主现场签证"效力无边"，表现为现场签证是发承包双方真实意思表示，除非业主有证据表明"现场签证"存在可变更可撤销或是无效的情形，否则现场签证难以推翻。以上分析可看出，业主对于现场签证的管理不能掉以轻心。

(二)管控措施

1. 分清EPC合同与传统施工合同的风险范围

EPC项目采用的是设计—采购—施工总承包模式，在这种模式中，承包商负责提供设计成果并向业主负责，承包商发生的设计错误由承包商负责修改实施但是不能索赔。即在EPC项目中非业主指令引起的设计变更、施工方案变更等都属于承包方的风险范围，不能进行签证索赔。所以，我们需要在具体项目签证审核前，充分了解合同的签订情况，认真研读合同条款，分清合同双方的权责范围和风险承担范围等，以便于分析签证事项是否属于合同外的项目。

2. 避免因惯性思维将清单漏项缺项和描述不准确等引起的事项给予费用签证

通常在EPC模式下，发包方只提供工程地下管线、测量基准点、场地"三通一平"等基本资料，以及对新建工程的工程规模、技术标准、要达到的投资目的等进行详细描述，而不会提供工程量清单列表。EPC承包合同中的报价清单列表一般是承包方根据自己的设计方案进行粗略列项计价。这种价格清单与《建设工程工程量清单计价规范》GB 50500—2013中的清单有本质区别。因此在EPC项目签证审核时，要特别注意弄清楚工程量清单提供方是谁。这样才能避免因惯性思维的影响将清单漏项缺项和描述不准确等引起的事项给予费用签证，从而把不属于业主风险范围内的事项进行签证。

3. 严守工程签证的签发原则

(1)应在EPC总承包合同中约定的内容，不能以签证形式出现。例如：人工浮动工资、议价项目、材料价格、合同中未约定的，应由有关管理人员以补充协议的形式约定。现场施工代表不能以工程签证的形式取代。

(2)应在施工组织设计中审批的内容，不能做签证管理。例如：临设的布局、挖土方式、钢筋搭接方式等，应在施工组织设计中严格审查，不能随便做工程签证处理。

4. 审核签证规范性、资料完整性

签证资料作为调价、结算审核和工程审计的重要组成资料，需要保证其组成描述详细、证据资料完整和可追溯，便于各方人员能通过签证描述还原签证事实。对于审核过程发现签证单填写不规范、不完整、缺少相关事实证据资料的情况，应要求承包方修正完善。

涉及拆迁类工程项目或者隐蔽工程项目的签证，应尽量要求留下带有参照的影像资料，以免在结算审核或者审计时出现扯皮现象。

5. 建立签证审核台账，避免重复和交叉签证

业主方可建立自己的签证审核台账，登记好已审核签证的事由、时间、费用等，便于及时对比发现重复签证项目和了解现场签证造成的费用变更情况。在实际工程项目签证审核中，有针对同一事项工程量签证了一次后，又要求对零星用工和机械台班进行签证的情况。做好审核台账，能有效帮助审核人员剔除这类签证，避免支付更多不必要的费用。

八、EPC固定总价合同中的变更价款如何确定

（一）痛点描述

在传统施工总承包向工程总承包模式转变过程中，发、承包双方对工程价款结算往往会发生争议。传统施工总承包模式下，承包商习惯了据实结算的方式，在合同约定计量、计价标准的前提下，按照竣工图及联系单据实结算，或者按照定额加动态调整进行结算。而工程总承包模式下，在合同约定固定总价结算时，"固定总价"真的是固定的吗？

国际工程总承包模式下，合同一般采用固定总价模式，如FIDC银皮书《EPC／交钥匙项目合同条件》14.1条"工程款的支付应以总额合同价格为基础，按照合同规定进行调整"。

根据住房和城乡建设部、国家工商总局联合印发的《建设项目工程总承包合同示范文本》GF—2011—0216，14.1.1"本合同为总价合同，除根据第13条变更和合同价格的调整，以及合同中其他相关增减金额的约定进行调整外，合同价格不做调整"。

《房屋建筑和市政基础设施项目工程总承包管理办法》第16条规定："企业投资项目的工程总承包宜采用总价合同，政府投资项目的工程总承包应当合理确定合同价格形式。采用总价合同的，除合同约定可以调整的情形外，合同总价一般不予调整。建设单位和工程总承包单位可以在合同中约定工程总承包计量规则和计价方法。"从上述文件及规定可见，对于工程总承包价款结算以约定固定总价为原则，结合合同约定的可变更与调整的内容最终予以确定。

另外，各地在推行工程总承包模式过程中，也以各种规范性文件的方式认可了固定总价合同的结算方式。例如《上海市工程总承包试点项目管理办法》第十九条（合同形式）规定："工程总承包项目宜采用总价包干的固定总价合同，合同价格应当在充分竞争的基础上合理确定，除招标文件或者工程总承包合同中约定的调价原则外，工程总承包合同价格一般不予调整。"深圳市住房和建设局印发的《EPC工程总承包招标工作指导规则（试行）》规定："建议采用总价包干的计价模式，但地下工程不纳入总价包干范围，而是采用模拟工程量的单价合同，按实计量。"《最高人民法院关于审理建设工程施工合同纠纷案件适用法律问题的解释》第二十二条也规定："当事人约定按照固定价结算工程价款，一方当事人请求对建设工程造价进行鉴定的，不予支持。"

从以上相关规定来看，工程总承包项目主要采取固定总价的结算方式，除合同约定

的变更调整部分外，合同固定价格一般不予调整。但存在以"固定总价"约定结算的工程项目，对于最终价款结算纠纷层出不穷。业主和承包商在观念上对于固定总价存在认知误区。司法实践中，对于固定总价是否可调以及如何调整也是难点。看似是约定固定总价的，但实际上最终结决算价并不固定的情况比比皆是。针对EPC合同价款的调整问题，业主可从以下几个要点进行管控。

（二）管控措施

1. 工程总承包合同为固定总价时，固定总价所对应的承包范围应当尽量明确

在招投标及合同谈判中，业主应和总承包商就总承包范围尽量明确细化。如采用EPC模式，则可以在合同专用条款中以列举的方式明确约定承包范围，包括工程规划范围内的详细勘察、方案优化设计、初步设计、施工图设计和专项设计等；项目前期至竣工备案涉及的所有报批报建；本工程所有工程材料及设备的采购、保管、安装及调试；工程施工、验收、移交、备案和保修服务等，明确专项设计内容；工程施工包含工程设计范围内建筑、结构、电气、给水排水、暖通、公共部位精装修（含设备房装修）、建筑智能化、消防、景观绿化、红线内室外道路、综合管线含雨污水、给水、电力、有线电视、电信、联通及移动等管线施工、建筑机电抗震、电梯、空调、配电工程、燃气工程、围墙、主次入口等涉及的所有主体工程、专项工程和附属工程；设备采购包括电梯等涉及基于该项目建设所有设施设备的采购。若日后，实际施工中出现超出约定工程范围的工程量，业主和监理方可根据实际情况进行确认。

2. 基于目前现状无法判断的风险，也应当在合同中明确风险分配原则

《房屋建筑和市政基础设施项目工程总承包管理办法》第十五条规定："建设单位和工程总承包单位应当加强风险管理，合理分担风险。建设单位承担的主要风险一般包括：（一）主要工程材料、设备、人工价格与招标时基期价相比，波动幅度超过合同约定幅度的部分；（二）因国家法律法规政策变化引起的合同价格的变化；（三）不可预见的地质条件造成的工程费用和工期的变化；（四）因建设单位原因产生的工程费用和工期的变化；（五）不可抗力造成的工程费用和工期的变化。具体风险分担内容由双方在合同中约定。"

该管理办法对于建设单位和总承包单位就工程建设过程中所涉及风险进行了原则性的分配。但在民事法律关系中，尊重"意思自治""约定为王"，风险分配往往是基于商业谈判地位而决定的。总之，风险在能预见的范围内，尽量通过约定进行明确，在不可预见或预见不准确时，尽量避免一切责任由某方承担的霸王条款。

3. 参考合同范本调价原则及办法

如表2-8所示，总结了EPC模式下相关合同范本对于调价的约定方法。

类别	世界银行	FIDIC	住房和城乡建设部	住房和城乡建设部
调价原则	工期超过18个月的合同应包含合同价格调整的条款，以反映主要成本比如劳动力、设备、材料和燃料等价格的任何变化（价格上涨或下跌）。对某些种类的设备，不管交货期的长短，按照商业惯例，都应该能得到固定的价格。在这种情况下，不需要价格调整条款	如果考虑要承包商承担因通货膨胀的成本上升的风险是不合理的，可能需要做出调整的规定。FIDIC在工程生产和施工-施工合同条件中提到的按成本指数规定的措辞，可认为是适宜的，并且提出了调价公式	1）采用价格指数调整价格差额 $$\Delta P = P_0 \left[A + \left\{ B_1 \times \frac{Ft_1}{Fo_1} + B_2 \times \frac{Ft_2}{Fo_2} + B_3 \times \frac{Ft_3}{Fo_3} + \cdots + B_n \times \frac{Ft_n}{Fo_n} \right\} - 1 \right]$$ 2）采用造价信息调整价格差额	合同价格调整包括以下情况：（2）合同执行过程中，工程造价管理部门公布的价格调整，涉及承包人投资成本增减
范围	工期超过18个月，且主要成本发生变化的部分	对承包商承担的通货膨胀风险进行分担	因人工、材料和设备等价格波动影响合同价格时，调整合同价格	设计到成本增减的
来源及版本	《世界银行采购指南》第2.24条规定	设计采购施工（EPC）/交钥匙工程合同条件	《标准设计施工总承包招标条件》（2012年版）合同条件第16.1条	《建设项目工程总承包合同示范文本（试行）》第13.7条

综上所述，可以总结出以下几个特点：

（1）对于EPC类项目或者建设周期较长的项目，通常都会采用调价公式，以分担通货膨胀导致的成本上涨。

（2）调价公式的主要目的就是要补偿承包商由于通货膨胀导致的成本上涨，是不含利润的；调价公式中一般都会设置不可调部分，通过非可调因素实现。

（3）调价是通过各期成本相对于基期的变化来计算的，指数一般从两类数据中选择，一类是国家主管部门发布的指数数据，另一类是地方造价管理机构公布的信息价。

总结以上调价方法，以期为业主对EPC总承包总价合同进行调价时提供参考和依据。

九、EPC模式下如何防控承包商索赔

（一）痛点描述

EPC总承包模式是近年来快速发展的一种模式，但很多项目多年来一直采用DBB单价模式，参建各方习惯于在业主统筹管理下进行工程项目建设，对于EPC模式的本质内涵未能及时了解，继而无法快速转变思维方式适应新的模式管理。

在EPC模式下，总承包方虽有较大的利润空间，但对于自身所承担的风险未能进行清晰识别。随着工程建设的不断深入，各种风险因素逐步暴露，总承包方因无法及时应对，很有可能造成工程建设无法顺利推进，进而转向对业主方提出变更诉求，索赔理由一般是基于业主方所掌握的信息不全方面寻求边界条件和合同争议。例如，在采购方面，因市场价格瞬息变化，总承包方未能抓住机会而导致采购成本增加，业主方又对此不熟悉、不了解，为总承包方索赔成功预留了巨大的机会。

（二）管控措施

1. 加强合同条款中各方责权利的内容设置

（1）合同文件中应尽可能明确相关风险责任划分。由于建设工程固有的独特性，业主方在合同文件中应加以重视，合同签订前业主方应做足索赔风险的功课，尽可能识别分析出工程项目潜在的索赔风险并在合同文件中予以明确，对于无法预测的索赔风险约定处理原则。

（2）严谨合同文件用词。合同文件中清晰明确双方主体的权利和义务；避免合同条款之间相互矛盾，对于同一问题的规定应一致；严禁出现风险以及合同双方权利义务不对等的合同条款。业主可聘请专业和有经验的律师顾问，可有效降低建设工程中的合同索赔风险。

2. 做好业主自身工作，降低索赔的源头风险

建设工程项目开始前存在着各种各样的不确定性，为了将这些不确定的风险维持在一个较低的水平，业主要做好前期的勘察工作，完善勘测资料，尽可能详细地收集施工现场的自然环境和社会环境。如：做到对地下水、地质条件等地质资料以及管网、人防工程等建设场地地下状况了然于胸，让总承包商的工作建立在详实的勘测资料基础上，以减少后期的变更索赔。

3. 加强过程沟通，及时在过程中处理争议，避免进入索赔环节

在实际施工过程中，业主应该以合同约定为原则，及时与承包商进行沟通，及时处理过程中存在的争议，提前采取措施，尽量避免建设工程索赔事件的发生。

4. 保存完整、全面的工程记录，合理进行反索赔

业主在处理索赔事件时必须以当时的工程记录为依据，包括业主代表与监理工程师，两部分工程记录。虽然承包商提交的索赔报告中附有与索赔事件相关的证明材料，但并非全部材料都已通过业主代表与监理工程师的审查同意；索赔处理中由承包商单方面提供关于人、工、料及机械设备使用记录等大量的相关资料，如当时业主代表或监理工程师未能保存相关的记录，就无法识别出承包商单方面提供的索赔证据中的虚假成分。另外，保存完整、全面的工程记录有助于预防索赔事件的发生。如业主想要进行非关键线路上的工作调整，就可根据工程记录分析该线路上的时差情况，进而做出决策。

按内容范围，工程记录可分为：

（1）工程施工历史记录、会议记录、监理日志、监理月报、业主代表巡视记录、天气记录、设计修改通知和工程变更联系单等；

（2）工程计量和工程款支付记录；

（3）工程质量记录、抽样记录、试验及检验结果与分析记录、各种质量验收记录；

（4）竣工记录。

5. 审核索赔报告的合理性

业主应以审慎的态度审查索赔报告，审查和分析的主要内容有时限审查、情况调查和证据审核、合同依据分析等几点。

（1）时限审核

承包商提交索赔意向和提交索赔报告的时间是否在约定时限内，若不在，立即回复索赔无效。

（2）情况调查和证据审核

业主反驳索赔报告的关键是找出索赔事件真实性的疑点。搜集索赔事件发生的时间、经过、原因、证人、造成的后果等信息，不听信承包商片面、主观的解释。从索赔证据以及合同实时跟踪的结果来进行真实性分析，分析是否存在承包商捏造事实、夸大影响程度的情况，找出证据不足、不当，描述过于主观、片面的情况，予以否定。

（3）合同依据分析

时限和事实依据筛查过后，余下的索赔事件要进行合同依据分析。针对索赔报告及合同条款，为作出正确的判断，业主应重点审查和分析以下几个方面。

1）核对合同条款是否在双方协商后进行了变更；

2）承包商站在自身利益角度，是否错误、片面地理解了合同条款；或是有意曲解合同条款含义，其中最隐蔽的做法是扩大合同条款的适用范围；

3）索赔责任是否应由业主承担，如业主有责任，应分担多少比例；如果是有业主委托的第三方引起，业主承担责任后可以向引起违约的第三方提出索赔要求；

4）业主违约行为是否符合违约责任相关条款约定；

5）因业主责任引发索赔事件后，承包商是否采取了力所能及的措施，防止损失扩大。对于未采取防止措施的额外损失，业主方应驳回该部分索赔；

6）合同条款中触发索赔事件的前提条件；

7）合同中是否约定工程变更的延长工期和费用补偿方案；

8）对索赔事件与索赔内容的相关性进行分析，对于关系不大的索赔内容，应予以剔除；

9）索赔事件是否适用于业主免责条款和合同规定的不予赔偿的相关条款。

6. 审核及反驳工期索赔值

由于EPC项目建设周期长、施工复杂等特点，难免造成工期延误。如因承包商造成工期延误，承包商一方面要支付逾期竣工的违约费用，另一方面还会增加管理成本，影响履约评价。因此，工期延误其实质是经济损失。为了尽力减少这种损失，承包商往往会向业主方提出各种工期延长要求，而事实上按惯例和合同规定，能够获得工期延长的情况只有以下几种：

（1）业主引起的工期延误，其中含业主委托的第三方原因引发的工期延误；

（2）延误由不可控因素引发。

承包商提出的工期索赔只有在上述原因引起的前提下才有索赔资格。此外，业主对工期索赔值的审核还应注意以下几点：

（1）索赔事件是否对关键线路上的关键工作造成影响，如未影响关键工作，则不能得到总工期延长。不在关键路线上的工作被干扰，如果涉及影响阶段工期，可以获得阶段工期延长，否则只能由承包商自行进行工作安排调整。若是不在关键路线上的工作受到干扰，引起关键线路变化，使得该工作变成了关键工作，这时候就要根据实际情况，重新合理计算工期延误值。

（2）索赔工期计算是否重复。各个索赔事件往往不是独立产生的，所以业主简单地将各个索赔事件延误的工期累加，作为承包商的延长工期是不正确的。业主在审核承包商的这类工期延误时，应根据延误工作的实际情况及相互关系，审减重复计算的工期。

（3）业主与承包商的共同延误、交叉延误的合理处理。如索赔事件中，业主和承包商可能对于工期延误均负有责任，就要进行合理的责任分担，工期延误也应遵循以下算法。

1）业主受承包商影响，对工期造成延误。这种情况下，最初延误工期的原因和责任归于承包商，所有索赔都不能被支持。

2）承包商的初始延误解除后，业主原因的延误或者双方因不可控因素引起的延误仍然在起作用，这时承包商可对超出部分的时间进行索赔。

3）初始延误是业主或工程师原因引起的。这种情况下之后由承包商造成的延误使得业主不能摆脱（尽管有时或许可以减轻）其责任。这时承包商有权利获得从业主延误开始到延误结束期间的工期补偿，还有相应的费用补偿。

4）初始延误是双方不可控因素引起的。在延误期间，承包商将获得工期索赔，但不能获取费用补贴。在该延误结束后，承包商可以因业主或工程师原因引起的延误进行工期索赔，还可以索赔费用。

7. 审核及反驳费用索赔值

对于费用索赔的反驳，是业主进行索赔管理的主要工作重点。为控制项目成本，业主在对索赔费用的审核时，一定要逐项核对，确保正确无误。

（1）费用索赔计算遵循的原则

1）实际损失原则。实际损失指的是索赔事件对于承包商实际工程成本的影响，而不能因索赔事件而获得额外的利润。

2）合同原则。计算费用索赔值采用的方法必须遵循合同约定的计量计价原则。而且在计算中要扣除合同中约定的承包商自行承担风险和自身责任造成的损失，以平衡承包商自身管理不善、工作失误等责任。

3）合理原则。承包商提出的费用索赔值计算必须合理，不能通过高估冒算，来弥补自身原因造成的损失。

（2）费用索赔的计算方法

1）总费用法。将承包商增加的额外成本作为计算基础，即索赔值＝额外成本增加＋管理费（额外成本增加 × 管理费费率）+利润［（额外成本增加+管理费）× 利润率］。

2）分项法。它是对每个引起损失的干扰事件和每个费用项目单独分析计算，最终求和。这种方法虽然计算复杂，但能切实的反映客观实际，应用较广，在逻辑上也更加合乎情理。

（3）承包商高估冒算的防止措施

1）在合同条款中，业主应该增补高估冒算的惩罚措施，让承包商为高估冒算超出限额部分承担费用。

2）业主建立承包商诚信管理制度，对于承包商的诚信进行定期评价，让承包商承担恶意欺诈造成不良影响的后果。

3）承包商恶意欺诈行为影响继续履行合同时，业主应根据合同解除条款，解除合同，承包商承担因此造成的一切损失和后果。

4）如果承包商的索赔欺诈数额巨大，影响恶劣，造成业主严重损失的，业主可以提起民事诉讼。

8. 进行反索赔管理

在建设工程中。索赔是双向的，即当合同一方当事人向另一方当事人提出索赔时，另一方当事人应尽可能按照相关的法律法规以及合同条款去反驳对方的索赔要求，使对方的索赔不成功。即反索赔就是对于合同一方当事人在合理合法的前提下对于另一方当事人的索赔要求进行驳回的一种法律行为。

索赔与反索赔是一种相互博弈的行为。在具体的项目实施过程中，总承包合同的管理工作发包商和承包商在同时进行，发承包双方都在试图寻找向对方索赔的机会，同时也在提防对方向自己索赔的可能，所以不懂得有效的反索赔同样会使业主的利益受到损失。由此可见，反索赔与索赔具有相同的重要性。

如表2-9所示，列举了银皮书和我国总承包合同条款中发包方可进行反索赔的内容，以期为业主提供反索赔依据。

发包方的反索赔内容 表2-9

序号	风险事项	银皮书承担内容	我国总承包合同承担内容
1	分包商的违约责任	费用索赔	费用索赔
2	工程暂停期间承包人的责任	费用索赔	费用索赔
3	承包人导致工程延期	费用+工期索赔	费用+工期索赔
4	承包人原因造成建筑工程在合理使用期限、设备保证期内的人身和财产损害	费用+工期索赔	费用+工期索赔
5	承包人延迟提交施工（含工程物资保管）所需的临时用水、用电等的品质、正常用量、高峰用量、使用时间和节点位置等资料	—	费用索赔
6	承包商引起质量问题	—	费用+工期索赔

序号	风险事项	银皮书承担内容	我国总承包合同承担内容
7	竣工试验、后试验的检验和验收的延迟	费用索赔	费用索赔
8	未能通过竣工试验	费用索赔	费用索赔
9	承包人的原因造成工程和（或）单项工程丧失生产价值和使用价值	—	费用索赔
10	承包人未能支付竣工结算的款项	—	费用索赔
11	承包人未提供投保证明文件	费用索赔	费用索赔
12	承包商的拒收和再检验	费用索赔	—
13	承包商人力和机具资源不足导致工期延误	—	费用索赔
14	承包人未能修补缺陷	费用索赔	费用索赔
15	承包人未及时清理现场	费用索赔	—
16	知识产权和工业产权	费用索赔	费用索赔

索赔要求的提出是基于相应的事实基础上的，因此，反索赔也要尊重事实，在事实的基础上进行时态的调查，首先确定对方提出索赔事件的真实性，其次找出造成索赔事件的起因、经过、影响范围等，再从当时发生事件时在场的人员中了解情况，尽量还原当时的真实状况。在此基础上，对搜集到的信息进行研究分析，对于无索赔依据或依据不完整、没有足够充分的理由支撑以及不能确定事实的索赔予以驳回。当然，在整个事态调查过程中，反索赔管理于合同的实施管理、跟踪监督工作必须同时与对方进行，对于工程实施过程中的相关反索赔资料必须搜集整理完全，这样才能更好地开展反索赔。

十、EPC模式下如何处理并避免结算争议

（一）痛点描述

项目工程最后的竣工结算发生在总承包商和业主之间，是在整个项目都竣工并经验收合格以后，总承包商根据合同的规定与业主进行最终的竣工结算。工程总承包竣工结算是工程建设的最后一个环节，也是业主控制成本的最后一道关卡，关系发承包双方的经济利益，结算金额的准确性直接关系整个造价是否合理，能客观反映建设项目的全部成本，达到有效控制工程造价的目的。

工程总承包与施工总承包属于不同的施工方式，结算方式理应区别对待。EPC总承包合同价款通常采用总价包干的固定总价形式，随着EPC项目的逐渐增多，其工程结算也备受关注。EPC工程结算是针对设计、采购、施工为一体的整体结算，与传统的单纯施工结算在结算过程中考虑的因素或遇到的争议问题不尽相同。如：EPC承包合同的特殊技术措施费问题、EPC项目签订合同范围与实际施工范围不完全一致，导致实际价款增加如何处理等结算争议问题。在固定总价合同的EPC总承包项目下，如何提前避免一系列的结

算争议问题，是业主需要关注的。

（二）管控措施

1. 明确约定具体可调合同价款的范围、项目以及风险

（1）合同中详细约定了哪些费用在特定条件下是可以计取的，例如特殊技术措施费、赶工费、交叉设计引起的增加费、增加或（取消）某些设备（项目）引起的增减费、业主委托增加签证费等，并明确约定计取这些费用的前提条件。

（2）明确约定可计取费用项目的计价方式。对于不方便套用概算指标、定额子目计价的项目，例如大型设备的吊装、超限设备的运输等，当按实计算时，涉及第三方单位的必须由业主方相关人员参与此项工作的费用谈判。

（3）明确指出EPC合同价款中是否包含预备费，若已包含预备费，则设计变更、工程签证等原则上均不予另外计取费用。

2. 明确约定工程结算提交的资料清单

清单内容包括但不限于：合同，图纸会审记录，开竣工报告及工程延期联络单，地勘报告，原始地貌抄测记录，竣工图，经审定的施工组织设计、施工方案或专项施工方案以及是否完全按照方案施工的证明，材料、设备认价单，设计变更、工程签证单，与工程结算有关的发包方通知、指令、会议纪要、往来函件、工程洽商记录等，在承包（发包）单位供货范围内的设备、材料，因故由业主（承包人）采购供货的采购清单及采购金额，并附相关变更资料，有关单位工程停建、缓建及取消的工程资料，承包方实际未完成全部设计、采购、施工的确认资料，其他有关影响工程造价、工期等的资料。上述资料必须经业主方代表签字加盖公章，保证与现场实际相符，单据应有连续的编号且易于查阅。对提供虚假资料的，约定相应惩罚措施。

3. 项目实施中及时沟通协商，为结算工作打下基础

在项目实施过程中，出现合同约定不够详细或不够清晰的问题时，业主和总承包商双方应及时沟通，在相互尊重、相互信任、友好协作关系基础上，以互利共赢为原则，尽量在事前、事中及时协商解决，为后面的结算工作打下好的基础。

4. 开展过程跟踪审核

业主可派遣各专业人士提前进入施工项目，进行跟踪审计准备工作。协助审计人员数量要与审计任务大小、完成时间长短相适应或多于适应人数；同时实施过程"五查"制度：一查竣工项目是否按原设计图纸施；二查实际变更是否与变更签证相符；三查实际施工、工程做法是否与设计相符；四查变更工程量增减情况；五是查实际使用建设、安装材料规格、品质、等级情况。

5. 审查与总价合同所约定结算编制方法的一致性

因为EPC项目基本采用的都是总价合同，审查采用总价合同的工程结算时，应审查与合同所约定结算编制方法的一致性，按照合同约定可以调整的内容，在合同价基础上对

调整的设计变更、工程洽商以及工程索赔等合同约定可以调整的内容进行审查。

6. 严格审查竣工图

收集完整的施工图纸和竣工图纸，落实竣工验收。EPC 模式的特点使得业主在项目实施过程参与度较低，为保证最终项目质量，必须严格要求竣工阶段的验收环节，落实验收人员和验收程序。

严格审查竣工图是否与工程实际一致，要将竣工图与实际现场进行对比，确保竣工图能真实的反映工程实际情况。按照规定的标准逐项核对竣工图工程量及工程取费标准。

7. 核对合同条款

在这一步骤中，业主应对照合同条款逐一验证承包商是否完成了合同约定的全部工程，并通过验收确认工程是否合格；在此基础上，审核工程建设和采购计价方式、取费标准，判断承包商是否按照合同条款开展工作，如发现不符，应及时和承包商沟通。

8. 把好各种工程计量关

把好各种签证计量关，包括设计变更联系单及实际施工确认签证、主体工程中隐蔽工程签证；预算外的用工、用料或因业主原因引起的返工费等。其中主体工程中的隐蔽工程及时签证尤为重要，这种工程事后根本无法核对工程量，必须是在施工的同时做好相关计量工作，设计单位、监理单位、业主等有关人员到现场验收签字，手续完整，方可列入结算。

9. 按照合同调整价差

对材料供应结算量和领用量进行对比，若是发现偏差过大，必须组织技术人员进行分析，找出原因，在此基础上以总承包合同约定的管理办法对量或价进行调整。按照合同约定的风险分担原则，准确调整人工、材料、机械费的各项价差。

10. 约束承包方继续完善项目相关手续

与传统成本所不同的是EPC模式包含后续运营的手续办理，此部分也应该纳入到造价管理体系中去，如土地使用证、消防审批手续等。必要时可以在结款的过程中预留一部分的尾款，以约束承包方进一步完成相关手续的办理，真正达到EPC（交钥匙）的根本目的。

第三章　基于EPC模式的新建综合医院项目全咨方案

第一节　项目概况

本项目为××医院建设项目一期（工程总承包），规划用地面积为23920m²，规划总建筑面积约48000m²；其中地下面积约19000m²，地上建筑面积约24000m²；地上容积率为1.2。

门诊病房综合楼：地下部分为两层，主要功能为设备用房、餐厅、车库；地上部分由裙楼和主楼两部分组成。裙楼主要功能为门诊医技诊疗用房：一层为入口大厅、挂号收费、门诊药房、急诊急救、超声、影像中心；二层为中心检验和健康管理；三层为NICU、ICU、手术；主楼为病房综合楼，四层为净化机房和行政用房；五层为LDR和产房；六至七层为产科/肿瘤病房；八层为产后康复病房。

建筑层数：地下二层，层高3.9m；地下一层，层高5m；地上8层，一层层高5.1m，二层层高4.5m，三层层高5.1m，四层层高4.5m，五至七层层高3.9m，八层层高4.2m，机房层层高4.5m，建筑高度：35.1m（室外地坪至建筑顶层屋面结构高度）；裙房三层，一层层高5m，二层层高4.2m，三层层高5m，机房层层高4.5m，建筑高度15.6m（室外地坪至建筑顶层屋面结构高度）。

项目总投资额为69263.23万元，本次一期工程的招标造价约36834.18万元。

第二节　全咨实施总体思路

一、项目建设目标

（一）项目进度目标

项目总工期要求为708日历天。

（二）项目质量目标

项目质量目标为合格。

二、服务总体思路

本项目采用全过程工程咨询"1+N+X"的服务管理模式对项目全过程进行跟踪管理，为业主提供一站式、全方位的全过程工程咨询服务，有效提高建设项目质量与进度，从而能更好地完成优质建设项目的目标。其中："1"是项目管理；"N"是全过程工程咨询单位自己做的专项服务，包括招标采购、监工程理、造价咨询、设计管理；"X"是全过程工程咨询不做但必须协调的专项服务，包括勘察、设计；"+"是全过程BIM应用。

本项目中全过程工程咨询单位的介入时点是在可研之前。

三、项目组织架构

开展全过程工程咨询服务过程中，全过程工程咨询单位组建总咨询师团队，发挥统领、协调、组织、审核的作用。全过程工程咨询单位组建团队包括前期管理团队、设计管理团队、招标采购团队、监理团队、造价咨询团队、BIM咨询团队等，对EPC总承包单位进行监督管理。项目管理组织架构如图3-1所示，各岗位职责如表3-1所示。

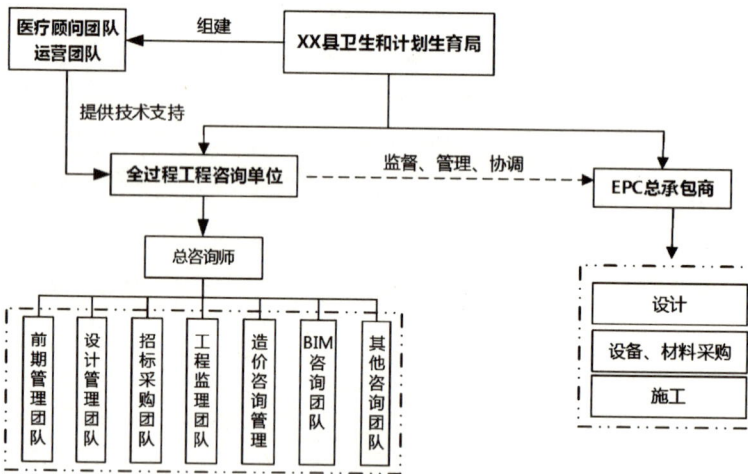

图 3-1　项目管理组织架构图

项目管理职责分工表　　　　　　　　　　　　　　　　　　表3-1

序号	岗位	职责
1	总咨询师	统筹协调、组织策划、负责协调、资源整合
2	专业咨询师	分专业的负责设计管理、造价咨询、BIM咨询、工程监理、项目管理等全过程管理
3	医疗顾问团队	由院方及全咨顾问团队组成，负责对项目建设提供建议
4	运营团队	负责医院的后期运营事宜

第三节 项目风险识别及预控措施一览表

对该综合医院项目进行了各阶段的风险识别并给出对应的预控措施，具体如表3-2所示。

×× 新建综合医院 EPC 项目风险识别及预控措施一览表   表3-2

项目各阶段	序号	风险类型	风险因素	预控措施
前期决策阶段	1	投资风险	医院建设离不开资金的支持，医院建设项目难度大、工期长，在工期内资金不能足额到位，可能给医院建设带来问题	对项目自筹资金的组成情况以及筹资计划进行严格审查，项目财务部应及时跟踪利率、通胀等指标的变化，加强应收、应付账款管理，保持足够流动资金
	2	医疗政策风险	医院建设相关政策的变化对医院建设工程的影响重大，如国家、广西壮族自治区出台的对公立医院床位控制规定等	要求熟悉并了解建设标准，根据不同医院的特点熟练运用建设标准进行分析，目前《综合医院建设标准》（建标110-2008），并且结合2018年10月9日，国家卫生健康委员会规划发展与信息化司发布的《综合医院建设标准（修订版征求意见稿）》，熟悉其适用范围、条款内涵，以满足业主的使用需求
	3	项目报审合规风险	在前期报建过程中，开展各项目报建报批工作中由于不按审批程序或者伪造资料等产生的项目审批不合规的风险	全过程工程咨询单位应积极与项目相关的政府部门合作，建立报批监管小组，加强对项目的合理性管理和监督检查
	4		前期论证评估资料准备不充分、基础资料不全	实地调查与数据采集。与医院领导决策层进行沟通、交流，阐明现代化医院建筑设计的特点，医院建筑与医疗技术发展的关系，国内外医院建筑发展的新动向，对照本院的实际问题与差距等
	5	公众态度风险	社会公众对该综合医院项目建设的支持态度方面的风险	该项目完工后，预计将会产生良好的社会效益。首先，项目有利于贯彻落实党和国家加强医疗卫生事业的投入力度和改革发展的方针政策。其次，项目缓解医疗服务能力不足的局面，所以此风险因素较小。但同时需要保持项目建设进展情况实行公开透明化，接受公众监督
	6	法律风险	医院建设工程项目过程中，相关方由于没有法律基本常识，不懂法律基本规则，不守法定程序，不够重视国家法律监管和约束可能引起的已经形成的违法行为所造成的危害和已形成的危害性后果	在项目开始之前，全过程工程咨询单位应单独成立专门的法律工作小组或外聘专业的律师，委托其全权参与诉讼活动、调解活动以便专门处理工程建设过程中存在的法律纠纷

项目 各阶段	序号	风险类型	风险因素	预控措施
前期决策阶段	7	工作开展时序的轻重缓急	前期准备阶段有四个大的环节需通过政府审批，即规划项目入库、项目建议书、可行性研究报告和扩大初步设计，每个环节的工作依次是由浅入深、由粗到细，作为承接政府项目的咨询公司，须了解每个环节需解决的问题，并抓住关键问题会同相关部门解决，不但提升工作效率，而且能提升工作质量	推进前期工作应抓住每个工作环节的重点，不宜过分注重非关键工作。如在规划咨询和项目建议书阶段主要研究项目建的必要性，项目的选址、规模测算、项目方案的功能需求，新建项目要规划好总体布局等方向的内容，对于项目的外立面形式、建筑内部的医疗流线等细节的内容可以到后环进行深化，不必在此环节过于反复
可研阶段	8	定位风险	医院功能定位不明确	加强可行性研究深度，全面调查，收集各方资料，科学测算医院规模
	9	决策风险	立项缺乏可行性研究或可行性研究流于形式，项目评估过于简化，决策失误、审批不严、盲目上马	①立项应符合国家政策、城市区域规划，可行性研究须经专业资质机构审核； ②深入医院内部全面调查，收集各方面资料，由医院根据自身日益增加的门诊量、床位数及自身医疗特色，结合国家政策、城市区域规划，编制项目可行性研究报告，并委托具有相应资质的机构进行审核，出具评审意见，报政府部门批准
勘察阶段	10	项目合规风险	前期论证评估资料准备不充分、基础资料不全，导致勘察深度不能满足实际施工要求	实地调查与数据采集，对勘察设计单位提供的经济技术资料的准确性提出明确要求
设计阶段	11	设计资料风险	设计资料不全面或不准确，设计深度不足	建立设计文件评审制度，评审设计方案的可行性及实用性
	12	各参与方沟通风险	由于综合医院项目的复杂性和多样性，涉及的利益相关者也众多，有时业主需求不明晰或者沟通不到位，随时可能因功能不到位造成返工问题	①及时组织全过程项目管理的组织框架，明晰管理责任和管理流程； ②协调设计、勘察单位及各方的联系和沟通，帮助业主确定优化的勘察设计方案； ③制定"定期沟通制度"； ④引入医疗与运维两大顾问团队，辅助总咨询师精准识别院方的功能需求，并将其转化为设计任务书，确保项目设计成果满足医疗技术标准要求及后期运维
设计阶段	13	管理风险	设计阶段整体没有组织计划安排	组织召开设计任务交底会
	14		设计时间不足，导致设计质量下降，片面追求进度	说服业主不能片面追求工期，要给到专业设计人员科学的工作时间
	15		业主干涉过多，影响专业判断	①组织召开设计任务书前的会议； ②请咨询公司聘请的顾问团队参与讨论

项目各阶段	序号	风险类型	风险因素	预控措施
设计阶段	16	管理风险	各专业间设计不配合	设计人员间充分沟通，每周召开例会，做好各专业间管线碰撞检查
	17	技术风险	各专业设计师技术力量不足、专业水平不足，设计存在缺漏项、深度不足	选择有类似项目设计经验的专业设计人员负责各板块业务
	18		设计依据不恰当	建立设计文件评审制度，评审设计方案的可行性及实用性、设计概算合理性、完整性
招采阶段	19	招标风险	招标文件编制有漏洞	业主在编制招标文件时要重点关注招标范围、技术要求、人员要求、结算办法、评审办法、合同条款等招标的关键条款
	20		招标控制价设置不合理	①EPC项目的招标控制价可通过模拟工程量清单计价、设计概算下浮计价及费率招标的方式来确定； ②投标报价采用费率报价的形式。最终结算以财政评审价及中标下浮费率为合同计价依据
	21	评标风险	评标办法不合理	①医院建设项目因其自身特殊性，故宜采用综合评估法进行评标； ②采用综合评估法进行评标可考察投标企业的技术力量、投入材料的档次、施工组织计划的合理性； ③采用综合评估法进行评标可通过比较各投标单位投标报价的合理性避免了恶意低价竞争，给后续施工带来困难
	22		承包商选择不合理	①业主选择的总承包商不仅要具有总承包资格，还应具有项目所需的项目管理能力和承担项目风险的能力； ②为了选择合适的总承包商，业主应给投标人提供足够的时间和资料，让投标人仔细研究业主的要求，全面评估项目风险，使投标人确认自己是否有能力承担EPC项目的建设任务； ③招标人可从多方面对投标人进行评价，包括投标人对业主需求的理解、同类业绩、财务状况、设计能力、设备材料采购渠道和采购能力、项目管理能力和相关经验等
招采阶段	23		总承包商投标时"不平衡报价"	①招标前尽量明确细节参数，不给总承包商可操作性的机会； ②在招标文件中约定好清标的相关规定； ③在招标文件中约定好不平衡报价的结算原则及允许变更的范围
	24	合同风险	总承包合同条款不严谨	合同管理贯穿于EPC项目的全过程，业主在制定合同时应着重重视合同的完整性和明确性，如：①理清发承包方的权利义务；②明确合同变更条件、计价计量标准；③明确工程费用支付方式；④明确总承包商的违约责任等
	25	采购风险	材料设备供应商选择不合理	业主和承包商要认真分析项目的建造性能要求及市场设备性能参数，通过技术参数比较、供货能力比较、运输能力比较、运输保险条件、现场技术指导等方面进行综合比较，选出符合设计要求的、性能价格比最优的设备供应商

项目各阶段	序号	风险类型	风险因素	预控措施
招采阶段	26	采购风险	材料设备供应滞后	①在实际采购过程中调整采购计划，根据市场价格变动趋势和工程计划进度选择合适的进货时间和批量； ②在设备供应、安装过程中要求设备供应商及时跟进进度要求，满足项目现场的预定安装调试需求
	27		采购环节廉政风险	①业主可以在招标文件中明确廉政主体责任，或者招标后与总承包商签订廉政责任书，明确规定有关廉政风险的事项； ②业主需要对合作商以往的廉政事项进行摸底，确保不出现任何廉政风险
建设阶段	28	质量风险	承包单位未根据质量保障措施和保障体系要求进行施工，导致项目质量存在缺陷。	全咨单位充分发挥监理的主体作用，通过分工序和分级验收的方式，进行医院项目验收，以保证医院项目质量
	29		由专业单位进行深化设计的内容多，人防工程、医疗专业工程、钢结构工程、幕墙工程、精装饰工程等工程需由专业单位进行二次深化设计，这些设计需在土建施工中进行，会对土建施工产生影响	①工程开工后，对于需进行二次设计的内容进行列表汇总，根据总进度计划的要求，列出需二次设计的内容的完成时间，并提交给相关单位； ②在土建工程施工到与需二次设计的内容有关的部位之前，与相关设计及二次装饰设计、承包商进行协调，明确二次设计对土建的要求及需要土建在施工中配合、注意的内容。在土建工程施工过程中，请二次设计、承包商到现场查看，有无遗漏、碰头的地方，发现问题及时解决
	30		监理单位未按照规定监督工程项目，造成隐蔽工程和工程重点部位质量不合格	建立健全施工全过程的监督管理制度，监理人员深入施工现场，客观公正执行各项监理任务，并制定出相应的奖惩条例和实施细则，增强工程监理的责任心，促使其认真履行自己的监理职责，提高管理水平，充分发挥其工程监理的作用
	31		监理单位与EPC总承包商签订合同，业主控制权弱，工程质量得不到保证	①引入全咨单位代表业主聘请监理，发挥监理独立第三方的作用，有效保证工程质量； ②全过程工程咨询单位对监理进行全过程跟踪，代表医院，在工程施工过程中与总承包方、监理方起到沟通、监督作用
	32		隐蔽工程检查出现遗漏，导致质量不合格	①加强对隐蔽工程验收的管理，业主、监理单位以及设计部门等进行现场核实与会签，还要对现场图像与资料进行初步核查，保存好当时的影像资料，为后期竣工结算提供重要资料，降低事后纠纷的出现； ②参与关键工序交接质量的检验。业主需要监督总承包商关键工序质量和隐蔽工程质量，要坚持隐蔽工程质量检查验收制度和技术复合制度； ③施工分包商必须按照质量控制点的要求上报隐蔽材料；经各方检查确认合格后，方可隐蔽； ④土建基础等交接过程中要进行复测复量；经各方签字确认后才能正式移交； ⑤业主代表需进行施工巡查，并督促监理正确全面地行使好工程质量的监督审查权，现场巡查、旁站检查、平行检测到位

项目各阶段	序号	风险类型	风险因素	预控措施
建设阶段	33	质量风险	EPC总承包商可能采取更换原材料、降低技术标准、采购劣质医疗设备等手段以降低成本，最终以降低工程质量为代价	①系统考察潜在供应商，建立《受控物资供应商名单》； ②业主对总承包商提出的潜在合格供方进行审查和批准； ③将工程物资划分等级，在给总包信任授权的基础上加强"重点管控"； ④加强物资设备出厂前检验，设备材料进入施工现场前，应委托第三方复验，确保进入现场的设备全部合格
	34		总包单位违规分包	在合同签订时，应提前在合同条款中明确哪些工程不允许分包，并设置相应的惩罚规定和措施
	35		施工方案不合理	对各分部分项工程施工方案进行超前分析、比较择优，确保施工方案的科学性、先进性、可行性
	36	进度风险	业主与承包商原因、双方不可控因素以及承包商自身原因都可能引发延误	①做好日常施工记录，为可能发生的索赔提供证据； ②根据收集的工程索赔的相关资料，迅速对索赔事项开展调查，分析索赔原因，审核索赔金额，并征得投资人意见后负责与承包商据实妥善协商解决
	37		医疗专业配套工程较多、分包单位多，各配套工程对土建有各自要求。各配套工程施工时均需相应施工作业面，各施工作业面交叉较多易产生矛盾。	①对承包商的施工组织设计方案进行评审； ②对于医疗专业配套工程，要求配套工程的施工方在其他方进场后及时提交需他方配合的具体内容，协商具体的配合工作方案； ③总承包商对于需委托其他施工方预留、预埋的工作，需提前提供经审核的图纸，在施工中，请专业单位人员现场查看，防止出现错误或遗漏； ④在医疗专业单位进场前，请相关单位共同对进场前的条件进行检查，具备条件后再将场地等移交给专业单位施工，再施工过程中，及时与相关单位沟通、协商解决遇到的各种问题，保证施工的正常进行
	38		因为图纸设计的错误等原因引起的返工、停工、窝工，影响进度	①设计阶段应加强施工图设计审查，明确设计成果深度及要求； ②应建立严格的设计变更、签证审批制度，要写明变更的原因、变更的数据，确保工程签证单上的内容与实际变更相符，并由单位基建负责人、现场技术员、监理工程师等签字后送全咨单位确认
	39		自然环境因素	制定严密的雨季、高温季节施工技术措施，在保证质量的前提下力争雨季、高温季节不断施工
	40	安全风险	施工中没有按照要求配备安全器具、机械；工程安全资金不到位	强化现场的安全生产管理工作执行力度，以安全手册中的内容为基础，开展相应的巡查操作，尽量排除施工现场中的安全隐患
	41		安全生产责任未落实	①督促承包商落实施工安全管理责任制度，加强医院项目的安全生产培训与教育； ②督促承包商应设立专门的安全管理机构，配备专人进行施工安全管理工作，及时消除安全隐患，杜绝违章操作； ③监理单位应定期进行安全检查，并及时记录安全检查情况

项目各阶段	序号	风险类型	风险因素	预控措施
建设阶段	42	技术风险	施工水平和工艺不成熟	要求承包商现场质量管理人员可以对施工人员应用技术的全过程进行监督，一旦发现施工不到位或对施工技术缺乏了解随意施工的情况，责令施工人员停工进行相关施工技术应用的再学习，待达到上岗要求后再让其上岗进行工程施工
	43		施工新技术不能合理应用	①加强人员培训工作，对分部、分项工程施工技术、方案进行全面交底； ②对施工新技术在应用前聘请专业技术人员进行全面的培训和考核
	44		地质条件复杂，施工困难	详细的现场勘查及考察。承包商应该在时间、费用允许的情况下，尽可能详细地考察、证实现场的地质地基条件、水文气候条件、地下管线条件，制定相应的处理措施，作为重点内容进行全面交底
	45		部分专项方案施工难度较大	按规定编制专项施工方案组织专家对方案进行论证，在专家通过后，严格按方案规定进行施工、检查、验收
	46	投资失控风险	建设周期长导致设备价值、人员工资变动、材料价格变动、利率、费率及汇率变化等	①全咨团队在可研前介入，设定项目目标成本，进行总体把控，并以此为限额控制； ②可选择在价格低时提前采购，避免出现采购成本超支情况； ③预留一部分资金费用在工程款中，以应对成本价格上涨风险； ④全咨单位协助完善成本管控，严格管理工程款支付，严格按照有关程序开展工作
	47		工程变更、索赔或签证引发合同价款调整过大	①对承包商提出的变更，应严格审查变更的理由是否充分，防止承包商利用变更增加工程造价，减少自己应承担的风险和责任。应按照双方签订合同对变更程序的要求进行审查； ②构建工程变更签证内部控制流程，全面分析工程变更方案实施前后投资额分析以及工程变更实施对工期的影响评价等； ③制定良好的工程变更评审机制。工程变更评审需要注意以下3点：对变更设计方案技术进行相关分析，论证变更必要性；分析变更工程量和投资增减额度，检验变更合理性；分析以及预测变更对合同价与工程项目总造价的影响，论证可行性； ④实施工程变更控制进行反馈； ⑤工程结算阶段，严格变更预算审查
	48	人员风险	人员结构复杂、劳务人员数量繁多、人员技术层次不高且具有很强的流动性等	①制订详尽的人员分配和项目进度计划，同时进行实时跟踪，明确规定授权和责任； ②加强对施工人员的技能培训教育，所有施工人员都应在取得资质证书后方可上岗； ③制定严格的施工管理制度，对于进入施工现场的人员全部采取建设实名制，利用现代化信息手段，实现施工作业记录、管理和追溯的实名制
	49	合同风险	在订立合同时部分条款不完善、不全面，进而造成合同双方义务和权利不对等，影响工程项目有序进行	对项目的功能定位、建设规模、建设标准、工期要求、建设条件及物价波动情况选择合适的计价模式和风险分配方式，既能促进总承包商加强项目策划和组织管理，实现合理降低施工成本，有效控制项目投资，又能充分调动总承包商的主动性和积极性

项目各阶段	序号	风险类型	风险因素	预控措施
建设阶段	50	总承包商管理不利风险	工程现场物资盗失，文件资料缺失、归档不严格	①及时收集整理工程建设各环节的文件资料，建立完整的工程项目档案并妥善保管； ②由专门负责的资料员对建设过程中的资料档案文件等进行管理和保存
	51		施工的分包商管控不利	工程的总承包商在对外进行招标时，要制定合理的招标制度，总承包商通过招标制度进行招标，选择符合制度的分包商，通过这种招标方式，可以选择到良好的分包商，与较好的工程分包商签订施工共同后，总承包商可以大大减少对工程的施工管理
竣工与试运行阶段	52	市场需求风险	建设规模与就诊人数严重不符	前期策划阶段应综合考虑项目的内外部环境，如医院行业的市场前景，未来一段时期内的宏观经济环境
	53	运行技术风险	运行过程中存在设备维护和质量保修问题	①应结合自身情况，积极推动新技术的应用，实现设备设施的可视化展示、监控和维护管理、设施设备的运行监控、设施设备的维护计划管理以及空间管理等内容，建立医院智能化运维管理平台； ②在采购阶段，总承包商应站在全生命周期成本的角度，积极采用质量高、能耗低的设备
	54	管理风险	管理协调不到位等	该阶段，应重点考虑人员配置问题。应结合医院未来的发展规划以及长期愿景，根据现实条件，制定合适的人员招聘、考核、薪资等管理体系
	55		运营管理成本过高	前期采购设备时应从全生命周期成本最小化的角度进行选择
	56	结算不及时风险	项目完工，但一直不结算，引起众多诉讼风险	依照合同规定支付各项条款，防止出现劳动纠纷事件
	57		项目完工资料归档不及时，导致审计资料缺失	及时收集整理工程建设各环节的文件资料，建立完整的工程项目档案并妥善保管
	58	审计风险	施工前准备工作不充分，为项目的结算审计工作埋下各种风险	①加强制度建设，构建审计监督的制度体系； ②重视审计调查和取证，内审人员对施工过程中发生的隐蔽工程及工程内容变更要到现场记录备案，对设计变更部分的工程造价实施控制与监督；审计人员要参与项目的验收，严格按照施工合同及项目的预算内容验收，对于增量的工程和内容必须有审批过的相关签证单，并将按图纸计算的书面复核与现场实测结合起来，取得工程量的真实数据； ③严格执行制度规定的结算送审流程，并要求施工方对结算送审资料的真实、完整、合法作出承诺

第四节　前期决策阶段咨询方案

一、行业调研及业主需求分析

（一）明确医院整体发展战略

全过程工程咨询单位应明确决策层制定该项目的主要动机，咨询该领域的专家和单位，一起研制出医院建设工程的未来规划，并把这些规划做成详细报告。深入分析市场现状，降低项目风险，提高决策的科学性和可靠性。

发展战略是医院发展的思路、发展的方向、发展的目标和发展的特色，这是决定医院基础设施建设的根本依据。其可根据医院的人才优势、服务水平（包括门急诊、住院和手术的数量等）、技术水平（包括重点学科、医疗特色、先进技术）、设备水平（大型医疗设备的种类数量和使用情况）、科教水平、管理模式等方面数据的综合分析确定。

（二）评估现有建筑利用情况

医院新建项目应仔细评估医院现有用地建筑等设施的现状，分析设施的地理位置、面积、功能以及使用情况等相关数据，提出拆除和保留方案，使土地资源和旧有建筑价值得到最大化利用。

同时在前期论证评估设计时要注意以下几个关键点：

1. 预留发展用地

随着医学发展，医疗设备的更新换代，医疗用地一定要预留将来的发展用地，这样将来如果新建医疗用房可以节省许多配套麻烦，这在医疗工艺设计的前期设计中应给予充分的考虑和关注，并协同院方、设计单位沟通。

2. 预留发展功能用房

医疗功能单元设计时候，也要考虑科室功能的发展和特殊专业的不断划分，以及管理上的需要，这在医院内部功能单元之间以及单元功能内部之间，对于预留的功能性用房和场地要给予充分考虑。

3. 预留后勤设备用房

由于医疗用地的预留，相应也要考虑后勤动力设备、污水处理、餐饮、医疗固废等配套设施面积的预留。

4. 预留能源余量

医院能源动力主要是指电力、蒸汽和燃气的余量，由于这一块的供应量是市政部门决定，有时候很难预估给某个单位预留容量或供应量，所以在前期可行性研究和工艺疗程设计时就要从宽考虑，取安全系数最大值。

5. 预留资金

医院建设周期长，资金因素决定建设速度、规模和设备选型，在编制概算时，医院常常为了尽早拿到批文，实行"小概算，大决算"，中途可能要多次调整增加预算，造成政府审计部门的重点审查。此外在建设过程中，医院要求修改图纸，铜价、铝材等期货价格的变化，建设中主要建筑材料的市场变化，都要求项目建设中无论是概算或预算，还是招投标文件的起草规程中，都要对资金的使用留有余地，不能用包死价来代替在一定范围内可调整的工程综合单价。

（三）合理确定医院建设需求

医院建设规模需要根据相关建设标准，并综合考虑医院所在地区的经济发展水平、医疗资源布局、服务需求情况、医院定位和特色用地规划条件等确定。

同时明确并重视以下几个方面的意见：

（1）医学专家的意见，包含医生、护理、院感办、医院后勤专业人员。他们的意见和建议往往决定医院各功能使用的未来发展方向，对目前正在使用建筑存在的问题也有深刻认识，可以避免犯同样的错误。同时，他们对建筑生命周期的后续使用及维护保养也可以提出很好的建议。

（2）规划专家的意见，包括该城市区域的整体规划要求，道路交通未来发展，人口未来发展、产业发展方向、城镇总体规划、公共基础设施的基本要求等，便于项目方案通过当地规划部门的审查和审批。

（3）建筑设计专家的意见。设计师对于医院的外立面、结构、消防、人防、BIM技术运用等诸多单元与医院各功能有机地整合，与周边道路、绿化的配套完善，可以提供很好的建议，并付诸实施到施工图纸上。

（4）医疗工艺流程专家的意见。医疗工艺咨询专家是医疗工作者和建筑工作者之间的桥梁。医疗工艺分为前期设计和条件设计，医疗前期设计是可行性研究报告的组成部分，包括医院项目策划、功能规划及医疗流程设计，其设计成果是医疗工艺报告书。医疗工艺条件设计是在前期设计的基础上，采用已批准的建筑设计方案基础上进行详细的医疗工艺图深化设计过程，并提出详细的水、电、暖通、医用气体、综合布线等技术条件、技术指标参数，其设计成果是医疗工艺图及技术说明，与建筑初步设计阶段相对应。

（5）经济专家的意见，包含财务、审计、投融资方面的专家。建设项目审计范围包括审查和评价医院基本建设内部控制制度和执行情况，监督、评价建设项目全过程的经济活动控制及其效果。特别是大的新建项目，一定要建立跟踪审计制度，提前让审计部门参与，建设项目实施过程本身具有环节多、不可重复的特殊性，因此审计必须对项目各阶段进行跟踪审计，进行事前、事中、事后的审计监督，尤其建设项目前期阶段工作的质量，对整个项目具有决定性的作用。

（6）信息专家的意见。智慧化医院是未来的发展方向，信息技术的突飞猛进将引领医疗技术和管理的发展方向，基于"互联网＋"构建新型的医院医患关系，以及医院的运营模式。

（7）后勤管理专家的意见。包括后期建筑的维护、保养，后勤的管理模式，能源的管理模式，能源监控平台的搭建，各科室成本核算对能耗的管控策划等。

（8）法律、纪检部门专家的意见。无论在建设之初、建设之中、招投标采购过程以及竣工决算都离不开法律专家的意见和帮助。同时，请法律顾问、纪检部门全程参与，可以更多地了解项目的来龙去脉，及时发现问题、解决问题，一旦发生工程上的法律纠纷，可以掌握第一手资料，在法律诉讼上占据一定的优势。

（四）基于流线复杂情况考虑

医院中的交通流线较为复杂，包括以下几个方面。

（1）人流：依据项目医疗服务范围人口和不同等级医院的配置规模进行医院规模定位策划；

（2）物流：建立物流传输系统；

（3）车流：智能化停车系统的设计及应用；

（4）污线：建立污水处理系统，包括医院建筑内的生活污水、医疗放射源废水、实验废水等。

其中，人流又包括工作人员的流线和患者的流线。医院的流线与医院流程有着密不可分的联系，它是医院管理学与医院建筑设计的结合。这些流线既要简洁明快，又要避免互相交叉，否则，在医院的局部区域中形成混乱，给患者带来不便，其结果会增加他们的心理负担并对情绪造成不良影响。如医院的门前交通混乱，也会给周边的城市交通和环境带来一定影响。因此，医院的交通流线规划在医院环境设计中占有非常重要的位置。

（五）制定分期设施建设规划

综合医院总体建设规模较大，在资金要求、维持经营等条件的制约下，一般按照"可持续发展"原则分阶段建设，即确定医院建设发展的近期、远期目标。这有利于医院建设具备整体性、系统性和前瞻性，使近期建设在用地、建筑、设备设施等各方面为远期发展留有余地。

二、项目策划

项目决策阶段的项目策划，主要是指通过对项目前期的环境调查与分析，进行项目建设基本目标的论证与分析，进行项目定义、功能分析和面积分配，并在此基础上对与项目决策有关的组织、管理、经济与技术方面进行论证与策划，把建设意图转换成定义明确、要求清晰、目标明确且具有强烈可操作性的项目策划文件，为项目的决策和实施提供全面完整的、系统性的计划和依据。

（一）策划依据

（1）项目基本情况：项目名称、建设地点、项目性质、建设规模及内容、项目工艺方案、总平面布置、主要经济技术指标、项目进度计划，改、扩建项目的原项目基本情况等；

（2）项目用能概况：项目主要供能、用能系统与设备的初步选择，能源消费种类、数量及能源使用分布情况，改、扩建项目的原项目用节能评估项目的基本情况及存在问题等；

（3）项目所在地的主要气候特征；

（4）项目所在地区的社会经济状况：经济发展现状、节能目标、能源供应和消费现状、重点耗能企业分布及其能源供应消费特点、交通运输状况等；

（5）类比工程的相关资料；

（6）业主的组织机构、经营范围、财务能力等；

（7）国民经济的发展、国家和地方中长期规划；

（8）产业政策、生产力布局、国内外市场、项目所在地的内外部条件；

（9）《投资项目可行性研究指南（试行版）》；

（10）《建设项目经济评价方法与参数》第三版；

（11）其他相关法律、法规、规划、产业政策等；

（12）全过程工程咨询单位的知识和经验体系。

（二）策划内容

项目决策策划一般主要包括项目环境调查分析、项目定义和目标论证、项目经济策划、项目产业策划和项目组织管理策划五个方面的内容。具体内容如图3-2所示，此外，根据具体项目的不同情况，策划文件的形式可能有所不同，有的形成一份完整的策划文件，有的可能形成一系列策划文件。

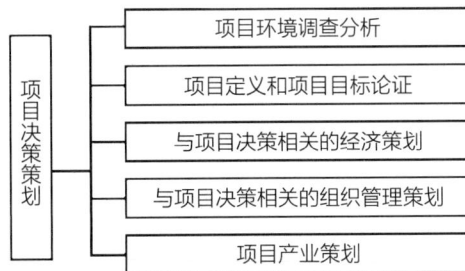

图3-2　项目决策策划的内容

总的来说，项目决策策划工作，从明确业主需求开始，在综合分析社会环境的基础上，进行项目定义，并对项目进行总体构思和项目定位，并进一步对项目进行功能策划、经济策划、组织管理策划并最终形成项目任务书，在整个策划过程中运用多种方法和手段从技术、经济、财务、环境和社会影响、可持续发展等多个角度对项目进行可行性分析，其中有不断反馈和调整过程，直至项目能够最终通过审核，形成对设计的要求文件。

1. 环境调查分析

（1）项目环境调查分析内容

项目环境调查分析主要包括对自然环境、宏观经济环境、政策环境、市场环境、建设环境（能源、基础设施等）等进行调查分析。项目环境调查分析是对影响项目策划工作的各方面环境进行调查，并进行认证分析，找出影响项目建设与发展的主要因素，为后续策划工作提供较好的基础。

项目环境调查工作主要需要把握以下几点：立足于项目实施，重在环境分析；不可忽视项目的系统性、环境的整体性；重视稳定环境中的不稳定因素。

（2）项目环境调查分析的流程

环境调查分析的一般流程如图3-3所示。

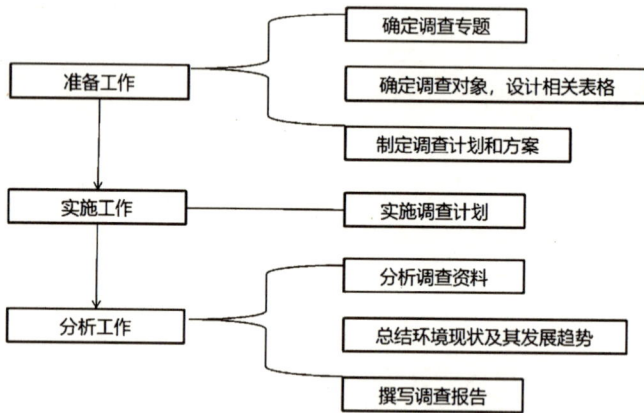

图 3-3　环境调查分析流程图

1）环境调查的准备工作

环境调查提纲：

① 调查目的，希望获取哪些资料；

② 调查内容，对调查目的的细化；

③ 被调查者情况，一般包括被调查人所在的部门及其职位；

④ 调查的问题及备注，准备问哪些问题，并留下谈话记录空间；

⑤ 调查的资料编号及其名称，希望索要哪些资料；

⑥ 调查人与调查日期。

2）环境调查的实施

① 现场实地考察；

② 相关部门走访；

③ 有关人群访谈；

a.投资人方相关人员；

b.最终用户；

c.有关领导；

d.有关方面专家和专业人士；

e.其他相关人员；

④文献调查与研究；

⑤问卷调查。

3）环境调查的分析和整理

主要包括自然环境分析、历史和文化环境分析、社会发展环境分析、经济环境分析、政策环境分析、产业发展环境分析、需求环境分析、建设环境分析等。

2. 项目定义和目标论证

项目定义与项目目标论证是将建设意图和初步构思，转换成定义明确、系统清晰、目标具体、具有明确可操作性的方案。它是经济评价的基础，其重点是用户需求分析与功能定位策划。项目定义与项目目标论证的基本内容常常包括以下几个方面：

（1）项目定义

项目定义包括项目定位（功能、建设规模、组成等）和建设目标（质量、进度、投资）。如图3-4所示，不同的项目在进行项目决策策划时，在项目定义中可能还会有其他不同的提法，或者会有不同的内容，但是项目定义的根本目的是明确项目的性质、用途、建设规模、建设水准以及预计项目在社会经济发展中的地位、作用和影响力。

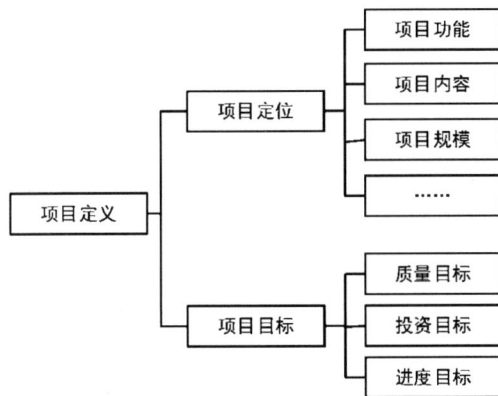

图3-4 项目定义的内容框架图

（2）项目用户需求分析

项目用户需求分析是对潜在的最终用户的活动类型进行分解，归纳出每一类最终用户的主导需求，是项目功能定位的第一步。用户的需求可能包括：工作需求、生活需求和其他方面需求等。

（3）项目功能定位

项目功能策划是项目定义的具体化，是项目定义很重要的一部分。功能策划是在项目总体构思和项目总体定位的基础上，结合项目用户需求分析，对项目进行更深入的研究，在不违背项目性质、项目规模以及开发战略等定位的前提下，将项目功能进行细化，以满足项目用户的要求。

项目功能定位分为项目总体功能定位和项目具体功能分析。

1）项目总体功能定位：基于整个宏观经济、区域经济、地域总体规划和项目产业一般特征而做出的与项目定义相一致的宏观功能定位。总体功能定位应充分重视借鉴同类项目的经验和教训；定位方法应建立在同类项目功能分析的基础上结合项目自身特点确定。

2）项目具体功能分析：为满足运营活动需要，相关人群的需要，对项目拟将具有的功能、设施和服务等进行详细界定，是对总体功能定位的分解和细化，明确拟建项目究竟要实现哪些功能，主要包括明确项目的性质、项目的组成、项目的规模和质量标准等。

3）功能分析步骤

①在项目定义的基础上进行引申，对项目的总体功能进行宏观定位；

②基于项目的总体功能定位，分析项目投资人的初衷和项目用户的活动类型，对项目的具体功能进行分解、细化；

③考虑项目功能的具体实现方式，进行功能区面积分配。

4）功能区划分要点

①功能区划分应符合项目的整体功能分析结果，充分体现项目功能的完备性，做到不漏项、不重复。

②参照项目的功能类别分析结果，分别实现工作功能，相似功能尽量集中分区，并注意相互之间的关系。

③不考虑空间的界限，以避免代替规划设计。

④不同功能独自分区，但相联系的功能区之间可能会有联系，应予以说明。

（4）项目面积分配

项目面积分配也是建设项目决策策划中很重要的一部分，它不仅是对项目功能定位的落实和实施，也为项目的具体规划提供设计依据和参考，使设计人员在尽可能了解建设意图的基础上，最大限度地发挥创造性思维，使规划设计方案更具合理性和可操作性。

（5）项目定位

在最终用户需求分析、项目使用功能分析、项目面积分配等工作基础上，可以对拟建项目进行相对准确的项目定位。项目开发建设的过程中，项目定位是很重要的一个环节，关系到项目开发建设的目标、功能定位，决定项目的发展方向。

（6）项目目标论证

项目目标论证必须从技术、经济、管理等方面论证目标的可行性，并往往从三维目标分解空间的两维平面上进行，从不同的侧面或截面论证目标的可行性，从而求得目标系统的整体性。具体内容如图3-5所示。

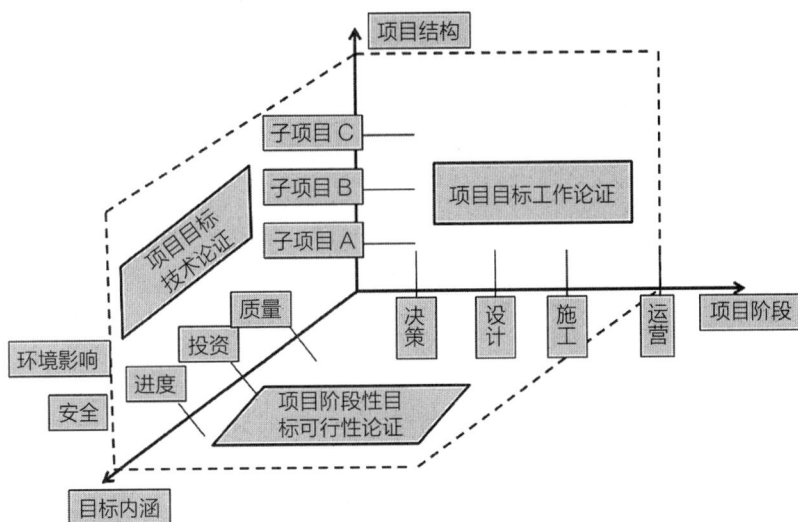

图 3-5 项目目标论证框架图

3. 项目经济策划

项目经济策划是在项目定义与功能策划基础上，进行整个项目投资估算，并且进行融资方案的设计及其有关的经济评价。

（1）项目总投资估算

按照项目时间维度，建设项目投资估算可分为以下3个阶段：

1）投资机会研究阶段的投资估算

明确投资方向，提出投资建议。该阶段工作比较粗糙，估算的误差率控制在30%左右。

2）初步可行性研究阶段的投资估算

在投资机会研究结论的基础上，在项目定义和目标论证正在进行并未最终定稿的过程中，逐步弄清项目的投资规模，作出初步评价，误差率控制在20%左右。

3）详细可行性研究阶段的投资估算

在已有明确的目标论证和项目定义结论基础上，进行全面、详细、深入的技术经济分析论证，评价选择最佳投资方案，估算的误差率控制在10%以内。

（2）项目融资方案策划

项目融资方案策划主要包括融资组织与融资方式策划、项目开发融资模式策划等。

1）融资组织与融资方式策划。融资组织与融资方式策划主要包括确定项目融资的主体以及融资的具体方式。不同项目的融资主体有所不同，需要根据实际情况进行最佳组合和选择。

2）项目开发融资模式策划。项目融资主体确定以后，对项目开发时具体的融资模式进行策划。

（3）项目经济评价

项目经济评价包括项目国民经济评价、财务评价和社会评价三个部分。

国民经济评价和社会评价是从国家、社会的宏观角度出发考察项目的可行性。

财务评价是在国家现行财税制度和价格体系前提下，从项目的角度出发，计算项目范围内的财务效益和费用，分析项目的盈利能力和清偿能力，评价项目在财务上的可行性。

4. 项目产业策划

项目产业策划超出了纯粹的建筑策划的范畴，是一种比较特殊的策划内容，它从国民经济或区域经济的发展角度考虑，与行业发展规划相关，影响项目建成后的经济发展情况，同时也影响最终用户的人群需求分析，因此有些项目在决策策划中加入了产业策划的内容。

项目产业策划是立足产业行业环境与项目所在地的实际情况，通过对今后项目拟发展产业的市场需求和区域社会、经济发展趋势分析，分析各种资源和能力对备选产业发展的重要性以及本地区的拥有程度，从而选择确定项目主导产业的方向，并进一步构建产业发展规划和实施战略的过程。

项目产业策划的步骤主要有：

（1）项目拟发展产业概念研究

归纳项目拟发展产业及其载体的概念、特征，影响该产业发展的促进或制约因素。作为项目产业策划的基础。

（2）项目产业市场环境发展现状研究

通过对项目相关发展产业的宏观市场环境分析和项目所在地产发展现状的研究，判断拟发展产业目前在国家的总体发展情况及本地区产业在市场中所处的水平，并针对性地制定竞争措施。

（3）项目产业市场需求的分析

（4）城市社会、经济发展趋势的研究

（5）项目所在地拟发展产业优、劣势分析

（6）项目产业发展规划

5. 项目组织管理策划

项目组织与管理策划包括项目组成结构策划、项目管理组织方案策划、项目合同策划方案以及项目总进度纲要策划等几个方面的内容。

（1）项目组成结构及编码方案策划

项目组织结构分解是在功能分析基础上得出的，表明了项目由哪些子项目组成，子项目又由哪些内容组成。项目组织结构分解与项目总投资规划、项目总进度规划密切相关，将指导项目总投资分解与编码、总进度的分解与编码。通过对项目进行合理分解，将有利于项目投资、进度、质量三大目标的控制，有利于项目全过程的实施。

（2）项目管理组织方案策划

项目管理组织方案主要涉及项目建设管理模式，具体包括项目管理的组织结构和项目建设的工作流程组织。项目管理组织结构反映了项目投资人与项目参与各方之间的关系，以及项目投资人的部门设置、指令系统、人员岗位安排等。有了项目管理的组织结构以后，就可以进行工作任务分工、管理职能分工等。

（3）项目合同策划方案

项目的合同策划是指确定决策期的合同结构、决策期的合同内容和文本、建设期的合同结构的确定、合同文本的选择、招标模式、合同跟踪管理、索赔与反索赔等，其中最重要的是合同结构的确定。许多大型建设项目的项目管理实践证明，一个项目建设能否成功，能否进行有效的投资控制、进度控制、质量控制及组织协调，很大程度上取决于合同结构模式的选择，因此应该慎重考虑。

（4）项目总进度纲要策划

项目总进度纲要是项目全过程进度控制的纲领性文件，在项目实施过程中，各阶段性进度计划、各子项目详细的进度计划都必须遵守项目总进度纲要。另一方面，总进度纲要出来以后，在项目实施过程中，还要进行多次的调整、优化，并进行论证。

（三）注意事项

1. 项目决策策划报告

项目决策策划报告是对决策阶段工作的总结，是决策策划成果的表现形式。项目决策策划报告从形式上可以是一本总报告，也可以是几本专题报告。从内容上，项目决策策划报告一般包括以下几个部分：

（1）环境调查分析报告；

（2）项目定义与目标论证报告；

（3）项目经济策划报告；

（4）项目产业策划报告；

（5）项目组织管理策划报告；

（6）设计任务书。

其中，设计任务书是项目决策策划最终成果中的一项重要内容。项目设计任务书是对项目设计的具体要求，这种要求是在确定了项目总体目标、分析研究了项目开发条件和问题、进行了详细的项目定义和功能分析基础上提出的，因此更加有依据，也更加具体，便于设计者了解投资人的功能要求，了解投资人对建筑风格的喜好，能在一定程度上减少设计的返工。设计要求文件是项目设计的重要依据之。

2. 不同的项目在进行项目决策策划时，可能还会有其他不同的内容，或者有不同的提法。

项目决策策划特有的系统性和综合性，决定了其工作内容应该在实践中不断的补充和完善。另外，项目策划完成及其最终目标体系的建立工作不是一次性的，而是一个动态的过程，随着项目实施的进展，要不断进行调整、补充和完善，才能真正实现投资人的意图，在获得良好的经济利益的同时获得良好的社会效应，最终形成多方共赢的局面。

第五节 可研和勘察阶段咨询方案

一、可行性研究报告审查

（一）可行性研究报告的深度要求

（1）可行性研究报告应达到内容齐全、数据准确、论据充分、结论明确的要求，以满足决策者定方案、定项目的需要。

（2）可行性研究报告中选用的主要设备的规格、参数应能满足预订货的要求。引进技术设备的资料应能满足引进设备合同谈判的要求。

（3）可行性研究报告中的重大技术、财务方案，应有两个以上方案的比选。

（4）可行性研究报告中确定的主要工程技术数据，应能满足项目初步设计的要求。

（5）可行性研究阶段对投资和成本费用的估算应采用分项详细估算法。

（6）可行性研究报告中确定的融资方案，应能满足项目资金筹措及使用计划对投资数额、时间和币种的要求，并能满足银行等金融机构信贷决策的需要。

（7）可行性研究报告应反映可行性研究过程中出现的某些方案的重大分歧及未被采纳的理由，以供决策者权衡利弊进行决策。

（8）可行性研究报告应附有供评估、决策审批所必需的合同、协议和城市规划、土地使用、资源利用、节约能源、环境保护、社会稳定性分析等相关主管部门的意见，出具相应行政许可文件。

（二）可行性研究报告审查要点

1. 需求分析

需求分析主要针对项目拟解决的问题进行详细的分析，通过发展规划分析及市场调研结果，预测项目具体建设需求，并明确项目建设目标及功能定位。需求分析是确定项目建设内容及规模的必要条件。

（1）患者需求

医院建设前，应充分了解医院建成后的辐射范围，以及周围附近人群需求、病原状况等。××国际医院地处繁华的某市城区中心地带，交通便利，政府机关及众多市直企事业单位、学校等汇集，人数相当庞大。同时，附近区域老年人居多，周围无大型三甲医院，因此××综合医院定位为某市及周边地区大型非营利性的医疗机构，除具综合性医院职能外，还兼顾高级保健需求。

（2）床位需求

床位需求应根据国家及地区发展规划、城市总体规划、医疗卫生事业发展规划、区域卫生规划、医疗机构设置规划、拟建医院所在地区的经济发展水平、卫生资源和医疗保健服务的需求状况以及该地区现有医院的床位数量进行综合测算后确定。

此外，还可根据项目所在地区卫生事业发展规划中规定的每千常住人口医疗卫生机构床位数量的设置要求，综合考虑项目功能定位、服务半径及辐射人口等多重因素，根据床位缺口分析及区域医疗资源发展情况确定项目床位需求。

根据《某市卫生统计资料汇编》和《某市卫生机构分布图》，并以"现有床位数与需求床位数"的比值0.85为界限，市内现有各大综合医院的住院床位缺量约800张床，如再考虑到2020年以后的中长期规划和辐射周边地区的需要，将需900～1000张床位，因此××国际医院设定住院床位1000张床。

（3）门诊量需求

日门（急）诊量与编制床数（经有关部门审批后实际建设规模确定的病床数）之间的比值，是确定综合医院门（急）诊总量进而确定除住院部以外的门诊、医技科室及其他相关用房面积的重要依据。一般情况下，3:1的诊床比基本符合实际需求。根据测算，××综合医院日均门诊量为3000人次，床位满足需求。

（4）教学及科研需求

近年来，医院项目的建设不仅注重医疗，同时更加注重教学与科研工作的作用。除承担教学任务的医学院校附属医院、教学医院和实习医院需按照标准规定配置教学用房外，承担全科医生、住院医师及其他培训任务的医院，也应按照相关要求适度配置教学用房，便于各类教学及培训工作的顺利开展。因此，配置适度规模的科研、教学用房是必要的。

××综合医院项目将计划设置专门的教学、科研用房，发挥医院在医疗、科研、教学、预防与保健的多种功能，有别于传统医院的简单型医疗职能。教学、科研用房的设置将有利于临床教学和科研工作的同步发展，拥有一批医术精湛、创新能力强的专家和医疗科技人员，开设门类齐全的各项医疗保健服务，配备各种先进的医疗仪器和设备，有利于开展各项医疗科研任务，建设某市更为门类齐全、设施完备、软硬件良好的医疗保健中心，促进某市医疗科技的发展。

2. 医院设置规模

医院项目的建设内容根据功能定位及需求分析结果，综合考虑医院的实际使用需求，结合方案规划设计确定。建设规模在建设内容的基础上，针对不同性质、不同床位规模、不同建设需求的医疗服务机构，其测算依据的建设标准也不一样。××综合医院项目规模测算应依据《综合医院建筑设计规范》GB 51039—2014、《综合医院建设标准》（建标110—2008）等相关规范的规定。

对于新建医院项目，根据各类建设标准及规定文件，结合医院的实际使用需求直接测算建设规模。规模测算完毕后，应分别与项目建议书批复结果、方案规划建筑面积进行逐条对比分析，确保可研报告建设规模的合理性。

3. 投资估算

与一般项目相比，医院项目具有建筑较为复杂、结构抗震等级较高、系统较多、人防工程较为特殊等特点，而且大多数均为政府投资项目，投资估算的深度要求也较高。

（1）医院结构较为复杂、安全性要求高

医院的功能性较强，建筑结构复杂，分为门诊楼、急诊楼、医技楼、住院大楼、教学科研用房等不同单元，需要合理布局人流、车流、物流等流线。通常医院的科室布置及装修较为复杂，尤其医技放射科、手术室、ICU等房间装修复杂、造价较高。对于医院房间的分割布置、无障碍设施的建设、医疗辅助设施的布局均应充分考虑，避免投资估算漏项。

根据《建筑工程抗震设防分类标准》GB 50223—2008，医院的抗震设防类别应划为重点设防类，抗震措施应该提高一度。在投资估算的编制时应注意在医院结构安全性上考虑增加投资，保证项目安全等级。

（2）医院设置系统较多

出于医院功能及使用需要，医院设置的系统较多。比如空调工程，在手术室、ICU、中心供应室等均需要设置洁净空调，特殊医疗设备机房、中心机房等还需要设置恒温恒湿空调，大型公共空间考虑地板采暖等。医院项目的弱电系统更为复杂，包括排队叫号系统、呼叫系统、手术室示教系统等医院专用系统。医院项目的电梯一般为大厢电梯，载重大、梯速慢，一般都有单独设立的污物电梯，电梯造价比一般建筑造价要高。医院还需要设置医疗气体系统，以满足医疗服务需求；出于采暖、蒸汽供应等需要设置锅炉房、蒸汽管道等。医疗废水需要进行处理后才能外排，因此一般都有污水处理站。上述系统投资水平显著高于一般项目。

针对系统较多的特点，估算阶段需要对不同系统分别进行估算。尤其是对比较特殊的专业系统，比如洁净空调、恒温恒湿空调等一般要根据实际面积单独估算。

二、项目勘察审查

（一）审查依据

工程勘察是为项目在设计前查明建设场地的地形、地貌、地质构造、水文地质条件和各种自然地质现象而进行的测量、测绘、测试、地质调查以及综合性的评价和研究工作，为项目的策划、选址、设计和施工提供基本的可靠依据，是项目顺利安全建设的重要保证。

工程勘察设计是工程建设事前控制的必经途径，抓好项目勘察阶段的管理对保证整个

EPC项目建设质量和提高投资效益，可以起到事半功倍的效果。

项目勘察文件的审查依据主要有：

（1）经批准的项目建议书、可行性研究报告等文件；

（2）勘察任务书；

（3）《建筑岩土工程勘察设计规范》DB 37/5052—2015；

（4）《岩土工程勘察规范》GB 50021—2001（2009年版）；

（5）《建筑地基基础设计规范》GB 50007—2011；

（6）《中国地震动参数区划图》GB 18306—2015；

（7）《建筑抗震设计规范》GB 50011—2010（2016年版）；

（8）《建筑工程抗震设防分类标准》GB 50223—2008；

（9）《建筑地基处理技术规范》JGJ 79—2012；

（10）《建筑基坑支护技术规程》JGJ 120—2012；

（11）《土工试验方法标准》GB/T 50123—2019；

（12）《工程岩体分级标准》GB/T 50218—2014；

（13）《建筑工程地质勘探与取样技术规程》JGJ/T 87—2012；

（14）《房屋建筑和市政基础设施工程勘察文件编制深度规定》（2010年版）。

（二）审查内容

1. 勘察方案的审查

勘察方案应由勘察单位编制设计单位进行审查，审查主要包括以下内容：

（1）钻孔位置与数量、间距是否满足初步设计或施工图设计的要求；

（2）钻孔深度应根据上部荷载与地质情况（地基承载力）确定；

（3）钻孔类别比例的控制，主要是控制性钻孔的比例以及技术性钻孔的比例；

（4）勘探与取样：包括采用的勘探技术手段方法，取样方法及措施等；

（5）原位测试包括多种，主要包括标贯试验，重探试验、静力触探、波速测试、平板载荷试验等。在勘察投标中应明确此类测试的目的、方法、试验要求、试验数量；

（6）土工试验，土工试验项目应该满足建筑工程设计与施工所需要的参数，比如：为基坑支护提供参数的剪切试验，地基土强度验算时的三轴剪切试验，以及水质分析等；

（7）项目组织，包括机械设备，人员组织；

（8）方案的经济合理性。

通过对勘察方案的审查，可以保证勘察成果满足设计需要、满足项目建设需要，为设计工作的开展提供真实的地勘资料。

2. 勘察文件的审查

勘察文件是勘察工作的成果性文件，需要充分利用相关的工程地质资料，做到内容齐全、论据充足、重点突出。此外，勘察文件应正确评价建筑场地条件、地基岩土条件和特殊问题，为工程设计和施工提供合理适用的建议。因此，全过程工程咨询单位要加强对勘察文件的审查，为设计和承包商提供准确的依据。

全过程工程咨询单位对勘察文件的审查应包括以下几个方面内容：

（1）勘察文件是否满足勘察任务书委托要求及合同约定；

（2）勘察文件是否满足勘察文件编制深度规定的要求；

（3）组织专家对勘察文件进行内部审查，确保勘察成果的真实性、准确性，将问题及时反馈至地勘单位，并跟踪落实修改情况；

（4）检查勘察文件资料是否齐全。有无缺少实验资料、测量成果表、勘察工作量统计表和勘探点（钻孔）平面位置图、柱状图、岩芯照片等；

（5）工程概述是否表述清晰，有无遗漏，包括：工程项目、地点、类型、规模、荷载、拟采用的基础形式等各方面；

（6）勘察成果是否满足设计要求。

全过程工程咨询单位审查合格后要将勘察文件报送当地建设行政主管部门对勘察文件中涉及工程建设强制性标准的内容进行严格审查。并将审查意见及时反馈至勘察单位，直至取得审查合格书。

第六节　设计阶段咨询方案

一、项目设计审查

（一）方案设计审查

1. 审查依据

（1）方案设计任务书；

（2）项目建议书、可行性研究报告及附件；

（3）使用单位、业主的有关要求，项目功能目标系统；

（4）设计标准，包括工程等级、结构的设计使用年限；

（5）行业设计规范；

（6）项目有关的政府批文及规划条件等。

2. 审查内容

在方案设计阶段，全过程工程咨询单位应组织专家委员对方案设计进行审查，以确定投标的方案是否切实满足招标人要求，审查内容主要有以下几点：

（1）是否响应招标要求，是否符合国家规范、标准、技术规程等的要求；

（2）是否符合美观、实用及便于实施的原则；

（3）总平面的布置是否合理；

（4）景观设计是否合理；

（5）平面、立面、剖面设计情况；

（6）结构设计是否合理、可实施；

（7）公建配套设施是否合理、齐全；

（8）新材料、新技术的运用；

（9）设计指标复核；

（10）设计成果提交的承诺。

（二）初步设计审查

1. 审查依据

在方案设计通过相关部门的审批以后，就可以开展初步设计，初步设计文件应满足国家《建筑工程设计文件编制深度规定》（建质函〔2016〕247号），并提供相应的设计概算，以便有效控制投资。

初步设计阶段的管理重点主要是对初步设计文件的审查，初步设计文件包括设计说明书（包括设计总说明、各专业设计说明）、有关专业的设计图纸、主要设备或材料表、工程概算书以及有关专业计算书。

（1）国家政策、法规；

（2）各专业执行的设计规范、标准及现行国家及项目所在地的有关标准、规程；

（3）政府有关主管部门的批文、可行性研究报告、立项书、方案文件等的文号或名称；

（4）批准的方案设计；

（5）规划、用地、环保、卫生、绿化、消防、人防、抗震等要求和依据资料；

（6）业主提供的有关使用要求或生产工艺等资料；

（7）建设场地的自然条件和施工条件；

（8）有关的合同、协议、设计任务书等；

（9）其他的有关资料。

2. 审查内容

当初步设计图纸出来后，全过程工程咨询单位需组织各专业专家逐张审查图纸，重点审查选材是否经济、做法是否合理、节点是否详细、图纸有无错缺碰漏等问题。在认真审阅图纸后，书面整理专家审图意见，与业主和专业咨询工程师（设计）约定时间，共同讨论交换意见，达成共识后，进行设计图纸修改。

全过程工程咨询单位对初步设计审查合格后，需按当地建设行政主管部门的规定，将初步设计文件报送建设行政主管部门审查。

全过程工程咨询单位进行的初步设计的审查应当包括下列主要内容：

（1）是否按照方案设计的审查意见进行了修改；

（2）是否达到初步设计的深度，是否满足编制施工图设计文件的需要；

（3）是否满足消防规范的要求；

（4）建筑专业：

1）建筑面积等指标没有大的变化；

2）建筑功能分隔是否得到深化，总平面、楼层平面、立面设计是否深入；

3）主要装修标准明确；

4）各楼层平面是否分隔合理，有较高的平面使用系数；

（5）结构专业：

1）结构体系选择恰当，基础形式合理；

2）各楼层布置合理；

（6）设备专业：

1）系统设计合理；

2）主要设备选型得当、明确；

（7）有关专业重大技术方案是否进行了技术经济分析比较，是否安全、可靠；

（8）初步设计文件采用的新技术、新材料是否适用、可靠；

（9）设计概算编制是否按照国家和地方现行有关规定进行编制，深度是否满足要求。

（三）施工图设计审查

1. 审查依据

施工图设计阶段，全过程工程咨询单位需要对施工图设计文件进行审查，施工图设计文件包括合同要求所涉及的所有专业的设计图纸（含图纸目录、说明和必要的设备、材料表及图纸总封面）、合同要求的工程预算书、各专业计算书。

施工图设计审查分为全过程工程咨询单位自行组织的技术性及符合性审查以及建设行政主管部门认定的施工图审查机构实施的工程建设强制性标准及其他规定内容的审查，完成审查后的施工图文件应到建设行政主管部门进行备案。

全过程工程咨询单位进行的施工图设计审查应以下列文件为依据：

（1）设计依据；

（2）国家政策、法规及设计规范；

（3）设计任务书或协议书；

（4）批准的初步设计；

（5）详细的勘察资料；

（6）关于初步设计审查意见；

（7）关于初步设计工程所在地建设行政主管部门的批复意见；

（8）其他资料。

2. 审查内容

在施工图出图后及送行政审查前，全过程工程咨询单位应组织业主及EPC总承包商对施工图的设计内容进行内部审查。全过程工程咨询单位应对各单位审查意见进行汇总，并召开专题会议共同讨论，由EPC总承包商对施工图进行修改、完善，最后形成正式的施工图。

施工图设计文件应正确、完整和详尽，并确定具体的定位和结构尺寸、构造措施，材料、质量标准、技术细节等，还应满足设备、材料的采购需求，满足各种非标准设备的制作需求，满足招标及指导施工的需要。施工图设计审查的主要内容应包括以下几个方面。

（1）建筑专业

1）建筑面积是否符合政府主管部门批准意见和设计任务书的要求，特别是计入容积率的面积是否核算准确；

2）建筑装饰用料标准是否合理、先进、经济、美观，特别是外立面是否体现了方案设计的特色，内装修标准是否符合委托方的意图；

3）总平面设计是否充分考虑了交通组织、园林景观，竖向设计是否合理；

4）立面、剖面、详图是否表达清楚；

5）门窗表是否能与平面图对应，其统计数量有无差错，分隔形式是否合理；

6）消防设计是否符合消防规范，包括防火分区是否超过规定面积，防火分隔是否达到耐火时限，消防疏散通道是否具有足够宽度和数量，消防电梯设置是否符合要求；

7）地下室防水、屋面防水、外墙防渗水、卫生间防水、门窗防水等重要位置渗漏的处理是否合理；

8）楼地面做法是否满足委托方要求。

（2）结构专业

1）结构设计总说明是内容是否准确全面，结构构造要求是否交代清楚；

2）基础设计是否符合初步设计确定的技术方案；

3）主体结构中的结构布置选型是否符合初步设计及其审查意见，楼层结构平面梁、板、墙、柱的标注是否全面，配筋是否合理；

4）结构设计是否满足施工要求；

5）基坑开挖及基坑围护方案的推荐是否合理；

6）钢筋含量、节点处理等问题是否合理；

7）土建与各专业的矛盾问题是否解决。

（3）设备专业

1）系统是否按照初步设计的审查意见进行布置；

2）与建筑结构专业是否矛盾；

3）消防工程设计是否满足消防规范的要求，包括火灾报警系统、防排烟系统、消火栓系统、喷淋系统以及疏散广播系统等；

4）给水管供水量及管道走向、管径是否满足最不利点供水压力需要，是否满足美观需要；

5）排水管的走向及布置是否合理；

6）管材及器具选择是否符合规范及委托方要求；

7）水、电、煤、消防等设备、管线安装位置设计是否合理、美观且与土建图纸不相矛盾；

8）煤气工程是否满足煤气公司的审图要求；

9）室内电器布置是否合理、规范，强、弱电室内外接口是否满足电话局、供电局及设计要求；

10）用电设计容量和供电方式是否符合供电局规定要求。

完成内部审查后，应及时送至相关的施工图审查机构审查，并取得施工图审查合格书。

二、设计方案比选

（一）医院的功能分区及整体布局

1. 医院建筑规划主要模式

医疗建筑功能格局具有很强的规律性，综合医院的建筑功能分为门诊急诊、医技、住院、后勤保障系统、行政管理和院内生活这7个部分。在规划建设方案中，应对医院整体的功能分区进行比选，从而有效实现其功能，降低全生命周期成本。还要理顺当前需求与长远规划的关系，处理好建筑生长与再生的关系。医院建筑的规划布局主要有3种。

（1）王字形组合

王字形是在传统的医疗框架体系发展形成的模式，即采用门诊在前、病房在后、医技居中的布置，一般病人活动为纵向流线，其中医技为十字中心。

王字形布局的优势是各个王字形医疗中心共享大型医技设备，患者纵向流动，可减少患者流线交叉感染。但王字形布局占地面积较大，医技区流线较长，整个医院没有清晰明确的主线，较为分散，医院内部导向性差，易造成患者迷失方向（图3-6）。

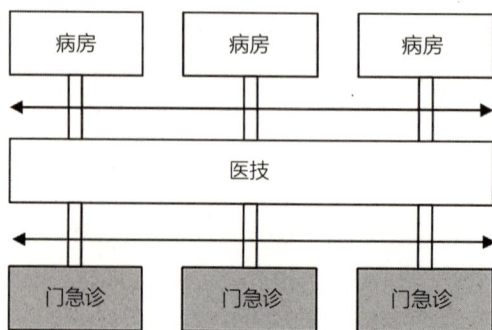

图3-6 王字形组合示意图

（2）放射状多医疗中心式

放射状多医疗中心式适用于大型医院原址上的改扩建项目，以现有医疗设施体系为中心，改扩建出适合医院发展需要的专业医疗中心。每个医疗中心都有各自相对应的门诊和住院单元，共享原有的医疗设施，降低交叉感染率，减少了病人往返路线（图3-7）。

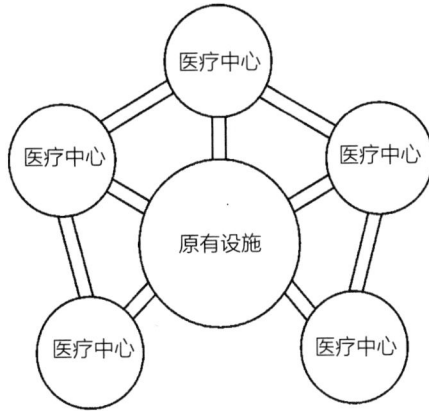

图 3-7　放射状多医疗中心式示意图

（3）医疗主街＋组团分中心式

医疗主街＋组团分中心式是在组团分中心的基础上加上一条清晰明确的主街，各组团间既能做到分区明确，又能通过主街相互联系。医院内各分组团共享大型医技或手术中心，出现如心血管中心、脑血管中心、外科中心、内科中心等大型医技专科组团模式（图3-8）。

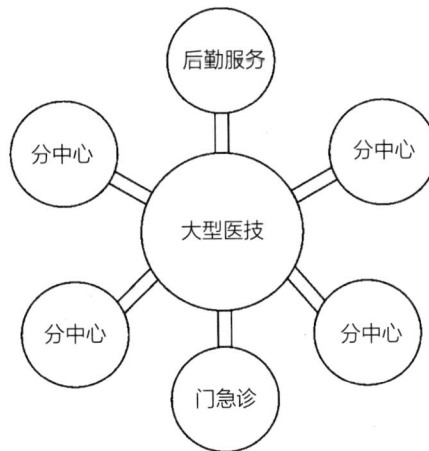

图 3-8　医疗主街＋组团分中心式示意图

2. 外部出入口及洁污流线组织

（1）外部出入口

外部出入口即设在院区围墙上的与城市道路衔接的出入口，出入口的设置原则是在洁污分流的前提下便于管理。

1）主要出入口

主要出入口供门诊、急诊病人，入院、探视和其他工作人员出入的主要出入口，位置明显，常设于城市主要道路上。

2）供应出入口

供应出入口是供食物、药物、燃料出入的货运出入口，最好布置在次要道路上，如与主要出入口在同一道路布置时，则应拉开两者间的距离，以免混淆。

3）污物尸体出口

该出口应远离医疗区与生活区，最好邻近太平间后院，直接开门对外，垃圾车也由此进入，该处平时上锁，由专人管理。

4）传染病房出入口

传染病床位在25床以上时，宜单独设置出入口。为便于集中管理，传染门诊也可与住院部合设共用出入口。

（2）外部流线组织

外部流线组织在于洁与污、传染与非传染的人员、器物在总平面上的运行线路加以区分。至于病人与非病人员，儿童与成人在流线上实难分开，因为医护人员、探视人员、陪护人员都必须与病人相伴，既不可能也无需各设专用路线。某些特殊部门如手术部、放射诊断、传染病房应专设医生和病人廊道，以区分内部洁污路线问题（表3-3）。

医院各流线相互关系分析图 表3-3

	急诊部门	医护人员	管理人员	辅助人员	传染病人	探访人员	化验器物	污物垃圾	洁净器物	食品饮料	病床担架
急诊部门		○	●	●	●	●	▲	●	△	△	△
医护人员	○		○	○	▲	▲	▲	●	○	▲	○
管理人员	●	○		○	●	▲	▲	●	○	△	▲
辅助人员	●	○	○		●	▲	▲	△	○	▲	○
传染病人	●	▲	●	●		●	▲	●	●	●	▲
探访人员	●	▲	▲	▲	●		▲	●	●	●	●
化验器物	▲	▲	▲	▲	▲	▲		△	▲	▲	▲
污物垃圾	●	●	●	△	●	●	△		●	●	▲
洁净器物	△	○	○	○	●	●	▲	●		▲	△
食品饮料	△	▲	△	▲	●	●	▲	●	▲		▲
病床担架	△	○	▲	△	▲	●	▲	▲	△	▲	

注：●全不相容必须分开；
　　○允许相容；
　　▲尚可相容；
　　△部分相容分开更好。

1）传染与非传染分开

传染门诊、传染病房需单独设立，其常用诊疗设施需单独设置，从宏观上将传染与非传染加以分离，以简化医院的流线处理，限定传染病患者的活动范围。

2）洁净与非洁净分开

在医院项目的设计中应保证洁净与非洁净两种流线不产生交叉干扰，而应各行其道，单项运作。

① 洁衣污衣

主要应注意住院部污物电梯出口要设于住院楼主入口的背面一侧，经专用道路送至洗衣间的接收入口，洗净后由洁衣发送口经另一条路线由主入口送入。

② 厨房餐车

可与洁衣共用同一运送线路，其他非污染供应品也可用此线路运送，但仍应遵循洁污分流的原则。

③ 污物、尸体运送

人流线与污物、尸体运送线路应绝对分开，必要时可采用地下通道的方式来解决污物、尸体的运送分流问题。

④ 探视流线

应以最短最便捷的线路直达出入院或住院楼出入口，不应穿越门诊或其他科室，适当位置应设置门卫，以便管理。

3）住院与门诊病人分开

为保持住院部的病房安静和正常秩序，应严格控制非探视时间的外来人员进入。因此，主廊道在进入住院区之前应设门卫加以控制，使门诊和住院病人各有其活动范围，以防止对住院部的干扰。

4）过境流线避开病人庭园

洁污过境流线都不允许穿越住院和门诊的庭园绿化区，以保证其完整性，使病人活动不受干扰。

3. 建筑面积指标确定

《综合医院建设标准》（修订版征求意见稿）中对综合医院的建筑面积指标进行了规定。

（1）综合医院中急诊部、门诊部、住院部、医技科室、保障系统、行政管理和院内生活用房7项设施的床均建筑面积指标，应符合如表3-4所示的规定。

综合医院建筑面积指标（m²/床）   表3-4

建设规模	200张床以下	200～399床	400～599床	600～899床	900～1199床	1200～1500床及以上
建筑面积指标	110	110	115	114	113	112

（2）综合医院各组成部分用房在7项用房建筑面积中所占的比例宜符合如表3-5所示

的规定。

综合医院各类用房占总建筑面积的比例（%）　　　　表3-5

部门	各类用房占总建筑面积的比例
急诊部	3～5
门诊部	12～15
住院部	37～41
医技科室	25～27
保障系统	8～12
行政管理	3～4
院内生活	3～5

注：各类用房占总建筑面积的比例可根据地区和医院的实际需要调整。

（3）正电子发射型磁共振成像系统等大型医用设备的房屋建筑面积，可参照如表3-6所示的面积指标增加相应建筑面积。

综合医院单列项目房屋建筑面积指标（m^2）　　　　表3-6

项目名称	单列项目房屋建筑面积
正电子发射型磁共振成像系统（PET/MR）	600
螺旋断层放射治疗系统	450
X线立体定向放射治疗系统（Cyberknife）	450
直线加速器	470
X线正电子发射断层扫描仪（PET/CT，含PET）	300
内窥镜手术器械控制系统（手术机器人）	150
X线计算机断层扫描仪（CT）	260
磁共振成像设备（MRI）	310
γ射线立体定向放射治疗系统	240

注：1.本表所列大型设备机房均为单台面积指标（含辅助用房面积）。
　　2.本表未包括的大型医疗设备，按实际需要确定面积。

（4）综合医院内预防保健用房应按编制内每位预防保健工作人员35㎡的标准增加预防保健用房的建筑面积。

（5）承担医学科研任务的综合医院，应以副高及以上专业技术人员总数的70%为基数，按每人50㎡的标准增加科研用房；开展动物实验研究的综合医院，应根据需要按有关规定配套建设适度规模的动物实验室。

开展国家级重点科研任务的综合医院，按照国家级重点实验室每个3000㎡增加相应的实验用房；承担国家、国际重大研究项目的综合医院，应根据实际业务需求单独报批。

（6）承担教学和实习任务的综合医院教学用房配置，应符合表3-7所示的规定。

医院分类	教学医院	实习医院
面积指标	10	2.5

注：学生的数量按主管部门核定的临床教学班或实习的人数确定

（7）承担全科医师规范化培训或住院医师规范化培训等的综合医院，根据主管部门核定的规范化培训人数，按照1000m²/个的标准增加培训用房面积，按照10m²/人的标准增加教学用房面积，并按照12m²/人的标准增加学员宿舍面积。

（8）综合医院图书馆按照编制内职工2m²/人的标准增加建筑面积，室内活动用房按照编制内职工1m²/人的标准增加建筑面积。院内生活保障用房按照0.4m²/床的标准增加建筑面积。

（9）综合医院停车的数量和停车设施的面积指标，按建设项目所在地区的有关规定执行。

（10）根据建设项目所在地区的实际情况，需要配套建设人防工程、卫生应急储备设施的，应按有关规范增加相应的建筑面积。

（二）建筑配置与间距要求

1. 建筑配置

要强调集中、紧凑，避免凌乱、松散。

（1）以门诊、医技为主体并加以综合，将行政办公、单身宿舍、中心供应、制剂、总务库房、变配电、空调设备用房等加以归并，利用主体建筑的地下层、顶上层或附设与其他楼层等方式，以增加主体建筑层数，缩减其他基地面积。

（2）一些大型、特殊医疗设施，如加速器、氧舱、核磁共振、同位素等，采取一定措施后也大都可以设于医技楼地下层或底层，营养厨房也可附设于住院部顶层或半地下层，减少建筑栋数，简化流线。

（3）利用基地的某些突出部位，布置传染、太平间等间距要求大的建筑，并充分利用街道、水面等自然隔离来满足间距要求。

（4）职工厨房、餐厅、管理用房、洗衣房、车库、动物房等也应设法分类组合归并，提高层数，节约基地。

（5）医院紧凑布局的目的是保证留出足够的绿化用地和扩建预留地，为医院可持续发展创造条件。医院按用地标准批拨的土地，不能移作他用。医院生活区、院办产业等均不应挤占医院用地，以保证医院的绿化面积和环境品质。

2. 间距要求

间距要求在医院建筑中应是栋与栋之间的要求，同一栋建筑有平行的若干个翼，翼与翼之间的距离则应区别对待。

（1）住院楼因病人住院时间较长，一般以日照间距确定其与相邻建筑的距离。

（2）医技楼内放射要遮光，检验防直射光，手术靠无影灯，且大都需要空间，平面多采取板块式布置，除与住院楼相邻一面应考虑病房日照间距外，其余按防火间距即可。

（3）门诊楼，因门诊病人在此停留时间较短，可采用自然采光通风，其与医技楼的间距按防火要求确定即可。

（4）一般传染病房与非传染病房之间应有30m以上的距离，尤其注意与住院部之间的距离。

（5）太平间与病房、厨房、食堂之间应有50m以上的距离，其他如锅炉、动物、洗衣等服务用房与医疗用房之间应有20m以上的距离。

（三）综合医院门诊部设计

1. 门诊部的组成

（1）各门诊科室

即内、外、儿、妇、五官、口腔、皮肤、中医等科室，每个科室又由相应的若干个诊室、候诊室、办公、治疗、检查用房组成，各科室的大小根据其门诊人次的多少来决定。

（2）各医技科室

门诊手术、门诊化验、X光、功能检查、理疗、核医学等，规模较大的医院，使用频度高的医技项目门诊部专设；一些贵重医疗设备或使用频度不高的项目则设在医技部，进行中心化管理，便于共同使用。

（3）各公用科室

门诊所属的各公用科室如挂号、收费、结账、取药、门诊办公、综合大厅；非医疗服务设施如小卖、咖啡、花店、礼品店等；教学医院的示教室、研究室等。

2. 门诊部的流线组织

（1）门诊部的人流特点分析

1）人流时间分布的集中

受发病率季节性因素的影响，受人们生活习惯的影响，就诊人流波动较大。在一年中，门诊高峰多出现在夏季6～8月份；多出现在每周星期一；多出现在每日上午8～11时，据统计上午约占全日门诊人次的2/3，下午占1/3，这就形成了人流在时间分布上的不均衡性。

2）人流性质的多样性

据统计，不包括医院工作人员，平均每100门诊人次中就有298.88人次的病人及其陪伴者跨入门诊大门。这些人中有病人、有健康人。病人中，有急诊与一般病人、有传染与非传染病人、有成人与小孩，人流的多样性，决定了流线组织的多样性与复杂性。

3）医疗设施的集中性

很多医院为节约人力物力，对医技科室实行中心化管理，集中设置，为全院各门诊、住院的相关科室共用，门诊的公用科室也为门诊各科室共用，这样就必然造成门诊不同科室病人之间或门诊与住院病人之间在同一空间的集聚。

（2）门诊流线组织原则

集中与分散相结合，做到集而不挤，散而不乱，低密度的集中，高明度的分散。对不同性质的人、物流线分别处理，防止交叉干扰

1）人、车分流，一些乘车患者虽人随车至，但车行道、人行道必须区分清楚，且停车场的出入口和门诊主要出入口之间应保持适当距离，以保证下车步行患者的安全。

2）传染与非传染患者分流，并各有其活动范围，挂号、收费、取药以及有患者参与的医疗设施，传染科应独立配置。

3）儿童与成人患者分流，并各有其活动范围，挂号、收费、取药最好能独立设置。门诊人次不多的中小医院，若不能独立设置，则由工作人员或陪伴人代办手续。

4）保健门诊人员与普通、传染、急诊、儿童病人分开，保健门诊是健康人，最好不与普通病人混在一起，应加以区分。

（3）门诊流线设计要点

1）医院门诊的3级分流模式

①广场分流：对于需单独设置出入口的传染、急诊、儿科、保健等科室，应在门诊广场与普通病人分流，然后分别进入各专用出入口。

②大厅分流：各科普通病人经门诊综合大厅分流，进入各科候诊厅。在门诊大厅将不同科室的病人分开。

③候诊厅外流：同一科室的病人经候诊厅分流，把将要就诊的部分病人依次引入二次候诊和诊室就诊，以保证流程秩序。

2）门诊人次流线平均距离最短原则

防止门诊人次多的科室的"大部队"、长距离流动，门诊量大的内科、外科、儿科、妇产、中医科的位置要接近地面层，紧靠门诊大厅布置，以压缩水平和垂直流线的人次距离。同时平面布局要紧凑，缩短由门诊大厅到各科室候诊厅之间的距离。

3）科室的专属领域原则

每个主要的门诊科室保持独立尽端，不允许无关人员通行，不允许其他科室的用房及公共领域介入，严格防止串科现象，以保持正常的门诊秩序。

4）房间安排与门诊流程协调一致，保证顺序流畅减少迂回

互有联系的科室相邻布置，以使组成专科、专病中心，利于会诊，减少病人在科室间往返。

5）流线设计的高"明度"、低"密度"原则

所谓高"明度"是指交通流线，空间组织要简明易找，视线通畅，易于识别，所谓低"密度"，是指在同一时空的人流集聚量要明显低于计算允许量，使空间感觉舒适宽松，除前述的时空分流外，设计中必须保证必要而充裕的空间量。

6）特殊流线的处理

在门诊人流中，约有1/3的患者要作常规检验，化验标本的流线常被忽视。设计中可

将临床化验的洗涤间与卫生间前室紧贴布置，并在间墙设置双向开门的标本传递窗，在卫生间前室即可交付标本，使标本从采集到支付之间的距离压缩到最短。

3. 门诊综合大厅及公用科室设计

门诊综合大厅具有挂号、收费、取药、化验、注射、分配人流等功能，公用科室及某些非医疗设施如咖啡厅、礼品店等也多在大厅附近设置。病人在挂号、取药、治疗等环节中易进行层间往返，为此，规模较大、层数较多的门诊楼可适当增设楼层收费点，中药房也可与中医科同层设置，以适当分散综合大厅的人流。随着医院门诊信息化管理水平的提高，门诊流程中的挂号，将由大厅转移到各专科门诊的接诊柜台，微机划卡挂号、收费，门诊大厅则保留存款办卡、结账、取药、化验、注射等业务和分配人流的功能。现代门诊大厅的基本形式主要有合厅式、联厅式、街厅式等。

（1）门诊综合大厅设计

1）合厅式

将挂号、收费、化验、取药等合设在一个完整的大厅内，现在多为贯通3、4层的中庭式综合大厅，公用部门和各门诊专科的入口环大厅周边布置，既集中在统一的大空间内，又分散在视线所及的不同位置和楼层，科室分布一目了然，空间高朗明亮，如重庆大坪医院、浙江邵逸夫医院门诊大厅。

2）联厅式

即由2～3个厅联在一起，常见有若干凹入空间，分别布置不同的公用科室，往往由门厅（交通厅）空间向前、向左、向右延伸出联体空间，其联结较宽，视线较为开阔通畅。

3）街厅式

即较长的纵向大厅，高3～4层，西方医院称为医院街，街两侧布置公用科室，依就诊程序次第排列，规模不大的门诊，街、厅合一；规模大的门诊则前端扩大面宽为厅，安排垂直交通枢纽、挂号、收费、取药等功能；街的两侧安排人流不太集中的公用服务空间和专科门诊候诊厅的出入口。

（2）公用科室设计

1）挂号

现代化医院均实行工程信息化管理，病人多为网络挂号或自助挂号机进行挂号，因此可适当减小挂号室面积。专科门诊候诊厅则应设接诊柜台，办理接诊刷卡业务，适当增加面积。

2）收费

目前现金收费业务随网络支付的发展大幅减少，病人可通过自助缴费机进行缴费或进行网上缴费，为避免反复跨楼层缴费，医院应分设楼层缴费点。

3）取药

药房的调剂、制剂、库房等占有较大面积，而且有中西药之分，如果集中设在底层，则必然占去大片面积，影响布置。因此一般将药剂部的面积加以分解，如将住院药房与门诊药房分开；制剂与调剂分开；中药房与西药房分开，中药房随中医科在适当楼层布置，药库布置在半地下层，用内部楼梯与药房联系等方式压缩地面层的药房面积。若成品药库设在门诊楼外，则其补给路线不应与病人流线交叉。

4）卫生间

儿科、妇产、传染、急诊应单独设置卫生间。病人公用卫生间应设在门诊大厅与专科候诊厅之间的适中而隐蔽的位置，与楼梯间适当靠近。此外，在每科尽端可设医护人员专用的内部卫生间。一般门诊楼底层人数明显多于楼层，且有化验标本采集的任务，蹲位可适当增加。

5）注射输液

男女分设，规模较大的医院还应专设引流、穿刺室，并与注射室靠近布置，以利人员调配，输液室可适当靠近急诊观察，一般设在大厅与急诊的接合部较为恰当。

4. 门诊候诊室设计

一次候诊是患者花费时间最多的一项程序，因此，为患者创造一个宽松明亮、舒适温馨的候诊环境非常重要。首要条件必须具备足够的空间量，在高度一定的情况下一般以面积控制。在满足空间量的前提下，应使候诊厅有良好的自然采光通风和适宜的温度，候诊空间可分为厅式候诊和廊式候诊。

（1）厅式候诊

主要用于分科候诊或小型门诊的多科室集中候诊，这种厅多为一次候诊使用，人员较为集中，候诊时间较长，因此要有一个舒适温馨的候诊环境。为了保持诊室的安静和秩序，一次候诊厅与诊室之间不宜离得太近，宜以治疗、处置室等缓冲一下，再进入二次候诊廊道。候诊厅的形式有单面、双面厅和中厅。

1）单面厅

多为门诊人次较少的科室作一次候诊用，这种厅只占一面外墙，厅的对面安排治疗、处置等室，不适用于较大的科室。

2）双面厅

多见于门诊人次较多的科室，这种厅占对应的两面外墙，采光通风好，与诊室的二次候诊区短边相邻，易于管理，诊室秩序有保证，在我国应用较多。

3）中厅

将中间走道扩大到6m左右，在中线上背靠背设置座椅，这种方式由于是内厅，通风采光较差，依赖人工照明和空调设施，作为时间较短的二次候诊较好。

（2）廊式候诊

廊式候诊多作为诊室外面的二次候诊使用。廊式候诊顺走廊内墙安排座椅，走道宽度宜在3.5m左右，用作二次候诊，或小科室的一次候诊，这种方式只宜用于科室内部走廊，不能用于公共走廊。廊道不宜过长，否则光线和通风都受影响。

（四）住院部设计

1. 住院部的组成

住院部主要是由各科病房（或称病区）、出入院处、住院药房组成。各科病房则由若干护理单元组成。护理单元则是由一套配备完整的人员（医生、护士、工人）、若干病人床位、相关诊疗设施以及配属的医疗、生活、管理、交通用房等组成的基本护理单位，具有使用上的独立性。在护理单元内部，可对其所属病人集中或分组进行护理。

2. 病房护理单元的设计原则

护理单元是组成病房楼的基本要素，在总平面中占的比重大，尤其是大型医院病房楼。一个护理单元约为40床，每个护理单元有一套独立的人员、设备和房间。除单元规模外，一个护理层还可设几个护理单元。在用地许可的情况下，在国内外的许多大型医院中，往往由两个或多个标准护理单元组成护理层。这不仅可以避免大型医院楼层过高的弊端，而且同层单元间可水平联系，相互照顾。交通和医辅面积比重降低，更具备管理、经济上的优势。

（1）保证护理单元的独立完整。护理单元是一个独立完整的系统，不受公共交通和其他科室的穿梭和干扰，每个护理单元均应保持独立尽端，公共交通枢纽应在护理单元大门之外，单元内部的楼梯应为封闭楼梯间，楼梯平台不能占单元走道，平台与走道间设门分隔。

（2）在一个护理层有2个以上护理单元的时候，同科单元同层布置，利于人员、床位的相互关照调剂。外科系统的单元最好能与手术部同层或邻层布置。

（3）根据巡行效率的原则，应尽可能缩短护理距离，护士站应居中布置。

（4）合理利用底层单元，一般将要求单独出入口的非标准单元设于底层，以便专设出入口，扩大面积，布置专用室外场地等。

（5）护理单元要定型，为简化结构和管线布置，各层的楼梯、电梯间、配餐、浴厕等室必须上下对位。

（6）病室应有良好的朝向和视野，主要使用房间应能自然采光通风，减轻对人工气候的依赖，节省费用和能源。

（五）基于全生命周期的设计方案成本分析

1. 设计方案成本比选

从全生命周期费用的角度来对医院的设计方案进行比选，有助于寻找一个节能投入与节能效果均能令人相对满意的经济最优点。

医院项目的立项选址、可行性研究、勘察、设计、招投标等前期准备费用和施工过程中的建造费用与使用阶段运行费用之间的关系，如图3-9所示。前期准备和建造费用随着建筑物节能效果的提高而提高，而运行费用将随着节能效果的提高而降低。因此，引入全生命周期费用理念，在进行医院的设计时既要重视前期建造及设备费用，也要重视其运营费用，通过全生命周期费用分析，寻找一个节能投入与节能效果相对令人满意的经济最优点，最终达到医院全生命周期费用最低化的目的。

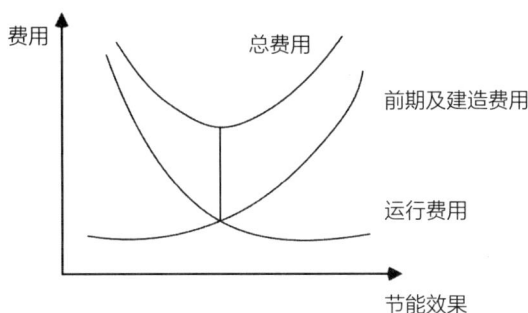

图3-9　全生命周期费用与节能效果关系图

任何一个设计方案都不可能是完美无缺的，因此需要对不同设计方案进行优化与比选工作，最终确定最合适的设计方案。基于全寿命周期费用的医院建设项目设计方案比选主要包括几个影响因素，分别是建造费用、使用与维护费、牢固耐用、实现功能、可操作性、照明采暖系统、智能化系统、便于使用、消防安全与人防卫生、环境保护、节能情况、报废拆除费用等，都会对建筑全寿命费用产生影响。全过程工程咨询单位可与医院有关管理人员进行商议，以对设计方案进行比选与优化。

（1）建造费用。虽然站在全生命周期费用的角度考虑医院建设项目，一次性建造费用仍然是最重要的经济因素，因此这里作为重点影响因素考虑。

（2）使用与维护费用。项目建成后，在使用过程中所产生的各项费用往往超过一次性建造费用，因此为主要影响因素。

（3）牢固耐用。产品牢固耐用程度必然影响到各项费用的变化，因此是影响全生命周期费用的重要因素。

（4）实现功能。建设项目的目的就是为了实现人们的使用功能，不同设计方案的使用功能均存在差异，特别是作为公共投资项目而言，使用功能的大小更加重要，因此这里作为综合评价的一个指标。

（5）可操作性。各个方案的可操作性是实现各项功能指标的重要保证，因此必须考虑。

（6）消防安全与人防卫生。在设计、施工与使用过程中，消防安全与人防卫生是必须要考虑的，特别是在医院建设项目这样一种特殊的公共建设项目中，在以后使用过程中，面对的是医生与患者，因此要保证使用的安全性。

（7）便于使用。医院建设项目作为公共投资项目，在使用过程中要尽可能地方便患者与医护人员，因此在建成投入使用后的方便性也不可忽略。

（8）环境保护。环境保护是目前各类建设项目必须考虑的重要因素，如果环境遭到破坏，对社会及子孙后代的影响是无法用金钱来衡量的，而医院建设项目在建设及使用过程中所产生的各种辐射与废物，在这里是必须考虑的。

（9）节能情况。一味追求低造价设备及材料，而忽略使用过程中能源损耗，所产生的全寿命费用往往会大幅度增加，因此节能降耗也是一个重要的评价指标。

（10）报废拆除费用。拆除费用与回收处置所产生的费用也是重要的经济指标。

在全生命周期角度优选出最佳设计方案，达到资源的合理配置，才能合理地估计和计算工程造价，并且在实施最优投资方案过程中，有效地控制工程造价。

2. 设计方案比选示例

（1）交通组织方式（表3-8）

交通组织方式对比表 表3-8

方式	图示	优点	缺点
单列式	医用电梯 / 医用电梯 / 候梯厅 / 普通电梯 / 普通电梯	医用电梯和普通电梯并列单面布局，节约空间，电梯的使用率高	候梯厅进深大，各种沙线交叉干扰，交通面积大，使用率较低
双列式	普通电梯 / 候梯厅 / 医用电梯 / 普通电梯 / 医用电梯	交通面积小，电梯使用效率高，便于集中管理，经济效益高	各种流线交叉干扰，人流密集，需要设置足够大的候厅空间
分离式	普通电梯 / 医用电梯 / 候梯厅 / 距离很近相互支援 / 候梯厅	互相独立又彼此支援，共同输送，同时提高推床患者的就医效率，流线彼此不交叉	占地面积大，交通面积相对增大
远离式	普通电梯 / 医用电梯 / 候梯厅 / 距离较远相互隔离 / 候梯厅	将客梯与医梯完全分开，避免流线交叉干扰	交通使用率低，资源浪费，容易造成人流分布不均的现象

（2）候诊方式（表3-9）

候诊方式对比表 表3-9

方式	平面示意			定义	优点	缺点
廊式一次候诊	诊室×5 / 候诊 / 诊室×5（中走廊候诊）	诊室×5 / 候诊 / 诊室×5（走廊局部放大候诊）	诊室×5 / 候诊（单面走廊候诊）	廊式一次候诊分为三种类型，走廊宽度一般大于3m	有效节约空间，适用于小型医院	采光通风差，人流多时易造成堵塞

方式	平面示意			定义	优点	缺点
厅式一次候诊	分科双面候诊	分科单面候诊	分室候诊	候诊设诊室端部,方便管理;设诊室中部,方便叫号但不好管理	空间开阔,减少拥挤感,适合中小型医院	人流量大时易造成无序就诊现象
廊厅结合二次候诊	分科双走廊二次候诊	分科候诊厅	分科端部二次集中候诊	集中设置候诊空间,辅助叫号系统,可容纳多数人同时候诊,方便管理	就诊流程分流,组织有序,候诊空间开敞舒适	占地面积较大,离诊室较远,结合电子叫号设备

（3）门诊平面布局形式（表3-10）

门诊平面布局形式对比表　　　　表3-10

方式	图示	优点	缺点
街巷式	诊室 巷 诊室 巷 诊室 巷 诊室 街 诊室 巷 诊室 巷 诊室 巷 诊室	诊室呈组团街巷式布局,交通组织简单,空间导向性强,通风采光较好	科室之间就诊路线较长,且为单向流线,不方便组织流线
复廊式	诊室 巷 诊室 巷 诊室 巷 诊室 街 诊室 巷 诊室 巷 诊室 巷 诊室	诊室呈组团街巷式布局,平面布局紧凑,节约交通面积,科室之间联系紧密,交通便利且流线较短	中间部分科室没有采光,通风较差,适用于用地较紧张的场地,机械采光通风,投资较大
厅式	大厅	诊室中间由大厅连接,方向感强,便于患者寻找科室,通风采光较好	呈单向式交通布局,就医路线较长,且科室之间联系不强,部分诊室朝向不好
板式	诊室 巷 诊室 巷 诊室 巷 诊室 街 诊室 巷 诊室 巷 诊室 巷 诊室	诊室呈组团街巷式布局,平面紧凑,节约用地面积,科室布局数量多,流线短捷	自然采光通风差,许多黑房间,需要人工照明和通风换气,浪费资源,环境品质差

（4）住院部平面布局形式（表3-11）

住院部平面布局形式对比表 表3-11

方式	图示	优点	缺点
单廊式		平面布局简单，采光通风较好，空间品质较高	建筑面宽较大，病房数量较少，医护人员与患者流线混杂，护理路线较长
复廊式		建筑面宽较小，平面较紧凑，护理路线便捷，护理效率较高，医护人员流线相对独立，互不干扰	部分房间朝北，中间房间没有自然采光通风，能源消耗大
单复廊式		平面相对紧凑，可适应不同的平面形状，护理路线相对便捷，医护人员流线分开，互不干扰	部分房间没有自然采光通风，平面不规整，体形系数较大
辐射式		平面布局紧凑，节约建筑面积，病房数量多，功能配备齐全，护理路线短捷	部分病房朝向不好，平面较复杂，中间房间没有自然采光通风
组团式		空间多变，病房数量多，护理路线短捷，交通面积小，平面较紧凑，采光通风较好	建筑体积系数较大，部分病房朝向不好，中部交通压力过大

（5）医技影像部平面布局形式（表3-12）

医技影像部平面布局形式对比表

表3-12

方式	图示	优点	缺点
单内廊	候诊厅／医辅用房／公共廊／机房	布局舒展，交通面积小，采光通风较好，适用于中小型医院的医技影像部布局	医护人员和患者共用公共廊，医患流线混杂，互相干扰，易造成交通堵塞
双内廊	候诊厅／机房／公共廊／医辅用房／公共廊／机房	布局紧凑，使用面积大，医辅用房双向服务，使用率高，节约辅助用房面积	交通面积大，医患流线混杂，互相干扰，中间房间无自然采光通风
复廊式	候诊厅／候诊廊／机房／医生廊／医辅用房／医生廊／机房／候诊廊	患者活动区域和医护人员活动区域分开设置，医患流线分离，互不干扰，候诊环境较好	交通面积大，患者流线较长，中间医辅用房没有自然采光
多通道板式	候诊厅／候诊廊／候诊廊、机房、医生廊、机房、候诊廊、机房、医生廊、机房、候诊廊／医生廊	可同时布置大量检测机房，平面布局紧凑，节约建筑面积，医患流线分离，适用于大型医院	路线较长，采光通风差，全空调人工照明，资源消耗高

第七节　发承包阶段咨询方案

一、确定招标范围

本项目采用"设计—采购—施工"一体化的工程总承包模式，即包括本项目的初步设计、概算文件编制、施工图设计及所有设计审批等相关服务，与工程项目相关的设备材料采购、施工（包括室外配套、景观绿化、装饰装修、智能化工程、达到国标绿建三星等所有施工内容）及相关手续办理、工程竣工验收备案和缺陷保修等全部工作。

二、选择合适的承包商

（一）投标人资格要求

（1）具有工程设计综合甲级资质，或建筑行业甲级资质，或建筑行业（建筑工程）专业甲级资质，并可从事资质证书许可范围内相应的建设工程总承包业务；或建筑工程施工总承包三级及以上资质，其中施工总承包特级企业应在其资质证书许可范围内承揽工程总承包业务。

（2）投标企业为建筑工程施工总承包资质，还需：

①具有安全生产许可证；

②注册地非本地的投标企业中标后7日内须到本地建设局办理登记备案手续。

（3）与招标人存在利害关系可能影响招标公正性的法人、其他组织或者个人，单位负责人为同一人或者存在控股、管理关系的不同单位，不得参加同一标段或者未划分标段的同一招标项目投标。工程总承包企业不得是工程总承包项目的代建单位、项目管理单位、监理单位、招标代理单位或者与前述单位有控股或者被控股关系的机构或单位。

（二）评审项目及评分办法

本项目的评审项目及评分办法，如表3-13所示。

评审项目及评分办法表 表3-13

	评审项目	分数	评分办法
商务标70分	投标报价	45分	有效标书投标报价等于评标基准价的得45分；每高于评标基准价1%扣2分（不足1%不计）；每低于评标基准价1%扣1分（不足1%不计），减完为止
	企业业绩及获奖	20分	（1）上3年度完成的同类工程的工程总承包项目竣工验收合格的每项加5分或同类工程施工项目竣工验收合格的每项加4分或同类工程设计项目每项加4分 （2）上3年度的工程获国家优质工程奖的，每项加2分；上3年度工程获省级（含副省级）优质工程类奖项的，每项加1分（同一工程获不同奖项的，以最高奖项只计一次） （3）上3年度完成的工程设计获副省级及以上行政主管部门颁发的优秀设计一等奖的每项得2分，二等奖的每项得1分（同一工程获不同奖项的，以最高奖项只计一次）
	项目负责人业绩	5分	总承包项目负责人近3年度完成的同类工程的工程总承包项目竣工验收合格的每项加3分；或同类工程施工项目竣工验收合格的每项加2分；或同类工程设计项目每项加2分

评审项目			分数	评分办法
技术标 30分	项目管理方案 5分	项目管理机构	1分	项目管理组织架构清晰、分工明确得1分；不足之处由评委根据标书情况酌情扣分
		项目管理计划	1分	项目管理目标清晰、计划全面、措施得当得1分；不足之处由评委根据标书情况酌情扣分
		项目实施计划	1分	具有明确项目实施整体进度安排，实施计划科学合理且可满足项目进度需求，得1分；不足之处由评委根据标书情况酌情扣分
		项目协调制度	1分	具有明确项目协调制度，可应对项目突发状况得1分；不足之处由评委根据标书情况酌情扣分
		建设成本控制	1分	提出合理的总价限额控制方案，有保证的得力措施，得1分；不足之处由评委根据标书情况酌情扣分
	采购管理方案 3分	采购计划	1分	采购计划科学合理，有效保障项目进度要求得1分，不足之处由评委根据标书情况酌情扣分
		采购质量保证措施	1分	具有采购质量保证措施且切实可行得1分，不足之处由评委根据标书情况酌情扣分
		采购价格控制措施	1分	具有招标采购管理制度，可有效进行采购价格控制得1分，不足之处由评委根据标书情况酌情扣分
	设计部分 7分	设计质量保证措施	2分	措施得当、具体可行得2分；不足之处由评委根据标书情况酌情扣分
		设计投资控制措施	1分	措施得当、具体有效得1分；不足之处由评委根据标书情况酌情扣分
		设计进度安排	1分	进度安排合理、内容齐全得1分；不足之处由评委根据标书情况酌情扣分
		服务保证措施	1分	承诺服务及时到位、服务质量保证措施可靠得1分；不足之处由评委根据标书情况酌情扣分
		方案设计的优化建议	2分	优化方案合理、经济得2分；不足之处由评委根据标书情况酌情扣分
	施工组织部分 15分	工期安排及进度控制	3分	工期安排合理得1.5分；工序衔接、进度控制点设置合理得1.5分；不足之处由评委根据标书情况酌情扣分
		施工方案	6分	施工方案合理先进得6分；不足之处由评委根据标书情况酌情扣分
		平面布置及劳动力组织	3分	平面布置合理得1分；机械设备满足工程需要得1分；劳动力组织均衡得1分；不足之处由评委根据标书情况酌情扣分
		保证措施	3分	质量安全保证体系可靠得2分；有保证现场安全生产文明施工的得力措施，得1分。不足之处由评委根据标书情况酌情扣分

注：（1）上一年是指从工程招标公告发布之日至前一年的1月1日，上2年是指从工程招标公告发布之日至前2年的1月1日，以此类推。

（2）××市建筑市场主体管理考核情况得分，施工单位以"施工总承包—建筑工程"得分为准；设计单位以××市建筑市场管理平台考核得分为准。

（3）表中所指"同类工程"是指"单项合同建筑面积34000m² 及以上的房屋建筑工程的工程总承包（EPC）"；所指"同类工程设计项目"是指"单项合同建筑面积34000m² 及以上的房屋建筑工程设计"；所指"同类工程施工项目"是指"单项合同建筑面积34000m² 及以上的房屋建筑工程施工"。

（4）同类工程业绩及同类工程施工业绩需要提供以下原件：

①经项目所在地招标投标管理部门备案的中标通知书（交易通知书）（本地项目可提供经招投标管理部门备案的中标情况说明）；

②项目所在地行业行政主管部门出具的工程竣工验收文件或备案文件；或项目建设、施工、设计、监理四方验收资料及项目所在地行业行政主管部门出具的竣工验收证明材料；（若不能提供验收文件或备案文件原件的，可提供加盖当地档案管理机构公章的复印件）；

③建设工程施工合同；

④××市行政辖区以外的同类工程还需提供中标公示网上打印件（含网址）并加盖投标单位公章。

另同类工程设计业绩需提供以下原件：

①设计合同；

②正式的蓝图（蓝图需至少提供设计总说明和总平面图）。

（5）评分标准中"企业同类工程业绩和同类工程施工业绩"时间以竣工验收时间或验收备案时间为准。"同类工程设计业绩"时间以正式的蓝图中标注时间为准。

（6）评分标准中"企业获奖"应提供获奖证书或获奖文件。其中：

工程获国家、××省、××市建设行政主管部门或其建筑行业协会评定的奖项，必须提供获奖证书或获奖文件。获得其他省级（含副省级）建设行政主管部门或其建筑行业协会评定的奖项，应同时提供获奖证书和获奖文件。

工程项目获得建设行政主管部门（含其建筑行业协会）以外的组织评定的奖项不予认可。

获奖工程以获奖证书或获奖文件落款日期为准（本项目获奖只认可房建类奖项）。

（7）与评标有关的所有资料原件应在投标截止时间前递交，逾期不予受理。

（8）评标基准价的确定（计算方法）：

①当n（投标人个数，下同）<5时，所有投标人的有效投标报价的算术平均值为评标价；

②当5≤n<7时，所有投标人的有效投标报价去掉1个最高、1个最低后的算术平均值为评标价；

③当7≤n<9时，所有投标人的有效投标报价去掉1个最高、2个最低后的算术平均值为评标价；

④当9≤n<11时，所有投标人的有效投标报价去掉2个最高、3个最低后的算术平均值为报价均值；

⑤当11≤n<13时，所有投标人的有效投标报价去掉3个最高、4个最低后的算术平均值为评标价；

（以此类推）

⑥当n≥17时，所有投标人的有效投标报价去掉5个最高，6个最低后的算术平均值为评标价。

（9）综合评分中所有业绩及获奖证明材料原件应在投标截止时间前提交（无需密封），逾期提交的评分时不予认可。评标委员会将对"企业业绩汇总表"中所有业绩进行审核，并与中标公示一同发布。

三、EPC项目合同管理

（一）合同条款策划

1. 依据

（1）法律法规

1）《中华人民共和国合同法》主席令第15号；

2）《中华人民共和国标准施工招标文件》（2007版）；

3）FIDIC银皮书《设计采购施工/交钥匙工程合同条件》（1999版）；

4）《建设项目工程总承包合同示范文本》GF—2011—0216；

5）其他相关法律法规、政策文件、标准规范等。

（2）项目资料

1）项目决策、设计阶段的成果文件，如可行性研究报告、勘察设计文件、项目概预算、主要的工程量和设备清单；

2）类似工程的各种技术经济指标和参数以及其他有关的资料；

3）项目的特征，包含项目的风险、项目的具体情况等；

4）招标策划书；

5）其他相关资料。

2. 内容

合同是保证工程施工建设顺利进行、保证投资、质量、进度、安全等各项目标顺利实施的统领性文件，合同应该体现公平、公正和双方真实意愿反映的特点，合同只有制定科学，才能避免出现争议和纠纷，确保建设目标的实现。

（1）合同条款拟定

业主和全过程工程咨询单位须根据项目实际情况，科学合理拟定项目合同条款。

1）合同协议书

合同协议书主要包括：工程概况、合同工期、质量标准、签约合同价和合同价格形式、项目经理、合同文件构成、承诺以及补充协议等重要内容，集中约定了合同当事人基本的合同权利义务。

2）通用合同条款

通用合同条款是合同当事人根据《中华人民共和国建筑法》《中华人民共和国合同法》等法律法规的规定，就工程建设的实施及相关事项，对合同当事人的权利义务作出的原则性约定。

3）专用合同条款

专用合同条款是根据不同建设工程的特点及具体情况，对通用合同条款原则性约定的细化、完善、补充、修改或另行约定的条款。

4）补充合同条款

通用合同条款和专用合同条款未有约定的，必要时可在补充合同条款加以约定。

（2）合同策划要点

1）明确承包范围以及合同签约双方的责权利和义务

明确合同的承包范围以及合同签约双方的责权利和义务，才能从总体上控制好工程质量、工程进度和工程造价，合同的承包范围以及合同签约双方的责权利和义务的描述不应采用高度概括的方法，应对承包范围以及合同签约双方的责权利和义务进行详尽的描述。

2）确定风险的范围及分担办法

在合同的制定中，合理确定风险的承担范围是非常重要的，首先，风险的范围必须在合同中描述清楚，合理分担风险，避免把一切风险都推给业主和全过程工程咨询单位承担的做法。

3）引入工程担保和工程保险等，转移合同风险

合同签订后，可要求EPC总承包商提供预付款银行担保、履约银行担保等。如果EPC总承包商无法完成合同工作、债务或义务，则由银行代为付出现金补偿。这一措施的

清晰化、价值化、数量化界定了EPC总承包商市场行为的后果及责任，能确保合同的正常履行。为把项目和EPC总承包商承担的风险控制在可承受范围内，业主、EPC总承包商的保险也需要统筹考虑和安排。

4）制定不平衡报价的防范策略

总承包商在投标时可能会使用不平衡报价策略，其目的是为了"早拿钱"（把前期施工的项目报价高）和"多拿钱"（把预计工程量可能会大幅增加的项目报价高），严重的不平衡报价会严重影响造价的控制。为了控制严重不平衡报价的影响，在合同中应明确对严重不平衡报价的处理办法：

①业主有权进行清标并调整的办法。

②在合同中设定对工程量增加或减少超过一定幅度（如10%）时，超出或减少部分工程量的单价要进行调整的办法。通过这些条款的设置，就能从招标环节杜绝不平衡报价的影响，实现造价的主动控制。

5）约定进度款支付的条件和方式

进度款的支付条款应清楚支付的条件、依据、比例、时间、程序等。工程款的支付方式包括预付款的支付与扣回方式、进度款的支付条件、质保金的数量与支付方式及工程款的结算等。

6）制定工程价款的调整、变更签证的程序及管理办法

合理设置人工、材料、设备价差的调整方法，明确变更签证价款的结算和支付条件。

7）明确违约及索赔的处理办法

清晰界定正常变更和索赔，明确违约责任及索赔的处理办法。合理利用工程保险、工程担保等风险控制措施，使风险得到适当转移、有效分散和合理规避，确保有效履约合同，实现投资控制目标。

3. 注意事项

合同条款策划应注意以下问题：

（1）合同条款策划要符合合同的基本原则，不仅要保证合法性、公正性，而且要合理分担风险，促使各方面的互利合作，确保高效率地完成项目目标。

（2）合同条款策划应保证项目实施过程的系统性、协调性和可实施性。

（3）合同承包范围应清晰，合同主体和利益相关方责权利和义务明确。

（二）合同过程管理

对于已签订的合同管理具体可分为监控合同执行、工程款项拨付、各级工程验收、合同工期管理、合同变更控制、合同争议解决、违约索赔处理7个部分。

1. 监控合同执行

因为各方的工作源于合同，其工作的结果即各类产品或服务将依合同按时按质交付业主，各方创造产品或提供服务的一切直接工作也是合同的执行过程，而业主和全过程工程

咨询单位正是对这个过程进行管理，所以，在一定程度和一定意义上全过程工程咨询单位的日常工作就是对合同执行的监控、管理。监理单位，负责对供应商的材料、设备质量进行检查、对承包商的施工质量进行监控，以确保依合同所要求的标准供货，依合同所要求的标准进行施工，依合同所要求的标准完成分项、分部、单位工程；承包商项目部，直接负责监控设计、施工进度和供货时间，直接负责各方依合同规定时间供应材料、设备、提交设计文件及交付建筑物；造价咨询单位，则依合同规定核查、审批承包商提交的工程款申请资料；一方面促使业主依合同提供进度款，另一方面对承包商工程款的使用情况进行跟踪，确保进度款不被挪用、依合同原意用于本项目。作为合同管理的负责人，工程负责人在获得工程信息后，由此进行相关决策、命令、批示，此过程也是在整体上监控着合同的执行。

2. 工程款项拨付

工程款项依合同条款按时、足额拨付是业主的主要义务。作为业主的项目代表，全过程工程咨询单位应在监理单位及造价咨询单位对承包商提交的工程款项拨付申请进行审核，且在确认的基础上，及时在工程款项拨付申请上签署意见。

3. 各级工程验收

各级工程应根据相应的合同条款对承包商的完成工程进行验收。监理负责对日常分项、分部工程的验收，并在验收通过后签署意见。全过程工程咨询单位应组织项目的最终验收，并向业主及相关单位移交竣工档案资料，确保验收的真实性、准确性。

4. 合同工期管理

按合同日期提供相应产品为各方的主要义务。供图日期、设备、材料的交货时间、竣工日期为各方所承诺的、具有法律意义的产品交付时间。当项目依靠合同实施时，进度管理即为合同工期管理，因进度管理的意义也是确保按合同时间要求交付相应产品。密切跟踪、监督勘探、设计及施工进度、对交付时间做出准确预测、对交付时间可能延误及其相应后果向各方提出预警、敦促各方及时采取纠正措施就成为合同工期管理重要内容。

5. 合同变更控制

因合同变更涉及的方面很多，所以一切合同变更都应经走与正式合同同样的程序审定、批准流程后方可执行。对此，全过程工程咨询单位将予以监督。而在合同变更正式审定前，全过程工程咨询单位应将就变更事宜与合同双方进行充分沟通，同时，向业主提出专业性的看法和意见或提出专业性的评估。

6. 合同争议解决

无论何种解决方式、何种解决结果都不应该影响工程建设的正常进行。对于合同争议，全过程工程咨询单位将积极协调各方立场、缩小各方分歧，在不损害对方合法利益的前提下，使业主获得合理的利益。当各方的长远合作关系会转化成各方的长远利益时，全过程工程咨询单位一方面合理地解决争议，另一方面确保在解决过程中各方的关系不会因此而恶化，避免造成长远利益的损害。当合同的另一方以出于损害业主方正当权益的方式来获取自身利益时，其不良目的被蓄意挑起时，全过程工程咨询单位应积极收集、整理相关证明材料，积极协助业主捍卫自身权益，使对方绝无可乘之机。

7. 违约索赔处理

在处理违约索赔事项时，全过程工程咨询单位应将业主的长远利益和近期利益相结合，积极维护业主的合理利益。对于总承包商向业主提出的索赔，全过程工程咨询单位应严格审查其合理性，精确确定其合理的索赔额；对于总承包商的违约行为，全过程工程咨询单位应及时、全面地收集相关证据，准确确定索赔额，形成索赔报告递交业主，经业主批准后向总承包商提出索赔。

四、医用设备采购管理

（一）医用设备招标投标管理

设备科结合医院发展规划，年底收集各科室次年设备购置计划，报设备管理委员会讨论、初审后，提交院长办公会审批通过后执行。科室所申购的设备必须是业务发展或重点专科建设急需的设备，且具有一定的社会效益和经济效益，符合国家相关法律法规及应用准入制度。

医用设备在购置前应按卫生主管部门的要求进行收费项目的准予审核，相关职能科室对无收费标准的应提前做好相关工作后再进入申购程序；所有设备投放、项目合作由科室提出意见，报分管领导、院长办公会通过后，设备科执行。

（1）2万～5万元之间的医用设备，设备科根据使用科室的意见，结合市场调查、了解情况进行比质比价，其结果得到使用科室的一致认同后，报设备分管领导、院长审批，设备科拟定购销合同，院总会计师审核，设备分管领导签审正式购销合同后执行。

（2）5万～100万元的医用设备由医院招投标。使用科室根据《年度拟购置设备计划》填报《医疗设备购置申请表》和《医疗设备购置还款合同》；年度计划外或急需设备购置须使用科室写出论证报告，报使用科室的分管院长，其在论证报告上审批签字后，由设备科将"申请表、还款合同及论证报告"一同报设备分管院长、院长审核。院长办公会讨论审批，设备科根据审批结果准备招标资料，交招标处招标。

（3）100万元以上的医用设备要公开招标，若为甲类、乙类医用设备则按照省、国家《大型医用设备配置与使用管理办法》执行，逐级申报办理配置许可证手续，取得准入许可后方可实施采购。

所购置的医用设备若是独家代理，设备科、使用科室必须了解该代理商在本市、本省，乃至全国代理、销售的质量、价格、信誉等情况，经设备分管领导、院长审批后，由单一来源政府采购。免税设备由设备科负责办理外贸代理手续，并提供2家以上外贸代理公司，由招标采购处对外贸代理公司进行招标。

（二）医用设备配件采购管理

医疗卫生装备订购，在现有体制下，招标投标活动应按照《中华人民共和国招标投标法》《国家卫生健康委员会政府采购管理暂行办法》和《医院招标投标管理规定》进行，在所属行政主管部门的领导下制定具体采购招标投标细则，组织实施采购招标。

（1）单价在500元～5000元（含5000元）之间的设备配件购置或维修服务费用，由使用科室填写《科室购置配件、维修服务申请表》，设备科审核签字，报分管院长审批后执行。

（2）单价在5000元～5万元之间的设备配件购置或维修服务费用，使用科室填写《科室购置配件、维修服务申请表》并签字，设备科审核，按"货比三家，质优价廉"的原则，提供市场信息资料，报设备分管院长、院长签字后执行。

（3）单价在5万元以上的大型设备配件购置、维修服务费用、大型设备保修，使用科室填写《科室购置配件、维修服务申请表》并签字，由设备科报分管院长、院长审核后，提交院长办公会讨论通过后进行公开招标。

（三）卫生材料及大宗（批量）物资招标投标管理

招标采购的医疗设备，在使用过程中需要卫生材料的，需要纳入卫生材料招标采购程序。

医用耗材在购置或采购前应按卫生主管部门要求进行收费项目的准予审核，对无收费标准的要提前做好相关工作后再进入招标投标程序。

所有卫生材料必须纳入招标范围，包括日常专科卫生材料（如试剂、胶片、心血管内科、心胸外科、肾病内科、口腔科、眼科、神经外科、神经内科、手术室、麻醉科、骨科等）。使用科室提出申请，并提供所需物资耗材的生产单位、产品名称、生产厂家、商标、规格（型号）、包装规格、包装材质、参考价等相关资料，物供科审核后报分管领导审批，招标采购处进行招标采购。独家生产或独家代理的物资耗材，由相关职能科室提出报告，附有关材料，报分管领导或院长办公会审批后由招标小组组织议标采购；跟标高质耗材，由相关职能科室提出报告，附有关材料，报分管领导或院长办公会讨论审批。

高质耗材、特殊及急需的卫生材料，一次性购进在2万元以下的，由科室提出申请，分管领导或院长办公会通过后，物资供应处组织采购。

（四）医用设备招标采购评标办法

1. 制定评标办法

根据中华人民共和国招投标法规定，规范医疗机构设备招标采购评标标准和方法。医院首先组成专家评审委员会，评委会由社会机构专家代表和有关临床、管理等方面的专家组成。医疗设备招标采购工作必须是在审计、纪检部门的监督下进行，审计、纪检部门将严格执行"医院设备、耗材招标采购监督条例"。评标工作由医院设备科委托专家评审委员会负责，在评委会内部独立完成，由设备科采取随机抽取的方式确定专家名单。评委会名单应当保密。

医院设备科组织招标过程，向专家组提供可靠的信息，提供所招标设备的招投标文件。由评审专家组对投标文件进行审查、对比，质疑。建立设备评标方法包括：评标原则、量化评标指标、评标方法、评标纪律、定标原则、因素的确立等，建立科学的评标体系是设备采购成效的决定因素。

2. 评标原则

（1）评标要坚持"公开、公正、公平、择优"的评标原则。为投标人搭建公平竞争的平台，招标文件不得设立不合理的条款或歧视性条款。

（2）明确评标委员会的工作职责：受聘评委要遵守评标纪律，廉洁自律，每个评委对出具的评审意见承担个人责任，评标委员会要审查投标文件所有条款必须符合招标文件的要求，从医疗机构需要出发，最大限度满足医疗机构采购的要求。

（3）根据设备采购功能的要求，符合标书功能优先，价格合理，不保证最低价格中标等规则，科学评估、集体决策，确定入选中标单位。

（4）首先选择生产厂家，其次总代理商优先的原则，减少产品销售中的中间环节，确保招标产品质量和最优惠的价格。

（5）在评标过程中要综合分析设备投标人的投标价格、经营实力、经营规模、商品价格、设备质量、售后服务信誉等因素，结合医疗机构对设备的技术要求，以确定中标单位。

3. 量化评标指标

设备招标中的评标因素主要包括投标设备的性能质量、报价、销售资质证明、销售业绩、售后服务和信誉等。因此要对设备企业生产、经营实力综合分析，合理划分各因素的分值比例，这是评标工作的关键。

（1）技术质量分析

招标文件规定的技术性能质量标准参数是考核的关键因素，可分为一般偏差、重大偏差及正偏差，评标委员会根据招标文件的规定和详细审阅各投标人提交的投标文件，逐项列出投标文件的全部偏差。

1）重大偏差：投标人未能满足招标文件中的核心技术条款，未能对招标文件作出实质性的响应，出现重大偏差则按招标文件规定作无效投标处理，应予以废标。

2）一般偏差：投标人在实质上响应招标文件的技术要求，但在个别地方存在漏项或技术指标达不到要求，一般偏差不会影响投标文件的有效性，一般偏差每项扣除1分，一般偏差大于5项作废标处理。

3）正偏差：投标人完全响应招标文件的技术要求，某些技术指标优于标书规定范围称之为正偏差，优于重大偏差加3分，优于一般偏差加1分。

其中设备质量评价因素还包括设备临床使用、质量标准、产品质量、专利设备、认证、产品销售业绩等。

（2）生产企业实力分析

生产企业的实力作为设备评标的重要因素直接影响采购合同的履行。对生产企业经营实力审查应包括经营规模、质量管理、知名度、售后服务、资金流和资信情况、履约能力、职工素质、违法违纪记录、纳税情况等。必须客观分析上述投标的全部资料，结合医院建立的设备生产企业、销售公司的信息追踪库，鉴别投标资料，真实反映生产企业的运营状况。

（3）设备价格因素

投标人的设备投标报价是采购评标的重要依据。在无标底竞争性密封投标方式下，投标人认为投标报价越低，中标概率越大，为占有采购市场，投标人往往采用压低投标报价的经营策略，其中也不排除恶意竞标的动机。如某种设备投标价价差过大，就不能反映该种设备市场价格的真实情况，投标人的投标优惠价格也不能真正体现出企业的让利。为保证设备评标工作科学严谨，使价格因素在评标中发挥作用，必须采用综合分析评估法。

1）投标设备的价格指标按照招标文件条款，投标人应在投标文件中标明投标设备在国内最高销售价格和最低价格、加价率、税率等指标，以便于分析企业的成本和真正让利。

2）合理确定有效报价区间。为减少投标报价价差对定标结果的影响，抵制恶意竞标行为，采用价格/性能比较法，确定有效报价区间。

3）投标报价必须以依法纳税为前提。设备招标采购的投标人必须具有合法经营的主体法人资格，选择报价合理的投标人，前提条件是依法纳税人，采购制度鼓励市场竞争，同时也保护投标人合理获利，评标中应综合分析各项价格指标。

①评价投标人的进价；

②分析投标人对招标采购的优惠让利；

③分析企业报价的真实有效性。

通过价格分析，可以有效评定投标人的报价是否真实有效，并判断经销商的产品进货渠道是否合乎国家规定的渠道。如果投标人的优惠价低于税后进价，则投标人无法保证合理利润，就失去了其报价的真实有效性，不能保证售后服务。

4. 制定评标方法及考虑的因素

依据《医疗机构设备招标采购评分标准》，采用百分制评分的方法进行评标和议标。通过对评标因素量化分值，可以统一评标标准，使投标人获取采购合同的机会均等，同时又可以约束设备招标采购评委会成员的个人行为，将评委的个人倾向对评标结果的影响降至最低限度。

（1）评标方法考虑的因素

1）投标价格、技术性能配置；

2）运行费用（设备使用的试剂、耗材，维护费，水电费等）；

3）售后服务（考虑备品、备件价格及提供的能力）；

4）投标人资信、履约能力；

5）维修费用（保修期后的保修费用）；

6）设备品牌、产地、型号；

7）投标人其他优惠措施及承诺。

（2）应予废标的条件

1）超出经营范围投标的；

2）超出预算范围的；

3）到达开标时间后投标的；

4）资质证明文件不符合招标文件要求的；

5）投标文件无法人签字，或签字人无法定代表人有效授权的；

6）投标文件不能满足招标文件技术规格中的主要指标的；

7）投标文件技术规格中的一般指标超出最大允许偏离范围或最高项目数的；

8）投标人有违规记录（提供虚假材料谋取中标、成交的，采取不正当手段诋毁、排挤供应商的，与采购人或其他供应商恶意串通的，向采购人行贿或者提供其他不正当利益的）。

5. 评标纪律

（1）评标工作在评标委员会独立完成，评标委员会应按照评标原则的要求，公平、公正、平等地对待每一位投标人，客观、公正地履行职责。

（2）整个评标过程是在审计、纪检的监督下进行，评标委员会应服从审计、纪检的监督管理。

（3）评标人应做到廉洁自律、秉公办事、不徇私情、遵守职业道德，对所提出的评审意见承担个人责任。

（4）在宣布招标结果之前，评标委员会名单、项目预算、评标过程等应予以保密。

（5）在整个招、投标过程中，招标人与投标人影响招标结果的任何行为，可能导致招标失败，如有违法行为，将依法追究其法律责任。

（6）评标结束后，全部评标材料上交，严禁将评审过程中的任何材料带出。依据中华人民共和国招标投标法，结合医院多年的招标采购的实践，规范医院设备招标采购评价体系，用来指导医院的设备招标采购工作。

第八节　实施阶段咨询方案

常规施工阶段的安全、进度、质量、造价等管理，全过程工程咨询的管理与在传统施工总承包模式下监理区别不大，只是全过程工程咨询对各单项管理的结合更紧密，不是单纯的"1+1"，而是有机结合，提前介入成本控制、缩短管理路径、减少沟通障碍及管理链条上的冗余，实现整个项目的高效管理。

一、施工质量管控

综合医院在建设过程中面临着结构复杂、综合管线多、设计变更不确定、交叉作业面复杂、项目分包管理难度大、施工人数众多等施工难点，这些问题在快速施工的背景下被成倍放大，全过程工程咨询中的工程监理单位在面对如此巨大的工程量、错综复杂的协调工作，如何在快速施工的前提下做好施工阶段的管理，成为全过程工程项目建设过程中面临的重大难题。

（一）施工阶段质量控制程序

全过程工程咨询单位的监理工程师在建设工程实施阶段质量控制的主要任务是通过对施工投入、施工和安装过程、施工产出品（分项工程、分部工程、单位工程、单项工程等）进行全过程控制，以及对承包商及其人员的资格、材料和设备、施工机械和机具、施工方案和方法、施工环境实施全面控制，以期按标准实现预定的施工质量目标。施工阶段质量控制程序，如图3-10所示。

（二）工程材料质量控制

1. 对工程所需的原材料、半成品的质量进行检查和控制

首先要求承包商在人员配备、组织管理、检测程序、方法、手段等各个环节上加强管理，明确对材料的质量要求和技术标准。全过程工程咨询单位的施工监理要做好材料进出场的检查登记工作，把好数量关、质量关、单据关，拒收凭证不全、手续不整、数量不符、质量不合格的材料。针对钢筋、水泥等材料多源头、多渠道的来源特点，对进场的每批钢筋、水泥做到"双控"（既要有质保书、合格证，还要有材料复试报告），未经检验的材料不允许用于工程，质量达不到要求的材料，及时清退出场。有些结构材料及半成品如焊接件、混凝土、砂浆，涉及结构安全问题，均实行见证取样制度，由全过程工程咨询单位的监理工程师进行签字确认。

2. 抽样检查材料质量

对于进场的物料以及施工过程中的半成品，如钢材、水泥、钢筋连接接头、混凝土、砂浆、预制构件等，按规范、标准和设计的要求，根据对质量的影响程度和使用部位的重要程度，在使用前采用抽样检查等形式进行取样复试。全咨单位的监理工程师要定期检查承包商质检员的工作，要求按规定取样复试，经报验后方可使用，保证工程质量。

3. 建立材料质量检验制度

（1）施工所需结构材料必须严格实施检验，如水泥、钢筋和钢筋半成品应选择知名厂家，并要求厂家提供出厂合格证和检验单。如果要采用其他厂家的产品，承包商应经业主或全咨单位的监理工程师同意后方可采用。

相关单位 / 特殊要求	总承包商	监理工程师	总咨询师	业主单位
按要求填写，并须附： （1）施工组织设计 （2）施工单位人员的资格证件 （3）工程坐标放样及基线签证 （4）管理人员名单及分工	单位工程开工报告 →	初审开工报告 →	复审开工报告 →	同意审核结果
			反馈 ←	←
	开工 ←	施工全过程监督	施工全过程监督 ←	
必须附上： （1）各项材料出厂合格证 （2）各项材料检验报告 （3）相关技术参数 （4）各项检验批检查验收资料 （5）分部分项工程质量检验评定报告	填报分项工程质量验收签证 ←	现场初检 →	现场复检 审核现场结果报告	同意审核结果
			反馈 ←	←
必须附上： （1）相关技术参数 （2）分部工程质量评定表	填报过程工序评定报告 ←	现场检查和抽样检查 →	现场复检 审批合格	同意审核结果
必须附上： （1）质量保证资料核查表 （2）单位工程观感质量评定表 （3）单位工程质量综合评定表 （4）竣工图	填报单位工程竣工证明 ←			

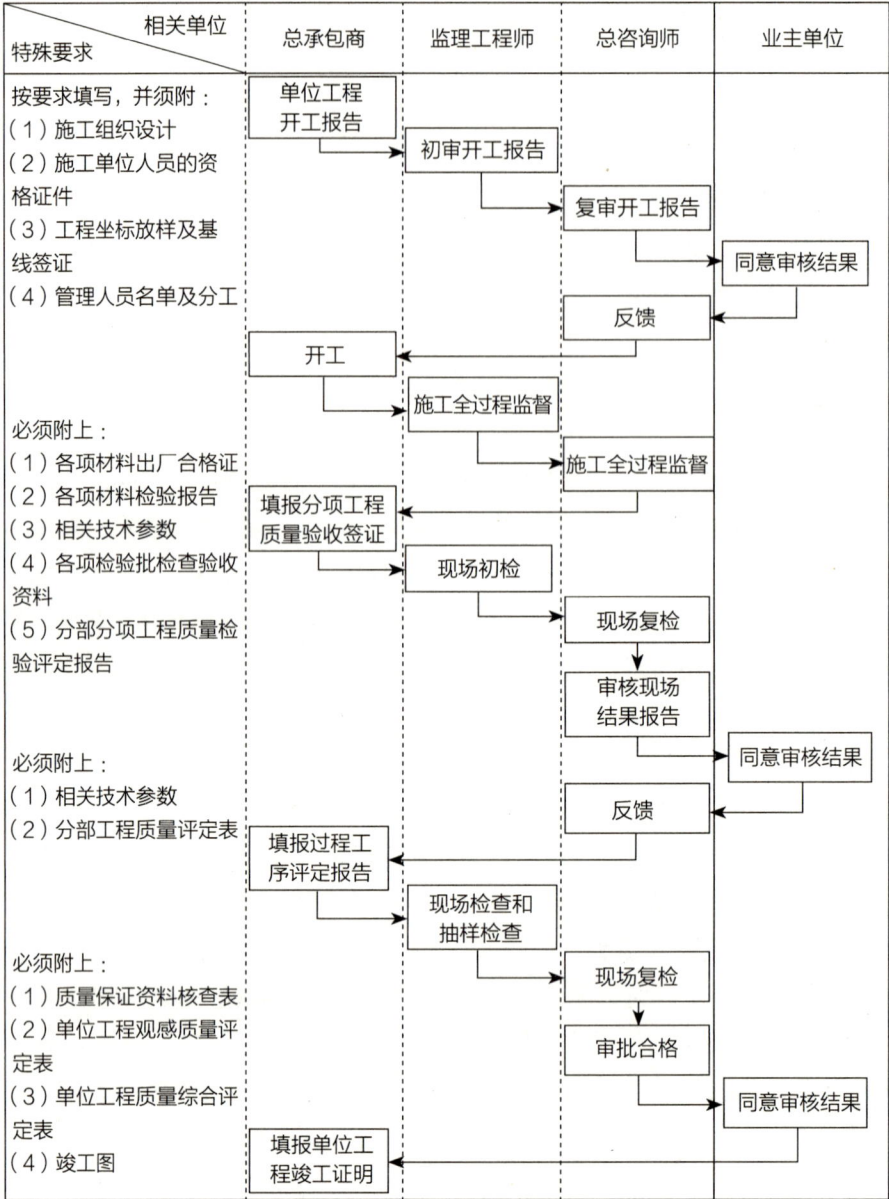

图 3-10 施工阶段质量控制程序

（2）一些复合材料，如混凝土、砌筑砂浆、装饰砂浆等，检验必须按操作规程取样制作试块，严格按配合比的要求，进行试验。

（3）对预应力混凝土构件必须对钢筋的预应力值，应按有关规定抽样进行检测。

（4）工程中提倡使用新材料、新结构、新工艺，符合基本要求后才能在医院工程上使用。

而检验过程中，承包商质检员遇到自己难以把控的质量问题时，应立刻停止施工，报告上级领导，及时制定补救措施。

（三）施工技术交底

施工技术交底主要是使参加施工的项目经理、工程技术人员、作业班组明确所担负的任务或作业项目的特点及技术要求、质量标准、安全措施以便更好地组织施工。全过程工程咨询单位应督促总承包商严格实施设计交底制度，严格按照施工图进行施工，严格按施工规范进行施工。当出现重大施工重、难点时，全过程工程咨询单位组织总承包商、监理单位、医院方共同商讨施工方案，以确保工程施工质量。

1. 技术交底的原则

（1）突出指导性、针对性、可行性及可操作性，提出具体的足够细化的操作及控制要求。

（2）与相应的施工技术方案保持一致，满足质量验收规范与技术标准。

（3）使用标准化的技术用语和专业术语，使用国际制计量单位，并使用统一的计量单位，不能混用；确保语言通俗易懂，必要时辅助插图或模型等措施。

2. 技术交底的形式

（1）书面交底：通过书面交底内容向下级人员交底，双方在交底书上签字，逐级落实，责任到人，有据可查，效果较好，是最常用的交底方式。

（2）会议交底：召开会议传达交底内容，可通过多工种的讨论、协商对技术交底内容进行补充完善，提前规避技术问题。

（3）样板/模型交底：实行样板引路，制作满足各项要求的样板予以参考，常用于要求较高的项目，比如对于本医院项目的装饰装修工程，可制作模型以加深实际操作人员的理解。

（4）挂牌交底：在标牌上写明交底相关要求，挂在施工场所，适用于内容及人员固定的分项工程。

（四）施工工序质量控制

工序是工程施工中比较小的研究单位。每个施工过程都是很多工序组成，而所有的施工工序的质量总体上决定了工程项目的质量，因此对工程质量的控制的重点就是对工序质量的控制。本新建综合医院工程是高层框架建筑，混凝土工程和砌筑工程是主体部分主要的施工过程，也是建筑的主要承重部分，因此工程的质量好坏直接关系整个建筑的安全。以此两个分部工程为主要控制点，全过程工程咨询单位的监理工程师对其进行重点管控。

（1）设置工序质量检查点，将人工、材料、机械设备、施工方法、施工环境，常见的质量缺陷等影响因素作为控制点的重要检查项目实施预防控制。

（2）采用巡查、抽查及跟踪检查等方法，了解工序质量情况，从而掌握整个医院施工状况。

（3）监督承包商对已完工序采用多种实验手段，包括目测、实测和抽样检测等，并详细准确记录测试数据，对数据进行统计分析后作出合理的总结判断。

（4）监理工程师要对隐蔽工程及时进行验收。

（5）在质量控制开展阶段，应详细记录每次的检查数据和结果，将这类资料整理归档，以便日后查阅，进行相关数据的验证。

下面分别为砌筑工程和混凝土工程的工序质量控制表（表3-14、表3-15）。

砌筑工程工序质量预控 表3-14

项目阶段名称	工作内容	方法
准备工作	砂、水泥、砖的准备，出具合格证，平面尺寸，标高，测量放射线；水平垂直运输工具准备，脚手架，马道准备；按图立皮数杆，对土建工序进行交接检查；申请砂浆配合比	施工人员熟悉施工图纸和技术资料，学习操作规程和质量标准
技术交底	制定上一道工序弊病的补救措施	书面交底操作人员参加
砌筑	每一楼层250m³砖体至少制作一组（6块一组）试块，试块预留，养护，定期试压，预埋件，预留孔洞按图施工，墙面平整、垂直，砂浆饱满，接槎合理，严格执行重量比，搅拌均匀	中间抽查，自检
质量评定	不合格的处理（返工）	执行评定标准
资料整理	材料合格证、试验报告单、自检纪录、质量评定记录、施工纪录、事故处理纪录	多方核定

混凝土工程工序质量预控 表3-15

项目阶段名称	工作内容	方法
准备工作	各项施工材料和手续办理完毕，出具施工合格证，并制定混凝土配合方案，准备相关设备和材料的交接方案，并检查各项基本物资是否安排到位	总工程师应事先知晓施工图纸，并熟练相关技术，预演施工流程和相关质量控制方法。制定保证混凝土质量的基本策略
技术交底	制定上道工序缺陷的补救方案。岗位轮换机制，操作挂牌，各基本员工应明晓质量要求，严格执行重量比	所有操作人员按时参加，并进行广泛交流，书面交底标准试块制作
浇灌混凝土	依据工程项目需要，合理调整混凝土配合比	①每个工作班不少于一组；②搅拌制100m³混凝土不少于一组；③现浇楼层每层不少于一组
养护	根据要求及时覆盖，炎热季节应浇水保湿，寒冷季节应注意防滑	提供标准养护条件
质量评定	合格评定，不合格及时补救或返工	执行验评标准
资料整理	混凝土配合比，施工质量监测数据，自检数据，评定结果，以及事故应急措施均要详细整理归档	多方核定

（五）施工质量验收

施工质量验收，根据不同的工程内容，要明确验收标准，及时分步、分项进行验收，保证在前一道工序验收合格之后，再进行下一道工序的施工，确保整体验收符合验收规范的要求。

施工过程的质量验收包括以下验收环节，通过验收后留下完整的质量验收记录和资料，为工程项目竣工质量验收提供依据（表3-16）。

施工质量验收的内容 　　　　　　　　　　　　　　　　表3-16

验收环节划分	符合验收要求
检验批	主控项目和一般项目的质量经抽样检验合格； 具有完整的施工操作依据、质量检查记录
隐蔽工程	要求承包商首先应完成自检并合格，然后填写专用的《隐蔽工程验收单》； 现场检查复核原材料保证资料齐全，合格证、试验报告齐全
分项工程	所含的检验批均应符合合格质量的规定； 所含的检验批的质量验收记录应完整
分部（子分部）工程	所含的检验批均应符合合格质量的规定； 质量保证资料应完整； 地基基础、主体结构、各项子分部工程的评（估）定报告文件； 设备安装等分部工程有关安全和功能的检验和抽样检测结果应符合有关规定
单位（子单位）工程	所含分部（子分部）工程的质量均应验收合格； 质量保证资料应完整； 所含分部工程有关安全和功能的检测、检验资料应完整； 主要功能项目的抽样结果应符合相关专业质量验收规范的规定； 感官质量验收应符合要求； 各参建责任主体单位对单位（子单位）工程的质量评价、评估文件

（六）土方工程质量控制要点

在实施土方工程中，一般包括以下几个环节：①确定土的有关工程性质；②土方量计算及土方调配；③基坑降水区边坡稳定；④基坑支护；⑤填土压石；⑥工程施工后质量验收。

土的种类繁多，按照施工过程中开挖的难易可以分为：特坚石、坚石、次坚石、软石、砂砾坚土、坚土、普通土、松软土。建筑施工中常见的土方工程有：基坑开挖、基坑回填及场地平整等。

1. 槽底部要平整

常见通病是基底不清理有浮土等，或基底为萝卜坑，致使地基造成应力集中，降低地基的承载能力。补救措施是进行二次清理。

2. 开挖断面验收

验收规范规定允许偏差值为-20mm，即地坪宽度，长度不得小于设计基础底边尺寸。对于基槽上限验评标准没作规定；考虑施工方便，基槽底部宽度应设计基底宽度、工作面宽度与四周支撑宽度之和。在保证满足宽度的前提下，应尽量减少基槽开挖宽度。实际验收要先用经纬仪重新复核中心线，基槽端面尺寸，要从轴线向两边量。

3. 开挖标高验收

验评标准规定允许偏差为+0mm，-50mm，验收以水准控制点为标准，用水准仪直接检查，验收中应结合检查基底是否平整。

4. 地基复查记录

基槽开挖好后，应对地基土进行全面、详细、审慎的检验，要对照设计或地质资料复核土层分布情况和走向，复核地耐力等，并做好记录。

5. 基槽隐蔽工程记录

要全面记录基槽施工检查情况，包括平面位置、开挖断面尺寸、基底标高边坡坡度、地耐力复查结论，基槽底下异常地质处理施工情况、设计变更或扰动老土基底处理情况、排水、降水施工措施等。

6. 回填土控制及验收

土方施工中回填质量往往被忽视，轻则造成室内管沟积水，室内地面、室外散水空鼓下沉，台阶、花台沉陷开裂；重则可能导致回填土挤动墙体，回填土透水使基础耐久性减弱或引起地基下沉，甚至地基结构迅速破坏导致结构下沉、开裂以致破坏，因此必须十分注意回填的质量要求。

（七）地基工程质量控制要点

建筑结构物的地基处理主要是解决以下主要问题：①地基的强度及稳定性问题；②地基的压缩变形及不均匀沉降问题；③地下水流失及潜蚀及管涌问题；④地基土在动力荷载作用下的液化、失稳和震荡问题。地基处理的施工质量特别要严把灰土砂石垫层质量、灰土桩的质量以及夯实水泥土桩的质量。

1. 严控灰土砂石垫层质量

灰土砂石垫层施工首先要保证灰土、砂、石等原材料质量，配比要符合设计要求，施工方法步骤要符合施工规范的要求，对分层厚度、加水量、压实遍数、压实系数及分段施工时的搭接部分的压实情况要进行重点检查，施工结束时，灰土表面应平整、无松散、起皮和裂缝现象、土颗粒粒径的允许偏差值≤1.5mm，石料粒径≤100mm，含水量（%）±2。

2. 严控灰土桩的质量

为确保灰土桩的施工质量，施工前应对灰土的质量、桩孔放样位置等进行检查；施工中应检查桩孔直径、桩孔深度、夯实次数、填料的含水率等，施工结束时应检验成桩的质量及地基承载力。

3. 严控夯实水泥土桩的质量

夯实水泥土桩的质量控制，要充分掌握设计要求及质量检验标准，施工中要检查孔位、孔深、孔径、水泥和水的配比，混合料含水等。

要控制水泥垫层的质量、夯实水泥桩的质量。施工结束，要对水泥桩的质量、地基承载力进行检查，检验不合格，要采取补救措施。

（八）装饰工程质量控制要点

1. 保证装饰工程涉及的原材料符合设计要求

例如抹灰工程中用到的水泥、石膏、砂炉渣、纸筋、麻刀，其他掺合料都要符合规范和设计要求，水泥要采用硅酸盐水泥、普通硅酸盐水泥强度等级≥32.5，白水泥强度等级≥425号。

2. 施工过程要符合施工组织设计要求及施工规范要求

以抹灰为例，抹灰层与基层之间必须粘贴牢固，抹灰层应无脱层、无空鼓，面层应无燥灰和裂缝。表面应光滑、洁净，颜色均匀，无抹纹，灰线清晰美观。

3. 实行样板制

在大面积施工同一种材料时先拿出一小部分做个样板，样板经EPC单位自己初验合格，并经业主、全过程工程咨询单位验收通过后再大面积施工。

（九）防水工程质量控制要点

1. 气候条件

防水工程施工中，根据所用防水材料不同，对天气的要求有所不同，本案例工程中，所采用的防水材料为SBS卷材防水。材料进场后按要求及时做好见证取样送检工作且检验结果合格，根据SBS防水卷材的特点要求确保施工基层必须干燥方可施工，所以SBS卷材防水施工时应避开雨雪等天气，以免影响施工质量。如在施工中遇到雨雪天气应立即停止施工并对已完部位进行封闭处理。

2. 平整度控制

找平层是防水层的基层，找平层的质量好坏直接影响防水层的质量，所以应抓好找平层的坡度、平整度、强度及含水率等质量。

3. 重视防水层与相关层次施工交叉问题

与防水层相关的层次是找平层、隔汽层、保温层、隔离层、保护层等。防水层施工往往与所在相关层要交叉作业，这些相关层次的施工质量对防水层的质量有很大影响，甚至直接影响防水工程的成败。特别要注意监督保护层的施工，决不能碰坏、戳破防水层，特别是在多头分包施工的情况下，交叉管理，更加大了质量控制的难度。因此，必须引起对相关层次施工质量控制的足够重视。

4. 卷材防水质量控制

全过程工程咨询单位的监理人员应检查承包单位是否严格按照施工标准，规范和设计要求进行卷材防水铺贴，铺贴方向、两幅卷材和卷材层与层之间，其搭接的宽度与长度是否符合要求。

（十）医疗专项工程质量控制要点

1. 医用气体工程

（1）气体管路应敷设在通风良好的吊顶内，立管应设在管道井或管槽中。其设置的位置，应使支管长度最佳。

（2）引入洁净空气气体支管管路应安装在带活动盖板的壁槽内，活动盖板应做密封处理。

（3）手术室内应设两个供气点，且宜有两根立管保证。干、立支管均应安装阀门，以便于维修和控制供气点的流量。

（4）各种气体的控制阀门宜组装在公共门的控制箱内，且应安装在易于接近和管理的地方，控制阀门应为球阀，箱外宜安装透明的玻璃。

（5）为便于检查气体管路的种类，在各配管的主要地方要做好色环标志；且在管道的分支处，压缩空气机和真空吸引装置等机械配管宜用异色箭头表示气体的流动方向。其中，氧气管为绿色，压缩空气管为红色，真空吸引管为黑色。

（6）配管支架间距一般以2m为标准，在管道拐弯部分及分支处的吊距应根据管子大小按下表决定配管支架应采用鞍形吊钩（表3-17、表3-18）。

吊钩间距　　　　　　　　　　　　　　　表3-17

配管直径（mm）	< 20	25~40	50~80	90~150	< 200
吊距（m）	1.5	2	3	4	5

各管道水平间距　　　　　　　　　　　　表3-18

配管直径（mm）	< 32	37~70	70~100
吊距（m）	80~100	100~120	120~150

（7）配管在气密性实验后，引出口安装前，应该用不含油的压缩气体或氮气吹扫，去除异物及焊屑医疗气体配管与其他管道之间应符合《氧气站设计规范》GB 50030—2013、《压缩空气站设计规范》GB 50029—2014的要求。

（8）中低压力管道采用无油压缩空气或氮气作气压强度和气密性检验，应在达到1.25倍使用压力后稳压5min。

（9）气密性合格的管道必须用无油、干燥的气体或氮气，以不小于20m/s的流速吹扫。

（10）医用气体系统在安装、试验、调试等工序中，每一步骤均应有记录，作为竣工文件备案。

2. 医院洁净空调系统工程

洁净空调系统的监理相比一般空调系统而言，其独特的技术要求集中体现在对施工环境、施工所用材料和施工作业的高质量要求的监理控制。在整个净化空调系统的施工周期内，监理的全过程质量控制流程如图3-11所示。

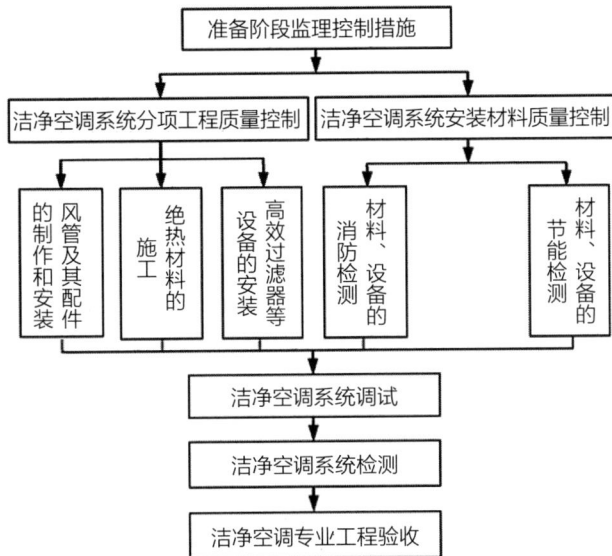

图 3-11 净化空调系统的施工质量控制流程

（1）控制净化系统工程质量，防止空气再次被污染

在施工过程中，应要求承包商设立独立封闭的空间来制作和储存风管及其配件；原材料和设备运输完毕后必须及时清洁路面；手术室区域的所有出入口严格控制非施工人员的进出。另外，要保证净化空调系统不被二次污染，还有一个重要因素是所选用的材料。因此施工方在制作消声器时，监理应注重检查其内部填充的材料质量是否满足要求。

（2）控制压差和风量

洁净空调系统的压差和风量的精确控制，是整个系统平衡和正常运行的关键，往往也是施工的难点所在。要使得压差和风量满足设计要求，严密的风管系统和合理的调试工作，两者缺一不可。风管在制作和安装中，要严格按照图纸和规范的要求进行施工。重点控制风管咬接、角钢连接、密封处理和漏风量检测，使系统的气密性满足要求。

（3）控制高效过滤器的安装质量

高效过滤器的安装质量应从其安装条件和安装要求两方面进行控制。高效过滤器的安装条件应具备：对于空气洁净度等级等于或严于 5 级（100 级）洁净室所用的高效过滤器，应按规定进行检漏，检漏合格后方可安装；

（4）控制洁净空调系统安装材料的质量

洁净空调系统的材料种类繁杂、数量可观，且对运输和存放有很高的要求。随着新工艺和新技术的层出不穷，材料的国家标准和行业标准也在不断地更新变化，监理工作面临更大的挑战。监理要根据借助规范及政府法令，按照程序，做好材料进场报验、取样送检等控制工作。材料和设备的检测包括节能检测和消防检测。

（5）控制洁净空调系统调试质量

设备单机调试和系统调试需要在调试方案经监理批准后进行。经调试后的单机和系统必须满足设计和使用要求。系统调试应包括设备单机试运转调试和系统无生产负荷下的联合试运转调试。在调试中，对于发现的问题要分析其原因，有针对性地解决问题，尽量避免顾此失彼的现象发生。

3. 医院防辐射工程

（1）防护材料的选择

不同种类的辐射的性质存在较大的差异，因此，针对不同的电磁辐射，施工人员需要选择不同种类的防护材料，以此保证防护工程的实际效果。

在当前的辐射防护工程中，常见的材料包括混凝土、铅板、硫酸钡成分顺逆以及多种防辐射涂料等，在实际的施工中，设计技术人员要结合工程设计，在不同的医院功能区域中使用不同的材料，以此确保防护功能和医院功能的匹配。

（2）施工部位和施工工艺

射线放射源在工作过程中不仅会对主射线方向产生辐射，其还会影响其他方向的电磁环境，散射线的存在是影响医院工作人员和患者身体健康的主要因素。因此，针对一些会产生射线放射问题的房间，防护工程的建设应当是全面进行，针对房间的不同面均要进行防辐射处理，以此保证辐射防护工作的质量。

在当前的医院防护工程中，电磁屏蔽施工常常会使用模板拼装的方式完成对屏蔽材料的安装。一般工程人员会使用铜板作为屏蔽材料，在施工中将其固定在木质框架上以后再结合实际的安装需求制成模板，方便后续的施工过程。

（3）建筑装饰工程和防护工程装饰施工过程同步

防护工程要想发挥其正常的功能的影响，并同步提升结构防护和装饰防护的质量，这两类施工过程应当和医院正常施工过程同步，以此来保证防护工程可以贯穿建筑施工的全程，有效地提升了辐射防护工作的质量。

在一些防护设备的安装中，施工人员应当结合线路布局，在后续的装饰工程开始之前完成对线路和管道的安装施工，并针对管道安装位置使用辐射防护材料进行处理，全面提升辐射防护效果。

4. 医院电磁屏蔽系统工程

对于该系统工程施工质量管理，主要有以下几个方面的管理重点，具体如表3-19所示。

医院电磁屏蔽系统工程质量控制重点 表3-19

质量控制重点	施工控制要求
施工条件和准备	施工前承包商应进行施工现场检查，确定现场符合规定标准要求
绝缘层施工	当施工组织设计文件中对电磁屏蔽室有明确绝缘电阻施工要求时，除了要满足施工规范要求，还应保证基层地面坚硬结实、表面平整、干燥无油，并具有良好的防水保护
电磁屏蔽室结构施工	电磁屏蔽室可按主体结构分为焊接式和组装式。不同的主体结构对应不同的设计要求和施工技术方案，并应按各自要求进行施工
电磁屏蔽门和电磁屏蔽窗的施工	电磁屏蔽门和电磁屏蔽窗进入施工现场应检查验收，并按要求进行记录

质量控制重点	施工控制要求
附属配套装置施工	电磁屏蔽室配套的电源、通风空调、智能信息系统、等电位接地端子等电磁屏蔽处理装置应符合设计文件要求，施工安装应按施工组织设计、施工方案等技术文件和施工图进行，并按要求进行记录
等电位连接施工	电磁屏蔽室的等电位接地连接应按设计要求进行，应将电磁屏蔽室预留的等电位连接端子与建筑物内等电位连接带或电磁屏蔽室专用等电位接地装置进行电气连接
涂装施工	有防腐处理的组装式电磁屏蔽室不可进行涂装，但在安装前应做好产品保护；电磁屏蔽室普通涂料涂装工程应在电磁屏蔽层板体电气连续焊接工程的施工质量验收合格后进行；电磁屏蔽室的面层涂装材料选择，应按电磁屏蔽室设计要求及电磁屏蔽室所处建筑物的火灾危险性类别和建筑物的耐火等级要求进行
工程验收	各工序应按施工组织计划和技术要求进行质量控制，每道工序完成后应进行检验，相关各工序之间应进行交接检验，并应形成记录。未经监理工程师、业主单位签字认可，不宜进行下道工序施工

5. 物流传输工程

（1）施工工艺

气动物流的施工中，井道间及墙壁开孔需要在建筑施工图上落实，包括井道间的位置和尺寸、井道间地板开孔、井道间墙壁的材料及墙壁开孔，井道间防火检修门的型号尺寸、安装位置、水平传输线穿越的墙壁的开孔。查看开孔是否存在与建筑结构发生冲突的地方，结构专业需设计地板开孔的加固案，确保施工的正常进行。

（2）设备与消防

物流垂直输送分拣设备一般都会穿越各个楼层也就是各个防火区域，从消防考虑，应该在各楼层的出口设置面积约 $6 \sim 8m^2$ 的物流室，物流室出口应该设置甲级防火门，确保消防设施的安全性及维护的便捷性。

（3）噪声问题

通常轨道小车物流在运行的过程中会发出不同分贝的噪声，根据国标《民用建筑隔声设计规范》GB 50118—2010对医院科室（如诊室、病房、ICU、化验室、手术室等）的噪声有控制标准的要求。承包商应采用新技术和新工艺降低物流系统发生的噪声。

6. 建筑智能化工程

（1）注重施工管理软实力的提升

管理人员在智能化项目管理期间起到至关重要的作用，所以必须确保管理人员具备高素质、多经验，拥有资格证书，进而确保管理人员能够有效胜任智能化项目管理工作。

（2）注重施工管理硬件标准的完善

强化对施工材料管理工作，从施工材料采购环节开始进行质量的严格控制，在材料进场阶段，管理人员可以采取抽样检测的方式对施工材料进行严格的质量检查。确保施工材料的使用达到标准要求。

（3）注重施工管理先进技术的引进

充分引进先进的科学技术和管理手段，例如对现阶段建筑工程施工中常用的BIM技术、移动智能终端、云计算技术以及大数据技术等，以此大幅度提升施工管理效果和效率。

（4）注重施工管理制度的完善

需结合具体情况，在建筑材料、施工质量、施工技术、施工安全、施工设备等方面进行管理制度的完善构建，并充分落实，进而构建完善的质量监督管理体系，促使施工管理的高质量开展。

二、施工进度管控

（一）施工进度控制程序

工程进度控制的依据是项目决策阶段所确定的工期以及建设工程总承包合同所约定的工期目标，在确保工程质量和安全并符合控制工程造价的原则下控制进度。

为了完成实施阶段进度控制工作，全过程工程咨询单位采用动态的控制方法，对工程进度进行主动控制，主要有以下工作：

（1）完善建设工程控制性进度计划；

（2）审查承包商提交的施工进度计划；

（3）协助业主编制和实施有业主负责供应的材料与设备供应计划；

（4）组织进度协调计划，协调各方关系；

（5）跟踪检查实际施工进度；

（6）研究制定预防工期索赔的措施，做好工期延期审批工作等。

项目实施阶段进度控制程序，如图3-12所示。

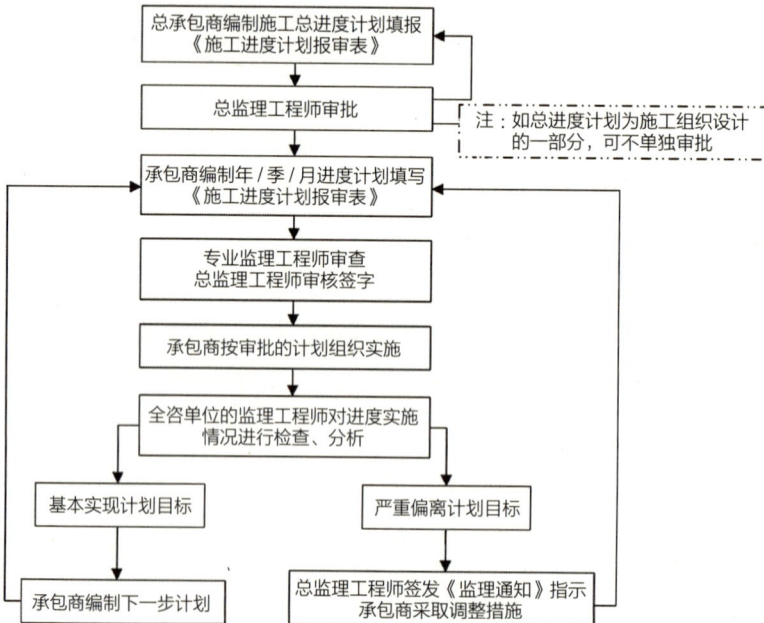

图3-12 施工阶段进度控制程序

（二）进度计划编制控制要点

1. 一级进度计划（即项目进度总控制计划）

一级进度计划是指导性总体进度计划，它是针对项目全部工作范围和全过程建设管理做出的项目总体性进度安排，是项目实施的主要依据。项目总体进度计划由承包商编制，全过程工程咨询单位审核定案后报业主审核，审核通过后由全过程工程咨询单位下发执行。所有设计、施工等专业工作单位必须按照该总体计划编制各类子合同实施进度计划并安排自身工作。

工程进度总控制计划作为项目参建各方的工作依据，无重大变化不得轻易进行调整。当项目建设过程中出现重大变化或进度计划严重滞后时，总咨询师应明确责任方及进度总控制计划调整的必要性，如确需调整，由总咨询师上报业主，在业主单位批准后可重新修订，修订计划的编制、协商、审批。

2. 二级进度计划（项目详细进度计划）

二级进度计划是承包商编制的其合同承包范围内工程的详细进度计划，是对其合同内工作的详细分解和具体安排，原则上必须符合项目进度总控制计划确定的工期要求，如有重大变化，相关单位应报经总咨询师和业主认可。

监理工程师应及时组织检查二级进度计划的执行情况，出现较大偏差应及时发函给总咨询师，要求各专业单位及时采取相应改进措施。

3. 三级进度计划（月/周施工计划）

三级进度计划是由总咨询师组织各专业单位依据二级进度计划编制的短周期各专业施工综合计划，是用于指导、检查、督促施工进度安排的具体操作性工作计划，监理工程师和总咨询师依据一、二级进度计划进行审核，发现问题应及时要求各专业单位进行调整。（承包商编制，监理方监督执行）

（三）进度计划实施要点

1. 施工进度计划审查

全过程工程咨询单位的监理工程师应审查承包商报审的施工总进度计划和阶段性施工进度计划，提出审查意见，审查要求如下：

（1）施工进度计划应符合施工合同中工期的约定；

（2）施工进度计划中主要工程项目无遗漏，应满足分批投入试运、分批动用的需要；

（3）进度计划应满足总进度控制目标的要求；

（4）施工顺序的安排应符合施工工艺要求；

（5）施工人员、工程材料、施工机械等资源供应计划应满足施工进度计划的需要；

（6）施工进度计划应符合业主和全过程工程咨询单位提供的资金、施工图纸、施工场地、物资等施工条件，并上报总咨询师。

全过程工程咨询单位可视工程进度的实际情况，每月、每半月或每周进行一次，甚至可以每日进行进度检查，定期或不定期召开各参建单位的进度协调会。需定期与承包商、材料供应商以及其他相关人员召开会议讨论工程工作进度，并应提交工程进度跟踪报告。

2. 施工进度计划跟踪与纠偏

（1）监理工程师应定期收集项目进度信息，并进行整理、统计、分析，掌握实际进度与计划进度之间的偏差情况，并编制进度检查报告，报送总咨询师，并应由总咨询师审核后报业主，形成检查通报。进度检查报告应包括下列内容：

1）总体进展情况；

2）实际进度与计划进度的对比；

3）进度偏差产生原因分析；

4）进度偏差对质量、安全、投资等的影响情况；

5）纠偏措施或调整方法；

6）未来计划进度的预测等。

（2）全咨单位应向业主报告工期延误风险。监理工程师应预测实际进度对工程总工期的影响，在监理月报中向总咨询师报告工程实际进展情况。

（3）针对进度偏差情况，发现实际进度严重滞后于计划进度且影响合同工期时，应签发监理通知单，要求承包商采取调整措施加快施工进度。总咨询师应采取组织、管理、经济、技术等措施保障预期计划目标实现，必要时可对进度计划进行调整。

当延期事件发生时应按以下程序执行（图3-13）。

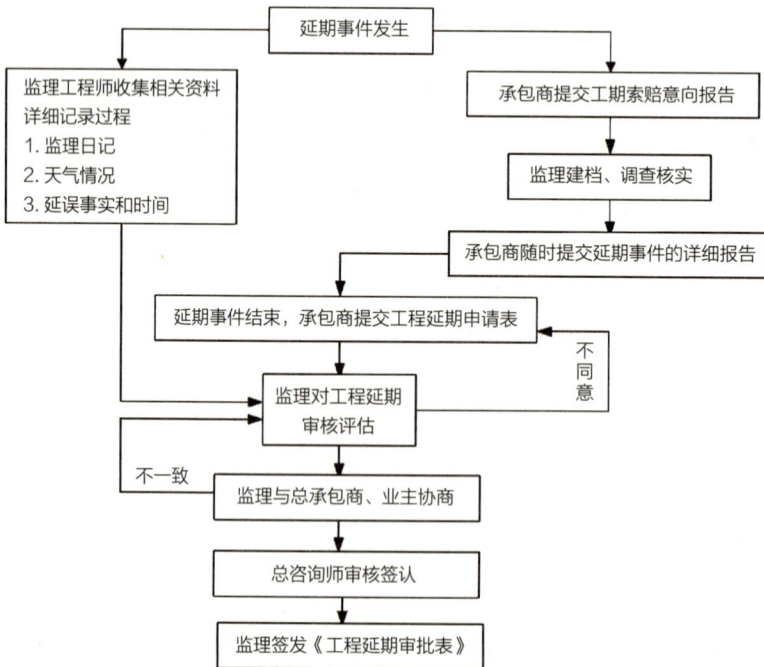

图3-13 延期事件发生处理程序

三、施工投资管控

（一）编制项目资金使用计划

全过程工程咨询单位应根据发承包合同约定及项目实施计划编制项目资金使用计划。其中编制建安工程费用资金使用计划时应依据施工合同和批准的施工组织设计，且要与计划工期和工程款的支付周期及支付节点、竣工结算款支付节点相符。并根据项目标段的变化、施工组织设计的调整、业主单位资金状况适时调整项目资金使用计划，便于业主进行资金的筹集和管理。

全过程工程咨询单位针对新建医院项目阶段性资金使用拟计划采用S形曲线与香蕉图进行分析，其对应数据的产生依据是新建医院施工计划网络图中时间参数（工序最早开工时间，工序最早完工时间，工序最迟开工时间，工序最迟完工时间，关键工序，关键路线，计划总工期）的计算结果与对应阶段资金使用要求。

利用确定的新建医院项目网络计划计算基础处理、开挖、支护等活动的最早及最迟开工时间，获得项目进度计划的甘特图。在新建医院项目甘特图的基础上便可编制按时间进度划分的投资支出预算，绘制时间——投资累计曲线（S形曲线）。

在S形曲线的基础上按照新建医院项目的最迟开始时间编制的"香蕉图"，如图3-14所示。其中a是所有活动按最迟开始时间开始的曲线，b是所有活动按最早开始时间开始的曲线。业主可根据编制的新建医院投资支出预算合理安排某段时间资金，同时业主也可以根据筹措的建设资金调整新建医院项目该阶段S形曲线。

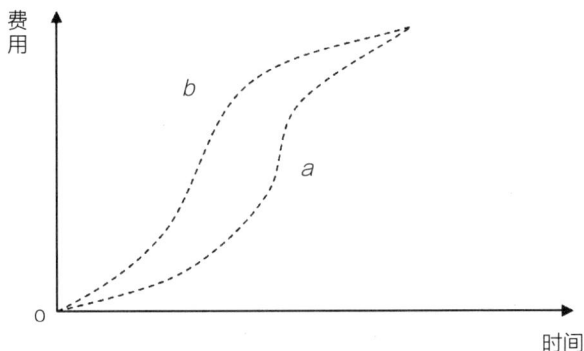

图3-14　投资计划值的投资值

全过程工程咨询单位在此基础上采用赢得值法进行新建医院项目偏差分析，绘制三条投资曲线，即已完成工程实际投资曲线a，已完工程计划投资曲线b和拟完工程计划投资曲线p，如图3-15所示。a与b的竖向距离表示投资偏差，曲线b和p的水平距离表示进度偏差。图中所反映的是新建医院项目累计偏差。

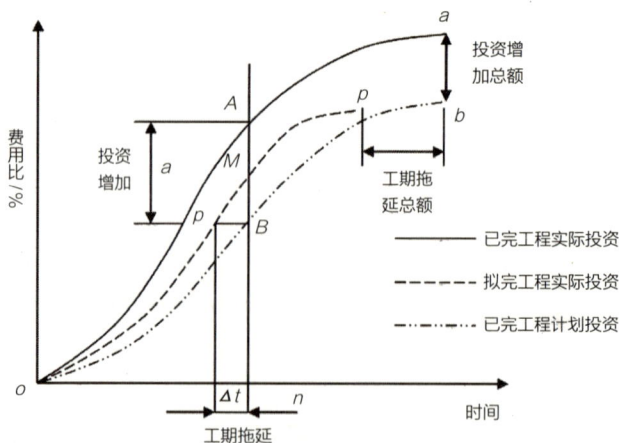

图 3-15　新建医院项目偏差分析曲线图

（二）工程计量及工程价款支付管理

工程计量是向总承包商支付工程款的前提和凭证，是约束总承包商履行施工合同义务，强化总承包商合同意识的手段。在项目管理过程中，作为全过程工程咨询单位应要充分发挥监理部门及造价单位在工程计量及工程款（进度款）支付管理中的作用，应严格审查工程进度付款。全过程工程咨询单位职责：

1. 协助业主确定工程价款的支付程序

合同价款的支付程序主要包括工程量核算和总承包商报表审查等两个环节，具体操作如下。

（1）工程量核算

原始工程量清单只是对工程量的初始估计和罗列，不能够直接作为总承包进行合同价款支付申请或进度款申请的依据，只有按照实际施工进度进行测量和详细核实的工程量清单，才能作为进度款的结算凭证，也就是以科学的真实数据作为付款依据。根据总承包合同报价方式的不同，工程量清单的计算方法也不尽相同，其中对于总价合同需要依照图纸工程量进行计算，而单价合同则可以按照施工工程量进行计算。针对本新建医院项目而言，该项目合同采用的是总价合同，应依据图纸工程量进行计算。

（2）总承包商报表审查

总承包商报表提出的时间应该在每个分期的期终，具体格式可以参照相关的支付申请格式要求，报表的内容包括七个部分，具体如表3-20所示。

审查总承包商报表的内容

表3-20

项目	具体内容
第一部分	当期的里程碑节点，或工程量清单中应该包括工程项目及其他项目的应付价款额度（含设计或工程变更的部分）

项目	具体内容
第二部分	相关政策法规变化,导致的及时调整的款项金额
第三部分	保留金减少的款项金额
第四部分	预付款应该增或减的款项金额
第五部分	总承包方用于永久性工程的款额
第六部分	依据合同应付的其他应增减的款额
第七部分	对所有之前的支付证书中证明的款额进行修正

2. 工程款支付审查要点

(1)根据工程总承包合同中有关工程计量周期及合同价款支付时点的约定,审核工程计量报告与合同价款支付申请,编制《工程计量与支付表》《工程预付款支付申请核准表》及《工程进度款支付申请核准表》。

(2)应对总承包商提交的工程计量结果进行审核,根据合同约定确定本期应付合同价款金额。审核计量项目时要注意审核项目是否属总承包合同计量项目的范围,以免重复计量。如投标报价按招标工程量清单漏项的项目、或其特征描述已包含在其他报价中的项目,则均不属于该计量项目的范围。

(3)建立工程款支付台账,编制《合同价与费用支付情况表(建安工程)/(工程建设其他费用)》。工程款支付台账应按施工合同分类建立,其内容应包括:当前累计已付工程款金额、当前累计已付工程款比例、未付工程合同价余额、未付工程合同价比例、预计剩余工程用款金额、预计工程总用款与合同价的差值、产生较大或重大偏差的原因分析等。

(4)对工程款支付进行把关审核,应重点审核进度款支付申请中所涉及增减工程变更金额和增减索赔金额,这是控制工程计量与进度款支付的关键环节。

(5)审核是否有超报、虚报及质量不合格的项目,将审定的完成工程投资进度款登入台账。

3. 审核工程进度款支付

全过程工程咨询单位审核总承包商提交的进度款支付申请是进度款支付程序中的重点,审核内容包括:

(1)审核进度款支付比例

审核进度款支付的比例,应严格按照合同约定,既不能向总承包商多付进度款,又要保证总承包商的资金周转,避免因资金不到位影响工程进度。

(2)审核计日工金额

审核计日工的数量,依据现场签证或变更报价单上双方确认的计日工的数量,按照投标文件中计日工的综合单价计算本支付周期内应支付的计日工金额。

(3)审核应抵扣的预付款

应严格按照合同约定的办法计算应抵扣的预付款的具体金额。

（4）审核工程变更金额

对已确认的工程变更，凡涉及工程造价变化的，需审核工程变更的内容是否包含在总承包合同内，工程变更的程序是否符合要求，变更的理由是否充分，变更的金额是否准确。

（5）审核工程签证金额

对已确认的工程签证，在全咨单位审核的基础上由业主审核签证主体是否合法、审核签证形式是否有效、审核签证内容是否真实合理、审核签证程序及时间是否符合合同约定、审核签证的金额是否准确。

（6）审核工程索赔金额

对工程索赔报告的真实性进行审核，重点审核索赔的程序和相关辅助资料的合理性，对费用索赔的计算过程、计算方法及计算结果的准确性进行审核，注重审核索赔费用组成的合理性。

4. 工程款支付审批管理

（1）根据项目施工用款总计划，结合造价管理中的动态控制对项目趋势进行分析，编制项目施工用款年度、季度、月度付款计划。经业主批准的月度投资用款计划是审核工程款支付的依据。

（2）按照合同约定的工程预付款、工程进度款等付款规定条件，审核承包商的相关款项支付申请报告。

（3）如因施工项目的特殊情况，如暂时性资金紧张、工程进度滞后等情况，导致工程实际付款与计划付款严重不符时，经业主同意，并与相关各方进行相应的协调工作后调整项目投资用款计划。

（4）造价管理人员负责资金支付的管理，建立工程款付款台账，填写合同付款登记表，留存付款申请表原件等，保证支付账目管理有据清晰。

（5）定期对工程现场实际施工情况与工程款支付的情况进行对比，工程进度款与完成的工程量挂钩，对实际款项发生值与计划控制值进行分析、比较，运用合同和支付等手段确保投资款的合理使用，并控制在预定目标内。

（6）工程竣工结算前，注意付款的截止比例，以免超付。

（三）严格控制工程变更

对于固定价格类型的 EPC 项目而言，虽然业主的风险在很大程度上转移给了承包商，而且变更范围也在缩小，但是项目变更现象依然存在。

当出现必须变更的情况时，全咨单位需尽快落实变更，修改相关文件，做好详细记录，并与总承包商达成对增减项目的定价协议，严格控制工程的总投资。

1. 合同管理

业主在同总承包单位、监理单位签订合同中就工程变更发生时各方的责任、权利、义务要约定明确；无论哪一方提出的工程变更，业主可以授权监理工程师对工程变更进行审查，提出监理建议，这一授权在监理合同中必须明确：业主将工程变更管理程序、变更的分类（技术变更、经济洽商）、变更建议的内容、变更建议的审查原则及期限、变更的批准权限等进行详细约定发挥好监理单位的四个控制（投资、工期、质量、安全）、一个管理（合同管理）、一个协调（业主与承包商之间关系的协调工作）的作用。这些在工程变更管理合同中约定的具体办法十分重要。

2. 协助进行工程变更评审

因为工程变更会直接影响建设项目进度、费用以及质量，不管是变更性质，还是变更费用额度在哪一个审批权限，都需要具有科学严谨的技术论证，如此才能够确保工程变更在管理方面的合理性与科学性。所以，业主方必须综合评审工程变更方案，以确保将工程变更所带来的影响能够控制在一定的承受范围之内。另外，还应当有效降低因工程变更所带来的风险。

从业主角度考虑，因为工程建设的阶段性特点，大部分业主单位不会有较多专业的工程管理经验以及相关技术人员，从这一方面来说，与专职从事工程总承包单位具有较大差距。

因此全过程工程咨询单位要运用经验和能力，对变更要求进行多角度分析，判断变更请求所提出的技术、进度、项目、质量、环保、费用以及安全等建设目标所带来的综合影响，要将可预见风险降到最低，做出较为详细的分析判断，如此对工程变更进行有效控制，才能够弥补业主方在技术与经验方面的欠缺。在具体评审过程中，工程变更评审需要注意以下3点：对变更设计方案技术进行相关分析，论证变更的必要性；分析变更工程量和投资增减额度，检验变更的合理性；分析以及预测变更对合同价与工程项目总造价的影响，论证其可行性。

（四）索赔管理

1. 严格审批索赔程序，加强日常管理

作为全过程工程咨询单位应严格审批索赔程序，加强日常工程管理，切实认真地做好工程施工记录，同时注意保存各种文件图纸，为可能发生的索赔处理提供依据。当索赔发生后，要迅速妥当地进行处置。根据收集的工程索赔的相关资料，迅速对索赔事项展开调查，分析索赔原因，审核索赔金额，并征得业主意见后负责与总承包商据实妥善地协商解决（图3-16）。

2. 严格审查承包商的索赔报告的合理性

审查和分析的主要内容有时限审查、情况调查和证据审查、合同依据分析等几点：

（1）时限审查

审查承包商提交索赔意向和提交索赔报告的时间是否在约定时限内，若不在，立即回复索赔无效。

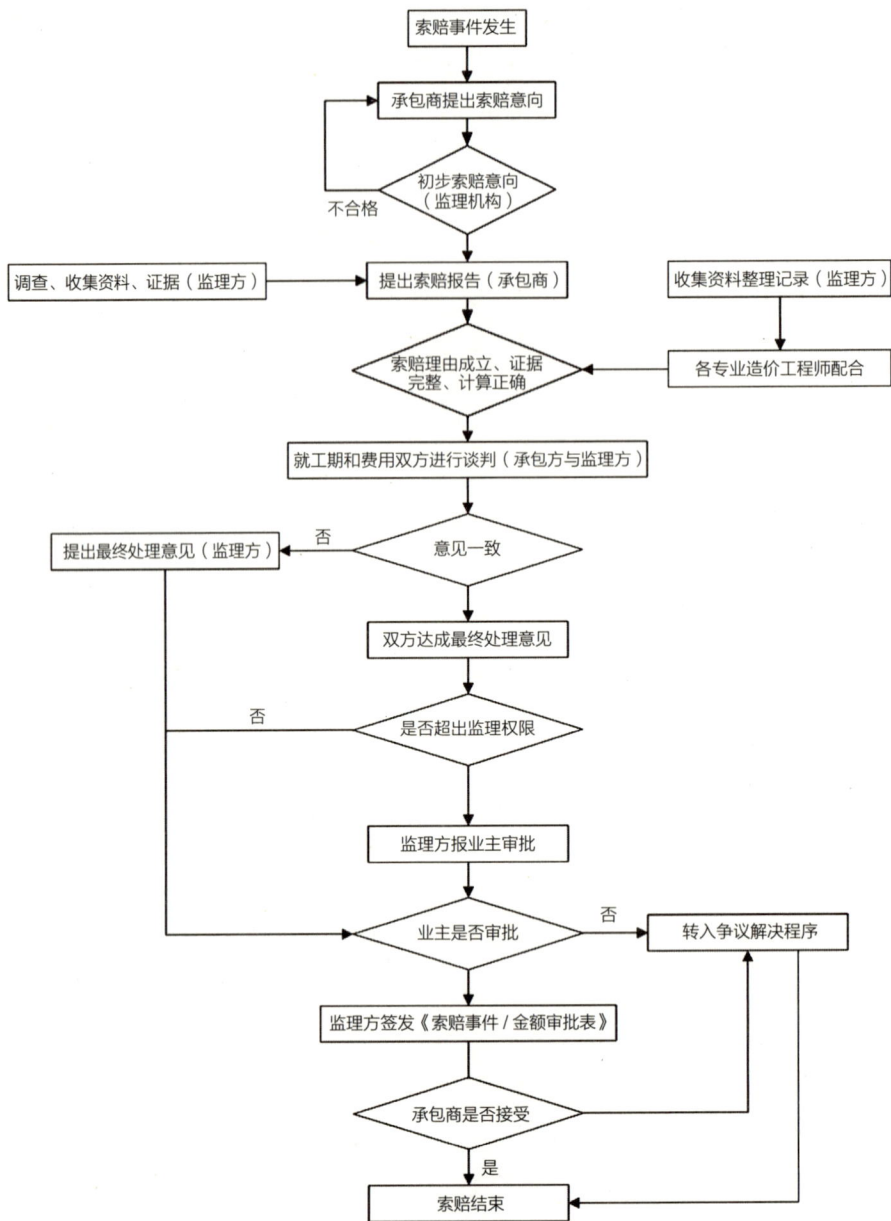

图 3-16 全过程工程咨询下承包商的索赔程序

（2）情况调查和证据审核

反驳索赔报告的关键是找出索赔事件真实性的疑点。搜集索赔事件发生的时间、经过、原因、证人、造成的后果等信息，不听信承包商片面、主观的解释。从索赔证据以及合同实时跟踪的结果来进行真实性分析，分析是否存在承包商捏造事实，夸大影响程度的情况，找出证据不足、不当，描述过于主观、片面的情况，予以否定。

（3）合同依据分析

时限和事实依据筛查过后，余下的索赔事件要进行合同依据分析。针对索赔报告及合同条款，为作出正确的判断，全过程工程咨询单位应重点审查和分析以下几个方面：

1）核对合同条款是否在双方协商后进行了变更。

2）承包商站在自身利益的角度，是否错误、片面地理解了合同条款；或是有意曲解了合同条款的含义，其中最隐蔽的做法是扩大合同条款的适用范围。

3）索赔责任是否应由业主承担，如业主有责任，应分担多少比例；如果是由业主委托的第三方引起，业主承担责任后可以向引起违约的第三方提出索赔要求。

4）业主违约行为是否符合违约责任相关条款约定。

5）因业主责任引发索赔事件后，承包商是否采取力所能及的措施，及时防止损失的扩大。对于未采取防止措施的额外损失，业主方应驳回该部分索赔。

6）合同条款中触发索赔事件的前提条件。

7）合同中是否约定工程变更的延长工期和费用补偿方案。

8）对索赔事件与索赔内容的相关性进行分析，对于关系不大的索赔内容，应予以剔除。

9）索赔事件是否适用于业主免责条款和合同规定的不予赔偿相关条款。

3. 进行反索赔

索赔与反索赔是一种相互博弈的行为。在具体的项目实施过程中，施工合同的管理工作发包商和承包商在同时进行，都在试图寻找向对方索赔的机会，同时也在提防对方向自己索赔的可能，所以不懂得有效的反索赔同样会使自身的利益受到损失。由此可见，反索赔与索赔具有相同的重要性，二者相互依附又相互矛盾，缺一不可。

合同总体分析当实际发生索赔要求时，工程总承包合同是双方当事人首要依据的准则，并且索赔的处理过程和索赔的结果也是依照合同进行的，所以当发生索赔争端时，对合同文本的总体分析有助于帮助自身找到反索赔的相关合同条款、内容或者理由，从而向对方开展反索赔的工作。而合同分析的主要目的是对于对方所提出的索赔事件及相关的法律依据或者是合同条款进行逐个的分析，从中找到有利于反索赔工作的线索。重点分析的内容有：与建设总承包合同相关的法律法规；合同的主要内容、条款及合同变更的内容；合同中所规定的双方当事人的相应责任、义务；工程变更以后相应的补偿措施；工期的调整办法；合同双方承担的风险；违约处理及如何面对争议并加以解决等。

（五）编制造价控制动态分析报告

（1）全过程工程咨询单位的造价工程师可接受委托进行项目实施阶段的工程造价动态管理，并应提交动态管理咨询报告。

（2）全过程工程咨询单位的专业造价工程师编制的工程造价动态管理报告应至少以单位工程为单位对比相应概算，并根据项目需要与投资人商议确定编制周期，编制周期通常以季度、半年度、年度为单位。

（3）全过程工程咨询单位的造价工程师应与项目各参与方进行联系与沟通，并应动态掌握影响项目工程造价变化的信息情况。对于可能发生的重大工程变更应及时做出对工程造价影响的预测，并应将可能导致工程造价发生重大变化的情况及时告知业主。

实施阶段造价管理是一个动态管理过程，很多不确定的因素会对造价产生影响，如：国家政策的变化、业主要求的变化等，在变化发生时，应采取合理的应对方式。工程造价的整个管理过程需要各方人员的共同维护，相关的技术人员也应具备一定的造价管理知识，并配合全过程工程咨询单位的造价工程师的工作，保质保量低成本的完成工程建设。

四、施工信息管理

（一）建立施工信息档案管理制度

（1）全过程工程咨询单位收集参建各方在项目建设各阶段形成的工程文件，以及全咨项目部形成的项目管理文件，将其按统一的信息分类与编码体系将各类文件整理立卷，形成纸质及电子档案，纸质档案应为原件，电子档案应分类管理，并将其及时上传至BIM管理平台，与纸质档案保持一致。

（2）全过程工程咨询单位应真实、客观地记录反映项目建设过程的有关信息，建立项目收发文台账、合同台账、图纸台账、图纸会审记录台账、资金支付台账、工程经济签证台账、设计变更台账、甲供材管理台账等，并做好重大事件记录，将其及时上传至BIM管理平台，使项目建设具有可追溯性。

（3）全过程工程咨询单位采用项目管理函的方式与参建各方书面沟通。项目管理函包括总咨询师函和专业咨询工程师函。总咨询师函由总咨询师起草或组织专业咨询工程师起草，经总咨询师审核后签发；专业咨询工程师函由专业咨询工程师起草，经总咨询师审核后签发。

（4）全过程工程咨询单位定期召开项目管理会议，并做好会议纪要。项目管理会议纪要类型主要包括项目管理例会纪要、项目管理专题会纪要。例会纪要由专职信息管理人员起草，总咨询师审核、与会各方会签后分发归档。专题会纪要由专业咨询工程师起草，会议主持人审核、与会各方会签，总咨询师签发后分发归档。项目管理会议纪要主要包括下列内容：会议时间、地点、主持人、参加单位及人员、会议决议、会议要求等。

（5）全过程工程咨询单位定期向业主单位提交项目管理周、月报。项目管理周、月报由专业咨询工程师编制，经总咨询师审批后，报送业主单位。

项目管理周报应包括下列主要内容：

1）本周项目进展；

2）下周计划；

3）需项目公司解决的主要问题。

4）项目管理月报应包括下列主要内容：

①项目大事记；

②项目采购管理及投资控制；

③工程质量及安全管理；

④设计与技术管理；

⑤进度完成情况及控制措施；

⑥风险管理；

⑦需项目公司协调解决的问题及建议；

⑧下月计划。

（6）全咨单位人员应每日记录项目管理工作日志。项目管理工作日志包括下列主要内容：

1）日期；

2）气象情况；

3）当日工作计划；

4）当日工作落实情况；

5）当日参加会议情况及对会议所提问题组织落实情况；

6）当日发现的问题及处理结果；

7）待解决问题；

8）其他有关事项。

（二）基于BIM管理信息平台的信息管理

工程项目参与方众多，如何保证信息内容的安全储存和访问至关重要。BIM管理平台将数据层与操作层分离，收集了分散的工程内容信息，采用了集中统一储存的方式，加强了可控性和安全性。

BIM项目管理平台将项目的各参与方进行集成，设置不同的端口，分为业主单位、总咨询方、项目管理、监理、造价、总承包单位。其中咨询方可以访问系统所有的信息，并对设计、招标、监理、造价、施工、供应商的信息进行查询，添加，修改，及删除，同时可对系统大部分信息进行维护。业主方可对项目各参与方的信息进行查看、审定。其他各参与方将平台的权限下放，由各参与方指派相关人员进行日常维护和管理。采用WBS（工程分解结构）以项目的工作内容为导向，对实施过程中形成的项目资料进行分类，形成BIM项目管理资料传输与管理的一览表，如表3-21所示。

项目各参与方拥有属于自己的用户名和密码登录系统，根据分配好的权限，决定能够访问哪些目录，能够读写哪些文件，没有权限访问的内容将不会出现在目录结构中。这样就可以非常灵活地对整个项目资料进行控制，只允许项目成员访问需要访问的内容，其他内容可以完全屏蔽，这样保证了适当的人能够在适当的时间访问到适当版本的信息。具体如表3-21所示。

表3-21

BIM项目管理资料传输与管理的一览表

项目阶段	文档信息	业主单位		总咨询师					项目管理					总承包					监理					造价咨询				
		查询	下载	查询	上传	下载	修改	删除	查询	上传	下载	修改	删除	查询	上传	下载	修改	删除	查询	上传	下载	修改	删除	查询	上传	下载	修改	删除
施工阶段	施工和监理单位进度计划资料	●	●	●		●	●		●					●	●	●	●		●	●	●	●						
	BIM施工计划模拟演示文件	●	●	●	●	●	●	●	●		●	●	●	●	●	●	●	●	●	●	●	●	●					
	施工进度控制报告	●	●	●		●			●		●			●	●	●			●	●	●							
	阶段工程量统计表	●	●	●	●	●		●	●		●		●	●	●	●	●	●	●	●	●			●	●	●	●	
	进度支付报告单	●	●	●	●	●		●	●		●		●	●	●	●	●	●	●	●	●			●	●	●	●	
	变更、签证等单据	●	●	●		●		●	●		●		●	●	●	●	●	●	●	●	●			●	●	●	●	
	索赔管理报告	●	●	●		●			●		●			●	●	●			●	●	●			●	●	●	●	
	可视化模拟影像资料	●	●	●		●			●		●			●	●	●			●	●	●							
	影像资料及3D扫描资料	●	●	●		●			●		●			●	●	●			●	●	●							
	隐蔽工程施工质量检查和安全分析报告	●	●	●		●			●		●			●	●	●			●	●	●	●						
	实体工程施工质量检查和安全分析报告	●	●	●		●			●		●			●	●	●			●	●	●	●						
	监理控制报表	●	●	●		●			●		●			●		●			●	●	●		●					
	监理合同与信息管理报表	●	●	●		●			●		●			●					●	●	●		●					
	工程变更资料审查报告	●	●	●		●			●		●			●		●			●	●	●			●	●	●		
	工程签证审查报告	●	●	●		●			●		●			●		●			●	●	●			●	●	●		
	工程资料管理目录	●	●	●		●			●		●			●		●			●	●	●							

项目阶段	文档信息	业主单位		总咨询师					项目管理					总承包					监理					造价咨询				
		查询	下载	查询	上传	下载	修改	删除	查询	上传	下载	修改	删除	查询	上传	下载	修改	删除	查询	上传	下载	修改	删除	查询	上传	下载	修改	删除
施工阶段	合同台账	●	●	●		●		●	●	●	●	●	●	●		●			●		●							
	支付台账	●	●	●		●		●	●	●	●	●	●	●		●			●		●							
	变更台账	●	●	●		●		●	●	●	●	●	●	●		●			●		●							
	风险评估报告	●	●	●		●		●	●	●	●	●	●	●		●			●		●							
	监理工作报告	●	●	●		●		●	●		●		●	●		●			●	●	●	●						
	BIM竣工结算报告	●	●	●		●		●	●		●		●	●	●	●	●		●		●			●	●	●	●	
竣工阶段	合同工程完工鉴定书、合同工程完工证书	●	●	●		●		●	●		●		●	●		●			●		●	●						
	工程验收资料	●	●	●		●		●	●		●			●		●			●	●	●	●						
运维阶段	BIM运营维护系统	●	●	●			●	●																				

第九节　竣工验收阶段咨询方案

一、竣工验收管理

（一）竣工验收工作程序

建设项目竣工验收的实施可由业主授权全过程工程咨询单位进行组织，业主、承包商、专业咨询工程师等单位共同组成竣工验收小组，按照竣工验收程序，对工程进行核查后，做出验收结论，形成竣工验收记录。本医院项目竣工验收工作流程如图3-17所示。

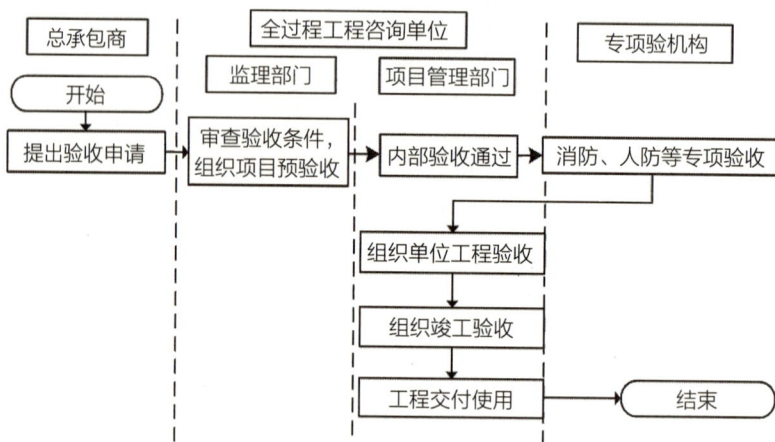

图 3-17　医院建设项目竣工验收程序

（二）明确竣工验收标准和验收条件

1. 明确竣工验收标准

竣工验收标准为国家工程建设强制性标准、经审查通过的设计文件、现行施工验收规范及相关标准以及有关的法律、法规、规章和规范性文件。针对医院项目主要有以下类型的标准：土建工程验收标准、安装工程验收标准、室外附属工程验收标准；人防工程验收标准、医院智能化标准等。

2. 明确竣工验收条件

全咨单位的监理人员要明确医院项目的竣工验收条件，从而根据验收标准和验收条件，对医院项目质量进行严格的控制和检查，确保无误（表3-22）。

（三）竣工验收各参与方工作责任

项目竣工阶段参与验收等工作的主体等工作涉及的主体众多，参与方工作职责不尽相

序号	验收内容	验收条件
1	建筑工程、辅助公用设施	按设计建成，能满足合同要求
2	主要工艺设备	已安装配套，经联动负荷试车合格，安全生产和环境保护负荷要求，能够满足功能需求
3	功能区位	急诊、门诊、住院、医技科室、保障系统、行政管理和院内生活用房等能适应初期使用的需要
4	建筑工程的附属工程	给水排水、采暖通风、电气、煤气及电梯已安装完毕，室外的各管线已施工完毕，可以向用户供水、供电、供暖气、供煤气，具备正常使用条件
5	医院建筑智能化	设备及线路安装完成，并达到对设备运行的有关数据进行实时采集、记录，并进行分析处理，做到人性化自动安全防范、紧急模式能够达到预案效果，利用网络数字信息的传递画面和声音质量

同，主要包括以下几个方面：

①协助业主组织工程竣工验收、备案及交付使用；

②协助业主组织承包商将项目工程档案及有关技术资料整理汇编及移交，并将工程向使用单位办理移交手续，向行政主管部门及业主报送项目建设总结报告；

③在项目移交前，督促承包商签订保修服务协议，负责工程保修期管理；

④协助业主组织竣工结算，对结算书进行初审、向相关单位报送；

⑤协助业主完成竣工决算工作；

⑥协助业主在竣工验收完成前的建设和养护管理，并办理相关手续。

竣工阶段中各参与方的工作责任划分，如表3-23所示。

竣工验收项目各参与方责任一览 表3-23

序号	工作任务	参与	负责	编制	审核	审批	配合	接收	备案
1	组织设备、系统的调试和验收	全咨单位	总承包商						
2	组织预验收	总承包商	业主				全咨单位		
3	报送竣工验收申请报告	投资人		总承包商	全咨单位				
4	组织专项验收	总承包商	业主			政府相关职能部门	全咨单位		
4.1	环保验收	总承包商	业主			政府相关职能部门	全咨单位		
4.2	质监验收	总承包商	业主			政府相关职能部门	全咨单位		
4.3	消防竣工验收	总承包商	业主			政府相关职能部门	全咨单位		
4.4	防雷竣工验收	总承包商	业主			政府相关职能部门	全咨单位		

序号	工作任务	参与	负责	编制	审核	审批	配合	接收	备案
4.5	卫生防疫竣工验收	总承包商	业主			政府相关职能部门	全咨单位		
4.6	人防验收等	总承包商	业主			政府相关职能部门	全咨单位		
5	单位工程验收	总承包商	业主			政府相关职能部门	全咨单位		
6	竣工验收	总承包商	业主			政府相关职能部门	全咨单位		
7	规划竣工验收	总承包商	业主			政府相关职能部门	全咨单位		
8	办理竣工验收备案	总承包商	业主				全咨单位		政府相关职能部门

二、竣工结算管理

（一）竣工结算编制

建设项目竣工结算应按准备、编制和定稿三个阶段进行，并实行编制人、校对人和审核人分别署名盖章确认的内部审核制度。业主、总承包商、全咨项目部以及政府审核部门各方的工作程序按图3-18执行，竣工结算编制程序如图3-17所示。

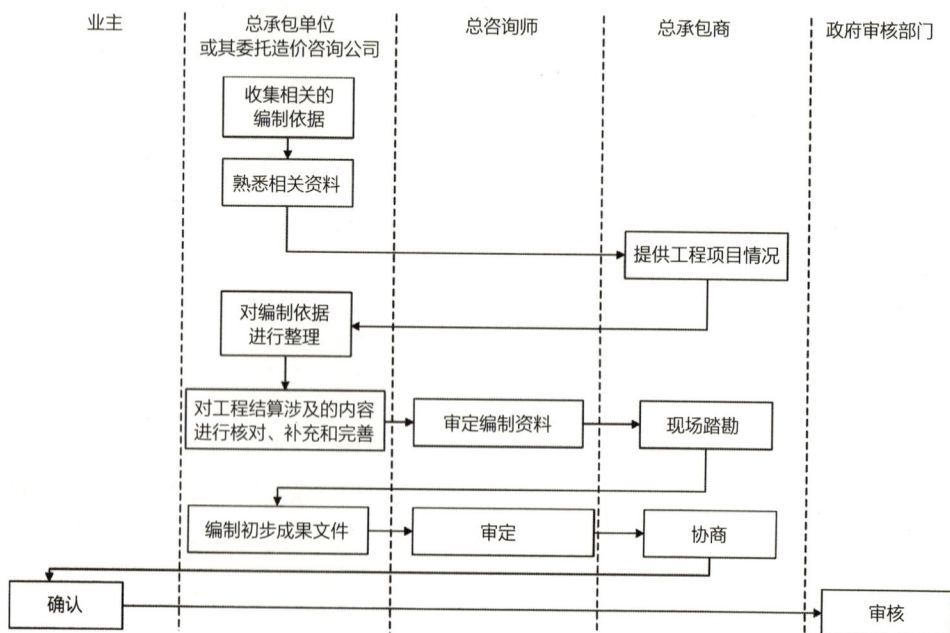

图 3-18　结算编制流程

竞工结算的由总承包单位或其委托的造价咨询公司进行编制，由总咨询师代表的全咨项目部对编制的竞工结算进行审定，最后交由政府相关部门审查。

（二）竞工结算审核

1. 竞工结算审核程序

竞工结算审核工作应依据《建设项目工程结算编审规程》CECA/GC 3—2010，主要包括准备、审查和审定三个工作阶段进行：

（1）准备阶段应包括收集、整理竞工结算审核项目的审核据资料，做好送审资料的交验、核实、签收工作，并应对资料缺陷向委托方提出书面意见及要求。

（2）审查阶段应包括现场踏勘核实，召开审核会议，澄清问题，提出补充依据性资料和必要的弥补性措施，形成会商纪要进行计量、计价审核与确定工作、完成初步审核报告等。

（3）审定阶段应包括就竞工结算审核意见与承包商及业主进行沟通，召开协调会议，处理分歧事项，形成竞工结算审核成果文件，签认竞工结算审定签署表，提交竞工结算审核报告等工作。

全过程工程咨询单位和各参与方之间的竞工结算审核工作流程，如图3-19所示。

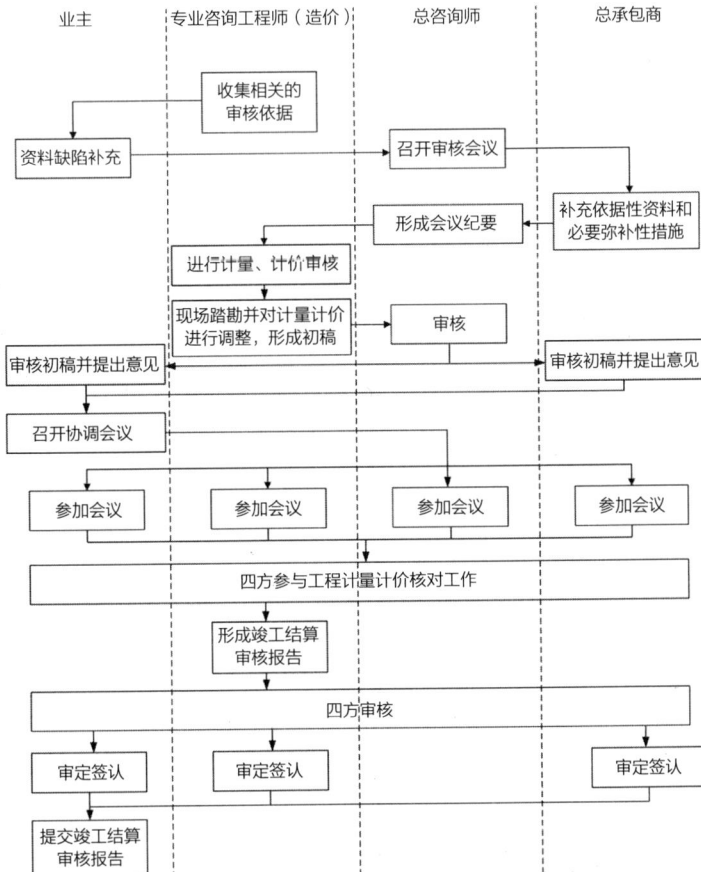

图 3-19　结算审核流程图

2. 竣工结算审核要点

（1）审核建筑面积

一方面，应关注设计变更可能引起的建筑面积调整，必要时与承包商计算的面积进行对比。另一方面，若建筑面积与结算不同，要求各方就面积差异取得一致；如建筑面积有调整，应及时检查机电专业结算相关数据。

（2）审核结算资料

结算资料除了通用要求外，还有个性化要求：

1）土方工程结算上，须提供经过甲方现场工程师、造价工程师、监理工程师及承包商四方共同确认的交付场地标高图和完成面标高图。标高图中必须有明确的边界线/放坡/工作面等实际情况[合同中约定不计放坡/工作面的除外，须划分详细的方格网计算图（10m×10m）及相关的计算书]；

2）桩基工程结算上，桩基工程打桩原始现场记录，包括桩号/桩规格/现状土标高/桩顶设计标高/送桩长度等，须有甲方现场工程师、造价工程师、监理工程师及承包商4方共同的签字确认；

3）部品工程结算上，承包商必须做出详细的竣工图纸供工程管理中心现场工程师、总工室设计师核对后确认，并提交招标图纸及变更签证作为结算依据，以便对照；

4）材料设备类结算上，须提供经供货方/监理（无监理的情况除外）/总包/甲方4方签字核实的《材料设备验收单》和配套的《材料设备价格清单》原件作为结算依据。

（3）检查多计项

在具体检查结算前，应仔细阅读总承包合同（或按常规假定标段划分）和工程量计算规则，确保结算内容与承包合同所述内容以及计算规则相一致。结算出现多计项的错误，通常是由于设计或竣工图纸所表述的内容超过标段或承包合同范围，或是承包合同约定的工程量计算规则与常规的认识不同。

（4）检查核实隐蔽工程

核准工程结算时双方为此常发生分歧，有的隐蔽工程是按图施工，工程量较好计算，但多数隐蔽工程由于地质情况的变化，施工图发生了变更与修改，增加了计算隐蔽量的难度。

（5）审核工程量

一是利用统计数据及经验，对主要工程量每平方米含量先进行一次初步核准，以确定是否在合理的区间内。

三、竣工资料管理

项目档案是项目建设、管理过程中形成的，具有保存价值的各种形式的历史记录。项目档案验收是项目竣工验收的重要组成部分。未经档案验收或档案验收不合格的项目，不得进行或通过项目的竣工验收。竣工资料档案管理的主要内容包括归档资料的范围、质量要求、归档资料的立卷、资料的归档、档案的验收与移交。

档案管理体现了单位的管理水平。管理好工程档案，既有利于搞好工程建设，又有利于工程的后续管理工作。全过程工程咨询单位对档案的管理主要集中在以下几个方面。

（1）建立相关规章制度。工程建设档案涉及的单位和人员较多，全过程工程咨询单位应分析建设项目的特点，建立健全管理规章，规范文件的收发、起草、签发、借阅、档案等行为，认真抓好规章制度的执行。规章制度不健全、不落实，档案工作就很难做好。

（2）熟悉有关业务。工程档案管理专业性强、业务范围广、涉及法律法规较多，相关领导和档案管理人员应尽可能多地了解国家有关法律法规，了解工程建设的业务知识，熟悉档案管理相关知识。

（3）形成督导机制。加强对其他单位档案管理工作的督导，在工程建设过程中督促检查各参建单位工程文件的形成、收集、整理和立卷归档工作。工程验收后，要进一步加大力度，采取经济等手段督促各参建单位尽快完成归档工作。

四、竣工移交管理

工程竣工验收前，全过程工程咨询单位应根据建设工程档案验收与移交规定，检查项目监理机构、总承包单位立卷归档的工程档案，并组织项目监理机构、总承包单位编制移交清单，向业主单位移交工程档案，并办理签字盖章交接手续。同时，完成项目管理文件的立卷归档，编制移交清单，向业主单位移交项目管理工程档案，并办理签字盖章交接手续。项目管理工程档案应包括下列内容：

（1）项目实施组织文件；

（2）项目管理方会议组织及纪要文件；

（3）项目管理函件；

（4）项目管理周月报；

（5）项目管理专题报告与工作总结；

（6）项目采购管理文件；

（7）合同管理文件；

（8）投资规划与控制文件；

（9）设计与技术管理文件；

（10）进度控制文件；

（11）质量控制文件；

（12）安全管理文件；

（13）竣工验收与移交管理文件；

（14）项目文化建设文件；

（15）项目大事记及相关影像资料。

工程竣工验收前，全过程工程咨询单位应协助业主单位提请当地城建档案管理机构对工程档案进行预验收，并取得工程档案验收认可文件。

工程验收合格后移交业主使用，工程进入保修期后，全过程工程咨询人员将组织监理定期回访解决工程保修中存在的问题。主要做好以下工作：

（1）协助业主单位组织和参与使用前的各项准备工作；

（2）工程保修期间如出现工程质量问题，应能组织有关人员进行调查研究，确定发生工程质量问题的责任，共同研究修补措施并督促实施；

（3）组织监理单位委派专人检查承包商按施工合同约定的内容和范围修复缺陷的施工质量；

（4）协调业主单位按合同约定结算保修抵押金；

（5）作好保修期监理工作记录和总结。

五、竣工决算管理

（一）竣工决算编制程序

建设项目竣工决算的编制应遵循以下程序：

1. 收集、整理有关项目竣工决算依据

在项目竣工决算编制之前，应认真收集、整理各种有关的项目竣工决算依据，做好各项基础工作，保证项目竣工决算编制的完整性。项目竣工决算的编制依据是各种研究报告、投资估算、设计文件、设计概算、批复文件、变更记录、招标标底、投标报价、工程合同、工程结算、调价文件、基建计划和竣工档案等各种工程文件资料。

2. 清理项目账务、债务和结算物资

项目账务、债务和结算物资的清理核对是保证项目竣工决算编制工作准确有效的重要的环节。要认真核实项目交付使用资产的成本，做好各种账务、债务和结余物资的清理工作，做到及时清偿、及时回收。清理的具体工作要做到逐项清点、核实账目、整理汇总和妥善管理。

3. 填写项目竣工决算报告

项目竣工决算报告的内容是项目建筑成果的综合反映。项目竣工决算报告中各种财务决算表格中的内容应依据编制资料进行计算和统计，并符合规定。

4. 编写竣工决算说明书

项目竣工决算说明书具有建设项目竣工决算系统性的特点，综合反映项目从筹建开始到竣工交付使用为止，全过程的建筑情况，包括项目建筑成果和主要技术经济指标的完成情况。

5. 报上级审查

项目竣工决算编制完毕，应将编写的文字说明和填写的各种报表，经过反复认真校稿核对，无误后装订成册，形成完整的项目竣工决算文件报告，及时上报审批。

（二）项目竣工决算审查

全过程工程咨询单位应协助业主接受审计部门的审计监督。其中重点协助审查的内容包括：

（1）全过程工程咨询单位应当协助委托方接受审计机关对项目总预算或者概算的执行、年度预算的执行情况的审计监督；

（2）全过程工程咨询单位应当协助委托方接受审计机关对项目建设程序、资金来源和其他前期工作的审计，也应当接受审计机关对于建设程序、建设资金筹集、征地拆迁等前期工作真实性和合法性的检查；

（3）全过程工程咨询单位应当协助委托方接受审计机关对建设资金管理与使用情况进行的审计；

（4）全过程工程咨询单位应当协助委托方接受审计机关根据需要对项目的勘察、设计、施工、监理、采购、供货等方面招标投标和工程承发包情况的审计；

（5）全过程工程咨询单位应当协助委托方接受审计机关根据需要对于项目有关合同订立、效力、履行、变更和转让、终止的真实性和合法性的审计；

（6）全过程工程咨询单位应当协助委托方接受审计机关对于项目设备、材料的采购、保管、使用的真实性、合法性和有效性审计；

（7）全过程工程咨询单位应当协助委托方接受审计机关对于项目概算执行情况及概算审批、执行、调整的真实性和合法性的审计；

（8）全过程工程咨询单位应当协助委托方接受审计机关对于项目债权债务的真实性和合法性审计；

（9）全过程工程咨询单位应当协助委托方接受审计机关对于项目税费缴纳的真实性和合法性审计；

（10）全过程工程咨询单位应当协助委托方接受审计机关对于建设成本的真实性和合法性审计；

（11）全过程工程咨询单位应当协助委托方接受审计机关对于项目基本建设收入、结余资金的审计，应当接受形成和分配的真实性和合法性的检查；

（12）全过程工程咨询单位应当协助委托方接受审计机关对于工程结算和工程决算的审计，及检查工程价款结算与实际完成投资的真实性、合法性及工程造价控制的有效性；

（13）全过程工程咨询单位应当协助委托方接受审计机关对于项目的交付使用资产的审计；

（14）全过程工程咨询单位应当协助委托方接受审计机关对于项目尾工工程的审计，及检查未完工程投资的真实性和合法性；

（15）全过程工程咨询单位应当协助委托方接受审计机关对于委托方会计报表的审计，及检查年度会计报表、竣工决算报表的真实性和合法性；

（16）全过程工程咨询单位应当协助委托方接受审计机关对于项目的勘察、设计、总承包、监理、采购、供货等单位的审计，及检查项目勘察、设计、施工、监理、采购、供货等单位与国家建设项目直接有关的收费和其他财务收支事项的真实性和合法性；

（17）全过程工程咨询单位应当协助委托方接受审计机关对于项目工程质量管理的审计，及检查勘察、设计、总承包、施工和监理等单位资质的真实性和合法性，以及对工程质量管理的有效性。

第十节　BIM技术在医院建设项目全生命周期的应用

近年来，随着我国综合国力的迅速提升，国家加大了对公共基础建设配套项目的投入，其中，对医院建设项目尤为重视。由于医院建筑具有特殊的公共性、公益性、专业性、系统性、复杂性、动态群甲方性、不可复制性等特征，与此同时，考虑到BIM技术在大型复杂项目上的优势，医院建设工程中BIM技术的应用也格外受到关注。医院建设项目不同于一般公共建筑项目，其工艺性强，特殊功能需求多，对物流、净化、流线等要求很高，对建筑装饰材料的要求也很具体，对建设环境空间要求更为严格（表3-24）。

医院建设项目各阶段中的BIM应用　　　　　　　　　　　表3-24

应用阶段		应用点	应用价值
设计阶段	方案设计	1.场地分析	论证建设用地布局、景观的合理性，优化高效的交通流线和消防路线方案
		2.建筑性能模拟分析	对场地风环境、室内自然采光和自然风等进行模拟，为后续深化设计改进提供参考
		3.设计方案比选	比选如：门厅设计、样板房装修、楼层功能布置及基坑施工方案、钢连廊方案等
		4.虚拟仿真漫游	整栋楼漫游为功能设计和需求验证提供基础
		5.特殊设施模拟	如：交通和停车库外围运行方案，提供高峰时段疏导措施、车辆等待的方式和数量，并对车流通畅提出了保证措施
		6.特殊场所疏散模拟	为整栋楼及重要场所提供疏散路线、保证安全及采取的设计优化措施
	初步设计	7.建筑、结构专业模型构建	实现设计过程可视化，为施工图设计提供设计模型和依据
		8.建筑结构平面、立面、剖面检查	针对建筑图纸与结构图纸优化不同步导致的碰撞和矛盾问题提出相应建议
		9.面积明细表统计	对各楼层医疗用房面积与业主进行校对分析，从而保证设计的精确性，尽量避免后期使用过程中房间使用功能的变更
		10.设备选型分析	对电梯、空调及医用气体系统设备进行模拟，避免计算失误造成的设备不足或浪费

应用阶段		应用点	应用价值
设计阶段	施工图设计	11.各专业模型构建	建筑、结构模型调整,构建暖通、给水排水、电气模型,为碰撞分析等奠定基础
		12.碰撞检测及三维管线综合	碰撞分析,避免空间冲突,最大化地避免了设计错误传递到施工阶段
		13.竖向净空分析	达到各区在不改变结构和系统情况下的最大管线安装高度
		14.虚拟仿真动画漫游	减少由于事先规划不周全而造成的浪费等
		15.建筑专业辅助施工图设计(2D制图)	输出2D图纸,辅助设计优化
施工阶段	施工准备	16.施工深化设计	对机械停车库、连廊钢结构、精装修、变电站和管线综合等深化设计,优化施工图
		17.施工方案模拟	通过对地下工程、主体工程、连廊钢结构、变电站等关键施工工艺模拟,优化施工方案
		18.预制构件深化设计	对重要部位(如手术室、净化室)进行深化设计,提高设计和施工的准确性
	施工实施	19.进度管理	通过4D模拟、跟踪分析、控制分析以及进度的事后评价,使计划更精细、可行
		20.工程造价管理	包括提高造价计算准确度、进行材料设备统计及限额设计、控制变更及进款支付以及最后竣工结算等角度,更好地控制工程造价
		21.质量与安全管理	提高设计质量,通过云平台实现质量过程控制。通过BIM的安全检查、安全培训和安全交底,提高安全管理水平
		22.竣工模型构建	提高竣工模型的数据准确度,为竣工验收及后续运维提供模型和数据基础
运维阶段		23.运维模型构建及维护	完善运维模型,集成建筑全生命期内结构、设备等全部相关信息,为后期运维提供模型基础和数据基础
		24.空间、资产、能源管理	照明、消防等各系统和设备空间的定位,设备的装修、空间规划和维护操作。提高医院运维管理的可视化、数字化、精细化、智能化等管理水平和管理效果

　　根据项目的相关立项信息与周边环境数据参数,建立BIM参数模型。设计阶段的可变性最大,投入成本较低,但对项目后期影响最大。在××综合型医院建设项目中,可利用BIM对建设规模、投资、功能流线等内容进行调整。同时,由于BIM建模对项目的材料、设备及施工工艺等都有较确定的定义,业主可在早期对项目成本有大致的估算。

　　通过施工模拟,对医院一些专业性较强、后续特殊部分施工工序进行模拟,让施工人员和管理人员可以非常直观地把握施工过程,并且发现和消除施工中可能存在的安全技术缺陷。

　　若出现设计变更,项目部在收到设计变更单的第一时间,不仅要对EPC总承包商进行施工变更交底,同时还应根据设计变更单内容以及施工内容,修改和更新原有的建筑、结构模型,保证施工过程中使用的模型与最新版本图纸相符合。另外,应保留原有版本的模型，便于以后工作中的核对与复验。

针对医院建设项目的独特性，针对BIM应用的以下重点方面进行详细分析：

1. 碰撞检测

医疗建筑中设备工程复杂，除水、暖、电、空调、消防等基本民用建筑管线，还存在医疗气体、智能系统、污洗消毒等管线系统。据统计，大型医院的管线可达40余种。管线布设关系到医院的设备效率、安全卫生，还对内部空间、建筑形象以及医疗资源等，会对许多方面产生影响。

本项目碰撞检查存在于机电各专业内部、各专业之间、机电专业与结构之间。通过冲突检测及管线综合形成优化报告，完成各种管线布设与建筑、结构平面布置和竖向高程相协调的三维协同设计工作，避免空间冲突。总承包商确认后调整模型并确定优化方案。

2. 净空分析

竖向净高分析的主要目的是基于各专业模型，优化机电管线排布方案，对建筑物最终的竖向设计空间分析，给出最优的净空高度。利用BIM软件技术手段，确定需要净空优化的关键部位，在不发生碰撞的基础上，调整各专业的管线排布模型，最大化提升净空高度，通过内部动线分析与模拟、内部空间分析与模拟实现绿色环保、人性化和智能化管理等。

在医院的使用生命周期内，大部分医院都不可避免地存在着扩张规模和改善医疗环境的需求，因此经常会有空间变化。BIM不仅可以有效管理建筑设施及资产等资源，还可以帮助医院管理团队记录空间的使用情况，处理最终用户要求空间变更的请求。分析现有空间的使用情况，合理分配医院空间，确保空间资源的最大利用率。

3. 运维平台

保留下来的设计阶段资料、施工阶段数据与BIM模型中相关设施、设备等对象进行关联，建立运维模型，方便医院后期的运行和管理。

在××综合型医院建设项目中，结合BIM建立了运维系统。××综合型医院建设项目基于BIM的后勤运维管理系统是基于3D GIS导入建筑各专业BIM模型，将三维BIM模型和空间地理位置和属性信息无缝、无损地集成，实现了从室外到室内、从地上到地下的浏览。管理者通过鼠标点击中键可以从任意角度和高度对项目周边道路管线、建筑环境、站内布置、设施设备等流畅地进行三维地形、三维模型、管线和设施设备的浏览和漫游。同时，交付的BIM运维模型支持选中BIM构件（假定为故障构件），能够快速定位/查询与该构件直接连接的上下游构件信息，以及在逻辑上的关节点构件（如开关、控制阀门等），称之为BIM构件关联技术。在BIM构件关联技术的支撑下，有利于快速、高效地进行设施管理，确定故障影响范围、排除设施（备）故障，以及支持备品质量、数量、采购预算、成本分析等应用。

"PPP+EPC"
模式下的全过程
工程咨询

第四章 "PPP+EPC"模式概述

第一节 "PPP+EPC"模式的定义

自2014年以来，政府开始推广政府和社会资本合作（Public-Private-Partnership，简称：PPP）模式，政府通过特许经营、购买服务、股权合作等方式，与社会资本建立起利益共享、风险分担及长期合作关系，有效解决地方政府财政能力不足、项目建设管理效率低下等问题，提高了基础设施供给和公共事业建设的质量与效率。由于我国城市开发日趋大型化、复杂化和集成化，政府同时开始倾向于采用EPC模式（Engineering-Procurement-Construction），即由一家总承包商承担项目设计、采购和施工等全部工作。在PPP模式和EPC模式不断深入运用的背景下，工程建设领域逐渐出现"PPP + EPC"的建设模式。"PPP+EPC"模式是实践的产物，也在随着实践不断发展。

2018年底，中央经济工作会议提出"加快5G商用步伐，加强人工智能、工业互联网、物联网等新型基础设施建设"，新基建的概念由此诞生，并被列入2019年政府工作报告。2020年3月，中共中央政治局常务委员会召开会议提出，加快5G网络、数据中心等新型基础设施建设进度。与传统基建相比，新基建的内涵更丰富、涵盖范围更广，主要包括7大领域：5G基建、特高压、城际高速铁路和城际轨道交通、新能源汽车充电桩、大数据中心、人工智能、工业互联网。疫情之后经济亟需复苏，新基建作为一个在疫情之下释放经济增长新亮点的信号，成为稳经济，促增长的重要抓手。在新基建浪潮的推动下，基础设施建设领域将迈入高投入、高质量、技术创新性发展的重要阶段。新基建带来新模式与新技术的应用，而"PPP+EPC"适应当前工程建设市场和建设施工企业发展的需要，必将成为主流建设模式之一。

但是目前对于"PPP+EPC"模式主要存在以下两种理解：一种是从PPP项目的合同体系上判断，认为凡是采用了EPC总承包合同的PPP项目都属于"PPP+EPC"模式，即广义上的"PPP+EPC"模式；另一种是从采购方式上判断，特指PPP与EPC的合并采购，即通过一次采购程序同时选定PPP社会资本和EPC总承包商，即EPC总承包商同时也是PPP社会资本，此为狭义上的"PPP+EPC"模式。狭义的"PPP+EPC"，其覆盖范围要小一些，被包含在广义的范围内，两者的区别主要是参与到PPP项目中的EPC总承包商是否同时具有社会资本的身份。本方案所研究的是狭义上的"PPP+EPC"模式，是指在采用PPP模式建设运营的项目中，政府在依法选择PPP模式下的社会资本的同时确定了项目的EPC总承包商。EPC总承包商通过PPP投融资的方式介入项目，承担项目设计、采购、施工、运营服务等工作，同时通过签订特许经营协议获得相应回报，在双方约定的合作期满后再将项目移交给政府部门。

采用"PPP+EPC"模式的项目，其建设过程既是PPP模式和EPC模式相互融合、优势互补的过程，又是政府部门和社会资本之间实现合作共赢的过程。政府部门和社会资本两者相互对比，各有优势和不足。政府部门拥有协调、组织等优势，但是缺乏技术和资金。社会资本拥有技术和资金优势，但是缺乏与当地政府部门组织协调的能力。在"PPP+EPC"模式下，政府方或政府授权机构和社会资本共同组建SPV项目公司即特殊目的公司，针对特定的项目或服务签订特许经营协议，由SPV项目公司负责项目的设计、建设、运营等，直至特许经营期满后SPV项目公司以约定的方式将项目移交给公共部门。在此过程中，私营部门通过项目自身的收益及政府财政补助获得合理的投资回报，公共部门则在有效减轻财政压力的同时，实现了项目风险转移，降低了项目建设交易成本，保障了在建及新增项目的推进。

需要注意的是，按照《招标投标法实施条例》第九条所规定的："已通过招标方式选定的特许经营项目投资人依法能够自行建设、生产或者提供的项目可以不进行招标。"可见符合允许不招标的条件是：一是特许经营项目；二是已通过招标方式选定投资人；三是投资人依法能够自行建设、生产或提供服务。而财金〔2016〕90号文第九条规定："对于涉及工程建设、设备采购或服务外包的PPP项目，已经依据政府采购法选定社会资本合作方的，合作方依法能够自行建设、生产或者提供服务的，按照《招标投标法实施条例》第九条规定，合作方可以不再进行招标。"两个法律体系存在规范交叉、衔接模糊的问题，因为目前并没有任何法律法规明确规定"特许经营项目"和"PPP项目"是相同含义、可以互相替换的概念。利用"PPP+EPC"的操作方式避免二次招标的确有其合理性，但是在缺乏法律法规权威解释的情况下，这样的操作可能"合理而不合法"。对于"PPP+EPC"法律风险，从风险管理角度无非是承担、化解防范和转移三种选择方式。"PPP+EPC"项目有很强的行业性和地域性，PPP项目主体多样，需要从项目的具体情况、项目商业要求、制度、成本等方面设计相应的风险机制，保护自身利益。

第二节 "PPP+EPC"模式的特点

PPP是一种国家倡导的公共服务领域及基础设施类项目适用的投融资模式，EPC是一种工程建设领域的工程项目管理模式，"PPP+EPC"模式即是两者的融合。于投融资层面而言，它是PPP模式；于建设体制而言，它是EPC模式。和单一的PPP模式相比，"PPP+EPC"模式的特殊性在于将EPC引入了PPP的环节；与传统的EPC模式相比，该模式又是基于PPP投融资模式的EPC，可以通过更加市场化的方式控制投资成本，有利于对项目的建设成本和运营成本进行统筹考虑。作为一种新型的资源组织模式和融合了投融资因素的工程建设模式，"PPP+EPC"模式与传统的建设模式相比存在多方面差异。以下将"PPP+EPC"模式与DBB模式及EPC模式进行多方面对比，包括但不限于概念、特点、适用范围、招标形式、介入时点、风险分担等方面，以便读者更加清晰直观地了解"PPP+EPC"模式的特点（表4-1）。

通过DBB模式、EPC模式、"PPP+EPC"模式对比可以发现，"PPP+EPC"模式作为一种融资层面和建设层面的复合模式，具有如下特点：

（一）承包商角色转变，对综合能力要求更高

"PPP+EPC"模式下的总承包商不仅要承担PPP项目合作伙伴的融资角色，还要承担项目设计、建设与运营的任务，即在具备EPC模式总承包商的能力优势的同时，还要具备融资能力和统筹建设能力。此时，工程总承包商应当具有与工程规模相适应的工程设计资质或者施工资质，相应的财务、风险承担能力，同时具有相应的组织机构、项目管理体系、项目管理专业人员和工程业绩。除上述要求外，对工程总承包项目负责人要求也较高。工程总承包项目经理应当取得工程建设类注册执业资格或者高级专业技术职称，担任过工程总承包项目经理、设计项目负责人或者施工项目经理，熟悉工程建设相关法律法规和标准，同时具有相应工程业绩。

（二）工程监理作用弱化，辅助其他工程监管方式

DBB模式下，工程监理企业受业主委托对承包商在施工质量、建设工期和建设资金使用等方面实施监督，是独立的第三方。但在"PPP+EPC"模式下，业主和总承包商的身份有所重叠，或者说业主与总承包商存在较大关联性，这使得监理单位处于尴尬地位，监理工作的独立性得不到保障，其作用必然弱化。同时，因为项目建设周期延长，此时的监管不仅仅只包括工程监理，需要借鉴PPP项目辅助采用履约管理，行政监管和公众监督等监管方式，实现项目全生命周期的监管。

（三）在项目实施和风险分担上具有EPC模式的特点

"PPP+EPC"模式下，由总承包商负责项目的设计、采购和施工，有利于整个项目的统筹规划和协同运作，实现设计、施工的深度交叉，有效地解决了设计与施工的衔接问题，采购与施工的中间环节，提高了施工方案中的实用性、技术性和安全性，同时也降低了工程交易及管理成本、缩短建设周期。此外，由一家总承包商负责项目建设实施，工作范围和责任界限更加清晰，工程变更和索赔的概率将大大减小。与EPC模式相同，业主与承包商签订的是总价合同，绝大多数风险由总承包商承担，无论是工期还是质量，都由总承包商在最终交付工程产品的时候，对业主负责。

表4-1

"PPP+EPC"模式与传统建设模式的差异比较

序号	对比要点	DBB模式	EPC模式	"PPP+EPC"模式
1	概念	DBB模式（Design-Bid-Build）是传统的设计与施工相分离的发承包模式，主要参与方为业主、设计方和承包商	EPC模式（Engineering-Procurement-Construction）是指工程总承包企业按照合同约定，承担工程项目的设计、采购、施工、试运行服务等工作，并对承包工程的质量、安全、工期、造价全面负责	"PPP+EPC"模式是指在采用PPP模式建设运营的项目中，政府在依法选择PPP模式下的社会资本的同时确定了项目的EPC总承包商。EPC总承包商通过PPP投融资的方式介入项目，承担项目设计、采购、施工、运营服务等工作，同时通过签订特许经营协议获得相应回报，在双方约定的合作期满后将设施移交给政府部门
2	主要特点	设计、招标、建造平行发包给不同的承包商，按线性顺序完成各项任务	设计、采购和施工都由一个总承包商来承担，可有序交叉进行	投资人与总承包商同时确认；总承包商集投融资、施工、管理和运营于一身，完整生命周期特征显著；可实现设计、采购、施工的有序交叉，有效降低工程成本
3	管理模式示意图（流程）			
4	适用范围	一般适用于较简单的房屋建筑工程和土木工程项目，适用范围广泛	一般适用于建设内容明确、技术方案成熟的项目	一般适用于城市轨道交通、特大桥梁、高速公路、生态环保工程等特许经营类的大型城市基础设施建设项目
5	投资规模	投资规模相对较小	投资规模相对较大	投资规模相对较大
6	业主控制力	控制力相对较强	控制力相对较弱	控制力相对较弱《PPP项目合同指南（试行）》：政府在项目公司中的持股比例应低于50%，且不具有实际控制力及管理权

序号	对比要点	DBB模式	EPC模式	"PPP+EPC"模式
7	介入时点	《工程建设项目施工招标投标办法》的规定:传统模式下施工招标需在施工图设计完成后方可进行	《房屋建筑和市政基础设施项目工程总承包管理办法》第七条规定:采用工程总承包方式进行工程总承包的项目发包。采用工程总承包方式进行的政府投资项目,原则上应当在初步设计完成后进行工程总承包项目发包;其中,按照国家有关规定简化报批文件和审批程序的政府投资项目,应当在完成相应的投资决策审批后进行工程总承包项目发包	《房屋建筑和市政基础设施项目工程总承包管理办法》第七条规定:采用工程总承包方式进行工程总承包的企业投资项目,应当在核准或者备案后进行工程总承包项目发包。采用工程总承包方式进行的政府投资项目,原则上应当在初步设计完成后进行工程总承包项目发包;其中,按照国家有关规定简化报批文件和审批程序的政府投资项目,应当在完成相应的投资决策审批后进行工程总承包项目发包
8	招标形式	《房屋建筑和市政基础设施工程施工招标投标管理办法》第八条规定:工程施工招标分为公开招标和邀请招标。依法必须进行施工招标的工程,全部使用国有资金投资或者国有资金投资占控股或者主导地位的,应当公开招标,但经国家计委或者省、自治区、直辖市人民政府依法批准可以进行邀请招标的重点建设项目除外;其他工程可以实行邀请招标	(1)《国务院办公厅关于促进建筑业持续健康发展的意见》(国办发[2017]19号)规定:缩小并严格界定必须进行招标的工程建设项目范围,放宽有关规模标准,防止工程招标"一刀切"。在民间投资的房屋建筑工程中,探索由建设单位自主决定发包方式 (2)《房屋建筑和市政基础设施项目工程总承包管理办法》第八条规定:"建设单位依法采用招标或者直接发包等方式选择工程总承包单位。采购或者招标范围内的设计、采购或者进行招标的项目中,有任何一项属于依法必须进行招标范围且达到国家规定规模标准的,应当采用招标的方式选择工程总承包单位"	(1)《关于印发政府和社会资本合作模式操作指南(试行)的通知》:采购方式包括公开招标、竞争性谈判、邀请招标、竞争性磋商和单一来源采购。项目实施机构根据项目采购需求特点,依法选择适当采购方式 (2)《关于推进政府和社会资本合作规范发展的实施意见》(财金[2019]10号):采用公开招标、邀请招标、竞争性磋商、竞争性谈判等竞争性的方式选择社会资本方

序号	对比要点	DBB模式	EPC模式	"PPP+EPC"模式
9	承包商能力要求	承包商能力要求较低 (1)《房屋建筑和市政基础设施工程施工招标投标管理办法》第二十一条规定施工招标投标人是影响施工招标、参与投标竞争的施工企业。《房屋建筑和市政基础设施工程施工招标投标管理办法》第二十二条规定施工招标，投标人应当具备相应的施工企业资质，并在工程业绩、技术能力、项目经理资格条件、财务状况等方面满足招标文件提出的要求 (2)《房屋建筑和市政基础设施工程施工分包管理办法》建设部令第124号，规定鼓励发展专业承包企业和劳务分包企业，故DBB模式对承包商能力要求较低，仅需相应具备施工的专业能力	总承包商能力要求较高 (1)《房屋建筑和市政基础设施项目工程总承包管理办法》第十条规定：工程总承包单位应当同时具有与工程规模相适应的工程设计资质和施工资质，或者由具有相应资质的设计单位和施工单位组成联合体。工程总承包单位应当具有相应的项目管理体系和项目管理能力、财务和风险承担能力，以及与发包工程相类似的设计、施工或者工程总承包业绩 (2)《住房城乡建设部关于进一步推进工程总承包发展的若干意见》规定："工程总承包企业应当具有与工程规模相适应的工程设计资质或者施工资质，相应的财务、风险承担能力，同时具有相应的组织机构，项目管理体系、项目管理专业人员和工程业绩"	总承包商（即社会资本）要求较高 《房屋建筑和市政基础设施项目工程总承包管理办法》第十条规定：工程总承包单位应当同时具有与工程规模相适应的工程设计资质和施工资质，或者由具有相应资质的设计单位和施工单位组成联合体。工程总承包单位应当具有相应的项目管理体系和项目管理能力、财务和风险承担能力，以及与发包工程相类似的设计、施工或者工程总承包业绩 "PPP+EPC"模式下的总承包商，不仅需具备PPP项目合作伙伴的融资能力，还要具备项目设计、建设与运营的能力，即同时具备融资建设能力和统筹建设能力
10	投标的竞争性	竞争性较强	竞争性较强	竞争性不足
11	合同签订种类	施工合同 《建设工程施工合同（示范文本）》GF-2017-0201（以下简称《17版施工合同》）适合于工程量清单计价模式以工程量清单单价计价应用最广泛的合同范本	工程总承包合同 一般房屋建筑或市政工程适用《建设项目工程总承包合同（示范文本）》GF-2011-0216，国际工程适用《设计采购施工（EPC）/交钥匙工程合同条件》17版FIDIC银皮书	PPP项目合同 通常包括项目合同、股东协议、履约合同（包括工程承包合同、运营服务合同、原料供应合同、产品和服务购买合同等）、融资合同和保险合同等

序号	对比要点	DBB模式	EPC模式	"PPP+EPC"模式
12	合同形式	宜采用单价合同 (1)《建筑工程施工发包与承包计价管理办法》(中华人民共和国住房和城乡建设部部令第16号)第十二条规定合同类型:①固定价格;②可调价格;③成本加酬金 (2)《建设工程价款结算暂行办法》财办建[2014]93号第八条规定:①固定总价;②固定单价;③可调价格 (3)《建设工程工程量清单计价规范》GB 50500—2013,7.1.3条规定:实行工程量清单计价工程,应采用单价合同	宜采用总价合同 (1)《房屋建筑和市政基础设施项目工程总承包管理办法》第十六条:企业投资项目的工程总承包合同,承包范围内的工程总承包合同宜采用总价合同合理确定合同价格形式。采用总价合同的,除合同约定的情形外,合同总价一般不予调整 (2)《建设项目工程总承包合同(示范文本)》GF—2011—0216第14.1.1条:本合同为总价合同,除根据第13条变更和合同价格的调整,以及合同中其他相关增减金额的约定进行调整外,合同价格不做调整 (3)《住房城乡建设部关于进一步推进工程总承包发展的若干意见》规定"工程总承包项目可以采用总价合同或者成本加酬金合同"	宜采用总价合同 (1)《房屋建筑和市政基础设施项目工程总承包管理办法》第十六条:企业投资项目的工程总承包合同,政府投资项目的工程总承包合同宜采用总价合同合理确定合同价格形式。采用总价合同的,除合同约定可以调整的情形外,合同总价一般不予调整 (2)《建设项目工程总承包合同(示范文本)》GF—2011—0216第14.1.1条:本合同为总价合同,除根据第13条变更和合同价格的调整,以及合同中其他相关增减金额的约定进行调整外,合同价格不做调整 (3)《住房城乡建设部关于进一步推进工程总承包发展的若干意见》规定"工程总承包项目可以采用总价合同或者成本加酬金合同"
13	风险分担	DBB模式下风险一般由双方共同承担,业主承担风险较大,承包商承担风险较小 《建设工程工程量清单计价规范》GB 50500—2013规定:"采用工程量清单计价的工程,应在招标文件或合同中明确风险内容及其范围(幅度),不得采用无限风险、所有风险或类似语句规定风险内容及其范围"	EPC模式下风险主要由承包商承担,业主承担风险较小 《建设项目工程总承包管理规范》:建设单位和工程总承包企业应当在招标文件以及工程总承包合同中约定总承包风险的合理分担。建设单位承担的风险包括:建设单位提出的工程变更或者设计标准调整、设计变更、主要工艺标准调整;因国家政策、法律法规变化引起的工程费变化;材料价格波动幅度	"PPP+EPC"模式下风险主要由总承包商承担 (1)《关于印发政府和社会资本合作模式操作指南(试行)的通知》:原则上,项目设计、建造、财务运营维护等商业风险由社会资本承担,法律、政策和最低需求风险由政府和社会资本合理共担 (2)《PPP项目合同指南(试行)》:通常由政府方承担的风险:土地获取风险;项目审批风险

序号	对比要点	DBB模式	EPC模式	"PPP+EPC"模式
13	风险分担	DBB模式在"量价分离"的模式下，作为招标文件重要组成部分的工程量清单由业主提供，其准确性和完整性由业主负责；合同履行期间应予计算的实际工程量与招标工程量清单出现的工程量变化的风险由业主承担，而承包商承担其自主报价的风险，主要包括综合单价及费率自身的风险	超过合同约定的部分；难以遇见的地质自然灾害（除因总承包单位施工组织、措施不当等造成）和其他不可抗力所造成的工程费增加。除上述建设单位承担的风险外，其他风险可以在工程总承包合同中约定由总承包企业承担	政治不可抗力。通常由项目公司承担如期完成项目融资的风险；项目设计、建设项目运营维护相关风险；项目审批风险；获得项目相关保险。通常由双方共担的风险：自然不可抗力
13.1	物价上涨	风险约定范围内由承包商承担，风险范围外由业主承担 (1)99版FIDIC《施工合同条件》中，采用道公式对合同价款进行调整，物价变化的风险由发包人承担 (2)17版FIDIC《施工合同条件》表明，由双方约定风险范围，风险约定范围外由承包商承担，风险约定范围内双方分担 (3)《建设工程工程量清单计价规范》GB 50500—2013中规定发承包双方应在合同中明确约定物价变化的风险范围和幅度，当没有约定时，材料与工程设备单价变化超过5%时进行调整	风险约定范围内由承包商承担，风险范围外由业主承担 (1)17版FIDIC《设计—采购—施工与交钥匙项目合同条件》表明：由双方约定风险范围，风险范围内由承包商承担，风险约定范围外由双方分担 (2)《房屋建筑和市政基础设施项目工程总承包管理办法》第十五条表示，主要工程材料、设备、人工价格与招标时基期价相比，波动幅度超过合同约定幅度的部分是建设单位承担的风险。由双方约定风险范围，风险约定范围内由承包商承担，风险范围外由业主承担	风险约定范围内由承包商承担，风险范围外由业主承担 (1)17版FIDIC《设计—采购—施工与交钥匙项目合同条件》表明：由双方约定风险范围，风险范围内由承包商承担，风险约定范围外由双方分担 (2)《房屋建筑和市政基础设施项目工程总承包管理办法》第十五条表示，主要工程材料、设备、人工价格与招标时基期价相比，波动幅度超过合同约定幅度的部分是建设单位承担的风险。由双方约定风险范围，风险约定范围内由承包商承担，风险范围外由业主承担
13.2	设计变更	设计单位负责 99版FIDIC《施工合同条件》：因设计遗漏或错误造成的变更最终由设计单位负责。17版FIDIC《施工合同条件》新增一项业主免责可商议计（如果有）中所有错误的影响，并免于承担任何责任。1.15款规定责任总额上限适用此类风险，限制了承包商在这方面的责任	"业主要求"内的责任由工程总承包商承担，"业主要求"及工程改变的责任由业主承担 (1)《建设项目工程总承包合同示范文本》GF-2011-0216中所指变更的范围主要包括设计变更、采购变更、施工变更、发包人的赶工指令、调整部分工程以及其他变更 (2)根据99版FIDIC《设计—采购—施工与交钥匙项目合同条件》第1.1.6.8款规定，在EPC总承包模式的合同中，"业主要求"内的责任由工程总承包商承担，"业主要求"及工程改变的责任由业主承担。设计变更一般很难实现	"业主要求"内的责任由工程总承包商承担，"业主要求"及工程改变的责任由业主承担 (1)《建设项目工程总承包合同示范文本》GF-2011-0216中所指变更的范围主要包括设计变更、采购变更、施工变更、发包人的赶工指令、调整部分工程以及其他变更 (2)根据99版FIDIC《设计—采购—施工与交钥匙项目合同条件》第1.1.6.8款规定，在EPC总承包模式的合同中，"业主要求"内的责任由工程总承包商承担，"业主要求"及工程改变的责任由业主承担。设计变更一般很难实现

序号	对比要点	DBB模式	EPC模式	"PPP+EPC"模式
13.3	工程变更	（1）99版FIDIC《施工合同条件》表示：在施工过程中要进行变更施工工艺和方法。DBB项目的工程量变动、现场条件变化、设计方案的调整等风险由业主承担，在施工过程都要作为变更来实施由于施工方案变更，应经监理工程师和业主审查同意后实施，否则引起的费用将由承包方自行承担（2）《标准施工招标文件》发展改革委令第56号规定：在履行合同过程中，经发包人同意，监理人可按第15.3款约定的变更程序向承包人作出变更指示，承包人应遵照执行。没有监理人的变更指示，承包人不得擅自变更（3）《建设工程工程量清单计价规范》GB 50500—2013表明：发包人可约的工程变更类内部风险由发包人完全承担，完全不可控的法律法规类风险由发包人完全承担。承包人未经发包人同意，擅自变更造成的费用由承包人承担	（1）99版FIDIC《设计—采购—施工与交钥匙项目合同条件》表明：①变更权：在颁发工程接收证书前的任何时间，雇主可提出变更。承包商应遵守并执行每项变更。②因法律改变对的调整、因成本改变的调整，按照合同中给定的风险分担事项，据实调整价款（2）《建设工程施工合同（示范文本）》GF-2017-0201：①变更权：发包人和监理人认可的变更以提出变更，方可实施变更。未经许可，承包人不得擅自对工程的任何部分进行变更。②因法律变化引起的调整：因承包人原因造成工期延误，在工期延误期间出现法律变化的，由此增加的费用和（或）延误的工期由承包人承担。③因市场价格波动引起的调整：市场价格波动超过合同当事人约定的范围，合同价格应当调整（3）《建设项目工程总承包合同（示范文本）》：①变更权：发包人拥有批准变更的权限②承包人对自身的设计、采购、施工、竣工试验、竣工后试验存在的缺陷，应自费修正、调整和完善，不属于变更。	（1）99版FIDIC《设计—采购—施工与交钥匙项目合同条件》表明：①变更权：在颁发工程接收证书前的任何时间，雇主可提出变更。承包商应遵守并执行每项变更。②因法律改变对的调整、因成本改变的调整，按照合同中给定的风险分担事项，据实调整价款（2）《建设工程施工合同（示范文本）》GF-2017-0201：①变更权：承包人收到的发包人认可的变更指示后，方可实施变更。未经许可，承包人不得擅自对工程的任何部分进行变更。②因法律变化引起的调整：因承包人原因造成工期延误，在工期延误期间出现法律变化的，由此增加的费用和（或）延误的工期由承包人承担。③因市场价格波动引起的调整：市场价格波动超过合同当事人约定的范围，合同价格应当调整（3）《建设工程施工合同（示范文本）》：①变更权：发包人拥有批准变更的权限②承包人对自身的设计、采购、施工、竣工试验、竣工后试验存在的缺陷，应自费修正、调整和完善，不属于变更

序号	对比要点	DBB模式	EPC模式	"PPP+EPC"模式
13.4	不可抗力	（1）99版FIDIC《施工合同条件》第4版第20.4款就将"一个有经验的承包商无法合理地预测防范的任何(自然力作用)"风险定义为"业主风险"之列。故FIDIC中规定不可抗力风险都是由业主承担 （2）《标准施工招标文件》发展改革委员会令第56号与《建设工程工程量清单计价规范》GB 50500—2013对不可抗力的风险分担的原则基本一致，不可抗力风险由发包人和承包人共担	（1）99版FIDIC《设计采购施工（EPC）/交钥匙工程合同条件》19.1条将业主规定为不可抗力的风险承担方，承包商不承担不可抗力的风险 （2）《建设项目工程总承包合同（示范文本）》GF-2011-0216：不可抗力带来的后果按照规定各自承担 （3）《房屋建筑和市政基础设施项目工程总承包管理办法》建市规〔2019〕12号第十五条表示，由不可抗力造成的工程费用和工期的变化是建设单位承担的风险	（1）99版FIDIC《设计采购施工（EPC）/交钥匙工程合同条件》19.1条将业主规定为不可抗力的风险承担方，承包商不承担不可抗力的风险 （2）《建设项目工程总承包合同示范文本》GF-2011-0216：不可抗力带来的后果按照规定各自承担 （3）《房屋建筑和市政基础设施项目工程总承包管理办法》建市规〔2019〕12号第十五条表示，由不可抗力造成的工程费用和工期的变化是建设单位承担的风险
13.5	工程量增减	（1）《建设工程工程量清单计价规范》GB 50500—2013中规定在实施过程中的工程量变动等风险由业主承担。工程计量时，若发现招标工程量清单中出现缺项、工程量偏差，或因工程变更引起工程量的增减，应按实际完成的工程量计算 （2）《标准施工招标文件》发展改革委员会令第56号中没有把合同中约定工程量的增减规定为工程变更	（1）《建设项目工程总承包合同（示范文本）》：工程量的增减属于施工变更范围 （2）《标准设计施工总承包招标文件》：变更的工程量只能由监理人发出，承包人收到变更指示后，应按变更指示进行变更工作 （3）《建设工程工程量清单计价规范》GB 50500—2013表明：总价合同中，除按照发包人工程量变更规定引起的工程量增减外，总价合同各项的工程量是承包人用于结算的最终工程量	（1）《建设项目工程总承包合同示范文本》：工程量的增减属于施工变更范围 （2）《标准设计施工总承包招标文件》：变更的工程量只能由监理人发出，承包人收到变更指示后，应按变更指示进行变更工作 （3）《建设工程工程量清单计价规范》GB 50500—2013表明：总价合同中，除按照发包人工程量变更规定引起的工程量增减外，总价合同各项的工程量是承包人用于结算的最终工程量
14	索赔事件	发包人与承包商之间存在较多博弈，发生索赔事件较多	相比较于DBB而言，在项目的建设阶段较少发生索赔事件	总承包商具有投资人的双重角色，在项目的建设阶段较少发生索赔事件

序号	对比要点	DBB模式	EPC模式	"PPP+EPC"模式
15	价款支付与结算	（1）根据《建设工程工程量清单计价规范》GB 50500—2013中的8.2.1条及8.2.2条规定合同内容可知，施工中结算应依据合同约定的工程量规则和方法对承包商实际完成的工程数量进行确认和计算，具有"重新计量"的属性 （2）《建设工程工程量清单计价规范》GB 50500—2013中第8.2.6条、11.2.6条、11.3.1条：竣工结算由历次期中支付结果和工程价款直接汇总而来，简化了竣工结算流程，提高了结算效率 DBB模式下工程价款的结算依赖于准确的工程计量，即结算方式为按量计价。每期都需要重新计量工程，并由监理人或工程师审查，结算支付程序相对比较繁琐，但承包商资金压力小	（1）《建设项目工程总承包合同示范文本》GF-2017-0216中包括按月工程进度申请付款、按付款计划表申请表两种方式，并未表明要按工程量支付。 （2）99版FIDIC《设计—采购—施工与交钥匙项目合同条件》第14.3条期中付款的支付期限末（如在每月月末）后，向发包人提出申请，支付包括截至月末已实施的工程和已提出的承包项内容文件的估算价值（包括各项变更），同样要重新计量要按工程量支付 （3）《建设项目工程总承包管理规范》：采用固定总价合同的工程总承包项目在计价结算的变更调整时，仅对符合工程总承包合同约定的变更部分进行审查，对工程总承包合同中的固定总价部分不再另行审核，审计部门门可以对工程总承包合同中的固定总价的依据进行调查，不需要重新计量工程，业主根据合同"付款计划表"中相应的形象进度里程碑结合绩效进行结算，结算程序相对简单，有效提高承包商的工作效率	（1）《建设项目工程承包合同示范文本》GF-2017-0216中包括按月工程进度申请付款、按付款计划表申请表两种方式，并未表明要按工程量支付 （2）1999版FIDIC《设计—采购—施工与交钥匙项目合同条件》第14.3条期中付款的支付期限末表明，承包商应在合同规定的支付期限末（如无规定，则在每月月末）后，向发包人提出申请，支付内容包括截至月末已实施的工程和已提出的承包项估算的承包文件的估算价值（包括各项变更），同样要重新计量要按工程量支付
16	工程监管方式	DBB属于平行发包模式，适用于《建筑法》中设置的监理制度	通过EPC合同，或聘请专业的监理人或项目管理单位。EPC模式的监理制度、EPC模式下承包人不能照搬平行发包模式下的工程监理更像是承包人的内部监督行为，此时EPC模式下监督重于隐蔽于工程	监管方式主要包括履约管理、行政监管和公众监督等。工程监理企业作用弱化
17	项目管控	参与项目的业主、设计机构（建筑师/工程师）、承包商三方在合同的约定下行使各自的权利、履行各自的义务，通过明确划分项目参与三方的权、责、利来提高项目效益	在总包合同范围考各项管控措施，业主与总包商之间难以形成合力，总包方干抓共管	项目公司、监理、总包在项目的投资效益和工程质量、安全、进度目标上趋于一致，可以形成合力，对项目齐抓共管
18	移交时间	工程竣工验收合格后移交，项目移交时间较早	工程竣工验收合格后移交，项目移交时间早	特许经营期满后自然退出，项目移交时间晚

（四）在项目前期与运营阶段具备PPP模式的特点

"PPP+EPC"模式下，项目前期政府与总承包商签订的合同体系应参考财政部制定的《PPP项目合同指南（试行）》中对PPP合同体系的分类，即合同体系总体上不能突破PPP模式的基本框架，但应根据不同的社会投资主体身份，设定相应的权利义务，以满足项目的需求。"PPP+EPC"模式下的合同体系一般包括PPP项目合同、股东协议、EPC合同、运营维护合同、融资合同、产品或服务购买合同、原料供应合同等。项目后期总承包商按照特许经营协议为项目提供运营服务，获得相应回报，在约定周期后将设施移交给政府部门，此与PPP模式下特许经营类项目一致。

第五章 "PPP+EPC"模式下业主痛点及管控要点

对于实施机构而言,"PPP+EPC"模式与单纯的PPP模式相比,在项目运行效率、收益、风险等方面具有明显优势,适应了当前工程建设市场和建筑企业的需要,具有较好的前景。但是,由于PPP项目本身的复杂性再加上EPC模式下业主无法对项目进行全程控制等问题,可能导致采用"PPP+EPC"模式的项目在实施过程中面临着更多问题。而采用全过程工程咨询有助于加强项目实施机构对项目的把控,由于其高度整合的服务内容在节约投资成本的同时也有助于缩短项目工期,提高服务质量和项目品质,有效地规避了风险,这是政策导向也是行业进步的体现。以下将对"PPP+EPC"项目各阶段中项目实施机构(即政府方)痛点进行分析,并以专业的全过程咨询视角给出对应的管控措施。

第一节 项目识别与准备阶段

一、项目采用PPP模式的适用性

(一)痛点描述

目前,许多地方有着巨大的投资需求,当地政府也有很现实的债务压力,从这个角度看,PPP是成为解决投资项目资金短缺问题的重要途径,但并非所有的项目都适宜采用PPP模式实施。一方面,若在不具备前提条件下盲目采用PPP模式,虽然可以缓解当下的财政压力,但仍面临着未来项目被清理出库的风险。自2017年在财政部印发的《关于规范政府和社会资本合作(PPP)综合信息平台项目库管理的通知》(财办金〔2017〕92号)的指导下,针对之前已入库的大量不合格项目已进行了数次大规模清库。其中也明确了不适宜采用PPP模式实施的标准,并组织各地财政部门将操作不规范、实施条件不具备、信息不完善的项目清理出库。另一方面,若前期论证环节存在"混淆视听"的情况,则为后续项目的实施及运营造成了巨大的障碍,此类情况下造成政府无法负担补贴,社会资本"跑路"现象比比皆是,最终导致项目失败,也浪费了政府和社会的大量资源。

因此,实施机构需要专业的全过程工程咨询单位在识别准备阶段从识别、论证、入库等环节严格把关，对准备阶段的论证过程及论证结果进行符合评审，客观科学的界定项目是否适合采用PPP模式实施，建立项目后续成功实施的基础。

（二）管控措施

PPP项目识别阶段作为项目"立项"阶段，以财政部门为审核主体，主要进行项目发起、项目筛选、物有所值评价与财政承受能力论证等工作。其直接目的是遴选出符合国家及各级政府有关规定的PPP项目，从而鼓励和引导社会投资，增强公共产品供给能力，提高供给效率，转变政府职能，充分发挥市场配置资源的强大力量。项目识别阶段的主要工作内容如图5-1所示。

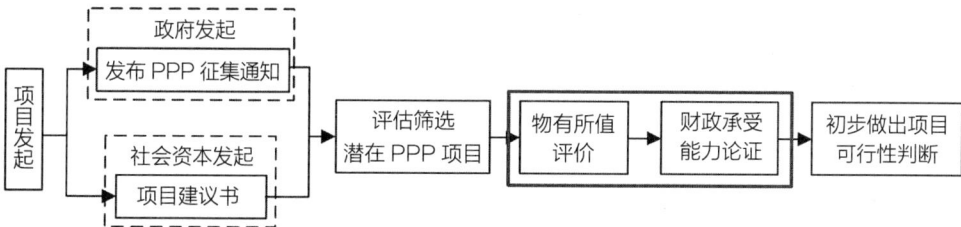

图 5-1　PPP 项目识别阶段咨询服务工作内容

其中，根据《关于规范政府和社会资本合作（PPP）综合信息平台项目库管理的通知》对未按规定开展"两个论证"、不宜继续采用PPP模式实施的清理已入库项目的要求可知，项目物有所值评价及财政承受能力论证是否规范开展是项目识别阶段的管控要点，物有所值评价结果判定"行不行"，财政承受能力论证结果判定财政现状"能否承受"。在PPP项目的识别阶段，严格监管项目规范开展物有所值评价和财政承受能力论证，守好10%的红线，也是为了严控地方政府债务风险。

全过程工程咨询单位解决项目是否适合采用PPP模式实施的问题上，聚焦于对物有所值评价和财政承受能力论证的审查工作，主要包括审查物有所值定性评价和定量评价、做好财政支出责任识别和责任测算、审查财政承受能力评估报告几个方面。

1. 审查物有所值评价

（1）物有所值定性评价

定性评价重点关注项目采用政府和社会资本合作模式与采用政府传统采购模式相比能否增加供给、优化风险分配、提高运营效率、促进创新和公平竞争等。但在PPP项目定性评价分析过程中，往往会出现定性评价打分存在主观性、对于项目特质分析不足、定性评价指标基本指标权重占比不一、定性评价补充指标分析不足等问题。

为解决上述评审过程中的固有问题，全过程工程咨询单位的评审工作从以下4个方面展开：

①定性评价程序是否合法合规；

②指标体系设置是否完整；

③专家组是否满足要求，专家组是否包含财政、资产评估、会计、金融等经济方面专家，以及行业、工程技术、项目管理和法律方面的专家；

④是否有专家打分表，打分表计算是否正确，是否有专家组意见。

1）评审依据

①《中华人民共和国预算法》；

②《国务院关于创新重点领域投融资机制鼓励社会投资的指导意见》（国发〔2014〕60号）；

③财政部、国家发展改革委、人民银行《关于在公共服务领域推广政府和社会资本合作模式的指导意见》（国办发〔2015〕42号）；

④财政部《关于推广运用政府和社会资本合作模式有关问题的通知》（财金〔2014〕76号）；

⑤国家发展改革委《关于开展政府和社会资本合作的指导意见》（发改投资〔2014〕2724号）等。

2）评审标准

①定性评价程序是否合法合规

a.确定定性分析指标；

b.组成专家小组；

c.召开专家小组会议；

d.形成定性评价结论。

②指标体系设置是否完整

定性评价指标包括全生命周期整合程度、风险识别与分配、绩效导向与鼓励创新、潜在竞争程度、政府机构能力、可融资性6项基本评价指标；项目规模大小、预期使用寿命长短、主要固定资产种类、全生命周期成本测算准确性、运营收入增长潜力、行业示范性等补充评价指标。在各项评价指标中，六项基本评价指标权重为80%，其中任一指标权重一般不超过20%；补充评价指标权重为20%，其中任一指标权重一般不超过10%。基本评价指标为项目物有所值定性评价的必选指标，补充评价指标由项目本级财政部门（或PPP中心）会同行业主管部门根据项目具体情况设置。物有所值定性评价指标体系如表5-1所示。

物有所值定性评价指标体系   表5-1

指标				权重	评分
	一级指标	二级指标（或有）	三级指标（或有）		
基本指标	1.全生命周期整合程度	全生命周期服务覆盖度			
		子项目整合程度（或有）			
	2.风险识别与分配	风险识别			
		风险管理			

指标				权重	评分
基本 指标	2. 风险识别与分配	风险分配			
	3. 绩效导向与鼓励创新	绩效标准与激励效果	绩效标准		
		社会资本的创新空间	激励效果		
	4. 潜在竞争程度	市场竞争程度			
		项目对潜在社会资本方的吸引力			
	5. 政府机构能力	政府公共服务和履约能力			
		PPP项目执行管理能力			
	6. 可融资性	项目利率水平			
		政策支持情况			
	基本指标小计			80%	
补充 指标	1. 项目规模大小				
	2. 预期使用寿命长短				
	3. 主要固定资产种类				
	4. 全生命周期成本测算准确性				
	5. 运营收入增长潜力				
	6. 行业规范性				
	补充指标小计			20%	
	合计			100%	

专家签字：

年　月　日

③专家组是否满足要求

专家组包含财政、资产评估、会计、金融等经济方面专家，以及行业、工程技术、项目管理和法律方面的专家。随着PPP项目渗入到园区（片区）、环境、教育、医疗、养老等领域，而上述领域的专业性要求极高，因此在进行物有所值定性评价时，对于专家的专业要求相应提高，因此定性评价专家需要选取一名与项目行业特性相适应的专家，例如区域规划发展、项目运营管理、环境保护、教育、医疗、养老等行业领域的专家，方可做到项目在物有所值定性评价时专业方面的精准。

④是否有专家打分表，打分表计算是否正确，是否有专家组意见

项目本级财政部门（或PPP中心）会同行业主管部门组织召开专家组会议。定性评价所需资料应于专家组会议召开前送达专家，确保专家掌握必要信息。专家组会议基本程序如下：

A.专家在充分讨论后按评价指标逐项打分，专家打分表如表5-2所示；

B.按照指标权重计算加权平均分，得到评分结果，形成专家组意见。

项目本级财政部门（或PPP中心）会同行业主管部门根据专家组意见，做出定性评价

PPP项目物有所值定性分析专家评分表　　　　　表5-2

指标		权重	评分
基本指标	①全生命周期整合程度		
	②风险识别与分配		
	③绩效导向与鼓励创新		
	④潜在竞争程度		
	⑤政府机构能力		
	⑥可融资性		
	基本指标小计	80%	—
	附加指标小计	20%	—
合计		100%	—

专家签字：

年　　月　　日

结论。评分结果在60分（含）以上的，通过定性评价；否则，未通过定性评价。

（2）物有所值定量评价

物有所值定量评价主要包括PPP值与PSC值的计算，定量评价主要通过对政府和社会资本合作项目全生命周期内政府支出成本现值（PPP值）与公共部门比较值（PSC值）进行比较，计算项目的物有所值量值，判断政府和社会资本合作模式是否降低项目全生命周期成本。若PSC值大于PPP值，则说明用PPP模式能降低项目全生命周期成本，通过定量评价，反之，则应当放弃。

物有所值定量评价需要测算项目全生命周期内政府方净成本的现值（PPP值）与公共部门比较值（PSC值），这两个指标在测算是需要用到项目的收入、成本、折现率以及合理利润率等数据，在确定相关数据时，要进行充分的调研论证，保证数据的准确可靠。全过程工程咨询单位的评审工作从以下4个方面展开：

①PSC值的计算；

②PPP值的计算；

③VFM值的计算；

④用于测试PSC值和PPP值的折现率是否一致。

1）评审依据

①财政部《政府和社会资本合作物有所值评价指引（修订版征求意见稿）》意见的函（财办金〔2016〕118号）；

②财政部《关于组织开展第三批政府和社会资本合作示范项目申报筛选工作的通知》（财金函〔2016〕47号）；

③财政部政府和社会资本合作中心《PPP物有所值研究》。

2）评审标准

①PSC值的构成

PSC值是以下三项的全生命周期现值之和：

A.模拟项目的建设和运营维护净成本；

B.竞争性中立调整值；

C.政府承担PPP项目全部风险的成本。

PSC值＝模拟项目的建设和运营维护净成本的现值＋竞争性中立调整值的现值＋PPP项目全部风险承担成本的现值。

②PPP值的构成

PPP值是以下三项成本的全生命周期现值之和：

A.政府方股权投资成本现值；

B.政府运营补贴支出成本现值；

C.政府自留风险承担成本现值；

D.政府配套投入成本现值。

PPP值＝政府方投入PPP项目的建设和运营维护净成本的现值＋政府自留风险承担成本的现值＋政府其他成本的现值。

③VFM值计算

VFM值＝PSC值－PPP值

上式中的PPP值可等同于PPP项目全生命周期内股权投资、运营补贴、风险承担和配套投入等各项财政支出责任的现值，其具体含义如下：

a.若VFM值＞0，则表示PPP模式能降低项目全生命周期成本，能带来资金价值，适合采用PPP模式。

b.若VFM值＜0，则表示PPP模式不能降低项目全生命周期成本，不能带来资金价值，不宜采用PPP模式。

④折现率

折现率用于将各年度的成本、收益、收入、竞争性中立调整值等按照资金时间价值原理折算为现值，参照同期地方政府债券收益率合理确定。

a.用于测算PSC值的各项成本、收益和收入的构成中，相关主管部门已发布测算定额或价格标准的，或者资产经依法合规确定评估值的，原则上，成本按相应定额、价格或评估值的最小值计算，收益和收入按相应定额、价格或评估值的最大值计算。

b.用于测算PPP值的各项成本、收益和收入的构成中，主管部门已发布测算定额或价格标准的，或者资产经依法合规确定评估值的，原则上，成本按相应定额、价格或评估值的最大值计算，收益和收入按相应定额、价格或评估值的最小值计算。

2. 审查财政承受能力论证

（1）财政支出责任识别

PPP项目全生命周期过程的财政支出责任，主要包括股权投资、运营补贴、风险承担、配套投入等。从PPP财政支出责任的构成来看，有直接支出责任，也有或有支出责任，如股权投资、配套投入等需要在前期投资建设阶段支出，属于政府方直接支出责任。而风险承担责任支出则取决于风险事项的发生与否，当约定的未来风险事项发生时，政府方需要按照风险分配承担相应支出责任；若风险事项不发生，则不承担该项风险支出责任。全过程工程咨询单位的评审工作从以下4个方面展开：

①政府方是否有股权投资支出，政府方股权投资支出是否占控股地位；

②根据项目运作模式，政府方是否有运营补贴支出责任；

③政府方风险承担支出责任识别（有没有做风险识别）；

④配套投入责任的识别是否符合规定。

1）评审依据

①《国务院关于创新重点领域投融资机制鼓励社会投资的指导意见》（国发〔2014〕60号）；

②《国务院办公厅转发〈关于在公共服务领域推广政府和社会资本合作模式的指导意见〉》（国办发〔2015〕42号）；

③《国家发展改革委关于开展政府和社会资本合作的指导意见》（发改投资〔2014〕2724号）；

④财政部《关于推广运用政府和社会资本合作模式有关问题通知》（财金〔2014〕76号）；

⑤发展改革委、财政部、住房城乡建设部、交通运输部、水利部、中国人民银行《基础设施和公用事业特许经营管理办法》（2015年第25号令）。

2）评审标准

PPP项目全生命周期过程的财政支出责任，主要包括股权投资、运营补贴、风险承担、配套投入4个部分。为明确在PPP全生命周期中政府方的四项责任，以下对4种财政支出责任进行说明。

①股权投资支出责任：政府和社会资本共同组建项目公司时，政府方承担的股权投资支出责任；但如果社会资本单独组建项目公司时，政府方不承担股权投资支出责任。

②运营补贴支出责任：在项目运营期内，政府方承担直接付费责任。而由于项目付费模式的不同，政府方承担的运营补贴支出责任也会有所不同。政府付费模式下，政府方承担全部运营补贴支出责任；可行性缺口补助模式下，政府方承担部分运营补贴支出责任；使用者付费模式下，政府方不承担运营补贴支出责任。

③风险承担支出责任：项目实施方案中政府方承担风险带来的财政或有支出责任。按照PPP模式中政府和社会资本对于风险承担责任的划分，政府方通常承担法律、政策、规划变更、最低需求保障、不可抗力因素等风险，不同的风险会带来相应的财政或有支出

责任。如因政府方原因导致项目合同终止等突发情况产生，政府方也应承担相应的财政或有支出责任。

④配套投入支出责任：政府方提供的项目配套工程等其他投入责任，通常包括土地征收和整理、建设部分项目配套设施、完成项目与现有相关基础设施及公用事业的对接、相关的投资补助、贷款贴息等内容。在PPP项目实施方案中应当对具体的配套投入范围进行合理确定。

（2）财政支出责任测算

对于财政支出责任的测算，地方政府财政部门（PPP中心）应当综合考虑各类支出责任的特点、情景和发生概率等因素，从PPP项目全生命周期的角度出发，对政府方承担的股权投资、运营补贴、风险承担和配套投入四类财政支出责任进行测算。

财政支出能力评估，是根据PPP项目预算支出责任，评估PPP项目实施对当前及今后年度财政支出的影响。在进行财政支出能力评估时，未来年度一般公共预算支出数额可参照前5年相关数额的平均值及平均增长率计算，并根据实际情况进行适当调整。政府方在预测未来年度一般公共预算支出时，要防止高估或过度低估，保证其合理性，将政府方债务控制在合理水平。全过程工程咨询单位的评审工作从PPP项目实施机构支出责任测算的4个方面展开：

①股权支出责任；

②运营补贴责任；

③风险支出责任；

④配套支出责任。

1）评审依据

①《国务院关于创新重点领域投融资机制鼓励社会投资的指导意见》（国发〔2014〕60号）；

②《国务院办公厅转发〈关于在公共服务领域推广政府和社会资本合作模式的指导意见〉》（国办发〔2015〕42号）；

③《国家发展改革委关于开展政府和社会资本合作的指导意见》（发改投资〔2014〕2724号）；

④财政部《关于推广运用政府和社会资本合作模式有关问题的通知》（财金〔2014〕76号）；

⑤发展改革委、财政部、住房城乡建设部、交通运输部、水利部、中国人民银行《基础设施和公用事业特许经营管理办法》（2015年第25号令）。

2）评审标准

①股权投资支出：依据项目初步实施方案中确定的项目资本金要求及项目公司股权结构合理确定。对股权投资支出责任中包含的土地等投入的实物资产或无形资产，应依法进行资产评估，合理确定资产价值。计算公式为：

股权投资支出：项目资本金×政府方占项目公司股权比例

②运营补贴支出：应当根据项目建设成本、运营成本及利润水平合理确定，并按照不同的PPP项目付费模式分别进行测算。

对于采用政府付费模式的PPP项目，在项目运营补贴期间，政府方承担全部的直接付费责任。政府方每年直接付费数额包括社会资本方承担的年均建设成本（折算成各年度现值）、年度运营成本和合理利润等，测算公式计算如下。

$$当年运营补贴支出数额 = \frac{项目全部建设成本 \times (1+合理利润率) \times (1+年度折现率)^n}{财政运营补贴周期（年）} + 年度运营成本 \times (1+合理利润率)$$

对于采用可行性缺口补助模式的PPP项目，在项目运营补贴期间，政府方承担部分直接付费责任。政府方每年直接付费数额应在全口径每年付费数额的基础上减去每年使用者付费的数额。

③风险承担支出：充分考虑由政府方承担风险，包括法律和政策风险、最低需求、环境问题、汇率变化、不可抗力因素、合同终止等风险。这些风险出现的概率和支出责任，通常可采用比例法、情景分析法及概率分析法进行测算。风险承担支出与传统模式下财政支出数额相等。

a.比例法就是在各类风险支出数额和概率难以进行准确测算的情况下，可以按照项目的全部建设成本和一定时期内的运营成本的一定比例确定风险承担支出。

计算公式为：风险承担支出数额＝（建设成本＋一定时期内的运营成本）× 比例系数

b.情景分析法就是在各类风险支出数额可以进行测算，但风险出现概率难以确定的情况下，可针对影响风险的各类事件和变量进行"基本""不利"及"最坏"等情景假设，测算各类风险发生带来的风险承担支出。

计算公式为：风险承担支出数额＝基本情境下财政支出数额×基本情景出现的概率＋不利情景下财政支出数额×不利情景出现的概率＋最坏情景下财政支出数额×最坏情景出现的概率

c.概率分析法就是在各类风险支出数额和发生概率均可进行测算的情况下，可将所有可变风险参数作为变量，根据概率分布函数，计算各种风险发生带来的风险承担支出。

d.配套投入支出：财政配套投入支出责任应综合考虑政府方将提供的土地征收和整理、建设部分项目配套措施、完成项目与现有相关基础设施及公用事业的对接、投资补助、贷款贴息等其他配套投入总成本和社会资本方为此支付的费用。财政配套投入支出责任中的土地等实物投入或无形资产投入，应当依法进行评估，合理确定价值。对于应由社会资本方为此支付的费用，政府方配套投入责任应扣减社会资本方支付费用部分。计算公式为：

财政配套投入支出数额＝政府方拟提供的其他投入总成本-社会资本方支付的费用

（3）财政承受能力评估

财政部门（或PPP中心）识别和测算单个项目的财政支出责任后，汇总年度全部已实施和拟实施的PPP项目，进行财政承受能力评估。财政承受能力评估包括财政支出能力评估以及行业和领域平衡性评估。财政支出能力评估，是根据PPP项目预算支出责任，评估PPP项目实施对当前及今后年度财政支出的影响；行业和领域均衡性评估，是根据PPP模式适用的行业和领域范围，以及经济社会发展需要和公众对公共服务的需求，平衡不同行业和领域PPP项目，防止某一行业和领域PPP项目过于集中。全过程工程咨询单位的评审工作从以下2个方面展开：

①财政支出能力评估是否通过；

②行业和领域均衡性评估是否通过。

1）评审依据

①《中华人民共和国预算法》；

②财政部《关于进一步做好政府和社会资本合作项目示范工作的通知》（财金〔2015〕57号）；

③财政部《关于印发〈政府和社会资本合作项目财政管理暂行办法〉的通知》（财金〔2016〕92号）。

2）评审标准

①财政支出能力评估

根据PPP项目预算支出责任，评估PPP项目的实施对当前及今后年度财政支出规模的影响，原则上应将全部PPP项目的年度财政支出责任和年度财政支出预算总额进行对比。确保所有PPP项目的全生命周期内，每一年度全部PPP项目需要从预算中安排的支出责任，占一般公共预算支出比例不超过10%。省级财政部门可根据本地实际情况，因地制宜地确定具体比例并报财政部备案，同时对外公布。一定要严格把控防止PPP项目形成的债务变相转化为政府方债务，明确政府方在PPP项目中的资金支出责任，同时明确财政资金支出规模，吸引更多社会资本进入。

在进行财政支出能力评估时，未来年度一般公共预算支出数额可参照前五年相关数额的平均值及平均增长率计算，并根据实际情况进行适当调整。

财金函〔2017〕85号文指出10%上限是指仅是需要从一般公共预算中安排的支出责任，并不包括政府方从其他基金预算或以土地、无形资产等投入的部分。

②项目行业和领域平衡性评估

根据PPP模式适用的行业和领域范围，并充分考虑经济社会发展需要及公众对公共服务的需求，评估公共服务的紧迫性，防止某一行业和领域的PPP项目过于集中，造成资源的浪费。对于地方政府性债务风险预警名单内的高风险地区，可采取PPP模式化解地方融资平台公司存量债务。同时，审慎控制新建PPP项目规模，防止因项目实施加剧财政收支矛盾。

二、实施方案与政策要求的吻合性

（一）痛点描述

PPP项目实施方案，是PPP项目应完成的各项工作安排的预先计划，是PPP项目管理的首要因素之一，是PPP项目从项目采购到项目移交结束所有管理活动的基础和指南，直接关乎PPP项目实施的好坏。然而，对PPP项目实施方案，却始终没有得到足够的重视。一是在制度设计上，将之纳入项目（识别）认证的范畴，改变了其功能，只对项目社会资本方采购进行部署，缩小了其范围；二是在实际操作中"偷工减料""敷衍搪塞"，虽然履行了制度规定的编制、提出、审查、完善、审批和执行流程，但行政管理因素多，专业技术含量低，实际操作性不强，给项目实施留下了安全隐患。此外，PPP项目实施方案政策性强，涉及范围广，专业技术要求多，其合理性若得不到保证将直接影响项目成败，因此，需要全过程工程咨询单位在前期对其进行审核，审核通过方可采用。

（二）管控措施

PPP项目实施方案规章、政策性文件主要有两类：一是发展改革委主导的特许经营项目实施方案编制要求，如《传统基础设施领域实施政府和社会资本合作项目工作导则》（以下简称"工作导则"）等；另一类是财政部主导的PPP项目（公共服务项目）实施方案编制要求。审查PPP项目实施方案时，首先应在政策层面审查其是否满足编制要求。

1. 规范性文件规定内容不缺项漏项

如"管理办法"规定的项目名称、项目实施机构、项目建设规模、投资总额、实施进度，以及提供公共产品或公共服务的标准等基本经济技术指标等项目基本情况不能缺项漏项。

2. 实施方案需符合项目所在领域的规定

特许经营类公共服务PPP项目，发展改革委主导的和财政部主导的规章、政策性文件应同时满足《关于切实做好传统基础设施领域政府和社会资本合作有关工作的通知》规定："发展改革部门……做好能源、交通运输、水利、环境保护、农业、林业以及重大市政工程等基础设施领域PPP推进工作"。《关于在公共服务领域深入推进政府和社会资本合作工作的通知》规定："严格区分公共服务项目和产业发展项目，在能源、交通运输、市政工程、农业、林业、水利、环境保护、保障性安居工程、医疗卫生、养老、教育、科技、文化、体育、旅游等公共服务领域深化PPP改革工作"。基础设施领域PPP项目由发展改革委牵头负责，应按"管理办法""工作导则"等相关文件执行；公共服务领域PPP项目由财政部牵头负责，应按"暂行办法"及"操作指南"等相关文件执行。

3. 对指导意见、实施意见和以通知形式发布的办法、规定、指南、导则等，审查其是否按照强制性程度分别执行

《党政机关公文处理工作条例》（以下简称"条例"）第八条规定：意见"适用于对重要问题提出见解和处理办法"，通知"适用于发布、传达要求下级机关执行和有关单位周知或者执行的事项，批转、转发公文"。从权威性上说，"意见"的发布层次一般高于"通知"；从强制性程度上说，"通知"的执行力大于意见。"意见"是指导性的，不执行不追究责任；"通知"是规定性的，不执行即为违规。另外，"通知"所附规章性文件也有执行力强弱上的不同。所附规章性文件的文种为"办法"、"规定"等的，强制程度高于"指南""导则"等。对这些文件，在审查PPP项目实施方案时，应关注其是否按照强制性程度高的文件进行操作。

4. 排查法规、规章以及政策性文件禁止内容

如《关于进一步规范地方政府举债融资行为的通知》第三条规定："地方政府不得以借贷资金出资设立各类投资基金，严禁地方政府利用PPP、政府出资的各类投资基金等方式违法违规变相举债，除国务院另有规定外，地方政府及其所属部门参与PPP项目、设立政府出资的各类投资基金时，不得以任何方式承诺回购社会资本方的投资本金，不得以任何方式承担社会资本方的投资本金损失，不得以任何方式向社会资本方承诺最低收益，不得对有限合伙制基金等任何股权投资方式额外附加条款变相举债"。因此，在审查实施方案时，应重点关注实施方案是否涉及上述违规违法的内容，一经发现要及时联系项目提出部门或项目发起方及相关部门进行调整。

三、PPP项目的合法合规性

（一）痛点描述

自2013年底，国家大力推广运用政府和社会资本合作（PPP）模式以来，经过多年的努力，PPP工作取得明显进展，市场环境逐步优化，项目落地不断加快，为稳增长、促改革、惠民生发挥了重要作用。但是在发展过程中，一些地方泛化滥用PPP，甚至借PPP变相融资等不规范操作的问题日益凸显，加大了地方政府隐性债务风险。于是，财政部总结地方政府实践，遇到问题解决问题，不断发文让PPP模式规范再规范。2017年11月10日，财政部再次发文《关于规范政府和社会资本合作（PPP）综合信息平台项目库管理的通知》财办金〔2017〕92号，纠正PPP中的不规范行为作出了明确要求，可见PPP项目的合法合规性至关重要。

（二）管控措施

1. 对照政策文件进行自我审查

《关于规范政府和社会资本合作（PPP）综合信息平台项目库管理的通知》财办金

〔2017〕92号对PPP模式存在的各类违法违规情形进行了罗列，包括不适宜采用PPP模式实施、前期准备工作不到位、未建立按效付费机制、未按规定开展"两个论证"、不符合规范运作要求、构成违法违规举债担保等行为进行了描述及定义。《关于进一步加强政府和社会资本合作（PPP）示范项目规范管理的通知》公布了173个核查存在问题的示范项目，给出相应的处置结果，文中还对如何加强项目规范管理，建立健全长效管理机制等给出意见。因此PPP项目开展前，全过程工程咨询单位应协助实施机构对照政策文件进行PPP项目的合法合规性审查，以确保项目后续顺利开展及管理。

项目合规手续的规范性要求政策依据　　　　　　　　　　　表5-3

政策	要点
《国务院办公厅转发财政部发展改革委人民银行关于在公共服务领域推广政府和社会资本合作模式指导意见的通知》（国办发〔2015〕42号）	存量公共服务项目转型为政府和社会资本合作项目过程中，应依法进行资产评估，合理确定价值，防止公共资产流失和贱卖
《关于组织开展第三批政府和社会资本合作示范项目申报筛选工作的通知》（财办金〔2016〕47号）	项目不符合城市总体规划和各类专项规划的，新建项目未按规定程序完成可行性研究、立项等项目前期工作的不再列为备选项目
《关于规范政府和社会资本合作（PPP）综合信息平台项目库管理的通知》（财办金〔2017〕92号）	新建、改扩建项目未按规定履行相关立项审批手续的，涉及国有资产权益转移的存量项目未按规定履行相关国有资产审批、评估手续的，不得入库
《关于进一步加强政府和社会资本合作（PPP）示范项目规范管理的通知》（财金〔2018〕54号）	按国家有关规定认真履行规划立项、土地管理、国有资产审批等前期工作程序，规范开展物有所值评价和财政承受能力论证。不得突破10%红线新上项目，不得出现"先上车、后补票"问题

总之，PPP项目的合法合规首先要从政策文件入手。对政策理解不一致的项目，要尽量按照政策的要求去完善方案。

2. 实现PPP项目全流程动态监管

为保证PPP项目的实施质量和有序规范化，应遵循项目识别（项目发起、项目筛选、物有所值评价、财政承受能力论证）、项目准备（管理架构组建、实施方案编制、实施方案审核）、项目采购（资格预审、采购文件编制、响应文件评审、谈判与合同签署）、项目执行（项目公司设立、融资管理、绩效监测与支付、中期评估）和项目移交（移交准备、性能测试、资产交割、绩效评价）等5个基本操作流程。每个环节必须紧密联系，缺一不可（图5-2）。

严控PPP模式的适用范围和边界，防止假借PPP项目将商业项目和纯工程项目进行融资，规范项目开发，不碰红线、不触底线，实现项目全生命周期动态管理，不得由政府方向社会资本承诺固定收益回报或政府相关部门为项目债务提供任何形式的担保，不能让政府方的各种公共性基金作为资本金，也不能让社会资本以借款方式作为资本金，再用银行资金做运营等变相举债，需要完善风险分担机制，严防风险违规转移，加大财政支出责任监测力度，严守财政支出10%的"红线"。控制实体企业融资杠杆倍数，实行部门监管

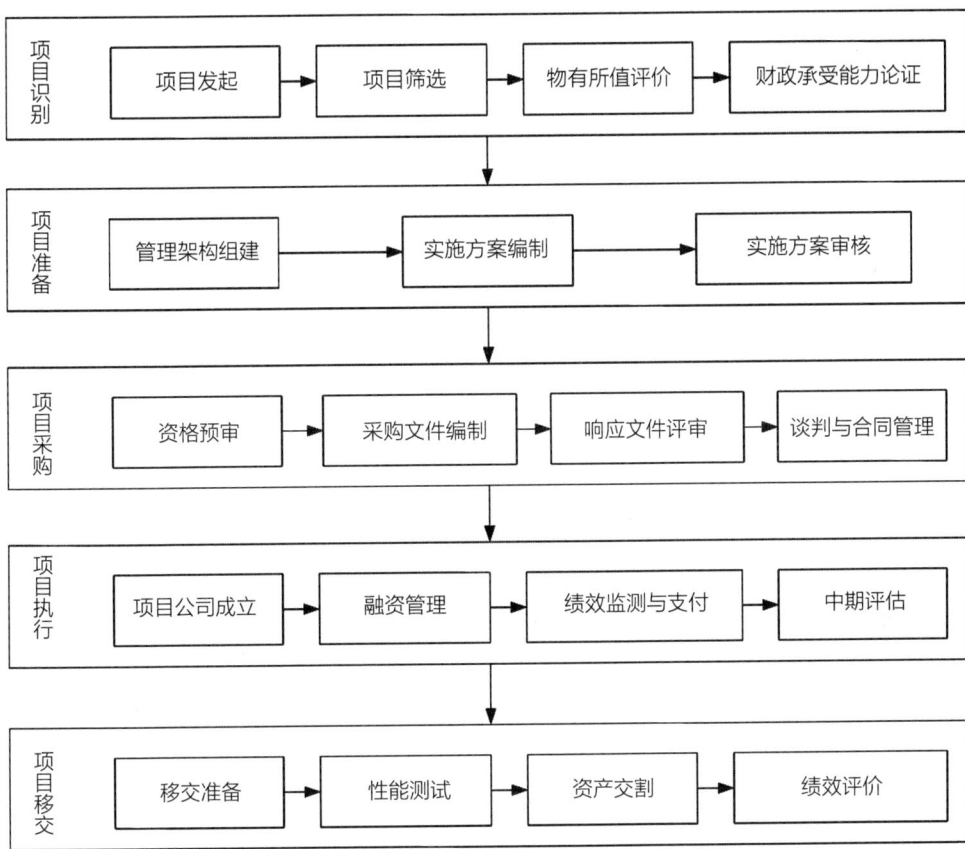

图 5-2　PPP 项目的工作及程序一览图

协同联控，有效预防金融财政风险。科学规范地制定项目实施方案，充分利用市场创新机制，严格实行物有所值评价和财政承受能力论证，公平、公正、科学、合理地开展政府采购，防止歧视和垄断。严格合同管理，规范绩效付费。利用好"互联网+"和大数据技术，细化推进科学信息化管理，优化全生命周期一体化管理，不得安排财政资金对无绩效考核机制、无运营内容、无社会资本实际承担建设运营风险的项目。有效抓规范、严监管、控风险举措，保证PPP事业可持续发展。

四、税务风险规避难

（一）痛点描述

PPP项目涉及的主体多、周期长，各个流程都涉及纳税成本，但是目前我国仍然没有关于PPP项目税收的法律法规，必然对PPP项目整个建设过程的税务筹划带来许多不确定因素。因此，为了规避可能产生的税务风险、减低纳税，需要对整个PPP项目的实施过程进行税务筹划，实现对税务风险的规避和对纳税成本的降低。

（二）管控措施

1. 遵循PPP项目税务筹划的基本原则

（1）事先筹划

事先筹划是在税收之前对税收工作进行指导性筹划，对于项目建设来说，施工过程离不开纳税，只有在项目实施之前进行筹划，才能规避可能出现的风险，保障所有PPP项目的顺利实施。

（2）筹划过程要合法

对于PPP项目的税务筹划来说，首先要遵循的原则便是合法性原则，与项目有关的所有筹划方案和税收过程都必须按照合法性原则开展，项目实施过程中也要严格遵循合法手段规避项目风险、降低项目成本、减轻项目负担，包括对项目投资活动的改变和对项目施工经营活动等环节的更改，都必须要遵从合法性原则，严禁钻取法律漏洞，违背法律规定，否则，很容易引发项目停工或项目不限期后延等后果。

（3）遵循成本效益原则

对于投资者来说，要对建设项目的投入成本和获取收益进行深入的考量，对整个项目的税收筹划都要遵循成本效益的原则。若只考虑到税收筹划的效益，很可能会造成投入成本的增加，不能获取理想的项目利润。因此，财务工作人员需要将包括项目成本和建设收益在内的多项因素综合考量，以便改善税收的筹划方案，在提高项目收益的同时降低项目的成本。

（4）遵循全局性原则

PPP项目的税务筹划范围是非常广的，因此，更要遵循综合收益的全局性原则开展工作，由于资源税和增值税等项目存在着重要的关联性，若只关注某单类税种而忽视了其他的税种，很容易造成全局的失衡。可见，务必要对各项目的整体关系做好归纳，把握全局性原则，对整体需要缴纳的税金进行通盘考虑。

2. 对项目全流程进行税务筹划

PPP项目的整个流程包含了项目的前期准备、项目的招标采购和从项目公司成立、建设到运营阶段的整个执行阶段。PPP项目的税务筹划工作主要针对项目的招标采购、项目的执行和项目的移交三个阶段开展。

（1）针对项目招标采购的税务筹划

对于社会资本投标人来说，一定要做好PPP项目招投标过程的整个税务规划。首先，要做好对当地税收政策的调研工作。要判断该项目是否享受优惠，并尽可能与政府方谈判时在项目的建设和运营等方面尽量争取优惠、减轻政府方的税务负担；此外，还要做好PPP项目印花税的税收工作。项目公司与资本方签订完勘察设计合同、施工总承包合同和运营合同后，需要双方缴纳一定的印花税。由于项目公司是资本方的子公司，因此很容易出现重复计税的现象。因此，建议项目实施合同中引入项目实施机构，发包方不用缴纳印花税；此外，还要设计好项目投标的融资计划，对项目公司的资本结构进行合理设置，从而提高税务效率。由于PPP项目通常涉及的资金比较庞大，且针对不同的融资方式需要的资金成本也是不同的，因此会导致不同程度的税务负担。

（2）在项目的执行阶段开展税务筹划工作

项目执行阶段包括了项目公司的成立过程、项目的建设过程和运营过程。

首先，要做好对项目公司成立阶段的税务筹划工作。项目公司承载了PPP项目在投资、融资和建设运营等过程，项目公司在整个PPP项目中发挥了税务筹划工作的主体性作用。此外，项目社会资本要在公司成立初期做好PPP项目的整体把握，并对PPP项目的各个环节做好成本和风险预测，完成对税务的筹划工作。例如，若是一般的纳税人，企业可对进扣税项进行抵扣，在选择施工方和运营方进行招投标时，要在目的额度一样的前提下，尽可能选择能使用增值税发票的纳税人开展项目工作。

其次，要做好项目建设期间的税务筹划工作。作为PPP项目中至关重要的环节，项目建设期包含了项目采购阶段和项目建设阶段。在项目的采购阶段，项目公司最好选择一般纳税人企业作为供应商，并将增值税发票作为抵扣进项税金。而且，若项目公司是债务融资，无论是否是增值税发票，都不能直接抵扣进项税金，要选择其他的融资手段，例如采用融资租赁的方式进行融资。对于融资租赁公司在借款过程中产生的利息，可以通过差额计税的方式进行扣除，采用融资租赁方式对于项目公司和租赁公司而言，都是十分有利的。此外，对于项目建设阶段而言，在开展PPP项目建设时，若项目公司不承担施工环节的任务，是不能产生销项税金的；若PPP项目是公司自行组织实施的，可要求项目公司提供相应的增值税发票，并要求项目公司尽可能获取进项税额，减轻项目公司的税务负担。

最后，还要重视在项目运营期的税务筹划工作。一旦PPP项目建成，即开始了项目运行。此时一定要做好与投资方或关联方签订的包括施工总承包合同和劳务合同在内的多项合同。尽管工程款等使用费的所得税都是税前列支的，但项目公司仍要重视所得税和流转税的筹划工作。此外，还要对项目经营过程中增值税率的兼营问题加强监管，仔细核算各类项目，防止出现核算项目不清的现象。

（3）重视项目移交阶段的税务策划工作

在项目建设完毕后，要按照PPP项目合同的要求，将其移交给政府方。通常来说，项目的移交过程分为不转让所有权移交和转让所有权移交两大类。若项目所有权无需转让，便无需在项目移交过程中加入收入处理，税金问题也便不需多加考虑；若项目的所有权需要转让，税金问题则被纳入考虑范畴。例如，可以通过重组等方式，对相关税种采取减免税纳税筹划，通过事前运作，把股权占比问题调整到税法允许的范围内。此外，一旦PPP项目中出现"三流不一致"的问题，项目公司一定要引起高度重视，若确有此事，要立即做好沟通工作，并尽可能向税务机关致歉，防止税务机关出现虚开发票的行为。

3. 搭建税务筹划风险预警机制

税收筹划风险对于项目公司财务管理提出了更高要求，项目公司要搭建完善的风险预警系统，依据更加完善的管理机制，逐步的提升税收筹划效率。此外，要结合自身经济活动进行分析，对于各种风险因素进行动态的监测和管理。

五、项目融资落地难

（一）痛点描述

由于国内外环境的一些变化，目前PPP项目融资难、落地难的问题尤其突出。如何破解项目融资难的问题，实现PPP模式高质量、可持续发展是现阶段的一个主要的任务。融资是PPP项目是否真正落地的一个标志，融资不当导致无法落地，究其原因，一是没有真正的做好市场测试，项目与市场反应不匹配；二是对PPP项目方案可融资性的不够重视；三则是在操作项目过程中，由信息不对称或者信息沟通错误所导致的；四则是未充分关注潜在社会资本融资能力，并且未及时主动的通过潜在社会资本或者其他渠道对接金融机构。PPP项目的可融资性牵涉的很多因素，包括项目本身的质量，社会资本的能力和统筹资源的能力，加上区域政府的层级、信誉、合同的完备性，风险分担的合理性等。全过程工程咨询单位应同实施机构一起统筹考虑，主动管控，致力于为PPP项目融资落地各方提供更加系统的思考和管控方法，致力于参与规范的PPP项目的规范运作，推动规范环境的打造。

（二）管控措施

1. 积极协助社会资本方和项目公司融资，推动"PPP+EPC"项目实施进程

尽管在"PPP+EPC"项目中将融资风险转移给了社会资本方和项目公司，但是基于项目本身质量及所属区域、政府方财政实力、金融环境变化等因素对项目融资的影响，政府和社会资本密切配合，政府方积极参与可给予融资机构信心，起到"增信"的效果，有利于提高融资可获得性，降低融资成本。这样的做法也被国外多数国家"PPP+EPC"项目所采纳。为此，政府方在社会资本方和项目公司实际融资过程中，需要给予积极协助，包括推荐融资机构，搭建于融资机构对接平台，提供与项目相关的政策、法律环境、项目享受优惠政策、积极主动将"PPP+EPC"项目政府方支付责任纳入中期财政规划并通过人大决议等，营造有利的项目引资环境，推动项目融资成功。

2. 真正地做好市场测试以保障项目成功落地

投资人最关心的是这个项目的投资回报和还款保障，也就是项目未来的现金流如何实现方案所说的内容。所以从全过程工程咨询单位的角度，最关键的是合法性、合规性还有一个是可操作性，但是目前少数咨询机构，很多"PPP+EPC"都是模板，方案都是模板，粘贴、复制，没有进行实地调研，这类现象必须杜绝。全过程工程咨询单位制定"PPP+EPC"方案，一定要实地调研，量体裁衣，为政府和社会资本编制一份可以落地的高质量的"PPP+EPC"的落地方案。作为咨询顾问，应配合省财政厅进行多次督查，对

"PPP+EPC"项目的规范性做保证性工作。

全过程工程咨询单位应协助实施机构真正地做好市场测试，市场测试及考察目前是实施机构了解市场反馈的主要抓手，市场测试的内容可灵活确定，可以根据采购目标在符合法律法规的基础上分步骤设置。方案市场测试阶段要求金融机构接洽形成书面文件，另外实施机构可组织金融机构参与市场测试，可在资格预审阶段要求投标社会资本提供融资意向函，最好能够参与了解意向投资人的融资难度情况，进行针对性评估。

因此在实施方案编制阶段，应编制市场测试清单，就主要财务边界进行市场测试，资格预审阶段应就潜在投标人资格条件进行市场测试，并且应就融资方的落实问题进行确定，最终方可真正选择出满意的投资人。

3. 重视可融资性，解决因信息不对称造成项目融资落地难的问题

为了保障项目落地，除了关注投资人实力，同样应重视项目融资落地问题，上文提到就核心财务边界条件进行充分市场测试，将可融资性作为市场测试重要内容。本节所指的信息不对称，指的即与项目可融资性相关的信息主体之间参与不充分或者信息内容沟通不充分，或者信息沟通手段不完善的情形。信息沟通及操作对最终采购结果具有很大影响，需尽量降低不必要的信息不对称。

（1）财承空间与融资落地之间博弈，未得到足够重视的物有所值可融资性前置问题

财承论证和物有所值评价是"PPP+EPC"决策阶段的决策工具，其中可融资性是物有所值评价定性评价得必要指标之一，但由于和相关融资参与方沟通的不充分或者物有所值评价的流于形式，容易导致可融资性的失真，均无法保障项目顺利实施，造成效率低下及风险提高。我们必须明白项目融资落地应该是项目可以推进的前提，避免出现一头热、忽略投融资人融资实力或者融资方的情形。

（2）监管与融资创新并举，"PPP+EPC"项目各参与方能否殊途同归

"PPP+EPC"的发展离不开大的环境，离不开体制的建立，体制是"PPP+EPC"呼吸的空气。目前的阶段可能进入一个参与方的碰撞期，在此列示如表5-4所示。

相关各方主要诉求/限制对项目可融资性的影响　　　　　　　表5-4

相关方		主要诉求/限制	对项目可融资性的影响
PPP项目本身特点		基础设施及市政公用服务领域，投资以项目保本微利为原则	收益空间基本有限，各方因此或转为追求低风险
外部	央行	稳健的货币政策；资管新规；控制风险	整体融资环境趋严，资本金融资受到严监管，影响社会资本融资热情
	财政部	控制地方政府债务规模、不可进行政府违规担保；PPP项目库平台管理	地方政府规范操作，或引起金融机构反应不良，要求其他增信措施，或者提高贷款利率等，PPP项目入库成为金融机构风险控制的抓手之一
	发展改革委	资产证券化	资本退出的机制创新，利好PPP项目投资
	国资委	控制央企资产负债率	限制央企投资规模，影响市场上参与PPP投资的主体构成

相关方		主要诉求/限制	对项目可融资性的影响
内部	政府方	PPP支出占一般公共预算支出不超过10%红线限制	从项目源头端控制项目上马决策,且成为金融机构风险把控的一大抓手
	潜在社会资本	PPP投资主体尚为建设企业为主的局面,部分追求施工利润,存在空手套白狼的想法等	监管政策等屡屡受限,压力逐渐显现,高风险要高回报
	金融机构	风险控制	对新生事物的反应需要时间,同时监管政策频频,较为谨慎
其他	第三方担保	市场增值服务,需要回报	必要时候可解决融资增值的问题,但因此也增加资金成本
	股东方	同时面临坐实资本金压力,及资本退出渠道限制问题,另外或有负债可影响公司融资能力	上市公司一般不愿意进行担保,若担保,则增加资金成本
	代理机构	执行相关法规,尽责,保持中立及协调,采购程序合规等	执行违法违规时,或影响融资落地

"PPP+EPC"项目融资存在股权及债权融资,最终体现为对现金流及合规的把控。由于涉及沟通方较多,容易出现信息失真和流程衔接的问题,需要重视。

(3)全流程沟通应对策略及沟通工具

上文从"PPP+EPC"各参与方诉求及限制的角度阐述了对"PPP+EPC"项目融资落地的影响,下文则从另一个角度说明"PPP+EPC"可融资性可能因信息不对称而受到的影响,说明"PPP+EPC"可融资性从项目识别阶段一直贯穿至"PPP+EPC"项目执行阶段,是一个全流程需要把控的重要事项,并在此提出了各个阶段的主要应对策略或者控制工具(表5-5)。

各阶段应对策略/工具 表5-5

阶段	应对策略/工具
识别	【内部控制:政府方及实施机构主导的阶段,建议加强内部控制】 【重视物有所值可融资性指标的评断】
准备	【书面反馈】 【金融机构接洽】 【市场测试:关注融资相关条款并且根据市场测试结果调整方案重新审视财承论证结果】 【及时入库】
资格预审	【财务报告】 【授信证明】 【融资意向函】
招标	保证合法合规采购程序
谈判	【可融资性的确定沟通及提醒】
签约	与中标社会资本承担后果

(4)项目可融资性主要涉及哪些核心因素

从银行的角度,风控在金融投资领域至关重要。任何产品首先考虑的就是它的风控,资金安全作为投资首要的关注点，风险意识尤为重要。项目核心边界的设置影响了项目的风险水平，进而影响项目的可融资性。项目可融资性主要涉及方案里的核心因素如表5-6所示。

项目可融资性核心因素 表5-6

类型	相关方案核心因素
合规	行业因素，如道路项目等
	是否真是PPP，如BT模式或者期限低于10年的项目等
	入库情况
	已推进或者计划推进项目政府支出占一般公共预算支出10%指标
财务	利率及利率风险分担
	回报机制：回报计算公式，使用者付费风险口等，结合现金流的特进行制断
	期限
	回报率
	投资额
	调价机制
	政策补贴及优惠
	绩效标准及考核
资金流动性	股权转让，股权退出机制
	资本金比例
	政府出资比例
其他	地方政府债务，地方财政收入
	股东情况
	是否需要第三方增值
	是否联合体

另外如工程变更及造价确定、工期延误、临时接管及提前终止、履约保函等条款可根据实际市场反馈提供信息对接。

另外需要说明的是，融资条款之间是相互影响的。如第三方增信，股东担保等都会增加融资成本，进而要求较高的回报率；地方政府财政实力较强或者项目期限短等特点可以降低融资利率。因此在制定核心边界及市场测试阶段，应就其融资形式，融资特点基本确定后，再制定核心边界，便于项目融资落地。

以上从信息主体、信息内容及信息沟通的3个角度，分析了"PPP+EPC"项目可融资性主要涉及的内容，在实操中，全过程工程咨询单位是以一个更加复合，纵深结合的角度思考并推进项目。在此初步提出建议：①关注风险存在于全流程，特别是前期应该重视；②权衡各方，确定可融资性的相关条款，且进行充分的市场测试；③借助工具及手段，如金融机构接洽沟通记录、市场测试结果、融资意向函等进行管理，另外应按照法律法规规定执行相关采购程序。

项目准备阶段各参与方应该更多地换位思考，清楚掌握市场的选择，降低信息不对称带来的风险。总的来说，实现好的项目，需要政策连续性的保驾护航，需要主管部门的引导，同时，项目实施推进的合理性也很重要，应重视融资落地的问题，关注市场测试，关注潜在社会资本融资能力，并且及时主动的通过潜在社会资本或者其他渠道对接金融机构。切勿盲目推进，急于启动采购流程，否则若项目无法实质性的落地（项目公司完成融资交割）往往使得之前的努力前功尽弃。

4. 做好"PPP+EPC"项目融资的风险分析、评估和风险措施

"PPP+EPC"项目投资金额大、合作周期长、项目参与方众多，合作双方成立项目公司开展投融建管全生命周期活动的组织模式等，决定了"PPP+EPC"项目面临比传统投资项目期限更长、不确定性更高的融资风险，同时受国家政策和法律变化、利率市场化、汇率自由浮动管理制度等外部因素影响，"PPP+EPC"项目融资金融需要结合具体项目在前期进行充分的识别、评估，这不仅有利于项目融资方案和"PPP+EPC"合同设计中及时作出风险分配和控制措施，同时也有利于融资机构作出风险和收益的评估审核和控制措施，促进融资双方找到最佳方式，及早达成融资合约。为此，应该将风险识别、评估、分配和控制管理作为融资管理的重要内容，如针对利率风险的风险管理可将基准利率变动风险和基准利率之上风险变动设置利率风险分担的条款在"PPP+EPC"项目合同中体现。针对通货膨胀的风险可签订物价指数保值条款，即将实际产品价格或者物价指数变动情况对合约价格进行调整机制或办法列入到"PPP+EPC"合同。

5. 转变单一依赖银行贷款的项目融资思维，创新融资方式，拓宽融资渠道

社会资本方和项目公司应充分利用现行"PPP+EPC"项目融资政策，设法取得与项目合作期限更匹配、利率更优惠、担保要求更宽松的融资资金，如对符合政策的重点建设项目积极争取国家政策性银行的低息、长周期贷款；符合条件的重大项目协助政府方积极争取专项债、专项建设基金支持；有收益项目积极尝试项目收益债、资产证券化等创新融资工具，通过满足不同项目融资工具的发行（放）条件，实现不同融资工具的有效组合。转变单一依赖银行贷款的融资模式，积极创新融资方式，拓宽融资渠道，降低融资风险和融资成本，打造多方协作平台，合作共赢。

6. 注重细节管理，实现管理目标

（1）项目建设、运营前，请社会资本和项目公司依据中标融资方案，进一步细化、提供融资方案和签约的融资合同，作为融资管理的重要依据。

（2）建立由社会资本与实施机构共管的项目公司账户，规避相关股本金到位后被移做他用的风险。

（3）在合资协议中需对项目公司最初和最终股权比例、股本金认定进行明确约定。项目建设中，社会资本方自身为项目公司提供足够的资金支持，包括超出股本金部分或提供股东担保的，原则上在项目竣工验收后，政府和社会资本需针对融资工作中所承担的责任

义务情况，对项目公司最终股权比例和股本金进行核定。在融资管理中需对融资文件进行仔细审查，若由项目公司承担了担保义务（如为项目融资目的，项目公司抵押、质押本项目的收费权和项目公司名下的全部资产、设施和设备）的，不能做为调增初始股权比例的依据。

（4）在项目建设过程中，需要项目公司拟定，政府和社会资本共同审议通过项目资金管理办法，对年度和中长期资金融资计划、大额资金使用、重要融资事项、再融资行为等进行提前约定，并作为融资管理的重要依据。

六、项目风险分配方案的合理性

（一）痛点描述

"PPP+EPC"项目普遍生命周期长，有的可超过30年的特许经营期，在如此长的周期内，很可能由于政治、技术等因素变动而导致不可预见的风险发生，这既包括不利于项目实现的负面因素带来的各项成本增加等，也可能包括有利于项目的积极因素所带来的成本减少或利润增加。因此，该模式下，项目风险合理分配是成败的关键因素，也是公共部门和私人部门合作谈判的焦点之一。为保障项目的稳定运作，在项目前期，应审查项目风险分配方案是否合理，满足项目整体风险最小化的目标。

（二）管控措施

1. 树立全生命周期动态风险管理理念

"PPP+EPC"项目的整个寿命周期都有发生风险的可能，每个阶段的风险也都不是独立存在的，可能会影响其他阶段，需要被整体管理。目前的风险分配机制中没有对共同承担的风险需要按照承担风险的比例来进行风险承担的收益分配或对其进行补偿的问题进行具体的分析与引导，同时对发生的不确定风险也没有给出解决方法。因此，在"PPP+EPC"模式中进行风险分配时，对于现存的风险分配机制要加以补充，对于风险的分配，在预期的风险之外，要允许针对不确定的风险进行动态调整，对与其所产生的收益或需要的补偿进行动态分析。

2. 建立专门的风险系统管理机构

良好的风险分配管理需要专门的管理机构。管理部门应为项目建立专门的风险评估模型，确定风险承担、解决和控制能力，做好风险评估与控制。例如可以建立网络信息部门，利用网络信息技术等手段对"PPP+EPC"项目风险进行监控，对风险分配进行动态调整，对风险所带来的收益和所造成的损失进行动态分配。

3. 签订项目合同时需设置动态条款

签订项目合同时应按照具体情况允许设置动态条款。在项目实施过程中，各个环节的实施都存在不确定性，应允许按照实际发生的风险进行条款调整，以保障合作双方的基本权利和义务分配的平衡。"PPP+EPC"模式下，为保证政府和社会资本权利义务的平衡，在分配风险时，应该按照风险分配的基本原则，且在合同中应该设置动态条款，允许出现不确定风险时，对风险进行再分配。双方应该针对项目风险共同建立统一管理监控机构和理念，采用有效的管理措施和技术手段，对风险分配进行动态管理，以保证项目的正常进行。

七、项目公司治理结构的合理性

（一）痛点描述

在政府和社会资本合资设立PPP项目公司并根据双方约定分别委派董事对项目公司进行管理之前，应当根据项目情况对PPP项目公司的治理结构，如股权比例的分配、股东表决权的行使以及董事会和经营管理机构的组成等等进行充分而全面的考量。

（二）管控措施

1. 保证公平与效率的统一

在传统公司治理语境下的公平，主要指公司股东对权利平等、利益分配平等的价值追求，而效率则是指股东之间通过有效的表决机制实现资源的有效配置。但是，在PPP项目的大环境下公平与效率具有更加深层的意义。

一方面，由于PPP项目具有的特殊性和公共性，项目公司的治理必然要满足公众对有关社会公共利益事项的知情权和参与权，因此需要通过政府方股东参与公司治理得以实现，但另一方面由于PPP项目的最终目标是通过社会资本的引入向公众提供更高质量的设施和更具效率的公共服务，这些都离不开项目公司经营层面高效的决策机制，因此PPP项目公司的治理更加强调公平与效率的统一。

公平是双方合作的基础，这是应当确立在先的原则，在PPP项目公司治理结构的设计过程中应当充分保障政府方作为公司小股东的基本权利，如：向公司推荐董事、监事和高级管理人员的权利；委派股东代表参加公司股东会对所议事项进行表决的权利；以及查阅、复制公司章程、股东会决议、董事会决议、监事会决议和财务会计报告，要求查阅公司会计账簿的权利等。但是，合作效率则决定了公平的程度，同时效率也有利于促进双方合作的公平开展。因此，对于多数与公共利益和股东平等权利无关的公司事项在表决机制的设置上，不宜随意采用提高表决权比例的通过方式或者赋予政府方股东一票否决的权利，以提高项目公司日常经营管理的效率，避免公司经常陷入治理僵局的局面。

2. 政府监管与公司自治相结合

从PPP项目全生命周期看，PPP项目中地方政府的监管贯穿于项目前期、建设、运营和移交的各个阶段，且在不同的项目阶段具有不同的监管内容，如项目前期主要包括立项审批等前期手续的监管和社会资本方准入监管；建设阶段主要包括对工程进度控制、工程质量保障、施工安全管理、资金安全管理、竣工验收等方面的监管；运营阶段的监管主要包括服务质量监管、服务价格调整监督、运营成本控制、运营绩效评价和项目中期评估等内容；移交阶段的监管主要包括移交验收、缺陷责任保证、项目后评价等方式。这些都能成为实施机构有效监管社会资本经营活动，保证项目有序进行的有力抓手。

另外，在PPP项目合同中通常会设置在特殊情况下的政府介入权，包括项目公司擅自以出售、转让、出租、抵押等方式处置项目设施或项目经营权；建设过程中存在重大安全隐患且拒不整改，危及或者可能危及公共利益、公共安全；因管理不善，发生重大质量、生产安全事故的；或者擅自停业、歇业，严重影响社会公共利益和公共安全的等情况下，实施机构有权实施临时介入，这些权利都进一步保障了政府方对项目的全面掌控。因此，在政府监管体系已经较为完备的前提下，政府方在项目公司层面可以适当考虑简政放权，由政府方股东按照"抓大放小"的原则，保留对日常经营管理进行监督以及对重大事项表决的权利，而对于其他事项给予项目公司充分的自治空间。

3. 事前防范与事后救济相结合

在项目公司治理结构的设计过程中，可以考虑将待决事项分为必须通过政府方股东监管方式进行事前防范的事项，与政府方能够通过事后救济措施减少不良影响和损失的事项。例如对于项目公司擅自以出售、转让、出租、抵押等方式处置项目设施或项目经营权或者擅自停业、歇业等可能严重影响社会公共利益和公共安全的情形，或其他可能与政府方及其主管部门的相关规章制度相冲突的事项，针对该等风险政府方股东应当进行重点监管。而针对其他政府方能够通过后续协商、行政命令或争议解决等方式进行事后救济的事项，则可以相对减少对项目公司决策的干预。

4. 合理设计董事会组成和表决机制

根据传统的公司治理规定，董事会的组成原则上是根据股东各自出资比例来分配各方委派的董事，但在PPP项目政府方出资代表参股的情况下，政府方为了避免社会资本完全控制董事会，在委派董事人数上并不完全遵循股权比例。但同样地，在董事会的组成上政府方不应占据主导地位。

在董事会的表决机制上，应根据各方股东委派董事人数设置合理的表决机制，如对于一般事项应由出席会议董事的过半数通过；重大事项（如对总经理、副总经理和财务总监的任免、公司年度经营计划和财务会计制度的批准、对公司重大资产的处置等）由出席会议的所有董事2/3以上同意通过。而政府方出资代表委派的董事的一票否决权可以参照政府方股东代表所享有的一票否决权设置，且注意应仅限于公共利益或公共安全的事项，不作扩大化解释。另外，实践中，为防止公司章程对于董事表决机制的表述不清（如出席会议董事过半数即为通过还是全体董事过半时方才通过）造成董事间的纠纷，公司章程中还应当对出席董事会会议的法定董事人数进行约定，通常情况下，董事会会议应当有2/3以上董事出席方能举行，且每名董事享有一票表决权。

5. 合理设计经营管理机构组成

PPP项目公司经营管理机构通过由总经理、副总经理（多名）、财务负责人等组成。

为提高项目公司日常经营事项决策效率，给予社会资本充分的自主经营权，项目公司总经理通常由社会资本提名，副总经理可以有多名并由政府和社会资本出资代表分别提名，如政府方出资较少则仅提名一名副总经理负责对日常经营活动的监督即可。

由于社会资本主要承担了项目投融资的风险，因此，财务总监通常也由社会资本委派，而政府方可以委派一名财务副总监负责监督社会资本对项目公司资金的专款专用，确保项目的顺利进行。

6. 合理配置项目所有权

在PPP模式下，公私对立依然存在，因此从政府和社会资本方的角度看，项目所有权的归属将不是我们参与PPP项目的目的，与其纠结项目所有权，全过程工程咨询单位应该着眼风险与收益的均衡安排，更多的从权利视角出发，确保项目的运营和服务不会受到影响。

从PPP的目的性方面看，政府提供的是公共服务，保障的是公共利益，没有商业化目标。因此，政府要跳出"国有资产保值增值"的狭隘视角，为保障项目的可行性，吸引社会资本，可以适当让渡部分资产的使用权、经营权和收费权，通过社会资本方的技术、经营等要素的注入和商业模式的建立创造更多的社会价值，来实现降低政府提供公共服务的财政资金的压力，达到提升优质高效提供社会公共服务的目的。对于社会资本方来说，参与PPP项目来源于资本对利润的追逐。在均衡考量的情况下，利润收益预期大于风险潜在预期的情况下，社会资本在解决掉信用顾虑和融资担忧的情况下，合作期间所有权在谁手中并不显得特别重要。

在这种情况下，建立和完善产权平等的制约机制，消除对来自自身利益损害的担忧就显得相当重要了。当所有权不再凌驾于其他收益物权及社会资本的权利之上，而是更多地通过有效的监管和激励机制保障各自需求时，即可跳出PPP项目所有权争夺的怪圈，在流动和交易的过程中实现资源优化配置，效率的提升。因此在这个过程中一方面双方的信用、履约精神十分重要，另一方面在具体操作过程中，进行制度设计时，关注各项权利的平等性也尤为突出。

八、项目回报机制的合理性

（一）痛点描述

如果一方的投资回报率过高或者过低，而另外一方无论现在或将来都感到吃了大亏而难以为继时，那这个PPP项目一定不算成功。所谓合理一方面要避免政府方向社会资本付出超额的回报，另外一方面也要避免政府方通过过度让利、非理性担保、承诺回购等方式，给社会资本方设定一些无风险，或者超额的回报机制。因此，能否给社会资本一个盈利但又不暴利的合理回报机制，这就成为衡量一个PPP项目是不是成功的重要的标志。因此，在审查时要注意回报机制是否设置得合理。

（二）管控措施

1. 与社会资本提供公共产品或服务对价

无论是使用者付费、政府付费或是可行性缺口补助，社会资本得以收回投资成本以及获得合理回报是基于其按政府和社会资本合作协议约定，提供了相应的公共产品或服务，故社会资本投资回报应当是社会资本提供公共服务按一定绩效评价结果所获得的相应对价。对此，国办发〔2015〕42号文的表述是：在政府和社会资本合作模式下，政府方以运营补贴等作为社会资本提供公共服务的对价，以绩效评价结果作为对价支付依据，并纳入预算管理、财政中期规划和政府财务报告。

社会资本回报机制设计应注意回避涉及资金借贷关系，而必须强调政府方采购款项的支付与社会资本提供公共产品或服务的可用性、使用量和绩效挂钩，必须清晰地设定相应的公共产品标的物规格及标准，并设计相应交付范围以及流程、可用性检验、绩效考核、质量瑕疵担保以及基于此对支付采购款项请求的抗辩机制等。

2. 合理设计项目保底量和超额收益分配机制

为稳定项目运营预期，多数经营性项目设有政府方保底量承诺，诸如收费公路中的车流量保证、地铁项目中的客流量保证、电厂项目的购电量保证、垃圾及污水处理项目中的垃圾或污水处理量保证等。保底量机制是可行性缺口补助付费机制中的一种特殊形式，在设计保底量机制时应注意：

（1）保底量设定必须以项目产出说明、经批复的可行性研究报告为基础；

（2）保底量强调的是对最底使用量的保证，而不是最低运营收益或者固定价格；

（3）政府方因保底量承诺而支出相应差额补贴或采购价，不是绝对的，还应考虑社会资本方实际成本支出等因素；

（4）应当区分项目投资运营的商业风险与不可抗力、情势变更。使用量低于保底量是基于不可抗力或者情势变更等双方无法预见的、不属于商业风险的客观原因造成，否则不能触发政府方补充支出。

超额收益是根据超额收益率计算的，超额收益率是指超过正常（预期）收益率的收益率，它等于某日的收益率减去投资者（或市场）当日要求的正常（预期）收益率。从防范暴利角度看，超额收益分配机制是PPP项目所必要的，若使用得当，可有效形成社会资本合理回报与暴利之间的"阀门"。

3. 设置适宜的项目运行过程控制和调整机制

社会资本回报的合理区间不是静态的，也不是在项目立项之初根据预测数据所能确定不变的，还需要基于项目运营过程中内部和外部情形变化作出动态的适宜性调整。因此需要设置适宜的项目运行过程控制和调整机制。

（1）过程监督

项目实施机构应根据项目合同约定，监督社会资本或项目公司履行合同义务，定期监测项目产出绩效指标，编制季报和年报，并报财政部门（政府和社会资本合作中心）备案。

这需要社会资本方或项目公司具有较规范的财务管理或工程管理制度和较好的管理能力，以便提供全面、真实、准确的项目运行财务数据。

（2）动态调整

PPP项目合同周期长，为保证社会资本回报的合理区间能够在项目长期运行过程中随内、外部变化而作适应性调整，需要在PPP合同中预留一定的调整和变更空间。根据《财政部关于规范政府和社会资本合作合同管理工作的通知》（财金〔2014〕156号）规定，主要方式包括设置价格调整、期限调整以及交易结构调整机制。

1）价格调整：触发价格调整的主要因素有原材料价格变化、劳动力成本变化、通货膨胀、汇率等。

2）期限变更：期限变更包括合作展期或者提前终止，前者基于政府方承担的风险发生且对项目收益产生了影响，后者基于社会资本方违约或因不可抗力导致项目不宜继续进行。

3）交易结构调整：PPP合同系法定程序确认的，除非发生非法定或非约定的情形，否则不应再于事后作出实质性变更。但为保证社会资本投资回报的合理性，政府和社会资本可以约定一定的调整空间，如允许因项目公司股权融资可能带来的项目公司股权结构变化；如允许在满足一定条件下，社会资本方将项目收益转让第三方或第三方质押；再如对社会资本提供资源性补偿等。

九、项目产出说明的合理性

（一）痛点描述

产出说明书是用来定义和规范PPP项目产出的说明性文件，作为项目纲要（或投资者须知）的一部分，用于向参与PPP项目的私部门（即投资者）明确需求以及满足该等需求所需的产出要求。在《PPP物有所值评价指引（修订版征求意见稿）》（财办金〔2016〕118号）中就明确提到"初步实施方案和实施方案中的项目产出说明应尽可能详实"的要求。项目产出说明作为项目前期的基础性资料，其影响范围延伸至整个项目周期。一方面，若项目产出说明中的内容不满足准确详实的要求，则牵扯参照项目选择、绩效要求、财政支出责任和绩效考核结果等多方面。另一方面，在产出说明书的应用中，存在一个常见的误区，即过分关注如何实现产出而非产出本身，或者说是误把目标当成产出来控制。实践中，产出说明书不仅对项目产出做了定义和要求，还对具体的设计方案、工艺流程等加以限制，扼杀了社会资本产出交付方式的灵活性和创新空间，还可能因技术壁垒等因素降低投资竞争程度。

因此，实施机构需要专业的全过程工程咨询单位审核项目产出说明的合理与详实，着重从质量和数量、价格、设计等多方面关注最终的项目产出品和服务绩效能否满足需求。

使得项目产出说明成为对应项目成果而制订的项目产成品或服务的绩效衡量标准，同时作为执行期间实施机构对项目公司绩效监测的依据。

（二）管控措施

1. 审查PPP项目提供产品或服务的质量和数量是否合格

PPP项目推行的初衷是以政府和社会资本为基础建设服务而发挥公私双方各自的优势，紧密合作，风险共担，利益共享，得到最优的投资回报及社会公共效益，实现公共财政或者公共资源的价值最大化而建立起来的一种长期合作关系，而其提供的产品或服务又是社会公众亟需的，因此依据国家发展改革委《关于开展政府和社会资本合作的指导意见》（发改投资〔2014〕2724号）相关规定，应审计PPP项目的实施能不能提供质量合格的产品或服务，以及能不能缓解社会的供需矛盾。

2. 审查PPP项目提供产品或服务的价格是否合理

PPP作为一种准公共产品的提供方式，决定了其提供的产品或服务是要付费的，社会资本的投资以及银行的放贷，看中的就是项目预期的收益。同时PPP项目服务的是公众，这种服务的价格必须是公众能够消费的并且愿意消费，所以要审计PPP项目提供的服务收费是否合理。另外一方面，价格的制定应体现社会的公平性，主要表现在：消费者付费，谁消费了谁付费；投资者获取合理回报；PPP项目投资巨大，服务的时间长，在这个过程中，经济发展，物价上涨必然会导致实际价格的变化，因此特许经营协议中应该有调价机制条款。

3. 审查PPP项目的特许经营期限的设计是否合理

特许经营期通常是PPP模式中的一个重要因素，关乎社会资本的投资回报及PPP项目的持续运营，同时是PPP项目招标和特许经营协议谈判的核心问题，特许经营期过长会使政府方以及公众的利益受到损失，而过短则会导致私营投资者无法得到预期的投资回报。公众对项目预期提供的产品或服务处于一种亟需的状态，因此政府方当然希望PPP项目建设周期尽可能短，尽早提供产品或期限结构以缩短建设周期。"基础设施和公用事业特许经营期限应当根据行业特点、所提供公共产品或服务需求、项目生命周期、投资回收期等综合因素确定，最长不超过30年。根据国家发展改革委《关于开展政府和社会资本合作的指导意见》（发改投资〔2014〕2724号）相关规定，对于投资规模大、回报周期长的基础设施和公用事业特许经营项目可以由政府方或者其授权部门与特许经营者根据项目实际情况，约定超过前款规定的特许经营期限。"

包含上述项目产出说明审核重点，给出全面的PPP项目产出说明评价指标，作为全过程工程咨询单位辅助评审或实施机构自行评审的依据。具体产出说明评价指标如表5-7所示。

标准分类	具体指标	评分	比重
产品或服务质量	项目设计满足现在及将来的使用需求		
	项目运行安全可靠性		
	产品或服务质量满足消费者需求		
	产品或服务质量移交前后的一致性		
	产品或服务质量具有持久性		
产品或服务数量	数量满足消费者需求		
	在一定程度上缓解社会工序矛盾		
产品或服务价格	消费则能够承受		
	项目公司获得合理利润		
	与社会经济发展水平相适应		
	设置合理的调价机制		
	定价能够促进社会公平		
产品或服务价格特许经营期限设计	特许经营期限结构选择合理		
	建设期限尽可能短，尽早提供服务		
	运营期限设置长短合理		
政府方的收益	减少政府补贴，切实减小政府财政压力提高财政资金的利用效率		
	提高基础设施项目建设、经营、维护和管理效率		
	体现政府的公益性和服务性		
	维护政府的权威和形象		

十、设置绩效考核机制

（一）痛点描述

PPP项目绩效考核具有周期长、专业强、监测难、涉及诸多利益相关者等特点，但存在相当一部分PPP项目绩效考核方案设计千篇一律、流于形式、绩效考核内容没有价值、完全雷同的考核细则等问题。这将严重影响社会资本或项目公司提供的基础设施产品、公共服务的质量和效率，从而降低公众对PPP项目的满意度。

（二）管控措施

1. 项目合同中约定绩效考核标准

财政部《关于规范政府和社会资本合作（PPP）综合信息平台项目库管理的通知》（财办金〔2017〕92号）中指出：要严格新项目入库标准，未建立按绩效付费机制的项目不得入库。未建立按绩效付费机制，包括通过政府付费或可行性缺口补助方式获得回报，但未建立与项目产出绩效相挂钩的付费机制的；政府付费或可行性缺口补助在项目合作期内未连续、平滑支付，导致某一时期内财政支出压力激增的；项目建设成本不参与绩效考核，或实际与绩效考核结果挂钩部分占比不足30%，固化政府支出责任的。

《PPP项目合同指南》规定："绩效标准应客观和合理，符合项目的实际情况和特点，可以测量和监控"。为评估社会资本方提供公共产品和公共服务的质量和效率，PPP项目合同通常会根据项目所处行业的特点、项目的性质、项目的预期目标和回报机制等因素设置明确的绩效考核标准。

绩效考核标准通常包括产品质量、运营服务质量、运营成本、综合运营管理情况、项目设施状况、安全生产、综合治理、公众满意度等。如国家或行业主管部门已制定相关的行业指南、行业技术规范、公共产品和服务的质量和安全标准等，则PPP项目绩效考核标准应基于相关指南、规范和标准的要求并结合项目的特点而制定。

2. 绩效考核工作划分与成果梳理

根据PPP项目所处阶段及绩效考核工作所需，将绩效考核工作划分为"绩效考核准备""绩效考核实施"和"项目评价"三部分，对每一部分的工作内容及成果进行梳理（表5-8）。

绩效考核工作内容与成果

表5-8

工作阶段	工作内容	成果
绩效考核准备	即有PPP项目绩效考核方案优化	《PPP项目绩效考核实施方案》
	重新编制PPP项目绩效考核实施方案	
	PPP项目合同修订、完善，签订补充协议（如需）	《PPP项目合同补充协议》（如需）
绩效考核实施	实施周期性的绩效检测	《PPP项目绩效监测报告》
	总体目标绩效评价	《PPP项目绩效评价报告》
	年度绩效评价	《PPP项目绩效评价报告》
	政府付费核算（核算）	《财政补贴资金支付报告》（如需）
项目评价	中期评估	《PPP项目中期评估报告》
	移交完成后评价	《PPP项目后评价报告》

（1）绩效考核准备阶段

绩效考核准备工作主要包含处于建设期或运营期的既有项目《PPP项目实施方案》及《PPP项目合同》中关于绩效考核方案部分（以下简称：《既有绩效考核方案》）进行优化设计、重新编制PPP绩效考核实施方案及对原《PPP项目合同》进行修正、完善，签订《补充协议》。

1）既有PPP项目绩效考核方案优化

通过对财政部PPP综合信息平台项目库中公开项目信息的检索与梳理，不难发现绝大多数PPP项目《既有绩效考核方案》不同程度地存在设计千篇一律、绩效考核内容没有价值、完全雷同、不适合对应行业的考核细则、考核结果应用不明确、考核流于形式等问题。同时，部分项目合同虽然已经签订，但合同中双方对绩效考核的相关内容、并未充分协商并达成合意。同时，合同中对绩效考核目标设置得不科学、不合理、不规范、不清晰等，这些都给绩效考核工作的实施留下很多问题，待需要绩效考核结果发挥作用（付费依据或规范要求）时，根本无法开展工作。

为了使绩效考核工作顺利开展，绩效考核更具备实用性和适用性，全过程工程咨询单位需要在实施机构的协助下对《既有绩效考核方案》进行调整。对政府和社会资本或项目公司已经确认的有关绩效考核文件（包含但不限于产出说明、绩效考核指标、绩效考核办法、运维方案、绩效考核挂钩的付费机制等）进行分析，梳理优化，并使梳理优化的考核文件既能得到利益相关方的认可，又能确保绩效考核相关文件满足项目需求，能够约束社会资本或项目公司提供高质量的公共产品和服务，并达到按绩效付费的目的。

2）PPP项目绩效考核实施方案编制

基于既有PPP项目绩效考核方案的缺失或既有绩效考核方案设计存在严重不公平、重大漏洞、不具可操作性等问题，需要重新设计《既有绩效考核方案》。《PPP项目绩效考核实施方案》将围绕项目产出，即产出绩效导向进行设计和编制，一个完善的《绩效考核实施方案》应包含九大要素：绩效考核主体、绩效考核对象、绩效考核时点、绩效考核内容、绩效考核指标体系的设定、绩效考核方法、绩效考核挂钩的付费机制、绩效考核工作程序、绩效考核保障措施等。

3）项目补充协议签订（如需）

PPP项目绩效管理要以项目合同为基准来支撑，故基于上述既有PPP项目绩效考核方案优化、重新设计，项目合同核心条款可能发生重大变更，实施机构需要在专业第三方机构协助下，通过与社会资本方或项目公司进行再谈判，签订PPP项目合同补充协议，修正、完善原PPP项目合同。

（2）绩效考核实施阶段

1）PPP项目绩效考核实施

①建设期PPP项目绩效考核实施。

根据《政府和社会资本合作（PPP）项目绩效管理操作指引》（财金〔2020〕13号）要求实施机构应根据项目合同约定定期开展PPP项目绩效监控，而项目公司（社会资本）负责日常绩效监控。

这里的绩效监控是对项目日常运行情况及年度绩效目标实现程度进行的跟踪、监测和管理，通常包括目标实现程度、目标保障措施、目标偏差和纠偏情况等。全咨单位辅助实施机构进行绩效监控时，应严格遵照国家规定、行业标准、项目合同约定，按照科学规范、真实客观、重点突出等原则开展绩效监控。重点关注最能代表和反映项目产出及效果的年度绩效目标与指标，客观反映项目运行情况和执行偏差，及时纠偏，改进绩效。同时，根据PPP项目特点，考虑绩效评价和付费时点，合理选择监控时间、设定监控计划，原则上每年至少开展一次绩效监控。

全咨单位辅助实施机构进行绩效监控，需对由项目公司定期报送的日常绩效监控，对照绩效监控目标，查找项目绩效运行偏差，分析偏差原因，结合项目实际，提出实施纠偏的路径和方法，并做好信息记录。并且，全咨单位应根据绩效监控发现的偏差情况及时向实施机构和相关部门反馈，由实施机构督促其纠偏，如发现偏差原因涉及实施机构自身的，全咨单位应督促实施机构及时纠偏；偏差较大的，全咨单位应代表实施机构撰写《绩效监控报告》，再由实施机构报送相关主管部门和财政部门。

②运营期PPP项目绩效考核实施。

运营期绩效考核主要通过PPP项目绩效监测和年度PPP项目绩效评价两种方式体现，一般建议此项工作由专业第三方评价机构开展。

PPP项目绩效监测着重体现为PPP项目绩效考核的日常监督与管理，其是在项目进入执行阶段后实施，实施绩效监测的具体时间可根据项目的特点确定，可根据项目特点分为按日、周、月、季度进行监测。项目绩效监测对象为具体的PPP项目，需要重点分析项目运行状况和项目合同执行的合规性、适应性和合理性。绩效监测的内容通常包括：项目运行状况（例如：项目预期产出、效果等目标的完成进度情况）、项目合同履约状况（例如：项目合同签订与执行的合规性、适应性、合理性）、项目运行偏差情况（例如：项目实施阶段中的偏差度和影响度，项目成本控制情况及资源使用情况）、项目运行纠偏情况（例如，项目运行纠偏措施的制定和整改落实情况）。最终形成《项目绩效监测报告》，绩效监测的结果将作为PPP项目年度绩效评价的重要参考依据。

绩效评价工作一般是在项目进入执行期后每个财政年度开展一次，PPP项目绩效评价将根据实施方案、PPP项目合同中所设定的绩效目标及PPP项目监测报告，评价项目产出、效果是否达标等问题。对于具体PPP项目开展绩效评价，主要包括预期产出、预期效果及项目管理等内容。预期产出是指项目在一定期限内提供公共服务的数量、质量、时效等。预期效果是指项目可能对经济、社会、生态环境等带来的影响情况，物有所值实现程度，可持续发展能力及各方满意程度等。项目管理是指项目全生命周期内的预算、监督、组织、财务、制度、档案、信息公开等管理情况。最终形成《项目绩效评价报告》，绩效评价的结果将作为政府方绩效付费的主要依据。

绩效考核实施包含绩效监测和绩效评价两种方式。绩效监测在项目进入执行阶段后实施，实施绩效监测的具体时间可根据项目的特点确定，可根据项目特点分为按日、周、月、季度进行监测，而绩效评价一般是在项目进入执行期后每个财政年度开展一次。绩效监测及绩效评价工作完成后要相应编制《PPP项目绩效监测报告》及《PPP项目绩效评价报告》。

2）PPP项目绩效评价结果应用

绩效评价结果一般作为评价项目公司（或社会资本）履行项目合同的依据，根据绩效评价结果，结合项目合同的约定进行应用。财政部门和行业主管部门（实施机构）依据绩效评价结果和整改情况，按照合同约定及财政资金拨付程序拨付资金。在此过程中实施机构可借助专业第三方机构，完成付费核算工作及下一周期的预算编制工作，并编制《财政补贴资金支付报告》。

（3）项目评价阶段

项目评价包含项目中期评估和项目后评价。

1）中期评估

PPP项目中期评估，并不是项目合作期内"居中"时期，而是指PPP项目自运营开始至项目合作期满移交前的某一个或多个特定的阶段内进行评估。在PPP项目运营阶段，财政部门或行业主管部门（实施机构）都要在第三方评价机构协助下，每隔3～5年要进行一次评估，称之为中期评估。

根据国家发展改革委以及财政部政策要求，PPP项目中期评估的主要内容：应包含项目采用PPP模式运作过程的合规性评估、PPP项目建设与产出情况评估、PPP项目运行情况评估、PPP项目政府监管的评估、PPP合同评估、风险评估以及PPP项目物有所值定量评估。

总之，要通过这一系列初始基数指标与建设、运营实际完成指标进行对照比较，以确定中期评价结果的正负偏离幅度，发现负偏离所暴露的问题并评估问题的风险程度，制订应对措施，并报财政部门备案。

2）项目后评价

从发改投资〔2014〕2724号、发改投资〔2016〕1744号、发改投资〔2016〕2231号等文，对PPP项目后评价的定义，是在项目移交完成后，发展改革部门（牵头）会同财政部门自行或委托第三方评价机构开展PPP项目后评价工作。关于进入项目后评价的时间点根据政策文件指引以及实操意见，建议在项目移交完成后1～2年后进行。

PPP项目后评价的主要内容：项目产出（目标）评价、项目过程评价、项目经济效益评价、项目社会效益评价、监管成效评价、项目环境影响评价、项目可持续性评价、公众满意度评价以及运用PPP模式效果评价等。评价结果及时反馈给项目利益相关方，并按有关规定公开，评价结果将作为完善PPP模式制度体系的参考依据。

PPP项目绩效考核的实施并不仅仅是在一个时间点进行绩效考核打分付费，而是一个系统工程。首先，在绩效考核前期要有充分的准备工作；其次，绩效考核工作的实施分为建设期考核、运营期考核，通过周期性绩效监测、年度绩效评价完成；然后，进行绩效评价结果的应用；最后，项目评价工作分为项目中期评估和项目后评价，通过阶段性评价完成，项目评价成果作为完善PPP模式制度体系的重要参考依据（图5-3）。

3. 应用行业大数据，提高绩效评价的质量和效率

目前，市场上有部分机构以数据为基础，通过对大量项目合同中履约条款的识别和汇总，整理不同类型、不同区域、不同行业的项目履约条款中的绩效要求，优化履约绩效考核方法。其通过对不同项目的绩效考核，汇总整理考核结果，并反馈初始数据库，周而复始，不断学习，以提供更优的绩效考核方法和标准，并综合对相同行业、相同领域项目之

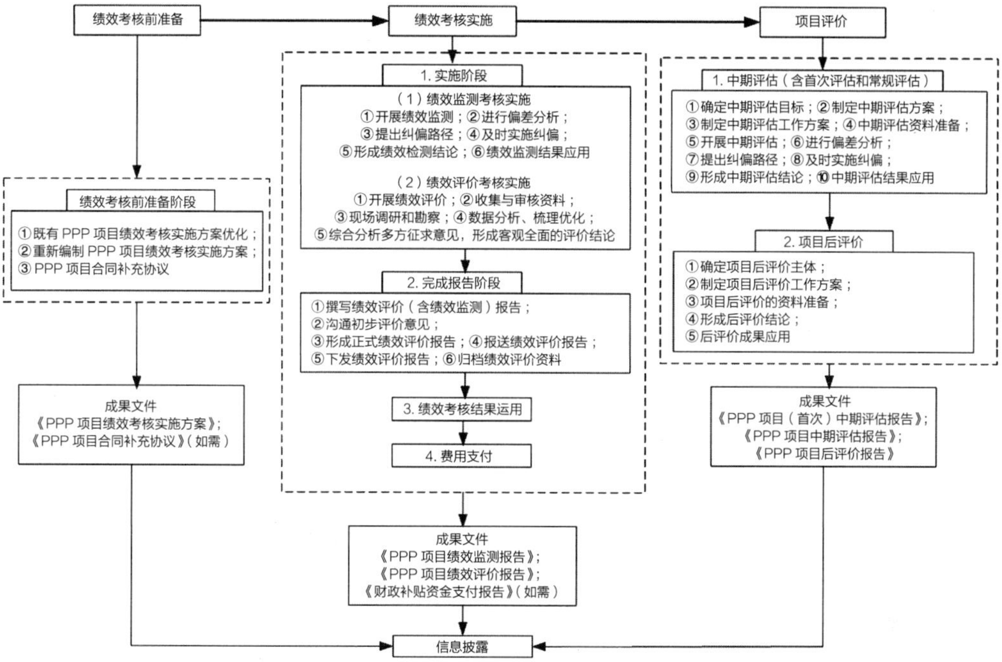

图5-3　PPP项目绩效考核工作流程图

间的横向、纵向对比分析，为后续项目的绩效考核目标设定提供参考。

因此，借助一些技术手段和方法对行业数据进行深入分析，以获得更加精细化的指标数据，这将有利于提高绩效评价的质量和效率。

第二节　项目采购阶段

一、采购方式选择难

（一）痛点描述

"PPP+EPC"项目采购阶段是选择社会资本方并与项目契合的重要阶段，是指项目实施机构为权衡各方权利义务平衡、最终形成物有所值的"PPP+EPC"项目合作的目的，遵循公开、公平、公正和诚实信用原则，按照相关法规要求完成"PPP+EPC"项目识别和准备等前期工作后，依法选择社会资本合作者的过程。作为实施机构，首先，选择专业的全过程工程咨询单位，专业、合格的咨询机构是"PPP+EPC"项目规范实施和顺利开展的重要智力支撑，也是"PPP+EPC"改革得以有效推进的重要参与力量。其次应针对性地梳理"PPP+EPC"项目采购方式及采购流程；最后在选定某一具体的"PPP+EPC"项目采购方式后，还应参照相关规定对于不同采购方式的规定进行进一步的深化研究和梳理，以确保采购方式符合法律、法规及其他规范性文件的各项要求。

采购阶段在"PPP+EPC"项目全流程中起到承上启下的作用,它是项目流程中法定的与社会资本方发生双向互动,并产生相应法律后果的阶段。采购阶段既要对项目识别和准备阶段已确定的项目核心边界条件进行贯彻和落实,又要在仅能微调的情况下保证项目的吸引力和竞争性,确保选取最优的中标人。通过法定程序,一旦与中标人签订项目合同,基本上确定了双方在未来长达数十年合作期间的具体权利、义务框架。

(二)管控措施

1. 针对性梳理"PPP+EPC"项目采购流程

(1)公开招标和邀请招标

根据《招标投标法》《招标投标法实施条例》《政府采购法》《政府采购法实施条例》《政府采购货物和服务招标投标管理办法》和《PPP项目采购办法》等规定,通过公开招标及邀请招标方式采购"PPP+EPC"项目的流程如图5-4所示。

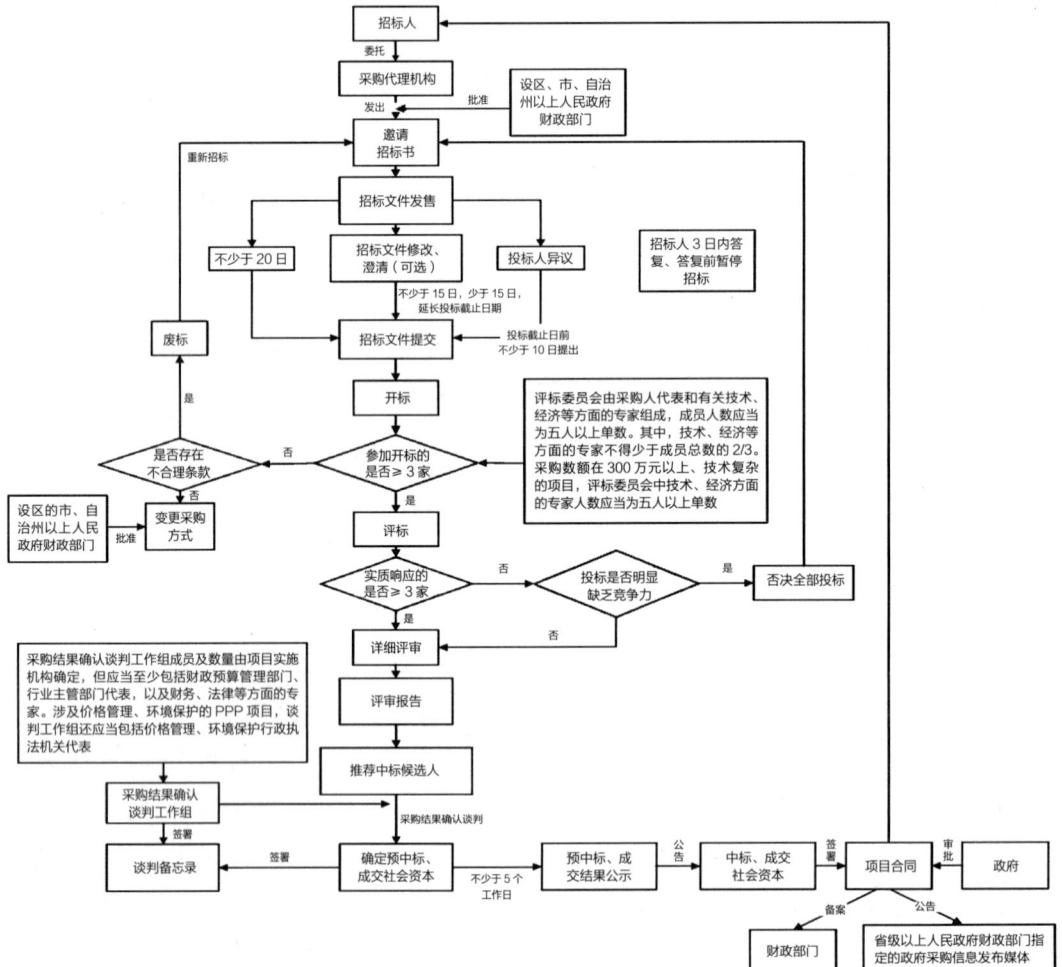

图5-4 "PPP+EPC"项目公开招标及邀请招标方式采购流程

（2）竞争性谈判和竞争性磋商

根据《政府采购法》《政府采购法实施条例》《政府采购非招标采购方式管理办法》和《PPP项目采购办法》等规定，通过竞争性谈判方式采购PPP项目的流程如图5-5所示。

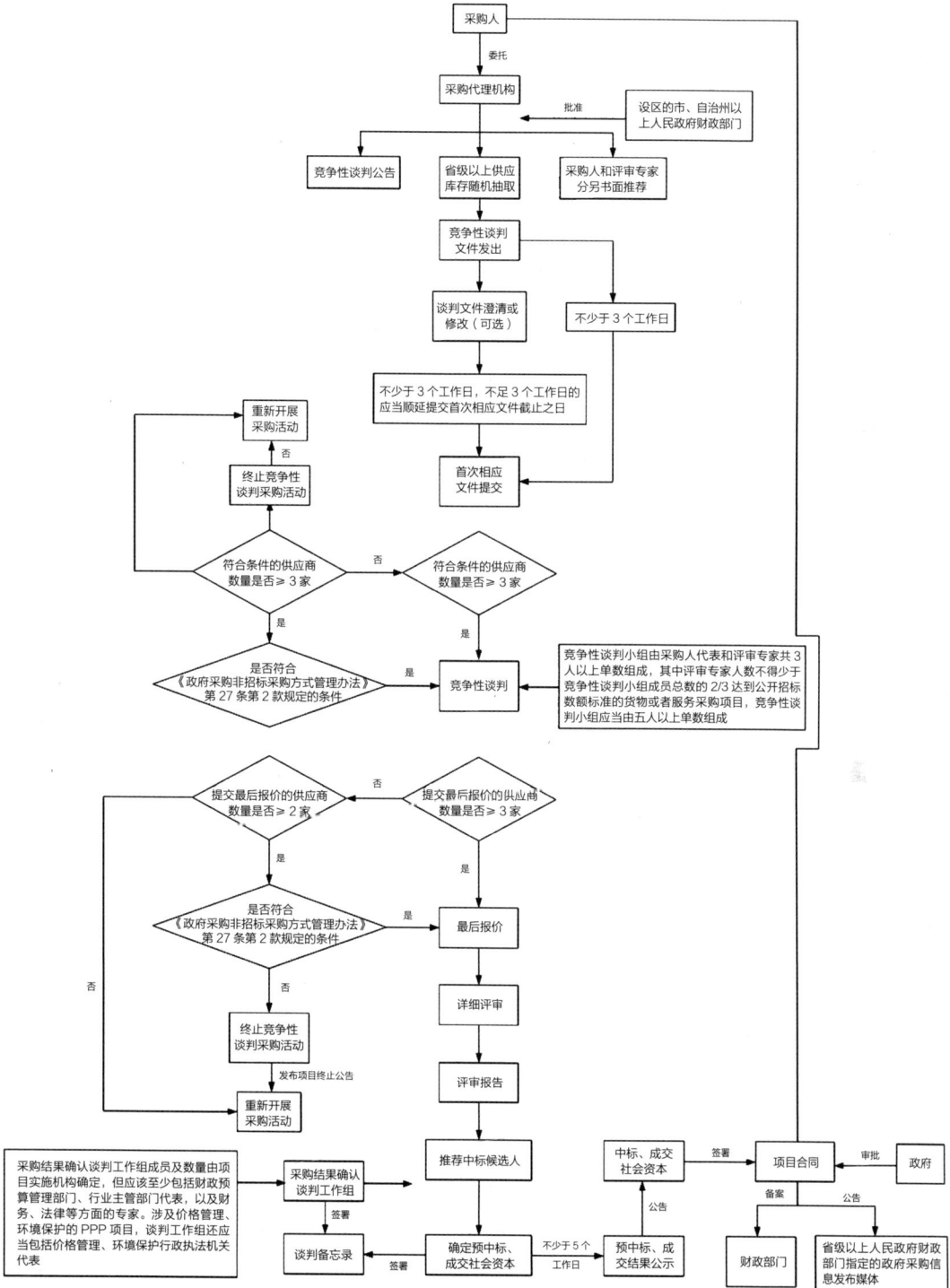

图5-5 "PPP+EPC"项目竞争性谈判方式采购流程

根据《政府采购法》《政府采购法实施条例》《政府采购竞争性磋商采购方式管理暂行办法》和《PPP项目采购办法》等规定，通过竞争性磋商方式采购"PPP+EPC"项目的流程如图5-6所示。

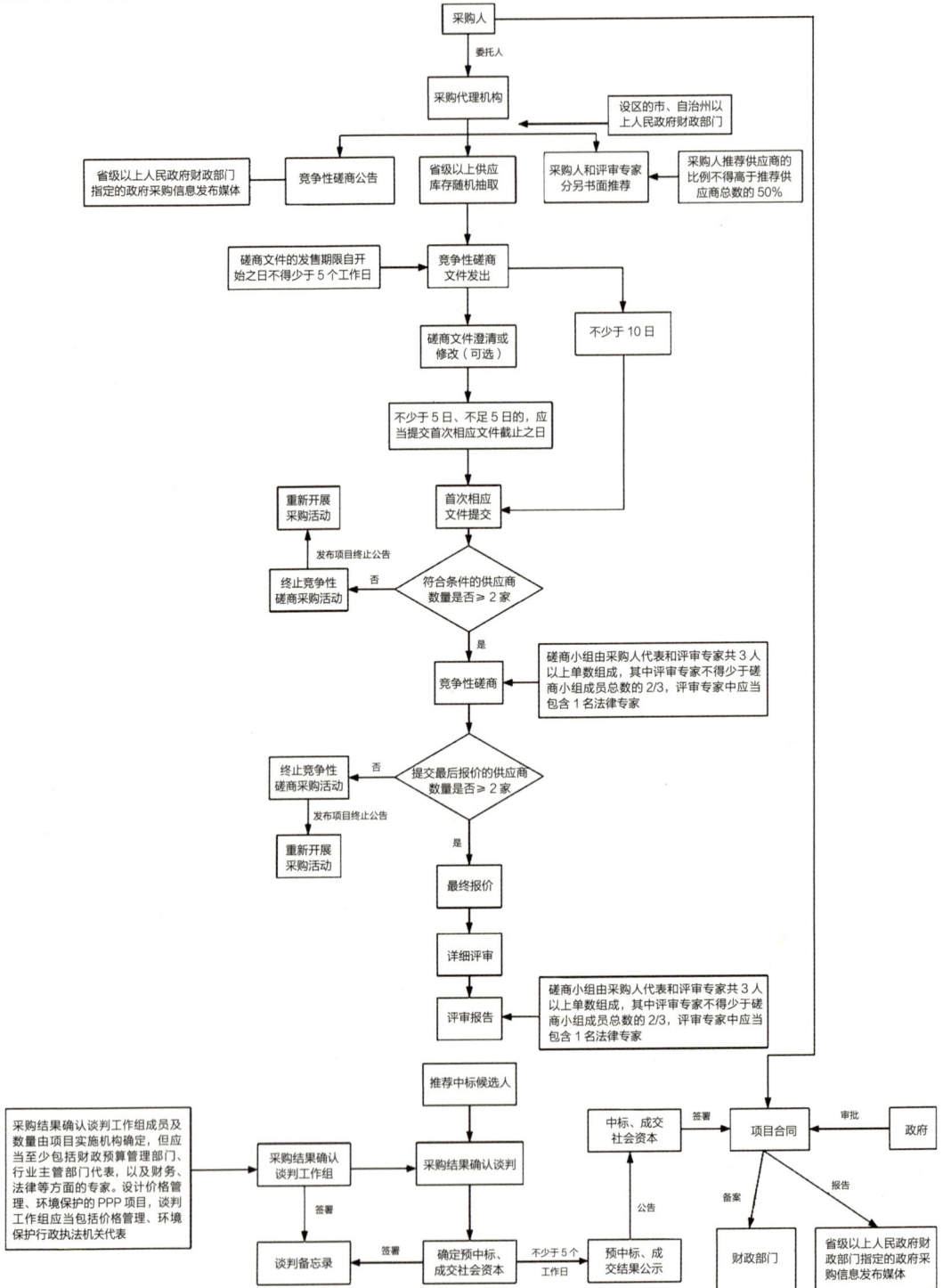

图 5-6 "PPP+EPC"项目竞争性磋商方式采购流程

就竞争性谈判和竞争性磋商采购方式而言，需要特别说明是：

第一，我国《政府采购法》规定的政府采购方式并不包括竞争性磋商，竞争性磋商是财政部于2014年依法创新的政府采购方式。竞争性磋商和竞争性谈判相比，二者关于采购程序、供应商（即PPP项目中的社会资本，下同）来源方式、采购公告要求、响应文件要求、磋商或谈判小组组成等方面的要求基本一致；但是，在采购评审阶段，竞争性磋商采用了类似招标采购方式中的"综合评分法"，从而区别于竞争性谈判的"最低价成交"。财政部有关负责人在就《政府采购竞争性磋商采购方式管理暂行办法》《PPP项目采购办法》有关问题答记者问中解读："之所以这样设计，就是为了在需求完整、明确的基础上实现合理报价和公平交易，并避免竞争性谈判最低价成交可能导致的恶性竞争，将政府采购制度功能聚焦到'物有所值'的价值目标上来，达到'质量、价格、效率'的统一。"

第二，根据《政府采购非招标采购方式管理办法》和《政府采购竞争性磋商采购方式管理暂行办法》的一般性规定，供应商的来源方式均包括以下3种：①采购人/采购代理机构发布公告；②采购人/采购代理机构从省级以上财政部门建立的供应商库中随机抽取；③采购人和评审专家分别以书面推荐的方式邀请符合相应资格的供应商参与采购。但是，针对采用竞争性磋商方式进行采购的PPP项目，我们通常从严格解释的角度建议项目实施机构以发布公告作为供应商的唯一来源方式。

（3）单一来源采购

根据《政府采购法》《政府采购法实施条例》《政府采购非招标采购方式管理办法》和《PPP项目采购办法》等规定，通过单一来源采购方式采购PPP项目的流程如图5-7所示。

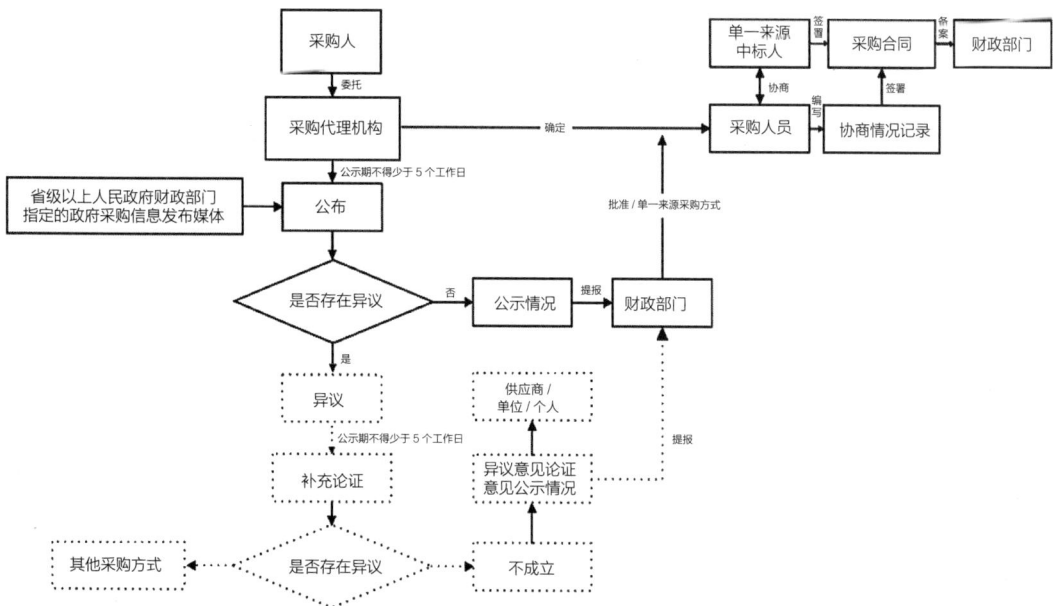

图5-7 "PPP+EPC"项目单一来源采购方式采购流程

2. 明确"PPP+EPC"项目采购方式的规范适用性

现有法律法规体系下，社会资本方的选择方式的适用条件。

2015年12月31日，财政部印发《政府和社会资本合作项目政府采购管理办法》（财库〔2014〕215号，下称《PPP项目采购办法》），对政府采购PPP项目的流程进行进一步规范。根据《PPP项目采购办法》，"PPP+EPC"项目采购方式包括公开招标、邀请招标、竞争性谈判、竞争性磋商和单一来源采购五种方式；"PPP+EPC"项目的一般采购流程包括资格预审、采购文件的准备和发布、提交采购响应文件、采购评审、采购结果确认谈判、签署确认谈判备忘录、成交结果及拟定项目合同文本公示、项目合同审核、签署项目合同、项目合同的公告和备案等若干基本环节。

然而，对于上述五种采购方式的适用条件和具体采购流程，《PPP项目采购办法》并未给出进一步的细则行规定。因此，在实务操作中，《PPP项目采购办法》的现有规定并不能满足PPP项目采购的流程性规范需要。为此，我们特对《PPP项目采购办法》《招标投标法》、《招标投标法实施条例》国务院令第613号、《政府采购法》、《政府采购法实施条例》国务院令第658号、《政府采购货物和服务招标投标管理办法》财政部令第18号、《政府采购非招标采购方式管理办法》财政部令第74号、《政府采购竞争性磋商采购方式管理暂行办法》（财库〔2014〕214号）等文件进行了系统性的梳理，旨在厘清"PPP+EPC"项目五种采购方式的具体操作流程。

因此全过程工程咨询单位应协助项目实施机构根据《政府采购法》《PPP项目采购办法》《政府采购非招标采购方式管理办法》《政府采购竞争性磋商采购方式管理暂行办法》等规定，即在现有法律法规体系下，明确PPP项目5种采购方式的概念以及规范适用条件，从而合理选择项目的采购方式。

3. "PPP+EPC"模式下两标并一标的合理化建议

（1）两标并一标的法律依据：《中华人民共和国招标投标法实施条例》第九条规定，除招标投标法第六十六条规定的可以不进行招标的特殊情况外，有下列情形之一的，可以不进行招标：（三）已通过招标方式选定的特许经营项目投资人依法能够自行建设、生产或者提供；由此可见，根据该规定，仅有通过招标方式选定的投资人才可能两标并一标。

（2）财政部《关于在公共服务领域深入推进政府和社会资本合作工作的通知》财金〔2016〕90号，第九条规定：对于涉及工程建设、设备采购或服务外包的PPP项目，已经依据政府采购法选定社会资本合作方的，合作方依法能够自行建设、生产或者提供服务的，按照《招标投标法实施条例》第九条规定，合作方可以不再进行招标。该文规定了根据政府采购法选定的社会资本方，可以按照《招标投标法实施条例》第九条的规定进行"两标并一标"。但该文属于部门规章，效力低于《招标投标法实施条例》。

从根本上说，国家招投标法和政府采购法两个法律体系存在规范交叉、衔接模糊的问题，进而出现了各地做法不统一、尺度也不尽一致的情况。有鉴于此，我们从严格把握的角度，建议"PPP+EPC"模式"两标并一标"还是采用公开招标较为稳妥。

另外其他两点需要说明：

（1）财政部《关于推进政府和社会资本合作规范发展的实施意见》（财金〔2019〕10号）第二条、第（二）项第2款的规定，新上的政府付费类项目应采用公开招标、邀请招标、竞争性磋商、竞争性谈判等竞争性方式选择社会资本方；排斥采用单一来源方式进行采购。

（2）财政部《关于印发〈政府和社会资本合作（PPP）项目绩效管理操作指引〉的通知》（财金〔2020〕13号）第十一条第二项的规定，PPP项目采购阶段，项目实施机构可结合社会资本响应及合同谈判情况对绩效指标体系中非实质性内容进行合理调整。PPP项目绩效目标和指标体系应在项目合同中予以明确。

二、不信任环境下甄选社会资本

（一）痛点描述

在正常的市场经济中，让合作双方做到相互信任颇具难度。一方面，在一些重点项目领域，如集中供暖、资源开发、交通设施等，政府与社会资本间一般很难做到真正意义上的彼此信任，就算是政府与国有企业之间的合作，它们之间的相互信任也是具有非常微妙的界限的。政府通常受到信任影响因素的可靠性研判制约，希望对各个项目的进程、管理等占据主导性地位，在合作中，因为政府难以放以放权，社会资本显得举步维艰。因为信任度无法提升，合作中的迟疑等原因，造成现阶段社会资本进入PPP项目难度大、下降快，项目整体进程缓慢，某些项目甚至可能面临失败的惨烈局面。另一方面，政府在对合作的社会资本进行可靠性评估研判时，所掌握的信息具有局限性，而在此基础上进行的合作选择，毫无疑问是片面和盲目的，其最终结果也值得再次商榷。

因此，在不信任因素无法消除的客观环境下，项目实施机构需要专业的全过程工程咨询单位协助遴选出更加适合的作为社会资本方的成员，以保证政府与社会资本的合作可以顺利展开，同时政府可以实现预期的目标和获得其具有预期价值的公共产品。

（二）管控措施

1. 以能力需求表辅助项目实施机构甄选最佳社会资本

全过程工程咨询单位要严格按照国家规范要求协助项目实施机构审核投标企业资质，选出最佳社会资本。全过程工程咨询单位从项目重难点和期望社会资本能力需求入手，寻求二者的匹配，可保证在不信任环境下甄选出最佳社会资本。

项目的重难点是项目的短板，从技术角度看最复杂，很可能导致项目进度拖期或质量安全出事故；从投资角度看最易突破预算，很可能形成三超。期望社会资本供应能力需求是社会资本的长板，即它的专长。全过程工程咨询单位根据项目所需社会资本能力需求制定招标文件，其中重难点工作是技术方案（监理、施工、造价咨询）的重点内容，而社会资本供应能力应分别在资格预审条件和评标条件中体现。

由于这种"两标并一标"的方式签订的初始契约属于不完全契约，所以在不信任的环境下，需要关注对社会资本的初始信任，即关注包括财务能力、技术能力、管理能力在内的基于能力信任的资格指标，和包括资质、经验在内的基于诚实信任的资格预审指标。

2. 建立社会资本适格性考察指标体系

对于此类"PPP+EPC"项目社会资本实力的考察要求往往要高于通常的PPP项目。这里主要是将"PPP+EPC"项目社会资本适格性考察内容划分为EPC总承包商硬实力考察和PPP社会资本软实力考察两方面。

从EPC总承包商的硬实力方面看，社会资本需要具有足够的经济规模用以工程先期垫资；具备先进的工艺水平来解决工程技术上的难题；拥有对项目的整体把控能力，实行设计、施工、试运营等建设全过程的统一集成管理；具有项目管理、各方协调、组织管理以及风险预控等各方面的硬实力。

从PPP社会资本应有的软实力角度看，社会资本不仅要在项目启动阶段拥有资金规模和融资能力，同时也要求具有市场判断力和良好的协调能力与政府部门进行交涉，更要在运营维护阶段体现出社会资本的商业传播、信誉水平、社会责任承担等各方面的软实力。

（1）"PPP+EPC"项目总承包商适格性考察指标体系建立

搜集采用"PPP+EPC"模式的相关案例进行总结分析，按照研究需要，将对文献中提取、整理出的适格性考察指标有条理有逻辑地陈述出来，并依据适格性指标的设计原则以及现实情况，与相关专家学者和实际工作人员研讨后，选取重点评价指标。将PPP与EPC项目选择模型的二级指标经过了删减、合并，同时将过往经验与业绩水平两个强相关的一级指标合二为一，命名为项目经验。由此，从财务能力、技术能力、管理能力、项目经验和声誉水平提取出5个一级指标，并进一步细化为22个二级指标，从而建立"PPP+EPC"项目的社会资本适格性指标体系，其具体指标结构如表5-9所示。

"PPP+EPC"项目总承包商适格性考察指标体系　　　　　　　　表5-9

目标	一级指标	二级指标
"PPP+EPC"项目总承包商适格性考察指标	财务能力	资金实力
		融资信贷能力
		财务担保能力
		投标能力
	技术能力	工艺、工程技术
		专业人才情况
		建设、运营方案的合理性
		机械设备等资源状况
	管理能力	项目投融资管理能力
		项目建设管理能力

目标	一级指标	二级指标
"PPP+EPC"项目总承包商适格性考察指标	管理能力	项目运营管理能力
		与其他组织交流配合能力
		风险管理能力
		管理体系规范化程度
		企业文化素质
	项目经验	类似项目投融资业绩
		类似项目建设业绩
		类似工程运营业绩
	信誉水平	企业、业绩评优、获奖情况、信用评级情况、重大失信、市场禁入等排除、行政处罚记录筛选等

（2）"PPP+EPC"项目社会资本适格性考察模型建立

"PPP+EPC"项目的综合性高，对社会资本的要求更加严格。社会资本参与项目的能力体现在多方面，由于总结归纳出的评价指标体现社会资本的综合能力存在差异，所以需要根据各指标的内容联系实际操作确定出各指标在考察中的权重。在比选了目前已有的灰色关联度法、德尔菲法、层次分析法等对权重的确定方法后，此处选用层次分析法（AHP）科学量化人的主观判断和积累经验，按照属性和隶属关系进行条理化，从而形成逐层支配的递阶层次结构。通过层次分析法确定各指标的权重排序之后，需按照指标进行考察，考虑到各项指标大部分属于定性类指标，通过适格性程度如强适格、弱适格等模糊类的语言进行描述，利用模糊数学可将其进行定量化处理。模糊综合评价法（CFCE）是运用了模糊数学以及模糊统计的方法通过引入模糊集以及各因素的隶属度对系统进行综合评价的一种方法。AHP-FCE模型将两种方法结合，将层次分析法的系统性、可操作性应用到考察指标模糊权向量计算中，增强了考察指标对模糊子集的隶属度，能有效解决"PPP+EPC"项目社会资本适格性考察的复杂性与多层次性及考察指标不确定性的问题。根据上述构建的"PPP+EPC"社会资本适格性考察指标体系，可建立社会资本适格性考察模型。

1）确定考察指标评判集

评判集是指目标对象评判的结果集合。在建立评价集 $V=\{v_1, v_2, v_3, \cdots, v_m\}$ 时，结合上述对"PPP+EPC"项目社会资本的适格性分析，将"PPP+EPC"项目社会资本的适格性进行级别分类：强适格、适格、弱适格和不适格。因此，此处取 $m=4$，确立的评价等级集合为：$V=\{v_1, v_2, v_3, \cdots, v_m\}=\{$强适格，适格，弱适格，不适格$\}$。

2）计算指标权重

确定"PPP+EPC"项目社会资本适格性考察指标的权重。利用层次分析法对社会资本适格性考察指标进行分析，首先按照所提取的考察指标以隶属关系进行分组，形成所需的递阶层次结构；再根据对同一层次的适格性考察指标的重要性进行对比分析，以构造判断矩阵；然后运用矩阵运算方法计算每个判断矩阵的最大特征值和其相对应的特征向量，并进行一致性检验，检验通过则进行归一化处理，用特征向量的各分量来表示权重向量，将其作为考察指标的重要性权重运用到模糊综合评价模型中。

3）模糊综合评价

根据"PPP+EPC"项目社会资本适格性的考察需要选取加权平均型模糊算子，其特点为体现权重系数明显、综合程度强，且利用等级模糊子集的信息充分，根据层次分析法的分析以及对指标重要性权重的计算，可得到一级指标权重向量 A 以及二级指标权重向量 A_i。首先，进行单因素模糊评价，对各个评价指标的适格性进行量化处理，确定隶属度进而得到单因素评价的模糊关系矩阵 R_i。其次，进行多指标综合评价，选取评价模型 $B = A \times R$，分别对一级指标、二级指标进行评价，并合成模糊综合评价结果矢量。最后，对模糊综合评价结果进行分析，判断社会资本适格性的分类，根据最大隶属度的方法考察预选社会资本的适格性。

第三节　项目执行阶段

一、"PPP+EPC"项目设计管理

（一）痛点描述

PPP和EPC模式的结合，真正实现了投资、建设、运营的整合，合理强化了社会资本PPP项目全过程管理的主体责任。从PPP项目全过程管理的角度，初步设计和施工图设计是项目全过程管理的一个重要环节，作为后续工作的基础和依据，而设计管理工作和设计责任的分离往往造成工程纠纷。项目实施机构一方面希望社会资本能够承担更多的设计工作，实现整体项目质量和效益的统一，另一方面又担心设计管理失控造成投资管理失控，多方面原因造成PPP项目工程投资比传统政府投资项目的工程投资相对要高，所以多数PPP项目的设计工作仍然由政府一同承担。设计乃项目之源，加强设计管理，做好设计优化方能抓住源头，才能惠及下游。因此项目实施机构需要专业的全过程工程咨询单位对项目实施设计优化管理，需要建立高效务实完善的设计体系，发挥设计优化在PPP项目中的积极作用，为盈利、发展提供坚实有力的保障。

（二）管控措施

1. 设计管理关键工作任务一：设计成果文件评审

（1）评审依据

1）国务院修订《建设工程勘察设计管理条例》（2017修正）；

2）交通运输部颁发的《公路建设项目可行性究报告编制办法》（交规划发〔2010〕178号）；

3）国家计委《关于印发〈基本建设设计工作管理暂行办法〉〈基本建设勘察工作管理暂行办法〉的通知》；

4）《住房城乡建设部关于印发〈建筑工程设计文件编制深度规定（2016年版）〉的通知》（建质函〔2016〕247号）；

5）《住房城乡建设部关于实施〈房屋建筑和市政基础设施工程施工图设计文件审查管理办法〉有关问题的通知》（建质〔2013〕111号）；

6）关于发布国家标准《机械工业工程建设项目设计文件编制标准》的公（告中华人民共和国住房和城乡建设部公告第5号）；

7）《建材矿山工程建设项目设计文件编制标准》GB/T 50820—2013；

8）《建材工厂工程建设项目设计文件编制标准》GB/T 50718—2011；

9）《PPP项目勘察设计合同》、设计任务书等。

（2）评审标准

1）设计概算是否超投资估算，施工图预算是否超概算。

2）设计审批程序的合法合规性。

3）因优化设计节约的建设成本而设立的激励相容条款，是否按合同约定落实到位。

（3）评审要点

评审首先要站在政策角度，一定站在合法、合规的基础上。全过程工程咨询单位组织招标、造价、监理及设计优化单位，根据各自特长和经验提出建设性意见和建议，并且聘请技术顾问、邀请主管部门对各个阶段成果进行审核并提出优化修改建议和意见。例如，在方案设计阶段，审核建设技术经济指标表现，进行设计文件的适配性、经济性评价；在初步设计阶段，设计深度、安全审核、指导实施精度方面；在施工图设计阶段，专业方案合理性审核等。

PPP结合EPC模式在设计本工程时，某些工程部位的设计不能直接套用以前的设计模式时，需要在满足符合规范的情况下更精细、更经济的设计规划，由于设计、采购、施工都可以在一个项目部宏观控制下完成，技术人员可以相互交流，密切配合，使得设计更加易于施工操作，更经济合理。设计、采购、施工阶段部分工作重叠进行，大大缩短了工程工期。工期缩短了降低了工程费用，工程也可以早日投产使用创造效益。"PPP+EPC"项目设计文件的适配性、经济性评价评审工作要点如下。

1）设计文件适配性

对项目的设计文件进行适配性评价，可通过对设计文件与可行性研究报告、采购文件、"PPP+EPC"合同文件适配性的审查，对设计文件的适配性做出评价。

①评价依据包括项目可行性研究报告、采购文件、报价响应文件、项目实施方案、"PPP+EPC"项目合同及相关行业的资料。

②全过程工程咨询单位开展项目设计文件适配性评价时应成立专业组，包括建筑、工艺、设备、电力、仪表等相关专业工程师。

③设计文件适配性审查的内容。

a.功能的适配性：建设规模、工艺线路选择、生产能力、产品方案、工厂组成、公用工程及辅助生产装置配套、总图等是否符合要求。

b.安全环保的适配性：项目的防火、防爆、防雷、防震以及环保、"三废"有害物的浓度或排放量是否符合要求。

c.规范的适配性：设计基础资料齐全、准确、有效，设计文件的内容、深度、格式是否符合规范的要求。

d.其他：工程设计文件交付期限是否符合规定要求。

2）设计文件经济性评价

设计文件经济性评价推荐从以下方面开展。

①装置（或项目）年运转时间、原材料及动力消耗指标、能源及动力配置合理性、运行效率、节能措施、能耗水平等是否处于国内同类设计先进水平。

②改扩建及技改工程应注意挖潜填平补齐和节能降耗方面的评价。

设计文件的经济性评价应执行国家发展改革委、住房城乡建设部发布的《建设项目经济评价方法和参数》的有关规定，主要内容为财务评价。财务评价的内容应包括财务分析与财务评价两个部分，财务分析与评价工作包括盈利能力分析、清偿能力分析和不确定性分析。财务评价应遵循以下程序：

a.收集、整理和计算有关财务评价基础数据与参数等资料；

b.估算各期现金流量；

c.编制基本财务报表；

d.进行财务评价指标的计算与分析；

e.进行不确定性分析；

f.做出项目财务评价的最终结论。

盈利能力分析应通过编制全部现金流量表、自有资金现金流量表和损益表等基本财务报表，计算财务内部收益率、财务净现值、投资回收期、投资收益率等指标来进行定量判断。

清偿能力分析应通过编制资金来源与运用表、资产负债表等基本财务报表，计算借款偿还期、资产负债率、流动比率、速动比率等指标来进行定量判断。

不确定性分析应通过盈亏平衡分析、敏感性分析等方法来进行定量判断。

2. 设计管理关键工作任务二：可施工性分析

如何更好地实现项目的目标：要求施工相关人员，例如施工管理人员及监理人员尽早参与项目的规划、设计等阶段工作，将施工经验和知识应用于项目实施全过程中，避免传统的设计与施工分离所带来的问题。

优化和改进的主要方面：重点方案和部位的施工技术及相关论证，优化设计方案便于施工或者设计施工难度大提出施工解决方案。

影响可施工性的主要因素：承发包模式；风险管理；施工顺序；现场设施；可操作性、可维护性以及环境因素等（图5-8）。

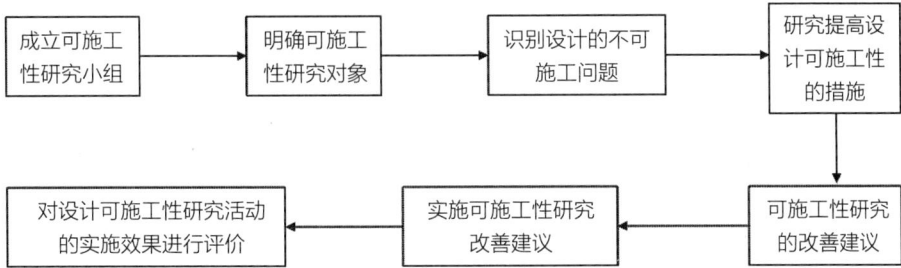

图 5-8　设计管理可施工性分析流程图

3. 设计管理重要工具之一：限额设计

满足需求的限额设计要点如下：

（1）确定设计任务书及限额设计目标的制定，明确设计造价总控目标、各分项目标外，还要明确结构主要材料，从源头上对设计进行合理控制。

（2）对设计方案进行经济比选，为决策增加经济性指标。

（3）审核含量指标，督促设计方进行优化。

（4）确定相关经济技术指标，协助委托方进行目标成本的修订。

4. 设计管理重要工具之二：设计优化

设计优化，是以工程设计理论为基础，以工程实践经验为前提，以对设计规范的理解和灵活运用为指导，以先进、合理的工程设计方法为手段，对工程设计进行深化、调整、改善与提高，并对工程成本进行审核和监控，也就是对工程设计再加工的过程。设计优化的目的是在完成项目设计的基础上，一方面性能、可靠性指标，减少耗能，保证连续可靠的运行时间，实现更佳的经济、环保、社会效益；另一方面有效控制工程量。改善施工条件，达到控制投资、降低造价的目标。方案/工艺设计阶段和初步设计阶段是设计优化的重点时段，施工图设计阶段重点关注设计优化措施的落实情况，施工阶段重点根据优化后的设计开展现场实施工作。

（1）设计优化的原则

不降低设计标准、不影响设计功能，并确保工程质量、合同工期、投资控制目标的实现以及施工的便利性、后期运营的效率和经济性，遵循合理、经济、可行的原则。

（2）设计优化实施

1）方案/工艺设计阶段：优选设计单位与设计方案，在设计分包合同中明确优化设计的要求。

2）初步设计阶段：加强与设计单位的沟通，促进其充分理解工程建设目标（性能指标、造价控制目标等），拟定设计原则，重点开展系统、设备选型、总体布置优化等工作。

3）施工图设计阶段：根据初设确定的设计方案及合同要求组织设计单位进行 施工图优化设计和精细化设计工作，对设计范围、深度进行拓展，实行工程量控制。

4）施工阶段：保障设计单位与施工总承包商进行充分的设计交底，加强与施工单位的现场配合，关键施工方案进行技术支持，参与重大施工方案的确定根据现场情况进行优化设计、更改，控制设计变更工程量（图5-9）。

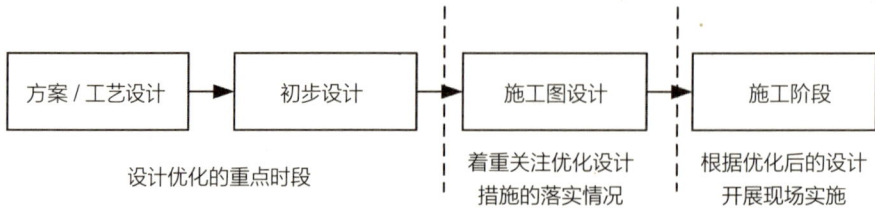

图 5-9　设计优化实施流程图

（3）设计优化的方法

1）全过程工程咨询单位成立优化设计专家库，抽调技术骨干对设计优化工作给予技术支持。

2）利用科研成果、工程经验和广泛的国内外信息，以及设计单位总部的资源力量，对初步设计、施工图设计提出设计优化的思路和方案。

3）对设计优化内容具体化、明确化，提供充分依据支持设计优化意见（必要时须提供计算书），并负责与设计单位进行沟通。

4）对优化设计的内容进行项目全周期的经济分析，包括项目建设、运营阶段，提供充分的依据支持经济分析结果。

5）广泛收集初设资料、设备选型资料、设计图纸，建立典型优化设计库、同类型设计资料库，培养专业设计人才。

5."PPP+EPC"项目设计管理相关建议

（1）"PPP+EPC"新建项目的前期筹划、尽职调研，乃至形成投资成本测算，可以评估项目整体投资可靠性和更大程度地识别、规避风险，按照现行规定，"PPP+EPC"项目采购阶段至少处于投资估算阶段，提前筹划进行超前设计，初拟设计框架方案，有助于加强设计在项目前期的主动介入，同时有助于形成更趋准确的测算工程量和相关的人、机、料费用计取依据。除可以根据类似项目经验数据，以及结合投标项目实际进展情况进行分析确定外，设计应提前预深化、有条件地结合施工实际进行预评价，此时的投资估算往往能更准确地作为社会资本方企业后续积极参与"PPP+EPC"项目的重要依据。

（2）通常，项目公司是为"PPP+EPC"项目的实施成立的一类有限责任公司，是"PPP+EPC"项目建设的实施者和运营者，一定程度上承载着各方的利益平衡，必然重点关注政府、设计单位、施工单位、运营单位各方的统筹协调，而设计作为工程建设的"灵魂"，通过有效的设计管理，打破设计的信息壁垒，强化项目准备前期体现各方诉求，加强设计与施工的对接，及时汇总运营的思路建议，选择优化的设计方案、施工组织和运营策略，形成相互契合的计划管理纲要，继而构建基于设计过程跟踪控制的管理手册。

（3）建立与设计单位常态工作机制，甚至建立联合工作组，明确责任与分工，明确组织结构，建立全周期、年度工作计划定期通报机制与月（季）度/关键阶段工作协调会机制，协调具体设计工作计划匹配项目实际推进，拟定设计初案提报各方参与评议、设计调整管理办法等。

（4）及时落实总体设计原则、专业会签、总体审定等相关制度，统筹"PPP+EPC"项目投资、设计、施工、运营四大环节的过程联系和完善，确保项目设计系统的完整性及设计的总体质量。

（5）基于"PPP+EPC"项目控制的特点，分子项策划、限额设计乃至整体优化设计，既有助于满足"PPP+EPC"项目分别进入运营期、分别移交考核的要求，满足总投控制的预期，又有助于基于项目具体条件布置合理的施工、运营方案。不同于传统基于单一目标实现的限额设计，强调过程各方对设计的提前干预或建议，可以有效减少后续项目现场实施与设计变更带来的大量签证修改，降低大量不必要的成本浪费。

（6）为保证"PPP+EPC"项目从建设期向运营期的顺利衔接过渡，避免普遍存在的"重建设，轻运营"的现象，有计划地强化专业运营机构和设计的中间协同，实现运营方案从设计层面自项目启动至项目运营实施全周期予以体现，计划分阶段、分专业、分移交节点地定期协调设计计划实施及方案的过程审查和评估。

（7）设计方案是否合理，项目的实施和后期的运营状况最能说明问题。针对设计任务及交期构建对应约束性的设计考核指标，建立设计服务过程评价、后评价体系，及时对项目实施的成本数据进行梳理分析，过程中阶段性对设计服务进行总结与调整。

（8）探索并制定设计管理工作的规范性文件，及时整理各实施项目设计管理大纲、工程联系单、概预算等设计文件，更好地做到事后数据分析汇总，形成分专业、分子项的项目经验数据库，以期提高后续项目投资决策和建设管理性水平。

（9）在设计管理方面，可引入设计监理机制，强化社会资本从投标设计方案到施工图阶段的设计监督，并且可设置过程中的设计优化的绩效激励机制，保障全过程设计管理中政府和社会资本的边界清晰和管理主动性。

当全国性项目推进的投资网络已经铺开，业务不断拓展之际，需要系统化构建各利益共同体的相互协同，形成合力，打造稳定发展的局势，原先的割裂设计、"雄鹰"式单打独斗的投资建设运营管理，缺乏"大项目团队"的合作精神，对"PPP+EPC"项目的全生命周期管理造成相当大的麻烦。此时，关于强调以设计管理为线索，整合多方协作的"雁"式管理体系，除增强了"PPP+EPC"项目团队的凝聚力和协调战斗力，更有利于创造1+1>2的联合效益。

二、"PPP+EPC"项目投资管控

(一)痛点描述

"PPP+EPC"项目价款一般由工程总造价、运营维护成本、投融资财务成本和投资收益几部分组成。投资人都会将"PPP+EPC"项目价款在政府授予的特许经营期内通过政府付费、使用者付费和可行性缺口补助这三种回报机制进行回收,"PPP+EPC"项目总价款的最终承担主体为政府。在"PPP+EPC"模式中,一是EPC采用固定总价合同,项目成本控制难,政府面临较大风险,可能会面临较多索赔、签证变更等争议问题,并且项目后期结算、财政审核、审计工作量大、周期长双方容易产生分歧,可能会影响可行性缺口补助的按期支付,并导致可行性缺口补助的实际支付额超出财政承受能力论证报告的计划支付额。二是总承包商可能会由于种种原因不能在原定计划的工期内完成项目建设,其结果是项目不能按照预定的计划运营,因而不能产生足够的现金流量来支付生产费用和偿还债务,造成贷款偿还延期,贷款利息增加,导致整个即项目的成本增加。因此,项目实施机构需要专业的全过程工程咨询单位对项目实施全面投资管控,建立投资管控体系,并且合理安排工期,达到资金成本最优的前提下按时完工。

(二)管控措施

1. 协助项目实施机构建立"PPP+EPC"项目投资控制体系

对于"PPP+EPC"项目若出现投资失控、工程烂尾、无法实现预期目标等情况,轻则影响到双方利益,重则对社会经济的稳定造成影响,两败俱伤。因此,需要建立合适的投资控制体系对项目进行投资控制。

(1)强化项目前期决策论证

要想对项目建设投资进行控制,首先要重视项目前期的决策论证。从管理的有效性讲,事前控制是过程控制体系中的最佳阶段,"PPP+EPC"项目投资控制亦是如此。项目的可行性研究报告是项目投资决策的最重要依据。项目的可研报告应由政府主导,由第三方机构独立编制,有关部门应科学决策,筑牢基础,重视前期决策论证工作,可研报告审批不走过场、严格执行决策论证程序。

项目建设的必要性、建设内容、建设标准、工艺技术、投资规模、社会/经济/环境效益等的可行性是项目成立的前提,因此项目前期决策论证是项目能否顺利实施的基础。

(2)以"PPP+EPC"项目合同为约束

在进行投资控制时需以"PPP+EPC"项目合同为依据,根据"PPP+EPC"项目合同中约定的项目投资规模、投资计划、投资控制条款、资金筹措、融资条件、投融资监管及违约责任等事项进行投资控制,构建以"PPP+EPC"项目合同为约束的投资控制体系。

（3）构建施工阶段全过程投资控制体系

由于施工阶段时间长，影响因素比较多，在项目全过程投资控制中也是最难、最繁琐、最复杂的阶段。因此，需对施工阶段进行全过程投资控制，施工阶段的投资控制主要应做好以下几个方面的工作。

1）重视工程洽商和变更

近年来，我国工程造价咨询行业的专业水平逐渐提高，对投资控制发挥了不容忽视的作用。在此情境下，项目建设的实际成本一般可以在施工单位的中标价中得以体现。但大多数施工单位为了企业和个人的经济利益，在施工过程中刻意制造工程洽商和变更的机会点，以此在结算时获取利润或进行索赔。因此，咨询企业人员要谨慎签署施工企业提出的工程洽商和变更事项，分析判断变更事项是否必要可行，避免不当变更造成工程投资的增加。

2）暂估价材料、设备和工程成本控制

暂估价材料、设备和工程成本对于施工阶段的成本也有着重要的影响。在暂估价材料、设备和工程投标前，发包人可通过充分的询价确定合理的招标控制价。在合同履行中，发包人可全过程参与材料等的采购，以此更好地实现对材料质量和价格上的控制，从而确定暂估价材料的实际价格。

3）项目决算控制

项目决算是项目施工阶段投资控制的最后一道环节。主要从以下几个方面进行控制：一是保证工程量的准确性，防止不合理的工程报审造价；二是重点对重组的综合单价进行审核，主要审核其合理性和科学性；三是重点审核工程变更。工程变更在项目施工过程中是不可避免的，其会使工程量发生变化，从而对项目成本产生一定的影响。因此，要重点审核工程变更的必要性和准确性。

4）咨询机构应动态掌握工程造价变化情况

咨询机构应根据签订合同制定项目资金使用计划，资金使用计划应与计划工期、预付款支付时间、进度款支付节点、竣工结算支付节点等相符。过程中，咨询机构应与项目各参与方时刻保持联系与沟通，动态掌握引起项目成本变化的信息情况，提前预测项目建设中可能发生的重大工程变更，将可能对项目成本造成较大影响的情况及时通知委托人。

（4）建立完善的项目管理制度

政府在"放管服"的改革趋势中，可以不参与项目具体的、微观的管理事务，但监管职能和总体控制制度不能缺位。项目公司应制订并执行全面的、完善的管理制度，与投资控制相关的，至少包含设计审查、变更管理、主要设备、材料采购招标、验收、计量、中间结算、价款支付、合同管理、结/决算管理等制度或办法，从而有利于加快政府职能的转变，将政府的发展规划、市场监管、公共服务职能与社会资本的管理效率、技术创新动力有机结合，有利于降低项目全周期的成本，控制项目建设成本、提高项目管理效率。

同时从《关于加强地方政府性债务管理的意见》国发〔2014〕43号中可知，财政部门作为地方政府性债务归口管理部门，要完善债务管理制度，充实债务管理力量，做好债务规模控制、债券发行、预算管理、统计分析和风险监控等工作；发展改革部门要加强政府投资计划管理和项目审批，从严审批债务风险较高地区的新开工项目；金融监管部门要加强监管、正确引导，制止金融机构等违法违规提供融资；审计部门要依法加强对地方政府性债务的审计监督，促进完善债务管理制度，防范风险，规范管理，提高资金使用效益。

（5）构建多层次、全方位的投资控制体系

针对"PPP+EPC"项目，从上至下，应建立起以行政监管、实施机构SPV负责、SPV内控、总承包人自律为核心的投资控制体系。

行政监管即保证项目公司的产品和服务质量符合行业通行技术标准和特殊规范，确保其服务高质高效、稳定安全、价格和费用支付安排合理。行政监管可分为两个阶段，一是项目采购时期的监管；二是项目建设运营移交时期的绩效监管（包括质量、价格、服务水平和财务等方面的监管）。其中行政监管机构是"PPP+EPC"项目监管体系的核心，有助于保障项目监管的有效性和统一性。可结合政府规制理论，划清政府行政部门的监管边界，明确监管范围，建立高效的"PPP+EPC"项目政府监管机构。

对于项目实施机构而言，在确保项目可行性研究和初步设计质量基础上夯实工程投资估算或概算成果，是有效控制"PPP+EPC"项目投资规模、控制政府支出责任、提高项目经济效益的关键性基础，也是在"PPP+EPC"项目运作中科学合理、公平公正地划分政府和社会资本投资控制责任和风险承担的前提条件。

2. 制定严格的项目全生命周期投资控制办法

项目总投资是一个动态概念，贯穿并对应于项目建设的各个阶段。在项目决策阶段对应的是投资估算，初步设计阶段对应初步设计概算，施工图设计阶段对应施工图预算，招投标阶段对应合同价，竣工验收阶段对应竣工决算价。其关系为：投资估算控制初步设计概算，初步设计概算控制施工图预算，其中，施工图预算和竣工决算需控制在批准的概算内。

"PPP+EPC"项目一般在可研批复后进入采购阶段，无论哪一种模式，从招标文件的编制到"PPP+EPC"合同条款的制订，都必须对各阶段投资的确定办法做出详细的规定，以确保基本建设各阶段投资处于受控范围，从而利于政府和社会资本准确进行测算、投标报价、成本控制和管理，在基础、标准和规则一致的情况下将投资控制活动贯穿于项目的采购、建设和竣工决算全过程。

（1）充分认识项目总投资的构成及计算方法，确定计价规则、投标报价及结算办法

一般说来，投资估算由建筑安装工程费、设备及工器具购置费、工程建设其他费、预备费和建设期贷款利息组成。招标文件和"PPP+EPC"合同条款需结合项目所处行业、招标时所处阶段及招标模式等来约定基本建设各阶段总投资（包括概算、预算、工程量清单及拦标价、竣工结算、竣工决算）、总投资中各类费用、工程量的计算依据和结算办法，

从而做到计价基础、计价标准和计价规则相统一。

1）对项目公司成立后设计、施工总承包的施工过程管理、结算方式、结算办法应当有明确的规定，包括施工总承包人资质资格的确定，第三方中介机构的委托等，项目竣工验收后按招标文件规定办理竣工决算。

2）"PPP+EPC"模式下的投资控制

① "PPP+EPC"项目总投资采取开口结算情况下的投资控制

以某项目为例，采用"PPP+EPC"模式招标，考虑到项目实施范围较广，征地拆迁及建设范围存在一定的不确定性，合同采用开口结算办法，投标人在投标报价时要求在对应的计算规则下，综合考虑后再报出总投资优惠下浮率。竣工决算时的工程量计算、定额适用、材料（设备）价格计取、费用计算标准等招标文件均对相应条款对了明确的约定，此时的总投资是根据建设阶段不同而变化，是一个动态概念，最终是以竣工决算价作为政府和社会资本的结算和支付依据。

a.项目建设总造价（总投资）

（a）在招、投标时"总造价"指已批复的可研"投资估算×（1-优惠下浮率）"的投标报价；

（b）项目施工期间"总造价"指按施工图编制（清单计价模式）并经审定的"预算造价×（1-优惠下浮率）"；

（c）竣工决算时"总造价"指以"审定决算价×（1-优惠下浮率）"。

审定决算价为竣工决算时由政府或其授权委托的第三方中介机构审定的各单项工程的竣工决算价。

b."审定决算价"的计价规则

"审定决算价"包括工程费、工程建设其他费、基本预备费（经批准动用的）、建设期利息，各项费用按规定的计价规则计算。

（a）工程费计价规则

根据招标文件规定、招标文件答疑、合同协议书及条款、设计图纸、设计变更、有效经济签证、项目所在省（市）现行的工程量清单、计价规范及配套文件、国家及有关部门对定额适用范围的划分等进行计算。

（b）工程建设其他费计价规则

招标前由招标人已经实施完成的费用、建设用地费用（包括建设项目要取得其所需土地的使用权而必须支付的征地补偿费或者土地使用权出让金或者租用土地使用权的费用）、项目公司组建后采用公开招标确定支付的费用，均按审计确认计入项目审定决算价，不再优惠下浮。

除上述规定内容的计算方法外的工程建设其他费，根据审计确认的费用计入项目审定决算价。

（c）基本预备费计价规则：按批准动用并经审计确认的费用计入项目审定决算价。

（d）建设期贷款利息计价规则：按同期中国人民银行公布的中长期贷款利率或采购文件约定的方式计算。

c."审定决算价"中材料（设备）价格的确定方法

材料（设备）价格按项目开工当月当地公布的价格信息确定，价格信息没有的材料（设备）价格，达到限额需公开招标的，按公开招标的中标价进入审定决算价；未达到限额公开招标的，由社会资本报价，经监理、招标人、第三方造价咨询单位采用共同询价批复或竞争性谈判确定。

d.项目计划工期不超过1年，材料（设备）价格涨跌风险不予考虑。

上述规则的约定，包括了投标报价、合同价、竣工决算等基本建设各个阶段总投资的计算方法，形成了项目管理系统的投资控制思路，避免了项目建设过程和结算的争议，也有利于项目投资控制目标的实现。

② "PPP+EPC"项目总投资采用固定总价合同情况下的投资控制

对项目预期目标、功能要求和设计标准明确，政府预期变更较少的项目，可以采用总价合同。除政府方增减工程量、政府方提出的设计变更、不可抗力及合同约定的不可预见费外，在确定的工作范围和工作内容下，合同总价一次包死，固定不变。总价合同具有价格固定、工期不变的特点，项目管理相对集中、简单。

根据我国工程造价限额体系，概算大于施工图预算，EPC承包价格不能突破批准的设计概算，招标时，一般约定以批复的概算总投资或者施工图预算为基础（扣除政府前期已经发生的费用），报出优惠下浮率，进而计算出合同固定总价，形成合同价。采用总价合同时，投标报价、合同包干的基数一般是经批准的概算或施工图预算，实施机构应当委托中介机构对概算、施工图预算两个环节进行实质性审核，审核通过后提交政府相关部门组织专家评审，履行相关批复程序。其次，固定总价是基于确定的范围、内容和标准包干，招标文件和合同条款应当明确相关变化时的结算和调整办法，竣工决算时依据合同约定对可调价格部分进行调整。

（2）根据项目各成本要素敏感性分析，结合项目所处行业、其他成本要素指标情况等，合理确定招标控制价

"PPP+EPC"项目涉及行业众多，项目的总投资、折现率、融资成本、合理利润率、运维服务费等成本要素对政府在项目合作期内的政府支出责任、对社会资本的回报和利润高低敏感性不同，各行业定额水平不同，行业利润率不同。施工利润率是社会资本获取回报的重要途径之一，各成本要素之间相互影响，不能简单看某一指标的高低判定社会资本回报的高低和合理性，各竞价指标应当根据确定的财务测算模型和政府支出责任进行敏感性分析，结合行业利润率和当地市场竞争状况分析，合理确定招标控制价，防止围标、串标等抬高中标价格的恶意行为。

（3）根据拟定的招标模式，合理设定报价分值权重

"PPP+EPC"项目招标采购社会资本，除投标报价外，投标人的投融资能力、项目管

理、类似业绩、运维服务能力等因素也极为重要，报价分权重较小则价格竞争失去意义，报价分权重过高则可能导致低价恶意竞争以及可能面临投融资能力和运维能力不足的问题，最终得不偿失。因此，"PPP+EPC"项目招标评标可参照"基于质量为主选择"的评价机制，依据项目的具体情况设置需综合考虑各要素的评分分值权重，以选择到最大限度满足招标文件要求的社会资本，单纯的社会资本招标，报价分所占权重可以考虑在30%以内，如果是"PPP+EPC"的招标，则报价分权重不应低于30分，这样既符合文件规定，也符合"PPP+EPC"项目综合评审的考虑。

（4）根据开标、清标、投标文件和"PPP+EPC"项目合同确认谈判情况，完善项目合同相关条款

招标阶段的逐一推进也逐步验证着方案编制的科学性和合理性。从逻辑性、系统性和全生命周期思维的角度，在编写实施方案和招标文件时，都要尽可能做到完整准确。招投标的过程，就是双方意愿充分达成一致的过程，对招标文件中表达不准确引起歧义或者可以谈判的内容，双方应当通过补遗、答疑、采购确认谈判进一步明确，以免产生歧义，从而形成公开公平的法律文件，确保"PPP+EPC"项目在平等互利的基础上顺利实施。

（5）全过程工程咨询单位对"PPP+EPC"各个阶段进行全过程造价咨询和管理

"PPP+EPC"咨询是一个贯穿项目全生命周期的咨询，各阶段根据重要性和专业性都不同程度地需要投融资、财务、法律、招投标、工程造价、项目管理和资产评估等专业团队的参与，因此应当充分发挥第三方中介机构的作用。

1）重视"PPP+EPC"项目前期识别准备阶段的造价管理

该阶段的主要目的是对项目的可行性进行判断。包括很多工作，比如财务经济可行性分析、投资估算等。其中涉及一些相关的财务指标，如内部收益率、投资回收期、折现率、合理利润率等。折现率需要结合地方或国家财政部同时期中长期债券投资收益率进行确定，合理利润率要结合银行中长期商业贷款利率，内部收益率要参考同时期行业水平的高低等。最终根据项目所在地区和实际情况，针对性地设计出一份财务评价方案。

以上的工作要求需要具备一定能力和业绩的咨询机构来完成。因此，选择咨询机构十分关键。参考多年来选择规划设计编制单位的模式，项目实施机构可采取"带方案报价比选"的模式来选择咨询机构，这种选择模式大意为：在对"PPP+EPC"咨询机构进行选择时，不一味追求最低价中标，而是首先要求投标的咨询机构提供报价和咨询服务方案。在此基础上，在不超过招标控制价的范围内从中选取编制方案，得分最高者作为该项目的中标人。这种选择模式即保证了选择的咨询机构具有一定的实力、资质和水平，也确保了"PPP+EPC"项目实施方案的编制质量。

2）初步设计阶段及施工图设计阶段，注重项目审核

由于我们国家目前大部分实行的是专家审查和评审制，专家组很难在有限的时间内对概算和预算实行严格科学的审查，特别是对采用EPC总承包、概算包干、施工图预算包干的项目。因此，招标人引入中介机构，在专家审查和评审前对项目进行实质性的审核，

并且在招标文件中对相应环节的审核做出规定的说明。这对保护政府、社会资本以及PPP合同的履行具有重要作用。

3）"PPP+EPC"项目采购阶段，注重项目投资额的控制

"PPP+EPC"项目进入采购阶段，项目总投资额的控制是该阶段成本控制的重点。主要有以下3点控制办法。

第一，结合项目特征、环境和资源特点，并根据项目人员的技术水平和项目所在地的物价指数，进行项目投资概算的编制。同时多方位地对投资概算进行评审，以确保投资概算的准确度；第二，在招标采购中，若设计由政府方负责，可以在招标文件中要求社会资本进行设计优化，相关设计要求及技术参数作为"PPP+EPC"项目合同组成部分；若设计的责任赋予社会资本，中标后所有设计责任和风险均由其承担；第三，结合项目特点进行投资控制模式的选择。针对设计方案可靠、施工边界清晰、运营管理技术成熟的项目类型，如污水处理类项目，首先设定其招标控制价上限，然后以社会资本的中标价为基准进行投资控制，在功能和规模不变的前提下，由社会资本方承担投资风险。针对项目工艺复杂、建设运营资源较少的项目类型，在采购过程中，一方面依据现有条件编制投资总额，另一方面将工程变更的计价方式、取费标准、暂定项目调整、人工及主要材料价格波动调整和运营收入的调整机制等在"PPP+EPC"合同中明确，项目最终的投资额须经政府审计为准。

4）项目建设阶段，注重工程建设造价的跟踪控制，并制定更加严格的项目竣工结算和财务决算制度

在项目建设期，项目实施机构应当委托造价咨询单位对项目进行全过程的造价咨询和管理，最终合理确定项目总投资。

2017年11月10日，财政部发布《关于规范政府和社会资本合作（PPP）综合信息平台项目库管理的通知》（财办金〔2017〕92号文），文件要求"严格新项目入库标准，存在下列情形之一的项目，不得入库：项目建设成本不参与绩效考核，或实际与绩效考核结果挂钩的部分占比不足30%，固化政府支出责任"，文件中明确了建设成本的控制要求，因此必须做好建设过程的跟踪审计工作。

第一，加强审查施工图设计。对于"PPP+EPC"项目，一般社会资本方负责设计。因此，在该过程中，政府应全面审查施工图设计是否可靠、经济和合理，防止社会资本方为了扩大投资规模获得利润，利用施工图设计改变工艺、技术参数、设备标准等违规行为；第二，加强管理设计变更和建设进度等因素，明确各个单项工程的投资控制目标，并将绩效考核结果与项目建设的总绩效挂钩，建立起基于投资控制的绩效考核机制；第三，项目实施机构与社会资本方共同约定工程审计方式。项目竣工决算后，政府审计机关或其委托的全过程工程咨询单位对项目管理全过程和结果进行审计确认，作为政府绩效付费的依据。

5）项目运营期，厘清运营费用的范围

运营阶段是延续项目建设成果的阶段，运营阶段可以检验项目建设的成果是否达到设计标准和产出水平。在运营阶段，项目公司需对工程建设质量、项目设计功能及产出、建设成果管理维护等承担设计全生命周期的责任。同时，对建筑设备、管线等要保持其良好的运营状况，以期项目公司移交后仍可正常使用。

社会资本方正常的管理维护费、工程质量缺陷整改和设计缺陷完善等支出的界限在运营阶段的投资控制中是重点要明确的内容，同时还要明确社会资本方在运营期内的责任。例如，设计风险责任。除合同约定的物价因素、政策因素可调整外，对于因工程质量、原设计方案不合理造成的额外补救措施进而产生的成本支出，均由社会资本方承担，并将其与过程绩效考核挂钩。

6）项目后评价阶段，做好项目全周期投资控制的总结与分析

"PPP+EPC"项目的投资控制涉及多学科、多领域，并且不只是单一地进行工程概算、预算和结算工作，做好项目的总结分析也十分重要。第一，分析项目全生命周期投资成本控制得失。根据项目全生命周期的成本管理数据，对建设期的质量技术水平、进度与运营期间成本之间的关联度进行准确评价，形成科学的决策依据以指导未来的项目方案选择等；第二，通过项目数据的积累形成类似"PPP+EPC"项目投资额、运营期、折现率、合理利润率、内部收益率等指标，从而积累"PPP+EPC"项目投资运营的经验以指导以后的参与各方工作。

综上所述，"PPP+EPC"项目总投资的确定和控制活动贯穿于项目准备、采购、项目设计、建设、运营等各个阶段，项目实施机构和参与各方应建立全过程投资控制的思维和理念，主动控制，并针对不同的项目制订各阶段详细的投资控制措施，在保证项目质量和进度的前提下，最大限度合理确定项目总投资，减少政府支出责任，使"PPP+EPC"项目做到更加物有所值。

3. 确保在资金成本最优的前提下按期完工

（1）了解作为总承包商的合同责任、工程范围以及法律责任，并依据合同制订出工程进度节点计划。

（2）从资金成本的角度来安排开工时序，以控制性工程为主导，按照难易程度，倒排工期，有序开工。

三、"PPP+EPC"项目质量保障

（一）痛点描述

项目质量的好坏直接决定项目能否按目标预期顺利投产以及投产后能否正常运行。质量标准并非越高越好，如果项目实施机构一味追求质量标准，必然导致投资额大幅度攀升，当然，如果质量过低，同样不符合实施机构的根本利益。在"PPP+EPC"模式下，一

方面，总承包商可能设计管理经验不足，导致可施工性不强等问题，造成质量问题。另一方面，"PPP+EPC"项目的社会资本方既是投资人，也是总承包商，由于监理公司接受投资人的委托，监理人的独立性很难得到保障。某些工程结构施工技术复杂，监管不严格导致质量出现问题，难以做到动态纠偏，质量通病难以避免。因此项目实施机构需要专业的全过程工程咨询单位对项目实施第三方监管，建立可行有效的项目全方位监督管理机制，从而有效保障"PPP+EPC"项目的质量安全。

（二）管控措施

1. 严格把关EPC总承包商的资质等方面

由于EPC项目投资额高，专业技术复杂，管理难度大，对EPC总承包商的综合要求比较高，一旦所选择的EPC总承包商不能很好地完成工程项目，项目实施机构将不得不在工程建设过程中更换EPC总承包商，承受重大的损失。因此，项目实施机构在进行社会资本招标时，全过程工程咨询单位应当协助项目实施机构对作为联合体成员的工程建设企业（即联合体中标后的项目EPC总承包商）的资质、同类项目的业绩评审、社会资信度等方面进行严格考察和把关，确保所选定的项目EPC总承包商具有完成该项目的相应资质条件和履约能力，能够在"合理工期"内以"合同中明确约定的质量标准"完成工程项目建设。

2. 进行"PPP+EPC"项目设计方案全面审查

全过程工程咨询单位进行此项工作可从两大方面入手，一方面，关键工作任务是设计成果文件评审以及可施工性分析；另一方面，两大重要管控工具是限额设计以及设计优化。由此保障"PPP+EPC"项目的设计质量。

3. 建立实际造价数据的审核监督管理机制

（1）项目概（预）算编制及执行情况

1）审核依据

PPP项目识别阶段已审核通过的概（预）算，项目产出说明，PPP项目合同中约定的有关概算调整、重大变更等条款。

2）审核方法或路径

①设计概算编制依据的审核。审查编制依据的合法性，设计概算采用的各种编制依据必须经过国家或授权机关的批准，应符合国家的编制规定。

②设计概算的编制内容审核。审查概算编制是否符合国家方针政策，是否根据工程项目所在地的自然条件进行编制；审查项目建设规模、标准；审查概算编制所依据的概算定额、概算指标、费用定额、税率是否适用；审查建筑安装工程费、设备相关情况以及工程建设其他费；审查项目"三废"治理方案和投资；审查预备费、建设期贷款利息、流动资金；审查综合概算、总概算的编制内容；审查概算文件的组成内容；审查经济指标是否合理。

（2）建设资金筹集与使用情况

1）审核依据

《中央预算内基建建设投资项目前期工作经费管理暂行办法》（财建〔2006〕689号）以及前期项目投资资金使用计划。

2）审核方法或路径

主要审查建设资金（含项目资本金，下同）是否落实，是否按投资计划及时到位，能否满足项目建设进度需要；建设资金使用是否合规，有无滞留、转移、侵占、挪用建设资金等问题；建设资金是否和经营性资金严格区别核算。

（3）会计核算情况审核

1）审核依据

《中国注册会计师审计准则第1101号——注册会计师的总体目标和审计工作的基本要求》（财会〔2010〕21号）；《中国注册会计师审计准则》。

2）审核方法或路径

主要审查是否按规定设置会计机构，配备会计人员，职责分工是否明确；是否按照概算口径及有关制度规定对有关会计事项办理会计手续，进行会计核算；财务报表是否真实、合法、完整。

（4）政府补贴项目重点审核

1）审核依据

①《关于规范政府和社会资本合作合同管理工作的通知》（财金〔2014〕156号）、《国家发展改革委PPP项目通用合同指南（2014版）》《关于开展政府和社会资本合作的指导意见》（发改投资〔2014〕2724号）、《建设工程施工合同（示范文本）》。

②工程竣工报告、竣工图及竣工验收单；工程施工合同或施工协议书；施工图预算或招标投标工程的合同标价；设计交底及图纸会审记录资料；设计变更通知单及现场施工变更记录；经政府方签证认可的施工技术组织措施；预算外各种施工签证或施工记录；合同中规定的定额，材料预算价格，构件、成品价格；国家或地区新颁发的有关规定。

③《基本建设项目竣工决算审计试行办法》。

2）审核方法或路径

①合同履行情况。在项目实施过程中，有关单位是否认真履行合同条款，有无违法分包、转包现象，有无因履行合同不当造成损失浪费、质量隐患问题；各类签证、纪要和补充协议是否存在与中标合同实质性内容不一致等问题。

②工程结算审核。主要审查工程价款结算是否符合国家有关规定和合同约定，有无高估冒算、虚报冒领工程款等问题；设计变更、施工现场签证是否合规、及时、完整和真实；工程价款结算手续是否完善，有无超付或欠付工程款等问题。

③竣工决算审核。主要审查竣工决算报表和交付使用资产是否真实、合法、完整；移交手续是否齐全、合规；未完工程是否真实、合法；结余资金是否按规定进行处理等。

（5）竣工决算编制与执行情况

工程竣工决算应综合反映竣工项目从筹建开始到项目竣工交付使用为止的全部建设费用、投资效果，正确核定新增资产价值。

竣工决算的内容应包括竣工财务决算说明书、竣工财务决算报表。主要内容包括：

1）竣工决算报告说明书；

2）竣工财务决算报表；

3）编制竣工决算的主要工作。

①对整个工程建设资金的筹集与使用，财务收支情况进行全面的整理和核对。

②及时清理各项往来款项，落实债权债务，防止工程结束后无人处理。

③工程竣工，要督促有关部门进行仓库盘点和现场清理工作，及时处理剩余的工程物资，多余的设备、材料要全部退库。

④做好其他费用项目分析的分摊工作。其他费用项目，因其性质不同，财务上有各种不同的处理方式，对于要增加固定资产价值但分不出为哪一个工程项目支付的需要分摊的共同费用，需要按其不同性质，做出不同的分摊方法。

4）项目竣工财务决算审核重点

①竣工决算编制依据。审查决算编制工作有无专门组织，各项清理工作是否全面、彻底，编制依据是否符合国家有关规定，资料是否齐全，手续是否完备，对遗留问题处理是否合规。

②项目建设及概算执行情况。审查项目建设是否按批准的初步设计进行，各单位工程建设是否严格按批准的概算内容执行，有无概算外项目和提高建设标准、扩大建设规模的问题，有无重大质量事故和经济损失。

③交付使用财产和在建工程。审查交付使用财产是否真实、完整，是否符合交付条件，移交手续是否齐全、合规；成本核算是否正确，有无挤占成本，提高造价，转移投资的问题；核实在建工程投资完成额，查明未能全部建成的原因，及时交付使用。

④转出投资、应核销投资及应核销其他支出。审查其列支依据是否充分，手续是否完备，内容是否真实，核算是否合规，有无虚列投资的问题。

⑤尾项工程。根据修正总概算和工程形象进度，核实尾项工程的未完工程量，留足投资。防止将新增项目列作尾项项目、增加新的工程内容和自行消化投资包干结余。

⑥结余资金。核实结余资金，重点是库存物资，防止隐瞒、转移、挪用或压低库存物资单价，虚列往来欠款，隐匿结余资金的现象。查明器材积压，债权债务未能及时清理的原因，指出建设管理中存在的问题。

⑦基建收入。基建收入的核算是否真实、完整、有无隐瞒、转移收入的问题；是否按国家规定计算分成，足额上交或归还贷款；留成是否按规定交纳"两金"及分配和使用。

⑧投资包干结余。根据项目总承包合同核实包干指标，落实包干结余，防止将未完工程的投资作为包干结余参与分配；审查包干结余分配是否合规。

⑨竣工决算报表。审查报表的真实性、完整性、合规性。

⑩投资效益评价。从物资使用、工期、工程质量、新增生产能力、预测投资回收期等方面全面评价投资效益。

⑪其他专项审核，可视项目特点确定。

（6）项目效益评价

1）审核依据

①国家发改委与住房城乡建设部发布，中国计划出版社出版的《建设项目经济评价方法与参数》（第三版）。

②有关社会、经济、技术、环境等指标和项目可行性研究报告，及项目相关的其他资料。

2）审核方法或路径

评价建设资金的使用效果和合理利用程度；内部控制制度是否达到预期效果等。

4. 从四大措施层面进行全方位的质量监管

（1）组织措施

1）建立项目质量管理机构，明确岗位职责。

2）建立完善的质量保证体系。

3）审查分包单位资质及施工人员素质。

4）对施工过程进行巡视和检查，对隐蔽工程的隐蔽过程、下道工序施工完成之后难以检查的重点部位进行重点旁站。

（2）技术措施

1）施工单位进场组织设计交底和图纸会审，使施工单位了解设计意图，对图纸不完善和不明确的内容进行完善和澄清。

2）加强重要材料设备进场及质量检验制度，监理验收不合格严禁进场。

3）严格评审施工单位的施工组织设计和施工方案。

4）协助施工单位建立和完善工序控制体系。

（3）经济措施

1）按施工合同约定及时对工程进度款审核签认，并监督总承包商专款专用。

2）建议实施奖罚措施，进行质量评比，对工程质量完成好的给予奖励，对质量差的给予经济惩罚。

（4）合同措施

1）根据施工合同，督促总承包商认真落实合同约定的权利、义务、责任。

2）定期对施工合同执行情况进行检查分析，写出报告，并报送项目实施机构审核备案。

3）明确质量保修期间的各方责任、权利和义务，协助项目实施机构与总承包商签订质量保修协议书，监督其实施。

5. 协助项目实施机构进行"PPP+EPC"项目合同期再谈判

财政部印发的《关于规范政府和社会资本合作（PPP）综合信息平台项目库管理的通知》（财办金〔2017〕92号）（以下简称"92号文"），通过项目库全面整顿PPP项目；国资委于11月17日发布《关于加强中央企业PPP业务风险管控的通知》（国资发财管〔2017〕192号）（以下简称"192号文"），严格规范中央企业参与PPP项目。在92号文和192号文明确提出新要求，要求"清退""整改""协商谈判""停止"的情况下，相关主体亟需纠正PPP项目中的各项违法、违规操作，这必将涉及针对PPP合同、融资协议、施工合同等合同文件的修改。目前我国"PPP+EPC"项目实践中更多关注的是项目的建设阶段，而没有更好地考虑运营和维护阶段，由于"PPP+EPC"项目特许经营期长、所处环境复杂多变等原因，"PPP+EPC"合同具有天然的不完备性，一旦双方针对此类为约定事件发生争议和纠纷，事后的再谈判是解决问题的主要方式之一。

（1）设立专门的"PPP+EPC"项目再谈判管理机制

"PPP+EPC"项目再谈判效率和结果受谈判人员的属性、谈判过程中的互动以及谈判氛围等影响，并有可能存在信任等因素的中介作用，即再谈判影响机制复杂，而项目实施机构与社会资本多未经过专业的谈判技能训练，对于再谈判过程中的突发情况或者僵局等不利于再谈判协议达成的现象往往不能以最小的成本投入解决。在美国，公用事业规制委员会（Utility Regulation Commission，URC）是专门负责规范化管理私人资本所参与的基础设施经营的机构。URC是独立于特许经营授予机构和特许经营企业的机构，可以独立自主地决定费率、惩罚以及其他事项，不受政府（特许权授予机构）和特许经营企业的影响。这种独立的监管机构的存在，能够有效遏制特许经营权授予机构的寻租行为，并在基础设施特许经营合约再谈判中做到公平和公正。

（2）针对于不同类型的项目建立不同的再谈判机制

谈判互动和谈判氛围相较谈判人员属性对于再谈判效率的影响较大、谈判人员属性相较谈判互动和谈判氛围对于再谈判结果的影响较大。由此推断，对于一些用户需求较大，项目再谈判带来的损失或者影响较大的项目（例如城市供水、污水处理等项目），应首先考虑再谈判效率的提高，即通过完善谈判互动和谈判氛围进而提高再谈判的效率，降低再谈判成本；而对于一些项目停工或者暂停服务对于用户或者相关方影响较小的项目，则首先考虑再谈判结果的提高，尽量实现再谈判双方共赢的局面，即通过提高谈判人员的属性，选取具有较高谈判能力或谈判经验的谈判者为争取谈判结果而努力。

四、"PPP+EPC"项目HSE管理

（一）痛点描述

"PPP+EPC"项目施工现场环境复杂、施工作业种类较多、特种设备频繁使用、施工工序交错复杂等安全管理的薄弱环节逐步显露出来：①各方主体安全意识不强、责任落

实不到位；②现场管理混乱、安全投入不足、措施落实不到位；③工人的安全意识及自动自救能力依然薄弱；④管理人员力量薄弱、履职能力不足；⑤机械设备缺陷。这些因素时刻影响着项目的生产。因此HSE管理必须引起高度重视，应把"注重员工健康，保障生产安全，创造和谐环境"的管理理念和"安全第一，预防为主，综合治理"的生产方针切实贯彻到"PPP+EPC"项目管理中去。基于目前状况，"PPP+EPC"项目的HSE管理工作还有很长的路要走，但只要坚定信念，紧紧围绕安全生产的主线不放，抱着"有志者事竟成"的决心，通过不断优化安全管理方法并创新管理思路，就一定会攻坚克难，达到水到渠成的效果。全过程工程咨询单位要协助项目实施机构以及各相关参与方在现有资源的基础上，逐步积累和摸索经验，针对存在的问题对症下药、循序渐进，深化HSE管理工作，促进"PPP+EPC"项目HSE管理水平的稳步提升。

（二）管控措施

1. 安全文化建设

牢固树立安全理念，开展安全文化建设，提高员工整体安全素质和项目整体安全管理水平，营造"PPP+EPC"项目现场的安全文化氛围，让现场的第一位工人能够充分认识安全的重要性。HSE管理流程如图5-10所示。

图 5-10　HSE 管理流程图

2. 加强培训，提升技能，安全生产活动有效开展

全过程工程咨询单位协助项目实施机构要求项目HSE部专业工程师负责培训的实施工作，加强作业人员的教育与培训。

（1）开展应急演练活动

通过演练的开展加强项目整体的综合指挥能力，提高快速反应和协调能力，充分利用各分包单位的资源，积极预防和最大限度地减少突发事件对人员及项目的危害。

（2）安全人工时庆祝活动

项目累计达到重要节点时，项目要开展庆祝活动，对各分包队伍的安全管理成绩给予肯定，鼓励全员参与的积极性。

（3）安全生产自我检讨活动

通过安全生产自我检讨活动的开展，管理人员要不断开拓思路，提升安全管理水平。在保证自身安全的同时，也要保证他人的安全，做到"四不伤害"。

（4）观看安全生产电影活动

观看安全生产系列教育视频，使各单位管理人员对安全生产的重要性有更深的认识，增强管理人员的安全意识和安全责任心，提醒他人不要再犯同样的错误。

3. 持续辨识危险因素，采取有效控制措施

项目经理作为安全生产第一责任人，每月要组织总承包专业工程师和分包管理人员对作业中存在的危险源进行辨识，形成本项目现场具有针对性的危险源辨识和风险评价清单，强化作业前风险管控力度，在作业过程中落实各项安全防范措施，同时注重环境保护（表5-10）。

环境保护主要目标及指标表　　　　　　　　　表5-10

序号	目标	指标
1	生活及生产污水排放达标	施工现场生产、生活污水排放前无明显悬浮物
2	施工现场扬尘符合要求	现场1.5m以上目测无尘，现场地面平整坚实无浮土
3	有毒有害废弃物依法处置	施工现场有毒有害废弃物单独封闭存放，委托具有资质的单位负责清运、消纳，处理率100%
		固定场所有毒有害废弃物单独封闭存放，委托具有资质的单位负责清运、消纳，处理率100%
4	注重节约能源和自然资源	合理使用办公水电，注意节约，杜绝浪费；纸张分类管理，双面使用
		工程主材不超过定额消耗，尽量回收利用上一工序的废弃料
5	噪声污染减少对周边居民影响	土石方施工：昼间＜75dB，夜间＜55dB 打桩施工：昼间＜85dB，夜间禁止施工 结构施工：昼间＜70dB，夜间＜55dB 装修施工：昼间＜65dB，夜间＜55dB
6	光污染对周边居民无影响	对周边居民无影响，夜间施工强光，电焊弧光不直照居民区
7	施工及生活用水节能降耗	无滴、跑、冒、漏发生

4. 借助信息化手段提升HSE管控能力

（1）平台的利用

开发相应平台，通过各个模块的有效使用，将已有的项目管理经验和体系固化到平台中，尤其是对已完工项目的分包商进行评比打分环节，将对各分包队伍的评分落于实处，管理差、素质低的队伍严禁再次准入，评分与分包队伍准入紧密结合在一起。依靠信息化、集成化的手段进行综合管理和控制，以提升项目协作效率与管理水平。

（2）生产经营管理系统的使用

使用生产经营管理系统保证项目高效运行，与平台HSE管理信息同步，将各总承包项目的HSE管理现状直面地反映到平台，通过对数据、各项指标的统计分析，反映项目管理的薄弱环节，有针对性地强化薄弱之处，使项目提高HSE管理水平。

5. 远程监控保安全，监督检查促提高

"PPP+EPC"项目分布在全国各地，为了能够及时掌握各项目的工程现状，利用一体化会议系统实施的远程监控，通过对项目实时情况的充分了解，系统性地分析项目存在的"疑难杂症"，且对症下药，实现信息化管理、提升监督效率。

为了做实做细监督，充分发挥好对各项业务的指导和运行监控职能，设置专职巡检人员开展对各总承包项目质量安全月度巡检与评比工作。促进各项目质量和HSE管理水平稳步提高。

（1）对质量管理的促进作用

通过对项目开展质量安全巡检，能够促进项目组加强管理，并细化各专业、各工种施工过和质量管理方案，确保工程质量合格。

（2）对HSE管理的促进作用

通过对项目开展质量安全巡检，使各项目的专业工程师辨识问题的水平不断提高，能够在日常工作中及时发现问题并解决问题，推进现场规范化、标准化安全管理。

6. 设置奖励与惩罚措施

在系统中设立专项安全奖励基金，鼓励项目成员发挥最大主观能动性参与项目安全管理工作。对"PPP+EPC"项目HSE管理不佳的关键岗位人员进行处罚。根据当期对受检项目的监督检查结果，对各项目的项目经理、施工经理、质量经理、安全经理等关键岗位人员的日常履职情况和管理效果进行考核。

五、运营期风险隐患预计不足

（一）痛点描述

在全寿命周期里，运营时间占据了绝大部分时间，因此承担的风险也最多。PPP项目的运营期间的风险主要体现在市场竞争、市场需求、市场定价和政府财政压力四个方面。PPP项目运营风险控制不当的最大危害将会导致项目运营效率低下，违背建设初衷，不能为民众提供保质保量的社会服务，给民众带来不愉快的体育体验，这对政府的公信力和社会资本的信誉也会带来巨大的危害，与此同时，巨额的人力物力财力的投入并未取得相应的回报，这也是一种资源的浪费。

因此，项目实施机构需要专业的全过程工程咨询单位协助，建立优良的运营组织结构，通过合理的风险分担方式，增加项目的风险抵抗能力。

（二）管控措施

1. 规范运营组织结构设计

大型基础设施建设项目，为了使工程项目建成后正常发挥其功能，在项目寿命期内需要组建公司策划和管理项目。公司成立后其主要业务是运营该工程项目。为了使公司（项目）能够正常运行，发挥应有的经济效益，必须要有良好的运营机构设置。

（1）组织设计有其内在规律，必须有步骤的进行，才能取得良好的效果。一个完整组织设计程序包括以下几个步骤：

1）确定组织设计原则

根据企业的战略目标、内外部环境等条件，确定企业进行组织设计的基本思路，规定一些设计的主要原则和主要参数。

2）公司职能的分析和设计

确定企业需要设置的各项经营职能和管理职能，确定其中的关键性职能，并将这些职能进行层层分解，确定各项具体的管理业务和工作。

3）设计组织结构的框架是组织设计的主体工作

设计承担上述职能和业务的各个管理层次、部门、岗位及其权利和责任。具体表现为确定企业的组织系统图。

4）设计组织的联系方式

设计上下管理层次之间、左右管理部门之间的协调方式和控制手段。使组织的各个组成部分联为一个整体，使整个组织能够步调一致地实现企业管理地整体功能。

5）管理规范的设计

在确定了组织结构的框架及联系方式的基础上，要进一步确定各项管理业务的工作程序、工作标准及管理人员应采取的管理方法等。

6）人员的配备和训练

根据组织结构的设计，按照要求的数量和质量配备各个岗位的人员。

7）运行制度的设计

为了组织结构的正常运行，还需要设计一套良好的运行制度，如奖励制度、考核制度、激励制度等。

8）反馈与修正

组织设计是个动态过程，在组织运行过程中，各个环节要及时将运行过程中的各种信息反馈到有关部门，以定期或不定期地对原有组织做出修正，并不断完善。

（2）常见的组织结构类型分析

常见的组织结构类型主要有包括以下几种：集权的职能制结构（直线—职能制结构）、分权的事业部制结构、模拟分权制结构、矩阵结构。

1）直线—职能制结构（又称U形结构）

它是按职能来组织部门分工，即从企业高层到基层，将承担相同职能的管理业务及其人员组合在一起，设置相应的管理部门和管理职务。对于只生产一种或者少数几种产品的企业来说，职能式组织结构是一种最佳模式。

2）分权的事业部制结构

事业部制结构就是按照企业所经营的事业，包括按产品、按地区、按顾客（市场）等划分部门，设立若干事业部。事业部是在企业统一领导下，拥有自己的产品和独立核算的部门，既是受公司控制的利润中心，具有利润生产和管理的职能，又是产品责任单位或市场责任单位，对产品设计、生产制造及销售活动负有统一领导的职能。

3）模拟分权制结构

实行模拟分权制，就是按照研究开发、生产制造、市场销售等不同经营管理领域及其特点，将企业高层领导下的第一级组织分成若干个组织单位，把相应的业务活动分别归属到这些单位；让这些单位承担模拟性的盈亏责任，并给予与这种责任相适应的管理权限，各自建立必要的职能机构，组织本单位的生产、技术或经营活动。

4）矩阵结构

这种组织结构是把按职能组合业务活动，以及按产品（或工程项目、规划项目）组合业务活动的方法结合起来运用的一种组织设计即在同一组织内部，即设置具有纵向报告关系的若干职能部门，又建立具有横向报告关系的若干产品部门（或项目小组），从而形成纵向与横向管理系统相结合，形如矩阵的组织结构形式。

（3）人员配置

公司的组织建设除了要设计适应组织战略的组织结构，还要为组织结构配置适当的人员来完成各项工作。这是公司正常运营的关键。估算实现组织目标和根据组织设计和岗位设计所必须的人员配置，指导招募及其他人员配置活动，帮助管理者确保满足组织的人才需求。人员配置包括以下几个方面：

1）认真选择和使用人才招募、选拔、解除雇佣等方法，以及时准确地获取所需人才。

2）通过有目的的开发、培训、采用先进的鉴别手段等使人员与工作得到合理匹配。

3）通过确定职业路线、职业发展规划等，控制企业员工的流动。

2. 合理利用工具抵御经济风险

首先用好融资工具，完善创新融资模式，控制融资风险。新常态下，随着互联网金融的兴起与发展，大大提高金融行业服务效率，对PPP项目融资和项目运行也产生重要影响。因此，在这样的背景下，有必要创新融资模式，推动资金米源渠道多样化，为PPP项目发展和效益提升提供充足的资金保障。除发挥城市银行在融资方面的作用外，还要吸纳企业资本、私人资本等，注重发挥互联网金融的作用，实现融资渠道多元化与多样化，降低融资风险，为PPP项目运行提供充足的资金保障。

其次选择合适的合作对象，提高投资收益。为确保PPP项目有效运行和发挥作用，实现对风险有效控制，让项目取得更好收益，应该选择合适的合作对象，提升项目成功率，让项目取得更高收益。合作过程中，项目实施机构与企业要增进相互了解，选择合适的合作方，注重双向选择，相互形成合力，实现对资金的最佳利用，有效防控风险，促进PPP项目效益提升。

最后完善担保体系，重视信贷风险防范。创新新常态下PPP项目的抵押担保方式，有效防范风险。提升金融服务、预算服务和咨询服务质量，提高结算速度，创新结算方式。增进与企业和项目实施机构的沟通和协调，协助改善企业信用形象，加强贷款和信用审核，有效防控信贷风险，让PPP项目更好运行并发挥作用。

3. 建立动态风险预警机制

（1）PPP模式下项目运营阶段预警指标的建立

PPP模式下项目进入到运营期后，随着项目产生一定的现金流入，项目就要开始偿还贷款及利息支出。由于运营阶段周期长，面临的不确定性因素也随之增加。这一阶段的风险主要包括同质项目竞争风险、市场需求不足风险、运营维护超支风险等，其风险预警指标如表5-11所示。

PPP模式运营阶段风险预警指标　　　　　　　　　　　　　　　表5-11

风险预警一级指标	风险预警二级指标	赋值细则
政治与法律风险	政策变化风险	项目收费价格变更、变更特许经营期、政策透明度
	政府干预风险	政府官员的决策偏好、政府监管程度、政府清廉度
	税收调整风险	税收调整的幅度大小、政策效力
	征用/公有化风险	运营管理、公众态度、履约情况
	法律法规变更风险	相关法律是否变更、行业标准是否变更
	法律法规不完善风险	PPP法律架构是否冲突、法律解决争议的效率
信用风险	政府信用风险	政府是否履行商定的责任与义务
	社会资本方信用风险	社会资本方是否履行商定的责任与义务
管理风险	合同风险	合同条款严密性、合同风险分配合理性
	组织协调风险	管理人员组织协调能力、管理经验
经济风险	通货膨胀风险	金融市场稳定性程度、通货膨胀的大小
	利率变动风险	金融市场稳定性程度、利率变动的可能性
市场风险	市场需求不足风险	当地经济发展水平、车流量是否达到预期
	市场收益不足风险	特许经营期限、通行费率
	同质项目竞争风险	项目的唯一性、市场调节力度
运营风险	运营成本超支风险	运营管理制度是否合理、是否有腐败现象
	维护成本超支风险	维修次数是否频繁、维修质量是否达到要求
环境风险	不可抗力风险	自然不可抗力、社会不可抗力
	公众反对风险	收费标准、服务质量、交通拥挤情况

对于各个风险因素产生的细微变化，风险预警指标也要能够准确、详细地做出分析。如果风险预警指标分类不明确，短时间内风险因素发生的变化将不会引起风险预警。

（2）风险发生概率及损失程度的确定

1）确定风险发生概率（RP）

通常可以将概率划分为主观概率与客观概率两种类型。截至目前，国内PPP模式应用于高速公路方面的历程较短，另外该模式下高速公路项目风险存在较大的不确定性，且难以收集到关于风险指标的历史数据。鉴于此，对于PPP模式下高速公路项目风险预警指标发生的概率由相关专家根据风险发生的概率说明（表5-12）进行评分。考虑到各个专家的知识水平、经验丰富程度存在显著差异，因此，项目管理者可以预先对每个专家设置信赖程度不同的权重叫。假设有n个专家，每个专家打分为d_{si}，其权重为w_s，那么第i个风险预警指标的综合分值d_i为：

$$d_i = \frac{\sum_{s=1}^{n} d_{si} w_s}{n} \quad (i=1, 2, \cdots, n)$$

风险发生的概率说明 表5-12

风险发生概率	概率区间（%）	定义
很小	[0, 10]	风险发生的概率很小；或者风险发生后极容易被监测
较小	(10, 40]	风险发生的概率比较小；或者风险的发生后容易被监测
适中	(40, 60]	风险发生的概率适中；或者风险的发生后一般可以被监测
较大	(60, 90]	风险发生的概率比较大；或者风险的发生不容易被监测
很大	(90, 100]	风险发生的概率很大；或者风险的发生很难被监测

2）确定风险损失程度（RI）

风险损失度是用来描述不同类型风险发生后对项目造成的损失程度。对于PPP模式下高速公路风险预警的所有定性指标，由专家对各风险的损失程度进行打分，其风险损失量化值如表5-13所示。另外，对全部的定量指标进行数据的标准化处理，然后利用加权平均法计算出风险的损失程度。

风险的损失程度说明 表5-13

风险损失程度	风险损失量化值	定义
忽略	[0, 1]	风险发生后，项目受到的损失可以忽略不计，可以实现项目的预期目标
较小	(1, 2]	风险发生后，项目受到的损失程度小，项目的预期目标仍可以达到
中度	(2, 3]	风险发生后，项目受到的损失程度适中，项目的预期目标能够部分达到
严重	(3, 4]	风险发生后，项目受到的损失程度较大，后果可以承受，但是项目的预期目标指标将严重下降
关键	(4, 5]	风险一旦发生，项目受到的损失程度很大，后果难以承受，从而导致项目失败

（3）风险预警区间和预警指标值的确定

1）风险预警区间（RR）的划分

风险发生概率和风险损失程度共同确定了风险预警区间。考虑到本文的风险发生概率和风险损失程度均设置了5个区间，为了对该风险预警区间更好区分，相应的也设置5个预警区间。按照风险预警区间对照表5-14所示，相应地将风险预警等级划分为5个等级，分值由低到高分为：[0，1]——"低风险"、[1，2]——"较低风险"、[2，3]——"中度风险"、[3，4]——"较高风险"、[4，5]——"高风险"。对应的风险预警区间为：Ⅰ（无警）、Ⅱ（轻警）、Ⅲ（中警）、Ⅳ（重警）、Ⅴ（巨警），预警信号为：绿灯、蓝灯、黄灯、橙灯、红灯。

風險預警區間對照表 表5-14

風險概率	風險損失程度				
	忽略	較小	中度	關鍵	嚴重
	[0, 1]	(1, 2]	(2, 3]	(3, 4]	(4, 5]
[0, 10]	0~0.5	0.5~1	1.5~2	2~2.5	2.5~3
(10, 40]	0~0.5	1.5~2	2~2.5	2.5~3	3~3.5
(40, 60]	1~1.5	2~2.5	2.5~3	3~3.5	3.5~4
(60, 90]	1.5~2	2.5~3	3~3.5	3.5~4	4~4.5
(90, 100]	2~2.5	3~3.5	3.5~4	4~4.5	4.5~5

2）风险预警指标值（R）的确定

风险包含其发生的概率和出现后带来的风险损失程度，故风险预警指标值应当综合考虑风险预警指标发生的概率以及风险发生后带来的损失程度。根据风险预警等级对照表求风险预警指标值，可采用线性插值法求得风险预警指标量值。

线性插值法具体计算方法是：假设风险损失量值为RI，$RI \in [RI_1, RI_2]$，风险发生概率为RP，$RP \in [RP_1, RP_2]$，定义第i个风险预警指标值R_i，且$R \in [RR_1, RR_2]$，则：

$$R_i = RR_1 + \frac{(RI - RI_1)(RP - RP_1)}{(RI_1 - RI_2)(RP_2 - RP_1)}$$

4. 建立有效的项目运营风险管理保障机制

（1）重视PPP项目前期准备工作，加强运营风险的事前管理

PPP项目有效的运营，离不开前期项目立项审核、可行性报告的编制设计筹备的努力本项目在没有成熟运作经验的情况下，综合运用法律、财务、金融等方面的理论知识，组建了涵盖法律、财务、融资、技术、项目现金流预测等各方面的顾问团队，经过长达一年多的调研审核手续，设计出了完整的项目实施方案。整个项目的立项规划起步早，工作细致，具有预估型性和可行性。并在各方的共同协作和努力下，项目实施的各项工作得以有序开展，规范运营与实施，确保运营风险最小化，最终实现了本项目的成功运营。

（2）政府的有效监管与大力支持是项目规避运营风险的有效保障

政府主管部门对PPP项目的实施过程中始终有足够的监管与行政权力，政府从保护项目合作方的公共利益为出发点，负责项目的总体策划，在项目的分析、识别、准备与采购阶段，积极地理顺与协调各主管机构的权限及关系，从行政上使得北京地铁四号线PPP项目的运营做到了有法可依，通过与社会资本签订PPP合作协议，到北京京港地铁有限公司与北京四号线投资公司签订租赁协议，到最后北京政府与PPP项目公司签订运营期限达30年的特许经营的协议，从合同法规上明确了PPP项目各方在项目投资、建设、运营过程中的权力与义务。在经济方面的支持，政府确定了一套明确的承诺机制，以保障项目公司生产及运营的可持续性，让项目公司在达到项目运营要求的情况下得到合理的收益。

（3）政府营运风险管理的关键是科学的收益分配及合理的风险分担机制科学的收益分

配方案才能使投资者对项目的可行性进行评估，票价过高损失的是公众的利益，但是票价过低也会使企业遭受损失甚至难以维持有效的运营，北京地铁四号线实行政府制定实际票价与专业机构制定的影子票价相结合，在政府制定的二元全程票价与实际运营成本相背离的时候，政府将根据实际的客流对票价进行调整的双向约束机制。使企业享有既定的收益又避免了损害公众的利益。

PPP项目运营受到项目投资大、建设及运营期限长、沉默成本大等不确定因素的影响，社会资本承担的风险相应也很大，本项目双方严格按照风险分担原则承担各自的责任，且政府通过票价调整、租金调整及运营补偿方面确保本项目风险与收益相匹配。

第四节　项目移交阶段

一、资产评估的公正性和合理性

（一）痛点描述

PPP项目移交是政府和社会资本终止合作关系前的必要工作，务实的移交工作能为项目后续运营打下良好基础。当前PPP项目移交阶段的资产评估主要面临两方面困境，一方面，PPP项目参与合作者较多，合作周期较长，资产类别繁多，专业性较强，资金规模较大，资金结构复杂，面临的风险也多，所以移交过程中的评估困难也较大。另一方面，由于评估结果对政府和社会资本投资者来说都涉及利益问题，所以参与项目移交的资产评估机构既要做到公平公正，又要克服来自各方面的压力和诱惑。

因此，面对PPP项目移交这项涉及主体多、专业广、手续繁杂的工作，实施机构需要专业的全过程工程咨询单位在移交阶段加强组织工作，制定合理的移交方案，确定完备的移交范围，选择恰当的移交方式，细化责任，从而确保移交各项工作落到实处。

（二）管控措施

在PPP项目移交前，项目移交工作组应委托具有相关资质的资产评估机构，按照项目合同约定的评估方式，对移交资产进行资产评估并对项目状况能否达到合同约定的移交条件和标准进行测试，作为确定补偿金额的依据。评估和测试工作通常由政府方委托的独立专家或者由政府方和项目公司共同组成的移交工作组负责。项目移交工作组应严格按照性能测试方案和移交标准对移交资产进行性能测试。经评估和测试，项目状况不符合约定的移交条件和标准的，政府或项目实施机构有权要求项目公司对项目设施进行相应的恢复性修理、更新，并要求项目公司重置提取移交维修保函，以确保项目在移交时满足约定要求。全过程工程咨询单位在移交阶段资产评估的工作要点从以下四点展开。

1. 组建与评聘PPP项目公司所移交项目的资产评估机构

在PPP项目公司移交项目的资产评估工作中，由于所涉及的基础设施建设项目的规模较大、专业性较强，因此应按最初协议的规定由项目公司或所在国政府方出面聘用、双方均认同的第三方完成所移交项目的资产评估工作。也可以由项目公司与所在国政府方各自分别推举若干专家组成评估机构完成相关的资产评估工作。

无论PPP项目公司移交项目的资产评估机构如何组成，PPP项目公司移交项目资产评估机构都要以公平公正为原则。这样，PPP项目公司移交项目资产评估机构才能真正站在第三方的角度对所移交项目在移交时的价值做出公允合理的评估结论。但由于评估结论对双方来说都会涉及利益问题，所以，PPP项目公司移交项目的资产评估机构欲做到公平公正还要克服来自于各方面的压力与诱惑，这就对PPP项目公司移交项目资产评估机构提出了具体要求。

2. 确定PPP项目公司移交项目价值评估的组织工作

（1）由评估机构制定PPP项目公司移交项目价值评估的评估计划；

（2）遴选PPP项目公司移交项目价值评估所需资料；

（3）确定PPP项目公司移交项目价值评估的范围等；

（4）完成评估报告。

3. 保证资产评估的公正性和评估工作步骤的合理性

全过程工程咨询单位依照国务院《关于在公共服务领域推广政府和社会资本合作模式的指导意见》（国办发〔2015〕42号）、中评协《关于印发PPP项目资产评估及相关咨询业务操作指引的通知》（中评协〔2016〕38号）、财政部《PPP项目合同指南（试行）》（财金〔2014〕156号）、财政部《政府和社会资本合作项目财政管理暂行办法》（财金〔2016〕92号）等评审依据开展本部分评审工作。

（1）移交项目资产评估工作步骤。

1）由评估机构制定PPP项目公司移交项目价值评估的评估计划；

2）遴选PPP项目公司移交项目价值评估所需资料；

3）确定PPP项目公司移交项目价值评估的范围等；

4）完成评估报告。

（2）审计评估报告内容。

评估报告的内容应包含：

1）摘要；

2）委托方、被评估项目和其他评估报告使用者；

3）评估目的；

4）评估对象和评估范围；

5）价值类型及其定义；

6）评估基准日；

7）评估依据确定；

8）评估方法选择；

9）评估实施过程；

10）评估结论分析；

11）评估报告日期。

4. 保证性能测试符合标准和工作程序合理

（1）审计性能测试是否符合标准

经评估和测试，项目状况不符合约定的移交条件和标准的，政府方有权提取移交维修保函，并要求项目公司对项目设施进行相应的恢复性修理、更新重置，以确保项目在移交时满足约定要求。

（2）性能测试工作程序是否合理

1）是否组建项目移交工作组，制定资产评估和性能测试方案。

2）委托资产评估机构是否具有相关资质，是否按照项目合同约定的评估方式，对移交资产进行资产评估。

3）项目工作组应严格按照性能测试方案和移交标准对移交资产进行性能测试结果不达标的，移交工作组是否要求社会资本或项目公司进行恢复性修理、更新重置或提取移交维修保函。

二、PPP项目资产易虚化

（一）痛点描述

PPP项目市场形成的价值远远高于项目本身的实际价值，两者之间的差值即为PPP项目资产虚化值。PPP项目在实际的操作过程中，各地政府为了加快PPP项目的落地，一般在完成可研批复后、初步设计或施工图设计开展前，进行社会资本招标。目前多采用"两标并一标"的方式进一步加快项目的进程。然而在进行"两标并一标"的过程中，容易忽视下浮率的存在，加上招标控制价是基于不确定的估算、概算。投标人为了中标，常采取降低合理利润的方式，因此增加了投标报价的不确定性。此外，PPP项目在的竣工结算过程中，社会资本送审的资料不及时、不完整、不真实，甚至高估冒算等现象的发生，使得项目在移交过程中参与主体之间的信息不对称，导致PPP项目的市场价值远远高于项目的真实价值。

（二）管控措施

1. 从源头上"做实"设计概算

PPP项目的初步设计概算作为初步设计文件中的一个重要组成部分，一经批准，将作为投资控制最高限额及确定和控制建设项目全部投资的文件。此外，它还是编制固定资产投资计划、实行建设项目投资包干、签订工程总承包合同（EPC）的依据，也是项目实施全过程投资控制的依据。一般不得任意调整和修改，必须维护其严肃性。因此，从源头上做实设计概算至关重要。可以从以下几个方面进行概算控制：

（1）收集专业资料。在工程项目计划和设计任务书下发以后，就要着手前期资料的搜集准备工作，如有关概算编制依据、同类工程的相关资料，从而提高工作的质量。

（2）准确计算工程量。熟悉定额规定，同时要熟悉所选用定额子目设置情况，包括各子目计量单位和工作内容、工程量计算规则等方面规定。此外应该与设计人员多沟通，完善工程量计算图纸依据。

（3）正确套用定额。应严格遵照定额的有关规定和说明，对比施工内容是否相符，并且注意区分不同安装方式，合理选用定额。

（4）合理确定设备、材料价格

（5）设计概算的三审制度。即校对、审核、审定，审查人员必须认真、细致地对工程量进行复核、定额套用是否准确、计费表、材差调整是否合理等。

2. 开展资产的全过程跟踪审计

PPP项目的全过程跟踪审计不再局限于工程竣工后对工程竣工决算资料进行审计，而是体现在全方位、及时的全过程审计。因此参与全过程跟踪审计的审计人员应当工作在施工现场，一旦发现质量问题及时改进，对工程质量控制起到"防微杜渐"的作用，并确保工程变更及签证的真实性、有效性。审计部门参与到PPP项目的整个建设过程中不仅可以促进相关法律法规的贯彻和实施，还有利于各参与方加强内部管理，增强责任意识，提高工程建设的透明度（图5-11）。

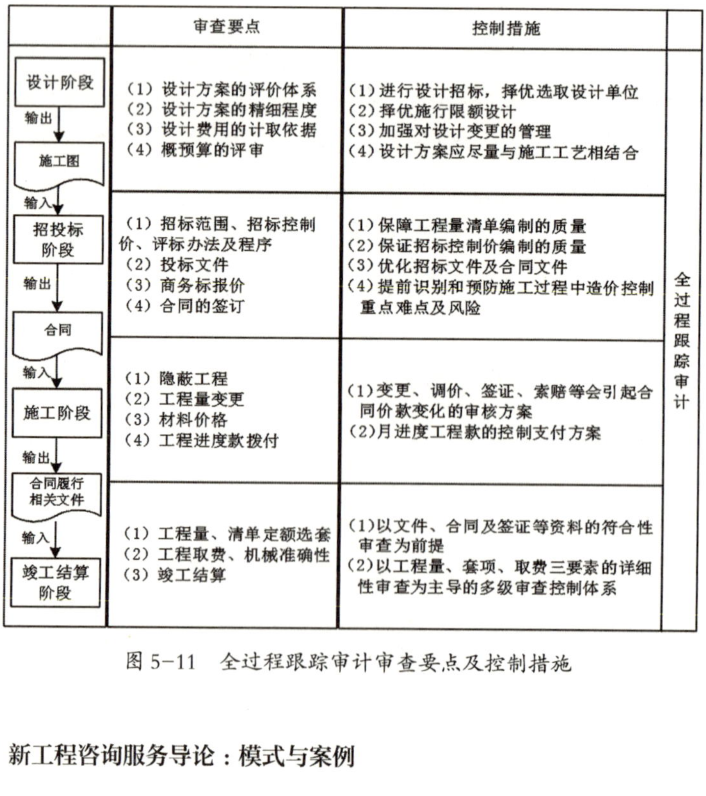

图5-11　全过程跟踪审计审查要点及控制措施

3. 资产移交时进行尽职调查

PPP项目时间跨度长、参与方多、规模较大、投资额较大、专业性较强、涉及因素复杂。因此在PPP项目移交过程中需要对项目进行尽职调查中，需要全面调查项目的整个实施过程，同时完成项目的性能和功能测试。经调查和测试，项目状况不符合约定的移交条件和标准的，政府方有权提取移交维修保函，并要求项目公司对项目设施进行相应的恢复性修理、更新重置，以确保项目在移交时满足约定要求，从而移交给政府方或者其指定相关部门。如表5-15所示，从新建项目和存量项目两个方面进行阐述调查的内容。

新建项目及存量项目尽职调查审查内容　　　　　　　　　　表5-15

项目分类	新建项目	存量项目
尽职调查审查内容	1.项目基本情况 2.项目所在区域 3.项目的可行性、可融资性 4.项目市场调查及现金流测算 5.付费机制及调价机制 6.相关配套安排 7.退出机制 8.项目可能面临的风险 9.项目所在区域环境 10.项目实施对当地的影响	1.项目基本情况 2.项目所在区域 3.项目进展情况 4.项目可融资性 5.历史投资及运营情况 6.项目市场调查及现金流测算 7.付费机制及调价机制 8.相关配套安排 9.退出机制 10.项目可能面临的风险 11.项目实施对当地的影响

三、社会资本退出机制的合理性

（一）痛点描述

PPP项目社会资本的退出问题一直处于重要位置。财金〔2014〕76号文强调了"退出安排等关键环节"，国发〔2014〕60号文明确要求"政府要与投资者明确PPP项目的退出路径，保障项目持续稳定运行，健全退出机制"，发改投资〔2014〕2724号和发改投资〔2016〕1744号文均指出"依托各类产权、股权交易市场，为社会资本提供多元化、规范化、市朝的退出渠道"，财金〔2014〕76号文要求重点关注项目的争议解决程序、退出安排等关键环节。退出机制之所以很重要，是因为社会资本的脆弱性无法与央企国资相比，合理的资本退出机制将为真正的社会资本赢得商业空间。部分地方政府侧重准入的保障，对社会资本的市场化退出缺乏规范化、制度化的安排，导致社会资本退出具有较大不确定性。为了消除民间主体的顾虑，调动投资的积极性，应该为PPP投资设计合理的退出机制。

因此，实施机构需要专业的全过程工程咨询单位在项目前期设计有序、规范的退出机制，预先明晰退出中存在的障碍，避免将PPP投资风险转嫁给政府方，也利于消除潜在社会资本的参与顾虑。

（二）管控措施

社会资本的退出机制选择受宏观经济、资本市场发达程度、法律法规、经营状况、投资偏好等内外部因素影响，为保障退出的畅通性、规范多样性，全过程工程咨询单位在项目前期设计有序、规范的退出机制时有以下几个方面的管控重点。

1. 以项目合同事先约定股权退出机制

股权变更限制作为政府方保障项目持续稳定的主要手段，得到普遍的应用，但目前不少地方对股权变更的限制采用一刀切的方式——设置单一的股权锁定期，即对所有类型的社会资本，都禁止其在锁定期内转让项目公司的股权。更有部分项目约定更为严格，要求社会资本在整个项目的合作期内都不得转让股权。

政府方设置股权锁定期是出于项目稳定性的考虑，是担心受让方的运营管理、融资能力不如原始社会资本，影响项目的运行，但不同的社会资本由于投资的战略和风险承担能力不同，对项目的责任承担不同，其需要的股权锁定期的长短也不尽相同，股权锁定需根据项目自身特点综合考虑。

同时，还应注重增加变更限制的多样性，给予不同社会资本不同锁定期限的同时，也可通过对每次退出的比例、间隔时间、是否要求某些社会资本一直持有一部分项目公司的股权等进行限制，并结合对受让主体的资质进行审核，保障股权变更限制效果的同时提高项目的流动性。

2. 多种退出机制相互配套、相互衔接

不同退出机制存在退出程度、退出限制、退出时机不同等特点，不同方式配合使用，能在保障项目运营质量的同时提高退出的效率、降低交易成本，如社会资本在股权锁定期可通过项目公司发行资产证券化产品提前收回资金，实现暂时的间接投资退出，通过制度化安排，在资产证券化产品到期之后，随即通过股权转让退出。注重不同退出方式的优势互补，达到退出多样化的效果。

证监会在其2017年公布的《关于政协十二届全国委员会第五次会议第2915号提案的答复》中指出，将积极支持符合条件的PPP企业发行上市、符合条件的股份制PPP项目公司在新三板通过挂牌和公开转让股份等方式进行股权融资，意味着可探索采用场内交易与场外交易相结合的方式，提高交易成功的概率、实现资源的优化配置，并结合大宗交易及协议转让，保障政府方对受让方的审核权，控制项目的质量。

此外，尤其需要统筹考虑内外部制约因素，合理设置退出方式。社会资本需要结合风险偏好程度，经营环境的预期、政策的趋势，因地制宜的选择不同的退出方式，如应用BOT和其相关变形模式，BOOT、TOT、ROT等方式展开的项目，都需要移交方式退出；对于现金流稳定，收益情况良好的PPP项目，可尝试选择资产证券化的方式；对于项目公司经营情况良好且项目现金流优良的项目，可探索采用项目公司上市方式；财务投资人及建设企业等偏向短期投资（相对运营企业而言）的社会资本可优先选择股权转让等交易

期限较短、流程简单方式退出，而运营企业则可采用资产证券化或项目公司上市的方式实现退出。但任何一种退出机制的选择都须以公平互利及有益于地方发展、有利于公共服务的持续稳定提供为原则。

3. 基于柔性的PPP项目退出机制设计

设计灵活的PPP退出机制，可以保证社会资本按照意愿进出。完备的PPP退出机制可以在交易市场中转移风险。一方面不仅能够避免将PPP投资风险转嫁给政府方，也有望解决民间投资者的后顾之忧，增强民间投资的积极性。下面分别论述股权转让、公开上市、发行债券、资产证券化四种退出方式，以便政府方选择最适合的方式。

（1）股权转让——PPP项目主要而非最优的退出方式

股权转让是PPP项目传统的退出机制，社会资本在合作期结束之后将其持有的项目公司股权转让给地方融资平台或政府方指定的运营单位。政府方通常会在《PPP项目合同》中设置股权转让锁定期以保证初始社会资本履行合同义务，在合作期结束后可通过股权转让给政府方实现退出。因此股权转让是我国PPP项目的主要退出方式，但其并非为最优途径。

（2）公开上市——PPP项目回报率最高而非普适退出方式

公开上市是回报率最高的投资退出机制。公开上市退出是指PPP项目公司首次面向非特定社会公众公开发行股票以获得大量资金。在满足项目公司后续资金需求的同时，为投资者带来丰厚的回报。但是目前我国资本市场体系尚不成熟，A股公开上市时间长、门槛高、成本高，海外上市条件更高。一旦上市不成功，项目公司前期的成本支出将沉没，社会资本以公开上市方式退出的先例实属凤毛麟角。因此，公开上市退出暂时还不具有普适性。

（3）发行债券——PPP项目以债还贷的理想退出途径

发行公司（企业）债是PPP项目公司"以债还贷"的理想途径，但法律法规对公司、企业发行债券存在较高要求，通常PPP项目公司往往难以达到此要求，且债券发行额度也不足以满足其融资需求。更重要的是公司（企业）债仍然以投资者信用为背书，这将加大PPP项目社会资本的财务负担。其中，项目收益债是一种与项目投资者信用相隔离的债券，偿债资金来源于项目本身收益，是国家发展改革委重点鼓励的债券品种。

（4）资产证券化——PPP项目国家重点支持的退出选择

PPP项目具有明确的特许经营权转让和必要的政府补贴，往往具有稳定的可预测的现金流。国家发展改革委、中国证监会《关于推进传统基础设施领域政府和社会资本合作（PPP）项目资产证券化相关工作的通知》（发改投资〔2016〕2698号）使得PPP项目资产证券化已不存在法律障碍，属于国家政策重点支持业务，是目前PPP项目社会资本退出的最优选择。

第六章 基于"PPP+EPC"模式的高铁项目全咨方案

"新基建"是以新模式和新技术建设新一代信息基础设施和新兴城市基础设施，概括为"四新"，即新投资领域、新建设模式、新建设技术和新工程咨询。下面将以高铁项目为例，分析"PPP+EPC"模式下，全过程工程咨询单位在项目实施各阶段的咨询服务要点及如何为项目实施机构提供专业的咨询服务，实现项目全过程的管控以保证项目成功，并以BIM技术为辅助开展高铁项目的全过程工程咨询。

第一节 项目概况

项目名称：新建××铁路项目

实施机构：××市发展和改革委员会

项目类型：新建项目

项目总投资：投资估算236.3亿元

工程概况：线路正线全长约132km，其中桥梁82.16km，隧道28.94km，桥隧比84.96%。项目与当地其余高铁形成区域网，可有效减轻××地区客专运输压力。线路目标值350km/h，项目一次建成，总工期3.5年，运营期30年。

建设模式：本项目采用"PPP+EPC"模式，引入拥有先进技术和管理经验的社会资本。在项目建设阶段，由社会资本参与到项目建设管理的全过程，保证了项目在技术和经济上的可行性，使项目费用降低。相对于由政府主导实施项目建设的传统模式，"PPP+EPC"模式能够更好地控制技术风险、控制建设成本。

第二节 全咨实施总体思路

一、项目建设目标

为保证项目成功及项目管理成功，本项目实施机构特聘请全过程工程咨询单位对项目从前期项目识别阶段直至后期项目移交阶段进行全过程管理，提供专业的咨询服务，确保实现以下三个关键建设目标。

（一）如期通车

在保证质量的前提下，按照合同约定工期完成，按时交付、如期通车。

（二）投资可控

依据相关部门批复的概算，项目建筑安装工程费控制在批复概算的建安费内，达到投资可控的目标。

（三）确保质量安全

"PPP+EPC"建设模式下抓好项目精细化管理、项目专业管理和安全质量管控，遏制施工质量事故发生。全面履行项目建设管理中的安全管理生产职责，避免发生重大的安全生产事故与重大安全生产伤亡事故。

二、服务总体思路

（一）"1+N+X"的管理模式

本项目按照"1+N+X"的管理模式为项目实施机构提供一站式、全方位的全过程工程咨询服务，对整个工程建设项目进行整体构思、全面安排、协调运行、确保实行前后衔接和系统化管理。

其中"1"是项目管理，包括投资管理、合同管理、协调管理等；"N"是全咨单位自己做的专项服务，包括：两评一案、投资咨询、采购管理、监理、造价咨询、运营维护咨询、绩效评价等；"X"是全咨单位不做但必须协调的专项服务，如勘察设计。

（二）以BIM技术为辅助

高铁项目具有点多线长、场景复杂、投入资源多，工作量大，设计周期短等特点，而BIM技术具有精确检测、可视化协同、精细化管理、数据信息整合等优势，在本项目建设全过程应用BIM技术能有效提高业主对项目的控制能力，精确控制成本，最大程度确保项目的质量和进度。BIM技术是铁路工程建设信息化的重要技术发展方向，是数字铁路建设的核心技术之一，推广和应用BIM技术是建设数字铁路的必然选择。

三、项目组织架构

为了更好地为本项目提供咨询服务，全过程工程咨询单位应组建总咨询师团队，发挥统领、协调、组织、审核的作用。全过程工程咨询单位组织架构如图6-1所示。

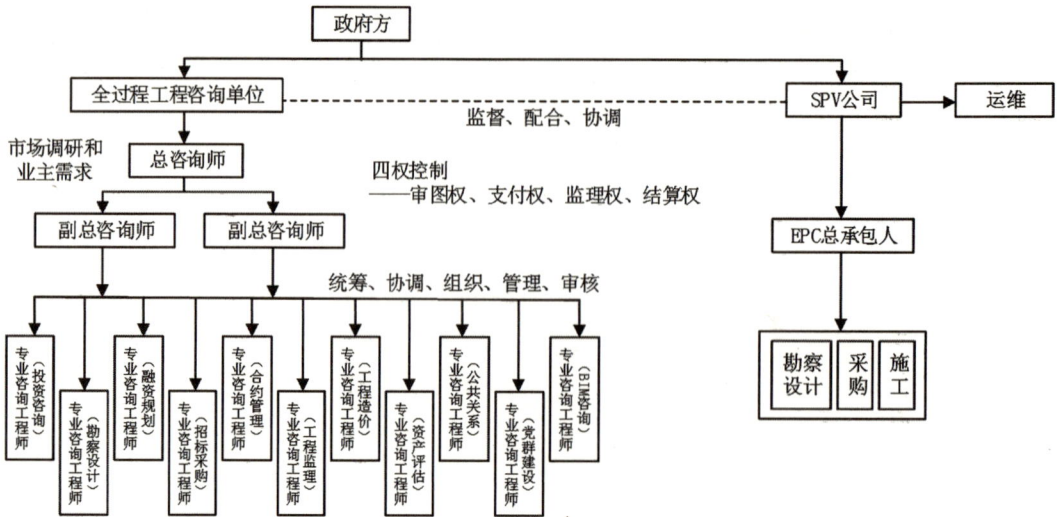

图 6-1 全过程工程咨询单位组织架构图

第三节 项目风险识别及预控措施一览表

本"PPP+EPC"项目风险管理是全过程工程咨询的重要内容。本项目属于大型基础设施建设工程，具有高投资、长周期、施工难度大、专业参与单位众多等特征，呈现出高度的动态性和不确定性。随着项目的开展，项目投资、建设规模逐渐增加，参与单位越来越多，建设过程中的不确定性因素也逐渐增多，主要考虑技术、管理、环境、经济等诸多不确定性因素。这些不确定性因素的总和就构成了项目的风险。

针对本项目的特点，主要风险因素按识别准备阶段、采购阶段、执行阶段以及移交阶段划分为4大类，合计包含34个核心风险因素。主要风险说明如表6-1所示。

第四节 识别准备阶段咨询方案

自《关于规范政府和社会资本合作（PPP）综合信息平台项目库管理的通知》（财办金〔2017〕92号）（以下简称"92号文"）发布后，新项目包括储备库项目转为管理库项目面临着更严格的入库标准，对项目发起、项目筛选产生巨大影响。对于已入库项目的清理及清理中的主要问题，92号文做了以下规定：各级财政部门将全面核实PPP项目信息及实施方案、物有所值评价报告、财政承受能力论证报告、采购文件及PPP项目合同等文件，凡属于下列情形之一的项目，将予以清退：不适宜采用PPP模式实施的；前期准备工作不到位的；未按规定开展物有所值评价或财政承受能力论证的；不宜继续采用PPP模式实施

序号	阶段划分	风险因素识别	风险预控措施
1	识别、准备阶段	项目采用PPP模式不合理风险	1.审查物有所值评价 （1）物有所值定性评价，全过程工程咨询单位的评审工作从以下4个方面展开： ①定性评价程序是否合法合规；②指标体系设置是否完整；③专家组是否满足要求，专家组是否包含财政、资产评估、会计、金融等经济方面专家，以及行业、工程技术、项目管理和法律方面的专家；④是否有专家打分表，打分表计算是否正确，是否有专家组意见 （2）物有所值定量评价，全过程工程咨询单位的评审工作从以下4个方面展开： ①PSC值的计算；②PPP值的计算；③VFM值的计算；④用于测试PSC值和PPP值的折现率是否一致 2.审查财政承受能力论证 （1）财政支出责任识别，全过程工程咨询单位的评审工作从以下4个方面展开： ①政府是否有股权投资支出，政府股权投资支出是否占控股地位；②根据项目运作模式，政府是否有运营补贴支出责任；③政府风险承担支出责任识别（有没有做风险识别）；④配套投入责任的识别是否符合规定 （2）财政支出责任测算，全过程工程咨询单位的评审工作从PPP项目政府的支出责任测算的4个方面展开： ①股权支出责任；②运营补贴责任；③风险支出责任；④配套支出责任 （3）财政承受能力评估 全过程工程咨询单位的评审工作从以下2个方面展开： ①财政支出能力评估是否通过；②行业和领域均衡性评估是否通过
2		实施方案编写不满足政策要求风险	1.规范性文件规定内容不缺项漏项 2.实施方案需符合项目所在领域的规定；特许经营类公共服务PPP项目，发展改革委主导的和财政部主导的规章、政策性文件应同时满足 3.对指导意见、实施意见和以通知形式发布的办法、规定、指南、导则等，审查其是否按照强制性程度分别执行 4.排查法规、规章以及政策性文件禁止内容
3		项目的合法合规性风险	1.对照政策文件进行自我审查 2.实现PPP项目全流程动态监管
4		税务风险	1.遵循PPP项目税务筹划的基本原则 （1）事先筹划；（2）筹划过程要合法；（3）项目要遵循的成本效益原则；（4）项目要遵循全局性原则 2.对项目全流程进行税务筹划 PPP项目的税务筹划工作主要针对项目的招标采购、项目的执行和项目的移交三个阶段开展 3.搭建税务筹划风险预警机制
5		项目融资风险	1.积极协助社会资本方和项目公司融资，推动PPP+EPC项目实施进程 2.真正的做好市场测试以保障项目成功落地 在实施方案编制阶段，应编制市场测试清单，就主要财务边界进行市场测试，资格预审阶段应就潜在投标人资格条件进行市场测试，并且应就融资方落实问题进行确定，最终方可真正采购到满意的投资人 3.重视可融资性，解决因信息不对称造成项目融资落地难的问题 4.转变单一依赖银行贷款的项目融资思维，积极创新融资方式，拓宽融资渠道，打造多方协作平台，合作共赢 5.注重细节管理，实现管理目标

序号	阶段划分	风险因素识别	风险预控措施
6	识别、准备阶段	项目公司治理结构不合理风险	1.保证公平与效率的统一 2.政府监管与公司自治相结合 在政府监管体系已经较为完备的前提下，政府方在项目公司层面可以适当考虑简政放权，由政府方股东按照"抓大放小"的原则，保留对日常经营管理进行监督以及对重大事项表决的权利，而对于其他事项给予项目公司充分的自治空间 3.事前防范与事后救济相结合 4.合理设计董事会组成和表决机制 5.合理设计经营管理机构组成
7		回报机制设计不合理风险	1.与社会资本提供公共产品或服务对价 2.合理设计项目保底量和超额收益分配机制 3.设置适宜的项目运行过程控制和调整机制
8		项目产出说明不合理风险	1.审查PPP项目提供产品或服务的质量和数量是否合格 2.审查PPP项目提供产品或服务的价格是否合理 3.审查PPP项目的特许经营期限的设计是否合理
9		绩效考核机制设置风险	1.项目合同中约定绩效考核标准 2.绩效考核工作划分与成果梳理 根据PPP项目所处阶段及绩效考核工作所需，将绩效考核工作划分为"绩效考核准备""绩效考核实施"和"项目评价"三部分，对每一部分的工作内容及成果进行梳理 3.应用行业大数据，提高绩效评价的质量和效率
10		社会资本方撤资风险	必须提前设置有效的法律或经济约束文件控制社会资本撤资风险，由社会资本承担提前撤资的违约成本
11		客流预测风险	1.评审内容 （1）客流预测依据是否有效真实；（2）预测方法是否科学合理；（3）相关资料是否真实可靠 2.评审标准 （1）客流预测依据有效真实；（2）预测方法科学合理；（3）相关资料真实可靠
12	采购阶段	采购方式选择不当风险	1.加强全过程工程咨询单位对各项事宜监管 2.协助项目实施机构开展招标代理工作 3.针对性梳理PPP+EPC项目采购流程 4.明确PPP+EPC项目采购方式的规范适用问题
13		不信任环境下甄选社会资本风险	1.以能力需求表辅助项目实施机构甄选最佳社会资本 2.建立社会资本适格性考察指标体系 （1）建立PPP+EPC项目总承包商适格性考察指标体系；（2）PPP+EPC项目社会资本适格性考察模型建立
14	执行阶段	设计阶段	设计方案不合理/设计深度不够风险 1.设计管理关键工作任务一：设计成果文件评审 2.设计管理关键工作任务二：可施工性分析 3.设计管理重要工具之一：限额设计 4.设计管理重要工具之二：设计优化 此外，在高铁PPP+EPC项目设计管理方面，可引入设计监理机制，强化社会资本从投标设计方案到施工图阶段的设计监督，并且可设置过程中的设计优化的绩效激励机制，保障全过程设计管理中项目实施机构和社会资本的边界清晰和管理主动性

序号	阶段划分	风险因素识别	风险预控措施
15	设计阶段	设计概预算编制风险	1.管理内容：设计概预算是项目实施机构控制工程造价的基本依据。设计概算的不合理性有可能影响到初步设计的评审，施工图预算的不合理将影响着项目实施机构对工程造价的控制，如施工图预算的缺漏项直接导致项目实施机构在施工阶段遭到索赔 （1）核算工程量是否合理准确，审核概算中的工程量有无多计或者重复计算； （2）概算定额中的工程量计算规则与工程量清单计算规则的差别性，对概算中考虑不完善或者费用预留不足的子目进行调整和补充； （3）审查定额选用、项目套用是否正确合理； （4）审查在定额套用中是否忽略定额的综合解释以及发生重复计取等问题，定额套用应与设计图纸符合一致，材料设备价格是否与市场价一致价格水平应合理、客观； （5）工程其他费用总体的审核是否全面 2.管理依据：《高速铁路设计规范》TB 10621—2014 3.管理标准 （1）工程量核算合理准确，无多计或重复计算； （2）定额子目套用正确合理，没有出现与设计图纸不相符的问题，材料设备厂家与市场价格一致； （3）费用计算基数、税金费率套用合理
16	执行阶段	概算超额风险	1.管理内容：设计部门是否对项目进行全面了解，设计图纸与客观条件是否存在较大差异。概算编制是否科学合理 2.管理依据：《高速铁路设计规范》TB 10621—2014 3.管理标准：设计客观科学，较少设计变更
17	施工阶段	变更风险	审查变更理由是否充分，变更程序是否正确，审查变更估价是否准确 1.对承包人提出的变更，应严格审查变更的理由是否充分，防止承包人利用变更增加工程造价，减少自己应承担的风险和责任。应按照双方签订合同对变更程序的要求进行审查。变更估价中，工程变更计量应按合同约定方法计算工程变更增减工程量，合同没约定的按国家和地方现行的工程量计算规则计算 2.工程变更计价应按合同约定条款计算工程变更价款，合同没约定的，按照《建设工程工程量清单计价规范》规范进行。合同中另有约定的，按约定执行
18		预付款支付比例及时性风险	工程预付款应在工程项目施工合同中约定，并在约定的时间内进行支付
19		价格风险	按照正规调整程序进行，价格调整方法合理科学
20		工程量计算缺项漏项风险	审查是否存在工程量计算漏项缺项的现象
21		参照价格不当风险	应依据国家及行业有关规定、相关执业标准及合同约定独立进行询价与核价工作。当遇有分歧意见时，应在投资人和意见分歧单位或相关利益方共同参加的前提下进行讨论，并有权保留自己的专业意见，拒绝其他人员无正当理由修改核价结果的要求，及完成工作过程的记录

序号	阶段划分	风险因素识别	风险预控措施
22	执行阶段	施工阶段	对既有车站改造工程、隧道相邻交叠穿越施工、隧道穿越河海施工、隧道穿越铁路干线施工、隧道穿越桩基施工、隧道穿越重要管线施工、隧道穿越有重要保护性建筑及水利设施施工等是否进行评估并采取有效的技术、管理、组织等措施，必要时是否作为重大风险专题进行研究
23			管理内容： （1）索赔事件是否具有合同依据、索赔理由是否充分及索赔论证是否符合逻辑； （2）索赔事件的发生是否存在承包人的责任，是否有承包人应承担的风险； （3）在索赔事件初发时，承包人是否采取了控制措施； （4）承包人是否在合同规定的时限内向全过程工程咨询机构的专业咨询师（监理）报送索赔意向通知书 管控措施： （1）做好日常施工记录，为可能发生的索赔提供证据； （2）根据收集的工程索赔的相关资料，迅速对索赔事项开展调查，分析索赔原因，审核索赔金额，并征得投资人意见后负责与承包人据实妥善协商解决
24			关键节点风险 索赔风险 各专业协调风险 （1）监管图纸会审阶段各专业是否协调配合； （2）监管施工组织安排阶段各专业是否协调配合； （3）监管土建专业是否协调配合； （4）监管与通信、信号、FAS系统专业是否协调配合； （5）监管与牵引供电系统专业是否协调配合； （6）监管自动扶梯系统专业是否协调配合
25			进度风险 1.围护结构的施工工期是保证后续各工程计划开工的先决条件，施工中易发生安全事故，影响工程进度 （1）充分了解设计及水文地质情况，掌握施工中的难点、技术要点，制定切实可行详细的技术方案与组织保证措施，确保围护结构施工按预期顺利进行； （2）做准备工作的同时，将影响围护施工的因素先排除，影响围护施工的工序先完成 2.高铁机电安装工程的通风空调专业及动力照明专业涉及的设备多、体积大，无合理的设备运输方案很难将设备运到指定的安装位置，影响设备安装，进而影响进度 （1）搞好机械设备的日常维修保养工作，定人定机定岗。与零配件供应商保持密切联系，尽量减少停机时间，提高机械利用率，确保围护结构的进度； （2）施工进场前，依据设备区装修图纸上的墙体位置及设备基础位置，应制定详细合理的设备运输路径和运输方法
26			征地拆迁风险 拆除方案选择合理，对拆迁的周边环境影响进行合理分析，与产权单位沟通协调无困难，未影响后期实施进度

序号	阶段划分	风险因素识别	风险预控措施
27	施工阶段	项目质量保障风险	1.严格把关EPC总承包商的资质和履约能力 2.进行PPP+EPC项目设计方案全面审查 3.建立实际造价数据的审核监督管理机制 4.从四大措施层面进行全方位的质量监管
28		项目安全管理风险	1.安全文化建设 2.加强培训，提升技能，安全生产活动有效开展 3.持续辨识危险因素，采取有效控制措施 4.借助信息化手段提升HSE管控能力 5.远程监控保安全，监督检查促提高 6.设置奖励与惩罚措施
29	执行阶段	运营阶段	列车开行对数风险	委托运营管理模式下，项目的列车开行对数由铁总进行统一调配，但全过程工程咨询单位应协助项目实施机构与项目公司协力向铁总积极争取开行对数的增加或减少，但协商空间可能有限。且明确列车开行对数属于最低需求风险，项目实施机构承担主要风险，社会资本承担次要风险
30		运营安全和维护风险	铁路运行安全风险是本项目运营中最高级别的风险，一旦发生后果损失可能不堪设想，影响极其恶劣。为避免发生运行中意外事故，全过程工程咨询单位需要有效监管本项目的责任主体项目公司从全方位进行安全管理，形成长效监控机制。由项目公司保证对所有项目设施持续投入资金进行运营维护，从设施维护质量、维护管理制度、维护人员培训等多方面进行控制
31	运营阶段	通货膨胀风险	需明确规定运营成本和运营收入通货膨胀对项目公司经营状况影响较大，但项目收入清算标准执行铁总公布的标准，收入清算标准导致收入变化风险由项目实施机构承担主要风险，项目公司承担次要风险。项目运营成本项目公司可与承运企业进行协商，相对运营收入清算标准，项目公司对运营成本通胀风险更具有控制力，故运营成本通胀风险由项目公司承担主要风险，项目实施机构承担次要风险，从而更好地解决通货膨胀问题
32		线路竞争风险	本项目的效益测算建立在对铁路列车开行对数的一定预期上，如果出现预期外的线路竞争，从而导致线路实际客流量大幅低于预期，那么项目公司可能面临较大亏损。全过程工程咨询单位协助项目实施机构方提前全面了解省区域内的铁路与高速公路等线路规划情况，提前做好预案，有效规避线路竞争情况
33	项目移交阶段	资产评估风险	1.组建与评聘PPP项目公司所移交项目的价值评估机构 2.确定PPP项目公司移交项目价值评估的组织工作 3.保证资产评估的公正性和评估工作步骤的合理性 4.保证性能测试符合标准和工作程序合理
34		社会资本退出机制设计风险	1.以项目合同事先约定股权退出机制 2.多种退出机制相互配套、相互衔接 3.基于柔性的PPP项目退出机制设计 （1）股权转让——PPP项目主要而非最优的退出方式； （2）公开上市——PPP项目回报率最高而非普适退出方式； （3）发行债券——PPP项目以债还贷的理想退出途径； （4）资产证券化——PPP项目国家重点支持且最优的退出选择

的；不符合规范运作要求的；构成违法违规举债担保的；未按规定进行信息公开的等。

在新项目的入库标准方面，地方政府严格依据92号文件的精神及所在省市的具体要求，在项目发起、项目筛选阶段严格按照要求确定PPP项目。根据92号文件的要求，"两个强制"项目即在污水、垃圾处理、城市供水等市场化程度较高、操作相对成熟的公共服务领域新建项目和在轨道交通、港口码头、综合管廊、智慧城市、养老服务等公共领域的项目，政府平台存量项目，有现金流、使用者付费的项目优先入库；无运营内容、无绩效考核机制、社会资本不实际承担项目建设运营风险、不属于公共服务范围的纯商业类项目、前期准备工作不到位、未建立按效付费机制的项目不得入库。由此可见，政府方及相关部门对识别准备阶段工作可奠定后续PPP项目实施效果的作用愈发重视。在国家发文的同时，各地也在积极响应，有关于PPP项目识别准备阶段的规范性文件正在不断完善。

为梳理全过程工程咨询单位在"PPP+EPC"项目识别准备阶段的咨询要点，并提出有效的管控方案。本咨询方案借鉴PPP项目识别准备阶段的项目运作流程，梳理"PPP+EPC"模式下项目各参与方在识别准备阶段开展项目建设的工作流程，明晰各参与方责任与义务。同时，以"新基建"模式下的高铁项目为例，有效识别咨询要点，提出针对性咨询方案。"PPP+EPC"模式下，项目识别准备阶段的运作流程如图6-2所示。

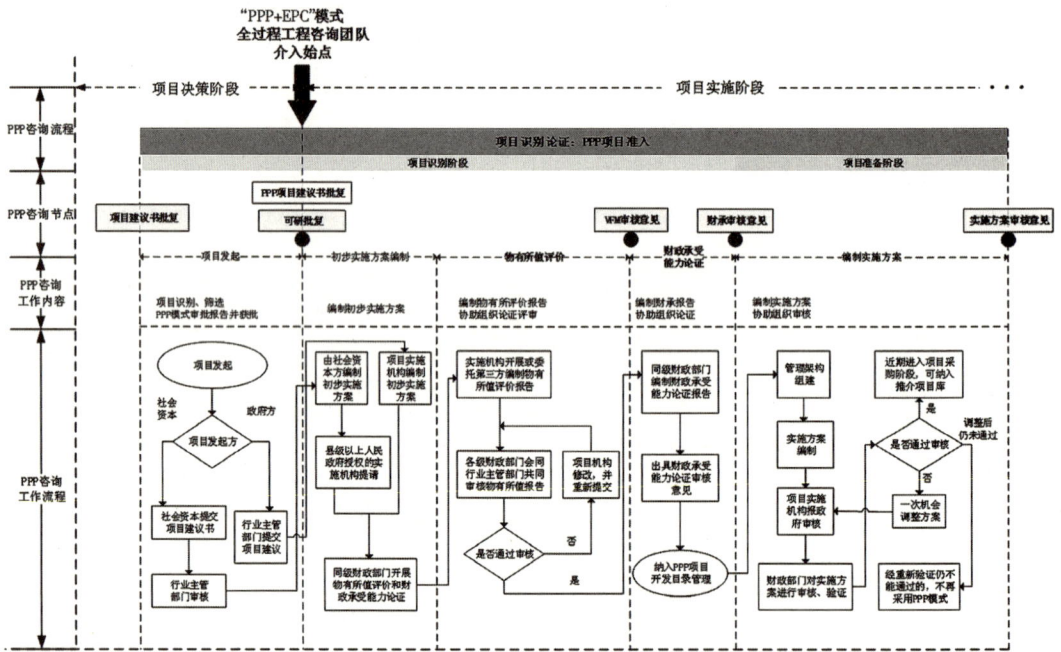

图6-2 "PPP+EPC"项目识别准备阶段运作流程

根据图6-2所示的运作流程，"PPP+EPC"模式下全过程工程咨询单位自项目建议书批复后开始介入项目。在识别准备阶段具有包括编写级审查可研报告完整性、编制及组织协助评审物有所值论证报告、编制及组织协助评审财政承受能力论证报告和根据可研报告完善项目实施方案四个咨询要点。本方案将以"新基建"模式下的高铁项目为例，针对上述

4点提出咨询方案。

一、审查可行性研究报告

根据项目的可研报告及其他调研资料，从拟实施PPP项目的经济与运量、线路方案、运输组织、高铁项目各项技术设备的主要工作内容、环境保护、水土保持、土地利用、外部协作条件、建设工期、投资估算、资金筹措等方面调研项目的可行性，考虑PPP项目全生命周期内可能遇到的重大节点问题对项目实施的影响程度，最终对项目实施的可行性做出客观分析。

（一）比选经济指标的选择

运用技术经济分析法中的内部收益率、净现值、投资回收期等指标判定项目的经济可行性，同时结合全生命周期成本、价值工程、可施工性等理念，考虑方案中高铁项目的施工工艺、牵引供电方案等，判定项目技术合理性，优选项目方案。

（二）寻找可优化的成本点

在满足各类市政设计规范的前提下，结合高铁项目途径线路情况、相关规划概况等，对可研中的高铁项目的线路平面布局方案、高铁线路平、纵断面、桥隧比例、重要工点桥梁设计、隧道支护参数、隧道防排水系统、噪声治理等进行分析，提出优化建议，实现成本优化。

（三）确定各标段目标成本

其难点在于目标成本确定方法的选择。公司拟根据可研阶段审核调整后的投资估算，结合定性和定量分析法确定各标段目标成本，指导后续工作。

（四）及时协调可研动态

作为全过程工程咨询单位，公司有能力打破可研编制、设计等在传统建设模式中存在的隔阂，可研阶段工作向前扩展，积极主动参与本项目的可研汇报会议，了解可研编制进度。

二、编制物有所值评价报告

（一）物有所值评价基本要求

1. 物有所值评价的基本要素

（1）评价目的

在项目识别阶段进行物有所值评价的目的主要是为判断是否采用PPP模式、采用何种

PPP运作方式等项目决策提供参考依据，同时也为项目全生命周期内风险分配、成本测算和数据收集等提供参考依据。

定性分析重点关注PPP项目采用PPP模式与采用政府传统模式相比能否增加公共供给、优化风险分配、提高效率、促进创新和公平竞争等，从项目规模、项目资产寿命、项目收益、项目融资可行性角度分析，PPP项目采用PPP模式实施是否可行。

定量分析则主要对采用PPP模式与政府传统模式的资产负债率以及市场价值评估对比，判断项目全生命周期对政府资产负债的影响值以及PPP项目的付费机制与政府方的区间值。对项目全生命周期内可研方案报价与市场绩效值（影子报价）PPP值的对比，判断采用PPP模式的关键控制绩效指标和选择社会资本方的评价指标，建立全生命周期成本管理的程序与结构。

（2）评价期间

物有所值评价期间指开展定性评价或定量评价过程应考虑或测算的起止时间长度。通常情况下，PPP项目的物有所值评价所对应的评价期间通常与PPP项目合作期间保持一致。评价期间一般自评价基准日起计算，至PPP项目合作期限届满时止。

（3）评价假设

开展物有所值定量评价，应设定合理的评价假设。评价假设反映定量评价过程中不确定因素的取值过程，有助于评价报告阅读者正确理解并合理运用物有所值定量评价结论。

（4）评价方法

物有所值评价方法包括定性评价法和定量评价法。评价方法的选择通常由评价目的所决定，并受项目内容及项目所处环境的影响。物有所值定性评价通常在项目识别、项目准备环节开展。在项目识别、项目准备、项目采购、项目执行和项目移交阶段，均可开展物有所值定量评价。当评价目的为项目全生命周期内风险分配、成本测算、数据收集提供参考数据，以及为项目合同变更或调整、项目合同补充约定或再谈判、价格调整、项目中期评估、绩效评价提供参考依据时，应采用定量评价法。

2. 专家的组成及要求

定性评价专家组包括财政、资产评估、会计、金融等经济方面专家，以及行业、工程、项目管理和法律方面专家等。定性分析所需材料应于专家小组会议召开之日前5个工作日送达专家。

3. 物有所值评价资料的收集

对项目进行物有所值评价的资料主要为项目基本信息，为评价决策提供重要依据，物有所值定性与定量评价所需收集的资料不同。

形成物有所值定性评价结论需要收集如下相关资料：政府和社会资本合作相关法律法规、规章制度及政策；项目所在行业的行业政策、行业标准及专业技术规范；项目列入开发计划、列为示范项目的相关文件；项目可研报告、初步设计或施工图设计；项目初步实施方案，项目产出说明；财政部门（政府和社会资本合作中心）、相关行业主管部门以及项目实施机构与项目相关的申请文件及批复，以及相关会议纪要；对项目实施行政监管和执行管理的机构设置情况；项目用地资料，包括用地红线图、用地批文、宗地规划条件等；其他相关资料。

在执行物有所值定量评价业务时，除需要收集物有所值定性评价所需的资料外，还需要取得以下资料：近年来相同或相似地区采用政府传统模式实施的、与PPP项目产出相同或非常相似项目的财务、投资建设、运营维护等资料；项目用地资料，包括用地红线图、用地批文、宗地规划条件等资料；项目相关价格信息、价格指数、采购文件、投标人响应文件等；使用者付费的价格标准及相关文件；项目初步设计、施工图设计等设计文件；对于存量项目，需提供存量资产建设的相关批文、规划设计、建设验收以及运营维护等资料；其他相关资料。

（二）物有所值定性评价的基本指标

物有所值定性评价的基本评价指标共六项，分别为全生命周期整合程度、风险识别与分配、绩效导向与鼓励创新、潜在竞争程度、政府机构能力、可融资性。

1. 全生命周期整合程度指标

全生命周期整合程度指标主要考核在项目全生命周期内，项目设计、投融资、建造、运营和维护等环节能否实现长期、充分整合。项目设计方案及设计能力，是否影响建造成本及运营绩效；投融资能力是 PPP 模式对社会资本所要求的基本内容；建造质量对维护成本和运营绩效产生着重大影响；建设周期的长短影响着建设成本和可运营周期；在运营周期，项目运营与项目维护相辅相成，项目管理水平影响着项目维护成本，项目维护质量又影响着运营绩效。全生命周期整合程度指标可以派生出合作起始状况、合作期限、社会资本能够统筹安排的因素等子指标。

2. 风险识别与分配指标

风险识别与分配指标主要考核项目全生命周期内各风险因素是否得到充分识别并在政府和社会资本之间进行合理分配。风险识别与分配指标一般包括风险识别方法、风险识别充分性、风险分配原则、风险后果可承担性、风险分配可调整性等子指标。

3. 绩效导向与鼓励创新指标

绩效导向与鼓励创新指标主要考核是否建立以基础设施及公共服务供给数量、质量和效率为导向的绩效标准和监管机制，鼓励社会资本创新。绩效导向与鼓励创新指标可派生出报价标的和评标办法、项目产出说明、创新约束、绩效标准、落实政府采购政策等子指标。

4. 潜在竞争程度指标

潜在竞争程度指标主要考核项目对社会资本参与竞争的吸引力。潜在竞争程度指标可派生出市场测试、意向社会资本的数量与质量、市场成熟度以及促进竞争的措施等子指标。

5. 政府机构能力指标

政府机构能力指标主要考核政府转变职能、优化服务、依法履约、行政监管和项目执行管理等能力。政府机构能力指标可派生出政府的PPP理念、PPP法制环境、PPP模式的运作经验、操作程序、监管能力等子指标。

6. 可融资性指标

可融资性指标主要考核项目的市场融资能力。可融资性指标可派生出融资方式和融资条件、融资机构竞争程度、融资过程中的政府角色等子指标。

（三）物有所值定性评价的补充指标

物有所值定性评价补充评价指标主要是基本评价指标未涵盖的其他影响PPP项目实现物有所值的因素。补充评价指标通常包括项目规模、预期使用寿命、主要固定资产种类、全生命周期成本测算准确性、运营收入增长潜力以及行业示范性，也可以根据项目所在地区及所处行业的具体情况设置有利于评价PPP项目是否能实现物有所值的其他补充评价指标。

1. 项目规模指标

项目规模指标主要考核项目的规模是否能够吸引社会资本参与，项目规模是否能够摊薄前期费用。过大或过小的规模都不利于物有所值目标的实现。项目规模过大，具备相应实力的潜在社会资本数量较少，无法吸引社会资本的充分竞争。PPP项目的准备、论证、采购等前期环节的费用较大，若项目规模较小，这些前期费用占项目全生命周期成本的比例会处于较高的水平。

2. 预期使用寿命指标

预期使用寿命指标主要考核项目的预期使用寿命是否能为利用PPP模式提高效率和降低全生命周期成本提供基础条件。政府和社会资本合作，社会资本发挥技术优势、管理经验以降低成本和提高效率通常需要较长的时间周期，项目预期使用寿命太短，不利于社会资本提高效率和降低全生命周期成本。不同地区、不同行业利用PPP模式提高效率和降低全生命周期成本，所要求的项目预期使用寿命也可能不同。

3. 主要固定资产种类指标

主要固定资产种类指标主要考核项目的主要固定资产种类是否有利于社会资本发挥其长期整合优势。一个项目的资产种类的多少，可能会影响社会资本发挥技术优势和管理经验的潜力。资产种类较多的项目，对项目进行设计、建设、运营及维护所要求的专业技术能力和管理能力较高，政府和社会资本进行合作，更能利用社会资本在专业技术及管理经验方面的优势，实现优势互补、合作共赢。

4. 全生命周期成本测算准确性指标

全生命周期成本测算准确性指标主要考核对影响全生命周期成本的主要因素进行识别的完整度，对未来服务需求作出合理预测的年限，全生命周期成本是否能够准确测算，合作周期届满时项目资产处置与移交的要求是否清晰、全面。全生命周期成本是确定PPP合作期长短、付费多少、政府补贴等的重要依据。若无法合理测算项目的全生命周期成本，难以针对全生命周期成本设置合理的报价标的，社会资本在降低全生命周期成本方面的竞争可能不充分。

5. 运营收入增长潜力指标

运营收入增长潜力指标主要考核社会资本在满足公共需求的前提下增加额外收入和提高项目资产利用率的可能性。社会资本合作方通过实施项目，在满足公共需求的前提下，增加额外收入，可以降低政府的成本和公众的支出。

6. 行业示范性指标

行业示范性指标主要考核项目采用PPP模式运作对所在地区或所处行业的示范作用，是否能带动或推进所在地区或所处行业的市场化程度。

（四）物有所值定性评价程序

采用专家评判法进行PPP项目物有所值定性评价，评价过程主要包括评价准备、组成专家组、设置评价指标、拟定评分标准、制作评价会议材料、召开专家组会议、形成定性评价结论等。

1. 评价准备

评价准备阶段，全过程工程咨询单位获取项目初步实施方案、可研报告等资料，了解项目概况、项目产出说明、PPP运作模式、风险分配框架、付费机制和调价机制等内容。

2. 组成专家组

定性评价专家组应当包括财政、资产评估、会计、金融等经济方面专家，以及行业、工程技术、项目管理和法律方面专家等。通常，专家组人员不低于9名。

3. 设置评价指标

评价指标分为基本评价指标和补充评价指标。基本评价指标缺一不可。不同的PPP项目，补充评价指标可能存在差异，可选择定性评价补充指标中的全部或部分指标，也可根据项目所在地区、所处行业以及项目特点设置其他补充评价指标。

4. 拟定评分标准

拟定评分标准包括确定各评价指标的权重、拟定各评价指标的评分等级和评分标准。

在各项评价指标中，六项基本评价指标权重合计为80%，其中任一基本评价指标的权重一般不超过20%；补充评价指标权重合计为20%，其中任一补充评价指标的权重一般不超过10%。

每项指标评分分为有利、较有利、一般、较不利、不利五个等级，即对应分值分别为100～81分，80～61分，60～41分，40～21分，20～0分。执行物有所值定性评价业务的全过程工程咨询单位，通常根据每项评价指标的考核要点、派生子指标的考察内容，针对每项评价指标各个等级制定清晰准确的评分标准。

5. 制作评价会议材料

制作评价会议材料，应当根据PPP实施方案内容和设置的评价指标，着重对应于各评价指标考核或考察要点的项目具体情况进行客观描述和详细介绍，避免主观臆断或人为导向。

6. 召开专家组会议

召开专家组会议前，执行物有所值定性评价业务的全过程工程咨询单位，一般需要将设置的评价指标、拟定的评分标准以及制作的评价会议材料等定性评价所需资料提交专家，确保专家掌握必要信息，并保证专家的独立性。专家组会议基本程序如下：

（1）专家在充分讨论后按评价指标逐项打分；

（2）按照指标权重计算加权平均分，得到评分结果，形成专家组意见。

7. 形成定性评价结论

合理利用专家组意见形成定性评价结论。原则上，评分结果在60分（含）以上的，通过定性评价；否则，未通过定性评价。

8. 定性评价结论及分析

对定性评价结论，应当进行必要的分析。对定性评价结论进行分析的目的，在于指出采用PPP模式及其实施方案存在的不足，并提出合理化建议，以提高PPP项目的物有所值程度。定性评价结论评分结果越高，说明政府采用PPP模式替代传统投资模式的可行性、有益性以及可实现性越高。

（五）物有所值定量评价

1. PPP值的测算

在项目不同阶段，PPP值的计算依据不同。项目识别和准备阶段PPP值是基于实施方案测算政府在股权投资、运营补贴、风险承担、配套投入等方面的财政支出责任的现值。

2. PSC值的测算

PSC值是以下三项成本的全生命周期现值之和：参照项目的建设和运营维护净成本；竞争性中立调整值；项目全部风险成本。

PSC值的测算方法和测算过程如下：

1）参照项目的设定

参照项目通常包括以下两类：

第一类参照项目通常为最近五年内相同或相似地区采用政府传统模式实施的、与PPP项目产出数量和质量相同或非常相似的项目。

第二类参照项目是假设政府采用现实可行的、最有效的传统投资方式实施的、与PPP项目产出数量和质量相同的虚拟项目。

对上述两类参照项目，需要根据获取的参照物资料、数据的数量和质量，结合拟采用PPP模式项目的特点，恰当选择参照项目，并采用定性或定量分析方法形成参照项目的建设和运营维护净成本。

2）参数指标选择

明确项目资本结构、资本性收益以及项目周期，选择恰当的折现率与利润率，确定政府自留风险应承担的成本。

3）计算参照项目的建设和运营维护净成本

建设净成本主要包括参照项目设计、建造、升级、改造、大修等方面投入的现金以及固定资产、土地使用权等实物和无形资产的价值，并扣除参照项目全生命周期内产生的转让、租赁或处置资产所获的收益。

运营维护净成本主要包括参照项目全生命周期内运营维护所需的原材料、设备、人工等成本，以及管理费用、销售费用和运营期财务费用等，并扣除假设参照项目与PPP项目付费机制相同情况下能够获得的使用者付费收入等。

4）计算竞争性中立调整值

竞争性中立调整值主要是指采用政府传统模式比采用PPP模式实施项目少支出的费用，通常包括少支出的土地费用、行政审批费用、有关税费等。

5）计算项目全部风险成本

项目全部风险成本包括可转移给社会资本的风险承担成本和政府自留风险的承担成本，参照《政府和社会资本合作项目财政承受能力论证指引》（财金〔2015〕21号）（已废止）第二十一条及有关规定测算。

政府自留风险承担成本等同于PPP值中的全生命周期风险承担支出责任，两者在PSC值与PPP值比较时可对等扣除。

用于测算PSC值的折现率应与用于测算PPP值的折现率相同，参照《政府和社会资本合作项目财政承受能力论证指引》（财金〔2015〕21号）（已废止）第十七条及有关规定测算。

3. 比较PPP值与PSC值

物有所值定量分析的结果通常以物有所值量值或物有所值指数的形式表示。

物有所值量值＝PSC值－PPP值

物有所值指数＝（PSC值－PPP值）÷PSC值×100%

物有所值量值或物有所值指标可以是一个确定的值，也可以是区间值。物有所值量值和指数为正的，通过物有所值定量评价；否则，未通过物有所值定量评价。物有所值量值和指数越大，说明政府方采用PPP模式替代传统投资模式，政府方所能节约的成本越大。

4. 定量评价结论及结果分析

PPP值小于或等于PSC值的，认定为通过定量评价；PPP值大于PSC值的，认定为未通过定量评价。

物有所值定量评价结论，宜进行敏感性分析。敏感性分析是从定量角度研究一定数据模型中的输入变量变化对输出变量的影响程度的一种不确定性分析技术。物有所值定量分析结论的敏感性分析，目的在于识别敏感性因素，帮助评价报告使用者正确理解与科学运用评价结论。物有所值定量分析结论的敏感性分析，主要步骤如下。

第一步，选择不确定因素。应当根据物有所值定量评价工作的具体情况，分析筛选出估计偏差可能性较大、对物有所值量值或物有所值指数影响作用较大的评价参数，作为拟考察的不确定因素。

第二步，计算敏感度系数。敏感度系数是物有所值量值或物有所值指数变化的百分率与不确定性因素变化的百分率之比。敏感度系数越高，表示物有所值量值或物有所值指数对该不确定性因素的敏感程度越高。

第三步，识别敏感性因素。识别敏感性因素，一般采用单因素敏感性分析方法，通过计算并比较各种不确定因素的敏感度系数来进行。计算比较各种不确定因素的敏感性系数时，通常对各种不确定因素的变动采用一致的相对变动幅度。根据物有所值定量评价工作的具体情况，选取敏感度系数较高的一个或多个不确定因素作为敏感性因素。通常，折现率、第三方收入、运营补贴金额是常见的敏感性因素。

对同一项目分别进行物有所值定性评价和定量评价的，只有在分别"通过"物有所值定性评价和定量评价前提下，方可作出"通过"物有所值评价的结论。

经过上述步骤，本项目PPP项目物有所值评价结论为：采用PPP模式有利于扩宽融资渠道，完善投资环境，有效增加公共服务供给，降低财政支出压力；有利于完善投资环境，合理配置资源，推动体制机制创新，减缓政府方风险承担有利于促进市场竞争，充分发挥社会资本优势，提高运营管理和服务水平，促进铁路事业加快发展。

物有所值定性评价得分较高，表明相比政府传统投资模式，本项目采用PPP模式在全生命周期整合程度、风险识别与分配、绩效导向与鼓励创新、潜在竞争程度、政府机构能力、可融资性、社会公众接受度、运营收入增长潜力、行业示范性等多方面均是物有所值的，认定为通过物有所值定性评价物有所值定量评价表明，本"PPP+EPC"项目全生命周期内政府方净成本的现值（PPP值）小于公共部门比较值（PSC值），认定为通过物有所值定量评价。

结合物有所值定性评价和定量评价结果看，相比较政府传统投资模式，本项目采用PPP模式实施，政府在全生命周期的支付总费用现值减少，政府当期和近期投资压力减小，市场适应性强，投资吸引力大，政府方投资控制风险也将降低。综上所述，可认为本项目采用PPP模式是物有所值的。

三、编制财政承受能力论证

按照财政部《政府和社会资本合作项目财政承受能力论证指引》要求，财政部门应根据PPP项目全生命周期内的财政支出、政府债务等因素，对部分政府付费或政府补贴的项目，开展财政承受能力论证，每年政府付费或政府补贴等财政支出不得超出当年财政收入的一定比例。

财政承受能力论证包括责任识别、支出测算、能力评估、报告编制及信息披露。

(一)需要收集的资料

全过程工程咨询单位在执行财政支出能力论证之前，通常需要收集论证所需的相关资料。财政支出能力论证所需的相关资料主要包括：政府和社会资本合作相关法律法规、规章制度及政策；论证对象前五年一般公共预算收支情况，当年拟用于PPP项目预算支出情况；项目物有所值评价报告；其他相关项目的财政承受能力论证报告；财政部门（政府和社会资本合作中心）、相关行业主管部门以及项目实施机构与项目相关的申请文件及批复，以及相关会议纪要；其他相关资料。

(二)政府责任识别

1. 财政支出责任的识别范围

全过程工程咨询单位执行财政承受能力论证业务，需要完整识别其财政支出责任。对已经完成财政承受能力论证工作的PPP项目，直接引用财政承受能力论证报告的结论。对引用已完成财政承受能力论证结论的PPP项目，不再识别财政支出责任。对论证范围中未开展财政承受能力论证的PPP项目，应完整识别其财政支出责任。

2. 财政支出责任的识别依据

对PPP项目全生命周期过程的财政支出责任进行识别，识别依据主要包括PPP项目合同、PPP项目实施方案、PPP项目招标文件、中标方的投标文件等。对PPP项目全生命周期过程的财政支出责任，首先依据PPP项目合同进行识别；对于PPP项目合同未作出约定的财政支出责任，依据PPP项目实施方案、PPP项目招标文件和中标方的投标文件等文件进行合理识别。

3. 财政支出责任的分类

PPP项目全生命周期过程的财政支出责任，主要包括股权投资、运营补贴、风险承担、配套投入等。

1）股权投资：政府和社会资本共同组建项目公司中，政府承担的股权投资支出责任。

2）运营补贴：在项目运营期间，政府承担的直接付费责任。

3）风险承担：项目实施方案中政府承担风险带来的财政或有支出责任。

4）配套投入：政府提供的项目配套工程等其他投入责任，通常包括土地征收和整理、建设部分项目配套措施、完成项目与现有相关基础设施和公用事业的对接、投资补助、贷款贴息等。

××市财政支出责任包括××市分担的本项目股权投资、运营补贴、风险承担支出及配套支出责任，具体汇总如表6-2所示。

本项目××市财政支出责任明细表（单位：万元）   表6-2

名称	合计	2020	2021	2022	2023	2024	2025	2026	2027	2028
支出责任	283602	6231	21708	21947	13325	12574	12601	12617	12632	12676
股权支出	60331	5707	20348	21058	13217	0	0	0	0	0
运营补贴	173031	0	0	0	0	11535	11535	11535	11535	11535
风险承担	50240	524	1360	889	107	1039	1066	1081	1097	1140
其他配套投入	0	0	0	0	0	0	0	0	0	0
名称	合计	2029	2030	2031	2032	2033	2034	2035	2036	2037
支出责任	283602	12707	12753	12787	12822	12872	12910	12949	13005	13046
股权支出	60331	0	0	0	0	0	0	0	0	0
运营补贴	173031	11535	11535	11535	11535	11535	11535	11535	11535	11535
风险承担	50240	1171	1218	1251	1286	1337	1375	1413	1469	1511
其他配套投入	0	0	0	0	0	0	0	0	0	0
名称	合计	2038	2039	2040	2041	2042	2043	2044	2045	2046
支出责任	283602	13089	908	954	1002	1051	1119	1172	1226	1301
股权支出	60331	0	0	0	0	0	0	0	0	0
运营补贴	173031	11535	11535	0	0	0	0	0	0	0
风险承担	50240	1554	908	954	1002	1051	1119	1172	1226	1301
其他配套投入	0	0	0	0	0	0	0	0	0	0
名称	合计	2047	2048	2049	2050	2051	2052	2053		
支出责任	283602	1359	1419	1500	1564	1630	1698	10449		
股权支出	60331	0	0	0	0	0	0	0		
运营补贴	173031	0	0	0	0	0	0	0		
风险承担	50240	1359	1419	954	1002	1051	1119	1172		
其他配套投入	0	0	0	0	0	0	0	0		

（三）政府支出测算

政府要在其责任承担过程中的不同阶段，根据项目的不同情况和模式，运用不同的测算方式确定政府的支出数据。测算完政府四个不同阶段的责任支出，相加汇总，便可得出政府在整个PPP项目中的支出总额。再通过每年的分摊确定金额是否超过财政的承受能力范围。

（1）股权投资支出：依据项目资本金要求以及项目公司股权结构合理确定。

（2）运营补贴支出：根据项目建设成本、运营成本及利润水平合理确定，并按照不同付费模式分别测算。

（3）风险承担支出：充分考虑各类风险出现的概率和带来的支出责任，采用比例法、情景分析法及概率法进行测算。

（4）配套投入支出：综合考虑政府将提供的其他配套投入总成本和社会资本方为此支付的费用（表6-3）。

各支出测算参考公式 表6-3

政府支出测算	公式
股权投资支出	＝项目资本金 × 政府占项目公司股权比例
运营补贴支出	①政府付费模式项目： 当年运营补贴支出数额＝$\dfrac{项目全部建设成本 \times（1+合理利润率）\times（1+年度折现率）^n}{财政运营补贴周期（年）}$＋年度运营成本 ×（1+合理利润率） ②可行性缺口补助模式的项目： 当年运营补贴支出数额＝$\dfrac{项目全部建设成本 \times（1+合理利润率）\times（1+年度折现率）^n}{财政运营补贴周期（年）}$＋年度运营成本 ×（1+合理利润率）－当年使用者付费数额
风险承担支出	＝基本情况下财政支出数额
配套投入支出	＝政府拟提供的其他投入总成本－社会资本方支付的费用

（四）政府能力评估

政府能力评估包括财政支出能力评估及行业和领域均衡性评估，政府不仅要确保PPP项目不会对地方及政府财政造成过重的负担，也要确保在某一行业和领域的PPP项目不会过于集中，造成资源的浪费。

1. 财政支出能力评估

（1）财政支出能力评估应取得的资料

财政支出能力评估，是根据PPP项目预算支出责任，评估PPP项目实施对当前及今后年度财政支出的影响；每一年度全部PPP项目需要从预算中安排的支出责任，占一般公共预算支出比例应当不超过10%。

在进行财政支出能力评估时，论证对象即未来年度一般公共预算支出的预测数额可以由委托方或财政部门提供，或者在委托方或财政部门提供的未来年度一般公共预算支出数额预测数据基础上结合近年来一般公共预算收入和支出的结构、影响因素、稳定性、增长潜力、变化情况、未来宏观经济前景等因素进行必要的分析和调整后形成。

（2）财政支出能力评估结论的情景分析

进行财政支出能力评估结论的情景分析目的是测量PPP项目多个不确定因素同时发生变化以及某些极端不利事件发生对财政支出能力的影响，帮助财政支出能力评估结论使用者正确理解与科学运用评估结论。财政支出能力评估结论的情景分析，其主要步骤如下：

1）选择不确定因素。进行情景分析时，首先要选择用于分析的不确定因素。对财政支出能力评估结论产生影响的不确定因素，通常应选择一般公共预算支出数额以及影响

PPP项目财政支出金额的敏感性因素。影响PPP项目财政支出金额的敏感性因素，通过对主要不确定因素的敏感度系数进行识别，通常第三方收入、运营补贴金额以及风险承担支出金额是影响PPP项目财政支出金额的常见敏感性因素。

2）设计分析情景。对选择的不确定性因素，根据不确定因素同时发生变化以及某些极端不利事件发生的可能组合情况，设计若干项分析情景。设计分析情景时，需要考虑PPP项目不同的不确定因素之间的相关性。分析情景通常包括不利情景、较差情景、最坏情景。三种分析情景按照顺序不断增强不利程度，其中不利情景相对于基准情况更为不利，较差情景相对于不利情景更为不利，最坏情况应反映极端但可能发生的情况。

3）测算分析情景结果。对设计的各种分析情景，分别收集测算所需数据，计算各种分析情景下各个不确定性因素对一般公共预算支出数额或PPP项目财政支出金额的影响值，最终形成各种分析情景下的财政支出能力评估结论。最坏情景的评估结果反映了财政可能需要支出的最大金额。

（3）合同提前终止情景下的财政支出能力分析

对财政支出能力进行评估，重点关注PPP项目出现合同提前终止情景时对当年财政支出能力的影响。委托方要求全过程工程咨询单位对PPP项目合同提前终止情景下的财政支出能力进行分析的，可以按照以下步骤：

1）识别合同提前终止情形。PPP项目合同提前终止情形主要根据合同提前终止原因进行分类。PPP项目的合同提前终止原因主要包括政府或项目实施机构违约、社会资本违约以及其他导致PPP项目合同提前终止的原因。

2）测算合同终止时的财政支出数额。通常情况下，需要分别测算每一种原因导致合同提前终止情形下，在合作期限届满前的每一年度出现终止合同情形的支出数额。对合同终止时支出数额，根据PPP项目合同的约定进行计算。PPP项目合同未对提前终止合同的支出数额作出明确约定的，通常应考虑社会资本的总投入、社会资本已经营年限的收益情况、社会资本未经营年限的预期收益现值、违约一方的违约金等因素进行合理测算。对于因不可抗力事件导致PPP项目合同提前终止的，需要考虑社会资本按约定应购保险的应获理赔补偿金。

3）预测合同终止年度的一般公共预算支出数额。PPP合作期限届满前，各年度一般公共预算支出数额，可参照前五年相关数额的平均值及平均增长率计算，并根据实际情况进行适当调整。

4）计算合同提前终止年度的财政支出能力评估结论。分别计算得出每一种原因导致合同提前终止情形下，在合作期限届满前的每一年度出现终止合同情形的财政支出能力评估结论。

2. 行业和领域均衡性评估

（1）行业和领域均衡性评估应取得的资料

在进行行业和领域均衡性评估时，通常需要收集的相关资料主要包括：政府和社会资本合作相关法律法规和规章制度；与项目相关的各级政府制定的国民经济与社会发展规划、方针政策；PPP项目的财政承受能力论证报告；PPP项目的分布情况表；其他相关资料。

（2）行业和领域均衡性评估的目标

行业和领域均衡性评估，是根据PPP模式适用的行业和领域范围，以及经济社会发展需要和公众对公共服务的需求，平衡不同行业和领域PPP项目，防止某一行业和领域PPP项目过于集中。运用PPP模式的行业和领域过于集中，会增加系统性风险。行业和领域均衡性评估，旨在分析评估运用PPP模式的行业和领域的集中程度是否有利于降低系统性风险。

（3）行业和领域均衡性评估的方法和过程

行业和领域均衡性评估采用定量和定性分析方法，具体运用过程如下：

1）划分PPP项目所处的行业和领域。对论证对象承担财政支出责任的全部已实施和拟实施PPP项目，逐项划分PPP项目所处的行业和领域。行业和领域的分类，参考《国民经济行业分类》。

2）计算各行业和领域的PPP项目集中度指数。各行业和领域的PPP项目集中度指数，指每个行业和领域PPP项目的相关数值占论证对象承担财政支出责任的全部已实施和拟实施PPP项目相关数值合计数的比值，以百分比表示。计算PPP项目集中度指标的相关数值，一般可选用已投资（拟投资）净值、剩余合作期限财政支出责任数额的折现值，或者参照同期国债的收益率水平选用折现值等数值。

3）对行业和领域均衡性进行评估。在各行业和领域的PPP项目集中度指数基础上，结合PPP项目数量及其分布情况、财政支出能力评估结果、PPP项目的直接经济效益和间接经济效益等因素，采用定量和定性分析方法，对行业和领域均衡性进行评估。

（4）行业和领域均衡性评估结论

行业和领域均衡性方面，本项目作为××市实施的第一条高速铁路PPP项目，对于××市探索拓宽基础设施建设融资渠道、引入先进社会资本、完善铁路投资环境、促进铁路体制的深化改革与铁路事业快速发展具有重要意义，××市已实施的PPP项目分布在各个行业与领域，不存在某一行业和领域PPP项目过于集中的问题。

（五）报告编制及信息披露

1. 报告编制

在财政承受能力论证报告的编写中，最重要的是根据各个项目不同的情况以及政府参与的不同程度进行报告的编制。

第一部分为政府的责任识别，这一步为政府能力评估的基础，在这一部分，政府要明确自己要在哪个阶段进行支出的准备，根据PPP项目类别的不同进行不同的支出准备。

在政府和社会资本一同开展PPP项目之前需要组建项目公司，如果项目采取社会资本全咨方式组建项目公司的方式，那么就不存在政府股权投资支出。

其中企业投资项目是指社会资本独自或者与政府共同成立项目公司，由该项目公司拥有项目资产并承担项目风险。此种模式下，社会资本可以在项目建设初期通过设立项目公司模式参与项目合作，也可以在后续通过股权受让或增资扩股模式拥有项目公司股权而参与项目合作。

对一些大型项目，单纯靠项目收益无法弥补项目投资运营成本的，为降低项目公司投资成本，满足项目经济可行性要求，则采用部分项目资产由政府投资建设，其余项目资产由项目公司投资建设，最后整体项目资产移交项目公司运营的模式开展项目合作。

运营补贴则根据项目的盈利模式进行识别，在这一部分，报告需说明选择何种补贴模式以及选择的原因，并列清每年需要补贴的项目科目，如：当项目采用政府付费模式时，项目运营期间，政府承担全部直接付费责任，政府每年直接付费数额包括：社会资本方承担的年均建设成本（折算成各年度现值）、年度运营成本和合理利润。

风险承担识别过程中则需根据风险出现的概率和带来的支出责任以及合同的约定情况来确定。

配套投入支出责任是指政府承诺将提供的配套工程等其他投入责任，包括土地征收和整理、建设部分项目配套设施、完成项目与现有相关基础设施和公用事业的对接、投资补助、贷款贴息。在报告中应说明项目中配套投入的具体内容与测算方法。

第二部分涉及政府责任的测算，根据项目的实际情况测算出政府在项目上每年的支出情况，报告中应详尽地写出计算过程以及数据来源，具体计算方式参考《政府和社会资本合作项目财政承受能力指引》。将项目的周期以及折现率等因素考虑在内，测算出每年政府在本项目中的支出。

由于政府财政承受能力是一个从大局考虑的概念，理论上应该是政府每年将所有拟当年实施的项目进行财政承受能力论证，将所有项目一年支出加总，其数不超过当地政府公共预算支出比例的10%，省政府财政部门可根据本地实际情况调节这一比例，并报财政部备案，同时对外发布。

第三部分是行业和领域均衡性分析评估，在报告中，应写明项目属于何类设施，运用何种PPP模式进行运作，以及项目实施的必要性和行业在本区域的未来发展情况，保证在此区域内本行业采取PPP模式较少，避免资源的重复浪费。

第四部分则是论证的结论，在这一部分要高度概括前三部分的内容，包括项目实施模式和周期、财政能力分析数据和结果、行业和领域均衡性分析的结果。

2. 信息披露

新《预算法》强化了信息公开方面的规定，PPP项目作为财政支出的组成部分，也要进行相应的信息披露工作。

各级财政部门（或PPP中心）应当通过官方网站及报刊媒体，每年定期披露当地PPP项目目录、项目信息及财政支出责任情况。应披露的财政支出责任信息包括：PPP项目的财政支出责任数额及年度预算安排情况、财政承受能力论证考虑的主要因素和指标等。

项目实施后，各级财政部门（或PPP中心）应跟踪了解项目运营情况，包括项目使用量、成本费用、考核指标等信息，定期对外发布。

省级财政部门应当汇总区域内的项目目录，及时向财政部报告，财政部通过统一信息平台（PPP中心网站）发布。政府、社会资本或项目公司应依法公开披露项目相关信息，保障公众知情权，接受社会监督。

社会资本或项目公司应披露项目产出的数量和质量、项目经营状况等信息。政府应公开不涉及国家秘密、商业秘密的政府和社会资本合作项目合同条款、绩效监测报告、中期评估报告和项目重大变更或终止情况等。

社会公众及项目利益相关方发现项目存在违法、违约情形或公共产品和服务不达标准的，可向政府职能部门提请监督检查。

四、编制项目实施方案

根据《关于印发政府和社会资本合作模式操作指南（试行）》财金〔2014〕113号（已废止）中规定，编写实施方案时通常包括但不限于以下内容：项目概况、风险分配框架、项目运作方式、交易结构、合同体系、监管架构、采购方式选择及财务测算。项目实施方案以项目识别阶段的项目建议书和初步实施方案为基础进行编制。

（一）项目概况

PPP项目关键要素的基本情况介绍，主要包括基本情况（主要明确项目提供的公共产品和服务内容、项目采用政府和社会资本合作模式运作的必要性和可行性，以及项目运作的目标和意义）、经济技术指标（主要明确项目区位、占地面积、建设内容或资产范围、投资规模或资产价值、主要产出说明和资金来源等）和项目前期工作进展等。

（二）风险分配框架

全过程工程咨询单位在编写项目实施方案时需要对PPP项目存在的风险进行识别，风险识别方法通常包括专家调查法、图解分析法、核对表法等。实施方案风险分配框架通常包含项目风险清单、风险分配原则及分配方式、主要风险的分配及控制等。

1. 项目风险清单

风险识别时需要全面查找项目可能面临的主要风险。在不同采购模式下，项目主体面临的风险类别存在差异。在PPP模式下，政府和社会资本需要承担PPP项目风险和PPP项目合同执行风险。

（1）PPP项目风险

PPP项目风险可分为项目外部环境风险、项目内部环境风险和项目其他风险。项目外部环境风险又分为项目宏观环境风险和项目微观环境风险。

1）项目宏观环境风险。项目宏观环境风险也可理解为项目间接环境风险，主要包括法律法规风险、财政政策风险、货币政策风险以及产业政策风险。

2）项目微观环境风险。项目微观环境风险也可理解为项目直接环境风险，一般包括以下5类：

①产业链相关风险。产业链相关风险指与项目存在产业链关系，来源于项目上游或项目下游的风险；

②监管审批相关风险。监管审批相关风险指来源于对项目直接规范、监管、审批、规划等方面的风险；

③其他外部直接风险。其他外部直接风险主要包括供给竞争风险、自然地质风险等其他对项目产生直接影响的风险；

④项目内部环境风险。项目内部环境反映了项目所拥有的客观物质条件、内部资源和项目实施主体的综合能力。项目内部环境风险可进一步区分为建造周期风险、运营周期风险和移交周期风险；

⑤项目其他风险。项目其他风险主要包括项目征收风险和不可抗力风险。

（2）PPP项目合同执行风险

PPP项目合同执行风险可区分为社会资本执行PPP合同可能产生的风险和政府执行PPP合同可能产生的风险两类。政府执行PPP合同可能产生的风险主要为PPP项目合同执行过程中因政府一方违约、不守信用或不当干预而存在的风险。社会资本执行PPP合同可能产生的风险主要指PPP项目合同执行过程中因社会资本一方违约、不守信用或投资主体变更而存在的风险。

2. 风险分配

风险分配是对识别出的PPP项目风险进行合理分配，明确风险责任的承担主体。风险分配主要针对PPP项目风险。风险分配的原则：

（1）最优化风险分配原则，要求将风险分配给最富有经验、最擅长管理风险、风险控制成本最低且有能力承担风险损失的一方。有效的风险分配应该激励社会资本提供效率高、效果好的公共服务，转移给社会资本的风险太少或太多都将限制物有所值的实现。

（2）风险与收益对等原则，要求风险承担主体因承担风险而获得与风险相匹配的收益。

（3）可承担性原则，要求责任承担主体具备承担风险后果的实力。当最大风险值超过承担主体可能承受的范围时，通常设置风险后果容忍区间以及风险承担方式变更的触发机制。

（4）动态性原则，要求对项目风险的分配与承担应设立弹性条款和动态调整机制，以应对项目风险的变化及新增风险的出现。

（5）可操作性原则，要求风险分配具体而明确，在风险出现时双方能够容易理清责任、避免纠纷。特别是政府和社会资本共担风险，应明确具体的共担方式或协商沟通机制。

（6）全面性原则，不仅要对重大风险进行全面识别，对识别出来的风险也要全面分配，每一项风险均要明确责任主体，避免遗漏。

3. 风险承担方式

PPP项目风险的承担方式主要有三种：政府承担，社会资本承担，政府和社会资本共担。主要风险分配及控制：

项目主要风险说明及控制会根据风险清单按照风险分配原则写明项目全生命周期内的建设、运营、市场、环境等主要风险的分配及应对措施。

主要风险分配根据风险清单按照风险分配原则进行分配，原则上，项目设计、建造、财务和运营维护等商业风险由社会资本承担，法律、政策和最低需求等风险由政府承担，不可抗力等风险由政府和社会资本合理共担。

（三）项目运作方式

PPP项目运作方式主要包括：委托运营（O&M）、管理合同（MC）、建设—运营—移交（BOT）、建设—拥有—运营—移交（BOOT）、建设—拥有—运营（BOO）、转让—运营—移交（TOT）、改建—运营—移交（ROT）、建设—租赁—转让（BLT）等。从发展改革委文件看，模式包括：建设—运营—移交（BOT）、建设—拥有—运营（BOO）等。

PPP项目具体运作方式的选择主要根据项目的回报机制进行确定，对于具有明确的收费基础，并且经营收费能够完全覆盖投资成本的项目，可通过政府授予经营权，采用建设—运营—移交（BOT）、建设—拥有—运营—移交（BOOT）等模式推进。对于经营收费不足以覆盖投资成本或难以形成合理回报、需政府补贴部分资金或资源的项目，可通过政府授予经营权附加部分补贴或直接投资参股等措施，采用建设—运营—移交（BOT）、建设—拥有—运营（BOO）等模式推进。对于缺乏"使用者付费"基础、主要依靠"政府付费"回收投资成本的项目，可通过政府购买服务，采用建设—拥有—运营（BOO）、建设—租赁—运营（BLO）、委托运营（O&M）等市场化模式推进。

本线工程拟采用政府参股的BOT方式运作，即由政府方通过PPP项目合同，授予项目公司特许经营权，由项目公司负责本项目的投融资、建设、运营和移交，项目公司在规定的合作期内收取使用者付费，获得政府可行性缺口补助，承担项目运营成本、还本付息等合作期届满，项目公司将项目设施设备及相关资产无偿移交给政府或政府指定机构，社会资本通过税后利润分配及期末资产清算回收投资并获得合理的回报。

（四）交易结构

PPP项目交易结构一般包括项目投融资结构、回报机制和相关配套、绩效考核机制、退出机制等。

1. 项目投融资结构

项目投融资结构包括项目公司的资本构成、股权结构、项目设立情况、项目公司资本性支出的资金来源、性质和用途、资产负债安排，项目资产的形成和转移等。

一般资本金比例需要符合国家相关规定，如国务院《关于调整和完善固定资产投资项目资本金制度的通知》（国发〔2015〕51号）中规定：机场、港口、沿海及内河航运项目，最低资本金比例为25%；城市轨道交通、铁路、公路、保障性住房和普通商品住房项目的最低资本金比例为20%；其他房地产开发项目的最低资本金比例为25%；其他项目的最低资本金比例为20%。通常还根据PPP项目所处阶段、收益情况、投资者资金压力等进行适当调整。

融资金额的大小或多少通常根据资金运行的缺口、项目公司的管理运营能力、负债比例和资金供给、融资成本等确定，且尽量选择融资期限较长的贷款。融资担保应根据融资期限、额度来确定，通常还关注PPP项目合同对融资的约束，以免项目的建设运营等活动受到约束和限制。常用的融资方式包括：银行贷款、债券、基金、资产证券化等。

项目融资方案通常还需要界定项目公司的融资权利和义务，以及融资方的权利义务和再融资。

（1）项目公司的融资权利和义务

PPP实施方案通常会明确项目全生命周期内相关资产和权益的归属，确定项目公司是否有权通过在相关资产和权益上设定抵押质押担保等方式获得项目融资，以及可否通过股权变更、处置项目相关资产或权益等方式实现投资的退出。

（2）融资方的权利和义务

实施方案可能对融资方的权利进行界定，包括：融资方的主债权和担保债权、融资方的介入权。

（3）再融资

实施方案还可能对项目公司再融资进行规定，再融资应增加项目收益且不影响项目的实施、签署再融资协议前须经过政府的批准等。

2. 回报机制

项目回报机制包括政府付费、使用者付费和可行性缺口补助等支付方式。

项目回报机制进行价格制定时，应当满足保证社会资本合理回报、使用者可承受、综合考虑价格的其他影响因素、动态可调整等原则。

（1）政府付费

根据项目类型和风险分配方案的不同，政府付费支付方式通常会依据项目的可用性、使用量和绩效中的一个或多个要素的组合向项目公司付费。

（2）使用者付费

使用者付费一般用于高速公路、桥梁、地铁等公共交通项目以及供水、供热等部分公用设施项目中。

（3）可行性缺口补助

可行性缺口补助是在政府付费机制与使用者付费机制之外的一种折中选择。对于使用者付费无法使社会资本获取合理收益，甚至无法完全覆盖项目的建设和运营成本的项目，可以由政府提供一定的补助，以弥补使用者付费之外的缺口部分，保证社会资本的合理利润。

3. 政府支付的调价机制

实施方案通常还包括调价机制，常见的调价方式包括：公式调整、基准比价、市场测试。

4. 相关配套安排

方案还需要明确由项目公司以外相关机构提供相关配套设施和项目所需的上下游服务，通常包括：

（1）支持政策和制度环境

PPP项目在实施方案中通常写明国家或当地政府的支持政策与制度环境。

（2）配套政策

政府需要积极协调有关部门完善PPP项目土地使用、税收优惠、价格调整、信贷扶持等机制，吸引优秀的社会资本进入，保证其合理的收益，在实施方案中通常明确写明政府提供的配套政策。

（3）配套工程

相关配套工程主要写明由PPP项目以外相关机构提供的土地、水、电、气和道路等以及项目所需的上下游服务等工程。

5. 绩效考核机制

PPP项目的绩效评价分为两阶段进行。一是建设完成后进行项目的前中期绩效评价，主要针对项目前期立项、设计、招标及施工阶段指标的评价；二是运营期后的移交阶段绩效评价。

6. 退出机制

PPP退出机制的完善将解决资金期限错配、企业生存周期短、回报率与风险错配等问题，有望引入更多种类的资金参与，充分发挥不同社会资本的优势，加速PPP项目落地。

本线工程沿线经过A市、B市两地，××省人民政府、A市人民政府、B市人民政府及沿线各（区）政府应根据国家相关文件精神，将本项目运营补贴纳入财政预算。

根据××省发展改革委、省财政厅、省交投、A市政府、B市政府协商结果××省政府承担全部补贴责任的40%，沿线市县政府承担全部补贴责任的60%。后者承担的这60%，是综合考虑沿线政府资本金出资、境内里程及受益情况，A市、B市按2.5∶1的比例分担，即A市承担全部补贴责任的42.86%，B市承担全部补贴责任的17.14%。

考虑到本项目补贴支付主体情况和各方补贴责任比例，本项目最终采用运营期前15年等补贴方式支付项目可行性缺口补贴。本方案选择社会投资人财务内部收益率作为控制指标结合目前资本市场及调研情况，选择社会投资人财务内部收益率5.5%作为本项目物有所值评价的基准。

（五）合同体系

合同体系主要包括项目合同体系层次、权利义务边界、交易条件边界、履约保障边界、调整衔接边界等其他相关内容。

1. 合同体系层次

主要分为两个层次，第一层次是由项目实施机构、中选社会资本之间围绕项目收益签署一揽子主要合同，包括PPP项目合同、股东协议等核心合同体系；第二层次是由项目公司和项目推进过程中的各有关主体签署的协议体系。包括由项目公司与融资方签署的《融资协议》、与施工单位签署的《施工总承包合同》、与设备供应商签署的《设备采购合同》、与保险机构之间签署的《保险合同》、与员工签署的《劳动合同》；项目实施机构与监理单位签署的《工程监理合同》、与设计单位签署的《设计合同》、与第三方咨询企业签订的《咨询服务合同》等。

PPP项目的参与方及合同的相关当事方通常包括政府或项目实施机构、社会资本、项目公司、融资方、总承包商和分包商、原料供应商、专业运营商、保险公司以及第三方专业机构等。

2. PPP项目合同主要内容

引言、定义和解释，项目的范围和期限，前提条件，项目的融资，项目用地，项目的建设，项目的运营，项目的维护，股权变更限制，付费机制，履约担保，政府承诺，保险，守法义务及法律变更，不可抗力，政府或项目实施机构的监督和介入，违约、提前终止及终止后处理机制，项目的移交，适用法律及争议解决，合同附件等内容。PPP项目合同通常还会包括其他一般合同中的常见条款，包括知识产权（专利权、商标权、著作权）、计量与计价、环境保护、声明与保证、通知、合同可分割、合同修订等。

3. 权利义务边界

主要明确项目实施机构、政府以及社会资本的相关权利与义务，涉及项目资产权属、社会资本承担的公共责任、政府支付方式和风险分配结果等。

4. 交易条件边界

主要明确项目合同期限、项目回报机制、收费定价调整机制、建设用地、工程建设规范及标准、运营维护规范及标准和运营维护等内容。

5. 履约保障边界

主要明确强制保险方案以及由投资竞争保函、建设履约保函、运营维护保函和移交维修保函组成的履约保函体系。

通常，PPP模式在要求项目公司提供履约担保时，还会根据付费机制、其他激励和约束机制来保障项目公司履约，根据物有所值原则尽量减少不必要的担保形式。在具体项目中是否需要项目公司提供履约担保、需要提供何种形式的担保以及担保额度，一般遵守所选用的担保方式可以足够担保项目公司按合同约定履约，且在出现违约的情形下政府有足够的救济手段即可。

6. 风险再分配

通常根据项目特征在政府和社会资本之间合理设定协商机制、协同机制以及最大风险范围。对于在项目执行过程中出现的未识别风险，根据风险分担原则对风险进行再分配，再分配时一般还需要考虑对物有所值评价的影响。

7. 调整衔接边界

实施方案通常还需要明确发生哪些情况时进行临时接管和提前终止、合同变更、合同展期、项目新增改扩建等。

8. 其他限制条款

PPP项目合同体系还可能涉及项目公司法人制、施工总承包、股权转让限制、项目唯一性约定等条款。

股权转让限制安排时，恰当考虑从社会资本角度考虑融资的可获得性及社会资本的流动性。保证合理公共利益风险控制前提下，过于严格的惩罚性合同条款、经营收益占投资比例过低、资产的可抵押性等均可能影响项目融资的可获得性；恰当的股权退出机制，规范化、多元化的退出安排均会提高社会资本的流动性，提高项目对社会资本的吸引能力。

（六）监管架构

1. 授权关系

授权关系是明确政府对PPP项目实施机构的授权，以及政府直接或通过项目实施机构对社会资本的授权。

2. 监督方式

监督方式一般包括履约管理、行政监管以及公众监督三种监督方式。

履约管理需要明确政府主管部门对项目公司在服务期内的合同履行情况以及定期对项目公司经营情况进行评估和考核的监督管理。

行政监管一般包括安全生产监管，包括政府主管部门的介入权，可以随时进场监督、检查项目设施的建设、维护状况等；成本监管，包括项目公司应向政府主管部门提交年度经营成本、管理成本、财务费用等分析资料；报告制度，包括项目公司向政府主管部门和其他相关部门定期报告（3～5年中期评估报告）和临时报告。

公众监督写明项目公司按照法律等要求，建立公众监督机制，依法公开披露收费机制等相关信息，接受社会监督。

PPP方案监督架构通常还强调产出物，弱化事务性管理，鼓励社会资本创新；恰当评估项目实施的风险，针对与公共利益相关的重大风险，设置合理的过程监管。

（七）采购方式选择

应根据项目实际情况及特点合理选择恰当的采购方式，符合相关法律法规要求。PPP

项目采购方式包括公开招标、邀请招标、竞争性谈判、竞争性磋商和单一来源采购。

（八）财务测算

1. 本项目回报机制

（1）回报类型

本线工程实施过程中，项目公司作为运营主体，在运营期内可获得铁路运输收入与多元经营开发收入等，具备一定使用者付费基础，但本项目投资大，合作期内使用者付费不能完全覆盖项目建设投资、运营成本及投资各方合理回报，需要政府支付补贴，故本项目的回报类型为可行性缺口补助。

（2）补贴支付主体

本线工程沿线经过A市、B市（含C县、D市）两地，××省人民政府、A市人民政府、B市人民政府、C县人民政府、D市人民政府应根据国家相关文件精神，将本项目运营补贴纳入财政预算。

根据××省发展改革委、省财政厅、省交投、A市政府、B市政府协商结果，××省政府承担全部补贴责任的40%，沿线地方政府承担全部补贴责任的60%。后者承担的这60%中，综合考虑沿线政府资本金出资、境内里程及受益情况，B市（含C县、D市）、A市按2.5∶1的比例分担，即B市（含C县、D市）承担全部补贴责任的42.86%，A市承担全部补贴责任的17.14%。B市（含C县、D市）承担的运营补贴责任由B市本级、C县、D市按境内线路长度比例承担，线路长度比例见表6-4。

B段线路比例表 表6-4

B市本级	D市	C县	合计
58.04%	15.71%	26.25%	100%

B市本级承担全部补贴责任的24.88%；C县承担全部补贴责任的11.25%；D市承担全部补贴责任的6.73%。

（3）补贴方式

财政补贴方式可选择等额补贴、逐年递减补贴或逐年递增补贴。

等额补贴能有效平滑省、沿线地方政府的财政支出，但项目投资成本的回收期限将被延长，且总补贴金额较高；逐年递减补贴总补贴金额较低，项目投资的回收期也相对较短，但运营前期较高的补贴金额会对政府的财政支出造成较大压力；逐年递增补贴，政府前期支出压力小，但运营初期项目运营亏损大，财务生存能力差，项目公司无法正常经营。

本项目采用PPP模式引入社会资本以提升项目建设运营效率、平滑政府方财政支出为目的，考虑铁路项目初期运营亏损较大，结合财务测算分析，为保证本项目正常运营，本项目采用运营期前15年等额补贴方式支付项目可行性缺口补助。

根据《国务院关于改革铁路投融资体制加快推进铁路建设的意见》国发〔2013〕33号、《国务院办公厅关于支持铁路建设实施土地综合开发的意见》国办发〔2014〕37号、《关于推进高铁站周边区域合理开发建设的指导意见》发改基础〔2018〕514号等文件精神，参照《中国铁路总公司关于进一步明确土地综合开发有关事项的通知》铁总办〔2016〕74号、《住房城乡建设部关于加强铁路站场地区综合开发有关规划工作的通知》建规〔2015〕227号，本项目沿线地方政府，按照新型城镇化理念，遵循土地利用总体规划和城市规划，利用铁路车站与周边土地的有机联系，按照市场化、集约化原则实施土地综合开发，取得土地出让收入（增值收益）。土地出让收入纳入政府性基金预算管理，在符合政策方向和相关规定的前提下，统筹用于支持本PPP项目，实现可持续发展。

2. 列车开行对数及单组重联比

可行性研究报告中预测特征年列车开行对数初期（2025年）为40对/日，近期（2030年）为52对/日；远期（2040年）为75对/日。

本项目是××地区城际网的重要组成部分，可与铁路A、铁路B、铁路C、铁路D共同构成区域快速铁路网，满足××地区内部的城际客流需求，对构建××省铁路网骨架，完善××地区城际网具有重要的意义和作用。

综合分析本线在路网中的功能定位、沿线社会经济发展等因素，对远期（2040年）至合作期末（2051年）列车开行对数进行了调整。随着铁路运输技术的发展及调研情况，铁路运行图调整、单组重联比调整频率将实现一周一图，甚至一日一图。依据可行性研究报告中列车开行方案，财务测算阶段合作期列车开行对数基准值如表6-5所示，单组重联比为49%：51%。合作期内，根据本项目设置的相关调整机制进行调整。

列车开行对数基准值　　　　　　　　　　　　　　表6-5

运营第N年	年度	列车开行对数（对/日）	运营第N年	年度	列车开行对数（对/日）
1	2022	36	14	2035	64
2	2023	38	15	2036	66
3	2024	39	16	2037	69
4	2025	40	17	2038	71
5	2026	43	18	2039	73
6	2027	45	19	2040	75
7	2028	48	20	2041	78
8	2029	50	21	2042	80
9	2030	52	22	2043	82
10	2031	55	23	2044	85
11	2032	57	24	2045	87
12	2033	59	25	2046	89
13	2034	62	26	2047	92

运营第N年	年度	列车开行对数（对/日）	运营第N年	年度	列车开行对数（对/日）
27	2048	94	29	2050	98
28	2049	96	30	2051	100

3. 营业收入

本项目运营收入暂按委托运营管理模式计算。目前高速铁路项目委托运营管理主要分为担当模式和不担当模式，不担当模式下项目公司不购置动车组或租用动车组。现行制度下，高铁列车基本由铁总购买，只有少数几条盈利前景较差的线路，允许合资铁路公司从铁总租赁，因此本项目暂按不担当模式考虑。

按照铁路清算办法，旅客票价进款全部清算给列车担当企业作为客运收入，不担当模式下，项目公司营业收入主要包括线路使用费、接触网使用费、电费、服务费及多元经营开发收入。

（1）线路使用费依据《中国铁路总公司关于调整高铁客运清算有关事项的通知》（铁总财〔2017〕162号），结合本项目线路等级，财务测算分析时基准年度单组、重联列车线路使用费单价分别取105.5元/列车公里和158.4元/列车公里。

（2）接触网使用费依据《中国铁路总公司关于明确有关财务清算事项的通知》（铁总财〔2016〕230号），结合本项目线路等级，财务测算分析时基准年度接触网使用费单价取300元/万总重吨公里。

（3）电费依据《中国铁路总公司关于明确有关财务清算事项的通知》（铁总财〔2016〕230号），结合本项目线路等级，财务测算分析时基准年度电费单价取400元/万总重吨公里。

（4）服务费主要包括旅客服务费、售票服务费及上水服务费等。财务测算分析时，基准年度暂按66.67万元/每年计算。

（5）铁路多元经营开发收入主要包括广告、通信、租赁等商业收入，本项目按线路使用费、接触网使用费、电费、服务费四项合计3%计算。

4. 运营成本

本项目运营成本主要包括委托管理费、工程改造及整治费用、电费、项目公司管理费用、营业外支出等。

（1）委托管理费

委托管理费包括人工费用、直接生产费（含运输生产设备运用和修理费用）、间管费、税金以及其他单项委托运输提供服务所发生的费用。

1）人工费用包括工资、工资附加费，分直接生产人员费用和间管人员费用，其中直接生产人员人工工资按照经协商确定的实际用工数量，依据运营单位人员平均工资水平计算；直接生产人员人工工资附加费，按照规定计提基数及各地区实际计缴比例计算；间管人员费用，按直接生产人员费用乘以铁路总公司公布的间管人员占直接生产人员的平均比例计算，依据中国铁路总公司《关于确定铁路局与控股合资铁路公司委托运输管理费用的指导意见》（铁总财〔2014〕51号），间管人员占直接生产人员的平均比例取11.7%。

2）直接生产费包括运输部门费用、机务部门费用、工务部门费用、电务部门费用、车辆部门费用、供电供水部门费用等。直接生产费根据作业技术标准、修程修制和定额标准计算。

3）委托设备设施大修、灾害预防、灾害复旧等专项费用，由运营单位经规范审批程序后提出书面建议，由项目公司审批同意后委托运营单位实施。双方按相互签认的工作量和金额计算费用，属于资本性支出的应单独核算。

4）间接管理费用依据中国铁路总公司《关于确定铁路局与控股合资铁路公司委托运输管理费用的指导意见》（铁总财〔2014〕51号），间接管理费用占人工费用、动车组租用费、直接生产费、委托设备设施大修合计数的比例为7.8%。参考其余相邻铁路经验，财务测算分析时，基准年度本项目委托运输费按116.9万元/km测算。

（2）工程改造及整治费用

工程改造及整治费用主要包括病害整治、设备大修、更新改造、灾害复旧、专项整治、安全技术设备投入等费用，参考其他铁路经验，财务测算分析时，基准年度工程改造及整治费用暂按1亿元/年估算。

（3）电费

主要包括牵引用电和生产用电。参考邻近高铁，财务测算分析时，基准年度暂按540万/万总重吨公里测算。

（4）项目公司管理费用

项目公司管理费用为项目公司运营所需的管理人员管理费、工资、行政办公费用等，参考领近铁路管理费，财务测算分析时，基准年度暂按1500万/年估算。

（5）营业外支出及其他费用营业外支出及其他费用主要包括铁路安保、巡防、财产保险费等，财务测算分析时，暂按30元/万人公里估算。

5. 通货膨胀率

近几年来，铁路建设投融资模式、铁路运营管理核算体系发生了较大的变化，原铁道部或中国铁路总公司（以下简称"铁总"）发布了统一的清算标准，具体线路使用费清算标准统计如表6-6所示。

线路使用费用清算标准统计表　　　　表6-6

年份	2009		2013		2015		2016		2017	
	单组	重联	单组	重联	单组	重联	单组	重联	单组	重联
线路使用费	81	113.4	104.7	157.1	104.7	157.1	94.2	141.4	105.5	158.4
年增长率			29.3%	27.8%	0%	0%	-9.5%	-10%	12%	12%
平均增长率	3%									

根据上述铁总公布的特一类线路使用费清算标准，2009～2017年平均年增长率为3%左右，其中2013年相对2009年变化较大，年平均增长率约为6.63%，而2013～2017年清算标准增长幅度放缓，平均年增长率仅为0.21%左右。本项目财务测算分析时，线路使用费、接触网使用费、电费、服务费，委托管理费、工程改造与整治费用、电费、管理费用，采用营业收入、运营成本计算指标，以2017年为计算基准年度，年增长率结合近几年铁总公布的清算标准变化情况及××省过去20年居民消费价格指数（CPI）平均值，取1.8%。

6. 税务水平及税费

本项目涉及的税费主要有增值税及附加、企业所得税等。

（1）增值税及附加本项目为新建项目，执行国家、行业增值税政策，本项目财务测算涉及的增值税及附加如表6-7所示。

增值税税率表　　　　　　　　　　　　　　　　表6-7

建安费增值税税率	10%	运营收入销项税率	6%
设备费增值税税率	10%	委托管理费增值税税率	6%
其他费增值税税率	6%	工程改造、整治增值税税率	6%
增值税附加		电费进项增值税税率	16%
增值税附加税	12%	营业外支出增值税税率	6%
城建税	7%		
教育费附加	3%		
地方教育费附加	2%		

（2）企业所得税

根据《中华人民共和国企业所得税法》及《国家税务总局关于实施国家重点扶持的公共基础设施项目企业所得税优惠问题的通知》（国税发〔2009〕80号）的规定，本次测算中企业所得税税率按照25%计算，并享受三免三减半的优惠政策。

7. 财务费用

财务费用主要包括利息净支出（利息支出减利息收入后的差额）、汇兑净损失、金融机构手续费以及筹集生产经营资金发生的其他费用等。

财务测算阶段，本项目财务费用为建设期长期贷款运营期产生的利息支出扣除盈余资金利息收入的差额。

根据本项目实施机制安排，债务资金由项目公司作为融资主体通过银行贷款、专项基金、债券等方式解决，项目公司承担还本付息的责任。

本项目财务测算阶段，长期贷款采用30年等额本金方式偿还，贷款利率按中国人民银行公布的5年期以上长期贷款基准利率4.9%测算。

运营期内，项目公司可根据项目经营状况、资金管理能力等因素自主选择等额本金、等额本息等还款方式。

8. 折旧摊销

按照财政部《企业会计准则解释第2号》（财会〔2008〕11号）的相关规定，"BOT业务所建造基础设施不应作为项目公司的固定资产"，本项目投资形成的项目资产按无形资产处理，并在运营期30年内全部摊销完毕。摊销方法为直线摊销法（表6-8）。

无形资产摊销方法对比 表6-8

摊销方法		解释	公式	适用
直线摊销法		将无形资产的应摊销金额均衡地分配于每一会计期间的一种方法	无形资产年摊销额＝无形资产取得总额/使用年限	对稳定性强的无形资产，适合采用这种摊销方法
产量法		指按无形资产在整个使用期间所提供的产量为基础来计算应摊销额的一种方法。它是以每单位产量耗费的无形资产价值相等为前提的	每单位产量摊销额＝每期无期资产摊销额=每单位产量摊销额×该期实际完成产量	如果无形资产在整个使用期间所提供的工作量可以采用产品的生产产量或工作时数等进行确定，则适合使用这种摊销方法
加速摊销法	余额递减法	加速摊销法相对于每年摊销额相等的匀速直线摊销法而言的加速摊销法将无形资产的摊销额按先多后少的原则分摊于各摊销期，各年负担的摊销额呈逐年递减趋势采用加速摊销法的目的是使无形资产成本在估计使用年限内加快得到补偿	在前期不考虑无形资产预计残值的前提下，根据每期期初无形资产的成本减去累计摊销后的金额和若干倍的直线法摊销率计算无形资产摊销额的一种方法其计算公式如下：年摊销额＝年初无形资产账面净值×年摊销率	如果某项无形资产为企业带来的经济利益前期多，后期少，则该项无形资产的摊销适用于前多后少加速摊销法
	年数总和法		将无形资产的成本减去预计残值后的金额乘以逐年递减的摊销率计算每年摊销额的一种方法。摊销率的分子代表无形资产尚可使用的年数，分母代表使用年数的逐年数字总和其计算公式如下：年摊销率＝无形资产尚可使用的年数/无形资产使用年数和×100%	

（九）运营补贴

1. 运营补贴额的确定

运营补贴依据社会投资人竞标确定的年均运营补贴数额，并结合项目投资、利率、列车开行对数、单组重联比、价格变化及项目绩效考核结果进行调整。

年度运营补贴额计算公式如下：

年度运营补贴额＝社会投资人竞标的年均补贴+投资变化调整额+利率变化调整额+列车开行对数补偿额（-列车开行对数政府方超额收益分配额）+单组重联比例变化调整额+价格变化调整额

社会投资人竞标的年均补贴额是中选社会资本中标的运营期前15年的年均补贴，运营期第16～第30年此项为0。

运营期内，若运营年度实际列车开行对数高于（100-X）%基准列车开行对数时，列车开行对数补偿额为0；若运营年度实际列车开行对数低于（100+X）%基准列车开行对数时，列车开行对数政府方超额收益分配额为0。

投资变化调整额、利率变化调整额、列车开行对数变化补偿额（列车开行对数政府方超额收益分配额）、单组重联比例变化调整额、通货膨胀调整额见各调整机制。当年度运营补贴额大于0时，政府方需增加（提供）补贴，当年度政府补贴额小于0时，项目公司需返还给政府方。

合作期内，项目公司股东社会资本通过项目公司税后利润分配及合作期期末资产清算回收投资及获得合理回报。政府方股东不参与项目公司利润分配（超额收益除外），也不参与合作期末资产清算。本项目选择社会投资人财务内部收益率作为控制指标。结合目前资本市场及调研情况，运营补贴额确定时分别对不同还款方式和不同收益率水平进行了测算分析，得到了运营补贴额的基准值，最终还款方式和回报水平由社会资本根据自身融资能力和现金管理水平在招标阶段竞争确定。

（1）不同还款方式政府补贴额（表6-9）。

不同还款方式政府补贴额（单位：亿元）　　　　　　　　　　表6-9

收益率 还款方式	社会投资人财务 内部收益率5.0%	社会投资人财务 内部收益率5.5%	社会投资人财务 内部收益率6.0%	备注
30年等额本息	95.91	107.40	117.89	①资本金比例30%； ②股权比例49%：51%； ③政府方股东不参与项目公司利润分配及合作期末资产清算； ④列车开行对数采用可研报告数据
30年等额本金	89.96	100.94	111.32	
最大能力还款	87.86	97.37	106.92	

（2）不同收益水平政府补贴额（表6-10）。

不同收益水平政府补贴额（单位：亿元）　　　　　　　　　　表6-10

收益率 还款方式	社会投资人财务 内部收益率5.0%	社会投资人财务 内部收益率5.5%	社会投资人财务 内部收益率6.0%	备注
项目投资财务内部收益率	3.58%	3.77%	3.95%	①资本金比例30%； ②股权比例49%：51%； ③政府方股东不参与项目公司利润分配及合作期末资产清算； ④列车开行对数采用可研报告数据； ⑤采用30年等额本金还款方式
项目资本金财务内部收益率	3.14%	3.74%	4.26%	
政府总补贴额	89.96	100.94	111.32	

2. 运营补贴调整机制

（1）投资变化调整机制

本项目以最终批复的初步设计概算作为投资控制依据。征地拆迁工作由项目公司委托沿线政府负责实施。初步设计概算中计列的征地拆迁费由项目公司筹集，沿线政府包干使用。招投标阶段，采用初步设计概算作为社会资本竞标的基础，政府可行性缺口补助以初步设计概算中工程费用下浮一定比例后确定。本项目竣工决算总投资与社会资本竞标报价的总投资（考虑工程费用下浮一定比例）发生变化时，政府对运营补贴进行调整，并在运营期前15年以年金法方式进行调整。

（2）利率变化调整机制

本项目财务测算融资利率采用当期中国人民银行公布的5年期以上基准利率4.9%，若运营期内中国人民银行公布的5年期以上基准利率变化在25个基点（包括25个基点）之内时，因利率变化导致项目公司财务费用增减的风险由项目公司自行承担，政府财政补贴不做调整。若运营期内中国人民银行公布的5年期以上基准利率变化大于25个基点时，根据基准利率的变化对项目公司长期贷款利息的影响调整补贴额。

（3）列车开行对数变化调整机制

列车开行对数风险分担比例（X%）纳入竞标标的，由社会投资人投标时填报，即运营期项目公司承担列车开行对数的风险比例为X%（$X \geqslant 5$）。

1）运营期第1～第30年，若年实际列车开行对数在年基准列车开行对数的（100-X）%（含）～（100+X）%（含）范围内时，不调整补贴额。

2）运营期第1～第30年，若年实际列车开行对数低于年基准列车开行对数的（100-X）%时，政府对年实际列车开行对数与年基准列车开行对数（100-X）%之间的差额予以补偿。

3）运营期第1～第30年，若年实际列车开行对数为年基准列车开行对数（100+X）%～120%（含）时，超出基准值（100+X）%部分的收益，政府方按60%的比例对超出部分进行分成。

4）运营期第1～第30年，若年实际列车开行对数大于年基准列车开行对数120%时，超出基准值120%部分的收益，政府方按80%的比例对超出部分进行分成。

（4）单组重联比调整机制

1）项目可行性研究报告中列车开行的重联比例为49%。运营期第1～第30年，当重联比例在46.55%～51.45%（含46.55%和51.45%）之间时，不调整补贴额。

2）运营期第1～第30年，当重联比例低于46.55%（为49%的95%），按照实际重联比例与46.55%的差额增加补贴额。

3）运营期第1～第30年，当重联比例高于51.45%（为49%的105%），对超出51.45%部分扣减补贴额。

当单组重联比调整和列车开行对数变化调整同时触发时，先对单组重联比例变化进行调整，再对列车开行对数变化进行调整。

（5）价格调整机制

目前，我国铁路清算规则沿袭了原铁道部2005年制定的《铁路运输进款清算办法》，负责路网清算业务的原铁道部资金清算中心在铁道部撤销后划归中国铁路总公司。

运营成本和运营收入通货膨胀对项目公司经营状况影响较大，同时考虑未来××省铁路建设形成一定规模后，省政府可与中国铁路总公司就清算标准、自主定价等进行协商，故本项目运营期内运营收入、成本实际增长率与预测膨胀率的变化超过一定范围时，将启动补贴调整机制。

运营期第1～第30年，政府方对预期年度通胀率1.80%与清算标准年度实际涨幅之间的差额进行调整，2017年为计算基年，从2018年起按每年1.80%的通货膨胀率增长，第1个运营年起每3个运营年核算、执行一次。

（6）超额收益优先分配机制

运营期内，若本项目每年实际收入高于基准收入时，政府方不对列车开行对数、单组重联比变化、价格变化进行补偿，不增加补贴额。运营期内，若本项目每年实际收入低于基准收入时，但列车开行对数、单组重联比、清算价格其中一项或两项超过基准时，超过基准的收入归政府方所有，优先冲抵其他项差额补偿。运营期内，若本项目每年实际列车开行对数、单组重联比及清算价格超过基准时，政府方超额收益分享详见各调整机制。

本项目政府方的超额收益分成，优先冲抵当年度运营补贴。

第五节　采购阶段咨询方案

根据住房城乡建设部和国家发展改革委关于《房屋建筑和市政基础设施项目工程总承包管理办法的通知》（建市规〔2019〕12号）第七条：采用工程总承包方式的政府投资项目，原则上应当在初步设计审批完成后进行工程总承包项目发包；其中，按照国家有关规定简化报批文件和审批程序的政府投资项目，应当在完成相应的投资决策审批后进行工程总承包项目发包。

《招标投标法实施条例》第九条规定："除招标投标法第六十六条规定的可以不进行招标的特殊情况外，有下列情形之一的，可以不进行招标：……（三）已通过招标方式选定的特许经营项目投资人依法能够自行建设、生产或者提供"（简称"两标并一标"）。

在"PPP+EPC"新模式下，施工企业从传统的施工总承包变为投资商和工程总承包商采购的内容、规模等都将发生巨大变化，传统的采购管理模式面临巨大挑战，包括制度流程设计、采购专业化人员不足、工作量激增、采购效率低下等风险和压力。并且，由于PPP项目的周期很长，因此全过程工程咨询单位的专业性、稳定性以及延续性都发挥了极大的优势，这极为重要。全过程工程咨询单位在本项目采购阶段咨询内容包含资格预审、采购文件编制（招标代理）、合同谈判以及合同的签订，咨询要点包括合理的选择本项目的采购方式；为最佳社会资本画像，绘制期望社会资本供应能力需求表以及从采购阶段至项目结束整个过程的系统的合同管理（图6-3）。

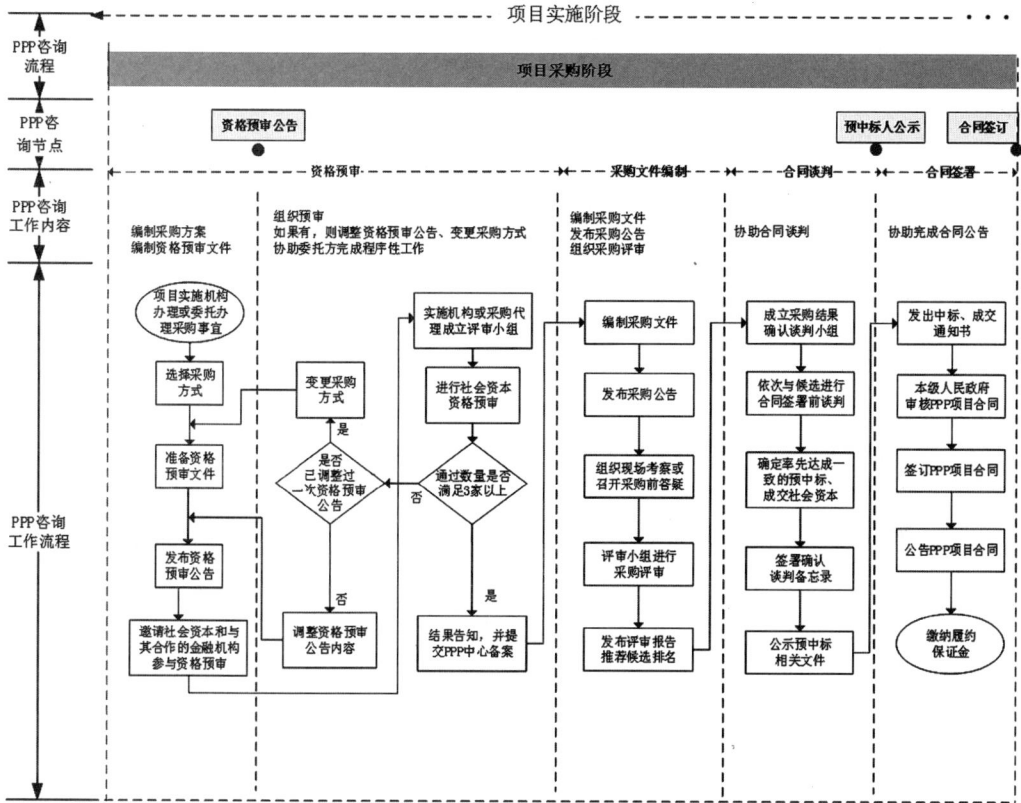

图6-3　本项目采购阶段运作流程图

一、合理选择本项目的采购方式

根据《政府采购法》《PPP项目采购办法》《政府采购非招标采购方式管理办法》《政府采购竞争性磋商采购方式管理暂行办法》等规定，PPP项目五种采购方式的适用条件如表6-11所示。

又根据《建设项目工程总承包管理规范》，工程总承包商的采购一般应采用招标方式。两者结合故"PPP+EPC"的采购应优先采用招标方式，对于个别情况复杂的项目，可根据项目实际情况适当选择竞争性谈判、竞争性磋商等其他适用于PPP采购的方式，但在实施方案中最好充分说明不采用招标方式的理由，且采用招标方式以外方式采购的，可能面临需要组织对EPC总承包商的二次采购等一系列问题。

综合以上规定，并充分考虑到本"PPP+EPC"项目核心边界条件和技术经济参数明确、完整、符合国家法律法规和政府采购政策等情况，因此建议本项目为公开招标，同时全过程工程咨询单位需要完成采购手续申请及审批工作。

采购方式	定义	适用条件	文件依据
公开招标	指招标人在公开媒介上以招标公告的方式邀请不特定的法人或其他组织参与投标,并向符合条件的投标人中择优选择中标人的一种招标方式	(1)公开招标主要适用于核心边界条件和技术经济参数明确、完整、符合国家法律法规和政府采购政策,且采购汇总不做更改的项目 (2)就政府采购的服务项目,各级政府应当制定公开招标的数额标准。达到公开招标数额标准的服务项目,必须采用公开招标的方式进行采购;达到公开招标数额标准的服务项目,拟采用公开招标以外的采购方式的,采购人(即PPP项目的实施机构,下同)应当在采购活动开始前,报经主管预算单位同意后,依法向设区的市、自治州以上人民政府财政部门申请批准	《政府采购法》第二十七条、《政府采购货物和服务招标投标管理办法》第四条、《政府采购非招标采购方式管理办法》第四条和《政府采购竞争性磋商采购方式管理暂行办法》第四条等
邀请招标	也称有限竞争性招标,是指招标方根据供应商或承包商的资信和业绩,选择若干供应商或承包商(不能少于三家),向其发出投标邀请,由被邀请的供应商、承包商投标竞争,从中选定中标者的招标方式	(1)具有特殊性,只能从有限范围的供应商处采购的 (2)采用公开招标方式的费用占政府采购项目总价值的比例过大的	《政府采购法》
竞争性谈判	是指采购人或者采购代理机构直接邀请三家以上供应商,再由采购人代表及评审专家组成竞争性谈判小组,与供应商就采购事宜进行谈判的方式	(1)符合下列情形之一的货物或服务,可以采用竞争性谈判方式采购: 1)招标后没有供应商投标或者没有合格标的或者重新招标未能成立的;2)技术复杂或者性质特殊,不能确定详细规格或者具体要求的;3)采用招标所需时间不能满足用户紧急需要的;4)不能事先计算价格总额的 (2)采购人、采购代理机构采购以下货物、工程和服务之一的,可以采用竞争性谈判、单一来源采购方式采购: 1)依法指定的集中采购目录以内,且未达到公开招标数额标准的货物、服务;2)依法指定的集中采购目录以外,采购限额标准以上,且未达到公开招标数额标准的货物、服务;3)达到公开招标数额标准、经批准采用非公开招标方式的货物、服务;4)按照招标投标法及其实施条例必须进行招标的工程建设项目以外的政府采购工程	《政府采购法》《政府采购非招标采购方式管理办法》
竞争性磋商	指采购人、政府采购代理机构通过组建竞争性磋商小组与符合条件的供应商就采购货物、工程、和服务事宜进行磋商,供应商按照磋商文件的要求提交响应文件和报价,采购人从磋商小组评审后提出的候选供应商名单中确定成交供应商的采购方式	(1)政府购买服务项目 (2)技术复杂或者性质特殊,不能确定详细规格或者具体要求的 (3)因艺术品采购、专利、专有技术或者服务的时间、数量事先不能确定等原因不能事先计算出价格总额的 (4)市场竞争不充分的科研项目,以及需要扶持的科技成果转化项目 (5)按照招投标法及其实施条例必须进行招标的工程建设项目以外的工程建设项目	《政府采购法》《政府采购货物和服务招标投标管理办法》《政府采购非招标采购方式管理办法》和《政府采购竞争性磋商采购方式管理暂行办法》等

采购方式	定义	适用条件	文件依据
单一来源采购	也称直接采购，是指达到了限额标准和公开招标数 额标准，但所购商品的来源渠道单一，或属专利、首次制造、合同追加、原有采购项目的后续扩充和发生了不可预见的紧急情况，不能从其他供应商处采购等情况的采购方式	（1）只能从唯一供应商处采购的 （2）发生了不可预见的紧急情况，不能从其他供应商处采购的 （3）必须保证原有采购项目一致性或者服务配套的要求，需要继续从原供应商处添购，且添购资金总额不超过原合同采购金额10%的	《政府采购法》

根据《招标投标法》《招标投标法实施条例》《政府采购法》《政府采购法实施条例》《政府采购货物和服务招标投标管理办法》和《PPP项目采购办法》等规定，通过公开招标采购"PPP+EPC"项目的流程如图6-4所示。

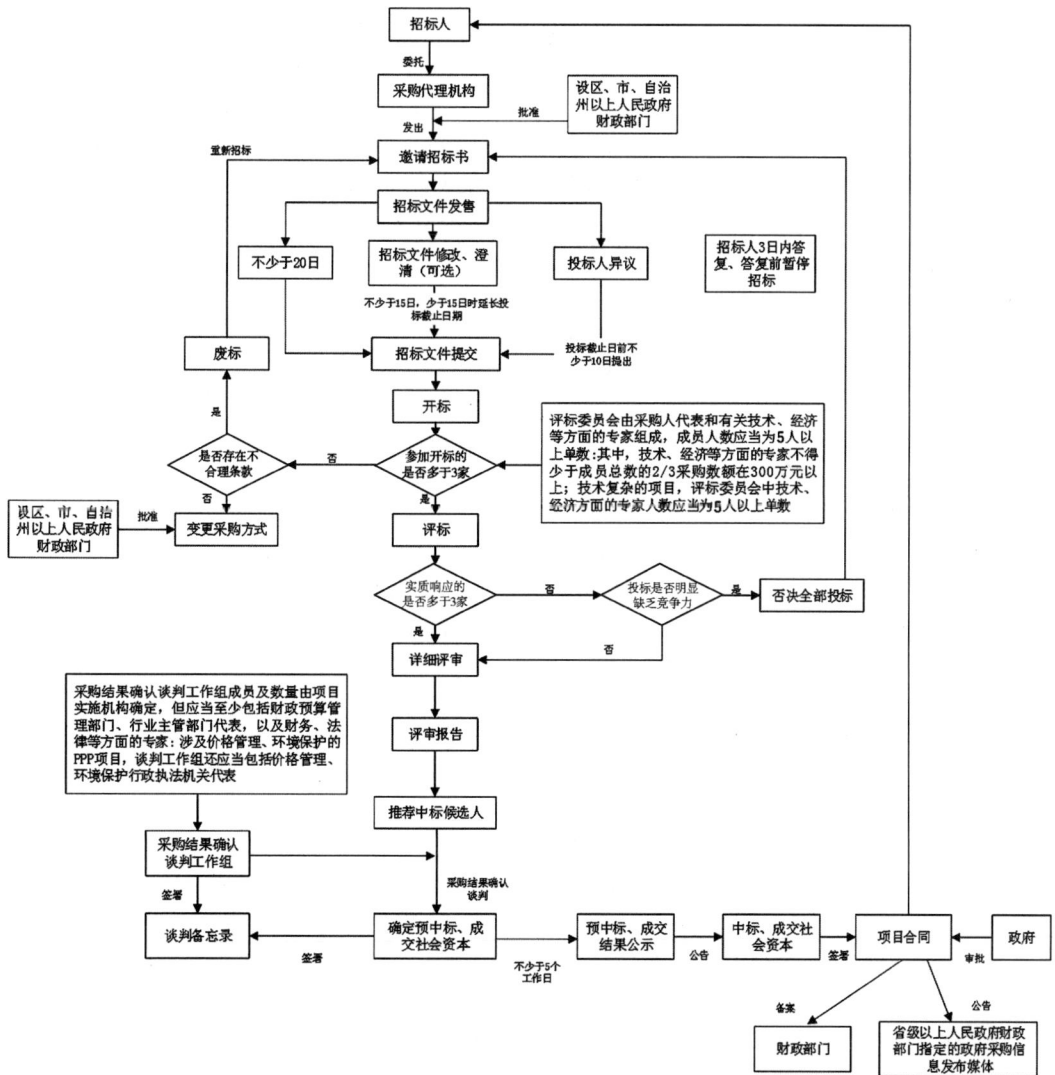

图6-4 "PPP+EPC"项目公开招标方式采购流程

二、为最佳社会资本画像

选择最佳社会资本是指政府部门依靠竞争性选择程序，选择具备投融资能力和运营管理能力的社会资本。"PPP+EPC"项目必须对社会资本合作伙伴提出严格的要求。结合采购阶段工作内容，通过资格预审条件的设置以及招标文件中对社会资本进行详细评标条件设置，可以有效提高项目实施机构对社会资本的选择，可以有效解决甚至规避政府方痛点问题，从而更好地进行采购管理。因此，全过程工程咨询单位在采购阶段的重要任务是为最佳社会资本画像，进行期望的社会资本能力需求分析，绘制多维度下社会资本资格预审条件一览表以及评标条件一览表如表6-12、表6-13所示。

多维度下社会资本资格预审条件一览表 表6-12

序号	维度	社会资本资格预审条件设置
1	法人资格要求	申请人（联合体申请的，指联合体各方）在中国境内依法注册的企业法人，且合法存续，没有处于被吊销营业执照、责令关闭或者被撤销等不良状态
2	资质要求	申请人（联合体申请的，指联合体任意一方）须具备下列条件之一： （1）具备建设行政主管部门核发的工程设计综合甲级资质或铁道行业设计甲级资质； （2）具备建设行政主管部门核发的铁路工程施工总承包特级资质； （3）具备建筑工程、公路、铁路、市政公用、港口与航道、水利水电类别中任意1类施工总承包特级资质和其中2类施工总承包一级及以上资质
3	资产负债率要求	申请人（联合体申请的，指联合体各方）资产负债率不高于85%（不含）参加本项目的预审申请提供证明材料：上一年度经具有法定资格的中介机构审计的财务报告
4	融资能力要求	申请人（联合体申请的，指联合体牵头人）具有不低于100亿元人民币（或等值货币）的银行综合授信额度或银行贷款意向书（不同银行的额度可以累加）
5	业绩要求	（1）申请人（联合体申请的，指联合体任意一方）业绩：自四年前以来至资格预审申请文件提交之日止（时间以合同签订之日为准），承担过单项项目合同金额不少于30亿元（含）人民币的PPP（不含BT）投融资项目业绩；提供业绩证明材料，即合同； （2）申请人（联合体申请的，指联合体任意一方）业绩：自四年前以来至资格预审申请文件提交之日止（时间以合同签订之日为准），①承担过高速铁路设计业绩（需含初步设计或施工图设计，设计时速为250公里/小时及以上，单项长度不少于100公里）；或者②承担过单项合同金额不低于20亿元（含）人民币的铁路施工总承包业绩；或者③承担过单项合同金额不低于20亿元（含）人民币的铁路工程总承包（EPC）业绩；提供业绩证明材料，即合同
6	资信要求	申请人（联合体申请的，指联合体各方）自两年前以来，在经营活动中没有重大违法记录，以信用中国网站（www.creditchina.gov.cn）查询无失信黑名单记录为准；证明材料，"信用中国网站（www.creditchina.gov.cn）查询无失信黑名单记录"查询结果复制件
7	联合体要求	本次招标接受联合体申请，联合体申请的须满足下列要求： （1）联合体牵头人资本金出资不低于项目资本金的33.7%；联合体其他成员的出资均不得低于项目资本金的3%；且满足PPP项目合同的有关约定（按资格预审文件要求提供承诺书）； （2）联合体单位不得超过5（含）家； （3）联合体牵头人负责处理与本项目PPP项目合同有关的一切事务；

序号	维度	社会资本资格预审条件设置
7	联合体要求	（4）联合体各成员必须提供按《资格预审文件》中规定的格式签署联合体协议书，明确联合体牵头人及其他成员的主要权利和义务、职责与分工；各成员的分工应当与其经营范围、资质要求相适应； （5）联合体各成员及与联合体各成员存在隶属关系的相关单位不得以自己名义单独或与其他单位组成联合体参加本项目资格预审，否则招标人不予接受； （6）联合体通过资格预审后，其各成员组成、职责、分工等主要条款不得改变，联合体任意一方成员均对联合体所承担的法律责任与义务承担连带责任

多维度下社会资本评标条件一览表　　　　　　　　　　　表6-13

序号	维度			社会资本评标条件设置
1	资产负债率要求			投标人（联合体投标的，指联合体牵头人）资产负债率：80%（不含）~85%得0.5分；75%（不含）~80%（含）得1.0分；70%（不含）~75%（含）得1.5分；70%（含）以下得2分。提供证明材料：上一年度经具有法定资格的中介机构审计的财务报告
2	业绩要求			投标人（联合体投标的，指联合体任意一方）业绩： （1）自四年前（时间以合同签订之日为准）以来至投标截止之日止，承担过铁路设计业绩（需含初步设计及施工图设计，设计时速为350km/h（含）及以上）：①单项长度100~200km（不含）的每个得0.5分，最高1分；②自单项长度200km（含）以上的每个得1分，最高得2分。本项①、②共计3分（注：单个合同不能重复累计得分）。提供业绩证明材料，即合同（如不能反映以上规模、时速、设计阶段，需提供由主管审批部门出具的批复文件） （2）自四年前（时间以合同签订之日为准）以来至投标截止之日止，①承担过单项合同金额20亿（含）~50亿元（不含）人民币的铁路施工总承包业绩的每个得0.5分，最高1分；②承担过单项合同金额50亿元（含）以上人民币的铁路施工总承包业绩的每个得2，最高2分。本项①、②共计3分（注：单个合同不能重复累计得分）。提供业绩证明材料，即合同 （3）自四年前（时间以合同签订之日为准）以来至投标截止之日止，承担过铁路工程总承包（EPC）业绩的（时速200km/h（含）及以上）得3分。提供业绩证明材料，即合同（如不能反映以上时速，需提供由主管审批部门出具的批复文件） （4）自四年前（时间以合同签订之日为准）以来至投标截止之日止，承担过单项项目合同金额不少于50亿元（含）人民币的PPP（不含BT）项目业绩；每个合同得1分，最高得3分。提供业绩证明材料，即合同（注：合同指PPP合同、投资协议、特许经营协议）
3	奖项要求			投标人（联合体投标的，指联合体牵头人）奖项： 自四年前（时间以证书颁发之日为准）以来至投标截止之日止，①获得国务院颁布的国家科学技术奖（包括国家最高科学技术奖，国家自然科学奖，国家技术发明奖，国家科学技术进步奖，中华人民共和国国际科学技术合作奖）二等奖的每个得1分，一等奖的每个得2分，特等奖每个得3分，本项最高3分。提供获奖证明材料：获奖证书；②获得鲁班奖或詹天佑奖，每个得1分，本项最高得3分。提供获奖证明材料：获奖证书
4	服务大纲	项目公司组建方案	项目公司成立	项目公司成立的理念、目标、承诺及成立流程、人力资源配备（包括资格、学历、经验、PPP合作期拟配备的各专业负责人配置方案等资料的提供）及项目公司章程，优的得0.5分，良的得0.4分，一般的得0.25分

序号	维度		社会资本评标条件设置
5	服务大纲	项目公司组建方案	管理思路	公司组织体系、集成化管理、企业文化建设思路及党建思路等，优的得0.5分，良的得0.4分，一般的得0.25分
6			组织机构及职能	项目公司组织机构与本项目的政府部门、设计、施工、监理、设计等单位之间的沟通、对接及协调保障工作措施，机构设置的职责、制度、流程、标准，优的得0.5分，良的得0.4分，一般的得0.25分
7			人员培训及其他	人员培训方案及投标人认为需要补充的其他内容的，优的得0.5分，良的得0.4分，一般的得0.25分
8	服务大纲	项目投融资方案	投融资方案概述	提供资料的完整性、合理性及科学性：包括资本金（包含注册资本）的到位计划、筹措，自有资金证明文件及自有资金出资承诺，财务风险分析及要求等评审，优良的得2.5~3分，一般的得2~2.5分
9			建设资金需求及投资计划	根据项目实际情况编制资金使用计划（项目建设进度时的计划、银行融资计划、资金投资使用计划）等的评审，优良的得2.5~3分，一般的得2~2.5分
10			融资风险分析控制及其他	针对本项目融资进行风险分析及控制方案（包含紧急状态下的资金应对方案），以及投标人认为项目投融资方案需要补充的其他内容的等评审，优良的得3.5~4分，一般的得3~3.5分
11		财务方案		（1）项目建设总投资、营运成本、项目收入、项目支出及成本费用的构成及其测算参数等以及投标人认为财务方案需要补充的其他内容，优良的得2.5~3分，一般的得2~2.5分； （2）提供年均补贴额的电子档（excel）形式的样板模型，内容的完整性、合理性，优良的得1.5~2分，一般的得1~1.5分
12		建设方案	项目进度控制	包括进度目标、进度控制方法及措施、设计施工阶段（包含勘察设计补充定测）进度控制措施及相关流程图的完整性、针对性，优良的得3.5~4分，一般的得3~3.5分
13			项目质量控制	包括质量目标，质量管理系统及相应过程中的管理措施的合理性、全面性、可操作性，优良的得1.5~2分，一般的得1~1.5分
14			项目投资控制	包括投资目标、控制成本措施、资金使用管理等方面内容的完整性、针对性，优良的得3.5~4分，一般的得3~3.5分
15			施工安全管理	施工安全管理体系以及是否具有完整，并具有针对性；施工建设管理能力与团队人员配置（建设管理人员的能力、资质等）以及投标人认为建设方案需要补充的其他内容，优良的得3.5~4分，一般的得3~3.5分
16		运营方案		运营团队人员构成与配备、人员组成及团队主要负责人的运营经验、资历等方面；运营方案是否完整，其中自主定价方案是否符合本项目的实际要求，创新经营管理方式是否完整，科学合理且具有操作性进行综合评审，优良的得2.5~3分，一般的得2~2.5分
17		移交方案		移交方案包括移交标准大纲、移交验收程序、技术水平测算方案与相关修理方案的完整性、科学合理及可操作性进行综合评审，优良的得2.5~3分，一般的得2~2.5分
18		法律方案		提供明确关于本项目合同及相关内容偏离情况，每偏离一项扣0.2分，直至扣完为止

三、竞价标的的合理设置

不同的编制实施方案和采购社会资本的咨询单位就竞价标的设置会各不相同，总结大量PPP项目采购文件，大致可以分为这几类：政府付费/可行性缺口补助现值之和、年度政府/可行性缺口补助付费额、服务费单价、多指标报价（如建安工程费下浮率、利润率、折现率、融资利率等）、收费年限（收费公路）。

竞价标的设置得不合理也会导致采购人选不到合适的社会资本，例如多指标报价造成的不平衡报价、总报价没有报价明细导致的后期规模，或者量价调整而无法调整付费等问题。因此，需要全过程工程咨询单位协助项目实施机构合理设置本项目的竞价指标以及评分标准。

本项目投标文件的综合评分：投标文件的综合评分=资信、业绩评分+服务大纲评分+报价评分。全过程工程咨询单位设定本项目报价评分总分为40分（表6-14）。

本PPP+EPC项目设置合理竞价标的一览表　　　　　　表6-14

序号	指标设置	指标说明	评标基准价	权重设置及报价评分说明
1	运营期前15年年均补贴（不含税）	指本项目运营期前15年政府提供的可行性缺口补助金额。投标人应结合自身对高速铁路的建设、运营的理解，结合本项目财务测算综合分析确定	评标基准价=所有通过符合性审查的"运营期前15年年均补贴（不含税）"报价的算术平均值（有效投标人在5家及以上时，去除一个最高"运营期前15年年均补贴（不含税）"报价和一个最低"运营期前15年年均补贴（不含税）"报价后，剩余"运营期前15年年均补贴（不含税）"报价的算术平均值作为评标基准价）	报价评分设置满分为29分；报价评分=29-|评标基准价－"运营期前15年年均补贴（不含税）"报价|/评标基准价×100%×扣减分值。扣减分值确定：投标人的"运营期前15年年均补贴（不含税）"投标报价若高于评标基准价的，取1.5；投标人的"运营期前15年年均补贴（不含税）"投标报价若低于或等于评标基准价的，取1；本项最低得分为0分
2	工程费用	报价应依据初步设计概算第一部分工程费用中"建筑工程费""安装工程费"和"设备购置费"概算为基础，参照工程总承包范围，结合财务测算综合分析确定	评标基准价=所有通过符合性审查的工程费用投标报价的算术平均值	报价评分设置满分为2分；工程费用投标报价评分=2-|评标基准价－"工程费用"投标报价|/评标基准价×100%×扣减分值。扣减分值的确定：工程费用投标报价高于评标基准价的，取0.5；工程费用投标报价低于或等于评标基准价的，取0.3；本项最低得分为0分
3	列车开行对数风险项目公司承担比例C	指运营期第1~第30年，当列车开行对数在基准列车开行对数的100%±C%时，可行性缺口补助不调整。具体详见PPP项目合同列车开行对数变化调整机制。投标人需结合自身对本项目运营和客运量的理解，综合分析确定	评标基准比例=所有通过符合性审查的投标报价的最大值	报价评分设置满分为6分；"运营期第1~第30年列车开行对数风险项目公司承担比例"报价评分=3+（"运营期第1~第30年列车开行对数风险项目公司承担比例"投标比例/评标基准比例）×3。本项最低得分为0分

序号	指标设置	指标说明	评标基准价	权重设置及报价评分说明
4	工程总承包风险包干费	投标人应结合自身对本项目的设计、施工、采购、竣工验收等内容的理解，自主报价	评标基准价=所有通过符合性审查的投标报价的算术平均值	报价评分设置满分为3分；"工程总承包（EPC）风险包干费"投标报价评分=3-|评标基准价-投标报价|/评标基准价×100%×扣减分值；扣减分值的确定：投标人的"工程总承包（EPC）风险包干费"投标报价若高于评标基准价的，取0.2；投标人的"工程总承包（EPC）风险包干费"投标报价若低于评标基准价的，取0.1；本项最低得分为0分

因此总体报价评分=运营期前15年年均补贴（不含税）报价评分+工程费用下浮率报评分+运营期第1～第30年列车开行对数风险项目公司承担比例报评分+工程总承包（EPC）风险包干费率。报评分报价评分最终数值四舍五入保留2位小数。

评标范围：通过符合性审查的所有投标文件进入评分范围。

报价评审：

（1）由评标委员会全体成员对投标文件的报价进行评审。评标专家应对报价的范围、数量、单价、费用组成和总价等进行全面审阅和对比分析，找出报价差异的原因及存在的问题。

（2）报价评审应以报价口径范围一致的投标评标价为依据。投标评标价应在最终报价的基础上，按照招标文件约定的因素和方法进行计算。

（3）评标基准价由评标委员会依据下述方法计算，除计算差错外，确认后的评标基准价在本次招标期间保持不变。计算差错，仅限于以下两种情况：

1）纯算术性四则运算差错；

2）未按约定的计算方法，多计或者少计投标人报价的。由于评标差错，导致否决投标错误，重新评标纠正等其他情况，不属于计算差错。

四、采购阶段全流程咨询服务

（一）资格预审

（1）设置资格预审条件，满足项目基本需求以及符合法律法规的规定，从而编制资格预审文件。

（2）保证资格预审公告的发布媒体合规；所涵盖的内容全面；发布资格预审文件的时间、提交资格预审申请文件的时间合规；资格预审期间的质疑答疑时效性满足要求，以及资格预审结果的通知及备案的合规性。

（3）审查资格预审申请文件的接收工作严格按照在资格预审公告中公布的"社会资本

提交资格预审申请文件的时间和地点"展开，确保不存在"应接收而未接收"或"应拒收而接收"的情况。

（4）确保评审委员会的组建合规。项目实施机构、全过程工程咨询单位应当成立评审小组，负责PPP项目采购的资格预审和评审工作。评审小组由项目实施机构代表和评审专家共5人以上单数组成，其中评审专家人数不得少于评审小组成员总数的2/3。根据《政府和社会资本合作项目政府采购管理办法》的规定，PPP社会资本采购的评审专家可以由项目实施机构自行选定，但应提前取得政府采购主管部门的认可。评审专家中至少应当包含1名财务专家和1名法律专家。项目实施机构代表不得以评审专家身份参加项目的评审。

审查评审委员会有无按照规定的方法和程序完成评审、出具签字的评审报告。评审小组成员应当按照客观、公正、审慎的原则，根据资格预审公告规定的程序、方法和标准进行资格预审。

（5）监督将评审结果按规定向所有供应商进行告知。资格预审结果应当告知所有参与资格预审的社会资本，并将资格预审的评审报告提交财政部门（政府和社会资本合作中心）备案。

（6）视项目的具体情况，组织对符合条件的社会资本的资格条件进行考察核实。考察的过程是否进行了完整的记录，对于有瑕疵的资格预审申请，是否进行了详细的核实和取得潜在投标人的确认，对于资格预审结果是否有影响，有影响时的处理是否符合规定和报采购主管部门批准。

（7）监督评审报告按规定时间向财政部门进行备案。

（二）编制采购文件

（1）编写招标文件，并审查文件中的内容是否齐全，是否明确社会资本必备的资格资质以及特殊要求，应针对文件中不可修改、不可谈判的核心条件认真审核，并将边界条件具体化。

（2）公开招标流程

1）招标公告，招标文件内容及格式、组成是否符合相关规定及项目实际采购需求。

2）公告媒体、公告期限、采购文件提供期限、投标截止时间等是否符合相关规定。

3）是否允许资格后审、允许资格后审时，对供应商的资格条件要求是否与资格预审完全一致。

4）澄清格式、内容及发布时间等是否符合相关规定。

5）开标唱标程序是否合规、唱标内容与招标文件规定是否一致。

6）评标委员会的组建是否合法，专家是否有应当回避而未回避的情况。

7）评标工作是否按照严格招标文件规定的内容和标准开展，是否存在以招标文件未明确的内容作为评标依据；客观分（如投标报价得分、商务部分得分）是否一致等。

8）评标报告是否符合要求，签字是否齐全。

（三）合同谈判

（1）审查采购结果确认谈判的主要依据是否选择恰当。采购结果确认谈判根据政府方指定的评分办法来决定，如果政府方将合同偏差分级别并设置相应扣分分值，则谈判焦点应集中在偏差表上。有时候为了提高谈判效率，也会根据偏差表进行谈判；然而，有时候政府方不会给社会资本方提出异议的机会，因此一开始的谈判规则设计就不允许按照偏差表谈判，那么在社会资本方接受的情况下也可以不按照偏差表谈。

（2）审查采购结果确认谈判小组的组成是否合规。项目采购评审结束后，项目实施机构应当成立专门的采购结果确认谈判工作组，负责采购结果确认前的谈判和最终的采购结果确认工作。采购结果确认谈判工作组成员及数量由项目实施机构确定，但应当至少包括财政预算管理部门、行业主管部门代表，以及财务、法律等方面的专家。涉及价格管理、环境保护的PPP项目，谈判工作组还应当包括价格管理、环境保护行政执法机关代表。评审小组成员可以作为采购结果确认谈判工作组成员参与采购结果确认谈判。

（3）审查采购结果确认谈判内容和谈判程序是否合规。采购结果确认谈判工作组应当按照评审报告推荐的候选社会资本排名，依次与候选社会资本及与其合作的金融机构就项目合同中可变的细节问题进行项目合同签署前的确认谈判，率先达成一致的候选社会资本即为预中标、成交社会资本。确认谈判不得涉及项目合同中不可谈判的核心条款，不得与排序在前但已终止谈判的社会资本进行重复谈判。

（4）审查签署确认谈判备忘录的时效性。项目实施机构应当在预中标、成交社会资本确定后10个工作日内，与预中标、成交社会资本签署确认谈判备忘录。

（5）采购结果公示公告。

审查预中标、成交结果公示的时效性以及公告媒体的合规性。项目实施机构应当在预中标、成交社会资本确定后10个工作日内，与预中标、成交社会资本签署确认谈判备忘录，并将预中标、成交结果和根据采购文件、相应文件及有关补遗文件和确认谈判备忘录拟定的项目合同文本在省级以上人民政府财政部门指定的政府采购发布媒体上进行公示，公示期不得少于5个工作日。项目合同文本应当将预中标、成交社会资本响应文件中的重要承诺和技术文件等作为附件。项目合同文本涉及国家秘密、商业秘密的内容可以不公示。

审查中标、成交结果公告及成交通知的时效性，中标、成交结果公告媒体的合规性和中标、成交结果公告内容的全面性。

项目实施机构应当在公示期满无异议后2个工作日内，将中标、成交结果在省级以上人民政府财政部门指定的政府采购信息发布媒体上进行公告，同时发出中标、成交通知书。

中标、成交结果公告内容应当包括：项目实施机构和采购代理机构的名称、地址和联系方式；项目名称和项目编号；中标或者成交社会资本的名称、地址、法人代表；中标或者成交标的名称、主要中标或者成交条件（包括但不限于合作期限、服务要求、项目概算、回报机制）等；评审小组和采购结果确认谈判工作组成员名单。

（四）合同签订

（1）审查PPP项目合同是否依据采购结果确认谈判备忘录修改完善。确认谈判备忘录具有阶段性框架协议的法律效力，政府和社会资本就采购谈判中的重要条款以备忘录的形式确定下来，作为中标公告发布后双方签订PPP项目合同的重要依据之一，PPP项目合同应该依据采购结果确认谈判备忘录修改完善。

（2）审查PPP项目合同必须报请本级人民政府审核同意，在获得同意前项目合同不得生效。

（3）审查签约主体的合法性，社会资本不得委托第三方（包括全咨、控股子公司或分公司等）代签PPP项目合同。

（4）审查签约时效，项目实施机构应当在中标、成交通知书发出后30日内，与中标、成交社会资本签订经本级人民政府审核同意的PPP项目合同。

（5）审查重新签订PPP项目合同或签订PPP项目合同的补充合同，是否导致原先签订的PPP项目合同的废止或部分条款失效。

项目公司成立后应该是政府方和项目公司重新签署PPP项目合同或签署关于项目公司承继原PPP项目合同的补充合同。此处，无论是重新签订PPP项目合同或签订PPP项目合同的补充合同，法律后果是一致的，即不应导致原先签订的PPP项目合同的废止或部分条款的失效。原协议中约定的社会资本的义务大部分由项目公司承继和完成，但并不免除社会资本作为项目公司作为股东应承担的部分义务。

（6）审查合同签订后的备案、公告时效、公告媒体。

PPP项目合同自签订之日起七个工作日内，项目实施机构应当将合同副本报同级政府采购监督管理部门和有关部门备案。项目实施机构应当在PPP项目合同签订之日起2个工作日内，将PPP项目合同在省级以上人民政府财政部门指定的政府采购信息发布媒体上公告，但PPP项目合同中涉及国家秘密、商业秘密的内容除外。

五、建立全过程合同管理体系

（一）"PPP+EPC"模式下需签订的合同体系

在本项目中，项目参与方需通过签订一系列合同来确立和调整彼此之间的权利义务关系，构成项目的合同体系。本项目的合同包含PPP项目合同、股东协议、履约合同（包括工程承包合同、运营服务合同、原料供应合同以及产品或服务购买合同等）、融资合同和保险合同等。在"PPP+EPC"模式下，PPP合同体系中的工程承包合同为EPC合同。在PPP项目中还可能会涉及其他的合同，例如与专业中介机构签署的投资、法律、技术、财务、税务等方面的咨询服务合同（图6-5）。

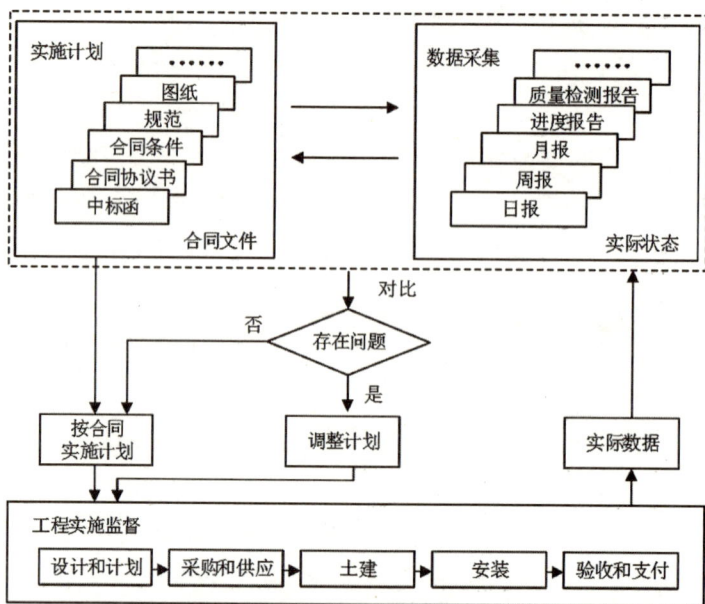

图 6-5 合同控制流程

（二）"PPP+EPC"模式下合同管理特点及原则

（1）"PPP+EPC"模式下合同管理特点如下：

1）合同体系复杂，参与方多，合同数量多，管理难度大。

如上所述，"PPP+EPC"模式下的合同体系一般包括PPP项目合同、股东协议、EPC合同、运营维护合同、融资合同、产品或服务购买合同、原料供应合同、咨询合同等，合同数量众多，合同体系复杂。在项目实施过程中，根据项目实际情况参与各方还会在不同时期、不同阶段签订其他不同类型的合同及补充协议，且各参与方的人员处于持续变动状态，造成合同管理难度增加。

2）合同管理时间长。

政府和社会资本合作期限原则上不低于10年，因此从合同的订立到合同履行、合同终止等过程持续时间较长。且在合同履约过程中，存在较多不确定性因素，极可能导致合同期限延长，合同期限延长必然导致合同管理时间延长。

3）在注重PPP项目合同、EPC合同、运营合同管理的同时兼顾其他配套合同管理。

PPP项目合同是"PPP+EPC"模式下合同体系的核心，EPC合同及运营合同是确保PPP项目合同目的得以实现的根本，在合同管理过程中应当作为重点管理对象。股东协议、融资合同、保险合同、原料采购合同、产品或服务购买合同等合同系PPP项目顺利实施的保障，上述配套合同与PPP项目合同、EPC合同及运营合同之间存在一定的"传导关系"。在合同签订阶段，PPP项目合同的具体条款不仅会直接影响项目公司股东之间的协议内容，而且会影响项目公司与融资方合同以及与保险公司的保险合同等其他合同的内容。此外，PPP项目合同的具体约定还可能通过EPC合同、运营合同等方式传导到工程分包合同、原料供应合同等。在合同履约阶段，合同关系的传导方向可能发生逆转。例如，原料采购合同的履行出现问题会影响运营合同的履行，进而影响PPP项目合同的履行。因此，在合同管理的过程中既要注重核心合同、重要合同的管理，同样也应当兼顾其他配套合同的管理，确保整个合同体系的正常运行。

4）合同履约风险高。

在传统项目施工时，由于受到外界影响因素较大，工程变更情形时常发生。然而在"PPP+EPC"模式下，项目具有更复杂的组织环境、更多变的施工环境、更难预见的施工情况，因此在项目实施前签订的各项合同均为不完备合同。合同条款的不完备，易造成项目交易费用的增加，引起不必要的合同争端，导致建设项目交易的被迫停止。由于合同条款反映项目各利益主体责任、权利、利益的分配，由实施方案以及环境变化造成的合同条款变更，将会对上述责权利分配的标准约定不明，引起不必要的纠纷，导致合同履约风险增高。

（2）鉴于"PPP+EPC"模式下合同管理具有上述特征，合同管理工作应当遵循以下基本原则：

1）在遵守法律规定的前提下最大限度的尊重合同缔约方的意思自治。

政府和社会资本合作从采购方式、合同签订、合同履约到合同终止的整个过程均应当严格遵循法律规定，确保合同效力及权利义务的合法性，同时应充分发挥市场在资源配置中的决定性作用，充分尊重双方在合同订立和履行过程中的契约自由，依法保护PPP项目各参与方的合法权益，共同维护法律权威和公平正义。

2）参与各方应遵循平等合作原则。

在政府与社会资本合作过程中，参与各方均是基于平等的法律地位、合同缔约双方权利义务对等，各方应在充分协商、互利互惠的基础上订立合同，并依法平等地主张合同权利、履行合同义务。在合同履约过程中产生争议时应优先协商处理，确保非争议部分正常履行，项目顺利推进。

3）各方应优先维护公共利益。

在政府与社会资本合作过程中应建立履约管理、行政监管和社会监督"三位一体"的监管架构，优先保障公共安全和公共利益。PPP项目合同中除应规定社会资本方的绩效监测和质量控制等义务外，还应保证政府方合理的监督权和介入权，以加强对社会资本的履约管理。与此同时，政府还应依法严格履行行政管理职能，建立健全及时有效的项目信息公开和公众监督机制。

4）各方应遵守诚实守信及公平效率原则。

在PPP项目合同中应明确界定双方在项目融资、建设、运营、移交等全生命周期内的权利义务，在EPC合同中对勘察、设计、设备采购、运输、保险、土建、安装、调试及试运行等全过程的权利义务进行明确约定，确保双方认真恪守合同约定，妥善履行合同义务，依法承担违约责任；在PPP项目合同中要始终贯彻物有所值原则，在风险分担和利益分配方面兼顾公平与效率。在EPC合同管理中应集中企业技术和管理优势，充分发挥设计在项目建设中的主导地位，实施全过程合理、交叉和动态连续的管理，提高了工程项目建设效率及水平。

5）兼顾灵活原则。

鉴于PPP项目的生命周期通常较长，PPP建设期的EPC合同履行中的设计、施工、采购又常处于交叉实施状态，在合同订立时既要充分考虑项目的实际需求，保证合同内容的完整性和相对稳定性，也要合理设置一些关于期限变更（延期、提前终止）、内容变更（工程变更、价格调整等）、主体变更（股权转让）的灵活调整机制，为未来可能长达20～30年的合同执行期预留调整和变更空间。

（三）"PPP+EPC"模式下合同管理内容

1. 管理项目各方之间的关系

"PPP+EPC"模式下合同主体多，包括政府、社会资本方、融资方、EPC总承包商、专业运营商（部分项目适用）、原料供应商（部分项目适用）、产品或服务购买方（部分项目适用）、保险公司、咨询公司等。各参与方之间关系复杂，合同管理团队需要确定、维持和发展项目各方之间的关系，并在此基础上确立项目方内部沟通的渠道、合作的方式和相应的制度、争议解决方式，以保证在整个项目期内各参与方之间相互协作、相互信任，并保障相关制度的实施。各参与方之间的关系是公私合作的核心，任何一个项目执行中出现的问题事实上都有可能导致合作的解体，而该合作的稳定性对于PPP项目来说是一个关乎项目生死的问题，合同管理团队在保证各方沟通顺畅、保持互相信任的问题上起着关键作用。在维系各项目参与方的关系上，合同管理团队应当遵循以下准则：

（1）在项目的各个阶段，确保PPP项目各参与方的合同目的实现；

（2）在合同履约过程中始终坚持合作共赢的原则；

（3）建立高效协作的问题解决机制，对争议事项优先友好协商，且处理争议事项应不影响非争议部分的继续履行；

（4）合同各方在追求项目发展时应严格遵守法律规定及行业规定，保持审慎态度。

2. 管理PPP项目合同执行情况

PPP项目合同是整个"PPP+EPC"合同体系的核心，其执行情况直接关乎项目的成败，合同管理团队应确保PPP合同所约定的权利和义务得到实现，尤其注意保证在项目服务绩效降低、风险增加，或者是费用支付机制出现或者可能出现变化等特殊情况时，项目管理系统能够有相应高效的处理能力以保证项目履行情况的稳定。为此，合同管理人员应当特别熟悉PPP项目费用的支付机制、风险分配机制、争议处理办法、合同变更流程以及相关服务水平测试基准。此外，合同管理团队还需要重视在合同履行出现问题时的处理，即如何处理风险增加，如何设定完善的争议解决机制，又或者是简化合同变更流程等。建议全过程工程咨询单位中的PPP合同管理人员应当定期对PPP项目合同的履约情况进行分析，对出现偏差的事项进行及时纠正、及时汇报，尽量使履约风险处于可控状态，对超出可控范围的风险事项及时制定风险应对措施或进行再谈判。

3. 管理EPC合同执行情况

在"PPP+EPC"模式下，EPC合同的主要内容在PPP项目采购阶段已基本确定，因此对EPC合同签订阶段的评审、谈判工作在PPP采购阶段已经结束，EPC合同的管理在PPP实施阶段主要为合同执行情况的管理。在PPP项目中，EPC合同的履行直接影响了PPP项目建设期目标的实现。EPC总承包商一般为社会资本本身或其关联企业，其双重身份（项目实施机构股东及总承包商身份）致使在合同履约过程中需要对相关利益进行平衡考虑，EPC合同的执行可从以下几方面管理：

（1）进行EPC合同交底，分解合同责任，实行目标管理。

在EPC工程总承包项目合同签订后，具体的执行者是项目部人员。可要求项目部从项目经理到项目各管理人员都要认真学习合同条款，对合同进行认真的分析，对合同的主要内容及存在的风险做出解释和说明，使项目部所有人员熟悉合同中的主要内容、规定及要求，了解作为总承包商的合同责任、工程范围以及法律责任，并依据合同制订工程进度节点计划。

（2）做好设计管理工作。

在EPC模式下，总承包商应充分发挥设计在整个PPP项目建设期的主导作用，对项目整体方案进行优化设计，节约工程投资。EPC合同中的设计工作包括概念设计、详细设计、施工图设计等方面，EPC合同设计阶段对项目成本的影响巨大，做好设计管理工作能有效控制项目成本、增加工程利润。

（3）注重合同履约过程中的索赔事项。

在EPC合同条件下，实施机构关心的是项目建设的工期和建设质量，政府方索赔一般包括履约保函索赔、工期索赔、质量索赔、终止合同等。EPC总承包商方面的索赔一般包括工期索赔、停窝工损失索赔、法律变更的索赔、政府方延期付款的索赔、不可抗力后果的索赔等。需要注意的是，索赔具有一定的时效性，发承包双方需要在发生索赔事项后严格按照合同约定的时间及程序办理索赔手续，否则不仅将使后续索赔手续办理的难度增大，且能否索赔成功尚存较大风险。

（4）注重工程进度款支付管理。

工程进度款的及时足额支付不仅直接影响整个PPP项目的建设进度及质量，而且获取工程价款是EPC总承包方的主要合同目的，当政府方出现逾期支付工程进度款或其他款项时总承包商应当及时催告或与其协商延期付款方案。

（5）注重合同工期、质量、安全管理。

EPC总承包商对项目的设计、施工、采购阶段的工期、质量、安全全面负责，严格按照合同约定按期保质完成项目建设内容是EPC总承包商的主要义务，该合同义务的履行是确保PPP项目得以顺利实施的关键，也是政府方最为关心的承包商义务。

（6）尽量不要放弃承包商对项目或已完成工程的优先受偿权。

根据合同法之规定，总承包商对工程价款享有"优先受偿权"。部分项目实施机构会在招标文件中要求总承包商放弃工程款优先受偿权。对此，EPC总承包商需提高警惕。因为这往往意味着，项目实施机构或将工程抵押给贷款银行以取得贷款。如果EPC总承包商放弃了优先受偿权，将面临一旦PPP项目失败，银行抵押权将优于EPC总承包商的工程款债权。

4. 管理PPP项目运营期的服务执行情况

PPP项目的运营服务质量与项目运营收入直接挂钩，合同管理人员应重视运营期服务执行情况的监督管理。在该项管理工作上获得服务提供方的配合尤为关键，只有与其进行友好协作才能制定可行的评估制度，包括评估所提供的运营服务是否达到了PPP项目合同所约定的标准，是否有潜在的影响服务提供者执行能力的因素，以及在所提供的服务未达标或可能不达标的情况下，考量合同所约定的救济性措施对于保证项目服务水平是否有效。

PPP项目运营期服务执行情况管理之目的是为了保证公共部门的支出可以换来其在合同中约定的服务质量，因而应重视费用支付条件、合同确立的服务标准以及服务执行的监督。由于该工作的日常性和重复性，建议使用工作管理手册进行管理，管理手册应当尽量具体、细致、具有可操作性，服务标准描述的足够准确。

5. 管理融资合同及融资条款的执行情况

PPP项目的融资安排是PPP项目实施的关键环节，强化PPP项目融资合同及融资条款的管理目的在于防范PPP项目投融资风险。整个项目的实施过程存在着复杂多样的项目风险，而项目融资风险与项目风险虽是不同的概念，但二者之间存在着密切关系，项目风险事件的发生可能会引发项目融资风险。项目融资风险主要反映在借款及还贷条件上，一旦融资成功，项目公司是否有能力偿还贷款，主要看项目的建设及运营情况，与项目的建设经营模式、项目的前期预测是否准确、政府的各种支持是否到位、项目产品的实际市场需求等有关。

"PPP+EPC"模式下项目的合同体系庞大且复杂，合同管理是从项目采购阶段至项目结束整个过程的系统管理，需要全过程工程咨询单位对其进行维护以及根据具体的项目情况制定具体的合同管理办法及过程监管。合同管理是项目管理的重要组成部分，高效的合同管理对项目的顺利实施起着事半功倍的作用，各项目参与方应积极配合，共同使合同管理工作的开展尽早进入有章可循的状态。

第六节　执行阶段咨询方案

"PPP+EPC"模式下，全过程工程咨询单位在高铁项目执行阶段的咨询服务内容可分为两个阶段，项目执行——建设期及项目执行——运营期。项目执行——建设期的服务内容包括：协助项目公司完成项目开工前的审批、报建手续；协助项目公司完成建设前的土地征迁安置、招拍挂（如需）等手续，满足开工用地条件；组织审核项目公司提交施工图设计；开展施工过程的项目管理、造价控制、资金监管等工作；完成项目竣工验收和资产结转工作。项目执行——运营期的服务内容包括：开展运营期成本监控和绩效监测工作；开展中期评估；对项目运营质量、风险、资金进行监控等（图6-6）。

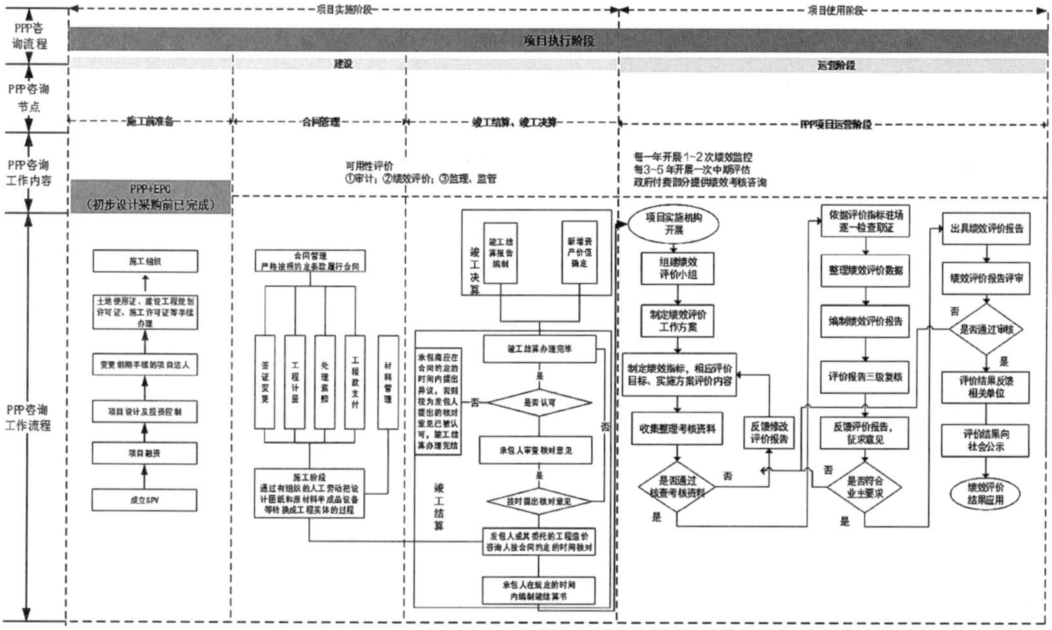

图6-6 "PPP+EPC"项目执行阶段运作流程

以下针对本项目执行阶段全过程咨询单位的重点管控内容进行介绍。

一、应用价值工程优选设计方案

全过程成本最小的方案并不一定是全生命周期最优的方案，本项目通过引入"价值工程"对"功能与成本"进行分析进一步优选设计方案，用合理的成本获取最大的功能，并以此实现"PPP+EPC"项目资产绩效表现最优。

（一）设计阶段应用价值工程的增值路径

设计阶段应用价值工程需要考虑项目不同利益相关者的价值取向，具体识别利益相关者价值取向的机制如图6-7所示。

项目设计时应用价值工程能更好地实现并满足社会需求，将有需的价值转化为设计点、发挥设计在全生命周期的重要作用，将其转换为经济效益的提高。设计阶段的价值需求需要对本项目利益相关者的利益诉求进行识别并且在众多利益诉求中寻求各方同意的妥协解，并将其转换为项目的价值目标。将所得到的项目功能需求转变为所需要的设计指

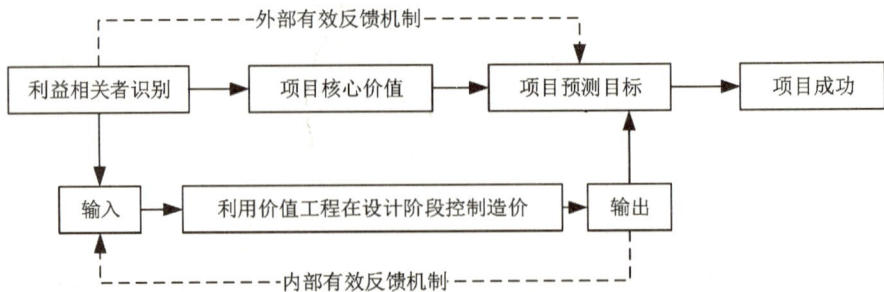

图 6-7　利益相关者识别机制

标，据此设计可检验是否能够达到利益相关者的需求。如图 6-8 所示，为设计阶段的价值实现过程。设计阶段价值工程的具体应用体现在如下几方面。

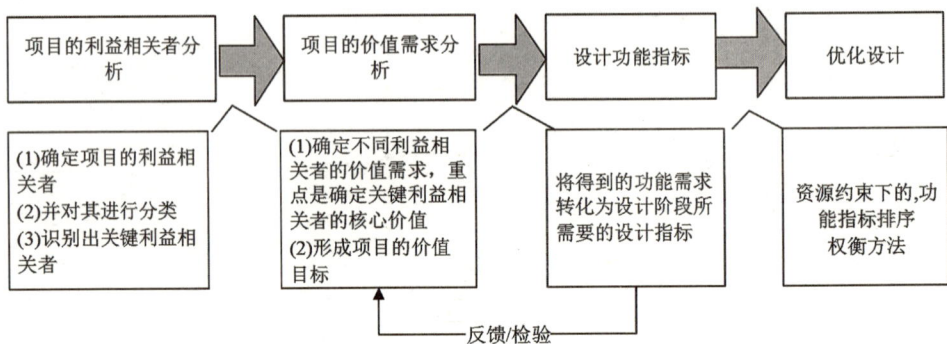

图 6-8　设计阶段价值实现过程

1. 基于价值工程的方案设计优化

方案设计一般是从宏观的视角对政府、公众以及社会资本在"PPP+EPC"项目中的利益诉求进行考量，并且需要考虑经济条件的约束。在方案设计中应用价值工程进行方案的比选和优化而实现科学决策，能够有效促进项目充分发挥其经济和社会效益，并且能够有效合理地进行资源配置。在分析PPP项目价值得到提升的情况时，除了常见的"F不变而C降低""C不变而F提升"等，还应注意"C略有提升而F大幅提升的"等其他路径。

2. 用于初步设计的增值路径分析

（1）应用于建筑结构方案的优化

价值工程应用于建筑结构方案的优化不仅体现在项目成本的影响上，同时结构方案的优化也在很大的程度影响项目整体的质量和经济寿命。例如，对结构主体的类型选择、确定地基的处理方案、隧道开挖的方法等都是与项目的成本有着重要的关系，因而在优化结构方案时应用价值工程能够降低成本。

（2）应用于设计方案的评价与选择

为避免对设计方案评选时技术经济相脱节，即片面地只在"方案功能技术的先进性"或"方案的经济性"下进行方案评选，这样的评选方法所确定的结果并不能代表最优的选择。因而将价值工程应用到设计方案的评选能兼顾项目的功能和成本，并以"价值"为评选的出发点确定满足功能和成本需求的设计方案。

（3）应用于限额设计中的限额分配

限额设计的具体实施依靠对不同设计专业和项目的不同部位进行设计限额的分配。应用价值工程进行限额分配能够科学明确地分配不同专业不同部位的造价限额，具体主要应用"功能成本动态相关原理"，即从项目所要实现功能的大小与其合理成本的比例是相适应的思路出发，将需分配的限额与项目的功能相匹配。通过对不同专业不同部位功能的详尽分析与评价，并选取指标将其占项目总体功能的比例进行计算后确定该专业或部位所应确定的设计限额。

3. 用于施工图设计的增值路径分析

（1）应用于建筑材料选择

设计阶段，材料选择不当往往会使成本高企。因此，在满足建造质量和使用要求的前提下，必须合理选择建筑材料和设备，有效控制材料和设备使用成本，提高开发效益。

在选择建筑材料时应用价值工程，一般可以采用提问法，如图6-9所示。

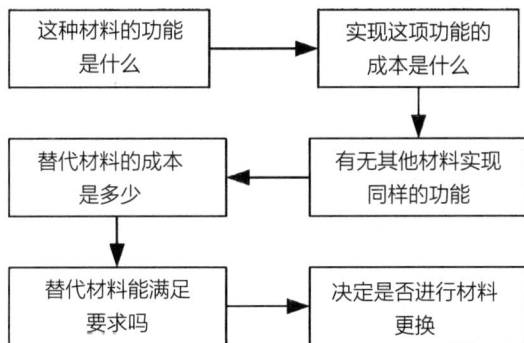

图6-9　价值工程在建筑材料的应用

通过提问法进行材料的具体选择以确保在设计功能不受影响的情况下合理地降低造价并使产品价值得以提升，是价值工程的具体应用体现。

（2）应用于建筑设备的选择

建筑设备的合理选择对于项目功能的实现和价值的提升意义明显，在设备方案选择应用价值工程原理时不应局限过高地追求设备功能或过低地追求设备成本，而应根据项目实际的功能需求寻求功能和成本的最佳匹配，提升建筑设备的价值系数。在设备选择过程中，价值工程的具体应用步骤如图6-10所示。

其中：成本系数=方案的全生命成本/各方案全生命成本总和；

功能系数=方案的功能得分/各方案功能得分总和；

价值系数=方案的功能系数/方案的成本系数；

最后，通过方案比选以价值系数的大小进行排序，大者即为备选的最优方案。

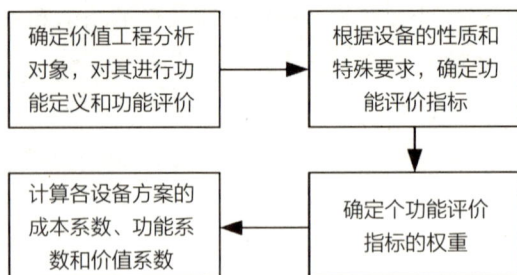

图 6-10　价值工程在建筑设备的应用

（二）价值工程理论在本项目中的具体应用

1. 应用价值工程比选最优的速度目标值方案

（1）满足时间目标值要求

根据本线时间目标值的选定，本线设计行车速度在250km/h及以上即能满足要求。

（2）适应路网规划的速度目标值要求

根据我国《中长期铁路网规划》"高速铁路主通道规划新增项目原则采用时速250km/h及以上标准，区域铁路连接线原则采用时速250km/h及以下标准"。

（3）适应通道不同径路功能分配及本线功能定位的要求

本项目与其余高铁线路配合，承担××地区的中长途客流，是××地区快速交通网中衔接内部都市圈城际线路的重要组成部分。在区域路网中，除承担沿线城际客流的运输任务外，主要承担其余高铁某路段的分流任务。

（4）速度目标值方案比选

本次研究在满足客运需求及时间目标值的基础上，结合路网规划、通道不同径路功能分配及本线功能定位，重点对250 km/h、300km/h、350km/h三个速度目标值方案进行研究。

1）不同速度目标值方案建设标准及投资影响分析。

对本线工程，由于桥隧比例较大，线路平面条件引起的工程差异较小。对工程投资的差异性主要体现在轨道类型，250km/h、300 km/h速度方案一般地段采用有砟轨道，长度大于1km的隧道和隧道群地段采用CRTS I型双块式无砟轨道；350km/h速度方案采用CRTSI型双块式无砟轨道，速度目标值越高，轨道标准越高，工程投资越大。由于不同速度目标值对沉降要求不同，地基处理350km/h无砟轨道较250km/h有砟轨道投资增加较大。土建工程中桥梁、隧道主要受线间距离影响，对梁宽、隧道内净空及路基面宽度有所影响。站后工程随速度目标值增高，降噪、减振及环保拆迁等环保工程相应增加，如表6-15所示。

不同速度目标值方案建设标准对照表

表6-15

工程项目		250km/h	300km/h	350km/h
最小曲线半径（m）		3500	5000	7000
线间距（m）		4.6	4.8	5.0
路基	路基面宽度（m）	有砟 13.4 无砟 13.2	有砟 13.6 无砟 13.4	有砟 13.8 无砟 13.6
	基床厚度（m）	有砟 3.0 无砟 2.7	有砟 3.0 无砟 2.7	有砟 3.0 无砟 2.7
	表层填料类型	级配碎石	级配碎石	级配碎石
	底层填料类型	AB组填料或改良土	AB组填料或改良土	AB组填料或改良土
	路基工后沉降	≤100mm	≤50mm	≤50mm
轨道	轨道结构形式	有砟轨道	有砟轨道	无砟轨道
	道床	特级道砟	特级道砟	CRTSI型板
桥梁	桥梁结构类型	箱梁	箱梁	箱梁
隧道	轨面以上净空有效面积	双线≥90m² 单线≥58m²	双线≥100m² 单线≥70m²	双线≥100m² 单线≥70m²
信号	行车指挥系统	CTC	CTC	CTC
	列车控制系统	CTCS2或CTCS3	CTCS3	CTCS3

2）不同速度目标值方案技术经济比较（表6-16）。

各速度目标值方案技术经济比较表

表6-16

章号	项目名称		单位	350km/h		300km/h		250km/h	
				数量	总价（万元）	数量	总价（万元）	数量	总价（万元）
	正线长度		km	124.32		124.406		124.680	
一	拆迁用地	拆迁	m²	575482	146229.31	575023	146112.62	560234	142354.75
		用地	亩	8682	163222.47	7624	142197.35	7585	141218.64
		小计	万元		309451.79		288309.96		283573.39
二	路基	填方	m³	3945305	18934.75	4017358	19123.52	3956668	18544.53
		挖方	m³	6125119	15842.49	4881244	12721.09	4673000	12198.19
		附属工程	m³	0	0.00	31276	478.53	28774	440.25
		路基边坡加固防护 复合土工膜	m²	712454	540.50	872681	3820.36	802867	3514.73
		路基边坡加固防护 C25混凝土	m³	220769	11656.15	204270	10739.16	187928	9880.02
		路基边坡加固防护 灌木	株	481249	89.74	476814	88.92	438669	81.80
		框架锚杆	m³	6019	1384.37	5555	1277.60	5110	1175.39
		地基加固 碎石垫层	m³	300661	4867.86	283472	4585.31	260794	4218.48

章号	项目名称		单位	350km/h		300km/h		250km/h	
				数量	总价（万元）	数量	总价（万元）	数量	总价（万元）
	正线长度		km	124.32		124.406		124.680	
二	路基	地基加固 土工格栅	m²	460273	377.65	422069	345.48	388304	317.85
		地基加固 CFG桩	m	632969	12151.74	594929	11421.45	547335	10507.73
		挡土墙、桩板墙	m³	71932	7190.42	57431	5680.13	52836	5225.72
		SNS被动拦石网	m²			2867	122.26	2638	112.48
		小计	万元		73035.68		70403.79		66217.16
三	桥梁	桥梁	座-m	116-86696.6	516971	105-82464.582	495699	105-82391.346	485685
		小计	万元		516971.29		495699.31		485685.18
四	隧道	隧道	座-m	37-30828	212623.07	37-30888	213144.30	37-30827	202058.37
		小计	万元		212623.07		213144.30		202058.37
五	轨道	铺轨	km	276.922	169258.80	274.812	166313.53	275.360	166603.59
		无砟道床	km	226.123	87650.93	220.587	85505.04		0.00
		道砟	m²	279187	9195.18	196366	6462.08	771204	25431.74
		铺道岔	组	109	6283.47	155	9117.43	151	9225.19
		小计	万元		272388.38		267398.07		201260.52
	主要工程数量		万元		1384470.20		1334955.43		1238794.61
	静态投资总额		万元		2162020.70		2112980.32		2018348.69
	差额		万元				-49040.38		-143672.01

由表6-16可见，350km/h方案较300km/h方案线路长度缩短0.085km，静态投资增加49040.38万元，投资增加比例为2.3%，主要体现在桥梁、拆迁用地等工程投资的增加。较250km/h方案线路长度缩短0.359km，静态投资增加143672.01万元，投资增加比例为6.6%，主要体现在轨道、桥梁及隧道等工程投资的增加。

3）不同速度目标值方案时间效益分析。

各速度目标值方案运行时分比较如表6-17所示。

各速度目标值方案运行时分比较表　　　　　表6-17

区段	项目		350km/h	300km/h	250km/h
××区段	运营长度（km）		123.923	124.406	124.680
	运行时分（min）	通通	27.18	29.43	33.46
		大站停	35.01	36.11	38.47
		站站停	39.06	39.31	40.9

区段	项目		350km/h	300km/h	250km/h
××区段	节省时分（min）	通通	—	2.25	6.28
		大站停	—	1.1	3.46
		站站停	—	0.25	1.84
	节省时分比例（通通）（%）		—	8.28	23.11

由表6-17可见，350km/h方案较300km/h方案、250km/h方案通通运行时分分别节省2.25min、6.28min，大站停运行时分分别节省1.1min、3.46min，站站停运行时分分别节省0.25min、1.84min，其中通通列车时分节省比例分别为8.28%、23.11%。

4）与通道路网相关线路速度匹配性要求。

从通道路网构成角度分析，本线客流主要经A高铁、B高铁、C高铁、D高铁、E高铁、F铁路等线路出行，速度目标值除F铁路为200km/h、A高铁为250km/h外，其余线路均为350km/h。本项目全线采用350km/h速度目标值，与路网的速度匹配性较好，利于前后方通道的成段成网，促进路网协调发展，更好地发挥网络效能（表6-18）。

通道路网相关线路速度　　　　　　　表6-18

线别	年度	长度（km）	正线数目	设计速度（km/h）
B高铁	既有	582	双线	350
A高铁	在建	288	双线	250
C高铁	在建	300	双线	350
C高铁	既有	250	双线	350
D高铁	既有	848	双线	350
E高铁	规划	308	双线	350
F铁路	在建	333	双线	200
G高铁	既有	188	双线	200预留250
H高铁	规划	270	双线	350

从客流交流规模分析，与本线存在主要客运交流的线路依次为A高铁、B高铁、C高铁、D高铁、E高铁及F铁路，本线与以上各线交流的客车对数及所占比例如表6-19所示。

本线与各线交流客车对数及所占比例表　　　　　　　表6-19

线别	对数		占比（%）	
	近期	远期	近期	远期
A高铁	43	62	83	83
B高铁	28	42	54	56

线别	对数		占比（%）	
	近期	远期	近期	远期
C高铁	8	11	15	15
F高铁	6	8	12	11
D高铁	4	5	8	7
E高铁	2	4	4	5

由表6-19可见，本线与A高铁的交流量最大，占全线客车对数的83%；其次是与B高铁的交流量，占全线客车对数的56%。选择250km/h速度目标值，能与主要客流交流线路的标准相统一，便于运输组织。

从运输距离分析，中短途城际客流平均出行距离在500km以内，以A高铁为主要运输通道；中长途客流平均出行距离在500～1500km，以B高铁、C高铁、D高铁及E高铁为主要运输通道。本线主要以中长途客流为主，其速度目标值的选择宜与B高铁、C高铁等线的速度目标值相协调，宜采用350km/h。

5）与衔接线路车流组织的兼容性。

本线与衔接A高铁、B高铁、F铁路等线路存在客车交流。其中A高铁速度目标值为250km/h、B高铁速度目标值为350km/h，采用相对较高的350km/h速度目标值，动车组跨线运行方便，车流组织兼容性较好，利于提高运输效率。

因此，应用价值工程综合分析，建议本线采用350km/h速度目标值，虽然投资较采用250km/h、300km/h速度目标值方案有所增加，但符合作为B高铁主通道分流线的功能定位，本次研究速度目标值暂按采用350km/h方案。

2. 应用价值工程比选最优的最大坡度方案

（1）最大坡度方案构成

本线位于××省中西部地区，呈北东—南西走向，沿线经过低山丘陵区、垅岗状低丘区和河谷平原区三大地貌单元。本线路其中约50km线路经过低山丘陵区、垅岗状低丘区，低山丘陵区地形起伏较大，沟谷切割较深，自然坡度15°～40°，海拔高程100～600m，相对高差50～500m，为本线坡度选择的主要控制地段；垅岗状低丘区地形起伏不大，自然坡度5°～15°，海拔高程80～120m，相对高差10～40m。本线路约74km线路经过河谷平原区，海拔高程55～80m，相对高差5～20m，坡度选择较为自由。

从路网条件分析，与本线存在主要客流交流的其余高铁最大坡度均为20‰，区域路网相邻线最大坡度均为20‰，本线最大坡度的选择宜与相邻高速铁路最大坡度相协调。

结合沿线地形条件，考虑与路网相邻线路主要技术标准相协调，本次研究重点对20‰和20‰（局部25‰）两个最大坡度方案进行比选。

（2）最大坡度方案比选

1）坡度方案比选技术经济比较（表6-20）。

坡度方案技术经济比较表

表6-20

项目	单位	20‰	20（局部25）‰
线路长度	km	124.32	124.306
足坡地段长度	km	2.61	5.52
足坡比例	%	2.10	4.40
桥梁长度	km	74.433	71.012
隧道长度	km	24.997	26.787
桥隧总长	km	99.43	97.799
桥隧比	%	79.98	78.68
路基长度	km	24.891	26.507
静态投资	亿元	216.24	215.96
静态投资差额	亿元		-0.28

由表6-20可见，20‰坡度方案较20‰（局部25‰）方案，线路长度相差不大；桥隧比例相差1.3个百分点，在工程实施角度无明显差异；足坡比例20‰坡度方案较20‰（局部25‰）坡度方案低2.3个百分点。工程投资20‰坡度方案较20‰（局部25‰）坡度方案增加0.28亿元，投资增加不明显。

2）不同坡度方案对引入××联络线的影响。

本线接入××站时，联络线受其余高铁标高限制，联络线坡度较大，本次研究该段最大坡度重点对20‰、25‰、30‰三个方案进行比选。各坡度方案技术经济比较如表6-21所示。

各坡度方案技术经济比较表

表6-21

章号	项目名称			单位	30‰坡度方案		25‰坡度方案		20‰坡度方案	
					数量	总价（万元）	数量	总价（万元）	数量	总价（万元）
	正线长度			km	4.167		4.587		8.326	
一	拆迁用地		拆迁	m²	13914	3536	10012	3052.84	22646	6905
			用地	亩	93	2101	102	2306.63	175	4160
			小计	万元		5636.15		5359.48		11066
二	路基	附属工程	填方、挖方	m³	56616	132.80	58120	137.35	58496	138.49
			中粗砂垫层	m³	1346	63.07	1368	63.68	1374	63.83
			复合土工膜	m³	5622	4.42	5847	4.60	5903	4.65
		路基边坡防护	C25混凝土	m³	3773	230.95	3773	230.95	3773	230.95
			灌木	株	7340	1.37	7340	1.37	7340	1.37
			土工格栅	m²	17068	12.31	17068	12.31	17068	12.31

章号		项目名称	单位	30‰坡度方案		25‰坡度方案		20‰坡度方案	
				数量	总价（万元）	数量	总价（万元）	数量	总价（万元）
		正线长度	km	4.167		4.587		8.326	
二	路基	小计	万元		444.92		450.25		451.59
三	桥梁	特大桥	座-m	2-3245	11814.86	2-3664	13340.37	2-7452	27131.84
		小计	万元		11814.86		13340.37		27131.84
四	轨道	铺轨	km	7.828	2689.33	8.666	2967.82	16.146	5453.60
		道床	m³	10469	337.34	11190	363.33	19919	651.84
		道岔	组	5	492.18	5	492.18	5	320.61
		小计	万元		3518.85		3823.33		6426.04
		静态投资总额	万元		33046.50		35452.81		69560.74
		静态投资差额	万元				2405.31		36513.24

因此由上表可见，20‰坡度方案展线较长，拆迁用地较大，桥梁、轨道工程较多，静态投资较25‰坡度方案增加34107.94万元，增加比例达96%。30‰坡度方案与25‰坡度方案主要工程数量相差不大，静态投资仅节省2405.31万元，节省比例为6.8%，采用30‰坡度方案无明显工程优势。

应用价值工程综上分析，最大坡度采用20‰能很好地适应沿线地形条件和动车组牵引特型，与区域路网相邻高速铁路最大坡度统一；而采用20‰以上坡度无明显的工程功能优势，且投资增加。因此，为提高线路运输质量，节省运营成本，本次研究建议正线最大坡度为20‰；建议××联络线最大坡度为25‰。

二、施工图设计审查

在"PPP+EPC"模式下，初步设计已在实施机构采购社会资本（即工程总承包方）之前完成，因此在项目执行阶段，全咨单位应发挥设计监理的作用，强化社会资本从初步设计方案到施工图阶段的设计监督，保障全过程设计管理中实施机构和社会资本的边界清晰和管理主动性。

全过程工程咨询单位对施工图设计文件进行审查，施工图设计文件包括合同要求所涉及的所有专业的设计图纸（含图纸目录、说明和必要的设备、材料表及图纸总封面）、合同要求的工程预算书、各专业计算书。施工图设计审查分为全过程工程咨询单位自行组织的技术性及符合性审查以及建设行政主管部门认定的施工图审查机构实施的工程建设强制性标准及其他规定内容的审查，完成审查后的施工图文件应到建设行政主管部门进行备案。

（一）审查依据

全过程工程咨询单位进行的施工图设计审查应以下列文件为依据：

（1）国家有关法律法规、行业有关规定；

（2）中国铁路总公司有关管理制度；

（3）国家和行业有关规程规范，总公司有关标准；

（4）工程建设强制性标准；

（5）初步设计（含变更设计）批复意见；

（6）《铁路建设项目施工图审核管理办法》（铁总建设〔2014〕299号）等。

（二）审查内容

在施工图出图后及送行政审查前，全过程工程咨询单位应组织投资人、造价工程师等对施工图的设计内容进行内部审查，如造价工程师应从工程量清单编制过程中发现的技术问题，或从造价控制的角度提出意见、建议；而专业咨询工程师（监理）应结合施工现场（比如，技术的可靠性、施工的便利性、施工的安全性等方面）提出意见、建议；全过程工程咨询单位应从施工图是否满足投资人需求等方面进行审查。全过程工程咨询单位对各单位审查意见进行汇总，并召开专题会议共同讨论，由专业咨询工程师（设计）对施工图进行修改、完善，最后形成正式的施工图。

施工图设计文件应正确、完整和详尽，并确定具体的定位和结构尺寸、构造措施、材料、质量标准、技术细节等，还应满足设备、材料的采购需求，满足各种非标准设备的制作需求，满足招标及指导施工的需要。铁路建设项目施工图审查要点包括但不限于以下几点：

（1）路基型式是否合理，断面面积是否准确，填料是否符合要求，填料土石比例是否符合规范，调配、运距和基底处理方法是否合理；路基挡护工程、防水排水设计和站场综合管线布置是否合理，绿化方案是否符合国家和总公司有关要求。无砟轨道结构设计是否合理，无缝线路和道岔设计是否合理。

（2）桥梁墩台型式设置是否合理，是否与上部结构协调，技术条件相同的工点或标段墩台类型是否一致，基坑开挖（围堰）防护是否安全合理，工程数量是否准确，桥渡方案是否满足防洪、通航、净空等要求。

（3）隧道工程措施，特别是不良地质地段的工程措施是否与地质条件和风险评估等级对应，施工组织措施是否合理，防排水设施是否与水文情况对应，防灾救援系统是否完善；弃砟场设置是否合理，环保措施是否符合要求。

（4）牵引供电电源是否与实际需要匹配，变压器接线方式是否合理，电杆和接触网立柱、各类线材规格及型号的选择是否合理，接触网构件是否匹配、合理，车站接触网支柱布置是否符合安全和景观要求。电力系统外部电源、变配电、防雷接地、自动控制等设计方案是否合理。

（5）通信信号系统是否与相邻线互连互通，设计方案是否合理，设备配置是否满足运营需求，地面设备与车载设备是否配套、兼容等。

（6）信息系统设计方案是否合理，是否满足互联互通、信息安全需要，信息机房、配线间等基础设施是否达到标准，设备配置和软件配置是否符合国家和行业标准、规范要求。

（7）客运车站站房重点审核总图及功能流线、广场及交通疏解、站房及客运建筑、消防及建筑设备，建筑平、立、剖面图，建筑详图、结构布置图、构件详图、节点构造详图、基础详图、管线及装修和建筑电气设计图，相关专业的兼容性、衔接性。

（8）主要工程的施工方案、施工过渡措施是否合理；铺轨基地、制梁场、客运专线轨枕板（块）预制场等大临工程设置方案是否合理，设计是否达到规定深度。

（三）施工图设计编审程序

全过程工程咨询单位对施工图设计的编审程序，如图6-11所示。

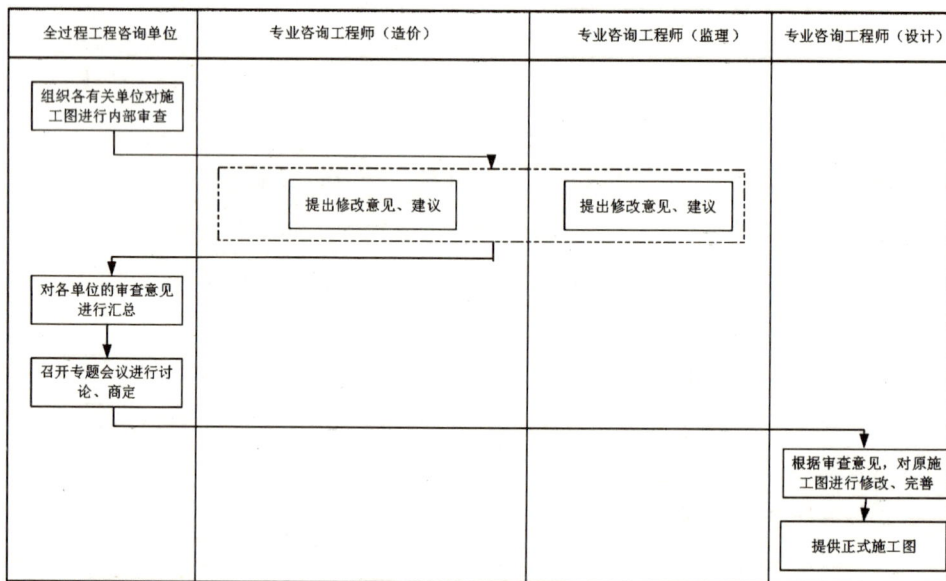

图 6-11 全过程工程咨询单位对施工图设计的审查程序

（四）注意事项

（1）全过程工程咨询单位对施工图设计进行审查时，要注意施工图设计是否按照设计合同的规定提供足够套数的施工图，是否所有的施工图都加盖了专业咨询工程师（设计）的出图章，是否设计人、校对人、专业负责人、设计总负责人的签字齐全并且有专业会签。

（2）工程总承包单位进行施工图设计优化（包括变更设计）时必须服从全过程工程咨询单位的管理，未经全过程工程咨询单位同意，不得进行施工图设计优化（包括变更设计）。

三、项目融资管理

高铁项目投资属于公共投资范畴，是一个决策到生产到获得公共物品的资金运动过程。在这个资金运动过程中，可能需要项目融资，即以高铁建设项目的资产、预期收益或权益作抵押取得的一种无追索权或有限追索权的融资或贷款活动。项目投融资是个连续的过程、不可分开，投融资活动贯穿于项目决策阶段到竣工验收，以及运营阶段，交付使用整个建设运营阶段，如图6-12所示。

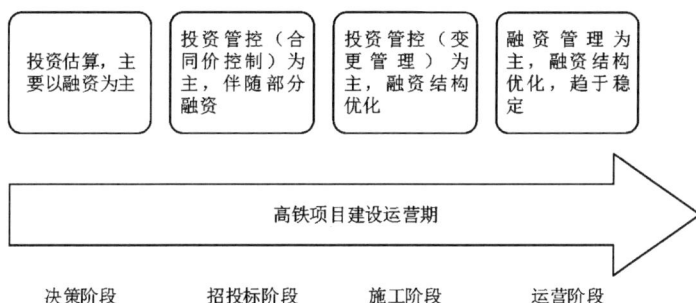

图 6-12　高铁项目投融资持续过程

全过程工程咨询单位在PPP项目融资过程中的工作程序如图6-13所示。

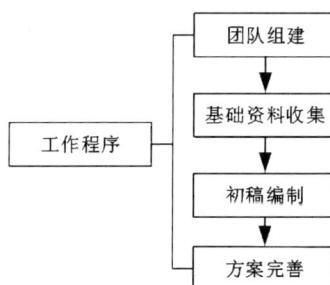

图 6-13　工作程序示意图

（一）咨询团队组建

1. 项目经理

项目经理应由对工程咨询、造价管理、招投标代理、投融资等有比较深刻理解和丰富实际操作经验的综合能力较强的咨询人员担任。

2. 工程技术团队

工程技术团队需要由与项目专业领域相关的工程技术人员组成，牵头人一般应具有一定的技术职称和专业执业资格。工程技术团队需要负责技术方案的工作论证及咨询，对项目关键的技术参数、建设标准等进行识别，对项目实施的各个阶段存在的关键问题、难点、风险等进行梳理，并提出相应的解决方案或协调机制。

3. 经济财务团队

经济财务团队需要由技术经济、造价、财务、税务等专业人员组成，主要负责的内容包括：对关键技术经济指标进行测算、核对，进行项目投入产出分析，设计包括交易结构、政府补贴、价格调整、项目回购等各环节的相关模型，确定相关参数，完成投融资模式分析论证等。

4. 法律团队

法律团队牵头人需要由高水平的执业律师担任，并要求律师在工程建设、项目投融资领域具有较为丰富的经验，主要负责的内容包括：对全过程咨询工作法律风险的识别，对相关方案的合法、合规性进行认定，对各方提出的问题出具法律意见书，协助设计合同体系、起草相关协议及合同文件，参与期间各种沟通、谈判等。

5. 招商团队

招商团队牵头人需要具有建设项目、设备或服务招标代理、政府采购代理的相关经验，其主要工作包括：协助收集相关资料，编制资格预审、招商采购文件，组织实施资格预审、招商采购活动，协助参与后期谈判等。

（二）基础资料收集

1. 类似项目资料收集与经验总结

一是对类似项目基本情况的收集，包括对新建、在建、已建项目本身的技术经济参数、运营维护指标等进行收集，以尽快熟悉该类型项目的特点，了解项目本身实施全周期存在的风险点、利益点等；二是对以不同模式开展的类似项目情况进行调研，包括新建、在建、已建项目，目的是对比各个项目采用的不用模式体现出来的优点、缺点，对成功的经验进行总结并加以应用，对存在的问题进行梳理、分析并加以规避。资料收集的方式包括对相关资料的查阅、整理、分析，也包括对相关部门、人员的走访、沟通等。

2. 项目前期技术资料收集与访谈

一是对建设项目本身的前期立项、可研、设计等文件进行收集，如果是存量项目或改扩建项目则还需要对存档历史资料进行收集，以充分了解项目的建设内容、建设条件、建设方案、相关技术经济指标等。二是以项目为基础，对相关的规划资料进行收集，了解项目的边界条件、同类项目的建设时序安排等。资料收集的方式包括对相关资料的查阅、整理、分析，也包括对相关部门、人员的走访、沟通等。

（三）初稿编制

初稿编制的内容主要包括对风险分配的初步研究，结合对边界条件的初步划分，确定初步的交易结构，总体上对未来各方合作在各个阶段中的责权利进行划分。初稿编制的目的可以为项目识别阶段服务，论证项目采用投融资模式的可行性、合理性，提出可行的总体方案；也可以对拟开展的投融资模式的主要合作内容进行初步的系统分析，以便进行初步的决策。

（四）方案完善

1. 征求意见并修改完善

实施方案编制过程中需要多次征求前期各参与方的意见，并在充分沟通的基础上不断进行完善，以得到各参与方的基本认可。

2. 评估论证

为确保前期决策科学性，项目主办方可委托专业第三方机构对实施方案等内容进行专门的评估论证；咨询机构应根据评估意见与建议，对实施方案进一步修改、完善。

（五）PPP项目融资注意事项

1. 设计合理的风险分担结构

PPP项目融资是否能够成功最主要的因素是项目的风险分担是否合理。通常可根据各方获利多少的原则考虑相应承担的风险，使项目参与各方包括政府部门、私营公司、贷款银行及其他投资人都能够接受。PPP项目的风险原则为：由对风险最有控制力的一方承担相应的风险。一方对某一风险最有控制力意味着他处在最有利的位置，能减少风险发生的概率和风险发生时的损失。本项目中资本金筹措由社会资本方和政府方负责，相应筹措的风险也应由双方承担；债务资金筹措的风险应由项目公司主要承担，社会资本为次要风险承担者；社会资本撤资的风险由社会资本承担。

2. 加强政府的职能转变和角色转换

PPP模式离不开政府的积极推动，但是政府顺利完成角色转化也是非常重要的。要按照完善社会主义市场经济体制的要求，在国家宏观调控下更大程度地发挥市场配置资源的基础性作用。最终建立市场引导投资、企业自主决策、银行独立审贷、融资方式多样、中介服务规范、宏观调控有效的新型投资体制。在这种新思路下，政府应由过去在公共基础设施建设中的主导角色，变为与私人企业合作提供公共服务中的监督、指导和合作的角色。在这个过程中，政府应对公共基础设施建设的投融资体制进行改革，对管理制度进行创新，以便更好地发挥其监督、指导和合作的角色。政府通过制定有效政策及具体措施，促进国内外私人资本参与本国基础设施的投资形成风险共担、利益共享的政府和商业性资本的合作模式。政府转为组织者和促进者，而不再是全部资金的供应者和经营管理者，不再承担巨大的投资风险和商业风险。

3. 形成有效的监管架构

PPP模式能否成功运作的关键是政府的监管。良好的监管框架的形成和监管能力的执行，是一个项目得以顺利完成以及未来的运营顺畅的重要环节。由于PPP是政府和私营机构的合作，那么在PPP模式监管框架形成的过程中，政府作为监管政策的制定者，制订监管框架时要充分征求利益的相关方，包括投资者、运营者、消费者的意见，使监管法规既能保证基础设施服务的质量，又能保护有关利益方的合法权益。监管法规一经制定，有关利益方就要严格遵守，依法行事。政府要发挥监管的作用，保证法规的贯彻和执行。此外，所有基础设施项目涉及的当事人都是监管框架的参加者，比如地方协会、商会、相关人员、相关行业代表、潜在运营合作伙伴、纳税人等都是参与方。在国外PPP的监管中，着重要强调的一点就是利益相关方一定要进入监管过程才能形成监管模式。

4. 建立全生命周期融资管理

一旦"PPP+EPC"项目启动融资管理活动，需要建立每个阶段融资活动的有效衔接和整体统筹机制，即识别、准备阶段的可融性评估、论证可作为招标阶段设计融资方案的依据；细化的融资方案可作为融资交割前开展融资谈判和签约的基础；资金实际到位及使用情况、再融资活动又可验证融资合同履行情况；项目执行和移交阶段定期或不定期开展的融资情况（结果）评估，将对前期融资论证及实际执行科学性、合理性形成有效监督。全过程工程咨询单位应凭借自身专业服务能力，提供全生命周期完善、可操作的融资方案，对项目全过程进行研究论证，充分考虑"PPP+EPC"项目各环节资金需求，制定系统完整、合理实用的项目融资方案，并充分与潜在社会资本、金融机构进行协商讨论，确定最终融资方案。项目签约落地后，咨询单位应协助社会资本和项目公司进一步细化融资方案，并落实融资。项目建设期和运营期充分关注融资执行情况并做好阶段性融资评估，确保项目融资与项目执行进度和资金需求匹配，推动"PPP+EPC"项目顺利实施。

四、施工成本管理

高铁项目具有标准高、工期短、工程量大、设计任务重等特点，EPC总承包商如果不结合项目规模、特点、复杂程度及施工条件，制定切实可行的实施性施工组织方案，就可能导致工期延误，所需人力、物力增加，导致项目成本费用增加。其次，高铁项目属于高危行业，如果对施工安全质量重视不够，酿成事故，将额外增加项目成本。另外，施工单位设计变更，索赔等事件发生也会造成施工成本难以控制。以下针对高铁项目的成本管理提出四点管控意见。

（一）成本控制，技术先行，合理优化的方案是完成控制目标的保证

工程项目开工后，应对施工组织技术进行优化。对于费用较大、具有较高难度、属重点工程项目等情况，应组织力量编制优选施工方案，合理配置资源，实施重点控制，将价值分析方法运用到施工方案的优选中去。

（二）严格控制变更、调价、索赔的发生，加强对支付与结算的管控

EPC总承包模式下签订的合同一般为总价合同，施工过程中要严格控制变更、调价、索赔事件的发生，在结算时坚持既定的结算原则和流程，就能达到合理控制成本的目的。其主要措施如下。

1. 加强前瞻性预防，以合同约束双方经济行为

全咨单位应辅助业主进行风险预控，采取积极的措施预防变更、调价、索赔事件的发生，如加强合同管理、加强前期准备工作、加强对设计方案的审查等。在合同签约前要反复斟酌合同条款，注意合同文件文字的严密性，以防在实施合同过程中因文字漏洞造成额外投资。此外，全咨单位应大量分析其余高铁项目建设期间造成投资增加的原因，结合本项目特点找出最易发生费用增加的因素，风险转移，制定具体的防范对策。如表6-22所示，以预防工程索赔为例。

索赔原因及预控方案　　　　　　　　　　　表6-22

序号	索赔原因	施工企业索赔内容			预防方案
		工期	费用	利润	
1	因发包人原因导致				开工时尽可能考虑周全，能不停工的就不停工
1.1	发包人未按合同约定提供施工现场、施工条件、基础资料、许可、批准等开工的条件	√	√	√	加强前期建设场地三通一平及各基准点测量确定工作，按合同约定时间开工
1.2	发包人提供的测量基准点、基准线和水准线及其书面资料存在错误或疏漏	√	√	√	
1.3	发包人未能按合同约定日期支付工程预付款、进度款或竣工结算	√	√	√	加强咨询过程中的支付、结算审核管理
1.4	监理人未按合同约定发出指标、批准等文件	√	√	√	加强协调管理
1.5	发包人提供材料、工程设备不合格	√	√	√	加强供应商管理，强化进场验收执行力度，确保质量
1.6	发包人提供材料、设备延迟交付	√	√	√	提前规划交付计划，跟踪材料进度
...					
2	因承包人原因导致				
2.1	非发包人原因工期延误		√		按合同约定索赔程序，及时提交索赔资料
2.2	非发包人原因质量缺陷		√		按合同约定索赔程序，及时提交索赔资料
...					

2. 严格变更、索赔的审批程序

全过程工程咨询单位对于施工单位提出的变更，应严格审查其变更的理由是否充分，防止施工单位利用变更增加工程造价，减少自己应承担的风险和责任。其次，要审查承包单位提出变更程序的正确性，应按照双方签订合同对变更程序的要求进行审查。如果合同中没有规定，则根据《建设工程价款结算暂行办法》（财建〔2004〕369号）中的规定执行。另外，要严格审查变更估价的准确性（图6-14）。

全过程工程咨询单位应严格审批索赔程序，组织监理单位进行有效的日常工程管理，切实认真做好工程施工记录，同时注意保存各种文件图纸，为可能发生的索赔处理提供依

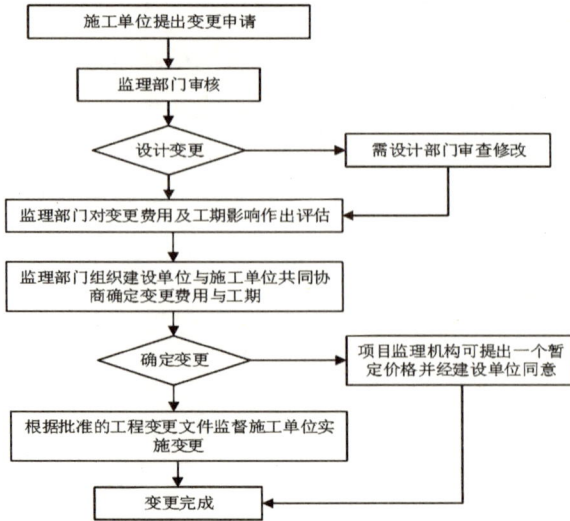

图 6-14　工程变更管理程序

据。当索赔发生后，要迅速妥当处置。根据收集的工程索赔的相关资料，迅速对索赔事项开展调查，分析索赔原因，审核索赔金额，并征得投资人意见后负责与施工单位据实妥善地协商解决（图6-15）。

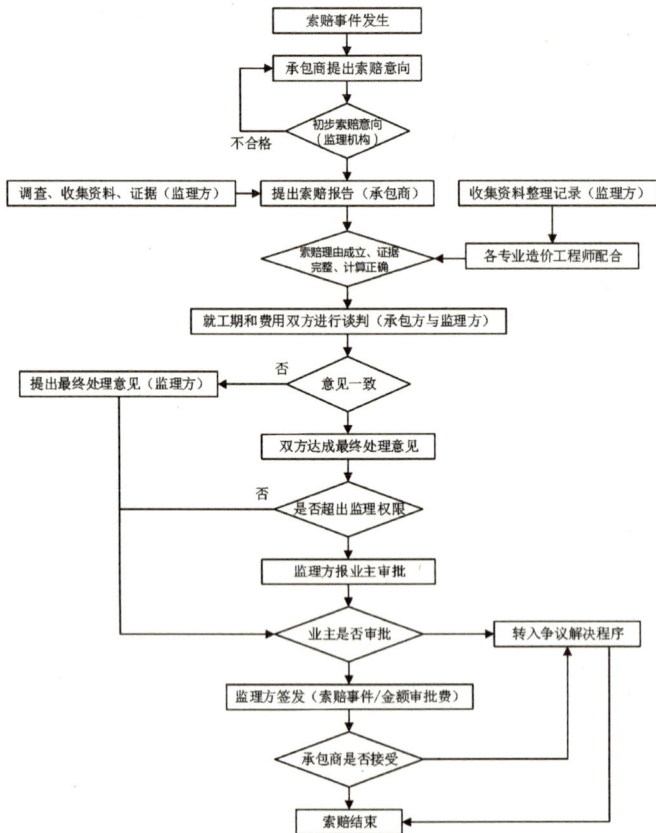

图 6-15　全过程工程咨询单位对施工单位索赔处理程序

3. 严格按照结算流程进行审核，提高结算效率

PPP工程项目上报结算资料要按照制度的要求完成，尤其是总承包、分包等项目要同时上报资料，避免重复结算或漏项结算。同时要加强SPV公司预算（成本控制）部职能的发挥，加大内部复核力度和财务评估审计强度，预防超正常现象发生。结算应及时，避免拖延，否则将影响SPV公司的信誉和发展。通过合同履约管理和对过程变更、洽商的控制，逐步实现预算即结算的目标，即结算价格为合同价款加上变更、洽商，从而避免不必要费用的发生并提高结算效率（图6-16）。

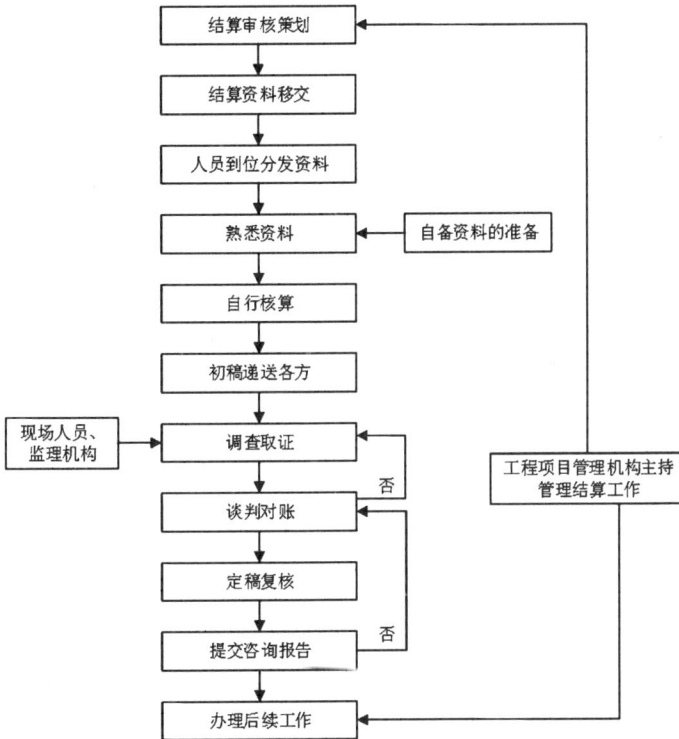

图 6-16　工程竣工结算阶段的投资控制工作流程

4. 贯彻项目预算在成本控制中的重要指导作用

平时工作中，对各项成本的发生，要紧密结合项目预算，把各项费用控制在项目预算之内。对于有可能超预算的工程，要按规定及时增补项目预算，做到花钱有计划，落实预算有措施。

（三）加强项目成本造价优化管理，把有限的资金用到最需要的地方

加强项目成本造价优化管理，把有限的资金用到最需要的地方。例如，本项目桥隧占到总规模的84.96%，除隧道外，路基工程还需要完成大量CFG桩进行地质改造，以达到防止路基沉降的技术要求，大量高强度、高耐久性的混凝土在工程中使用。目前，在国内高铁施工现场，混凝土都是在现场集中拌合，每一个铁路项目都要建设多座大型的混凝土

拌合站。拌合站的投入产出及产品质量已经成为现场成本控制的重要一环。现场生产要及时分析拌合站投入与产出的配合关系,分析各项材料实际投入与理论配合比、施工配合比差异,及时发现偏差,适时调整,既是保证混凝土产品质量的需要,也是成本控制的需要,达到减少造价的目的。

(四)控制安全成本,减少事故发生

在高铁施工中,安全成本通常指保证性安全成本和损失性安全成本。要降低安全成本,就要求总承包商既要注重安全生产,减少或杜绝生产事故,又要注重施工质量,消除工程在使用中的一切安全隐患,从而实现有效的成本控制。

五、施工进度管理

本项目线路总长为132km,总工期为42个月(3.5年),如果进度控制不合理,一方面会造成大量资本的浪费,降低其经济效益,另一方面会造成营运周期规划上的问题,形成运营效率的下降。全咨单位在进行施工进度管控时,应先对影响高铁施工进度的因素进行分析,并给出对应的控制对策。此外,高铁项目建设期间,全咨单位应抓住以下三大管控措施(表6-23)。

<table>
<tr><td colspan="2" style="text-align:center">进度控制对策　　　　　　　　　　　　　　　表6-23</td></tr>
<tr><th>影响施工进度的因素</th><th>控制对策</th></tr>
<tr><td>资金投资不足,并不能及时到位</td><td>应及时汇报,研究对策使资金及时到位</td></tr>
<tr><td>设计图纸未及时到位</td><td>及时与设计单位联系,设计图纸按时交出</td></tr>
<tr><td>甲供的工程材料未及时到施工现场</td><td>做好提前采购订货的计划,并督促实施</td></tr>
<tr><td>未及时向管理方提交设计文件</td><td>督促设计单位及时出图</td></tr>
<tr><td>现场施工与设计图纸有矛盾</td><td>派驻现场设计人员(2人)</td></tr>
<tr><td>现场发现配套专业设计与土建设计有矛盾</td><td>加强设计工种之间的相互协调</td></tr>
<tr><td>变更设计较多</td><td>及时提供设计变更通知</td></tr>
<tr><td>人力、技术力量不足</td><td>增加施工人员,增强技术力量</td></tr>
<tr><td>施工方案欠佳</td><td>进行必要的技术论证,提出整改意见</td></tr>
<tr><td>出现施工质量问题</td><td>狠抓工程质量,杜绝工程返工</td></tr>
<tr><td>所采用的工程材料、产品质量差</td><td>加强质量检查,采购好的优质产品</td></tr>
<tr><td>工程材料不足</td><td>每月制定的材料计划应做到正确无误</td></tr>
<tr><td>资金调用失控</td><td>资金应专款专用</td></tr>
</table>

(一)制定项目工程施工进度计划

在高铁工程进度管理中,一项重要的内容就是项目工程施工进度计划的制定。一般而言,一番完整的项目工程施工进度计划需要考虑五个重要的方面:第一,要对施工工期

进行确定。施工工期是核算项目成本的一个重要参考依据，只有在施工周期确定的情况下，成本规划才能设计得更加科学合理。第二，进行施工顺序的确定。在实际施工中，顺序的不同会导致工程顺畅性的不同，所以确定合理的施工顺序，保证施工的流畅性会进一步提升施工的效率。第三，进行具体施工进度的规划。例如基础建设、轨道铺设等工作具体应该保证在什么进度情况下才能实现持续性和连贯性。对具体的施工进度进行规划后，项目工程建设的目标和动力才会更足。第四，进行专业的网络计划图绘制。网络计划图可以充分、形象地将工程各个环节的联系体现出来，从而为管理人员的决策提供有效的依据。最后，进行工程进度的实施。在工程目标的基础上进行项目的开始建设，从而推动工程的发展（图6-17）。

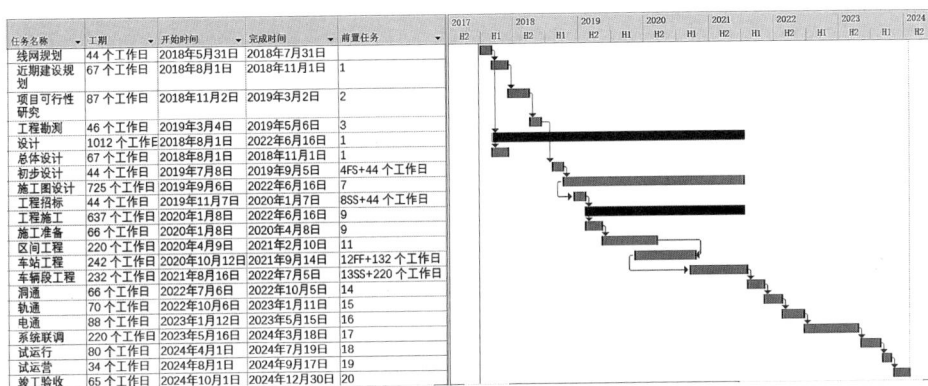

任务名称	工期	开始时间	完成时间	前置任务
线网规划	44个工作日	2018年5月31日	2018年7月31日	
近期建设规划	67个工作日	2018年8月1日	2018年11月1日	1
项目可行性研究	87个工作日	2018年11月2日	2019年3月2日	2
工程勘测	46个工作日	2019年3月4日	2019年5月6日	3
设计	1012个工作日	2018年8月1日	2022年6月16日	1
总体设计	67个工作日	2018年8月1日	2018年11月1日	1
初步设计	44个工作日	2019年7月8日	2019年9月5日	4FS+44个工作日
施工图设计	725个工作日	2019年9月6日	2022年6月16日	7
工程招标	44个工作日	2019年11月7日	2020年1月7日	8SS+44个工作日
工程施工	637个工作日	2020年1月8日	2022年6月16日	9
施工准备	66个工作日	2020年1月8日	2020年4月8日	9
区间工程	220个工作日	2020年4月9日	2021年2月10日	11
车站工程	242个工作日	2020年10月12日	2021年9月14日	12FF+132个工作日
车辆段工程	232个工作日	2021年8月16日	2022年7月5日	13SS+220个工作日
调通	66个工作日	2022年7月6日	2022年10月5日	14
轨通	70个工作日	2022年10月6日	2023年1月11日	15
电通	88个工作日	2023年1月12日	2023年5月15日	16
系统联调	220个工作日	2023年5月16日	2024年3月18日	17
试运行	80个工作日	2024年4月1日	2024年7月19日	18
试运营	34个工作日	2024年8月1日	2024年9月17日	19
竣工验收	65个工作日	2024年10月1日	2024年12月30日	20

图6-17　全过程策划甘特图

（二）实时跟踪和反应工程进度落实情况

项目工程进度的实时跟踪和反应也是工程进度管理中的重要内容。开展此项工作的作用主要有两个：第一是对工程进度进行监督，从而发现施工进度落实与规划的差异。第二是在实际施工进度与规划的差异基础上进行相应的调整，从而保证施工进度的落实节奏。在具体的工作中，为了实施更好的跟踪和反应，需要做好两方面的工作：第一是要由全咨单位进行工程进度的监督，一方面要对工程进度规划有全面的了解，另一方面要对工程的实施进度有详细的认识，这样在跟踪中可以及时地发现规划和实际进度的差异，从而进行施工进度的调整和节奏的把握。第二是跟踪监督人员务必要将具体体现出的差异情况进行汇报，并就补救措施进行建设性意见的提出，这样施工方的调整方案才会与具体施工拥有更高的匹配度。

（三）三大措施保障高铁工程施工进度

1. 组织措施

在高铁工程施工进度管理中，组织措施是一项主要措施。组织措施的实行主要涉及三方面的内容：第一是专业的队伍。施工队伍是施工的主体，而队伍的专业性对于施工的影响比较显著。就目前的施工而言，专业化的队伍在进度控制方面具有更强的优势，所以组织专业化的队伍，可以在保证施工质量的同时做好施工进度管控。第二是要做好流程的详细化。在进度控制中，流程的详细化意义重大，通过对施工流程进行分解，可以发现各个流程间的联系，根据联系的紧密程度做好施工顺序的重新布置，这样会极大地提高施工的流畅性，进度管控也可以更好的实现。第三是做好组织协调。在施工实践中，各个环节的相互配合非常重要，如果环节协调存在问题，那么施工周期会被拉长，施工进度的控制便会出现问题，所以做好各个环节的协调工作，例如基础建设和电气铺设，可以提高工程配套性，由此为进度管控提供更好的条件。

2. 管理措施

管理措施也是高铁工程施工进度管理的一项重要使用手段。在现阶段管理措施的运用中，主要包含四个方面的内容：第一是观念方面。观念和理念是指导时间进行的重要因素，因此，要想使得施工进度得到有效的管控，就应该树立起动态管理、综合管理以及择优管理的观念，这样，在理念的指导下，实践工作才会进一步跟进。第二是方法方面。工程进度的管理需要有效的方法，所以在管理实践中，要重视方法的分析与研究，目前，在管理工作中要研究各个工作间的不同逻辑联系，这样才能在联系基础上实现方法的针对性和科学化。第三是手段方面，在进度管理中，可以充分地利用专业人员来进行现代化手段的利用，比如数据处理器、互联网等信息技术，这样，可以提升组织管理的现代化从而提高进度工作的透明性。最后是进行风险方面的管理。在实践工作中，工程进度会受到风险的影响，所以需要对这些风险进行全面深入的分析，从而采用有效的措施对其进行规避，进而保证施工进度。

3. 经济措施

经济措施也是工程施工进度管理的重要手段。在进行编制和设计进度计划的时候，需要对资源需求计划也进行设计，因为二者具有配套性。资源需求计划主要包括资金需求和人员需求两个方面。在工程进行的过程中，不同阶段需要的资金具有不同性，所以在资金需求规划的时候，要进行总资金供应量、资金来源以及资金供应时间的考虑，通过这三个方面的考虑，在施工中资金支持可以保证到位，而在资金到位的情况下，工程进度的管控力会明显的加强。当然，为了实现工程成本的降低，在资金预算的时候，也可以考虑工程进度加快所需要的资金量。

六、施工质量管理

施工阶段全咨单位应根据EPC总承包合同为目标，依据项目管理实施规划，对质量进行管控，对包含安全文明施工在内的施工环境进行管理。高铁项目质量管理要对项目质量控制点进行检验和监测，从工程原材料检验抓起，严把材料进场关、工序工艺报验关、分项分部工程验收关，按照检评标准，从严把关，杜绝工程质量事故。以下分别从质量管理的目标、原则、问题分析及管理对策给出针对本项目的建议。

（一）质量管理目标

坚持以工程质量为核心，以严格考核为保障，以专业化、机械化、信息化、工厂化等现代化手段为推手，坚持抓源头、抓过程、抓细节的管理理念，严格执行"讲科学、高标准、不懈怠"的要求，全面落实施工标准化，实现主体工程质量零缺陷，把本项目建设成精品工程。

（二）质量管理原则

1. 质量第一

高铁建设的质量关系着国民经济的发展，更与人民生活水平的提高密不可分。从传统意义上讲其关乎了工程项目的适用性和项目投资的合理性，进一步讲其密切关系人民群众生命财产的安全和国家形象的维护。因此，在高铁建设过程中，必须坚持"质量第一"的原则毫不动摇。

2. 以人为核心

高铁建设从决策、组织、管理、操作到验收，人的因素贯穿了整个过程。在工程建设过程中，每位参建人员（各单位、部门、岗位的人员）的工作质量及完善程度，都将对工程质量造成直接或间接的影响，即人的管理才是质量管理的基本出发点。因此，在工程的质量管理过程中，必须牢牢树立"以人为核心"的方针，通过不断提高人的素质、规范人的行为，充分激发大家对工作的积极性来提高工作的完善程度及工作质量，以此保证工程质量。

3. 预防为主

高铁建设的施工周期长，在整个施工周期内会经历各种不同的质量管理阶段，如果不事先对质量的各种影响因素加以分析、控制，随着工程的进展，将会面临各种不同的质量问题，随之造成不可弥补的损失。因此，成功的项目质量管理必须执行"预防为主"的思想观念，通过预先对后续阶段进行深刻分析并做好针对性的控制措施，做到事前控制，再加强施工过程中各环节的控制以做好事中控制。

4. 坚持质量标准

高铁建设质量要求高、容错率低，为了达到质量要求，避免造成损失，施工过程中必须始终坚持质量标准。质量标准是通过不断的研究、总结完善出的规范性文件，是质量管理的主要武器，是对工程质量判定的直接标准，施工过程中必须严格按照质量标准执行对工程质量的检验。

（三）施工质量问题分析

在整个线路施工过程中，由于工程类型复杂，可能会存在较多的质量问题，以下对可能出现的工程质量问题进行列举（表6-24）。

项目	特点	问题部位	存在的主要问题
桥梁工程	占工程总量比重较大	钻孔桩	桩位偏差、钢筋笼上浮、烂桩头
		承台	顶面混凝土不平整、棱角损坏
		墩柱	钢筋保护层合格率较低、外观质量较差
		支座垫石	平整度较差、预埋支座槽孔偏差
		梁体施工	张拉压浆封锚不规范、外观质量较差
		其他	接地钢筋焊接不规范、预埋件缺失等
路基工程	线路较长，分布段落较多	地基处理	桩间距控制较差
		路基填筑	断面加宽不够、边坡碾压不实、压实度不够
		边坡防护	锚杆（索）注浆不规范、沉降缝设置不规范
		其他	排水系统不完善
隧道工程	占工程总量比重较大，隐蔽工程较多	初期支护	锚杆长度不够、压浆不规范、钢拱架螺栓连接不牢固、初支背后脱空
		防、排水安装	防水板焊缝宽度不足、盲管固定较差
		二次衬砌	钢筋保护层合格率低、外观质量较差、拱顶脱空、错台较大、施工缝中夹渣
		仰拱填充	平整度较差
		水沟电缆槽	线性不直顺、施工缝漏水
		其他	槽道安装偏差、接地钢筋焊接不规范
无砟轨道	精度要求高	底座板、支撑层	结构尺寸偏差
		轨道板	平整度较差
		其他	接地端子等预埋件安装不规范
有砟轨道	弹性大，刚度要求难满足	道砟	道砟飞溅，击打列车，损坏车体或造成人员伤亡

在项目实施工程中，全咨单位应派遣专业的技术人员，对可能出现质量问题的部位进行跟踪检查，杜绝日后出现质量及安全事故。

（四）施工质量管理对策

1. 划分质量单元，设置质量能力清单

质量管理是一个全过程管理，随着信息传递的加快和管理风险的扩大，可能存在弱化管理目标的现象，因此在工程初期就要有一个较高的定位。质量目标的实现是宏观的，但是质量管理的落实是细致的。一个项目包含多个单位工程，在每个单位工程开始施工前，应及时对该单位工程进行分解、划分质量单元，并设置质量管理清单，确保每一个分部分项工程，甚至每一道工序都有质量控制要点。通过在战略上全盘掌控，战术上各个击破，才能实现质量管理的终极目标。

2. 高度重视原材料质量控制

（1）严把材料采购关

为确保所有进场材料的性能及有关技术指标符合标准，项目部应该在进行市场调查后，通过招标程序选择社会信誉好、质量稳定的生产厂家。

（2）严把材料检验关

材料进场时，严格按规定做好每批次材料的取样、留样工作。所有材料均必须检验合格，不经验收的材料不准进入施工现场。严禁未经检验合格的材料用于工程实体。

（3）严把材料使用关

建立原材料使用管理台账。特别是水泥、钢筋、钢绞线、外加剂、锚具等重要物资，同时，需准确登记每批次的材料所使用的工程部位，确保可追溯。砂石等周转量大的原材料，不得随进随用，应确认合格后方可使用。

3. 加强试验、测量工作质量

为保障施工质量，需要通过大量的试验、测量数据进行精细化管控，因此需要加强试验、测量工作质量。

（1）配备先进优良的试验（测量）仪器，通过改良仪器精准度，尽量将偏差值控制在规范允许最小范围内。

（2）配备专业技术人员，通过提高操作人员水平，在过程中及时发现并纠正问题，减少因操作失误而造成的质量问题。

（3）同时严格执行试验（测量）管理办法，坚持换手测量、测量闭合复核制度，努力提高测量成果水平，为工程质量创优奠定坚实的基础。

4. 完善质量管理体系、落实质量责任制

（1）完善质量管理体系

1）完善质量管理组织机构，明确各职能部门的质量职责。避免相互推诿，减少因内耗引起的损失。

2）固化质量管理流程，按照各职能部门的质量职责，设定并固化质量管理流程，缩短因流程进展缓慢而损耗的时间。

3）建立健全质量反馈渠道，各级之间建立不同的质量反馈渠道，确保质量信息能快速、完整地传递给质量管理领导小组。

4）加强质量监管体系运转情况的监督，定期召开质量监督活动，实现质量管理常态化。

（2）建立健全质量责任制

1）建立和落实工程质量领导责任制，工程质量出现问题，要追究责任。明确以项目经理为质量第一责任人的核心管理制度，并把质量责任制分解落实到每个岗位员工，形成全员、全方位、全过程的质量责任体系。

2）严格按照质量单元划分的控制环节将责任落实到人，确保每一个节点都有人盯、有人管，每一个施工环节都可控。

3）牢固树立工程质量终身责任制观念。工程施工质量要按各自的职责对其所管的工程质量负终身责任。如发生重大工程质量事故，必须追究其相应的法律责任。

5. 铁路建设质量安全管理红线不突破

（1）严禁偷工减料，以次充好；

（2）严禁转包和违法分包；

（3）严禁内业资料弄虚作假；

（4）严禁隧道初支、衬砌厚度和混凝土强度不足；

（5）严禁隧道不按规定方法开挖及安全步距超标；

（6）严禁隧道施工不按规定开展围岩监控量测和超前地质预报，严禁有毒有害气体溢出的隧道不按专项方案开展监测；

（7）严禁路基填料不符合设计要求，CFG桩等地基处理监测不合格，路基填料质量和级配不符合设计要求；

（8）严禁桥梁桩基出现Ⅲ、Ⅳ类桩和钢筋笼长度不足；

（9）严禁现浇梁满堂支架、连续梁挂篮施工不进行专项设计，严禁不按设计要求施工；

（10）严禁监理人员旁站不到位或到位不履职严禁第三方检测数据虚假不实。

全咨单位在进行施工现场管理时，对违反以上质量安全管理原则的行为应及时制止并记录在案，并及时上报给业主方。

七、施工安全管理

传统模式下，风险重点主要是安全、进度、造价、质量等方面；在控制风险方面监理要制定各类风险控制措施，尤其在造价和进度矛盾突出时，业主与监理很难取舍，业主承担了一定的造价风险。在EPC模式下，投资、进度、质量风险转移给EPC总承包商，全过程工程咨询企业的风险控制最主要的是安全监管。

全过程工程咨询单位对铁路建设质量安全的监督应符合有关铁路建设质量安全条文设计的标准、规范等，包括但不限于《高铁隧道验标》《高铁路基验标》《高铁设计规范》《铁路特殊路基设计规范》《铁路基桩无损检测规程》《高铁电力牵引供电验标》等。全咨单位在进行安全管理时，应注意以下安全监管原则。

（一）以规范、规程为准绳，突出隧道施工安全管理

（1）加强隧道施工安全管理，严格控制安全步距超标和超欠挖问题。安全步距超标的隧道一律停止掌子面开挖并安排及时跟进步距，确保安全步距符合铁道部120号文件及352号文件要求。

（2）超欠挖处所必须进行全面处理，达到规范要求后方可进行下步工序施工，要求已完二衬端头前25m范围内超欠挖处所必须处理到位。二衬台车定位后对欠挖处所进行检查，如发现存在欠挖处所仍不处理进入下道工序施工，将对现场负责人进行严厉处罚。

（3）加强隧道超前地质预报和监控量测，隧道监控量测点、沉降观测点按规范布设，且标识清楚，量测数据要准确、真实、保留完整。

（4）落实安全风险管理制度，认真分析各类风险因素，有的放矢制定防范、控制措施、隧道施工专项应急预案，备齐隧道应急救援物资，预防隧道坍塌、机械伤害，火灾、爆炸、突泥突水等事故发生。

（二）以安全防护为重点，加强现场施工安全管理

（1）树立"技术决定生产、方案决定安全"的原则，做好作业安全防护。严格落实规程、规范要求，完善方案，落实安全防护和卡控措施。严格按方案要求牢固作业平台、安设安全网、防护栏、佩戴安全带、安全帽、设立各类安全警示标识等。

（2）做好深基坑安全技术交底，严格按批准的方案实施，在基坑四周搭设防护栏进行围护，安装围护网，做好临边防护，并涂刷醒目标记确保夜间施工安全。加强对基坑、周围建筑物的量测、监测工作，确保基坑稳定。

（3）严格执行项目所在地相关文件规定，加强既有线施工安全防护工作。

1）签订安全协议，办理施工计划、营业线施工许可证。

2）严格把握监控计划，应纳入的必须纳入监控计划。

3）对邻近营业线项目制定安全交底和控制措施，认真落实安全防护及卡控措施。

4）相关人员开展营业线施工安全培训和考核，做到熟知相关业务知识。

5）临近既有线施工现场按要求配足人员（施工负责人、安全负责人、安全员 防护员、驻站联络员）和防护物资（信号旗、对讲机等）。

6）加强机械作业人员的教育培训，防止发生对行车设备的撞、刮、碰、连电等事件。

7）施工机械严禁侵限，严禁停留。

（4）冬季施工采取防滑、防冻措施。斜道、平台、作业层、生活及施工道路、坡道经常清理积水、积雪、结冰，斜跑道设置可靠的防滑条。冰雪天行车，施工机械设备、运输车辆设防滑链条，日常来坐车辆须使用防滑轮胎。防止发生行车、滑倒摔伤等事故，危及人身安全。

（三）以特种作业管理为控制关键，保证施工人员、设备安全

（1）特种作业人员必须持证上岗。对特种作业人员进行岗前安全培训，考核不合格者严禁上岗。加强现场证件检查，无证或证件过期者，一律禁止作业。

（2）严格特种作业和大型机械设备管理，加强现场检查和监督。现场作业严格遵守《特种作业和机械设备安全管理制度》和《大型机械设备安全管理办法》，严格依据《岗位安全操作规程》进行操作。

（3）机械设备必须按要求及时保养、维修，保养、维修记录齐全，严禁机械设备超负荷或带病作业；指定专人负责机械设备的保养维修检查，并有检查记录及时反馈；

（4）起重机械作业必须设专人指挥，专人防护；严禁作业区域站人，非作业人员不

得靠近。

（5）建立特种设备、大型机械设备、特种作业人员管理台账，建立大型机械设备作业跟班制度，动态掌握现场信息。

（6）临近既有线施工大型机械作业，必须遵守相关规范文件要求，认真检查填写《大型施工机械作业巡查记录》。

（四）以日常控制为方法，规范消防、用电、火工品安全管理

（1）严格落实消防安全管理制度、消防计划、防火管理办法，完善《火灾应急预案》，进行防火安全教育、考核。在防火期内，加强防火宣传和检查。建立消防器材台账，生活区、办公区、生产区配备足够的消防器材，张贴防火标语，设安全警示标识，悬挂防火旗，设防火责任人，明确防火职责。加强对油罐、钢筋加工场、料仓、火工品、易燃易爆物品存放处等重要防火场地的日常检查，灭火器材失效或不足应立即更换，补齐。

（2）依据《施工现场临时用电安全技术规范》JGJ 46—2005要求，严格执行《临时用电安全技术交底》和《临时用电施工组织设计》，加强现场施工用电安全检查。施工现场临时用电必须达到"三级配电两级保护"，严格执行"一机、一闸、一漏、一箱"制度。电闸箱必须及时关门上锁、粘贴安全标识牌，设专人防护；电线按要求拉接，防护；宿舍、作业场所用电设施、设备无人时必须断开电源；电工必须持证上岗，进行岗前安全教育。

（3）认真落实《火工品安全管理制度》，加强火工品及炸药库检查。明确岗位职责，四大员经培训持证上岗。规范炸药库建设，完善监控设施、消防设施、防静电设施、防爆设施，提高其效能。做好储存、运输、监爆、退库等记录，做到账物相符。

（4）加强易燃易爆物品储存、使用管理，现场氧气与乙炔瓶等易燃物品放置地点不得靠近热源和电器设备，距明火的距离保证10米以上，两者之间的作业距离保证5米以上。

八、绩效监控

PPP项目进入实施阶段以后，绩效目标实现程度的阶段性考核周期很长，贯穿整个PPP项目合作期，项目实施机构应根据项目合同约定定期开展PPP项目绩效监控，项目公司（社会资本）负责日常绩效监控。绩效监控主要是对项目日常运行情况及年度绩效目标实现程度进行跟踪、监测和管理，通常包括目标实现程度、目标保障措施、目标偏差和纠偏情况等。根据《财政部关于印发政府和社会资本合作项目财政管理暂行办法的通知》财金〔2016〕92号，PPP项目绩效监控主要目的有两个方面：一是确保阶段性目标与资金支付相匹配；二是监控中发现绩效运行与原定绩效目标偏离时，及时采取措施予以纠正。

（一）绩效监控组织管理

（1）监控主体

对于复杂的PPP项目，可能涉及多个行业主管部门，需要组建由实施机构作为牵头单

位，各相关部门参加的绩效监控工作组，共同领导和推进绩效监控工作。

（2）工作机制及职责分工

绩效监控工作组内部应建立定期和不定期的联席工作会议制度、成果联审制度等相关沟通协调机制，并做好工作组内部日常管理职责分工。

（二）绩效监控方式

绩效监控方式常采用常规监控和临时监控相结合的方式。一般可视项目实际情况按月或按季度进行常规绩效监控。常规绩效监控之前，绩效监控工作组可向项目公司下达绩效监控通知书，提前通知项目公司准备好相关资料台账以供检查，并安排相关人员参与访谈和配合做好现场有关调查。在每一个常规监控周期内，应安排至少一次临时监控。不定期对项目公司运营效果、日常管理情况、社会满意度、设施设备维护情况等进行抽查考评。

（三）现场资料收集方法

根据《中国资产评估协会关于印发〈财政支出（项目支出）绩效评价操作指引（试行）〉的通知》（中评协〔2014〕70号）等相关规定，绩效评价主要采用案卷研究与数据填报、实地调研、座谈会和问卷调查等多种方法收集项目资料数据。

（四）绩效监控指标体系

指标体系框架设计应重点关注主要的核心指标，不能缺项。基本原则是在满足相关要求的基础上，参照产出说明和合同约定以宏观监控为主，给项目公司充分的管理自主权，不过于纠结技术细节问题。

根据PPP项目综合信息平台项目库的信息公开要求，建设期内的绩效达标情况需要公示的主要是项目建设进度情况、项目质量符合性检查情况、项目造价等符合性检查情况。因此，建议高铁项目建设期绩效指标体系以质量控制、投资控制、进度控制三大核心指标为主，同时考虑安全管理和环境保护等其他相关指标，以此形成整体绩效监控指标体系框架（表6-25）。

绩效监控指标体系框架 表6-25

一级指标	二级指标	指标说明
投资控制	资金管理	项目资本金、融资资金到位进度、资金使用规范性及整改情况
	成本控制	项目融资成本、建设成本等控制情况
进度控制	进度计划与控制	项目建设进度计划、进度月报/季报/年报完整性情况，阶段性进度与计划进度偏差及整改等情况
	进度完成情况	项目开工、关键节点完工、项目整体完工的实际进度等
质量控制	工程质量管理体系	是否建立完善的质量管理制度、质量控制措施

一级指标	二级指标	指标说明
质量控制	工程实体质量	项目质量是否达到设计标准，是否符合法律法规和规范标准，工程竣工验收是否合格等
	质量事故情况	考核期内是否有质量事故发生及处置情况等
安全控制	安全施工	是否建立完善的安全施工管理制度，安全培训记录情况等
	安全防范及事故处理	现场安全管理措施，对安全隐患的处理，对安全事故的应急处理等
一级指标	二级指标	指标说明
环境保护	污染物控制	依据相关标准考核评估
	环保事故及其他	建设期是否发生环保事故、因环保问题引发的投诉事件及其他公众事件等

根据项目实际情况，可进行细化和设置对应的三级指标、权重及评分标准。

（五）形成绩效监控报告

建设期内绩效监控要根据过程记录及分析结果，对照建设期相关绩效目标，编制建设期绩效监控月报或季报等阶段性成果，并在建设期末编制完整的《项目建设期绩效监控报告》。

（六）绩效监控成果应用

建设期绩效监控报告编制完成后，首先应经绩效监控工作组联审。定稿后可提交财政部门备案。同时在PPP项目综合信息平台项目库进行信息公开。建设期绩效监控报告作为PPP项目绩效管理的阶段性成果，还可以为后续工作开展提供参考，如可作为项目启动可用性付费的依据甚至可以作为锁定可用性付费基数的依据，作为项目运营期绩效监控、中期评估和PPP项目移交后绩效评价的依据等。

九、PPP项目绩效评价

根据《国家发展改革委关于开展政府和社会资本合作的指导意见》（发改投资〔2014〕2724号）、《国家发展和改革委员会关于印发〈传统基础设施领域实施政府和社会资本合作项目工作导则〉的通知》（发改投资〔2016〕2231号）、《关于进一步鼓励和扩大社会资本投资建设铁路的实施意见》（发改基础〔2015〕1610号）、《关于印发〈政府和社会资本合作项目财政管理暂行办法〉的通知》（财金〔2016〕92号）、《关于规范政府和社会资本合作（PPP）综合信息平台项目库管理的通知》（财办金〔2017〕92号）、《关于印发〈政府和社会资本合作（PPP）项目绩效管理操作指引〉的通知》（财金〔2020〕13号）等国家政策要求，全咨单位应辅助项目实施机构根据项目合同约定，在执行阶段结合年度绩效目标和指标体系开展PPP项目绩效评价。

PPP项目应建立全过程的综合性评价体系，制定绩效考核管理办法，明确项目具体产出标准、绩效考核指标及评分办法，从安全、服务、效率等方面对项目公司进行绩效评价，绩效评价结果应依法对外公开，接受社会监督。运营补贴与绩效考核评价结果挂钩，且项目建设成本与绩效考核挂钩部分不得低于30%。

为做好本项目管理工作，监督项目公司投融资、建设、运营、移交等工作，全面提升项目公司管理水平与效率，合理分配项目风险，实现政府方"全方位、高标准、常态化"管理工作目标，避免社会资本固定回报，规避政府方隐性债务风险和固化政府方支出责任，实施机构应根据PPP项目合同约定，制定绩效考核机制，监督项目公司履行合同义务，定期检测项目产出绩效指标，根据合同约定的产出说明，按照实际绩效直接或通过财政部门向项目公司及时支付可行性缺口补助。绩效考核评价结果同时作为业主加大支持和完善监管的依据，激励社会资本不断改善管理，推进技术创新，提高服务水平。

（一）考核原则

绩效考核应坚持公开、公平、公正和量化数据考核为主的原则，坚持日常考核和定期考核相结合的原则，坚持考核与评议相结合的原则，坚持奖罚并重的原则，坚持专业考核与社会监督相结合原则。

（二）考核主体

绩效考核主体依据项目监管主体划分为三个方面，一是政府方各职能部门，包括财政、交通、公安、安监、环保、规划、建设、税务、卫生等部门依照各自工作职责对本项目开展绩效考核；二是项目实施机构作为政府方授权代表，在合作期内，统筹实施对PPP项目公司履约情况进行考核；三是建立有效、可行的公众监督、反馈、投诉机制。

（三）考核内容

在整个合作期内，项目公司应按照适用法律和项目合同等的规定，按照预先制定的建设、运营标准提供不间断的客货运服务。

政府方将按照项目产出、实际效果、成本收益、可持续性等方面对项目公司进行绩效考核，考核结果将与运营补贴挂钩。

本项目绩效考核分为建设期绩效考核和运营期绩效考核。

1. 建设期绩效考核

（1）考核依据

项目公司须严格按照国家、地方的法律法规以及相关强制标准、行业标准、推荐标准以及国家铁路局、中国铁路总公司的有关规定、标准、规范性文件及通用性要求，组织本项目施工建设，依据与规范包括但不限于：

《中华人民共和国铁路法》；

《铁路安全管理条例》国务院令第639号；

《铁路工程建设标准管理办法》（国铁科法〔2014〕24号）；

《高速铁路路基工程施工技术规程》Q/CR 9602—2015；

《铁路路基填筑工程连续压实控制技术规程》Q/CR 9210—2015；

《铁路路基工程施工机械配置技术规程》Q/CR 9224—2015；

《铁路混凝土拌合站机械配置技术规程》Q/CR 9223—2015；

《铁路桥梁工程施工机械配置技术规程》Q/CR 9225—2015；

《铁路钢桥制造规范》Q/CR 9211—2015；

《铁路桥梁钻孔桩施工技术规程》Q/CR 9212—2015；

《高速铁路桥涵工程施工技术规程》Q/CR 9603—2015；

《高速铁路隧道工程施工技术规程》Q/CR 9604—2015；

《铁路隧道超前地质预报技术规程》Q/CR 9217—2015；

《铁路隧道监控量测技术规程》Q/CR 9218—2015；

《铁路隧道施工抢险救援指南》Q/CR 9219—2015；

《铁路隧道工程施工机械配置技术规程》Q/CR 9226—2015；

《铁路建设项目现场管理规范》Q/CR 9202—2015；

《铁路建设项目工程试验室管理标准》Q/CR 9204—2015；

《铁路工程试验表格》Q/CR 9205—2015；

《铁路混凝土工程施工质量验收标准》TB 10424—2018；

《高速铁路路基工程施工质量验收标准》TB 10751—2018；

《高速铁路桥涵工程施工质量验收标准》TB 10752—2018；

《高速铁路隧道工程施工质量验收标准》TB 10753—2018；

《高速铁路轨道工程施工质量验收标准》TB 10754—2018；

《高速铁路通信工程施工质量验收标准》TB 10755—2018；

《高速铁路信号工程施工质量验收标准》TB 10756—2018；

《高速铁路电力工程施工质量验收标准》TB 10757—2018；

《高速铁路电力牵引供电工程施工质量验收标准》TB 10758—2018；

《高速铁路竣工验收办法》（铁建设〔2012〕107号）；

《铁路建设项目国家验收实施办法》（发改基础〔2015〕2830号）。

（2）考核内容

建设期考核内容包括不限于本项目建设期内的融资及资金管理、工程投资控制、质量管理、安全环保管理、进度管理、合同管理、制度建设、资源管理、组织协调等内容，如表6-26所示。

2. 运营期绩效考核

（1）考核依据

严格按照国家法律法规以及相关强制标准、行业标准、推荐标准以及国家铁路局、中

		建设期绩效考核内容	表6-26

序号	考核指标	考核要求
1	建设资金管理	项目资金符合PPP项目合同规定的项目资金到位时间、融资计划要求
2	工程质量	阶段性验收、专项工程验收等顺利通过，工程质量符合国家相关规定
3	工期目标	按照合同约定的工期完成项目关键节点及全过程建设
4	投资目标	投资控制在初步设计概算范围内
5	安全目标	建设期安全目标控制
6	环境保护、水土保持	环境保护和水土保持情况
7	竣工验收	配合铁路总公司组织的竣工验收并顺利通过
8	公众满意度	项目建设过程中相关公众的满意度
9	项目公司整改	项目公司及时就绩效考核单位与监督部门提出的问题进行整改

国铁路总公司的有关规定、标准、规范性文件与通用性要求，进行管理、运营、服务及养护，依据与规范包括但不限于：

《铁路旅客运输服务质量》GB/T 25341.1—2019、GB/T 25341.2—2019（2020.7.1实施）；

《铁路旅客运输管理规则》（铁运〔1994〕117号）；

《铁路旅客运输安全检查管理办法》（交通运输部令2014年第21号）；

《铁路旅客车票实名制管理办法》（交通运输部令2014年第20号）；

《铁路交通事故应急救援和调查处理条例》（国务院令第501号）；

《高铁车站服务质量暂行规范》（铁运〔2012〕47号）。

（2）考核内容

运营期绩效考核内容包括但不限于项目公司经营管理及经营状况、运营管理、运营维护及工程整治、社会责任、客流培育等，如表6-27所示。

		运营期绩效考核内容	表6-27

序号	考核指标	考核要求
1	经营管理	人员岗位配置齐全，岗位合理，可以满足项目服务需求，人力资源管理合规、财务管理清晰账户受控、台账完整文件齐全，经营状况良好，多元经营开发优良，提升公司经营效益等
2	运营管理	符合国家相关部门及铁总对铁路的运营标准、运营安全等要求
3	设施设备维护及工程整治	工程整治少，设施设备维护良好
4	社会责任承担	安全应急事件处理，各类投诉处理，重大活动配合，媒体舆论；相关督查发现问题及处理，其他主管职能部门派遣问题处理、领导批示完成情况及公众满意度等
5	客流培育	与铁总保持良好的合作关系，客流培育成效显著

项目公司作为本项目法人主体，依法承担安全、质量和环境等责任。项目公司自主决策运输管理方式，项目公司可以自管自营，也可以依法合规委托铁路运输企业进行运输管

理。待项目公司成立且运营模式确定后，政府方与项目公司本着公平、公正、科学合理的原则，在绩效考核原则的基础上对运营期绩效考核办法及评分标准进行优化完善。

（四）考核程序及机制

实施机构牵头成立本项目绩效考核小组，对项目建设、运营维护情况进行考核。实施机构依据考核小组意见计算绩效考核分数，并确定绩效考核系数，报有关部门核定并作为政府方运营补贴支付依据。

在项目合作期内，绩效考核应采取定期考核与不定期考核相结合的方式，通过检查内业资料、拍摄照片、影像资料和现场检查打分等形式进行。

定期考核以季度为周期对项目公司进行绩效考核，以年为单位出具项目公司绩效考核结果。

项目实施机构根据需要不定期对项目的建设、运营管理情况进行考核，不定期考核可采取抽查、专项检查等方式，并以抽查为主，不固定次数、时间。

合作期内每年最终考核结果按定期检查（季度考核）分数和不定期抽查分数的算术平均值作为付费依据，绩效考核分数计算如下：

$$\frac{K_{建}}{K_{运}} = \frac{K_{d1} + K_{d2} + K_{d3} + K_{d4} + \sum_{i=1}^{n} K_{bi}}{n+4}$$

$$K = K_{建} \times T_1 + K_{运} \times T_2$$

式中：$K_{建}$——建设期绩效考核分数，为建设期每年绩效考核分数的算术平均值；

$K_{运}$——运营期运营补贴支付当年的绩效考核分数；

K——付款当期绩效考核分数；

K_{d1}、K_{d2}、K_{d3}、K_{d4}——分别为合作期内定期检查第一个季度、第二个季度、第三个季度、第四个季度的考核分数；

K_{bi}——合作期内第i次不定期抽查考核分数；

n——合作期内不定期抽查考核次数；

T_1——建设期绩效考核权重，运营期前15年约定为45%，运营期第16～第30年约定为30%；

T_2——运营期绩效考核权重，运营期前15年约定为55%，运营期第16～第30年约定为70%。

绩效考核实行打分制，满分100分，并设不同分数段。实施机构依据不同的分数段进行全额支付运营补贴或扣减一定比例的运营补贴。

PPP项目合同签订后，国家若针对铁路类项目出台相关政策、法规、技术标准等，实施机构应根据适用法律及技术标准对绩效考核办法进行适当调整和补充完善，最终以政府方审核同意的办法为准。

第七节　移交阶段咨询方案

项目移交阶段作为PPP项目的最终环节，通常是指在项目合作期限结束或者项目合同提前终止后，项目公司将全部项目设施及相关权益以合同约定的条件和程序移交给政府或者政府指定的其他机构。正常情况下特许经营期满后项目公司将所有权与经营权交予政府。特殊情况下，如某一方或双方严重违约、项目公司经营不善导致严重亏损或不可抗力等原因造成特许权提前移交，此时需要政府启动项目应急预案，由相关部门临时接管或寻找其他社会资本继续经营以避免损失，保证社会公众利益不受损害。

为梳理全过程工程咨询单位在"PPP+EPC"项目移交阶段的咨询要点，并提出有效的管控方案。本咨询方案借鉴PPP项目移交阶段的项目运作流程，梳理"PPP+EPC"模式下项目各参与方在移交阶段开展项目建设的工作流程，明晰各参与方责任与义务。同时，以"新基建"模式下的高铁项目为例，有效识别咨询要点，提出针对性咨询方案。"PPP+EPC"模式下，项目移交可分为移交准备、资产评估、性能测试、资产交割四个部分，项目移交阶段的运作流程如图6-18所示。

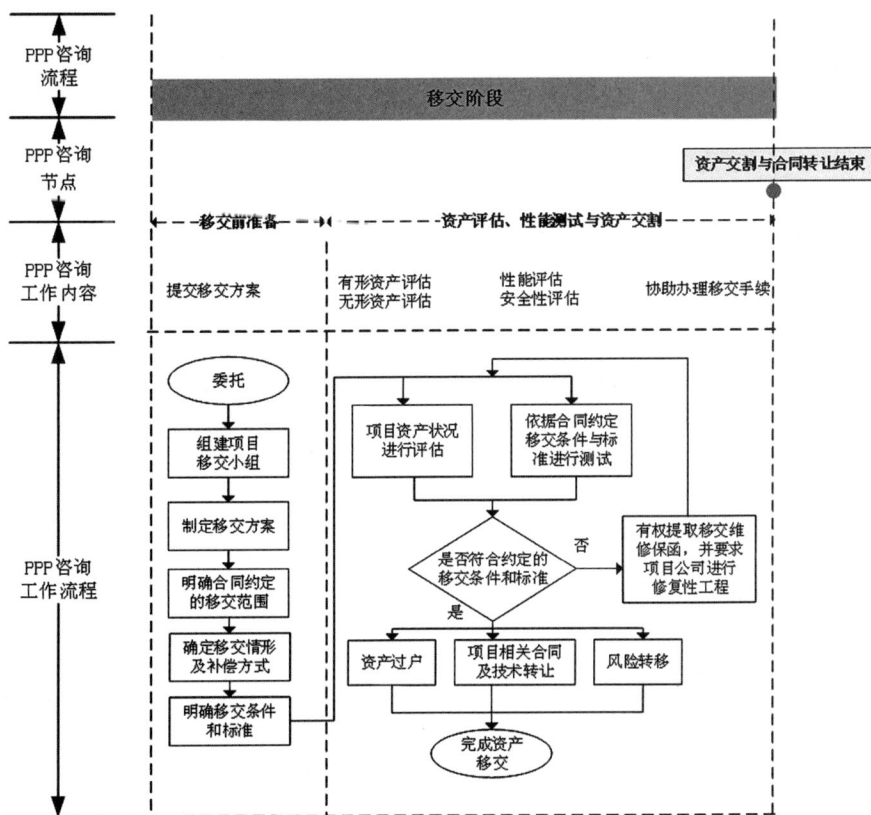

图 6-18 "PPP+EPC"项目移交阶段运作流程

根据图6-19的运作流程可知，项目移交阶段的咨询重点是在项目移交时，要对项目的整体情况做出评估以确保公共部门的利益。根据前期项目合同约定与社会资本确认移交情形和补偿方式以及《PPP协议》中的相关条款，全过程工程咨询单位可对有形资产评估、无形资产评估、性能评估、安全性评估和测试等要点展开咨询。

一、项目移交（终止）方案编制

全过程工程咨询单位在PPP项目移交阶段，根据资产清查及评估结果、项目相关合同及约定、绩效评价结果、相关法律法规等资料协助政府、项目实施机构、社会资本方或项目公司制定项目移交（终止）方案，通常在移交（终止）方案中重点披露下列内容：

（一）项目移交的基本原则

项目公司必须确保项目符合政府回收项目的基本要求。项目合作期限届满或项目合同提前终止后，政府需要对项目进行重新采购或自行运营的，项目公司必须尽可能减少移交对公共产品或公共服务供给的影响，确保项目持续运营。

（二）移交范围

项目移交的范围通常包括：项目设施，项目土地使用权及项目用地相关的其他权利，与项目设施相关的设备、机器、装置、零部件、备品备件以及其他动产，项目实施相关人员，运营维护项目设施所要求的技术信息，与项目设施有关的手册、图纸、文件和资料（书面文件和电子文档），移交项目所需的其他文件。

（三）移交的条件和标准

移交方案通常明确移交权利和技术方面的条件和标准。

（1）权利方面的条件和标准主要包括：项目设施、土地及所涉及的任何资产不存在权利瑕疵，其上未设置任何担保及其他第三人的权利。但在提前终止导致移交的情形下，如移交时尚有未清偿的项目贷款，该未清偿贷款所设置的担保除外。

（2）技术方面的条件和标准主要包括：项目设施应符合双方约定的技术、安全和环保标准，并处于良好的运营状况。

（四）移交程序

1. 评估和测试

PPP项目移交前，通常需要对项目的资产状况进行评估，并对项目状况能否达到合同约定的移交条件和标准进行测试。评估和测试工作通常由政府或项目实施机构委托的独立专家或者由政府或项目实施机构和项目公司共同组成的移交工作组负责。

经评估和测试，项目状况不符合约定的移交条件和标准的，政府或项目实施机构有权提取移交维修保函，并要求项目公司对项目设施进行相应的恢复性修理、更新重置，以确保项目在移交时满足约定要求。

2. 移交手续办理

移交相关的资产过户和合同转让等手续由哪一方负责办理主要取决于合同的约定，多数情况下由项目公司负责。

3. 移交费用（含税费）承担

关于移交相关费用的承担，通常取决于双方的谈判结果，常见的做法包括：

（1）由项目公司承担移交手续的相关费用。

（2）由政府或项目实施机构和项目公司共同承担移交手续的相关费用。

（3）如果因为一方违约事件导致项目终止而需要提前移交，可以约定由违约方来承担移交费用。

（五）其他事项

因为一方违约导致项目终止并需要提前移交时，政府或项目实施机构按照协议要求收购项目公司的资产，移交方案中通常还包含补偿原则及标准。

二、资产评价、性能测试及估值

（一）资产评价目的

资产评价旨在确定项目的经济价值，为项目移交至政府公共部门提供决策依据。资产评价原则是对评价行为的规范，需遵循客观性原则、科学性原则、替代性原则、公开市场原则、谨慎性原则、独立性原则。资产评价应由PPP项目移交工作组委托全过程工程咨询单位，按照合同约定的评价方法对项目的设施质量和资产的完好程度进行评价和验收，合理确定资产转让范围及转让数额。

（二）性能测试

项目实施机构或政府指定的其他机构应组建项目移交工作组，移交工作组负责项目的性能测试。性能测试应明确项目各设备和功能的运行状况，了解目前所处的状态是否能够达到《PPP项目合同》运行标准或国家有关规定的性能标准。性能测试方案包括测试目的、测试依据、测试范围、测试内容、测试流程、测试实施与记录、结果分析、处理意见等内容。性能测试应按照移交工作组编制且经各方同意的性能测试方案进行。性能测试后认为项目不符合约定的移交条件和标准的，应由项目公司对项目或设施进行恢复性大修或设备重置，以满足项目产出说明中对项目生产能力或服务供给水平的要求。

（三）负责资产评价关注内容

负责资产评价的全过程工程咨询单位开展PPP项目移交前的资产清查时，通常关注下列内容：

（1）成立专门的资产清查组。资产清查组成员应包括第三方机构清查人员、项目公司人员、政府或项目实施机构代表，资产清查组成员不应互为亲属关系。第三方机构清查人员中，需要有熟悉项目行业资产运营的专家。

（2）根据项目特点及项目要求制定资产清查方案，具体包括清查时间、清查范围和对象、清查方法、人员组织及分工、清查要求等。

（3）注意资产的数量、规格型号、性能、产权等是否与移交资产清单内容一致，不一致的应特别注明并在清查报告中重点披露。

（4）根据移交的资产清单，逐项进行清查盘点。收集主要资产的运营日记、强制检测报告和维修记录等资料。在可能的情况下，观察项目实际运营时主要资产的运转使用情况。

（5）清查时，需要关注实物资产、清查与资产相关的文档、知识产权和技术法律文件等，以及项目合同或移交方案中明确的应当保留的资产状况，如设备完好率、最短可使用年限等指标。

（6）明确需要进行性能测试的，清查人员应严格按照性能测试方案和移交标准进行性能测试。

（7）现场清查工作完毕时，所有参与资产清查的人员在清查盘点表上签字确认。

（8）在资产清查报告中应披露清查时间、清查内容、具体清查方法、性能测试、清查结果等，重点披露与移交清单不一致的地方。

（9）在将存量项目交给项目公司时，相关资产清查工作也可按照上述要求进行资产清查。

（四）PPP项目移交前的资产评价

全过程工程咨询单位开展PPP项目移交前的资产评价时，需要重点关注下列内容：

（1）明确移交资产范围，根据移交资产范围准确界定资产评价范围和对象。

（2）根据移交资产的特点、价值类型、资料搜集情况等条件，合理选择一种或多种方法进行评价。

（3）应充分考虑移交资产的物理性能状况、可用状态和范围及资产剩余经济寿命期对评价结果的影响。

第八节　全咨支持系统——BIM

一、BIM全过程管理理念

"PPP+EPC"项目全过程管理和咨询服务存在大量项目信息分别掌握在"PPP+EPC"项目各参与方手中，运用"互联网+"思维引入大数据、云计算、BIM技术完成项目信息集成和共享，将分散、杂乱、海量的"PPP+EPC"项目数据转为信息资源，服务于"PPP+EPC"项目各方决策和管理需要，同时实现项目参与各方协同管理，实现"PPP+EPC"项目全过程管理和咨询服务目标。

（一）一个核心理念

BIM全过程管理一个核心理念：BIM项目管理平台为信息载体，以BIM专项软件为数据抓手。

对"PPP+EPC"项目建设过程中信息整合与共享、组织集成与协同管理的需求，应"以建设项目各阶段数据为中心，BIM专项软件为数据工厂，BIM项目管理平台为载体"。针对项目特点遴选BIM专项软件，搭建BIM项目管理平台，形成BIM技术辅助"PPP+EPC"项目全过程管理服务体系。

其中，BIM项目管理平台充当项目数据集成、数据流转、信息共享、各方交互的重要角色。BIM专项软件充当项目数据信息的生产中心，在建设项目的各阶段提供包括地形分析、建设性能分析、流线模拟、方案设计深化、进度模拟、成本管理等BIM专项应用。在此过程中，形成的数据信息可以划分为项目方案类、项目分析设计、项目施工类、项目运维类以及项目维护数据类五种主要项目数据信息。数据分析处理完成后将信息采用录入、构建挂接的方式上传至BIM项目管理平台，将项目信息实时传递至项目总控层。项目总控层借助BIM项目管理平台上集成的信息，做出决策反馈管理类型决策与技术类型决策。同样，通过平台将指令快速、准确的发送给项目各参与方。综上，BIM技术为项目总控层团队科学、高效地开展"PPP+EPC"项目全过程咨询提供了有效的辅助作用。在全过程咨询模式下，BIM辅助全过程整体实施框架图，如图6-19所示。

（二）两大基本任务

BIM全过程管理两大基本任务：信息整合与共享+组织集成与协同。

1. 信息整合与共享

鉴于全过程咨询服务涵盖项目前期策划至项目竣工移交，咨询服务内容的复杂多样性、综合性、专业性。"PPP+EPC"项目公司可以有效利用BIM技术的信息储备、共享、

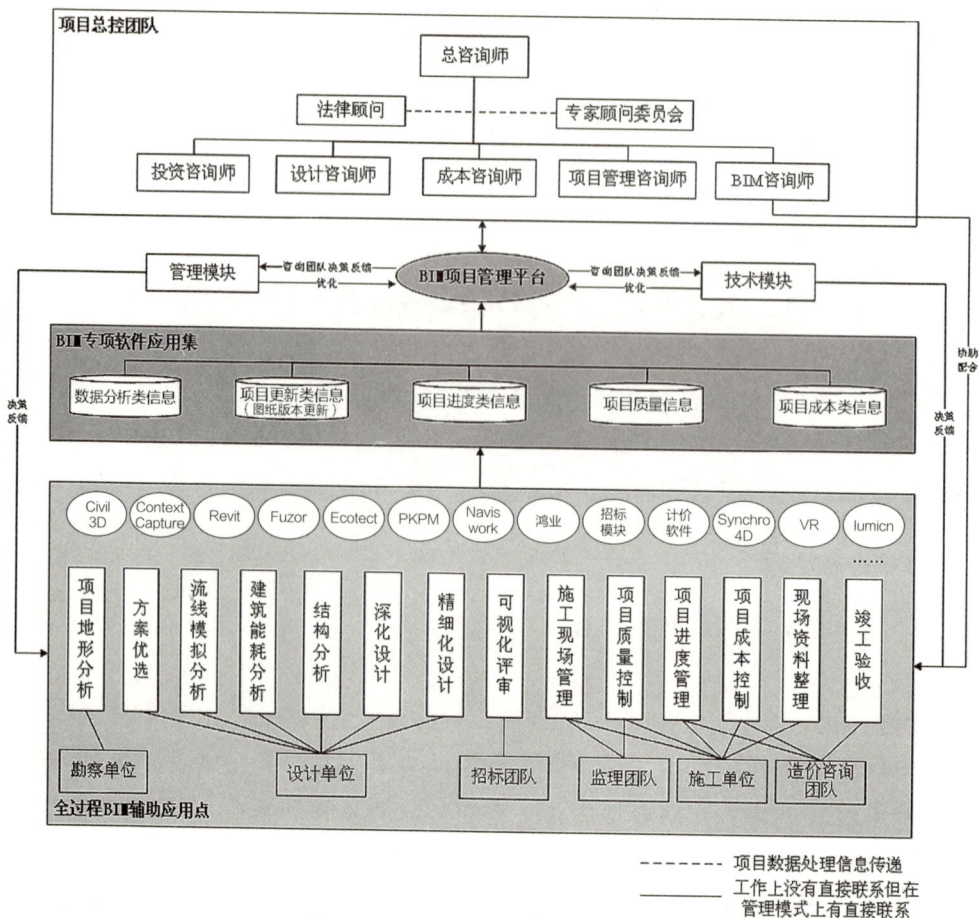

图 6-19　BIM 全过程整体实施框架图

多方高效协同管理的先天优势。以BIM技术为手段打通各阶段项目咨询的信息传输通道，融合项目策划、招投标管理、施工管理、竣工结算管理、全过程工程造价咨询、工程项目管理等多专业融合的全方位咨询服务。同时，有效提高设计、施工效率与精细化管理水平，提升工程设施安全性、耐久性、可建设性和维护便利性，降低全过程运维成本，增强投资效益。

在本项目全过程中，以项目的全生命期内的工作内容为主线，将建设项目的信息划分为：管理信息、技术信息、外部信息和历史信息。按照信息分类，对来自各方面、各阶段的信息进行统一的存储和管理，以保证信息的标准化、信息的及时更新和信息共享。

管理信息和技术信息的主要来源可以包括：项目实施机构、全过程工程咨询单位、设计单位、招标团队、施工单位、监理团队、造价咨询团队、BIM咨询团队；外部信息的来源主要包括国家标准、地方标准、行业协会、保险公司、金融机构及其他外部来源；历史信息的主要来源是项目各参与方、国家政府机构、相关组织或协会、其他历史信息来源。其中管理信息主要包括项目实施过程中日常项目管理计划、合同、费用、时间、风险、一般沟通信函等信息；技术信息主要包括技术标准、规范、质量管理信息、施工图纸、模型、样品、技术计算数据、各技术专业数据、竣工图纸、操作和维修手册等；外部信息主要包括影响项目实施的外部信息，如政府发布的相关信息、相关法律信息、相关组织协会提供的信息、价格指数信息、汇率信息、因特网提供的相关信息等；历史信息主要包括可供项目参考的历史信息，如项目各参与方积累的历史信息、相关组织协会积累的经验数据、可参考的案例信息、标准合同范本等。

2. 组织集成与协同

基于工程项目全过程的视角，运用建设运维一体集成化管理模式，实现项目整体功能优化和价值提升的目标。各参与方依托信息共享平台实现信息的及时共享和在线交流，通过协同信息流可提前了解其他相关专业的工作进度、开始结束时间及工作地点，避免合作方在时间和空间上存在隔阂。在项目实施过程与项目各参与方集成的基础上，全过程工程咨询单位应对项目各参与方的目标进行有效控制。通过信息交流平台传达任务并接收反馈，可及时有效了解现场情况，提高施工现场管理效率。依托互联网信息平台，信息可以更好地向下游传递，并在同级之间传达反馈，信息的高度透明有助于减少工程建设中的扯皮现象。

二、BIM全过程咨询内容

根据项目全过程划分，BIM全过程咨询服务于项目实施机构全过程项目管理需要，也分为项目识别准备阶段、项目采购阶段、项目执行阶段、项目移交阶段咨询服务。

（一）识别准备阶段咨询服务内容

"PPP+EPC"项目始于项目识别，似乎与BIM技术没有关系，但是作为项目的开端，关系到后续项目设计、建设、运营、移交顺利实施、项目质量控制以及项目成本控制，这些内容都是"PPP+EPC"项目监管的重要内容。"PPP+EPC"项目往往体量大、工程复杂，在依靠传统工作的模式中，只能依靠想象和经验进行项目规划、设计和预估等方式，难免出现疏漏。BIM强大的可视化功能可以辅助项目从筹划开始以数据作为支撑，优化设计、优化成本、优化管理，以最有效的方式充分实现设计建设运营目的，最大限度地保障项目的质量和效能。识别准备阶段咨询服务主要如下：

（1）引导政府层在项目筹划，项目建议书等阶段明确列出BIM技术的应用需求和经费；

（2）借助BIM技术历史数据为PPP项目做VFM定量评价数据支撑；

（3）在"PPP+EPC"的实施方案中完善BIM技术的要求和内容。

（二）项目采购阶段咨询服务内容

"PPP+EPC"项目成立的一个重要内容是引入社会资本，采购文件、投标文件、合同等作为双方合作意愿的基础依据，采购文件、合同是最基本的内容，在此阶段约定好双方可视化合作基础采用BIM技术的实现及实现的内容等相关要素，为后期项目建设运营提供最好的产品和服务，需要科学的监管手段，采用BIM技术就是多方共同沟通、共同信任、共同维护的基础平台，在"PPP+EPC"项目中采用BIM技术尤其让各方在享受好的公共产品的同时对彼此信任，长久合作。采购阶段咨询服务主要如下：

（1）采购文件中完善BIM技术的要求和内容；

（2）合同中强化对BIM技术实施的要求和内容。

（三）项目执行阶段咨询服务内容

1. 建设期的服务内容

随着住房城乡建设部密集出台推动BIM技术运用于工程建设领域政策的出台和目前算量软件运用BIM技术的发展，咨询单位可以快速准确地建立BIM模型，再加上时间、费用、合同、质量、安全、验收标准、绩效考核标准和办法等，结合信息化管理系统，形成了建设施工过程中BIM模型，实现了对项目的项目管理信息化系统。

（1）BIM协同，完善组织结构协调。

（2）BIM物资管理，应对材料物价变化风险。

（3）BIM方案模拟，应对技术难点和技术风险及评估。

（4）BIM造价管理，应对项目现场签证、变更等工作变化，把控造价超标等异常。

（5）BIM进度管理，应对项目进度和完工风险。

2. 运营期的服务内容

"PPP+EPC"项目一般持续时间较长，其经营期限最长可达30年，后期运营的成功与否对整个项目的成功至关重要。政府在"PPP+EPC"项目的运营期往往也承担着付费义务，是否付费、如何付费都要与项目运营阶段的表现挂钩。大多数"PPP+EPC"项目的后期运营都是一个薄弱环节，运营阶段的绩效监管在实际中也没有得到严格贯彻，甚至存在监管指标模糊的情况。这种情况与数据采集难有很大关联，部分监管指标的数据难以提取，导致实际操作中不得不模糊化处理或采用定性评价，影响了绩效监管的效用。采用BIM技术可以提供准确的数据，辅助运营方组织后期的运营活动并评价运营的质量。利用数据库中的基础数据和运营模型，将当前项目与模型整合，模拟项目的运营情况，然后在实际运营中实时比较，及时调整运营方案，实现预期运营目标。BIM技术提供统一平台集成了各种工程数据以及后期运营参数信息，方便各方在同一平台上实现沟通和协调，提升运营效率，同时也便利了政府实时掌握"PPP+EPC"项目的实际运营情况，为政府根据项目运营绩效付费提供了较为可靠的依据。

（1）搭建运营维护平台。

（2）完善运营维护数据及对运维维护数据的分析。

（3）接入绩效管理平台，对运营数据进行分析，为绩效评价提供数据支撑。

（四）项目移交阶段咨询服务内容

传统PPP项目的移交只是将建设设施移交给政府，政府能了解该设施的现状，却缺乏对设施中不同设备的使用、维修、更新以及质量等情况的系统认识。即使有相关记录，也无法保障记录的完整性和全面性。因此，政府在面对移交的项目成果时常常面临较大的资产评估风险及较高的性能测试难度。BIM技术完善下，政府接收的不再只是单独的设施，还包含了所有工程数据的项目建设模型和记录了所有运营信息的数字化档案。BIM技术涵盖了本项目从设计、施工、竣工到运营的全部数据信息，包括设备使用年限、折旧年限、维修及更新情况、运营期内的质量问题等，因此可以辅助政府实现对项目的资产评估及性能测试，降低了政府在移交后运营的风险。此外，政府还可以参照之前的设备和系统，制定后续的运维计划，实现项目移交的平稳过渡。BIM技术为"PPP+EPC"项目全过程的绩效监管提供准确可靠的量化参数，增强绩效监管的精确度和科学性，为政府按绩效付费提供较为科学可靠的依据，而且政府能实时掌握"PPP+EPC"项目的建设情况和运营情况，并且全面了解移交后项目的详细信息，极大地减少了政府在"PPP+EPC"项目推进过程中面临的不确定性和后续运营过程中存在的潜在风险。

本阶段服务内容为：移交参数化信息的BIM信息内容，确保移交完成后，后期运营维护能正常开展。

三、"PPP+EPC"+BIM项目全过程管理具体操作要点

BIM技术全过程管理主要是通过建立BIM模型和全过程管理平台指导项目高效运行，协调各方配合工作，解决设计、建造等实际问题，解决项目的工程复杂性，减少现场签证和变更，节约成本，缩短工期，提升管理，同时将竣工资料录入信息模型与管理，为后期的运营维护管理服务。

（一）项目管理平台创建

项目实施前期与本高铁项目实施机构充分沟通、根据实施机构提供的相关资料，协同参建的勘察、设计、监理、造价等参建单位，制定BIM管理平台及BIM应用实施方案，拟定项目的BIM管理架构、BIM管理目标、及实现各项目标的措施、方法及管理制度等。同时配合实施机构确定项目管理目标（资金、质量、进度），提交《项目BIM应用实施方案》《BIM技术全过程项目管理平台使用手册》《BIM权限分配报告》《项目BIM实施服务组织构架、人员配置及岗位职责》，并报请实施机构审批后执行。

（二）BIM多方案比选

利用BIM技术，快速完成设计意图的模型建立，供实施机构、设计单位完成设计方案的比选工作，促进优化设计。方案比选流程管理一般包括如下：

（1）发起方案评选管理指令，项目设计部根据项目要求确定相关方案指标，并按要求将相关评测指标上传至管理平台；

（2）设计部按要求完成相关策划方案，发起审核流程，审核通过后，方案将在平台上归档；

（3）BIM咨询方根据最终确定的方案，将数据下载到本地计算机，从项目资源库中筛选构件，快速搭建符合方案指标要求的BIM模型；

（4）将不同的BIM模型上传到管理平台中，由项目设计部进行审核是否符合项目策划指标。如果审核符合，将模型归档，供后续BIM方案比选利用；

（5）由项目设计部总结出比选数据报告，并提交平台，由决策人员进行最终的项目决策；

（6）将符合项目决策的相关方案模型归档，供后续设计、施工、运维等阶段使用。

（三）碰撞检查

现有建设项目，对设计、施工、技术等要求也越来越高。每一个专业既有自己的特定位置空间、技术要求，同时又必须满足其他专业施工的时间顺序和空间位置的合理要求。一般专业设计人员普遍存在配合不足与受施工现场的情况，专业协调和技术差异等因素的影响，普遍会存在专业与专业的碰撞，新建与原有建筑的碰撞，发生冲突，无法按图施工。土建专业、安装专业构件布置不对应、不统一等问题，这些问题若不在施工前解决，将会造成很多返工问题，延缓施工进度，增加施工成本，影响美观，有的还会影响建筑物的正常使用。

在施工前，将各专业三维实体模型集成到一起，集成的图形可充分体现道路系统整体性及三维空间，并能准确得到每一构件的位置，查阅到每一构件的物理属性。应用计算机对构件进行全专业碰撞检查，对因图纸造成的问题进行提前预警，提前发现和报告实体之间的碰撞情况。经过碰撞检测和管线综合后，通过专业人员的分析判断，确定影响实际施工的碰撞点，出具相应的碰撞点报告。常规碰撞点，BIM技术人员可按照工程验收规范、施工规范并考虑施工便利性，进行优化调整。复杂碰撞点及图纸错误处，经设计确认后，按设计要求进行优化调整（图6-20）。

（四）施工图优化、深化管理

基于BIM技术，根据现场实际情况及项目需求，结合各方建议，配合设计单位和施工单位完成施工图优化工作，以更好体现项目实施目标，优化工期减少项目成本。

基于BIM技术，根据现场实际情况及项目需求，结合各方建议，配合设计单位和施工单位完成施工图深化工作，补充完善施工图设计不明确的地方或进一步提供细部构造图，以满足施工需要。

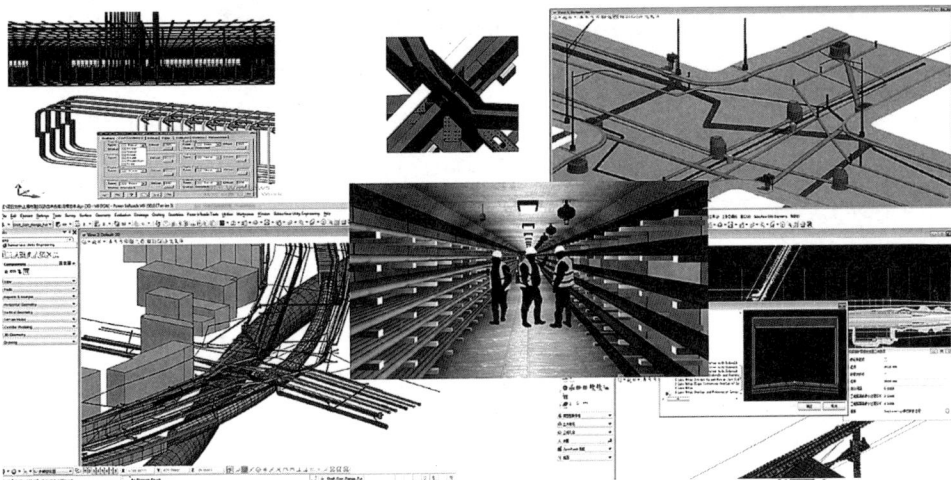

图 6-20　项目全专业模型合成检查调整

（五）可视化管理

传统的施工均是基于二维图纸而实施，建筑物各构建的空间联系、几何形状要等到建成后才能看到。在本"PPP+EPC"项目例会中，将BIM模型作为例会中沟通的核心基础，利用BIM模型直观性和灵活性，以及数据的全面性，重点呈现项目进度，快速提取相关数据，现场支持实施机构、设计、施工、监理开展有的放矢的分析和讨论，确保会议过程高度聚焦，形成高效的例会沟通方式。

1. 可视化图纸会审、技术交底

该高铁项目从拆迁到建设运营的复杂性、综合性需求，决定了在各类例会中各家单位沟通的重要性，将BIM模型作为例会中沟通的核心基础，利用BIM模型直观性和灵活性，以及数据的全面性，重点呈现项目进度，快速提取相关数据，现场支持实施机构、SPV公司、设计、监理等开展有的放矢的分析和讨论，确保会议过程高度聚焦，形成高效的例会沟通方式。

2. 可视化施工

运用三维可视化技术对本项目作必要的方案研究、设计模型调整及施工指导演示，提前发现潜在需求或设计不满足需求的地方，有效提高沟通效率，尽可能减少后期的方案变更。同时实施人员或监管人员可以通过模型利用二维码对应查找所需部位、所需专业、所需构件的构造做法、构造信息、三维图等，对比分析实施情况，指导施工，及时有效地发现问题，避免错误发生。

3. 模拟复杂专项施工方案及施工交底

本项目需要编制专项施工方案，并组织专家论证，传统的交底制度采用的文字、图纸交底，往往会有施工工人出现不愿看、看不懂、记不住的情况发生。对复杂施工方案，利用BIM技术，根据施工方案，建立相应的三维模型，通过施工方案模拟和三维施工交底来确定安装顺序和施工方法，施工流程一目了然，方便易懂，大量减少了施工中的隐患。

4. 远程查看、管理

随着施工的进展，造价、进度、安全、质量、验收资料、图纸变更资料等所有相关信息将集成在BIM平台上，拥有权限的指挥管理人员，可不到现场，就能实时查看工程情况，全面了解工程建设进度、投资情况、安全质量监管情况等，为指挥决策提供全面、准确的信息，提高了工作效率。

（六）进度管理

施工进度管理是施工过程管理的重要内容，主要通过实际进度与计划进度的对比，管理方及时监控施工进度状况，对施工延期所导致的问题，进行识别与解决。

在BIM的三维可视化3D基础上加上时间控制属性，即可实现工程建设过程中的4D施工进度计划和模拟。结合Project编制施工进度计划并配合BIM模型进行4D施工进度计划模拟，同时动态对比现场实际施工进度，并实时展示项目的工、料、机的情况，形成工程进度报告，应用BIM的4D技术目的是对现场的资源进行优化管理，提高了项目的施工管理效率、减少施工管理风险，使项目通过有效管理从而达到优化的目的。此部分的工作一般是在BIM专业软件中完成BIM建模工作，并经过模型准确性和规范性审核后，将模型输出到进度管理软件中，基于整合BIM模型在可视化环境中研究现场变化及工程对象，对工程进度计划进行合理的细化与优化（图6-21）。

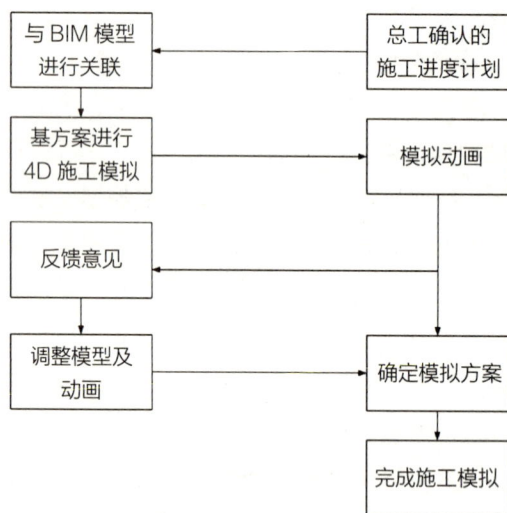

图 6-21 项目进度流程

（七）质量管理

提供BIM管理平台及手机等移动端，实施机构、项目管理公司、监理公司、施工单位可在权限范围内利用模型对比检查施工现场的质量问题。对应查找施工部位、施工专业、施工构件的构造做法、构造信息、三维图等，对比实施情况，将所发现的问题及时拍照上传，备注说明情况及原因，维护人员定时对上传资料进行整理修正。项目实施机构通过模型上的标注，即可详细了解所发现的问题，确定相关处理办法。

在项目监理例会等相关管理会上，应用人员通过大屏幕，清晰展现工程情况，帮助与会人员分析、解决问题。

当问题处理后，维护人员再次对原问题标识进行标注识别，模型上、已解决的问题、未解决的问题即可区别开来，为项目管理工作提供高效的技术手段。

参建各方通过施工模型对已提示的关键部位进行管控，并利用可视化技术将现场质量问题与模型构件进行关联，便于管理方快速定位质量问题位置，质量严重程度，验收情况，从而下达质量管理指令。

（八）资金管理

项目实施阶段是形成工程项目实体的阶段，也是资金投放量最大的阶段，为严格控制资金的合理运用，实现资金的合理管理以达到预期的投资控制目标。

以BIM技术为依托的资金数据平台，能赋予每一个构件的量价信息、物理信息，通过BIM管理平台能快速准确地得到每个构件、项目的量价，并与施工进度相关联，形成多维度、多层次、包含三维模型的成本数据库，为动态控制资金提供数据分析平台。

事前控制：依据工程进度计划，按照实施机构使用要求，计算各阶段、各区域分部分项工程量、人、材、机等资源需求计划、资金需求计划，为实施机构设备材料库建立、资金使用安排等提供数据基础，帮助实施机构进行精细化管理。

事中控制：依据工程实际进度、工程变更情况，维护人员及时进行模型维护更新，按照实施机构使用要求，应用人员提供相应进度期间、各区域分部分项工程量、人、材、机等资源需求计划、资金需求计划、投资完成情况。计算分析变更部分造价增减情况、统计分析签证发生情况。对数据变化进行多维度对比分析，发现偏差，将问题及时反映给实施机构，以便及时采取纠偏措施，有效控制造价，提升资金使用效益。

按设计变更过的模型，可以通过颜色的区别进行管理，实现变更工程量与成本估算的可视化呈现，实现数据的可追溯性、实现变更的有效管理，避免项目管理风险。

事后控制：提供与实际施工情况相吻合的BIM模型，快速提供准确的实施完成工程量、各种资源使用量、投资完成情况等，进行造价控制分析。

（九）安全管理

施工安全是文明施工的重要内容，参建各方通过施工模型对已提示的关键部位进行管控，并利用可视化技术将现场安全问题与模型构件进行关联，及时发现安全隐患，为管理方提供安全预警。

基于BIM的现场布置和管理，即在添加了场地及机具设备等模型与信息的虚拟施工BIM模型基础上，研究分析在4D时间轴变化下更合理、安全的现场布置和多工作面并行安排，为工程安全生产提供保障。

在计算机中虚拟进行工程项目的创建、管理，从而实现项目的可视化、精细化管理。利用BIM模型，给操作工人进行重要方案的技术交底，以便操作人员一目了然、心中有数，提高了安全系数。

对于现场安全监督由监理单位在管理平台上记录、流转、解决：

（1）由监理方发起安全管理流程。

（2）监理方将安全问题与模型进行绑定，并上传到平台中。

（3）工程项目管理部，将模型及其安全问题可视化预览，确定安全严重等级，就严重安全问题召开专题会，责令施工方限时整改。安全问题不严重的，直接向施工方下达整改指令。

BIM在交通组织应用可以对节点进行施工期间交通组织模拟，可以直观地验证施工组织的合理性，从而降低施工影响，保证行车安全（图6-22）。

图6-22　BIM+临时交通组织模拟图

（十）结算信息整合

本项目过程中不断对模型进行修改维护，加载资料，工程完成后，即可形成结算模型，BIM模型构件的细粒度能够提供所有已实施完成部分的工程量并保证模型与实物的一致性、工程量计算规则与现行规则的一致性直接用于结算。有三维图形的结算模型公开、透明、直观、准确并且有量、有价、有真实完整的资料，变更、签证、图纸等资料与构件挂接，能随时对应构件进行查阅，减少结算争议，提高结算精度，减少结算工作时间。

BIM项目组人员及项目参建方依据各家单位的权责将安全、质量管理信息，施工图纸信息、设计变更、签证信息、工程验收资料、工程档案资料等集成到模型中形成BIM竣工模型，使其具有分析计算竣工工程量、查阅材料设备信息等的功能。因BIM共享平台的特性，参建单位可以在权限内分享相关信息，还应在职责内完善平台信息。BIM项目人员组及项目参建方依据各家单位权责整理、筛选所有上传工程资料，保证平台数据信息、资料信息的实时更新、真实、完整、有效。通过查阅模型，我们能直观看到建造效果，并看到与点击查看的构件所有相关联的施工信息、档案资料（图6-23）。

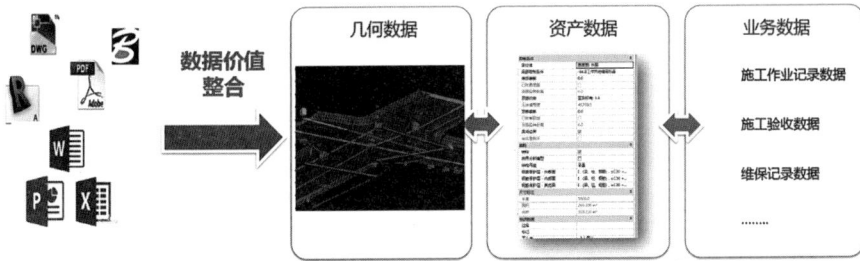

图6-23　项目竣工模型数据整合图

（十一）运维管理

本项目各专业人员将运维阶段需要的信息包括维护计划、检验报告、工作清单、设备故障时间等列入BIM竣工模型中，设置设备检修提示、设备报警等功能，形成BIM运维管理模型。此外，运维管理不仅是设备管理和维修管理，包含的内容还有很多，例如能耗统计、智能管理、预警分析、线路分析、应急演练、资产统计及价值评估等。

基于BIM的运维阶段设备及维修管理系统集成了对设备的搜索、查阅、定位功能。通过点击BIM运维模型中的设备，可以查阅所有设备信息，如供应商、使用期限、联系电话、维护情况、所在位置等；该管理系统可以对设备生命周期进行管理，例如对生命即将到期的设备及时预警和更换配件，防止事故发生；通过在管理界面中搜索设备名称，或者描述字段，可以查询所有相应设备在虚拟建筑中的准确定位。管理人员或者领导可以随时利用BIM运维模型，进行建筑设备实时浏览，提高运维管理水平，降低费用。

|下　篇|

"投建营+EPC"
模式下的全过程
工程咨询

第七章　"投建营+EPC"模式概述

第一节　"投建营+EPC"模式的定义

一、"投建营+EPC"模式的兴起背景

（一）市场竞争激烈，催生投融资模式转变

近年来我国扩大投资拉动内需宏观政策导向日益明朗，带来了基础建设领域投资的新一轮热潮。在地方政府性债务管理的政策持续收紧、公共项目所需的建设和运营资金的来源逐步被限缩和规范的背景下，PPP模式迅速成为我国项目采取的重要模式，在公共项目的建设与运营中发挥更大的作用。但随着一系列严格监管政策的密集落地，许多PPP项目面临被清库，市场逐渐趋于理性，催生和加剧了政府方和社会资本方探索用PPP模式之外的其他模式用以解决公共项目建设和运营过程中的资金问题。在这种情况下，带资承包的经营模式如BT（建设—移交）、BOO（建设—拥有—运营）、BOT（建设—运营—移交）、BOOT（建设—拥有—运营—移交）、BOS（建设—运营—出售）、F+EPC（设计—采购—施工+融资）、"投建营"（投资—规划—设计—建设—运营）等，逐渐成为工程总承包工程市场的主流承包方式。其中集项目投资、规划设计、建设以及运营维护于一体的"投建营"模式更是中国企业积极探索"走出去"国际工程市场商务模式的产物，响应了商务部在《关于促进对外承包工程高质量发展的指导意见》中提出"积极促进投建营综合发展"的意见。"投建营"模式有利于企业提高产业链参与度和在国际分工中的地位，将自身业务向微笑曲线高附加值两边延伸，逐步实现由建设施工优势为主向投融资、工程建设、运营服务的综合优势转变（图7-1）。

（二）碎片化到集成化的需求增长，催生项目建设管理模式转变

随着建筑行业的发展，我国工程项目的建设规模也越来越大，工程建筑的功能要求也越来越高，工程项目管理的难度也随之增加。传统的工程建设管理模式中设计、施工分离，不利于项目的沟通协调管理，项目的工作效率比较低。这与业主方所希望的设计和施工紧密地结合，简化建筑产品购买的组织以及承包商提供建筑产品的全过程服务而又不损

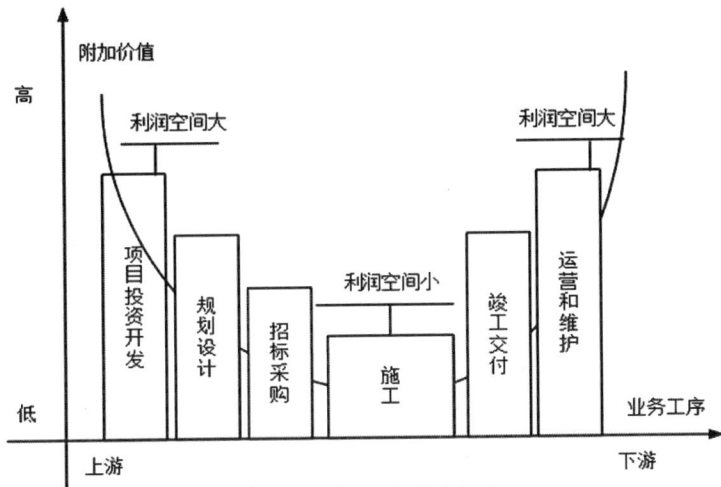

图 7-1　项目的微笑曲线图

害其利益相背离。由此产生了多种新颖的工程承发包模式如设计—采购—施工（EPC）模式、设计—采购—施工管理（EPCM）模式、设计—施工（DB）模式等以满足业主需求。其中，在EPC工程总承包模式下业主将设计、采购、施工、试运行等工作整体打包，然后承包给EPC总承包商，由EPC总承包商负责整个项目各阶段的具体管理工作，实现项目设计、采购、施工一体化，使设计、采购、施工能够在项目实施过程中得到深度交叉，并通过EPC总承包商的管理，实现项目的总体建设目标，既减少了业主的管理工作，又有效提高项目管理效率。

基于以上背景，集EPC总承包和"投建营"模式优点的"投建营＋EPC"模式进入政府方和社会资本方的视野。

二、"投建营+EPC"模式的概念界定

"投建营＋EPC"模式是指业主在"投建营+EPC"项目招标时同时确定投资人（合作伙伴）、工程总承包单位和运营单位，投资人、工程承包单位和运营单位为同一单位或联合体的建设模式。EPC总承包商通过投融资的方式介入项目，实施设计、施工、采购等实施总承包的工程项目。"投建营＋EPC"模式作为一种全新的投资管理模式，它的出现正是顺应时势，及时地解决了大型基础建设项目资金短缺、管理复杂和质量监管困难等问题。

"投建营+EPC"模式分为两种形式：一是建设工程承包方以较大比例投资于某个工程项目，甚至投资比例要达到控股的程度，此种情况多出于某种特殊目的，例如国家能源供给战略。对于这种类型的投资，企业一般要对目标项目的运作进行全面的尽职调查，并对项目的经济、技术可行性进行周密分析，这种投资是以获取将来持续性的超额回报为主要目标。在此类投资当中，建设工程承包方只需要承担整体项目投资当中的施工任务即可。也就是说，这种真正意义上的投资是以投资回报为主，工程承包仅为项目投资当中的辅助任务。

第二种形式是指小股权参股投资，通过少量投资锁定工程承包合同。通常参与股权比例不超过20%，一般也不会低于5%。参股投资的主要目的是通过参与项目投资，协助合作伙伴解决项目前期运作、项目融资问题，控制项目建设期风险的同时，工程承包企业可确保获得项目EPC建设订单。这一模式最大的特点就是参与企业既是投资人也是项目建设者，两个角色相互依赖、彼此促进。在这种项目模式运作过程中，政府无有效的预算补贴，市场风险如果全部由投资方承担，将大大降低他们的参与积极性，所以项目选型、收益预测至关重要。

本书定位"投建营+EPC"模式是指在政府作为大股东的项目中，单一企业或企业集团为获得EPC项目，以小股权投资的方式牵头负责规划设计、项目投资、融资、建设以及运营维护的全生命周期的项目运作模式。

三、"投建营+EPC"模式的运作流程

"投建营+EPC"项目的收益水平更高，但运作模式和交易架构更为复杂，运作难度更大，面临的风险也更高。本书对"投建营+EPC"项目的运作流程作以剖析，为运作"投建营+EPC"项目的各个要点提供参考（图7-2）。

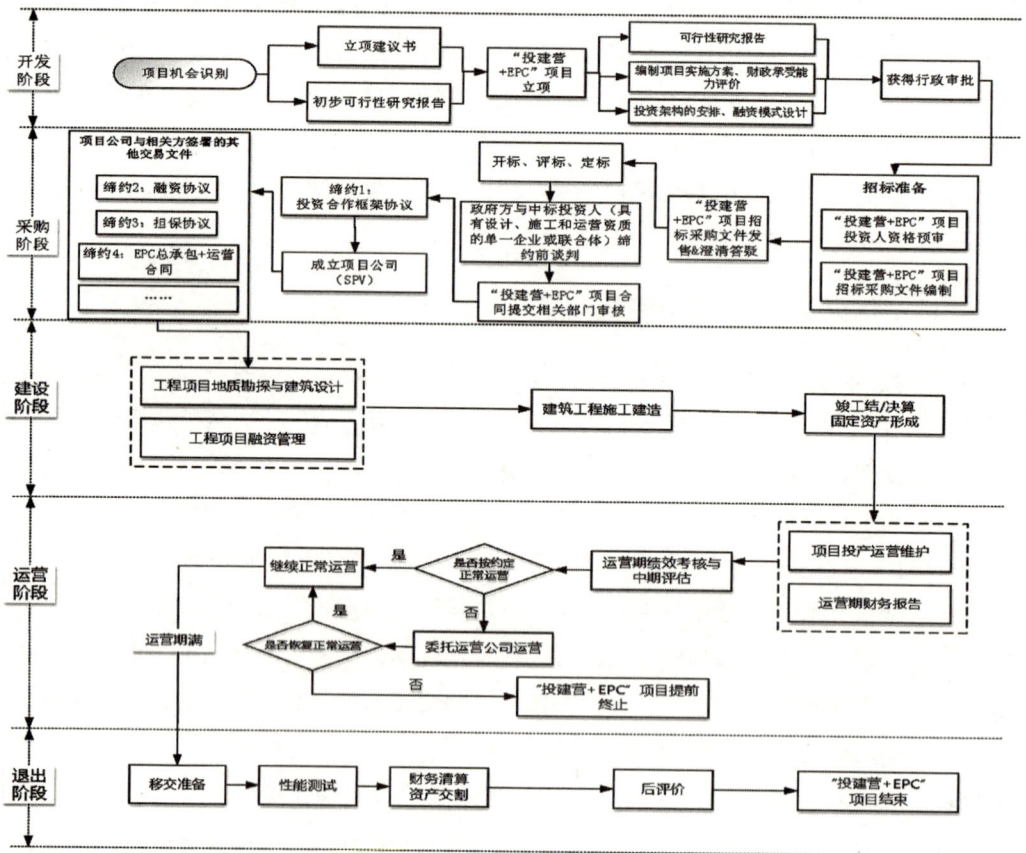

图7-2 "投建营+EPC"模式运作流程图

第二节 "投建营+EPC"模式的特点

与传统的工程承包项目相比,"投建营+EPC"项目的项目结构、资金投入、实施环境、风险分担、开发周期、合同结构等都已经发生了根本变化,这也对承包商整合资源的能力提出了更高的要求。以下为"投建营+EPC"模式、"PPP+EPC"模式和EPC模式对比分析表。可供业主、全过程工程咨询单位,承包商等多方作参考(表7-1)。

通过以上分析得出"投建营+EPC"模式有以下突出特点:

1. 承包商对项目的运作观念和思路发生转变

承包商要成功实现业务转型,首先需要解放观念,转变决策和项目运作思路,其次才是知识结构补缺。因为这种转型已使企业从传统的工程承包领域跨入了投资领域,而投资领域的风险种类和风险幅度是工程承包领域的风险所无法比拟的。在传统的工程承包领域,承包商所面临的风险主要为不利地质条件风险、人工、材料、设备物价上涨风险、质量安全风险、税务风险、误期罚款风险、战争内乱风险和重大自然灾害风险等,但在"投建营+EPC"模式下,承包商还将面临除传统工程承包领域之外的政治风险、金融风险、市场风险、环境生态风险、融资还款和担保风险、产品/服务销售和投资回收等风险,这些风险的影响幅度更大,且"投建营+EPC"项目的运作期限很长,风险发生的概率更高。

2. "投建营+EPC"项目整体性更强

承包商不仅是项目的实施主体,同时也介入到整个项目的发起及特许经营权的运营等各个阶段,因此项目的整体性更强。另外,采用这一模式多是公共基础设施项目,在项目设计时对成本的考虑有着更长远的规划,全局意识比普通项目更强,因此不易发生项目建成未到一定年限就被拆除的情况。

3. 需要承包商内部具备很强的统筹协调能力

我国大型承包商,特别是中央企业和大型民企大多实行集团制,集团公司拥有多家下属的平台企业。"投建营+EPC"项目的运作需要集团系统内的多个专业平台企业参与,如投资平台、工程平台和运营平台等,集团公司需要协调下属平台企业,形成合力,共同运作投建营项目,并处理好各平台企业之间的关系,特别是利益的划分。此外,在"投建营+EPC"项目中,对投资平台(部门)和工程平台(部门)的项目绩效考核也是个敏感且棘手的问题,集团层面需要策划合理的绩效考核制度。

4. 利润与风险在承包商内部的自留

对于我国承包商来说,采用"投建营+EPC"模式的最大价值在于两点:一是全产业链的业绩在集团系统内的积累,二是项目利润在集团系统内的自留。但"投建营+EPC"模式也是把"双刃剑",业绩和利润的自留,也意味着风险的自留和自担,承包商无法向

表7-1

"投建营+EPC"模式与传统建设模式的差异比较

序号	对比要点	EPC模式	"PPP+EPC"模式	"投建营+EPC"模式
1	概念	EPC模式（Engineering-Procurement-Construction）是指工程总承包企业按照合同约定，承担工程项目的设计、采购、施工、试运行服务等工作，并对承包工程的质量、安全、工期、造价全面负责	"PPP+EPC"模式是指在采用PPP模式建设运营的项目中，政府在依法选择PPP模式下的社会资本的同时确定了项目的EPC总承包商。EPC总承包商通过投资的方式介入项目，承担项目设计、采购、施工、运营服务等工作，同时通过签订特许经营协议获得相应回报，在实现约定的合作期限满后再将设施移交给政府部门	"投建营+EPC"模式是指政府在政府作为大股东的项目中，单一企业或企业集团为获得EPC项目，以小股权投资的方式负责规划设计、项目投资、融资、建设以及运营维护的全生命周期的项目运作模式
2	主要特点	设计，采购和施工都由一个总承包商来承担，可有序交叉进行	投资人与总承包商同时确认，总承包集商投融资，施工，管理和运营于一身，完整生命周期特许营；可实现设计，采购，施工的有序交叉；工程成本大幅降低	以投资拉动工程建设业务。承包企业既是投资方也是承包商。扩展链长了传统工程承包项目的业务链条，将项目运作的范围向前向后扩展到项目的开发和投融资环节，向后扩展到项目的运营维护环节
3	管理模式示意图（流程）	（EPC模式流程示意图：业主、咨询工程师、承建方、设计、EPC、工作内容、分包商、施工班组、项目管理、建设工程目标等）	（PPP+EPC模式流程示意图：政府—项目识别、项目准备、项目采购—组建项目公司—项目公司（政府方出资代表、EPC总承包商）—设计、采购、施工、项目运营、项目移交，特许期满后接收项目）	（投建营+EPC模式结构示意图：实施主体：投资人；投资人1（具有设计、施工和运营资质的单一企业或联合体）、投资人2……—股权协议—政府出资代表—项目公司—设计、采购、施工、运营）
4	项目参与方	业主、贷款方、建筑师/咨询工程师（工程师）、承包商、分包商、供应商	政府、贷款方、建筑师/咨询工程师（工程师）、承包商、分包商、供应商	金融机构、项目关联政府、土地或者其他关键要素所有者、当地投资商、主设备供应商、项目EPC承包商、项目运营方以及其他感兴趣的投资商等

序号	对比要点	EPC模式	"PPP+EPC"模式	"投建营+EPC"模式
5	参与角色定位	单纯的承包商角色	承包商具有承包和投资两种身份	承包商走向开发商+承包商+运营商+投资商的角色
6	适用范围	一般适用于建设内容明确、技术方案成熟的项目	一般适用于城市轨道交通、特大桥梁、高速公路、生态环保工程等特许经营类的大型城市基础设施建设项目	基础设施建设和能源电力行业
7	承接主体资质	(1)住房城乡建设部《关于进一步推进工程总承包发展的若干意见》(建市〔2016〕93号)和《建设项目工程总承包管理规范》GB/T 50358—2017中第七条规定：工程总承包企业应当具有与工程规模相适应的工程设计资质或者施工资质，相应的财务、风险承担能力 (2)《房屋建筑和市政基础设施项目工程总承包管理办法》(建市规〔2019〕12号)规定：工程总承包单位应当同时具有与工程规模相适应的工程设计资质和施工资质，或者由具有相应资质的设计单位和施工单位组成联合体。工程总承包单位应当具有相应的项目管理体系和项目管理能力、财务和风险承担能力，以及与发包工程相类似的设计、施工或者工程总承包业绩	应当同时具有与工程规模相适应的工程设计资质和施工资质，或者由具有相应资质的设计单位和施工单位组成联合体。工程总承包单位应当具有相应的项目管理体系和项目管理能力、财务和风险承担能力，以及与发包工程相类似的设计、施工或者工程总承包业绩。PPP+EPC模式下的总承包商，不仅需要具备项目设计、建设与运营能力，还要备项目设计、建设与运营建设能力，即同时具备融资能力和统筹建设能力	大多数为央企承包集团，具有极高的项目投融资、规划设计、施工建造、运营管理各过程统筹协调项目开发至全过程的能力，实现从项目投融资、规划、施工建造、运营管理各过程统筹优化，提升项目整体效益。应当同时具有与工程规模相适应的工程设计资质和运营资质，或者由具有相应资质的设计单位和施工单位的运营单位组成联合体。《企业境外投资管理办法》国家发展改革委令2017年第11号投资主体依法享有境外投资自主权，自主决策、自担风险
8	业主控制力	控制力相对较强	控制力相对适中 《PPP项目合同指南(试行)》：政府在项目公司中的持股比例应低于50%，且不具有实际控制力及管理权	控制力相对较弱 承包商既是投资人，又是承包方，过于保护业主的利益，不利于尽早实现自身目身利益。业主控制力相对较弱
9	盈利模式	施工获得工程款	投资+施工收益	投资+施工收益
10	投融资渠道	政府出资、银行信贷、利用外资	自有资金+企业融资	自有资金+企业融资，"投建营+EPC"项目倾向于采用银行融资

序号	对比要点	EPC模式	"PPP+EPC"模式	"投建营+EPC"模式
11	招标形式	（1）《国务院办公厅关于促进建筑业持续健康发展的意见》《国办发〔2017〕19号》规定：缩小并严格限定必须进行招标的工程建设项目范围，放宽有关规模标准，防止工程建设项目实行招标"一刀切"。在民间投资的房屋建筑工程中，探索由建设单位自主决定发包方式 （2）《房屋建筑和市政基础设施项目工程总承包管理办法》《建市规〔2019〕12号》第八条：建设单位依法采用招标或者直接发包等方式选择工程总承包单位	（1）《关于印发政府和社会资本合作模式操作指南（实行）的通知》：采购方式包括公开招标、竞争性谈判、邀请招标、竞争性磋商和单一来源采购。项目实施机构根据项目采购需求特点，依法选择适当采购方式 （2）《关于推进政府和社会资本合作规范发展的实施意见》（财金〔2019〕10号）：采用公开招标、邀请招标、竞争性磋商、竞争性谈判等竞争性的方式选择社会资本方	（1）《关于印发政府和社会资本合作模式操作指南（实行）的通知》：采购方式包括公开招标、竞争性谈判、邀请招标、竞争性磋商和单一来源采购。项目实施机构根据项目采购需求特点，依法选择适当采购方式 （2）《关于推进政府和社会资本合作规范发展的实施意见》（财金〔2019〕10号）：采用公开招标、邀请招标、竞争性磋商、竞争性谈判等竞争性的方式选择社会资本方
12	投标的竞争性	竞争性较强	竞争性不足	竞争性不足
13	合同签订种类	工程总承包合同	PPP合同包（股权协议、服务协议、工程承包协议……）	投资合作协议、总承包协议、运营服务协议……
14	风险分担	《建设项目工程总承包管理规范》：建设项目工程总承包企业应当在招标文件以及工程总承包合同中约定承担的合理分担。建设单位承担的风险包括：建设单位提出的工程或者工艺标准或建设规模调整、设计变更、主要工艺规范调整、因国家政策、法律法规变化引起的工程费变化；材料价格波动幅度超过合同约定的部分；难以遇见的地质自然灾害（除措施不当等造成）和其他不可抗力所造成的工程费增加。除上述建设单位承担的风险外，其他风险可以在工程总承包合同中约定由总承包企业承担 EPC模式下风险主要由承包商承担，业主承担风险较小	（1）《关于印发政府和社会资本合作模式操作指南（实行）的通知》：原则上，项目设计、建造、财务和运营维护等商业风险由社会资本承担，法律、政策和最低需求等风险由政府和社会资本理共担 （2）《PPP项目合同指南（试行）》：通常由政府方承担的风险：土地获取风险；项目审批风险；政治不可抗力。通常由项目公司承担的风险：如期完成项目融资风险；建设成本和建设运营维护相关风险；项目审批风险；获得项目相关保险；自然不可抗力 "PPP+EPC"模式下风险主要由承包商承担，业主承担风险较小	《关于印发政府和社会资本合作模式操作指南（实行）的通知》：原则上，项目设计、建造、财务和运营维护等商业风险由社会资本承担，法律、政策和最低需求等风险由政府和社会资本理共担 （2）"投建营+EPC模式"模式为新兴模式，相关法律法规有待进一步完善，此处主要参考PPP项目中风险分担的原则。在"投建营+EPC"项目中，业主与承包商承担风险均较大

序号	对比要点	EPC模式	"PPP+EPC"模式	"投建营+EPC"模式
15	索赔事件	相比较于DBB模式，EPC项目在建设阶段较少发生索赔事件	总承包商具有投资人的双重角色，在项目的建设阶段较少发生索赔事件	总承包商具有投资人的双重角色，在项目的建设阶段较少发生索赔事件
16	工程监管方式	通过EPC合同，或聘请专业的监理人或项目管理单位，EPC模式下不能照搬平行发包模式下的监理制度，EPC模式下的工程监理是承包人的内部监督行为，此时的工程监理的宣示应当侧重于隐蔽工程，非关键部位或非主体工程等部分	监管方式主要包括履约管理，行政监管和公众监督等，工程监理企业作用弱化	（1）《房屋建筑和市政基础设施项目工程总承包管理办法》（建市规〔2019〕12号）：建设单位根据自身资源和能力，可以自行对工程总承包项目进行管理，也可以委托勘察设计单位、代建单位等项目管理单位，赋予相应权利，依照合同对工程总承包项目进行管理。（2）《国有企业境外投资财务管理办法》（财资〔2017〕24号）：国有企业境外投资，应当组建包括行业、合宣、参股方式进行境外投资，应当组建包括行业、合宣、参股、财务、税收、法律、国际政治等领域专家在内的团队或者委托具有能力并与本利害关系的中介机构开展尽职管理并形成书面报告
17	项目管控	在总包合同范围内考虑各项管控措施，业主与总包方难以形成合力，总包方管控压力较大	项目公司、监理、总承包商在项目的投资效益和工程质量、安全、进度目标上趋于一致，可以形成合力，对项目齐抓共管	总承包商在投资效益、工程质量、安全、进度目标上与业主趋于一致，有利于项目的管控
18	移交时间	工程竣工验收合格后移交，项目移交时间早	特许经营期满后才自然退出，项目移交时间晚	项目寿命到期或特许经营期满后自然退出，项目移交时间晚
19	资产持有情况	项目建设完成后，建设资产归业主所有	社会资本拥有建设项目一定时期的运营权，运营期满将资产移交给政府	承包商可在较长一段时间内持有资产，获得长期稳定的收益，取得可持续发展
20	机会成本	相比于"PPP+EPC"与"投建营+EPC"模式，EPC模式机会成本较小	机会成本较大	目前国内关于"投建营+EPC"模式的相关规范文件仍有待完善，与"PPP+EPC"模式的政府监管力度仍较大，"投建营+EPC"模式的机会成本大
21	利益链条	不负责项目后续运维，利益链条较短，而且也不利于发挥项目应有的效益，难以适应国际市场发展需要	一般包含项目后续的运维工作，利益链条较长	包含项目后续的运维工作，利益链条较长，有利于项目发挥自身价值，是市场发展的新趋势

序号	对比要点	EPC模式	"PPP+EPC"模式	"投建营+EPC"模式
22	移交时间	工程竣工验收合格后移交，项目移交时间早	项目寿命到期或特许经营期满后才退出，项目移交时间晚	项目寿命到期或特许经营期满后才退出，项目移交时间晚
23	项目收益	总包利润单一，收益风险在于项目履约和成本控制	PPP投资人基本上具有工程总承包实力，可通过投资收益加总承包利润来提高项目投资的收益，降低投资风险	"投建营+EPC"项目总承包商可通过投资收益加总承包利润来提高项目投资的收益，项目整体收益较好

集团系统外分散和转嫁项目运作风险。例如，在常规工程建设承发包模式下，如果承包商在工程实施过程中发生严重误期或质量性能问题，业主可以根据承包合同通常追究承包商的违约责任，特别是收取误期违约金和性能违约金，以及追究其他赔偿责任，但在"投建营+EPC"模式下，项目公司是集团系统内的投资平台进行投资，项目工程是集团系统工程平台承包建设的，在此情况下，业主向承包商收取违约金、追究赔偿责任，对于集团整体利益来说已变得毫无意义，不过是相应经济利益在系统内空转，无法就项目的损失获得任何外部补偿，还徒加争议解决甚至仲裁诉讼之累。因此，承包商在以"投建营+EPC"模式运作项目时，应先考虑项目自身的生命力，判断自身的全产业链的专业能力，特别是强大的工程建设能力，以防在项目运作过程的某个重要环节发生重大风险。在这种风险只能系统内自留而无法向外部分散时，企业将面临重大的甚至是颠覆性的威胁。

5. 工程成本比普通模式明显降低

一方面，在"投建营+EPC"模式下，承包商具有双重身份，既是项目的承建方，也是项目的投资人，为使项目最大程度取得成功，承包商一定会尽最大努力论证项目的可行性，并为项目选定最合适的施工技术方案；另一方面，项目的招标和变更环节减少，材料也是集中规模采购，这些都大大降低了工程成本。

6. 承包商需要打造投资平台公司

投建营交易结构复杂，运作难度很大，特别是其投资环节，所面临的风险种类多、风险幅度高，非一般企业能胜任。为此，承包商在运作投建营项目时，应集中集团系统内的投资专业力量，打造专业的投资团队和投资平台，以投资平台归口开展和管理项目的投资和融资工作，特别是在控股投资项目上，避免投资风险失控。

7. 承包商融资能力的需求提高

"投建营+EPC"模式的核心在于融资，如融资能力不足、项目的融资问题无法解决，"投建营+EPC"项目就是空谈。此外，如果我国承包商仅靠自有资金不足以提供如此巨额的项目自有资本金，企业也可通过其他途径寻找自由资本金，如寻找合资方，由合资方根据其参股比例提供相应的自有资本金，或发行企业债券，以发债获得的资金作为项目自有资本金等。例如，2017年，中国电建以电建海投为平台，通过境外子公司成功在香港发行5亿美元高级永续债券，首期票面利率仅为3.5%，这一发债融资的成本比项目融资模式下的融资成本低得多，这就大大提高了电建海投对其海外投资项目所需自有资本金的注资能力。因此，我国企业应加强同银行等金融机构的沟通，拓宽融资渠道，创新融资模式，大力加强融资能力建设。

8. "投建营+EPC"模式的适用范围

近年来国际工程市场兴起的"投建营+EPC"模式看似前卫和高端，但并非所有行业的项目都适合采用"投建营+EPC"模式。在电力和基础设施等特许经营领域，"投建营+EPC"模式更具有适用性。因为这种特许经营项目一旦投产，将具有长期、稳定和较为充裕的产品或服务销售收入，如电费收入、高速公路通行费等，甚至有覆盖建设和运营成本的保底收入，所以其运营风险较小。其次，"投建营+EPC"项目也适合于那些可运营的项目，例如医院、学校、固体废弃物处理及垃圾回收等项目，部分可行性缺口项目也可采用"投建营+EPC"项目，如地铁，城际火车等。然而，对于项目产品和服务的价格起伏波动很大、"随行就市"的非特许经营行业，如矿产资源项目等，其运营风险非常大，相应所需的运营能力要求也很高，承包商往往较难胜任，并不是很适合"投建营+EPC"模式。因此，业主在选择项目运作模式时应慎重考虑。

第八章 "投建营+EPC"模式下业主痛点及管控要点

本书明确了"投建营+EPC"项目的概念，并提出了项目的全生命周期运作流程图。其中将"投建营+EPC"项目划分为了开发阶段、采购阶段、建设阶段、运维阶段以及退出阶段。这类项目具有投资大，体量大，建设内容丰富，周期长的特点，这在一定程度上加大了项目成功落地的难度，只有对项目进行强有力的管控才能保证项目成功。本章对"投建营+EPC"项目全生命周期过程中政府管控的痛点、难点进行了识别，并给出其在管控过程中的操作要点，为政府指明了管控方向，最大力度保证项目成功。

第一节 项目开发阶段

一、项目的合法合规性问题

（一）痛点描述

"投建营+EPC"模式并不是类似于PPP的一种具体模式，"投建营+EPC"的提出，是顺应众多工程承包商投资项目的需要，"投建营+EPC"模式的合法性基础在于《招标投标法实施条例》第九条所规定的："已通过招标方式选定的特许经营项目投资人依法能够自行建设、生产或者提供的项目可以不进行招标。"但从法律规定看，符合允许不招标的范围是有要求的：法规仅仅明确适用于"特许经营项目"而并非"投建营+EPC"项目。目前并没有任何法律法规明确规定"特许经营项目"和"投建营+EPC"项目是相同含义、可以互相替换的概念。利用"投建营+EPC"项目的操作方式避免二次招标的确有其合理性，但是在缺乏法律法规权威解释的情况下，这样的操作可能合理而不合法。

（二）管控措施

目前《国务院关于投资体制改革的决定》《中共中央国务院关于深化投融资体制改革的意见》均规定了对企业投资项目、政府投资项目的管理思路，但是对于"投建营+EPC"项目的投资管理，实际上目前相关的管理机制是缺失的。如对于此类项目由谁来立项，还是一个存在争议的问题；如项目的设计概算是否要审查、施工图预算是否要审查均存在不明确之处，项目是否需要审计也存在一定的争议。目前的解决方法是通过合同约定的方式来实现，如此类项目合同中约定政府方有审查概算、预算以及对工程投资、项目公司审计的权利，但是并未有明确的法律法规规定，故各项目操作均有所不同。虽然在"投建营+EPC"项目中，政府方已经通过合同的方式转移了大部分风险，但是对于未转移的支付风险，全过程工程咨询单位应帮助政府进行"投建营+EPC"模式支付风险的控制，也应通过政府机制建设的方式予以适当明确。如同上述分析，利用好现有的机制资源，将PPP模式中传统政府投资项目的审查——如设计概算审查、结算审核等纳入延伸到"投建营+EPC"项目中，是一种有效的应对方法。

《政府投资条例》国务院令第712号中规定政府应当根据国民经济和社会发展规划、相关领域专项规划、产业政策等，从项目建议书提出的项目建设的必要性；可行性研究报告分析的项目的技术经济可行性、社会效益以及项目资金等主要建设条件的落实情况；初步设计及其提出的投资概算是否符合可行性研究报告批复以及国家有关标准和规范的要求等方面对项目进行审查，作出是否批准的决定，以确保项目操作可行。

二、项目前期融资难

（一）痛点描述

承包商希望通过转让其直接或间接持有的股份，来吸引新的投资者，实现项目融资。融资不当导致项目无法落地，究其原因，一是承包商不希望其自由转让股份的权利受到限制。对于政府而言，为了避免不合适的主体被引入到项目实施过程中，希望对限制项目公司自身或其母公司的股权结构变更；二是没有真正的做好市场测试，项目与市场反应的不匹配；三是由承包商作为股东后导致政府过于被动，而且部分情况下可能无法享受到融资的利益；四则是未充分关注潜在社会资本融资能力，并且未及时主动地通过潜在社会资本或者其他渠道对接金融机构。全过程工程咨询单位应同业主一起统筹考虑，主动管控，为业主提供"投建营+EPC"项目融资落地各方提供更加系统的思考和管控方法，帮助业主规范的项目运作，推动规范环境的打造。

（二）管控措施

在"新基建"项目建设中，全过程工程咨询单位可帮助政府采取多种多样的社会资本参与公共基础设施建设的方式，融资模式的组织形式非常复杂，只有公共部门与社会资本间形成相互合作的机制，才能使得合作各方的分歧模糊化，在求同存异的前提下完成项目的目标。其典型结构是：公共部门通过公共采购形式与中标单位组成的特殊目的的公司签订特许合同，由特殊目的的公司负责筹资、建设及经营。全过程工程咨询单位帮助政府与提供贷款的金融机构达成一个直接协议，使特殊目的的公司能比较顺利地获得金融机构的贷款。

融资绝大多数情况下是以项目为主体的融资活动，本质上依靠的是政府与投资者所组成项目公司之间的合同及项目衍生出的现金流。少数情况下若政府或投资方信用状况不良，无法使放贷方愿意按有限追索项目融资放贷，投资者只能走企业融资，此时风险较大。以下为融资的三种方式：

1) 资本市场融资

在《国务院关于加强地方政府性债务管理的意见》《基础设施和公用事业特许经营管理办法》《项目收益债试点管理办法》等政策中，明确指出推广资本市场融资。采用资本市场融资，一种是以项目公司作为融资主体发行一般企业债券；另一种是发行项目收益债券或以资产证券化方式进行融资。

2) 商业银行提供贷款与理财资金以支持

银行贷款是最基本、最重要的融资方式，但由于期限普遍较短，与"投建营+EPC"项目期限较长、所需资金巨大存在不匹配问题，且当前我国法律对此领域中所有权归属与抵押操作不清晰，导致银行贷款融资难度较大。此外，商业银行通过信托等通道参与项目投资是可行的。银行理财产品可通过与信托公司等金融机构合作，信托公司利用银行募集的资金来投资"投建营+EPC"项目。银行理财资金进入项目主要通过项目公司增资扩股或者收购投资人股权，作为机构投资人名义股东，获得固定回报，不承担项目风险。

3) 股权融资

由机构或个人共同投资由银行发起的产业投资基金，然后参与项目公司股权。

三、项目前期可行性研究不足

（一）痛点描述

政府投资项目的审批要求。根据最新的《政府投资条例》国务院令第712号规定，经投资管理部门或者其他部门审定的项目总投资概算是控制政府投资项目建设总投资的依据，建设总投资概算超过投资估算的10%，应当向投资管理部门或者其他部门报告并重新报批可研报告。同时，原则上建设总投资不得超过投资总概算，除非价格上涨、政策调整、地质条件发生重大变化等确实需要调整概算的，才可提出调整并报投资概算审批部门审批，对"投建营+EPC"项目建设总投资进行控制是政府投资项目审批的需要。在立项阶段，政府投资项目所实施的是审批制，故各级政府的发改部门是投资控制管理部门，需要通过立项申请书、可行性研究报告审批等一系列流程以确定项目的投资规模；在设计阶段，发改部门还需要审查项目的设计概算，以此控制设计规模和标准。

（二）管控措施

1. 进行项目可行性分析，为项目决策提供依据

可行性分析是"投建营+EPC"项目的重要考察因素。经济评价是按照项目当地经济、

社会、政治发展水平。全过程工程咨询单位应采取系统科学的评估方式，对项目的技术可行性、经济合理性进行分析论证，为项目决策提供经济方面的依据。

项目经济评价按照侧重点不同可以分为财务评价和国民经济评价两类。财务评价是以项目为基础，微观考虑项目实施成本以及预期收入，充分测算项目建设完成投入运营后带来的实际收益，为项目的科学合理决策提供支持。国民经济评价以项目的经济效益和效果为核心，分别对建设该项目和不建设该项目产生的效益和效果进行分析，从而对比得出项目的建设与运营是否可以降低地区国民经济成本，促进经济和社会发展。

2. 进行财务评价分析，为政府带来既定收益

财务评价指标直接反映了项目的实施能否给投资者带来既定效益。一般情况下，评价"投建营+EPC"项目财务可行性主要从项目盈利能力和偿债能力两方面进行评估。

（1）盈利能力分析

项目的盈利能力主要从项目内部收益率、投资回收期、项目净现值等指标进行评估。

1）内部收益率是项目净现值为零时的折现率。将内部收益率与基准收益率比较，若内部收益率大于基准收益率，说明项目有较好的盈利能力。内部收益率作为重要的内生性指标，优点在于不受外部预期收益的影响，能够衡量整个周期的现金流现值情况，而这种特点也决定了其指标的相对性。

2）投资回收期就是用项目现金流完成初始投资回收需要的时间，根据是否考虑货币时间价值又可以分为静态投资回收期和动态投资回收期。项目的投资回收期越长，面临的不确定性和风险就越大，因此要尽量选择回收期短的项目。但从另一个角度看，投资回收期指标没有考虑回收期之后项目的运营情况，无法准确衡量项目全生命周期经济效益的实现情况。

3）净现值主要考察的是项目的现金流状况，即在对项目投资、运营收入、运营成本测算的基础上，计划整个项目周期各年现金流情况。通过对项目周期内经营活动、融资活动、投资活动产生的现金流入和流出的分析，根据基准折现率，将整个项目周期内所有年度的现金流流量折算到投资起点，以此判断项目是否具备足够的净现金流来维持正常运营。一般来讲，净现值大于零表明投资者可以获得预期收益以外的额外收益，净现值小于零则表明项目无法获得预期的收益。

（2）偿债能力分析

偿债备付率是分析业主偿债能力的重要依据，具体指各年可用于还本付息的资金与当期应还本付息金额的比值。偿债备付率作为贷款银行保证本息回收的重要指标，一般要求数值应大于1.2，这样才能保证项目具有稳定可持续的现金流用以还本付息。

3. 政府支付不与总投资挂钩，向承包商转移投资增加的风险

如政府支付不与总投资挂钩，则政府方的投资控制的压力相对较小，投资增加的风险由承包商承担，实现了风险转移。政府的主要目标是保证项目能达到计划的效果，在投资方面政府所需要做更多的是控制变更。

全过程工程咨询单位应帮助政府全面进行项目前期工作，对项目预期目标、功能要求和设计标准明确，政府预期变更较少的项目，可以采用政府支付不与总投资挂钩。除政府增减工程量、提出的设计变更、不可抗力及合同约定的不可预见费外，在确定的工作范围和工作内容下，政府所支付的费用一次包死，固定不变。

四、项目建设总投资难把控

（一）痛点描述

项目建设总投资是测算"投建营+EPC"项目政府付费金额的重要依据，根据财政部门规定，政府和社会资本合作项目的财政支出金额不能超出本级财政一般公共预算支出金额的10%。如果项目建设总投资失控，投资大幅度增加，项目前期测算的政府付费或补助金额将失去指导意义，因此加强对"投建营+EPC"项目建设总投资的管理可以有效控制政府付费责任。

项目投资大幅增加是多因素综合叠加的结果，归纳起来主要有：①两方信息不对称：在传统政府投资建设项目中，政府方是项目业主或建设单位，负责项目规划、设计、建设等事项，全面把握项目信息，对于承包方送审的结算资料，辅以过程管控与行政审计或财政评审，掌控力比较强。而在"投建营+EPC"项目中，由项目公司或社会资本方（未成立项目公司时）负责项目建设，同时负责项目规划设计，此时，政府方并不直接负责项目建设，对于相关信息的把握会有一定的缺失。②承包商作为社会资本的牵头方，既是施工总承包单位，又是项目公司重要控制人，对于承包商来讲，工程造价越高施工利润越高，在对投资控制没有有效约束的情况下，施工总承包单位会主观推动投资增加。③砂、碎石、钢筋等主材价格不断上涨，工程进展缓慢，导致工程施工后期发生大量价差调整。④政府部门变更工程流程管控不严格、不系统，对变更工程的经济技术分析论证不够充分，随意性较强。⑤前期工程如征地拆迁、道路改移等滞后及其他不可控因素导致进度延误，施工期延长，增加建设期财务费用。

根据实施预算绩效管理的有关要求，用3～5年时间完善预算绩效管理制度，强化预算约束，实现预算管理、绩效管理一体化，进一步提高公共资金的配置效率和使用效益，"投建营+EPC"项目政府付费或政府补助均纳入政府一般公共预算管理，是地方政府和各级部门的刚性支出，控制项目建设总投资是落实全面预算绩效管理的具体要求。

（二）管控措施

1. 完善政府方的投资控制机制

目前关于"投建营+EPC"项目的投资管理的机制并不明确，如《国务院关于投资体制改革的决定》《中共中央国务院关于深化投融资体制改革的意见》均规定了对企业投资项目、政府投资项目的管理思路，但是对于"投建营+EPC"项目的投资管理，如项目的设计概算是否要审查、施工图预算是否要审查均存在不明确之处，项目是否需要审计也存在一定的争议。目前《政府投资条例》（国令712号文）第九条规定政府采取直接投资方式、资本金注入方式投资的项目（以下统称政府投资项目），项目单位应当编制项目建议书、可行性研究报告、初步设计，按照政府投资管理权限和规定的程序，报投资主管部门或者其他有关部门审批。全过程工程咨询单位应帮助业主对项目进行以下审查，一是项目建议书提出的项目建设的必要性；二是可行性研究报告分析的项目的技术经济可行性、社会效益以及项目资金等主要建设条件的落实情况；三是初步设计及其提出的投资概算是否符合可行性研究报告批复以及国家有关标准和规范的要求；四是依照法律、行政法规和国家有关规定应当审查的其他事项。

全过程工程咨询单位帮助业主对项目进行在线监测、现场核查等方式，加强对项目实施情况的监督检查。通过在线平台如实报送项目开工建设、建设进度、竣工的基本信息。依法对项目有监督管理职责的其他部门建立政府投资项目信息共享机制，通过在线平台实现信息共享。按照国家有关规定全过程工程咨询单位帮助业主加强项目档案管理，将项目审批和实施过程中的有关文件、资料存档备查。应公开政府投资年度计划、政府投资项目审批和实施以及监督检查的信息。全过程工程咨询单位帮助政府进行项目的绩效管理、建设工程质量管理、安全生产管理等。

2. 项目前期工作尽可能深入，严控建设总投资

项目前期工作深度是"投建营+EPC"项目建设总投资控制的重要基础，应尽可能将前期工作做得更加深入。根据国家部委对政府与社会资本合作类项目的一般规定，此项目实施机构需完成征地拆迁、地质勘查（初步勘查和详细勘查）、项目建议书、可研报告、初步设计或施工图设计等前期工作，项目前期工作如可行性研究、初步设计和施工图设计越深入，投资金额（投资估算、设计概算、施工图预算）测算越准确，地质勘查越准确到位，越有利于实施机构对"投建营+EPC"项目建设总投资进行控制。

全过程工程咨询单位应帮助政府按照项目审批流程建立一个动态的项目总投资额的确定机制，根据项目本身特性、规划设计深度、实际建设进度、市场变动、银行利率波动等因素、指标进行调整。在项目的立项筹备阶段，就开始对项目进行管控，对项目可行性研究报告中的项目报价进行初次估算，并后根据可行性报告中的估算报价作为政府采购的暂定价。

五、项目风险分担不合理

（一）痛点描述

"投建营+EPC"项目普遍生命周期长，有的可超过30年的特许经营期，在如此长的周期内，很可能由于政治、技术等因素变动而导致不可预见的风险发生，这既包括不利于项目实现的负面因素带来的各项成本增加等，也可能包括有利于项目的积极因素而带来的成本减少或利润增加。因此，项目风险合理分配是成败的关键因素，也是公共部门和私人部门合作谈判的焦点之一。在"投建营+EPC"模式中，绝大部分建设工作由社会资本方（项目公司）完成，若在风险分配等问题上不能准确根据项目实际情况分配，则有可能导致不恰当地将社会资本方承担的风险由政府方承担，从而导致投资失控。

（二）管控措施

1. 强化项目公司治理体系

全过程工程咨询单位应帮助政府通过修改目标公司章程的方式，介入公司董事会，强化对于项目公司日常经营行为的监管，实质上行使股东对于目标公司重大经营事项的知情权、管理权。

2. 原有股东增信措施

全过程工程咨询单位帮助政府与社会资本方明确约定退出时的股权转让价格条款，从而实质上获得回报保障，同时要求社会资本对于股权回购提供一定的履约担保，全面保障自身固定收益回报的顺利实现。

3. 设置股权保障条款

在合作协议中，全过程工程咨询单位帮助政府与社会资本约定相应的保障投资方股权安全性的条款，例如可以设置反稀释条款，以避免社会资本通过低价引入新股东或者低价引入关联方对政府的股权进行稀释；或者设置领售权、随售权条款，最大限度保全投资方退出时的便捷性和安全性。

4. 约定优先清算权利

政府可以与目标公司原有股东约定，如目标公司进入清算阶段，则政府方应优先于原有社会资本获得受偿，从而保障投资方的股权权益，减少损失。

5. 明确合同当事人之间的权利义务关系

"投建营+EPC"项目具体的风险分配需要根据项目实际情况，以及各方的风险承受能力，在谈判过程中确定，不同合同中的风险分配安排可能完全不同（表8-1）。

相关政策文件中关于项目风险分配的相关规定 表8-1

文件	具体内容
《PPP项目合同指南（试行）》（财金〔2014〕156号）	第三章第十一条规定了PPP项目的风险分配基本框架，即按照风险分配优化、风险收益对等和风险可控等原则，综合考虑政府风险管理能力、项目回报机制和市场风险管理能力等要素，在政府和社会资本间合理分配项目风险。原则上，项目设计、建造、财务和运营维护等商业风险由社会资本承担，法律、政策和最低需求等风险由政府承担，不可抗力等风险由政府和社会资本合理共担
《关于加强中央企业PPP业务风险管控的通知》（国资发财管〔2017〕192号）	对中央企业参与PPP（政府与社会资本合作）业务提出了更严格的风控要求

文件	具体内容
财政部《政府和社会资本合作项目财政管理暂行办法》(财金〔2016〕92号)	政府应将PPP项目物有所值评价报告、财政承受能力论证报告、采购文件、合同文本等重要资料和数据录入财政部政府和社会资本综合信息平台。实务中，社会资本方无法直接查询本级政府参与的其他PPP项目及有关财政预算支出负担情况，无法确认因所拟投项目的增加是否触碰了本级政府一般公共预算支出10%的红线，故应要求政府方进行全面准确的信息披露并在协议中设置有关风险防范条款

六、实施机构重叠

(一)痛点描述

由于长期以来形成的政企不分的局面得不到迅速的改善，政府和承包商之间的边界模糊问题，使得大量"新基建"项目的前期工作由承包商承担和完成。当项目运作方式转换成"投建营"时，部分地方政府可能仍习惯性认为下属企业及承包企业应该变相参与"投建营+EPC"项目，并把"投建营+EPC"项目简单视为分配任务，交由原先负责项目前期工作的承包企业或下属企业继续负责，后者自然"顺理成章"成为实施机构。然而，将承包企业平台公司或其他承包企业，定位为项目实施机构，导致项目无法进行高效运作。

(二)管控措施

1.实施机构由指定政府性质机构担任

实施机构在"投建营+EPC"项目的整个实施过程中扮演十分重要的角色，监管框架之中除了建立协调机制外，还要设立项目实施机构，项目实施机构主要负责项目开发、项目采购、项目监管以及项目移交等。在项目开发阶段，项目实施机构主要负责编制项目实施方案或是项目可行性研究报告，具体包括项目概况、风险分担与收益共享、项目运作方式、交易结构、合同体系以及监管架构。在项目采购阶段，项目实施机构要选择适当的采购方式、成立采购结果确认谈判工作组、对采购文件的澄清和修改、依据发布资格预审文件等。项目实施机构要对项目前期以及运营期进行监督管理和介入，以保证项目的执行以及质量。项目移交通常是指在项目合作期限结束或者项目合同提前终止后，项目公司将全部项目设施及相关权益以合同约定的条件和程序移交给政府或者政府指定的其他机构。在"投建营+EPC"项目移交前，通常需要对项目的资产状况进行评估并对项目状况能否达到合同约定的移交条件和标准进行测试。因此，关于实施机构的选择一定要保证合理、合法合规。如表8-2所示，是对相关政策文件中关于实施机构主体的相关规定。

2.实施方案的编制及审核

实施方案体现"投建营+EPC"项目的核心条件，是政府审批决策的依据，也是"投建营+EPC"合作关系展开的基石。根据《政府和社会资本合作模式操作指南(试行)》(财金〔2014〕113号文)，实施方案通常应包括以下内容：项目概况、风险分配基本框架、项

文件	具体内容
国家发展改革委关于《开展政府和社会资本合作的指导意见》(发改投资〔2014〕2724号)	"按照地方政府的相关要求,明确相应的行业管理部门、事业单位、行业运营公司或其他相关机构,作为政府授权的项目实施机构,在授权范围内负责PPP项目的前期评估论证、实施方案编制、合作伙伴选择、项目合同签订、项目组织实施以及合作期满移交等工作"
《基础设施和公用事业特许经营管理办法》	第14条:"县级以上人民政府应当授权有关部门或单位作为实施机构负责特许经营项目有关实施工作,并明确具体授权范围"
《关于组织开展第三批政府和社会资本合作示范项目申报筛选工作的通知》(财金函〔2016〕47号)	附件1:PPP示范项目评审标准 第一条 PPP相关参与主体是否适格。有下列情形之一的,不再列为备选项目:政府方:国有企业或融资平台公司作为政府方签署PPP项目合同的

目运作方式、交易结构、合同体系、监管架构、采购方式选择等。

在项目开发阶段的前期会制定初步实施方案,政府或者实施机构在制作(或委托咨询机构制作)的过程中,仅针对项目本身进行考虑。而一个完善的实施方案需要将政府与潜在社会资本的意志相结合,满足双方的诉求,这样的方案才有落地实施的可能性。

在财务分析方面,前期的初步实施方案的数据来源和结论往往缺乏准确的依据,经不起推敲;但实施方案必须综合考虑具有法律效力的《项目建议书》《可研》,并根据调研的情况对相关数据进行修正,以确保方案符合客观实际。

实施方案的通过则意味着项目进入了采购阶段,直接面对的就是选择投资人,商谈条件。因此实施方案的体系应当是比较完善的,综合考虑了风险分配、合同体系、监管架构等,部分条件如项目范围、收益回报机制等必须明确,否则将为采购阶段带来巨大的不确定性,不利于选择适当的合作方。

实施方案的审核,根据113号文的规定,编制主体为政府或其指定的有关职能部门或事业单位,审核主体为政府方,一般为财政部门或"政府和社会资本合作中心"。为提高工作效率,财政部门应当同相关部门及外部专家建立项目的评审机制,从项目建设的必要性及合规性、"投建营+EPC"模式的适用性、财政承受能力以及价格的合理性等方面,对项目实施方案进行评估,确保"物有所值"。评估通过的由项目实施机构报政府审核,审核通过的按照实施方案推进。实施方案的编制要根据国家项目管理规则,咨询企业接受政府、项目实施机构或社会资本的委托,对此类项目实施方案进行评审。评审应对项目实施方案进行物有所值和财政承受能力验证,通过验证的,由项目实施机构报政府审核;未通过验证的,可在实施方案调整后重新验证;经重新验证仍不能通过的,不再采用"投建营+EPC"模式。通过验证的实施方案经项目实施机构报地方政府进行方案审核,经过审批后才能组织实施。地方政府或授权的"投建营+EPC"项目工作小组可邀请相关部门和行业专家、法律专家、财务专家对实施方案进行审核,并按照要求对实施方案进行公示(表8-3)。

文件	具体内容
《基础设施和公用事业特许经营管理办法》	第10条：特许经营项目实施方案应当包括以下内容： （一）项目名称； （二）项目实施机构； （三）项目建设规模、投资总额、实施进度，以及提供公共产品或公共服务的标准等基本经济技术指标； （四）投资回报、价格及其测算； （五）可行性分析，即降低全生命周期成本和提高公共服务质量效率的分析估算等； （六）特许经营协议框架草案及特许经营期限； （七）特许经营者应当具备的条件及选择方式； （八）政府承诺和保障； （九）特许经营期限届满后资产处置方式； （十）应当明确的其他事项
国家发展改革委关于《开展政府和社会资本合作的指导意见》（发改投资〔2014〕2724号）	第4条第（二）款规定按照地方政府的相关要求，明确相应的行业管理部门、事业单位、行业运营公司或其他相关机构，作为政府授权的项目实施机构，在授权范围内负责PPP项目的前期评估论证、实施方案编制、合作伙伴选择、项目合同签订、项目组织实施以及合作期满移交等工作

七、项目绩效考核机制不健全

（一）痛点描述

"投建营+EPC"项目的特殊性决定了项目绩效评价与一般的政府投资项目或传统建设项目绩效评价有所不同。"投建营+EPC"项目绩效评价是在项目确定实施"投建营+EPC"模式之后，从项目关系人的要求和关心的项目目标利益出发，对项目实施、运营相关的经济、社会、风险分担、环境和技术等各方面因素，从项目投入、过程控制、结果、影响等角度进行全面和客观的评价。在"投建营+EPC"项目中许多社会资本把项目看成一块巨大的"蛋糕"，只关注自身利益，不注重工期、成本、质量的考核，项目移交政府的时间、质量都存在很大的不确定性。并且，目前存在相当一部分项目绩效考核方案设计千篇一律、绩效考核内容价值不高等问题。这将严重影响项目运作，从而降低公众对"投建营+EPC"项目的满意度。

（二）管控措施

"投建营+EPC"项目持续周期长，项目的绩效评价分为五阶段进行。

第一是在项目开发阶段是建设完成后进行项目的前期绩效评价，主要针对项目前期立项、设计、招标及施工阶段指标的评价。通过此阶段绩效评价，可在运营阶段作出控制运营成本、改革管理方法、调整设备维护期等措施，有效提升项目运营阶段的品质。第二是项目建设阶段的管理绩效监管，包括对质量、成本、进度等方面的监管；第三是项目运营阶段的运营绩效监管，包括质量、价格、服务水平和财务等方面的监管，保证项目建设和运营过程中公共产品的质量和服务的效率；第四是对资金支付的监管，建立资金共管账户；第五是项目移交阶段的移交绩效的监管，包括移交范围的监管，资产的评估和性能测试等方面的监管。全过程工程咨询单位帮助业主进行财政和部门评价根据，并加强对这方面的指导，推动提高评价的客观性和公正性。

监管指标：投资（价款调整管理：变更、调价、索赔、签证，进度款审批与支付管理，工程结算管理）、进度（年度投资计划、项目进度计划、里程碑进度计划、形象工程进度计划）、质量（工程报监备案、质量问题跟踪、工程报验、主材设备管理）、安全（安全问题跟踪、事故处理记录）、合同管理（合同登记、补充合同、合同支付）。因此，在对"投建营+EPC"项目进行绩效评价时，一方面不能通过综合单一结果的进行评价，而是要通过"4E"原则反映项目真实结果的进行评价；另一方面是通过项目逻辑流程进行实质性的系统评价，从项目投入、项目过程、项目结果、项目影响这一投入产出的逻辑体系去系统性地考核项目，进行项目绩效评价的改进和提高，提高项目的执行效率（表8-4）。

相关政策文件中关于项目绩效考核机制的相关规定 表8-4

文件	具体内容
国家发展改革委《关于开展政府和社会资本合作的指导意见》（发改投资〔2014〕2724号）	第5条五、提升专业能力……绩效评价。项目实施过程中，加强工程质量、运营标准的全程监督，确保公共产品和服务的质量、效率和延续性。鼓励推进第三方评价，对公共产品和服务的数量、质量以及资金使用效率等方面进行综合评价，评价结果向社会公示，作为价费标准、财政补贴以及合作期限等调整的参考依据。项目实施结束后，可对项目的成本效益、公众满意度、可持续性等进行后评价，评价结果作为完善PPP模式制度体系的参考依据
《政府和社会资本合作项目财政管理暂行办法》（财金〔2016〕92号）	第二十七条 各级财政部门应当会同行业主管部门在PPP项目全生命周期内，按照事先约定的绩效目标，对项目产出、实际效果、成本收益、可持续性等方面进行绩效评价，也可委托第三方专业机构提出评价意见
《项目支出绩效评价管理办法》（财预〔2020〕10号）	第十四条 与评价对象密切相关，全面反映项目决策、项目和资金管理、产出和效益；优先选取最具代表性、最能直接反映产出和效益的核心指标，精简实用；指标内涵应当明确、具体、可衡量，数据及佐证资料应当可采集、可获得；同类项目绩效评价指标和标准应具有一致性，便于评价结果相互比较
《政府和社会资本合作（PPP）项目绩效管理操作指引》（财金〔2020〕13号）	第十七条 项目实施机构应根据项目合同约定，在执行阶段结合年度绩效目标和指标体系开展PPP项目绩效评价。财政部门应会同相关主管部门、项目实施机构等在项目移交完成后开展PPP项目后评价

第二节　项目招采阶段

一、招标形式难确定

（一）痛点描述

在"投建营+EPC"模式下，承包商通过投资来锁定EPC总承包工程。因此，承包商在同业主达成具有约束力的合作协议、合资协议、股东协议、增资协议和/或收购协议等交易文件中，往往要求明确，目标项目的EPC工程总承包排他性地授予作为小股东的承包商，以防在参股投资交易落实后，大股东将EPC总承包工程或部分工程授予其他承包商，导致承包商对项目运作的目的落空。"双招并一招"无法适用于非特许经营性项目，而投建营项目又不全部是特许经营性项目；投建营项目在选择投资人时存在多种采购方式，中标的投资人想承接设计施工业务又必须参加二次招标。

因此，在项目运作之初，大股东应对招投标法律进行调研，以查明对目标项目的承建是否可以与承包商直接签订EPC总承包合同，还是须以招标形式选择EPC承包商。如果法律要求目标项目的建设须以招标形式选择承包商，"投建营+EPC"项目运作模式不具有法律上的可行性，容易与承包商造成纠纷。

（二）管控措施

1. 一次招标确定小股权投资的承包商

根据投资人与EPC分开采购存在的问题，比较合理的解决方案是全过程工程咨询单位在"投建营+EPC"项目招标时一次招标确定小股权投资的承包商，即资格预审确定意向投资人参与最后阶段的竞标，确定最终中标人承担项目投资、建设及运营任务。发布资格预审公告时，在资格预审文件中明确项目类型为"投建营+EPC"，明确投资的基本情况，包括资本金注入情况、建设期及运营期业主支付方式，资格预审采取合格制，凡是有意愿投资且满足条件的都确定入围，入围公司可与业主进一步商讨项目细节，就合同条件、会议记录与项目技术规范等提出意见和建议，在最后竞争阶段，采用公开招标方式发布招标公告，各入围公司根据招标文件要求提供最终财务方案、法律方案、项目建议书、建设与运营方案，以最低价奖励的评审标准确定最终中标人。中标人负责项目融资、设计、施工、采购、试运行、运营和维护，业主将在建设期及运营期支付投资人相应合同金额。

这样的操作模式，在国际投建营项目已经很成熟，在传统承发包模式中，也有一些成功案例。一方面可以集思广益，让各家潜在投资人参与市场定位、产业策划、优化设计方案，使得设计方案更为合理，更符合市场需求；另一方面，减少设计变更甚至重大调改，从而降低项目总投资，减少业主不必要的支出；同时还可以增加项目的收益性，减少项目后期纠纷，使项目得以顺利实施。但这种模式在操作过程中也存在一些问题需要解决。

2. 确保招标方式的合法性和招标文件内容的合法性

"投建营+EPC"模式下招标条件涵盖了投资人及EPC总承包单位的选择，使两项招标内容合二为一，明显提高了投标人的资格要求，使符合双项条件的潜在投标人大大减少，市场的有效竞争性变小。由于缺乏通用的招标文件范本及明确的相关规定，招标方式的合法性和招标文件内容的合法性需要引起足够的重视。为此，全过程工程咨询单位可以为项目设置以下招标条件：

（1）采用公开招标方式，并接受相关企业组成联合体参与投标，以增加潜在投标人，扩大有效的市场竞争。

（2）以投资回报率及建安费下浮率作为竞价指标，充分利用市场竞争来节省业主的投资。设定限价招标等措施，把"投资无底洞"消灭在项目发包之中。

（3）要求投标企业具有与项目情况相适应的资质和业绩，以保证有实力的企业参与投标，以防中标后层层转包的情况发生。中标企业应通过自身资金实力获取投资回报，依靠自身技术力量、综合采购能力和管理经验控制建造成本获取施工利润。

（4）采用资格预审流程，在投标前对潜在投标人进行资格审查。一是可以获取潜在投标人的数量信息，及时调整下一阶段的招标条件，以防流标情况的发生；二是通过资格预审筛选出满足资质要求且有实力的企业成为合格的投标人，为项目的顺利实施创造条件。

（5）对招标文件内容进行严格的会稿和审核，严禁出现涉嫌"以其他不合理条件限制、排斥潜在投标人或者投标人"的相关条款。

二、社会资本竞标积极性难保障

（一）痛点描述

与传统模式下工程招标的方式不同，"投建营+EPC"项目的EPC承包商在投标时，需要根据业主的预期目标和功能要求以及设计原则完成工程项目的概念设计或者初步设计，在工程报价时往往只是对工程造价的一种估计，准确程度有限，参与投标的EPC承包商需要投入的精力和费用比传统模式下要大得多。

一般说来，在传统模式下，投标人参与投标的费用只占整个工程项目总投资的0.04%～0.15%，而在"投建营+EPC"模式下投标人参与投标的费用要占整个工程项目总投资的0.18%～0.32%。在"投建营+EPC"模式下，EPC承包商承揽工程的预期利润率一般在10%左右，准备投标的时间一般为2～4个月，工程项目的建设期为2～3年，运营时间在8～27年，所以投资人在参与项目的投标时，如果投标的费用超过投资人预期可能盈利收入的10%，对优秀的投资人来说，该工程项目可能就失去了吸引力。

假若总投资为10个亿，则传统模式下参与招标的费用为40万～150万，而在"投建营+EPC"模式下投标人参与投标的费用为180万～320万元，EPC承包商的预期收益为10000万，若此时投标费用超过1000万，而且中标概率较小的情况下，优秀的投标人在做内部决策时，投标决策委员会大概率会选择不参与此项目的投标。对于政府方而言，失去了一次很好实现价格发现功能的机会。

（二）管控措施

1. 对未中标的社会资本适当补偿

招标阶段既要保证社会投资人有足够的利益驱动，又要最大化地降低政府的支出，需要有充分的竞争机制。

财金〔2016〕92号颁布的《政府和社会资本合作项目财政管理暂行办法》第十四条提出："参加采购评审的社会资本所提出的技术方案内容最终被全部或部分采纳，但经采购未中选的，财政部门应会同行业主管部门对其前期投入成本予以合理补偿。"对社会资本投标人的补偿，大大鼓励社会资本参与竞标的积极性。

"投建营+EPC"项目可参考财金〔2016〕92号第十四条的规定，在招标阶段可以对未中标的社会资本进行适当补偿，提高竞争积极性，最大化的通过良性竞争来实现价格发现功能，而不应该对优秀的投资人拒之门外。

2. 全过程工程咨询单位应做好充分的前期工作准备和采购流程设置，降低"投建营+EPC"模式下项目的交易风险和成本

采用"投建营+EPC"模式，对政府项目前期工作、政府采购管理、政府决策管理能力都提出了更有针对性的要求，对咨询单位的项目全过程管理和投资控制的咨询能力也提出了较高的要求。全过程工程咨询单位应根据EPC设计方案和投资总价的竞争要求，委托设计单位编制初步设计方案并且对地质情况进行相对详细的勘察，给社会资本投标提供合理的投资参考资料，提高设计方案和可调总价竞争的可行性，降低社会资本的投标风险及政府与社会资本的交易风险成本。

三、EPC承包商的退出难防范

（一）痛点描述

工程承包企业参与小比例投资的主要目的是获得项目EPC总承包，加上小股权比例难以主导项目后续经营，很多企业并不追求长期持有项目股份，而希望在项目在EPC结束后尽快出让所有股权。在这种情况下，工程承包企业一般提前设置好退出机制。"投建营+EPC"项目的基本退出机制设计为确保承包商在约定的时间点能确定退出，在实践中，通常在参股投资交易文件中设置回购（Put Option）机制，即在投资交易约定的时间点之后，承包商作为小股东，有权向项目的大股东售出，且大股东有义务购买承包商持有的股权，承包商会特别关注和合理设计这种回购机制，设置合理的回购价格，防止不合理的回购条件，以确保能通过回购机制安全退出。

（二）管控措施

在这种情况下，全过程工程咨询单位在招标文件中应明确股权转让时限，要求承担项目EPC建设的投资人在项目达成商业运行并度过缺陷责任期、质保期和不稳定期，甚至完成项目第一次大修之后才可退出。全过程工程咨询单位应特别注意承包商在投融资方案策划阶段就相应策划项目的退出方案，如离岸公司的使用、投资文件控股权变更机制的设计和融资模式的选择等。业主同意在参股投资交易文件中设置回购（Put Option）机制的，也应特别关注回购价格及回购条件。

四、EPC合同价格形式不明确

（一）痛点描述

参股投资人采购完成后，由项目公司与中标投资人签署EPC合同，没有进行捆绑招标。如果一个投建营项目投资人中标时，设计图纸尚未完善，项目公司的管理层有中标投资人参与，现实中社会资本往往只关注施工利润，而施工利润的多少又与工程总投资密切相关。这个时候，如果采用的是EPC总价合同，由于前期设计方案论证不够充分，由此留下诸多隐患，难以调解。如果采用的是单价合同，结算价格按照实际工作量据实调整，参股投资的EPC承包商主观上很难有优化设计、节约投资的动力，项目后期结算、财政审核、审计势必工作量大、周期长，双方容易产生分歧。

（二）管控措施

在项目初步设计提交成果并被政府方接受后，由政府方主张实行"投建营+EPC"招标，实操中有部分项目是基于可行性研究报告或方案设计开展采购活动的，投资估算的投资额与实际的投资额误差较大。合理地选择投标报价方式，显得尤为重要。

投标报价主要包括固定总价包干和费率招标两种报价方式，当"投建营+EPC"招标时，项目需求统一明确，建议采用总价包干的计价模式，总价包干的计价模式确认比较简单，易于结算，除了有重大设计变更，一般合同价不予调整，社会资本方承担着全部的工程量和价格风险。合同执行中，索赔的机会也比较少。

当招标不确定建设规模与建设标准，采用下浮率报价与最终批复概算作为上限价的结算方式。但是，在合同执行过程中，可能存在管理难度和较大的廉政风险；另一方面由于开口合同，上限价与概算批复额度相关，政府方承担较大的审计与监管压力。而且，当项目利润过低时，社会资本方可能通过索赔、签证的方式增加项目利润，使项目的实施过于繁琐。

在此模式下，全过程工程咨询单位可以建议政府方先明确项目需求，采用固定总价包干的投标报价方式。明确建设投资由社会资本方投标报价得出，除政府方提出的建设规模及建设标准调整，今后不再调整；明确概算编制依据和原则，如土建、安装工程定额标准、工料机单价确定原则、工程建设等各项取费标准等；在招标文件中需要设计任务书、概念设计文件及安装设备选型表框定投资额；在招标文件和项目合同中需要明确初步设计文件及初步设计概算的审查机制。从以上方面出发，在满足政府方功能性需求的情况下做好投资控制工作。

五、社会资本难选择

（一）痛点描述

政府采购公共项目中应用"投建营+EPC"模式时"两标并一标"的实质是简化了招标采购程序，因此要求政府有关部门对社会资本的适格性进行更加精准地考察。即该模式下什么样的企业或联合体更加适合作为社会资本方。

"投建营+EPC"项目社会资本考察内容可以划分为EPC总承包商硬实力考察和社会资本软实力考察两方面。从EPC总承包商的硬实力方面来看，社会资本需要具有足够的经济规模用以工程先期投资；具备先进的工艺水平解决工程技术上的难题；拥有对项目的整体把控能力，实行设计、施工、试运营等建设项目全过程的统一集成管理；具有项目管理、各方协调、组织管理以及风险预控等各方面的硬实力。从社会资本应有的软实力角度看，社会资本不仅要在项目启动阶段拥有资金规模和投融资能力，同时也要求具有市场判断力和良好的协调能力与政府部门进行交涉，更要在运营维护阶段体现出社会资本的商业传播、信誉水平、社会责任承担等各方面的软实力。

如何构建"投建营+EPC"模式下社会资本适格性考察指标体系，对EPC总承包商硬实力和社会资本软实力进行有效考察，会直接影响项目实施的效果以及资源配置的效率。

（二）管控措施

1. 创建公平竞争市场，选定最佳投资者

政府要为引入资本创造一个公平竞争的市场环境。这样才能在竞争机制的作用下，通过市场化运作的方式，实现优化资源配置、降低投资成本的目标。其中，政府需要做好三个方面的配套工作：①凡是涉及基础设施建设项目的信息必须提前向社会公布，实行事前预告制度，并且这也适用于对外招商的项目推介过程；②规范具体的信息发布内容，对向社会招标和招商的基础设施建设项目，必须事先明确技术参数和经济指标；③采取公开招标、竞争性谈判等方便各类企业公平参与的方式，并择优确定最合适的社会投资者。

2. 建立"投建营+EPC"项目的社会资本适格性指标体系

参考PPP及EPC项目的指标体系，全过程工程咨询单位可以将PPP与EPC项目选择模型的二级指标删减、合并，同时将过往经验与业绩水平两个强相关的一级指标合二为一，命名为项目经验。由此，从财务能力、技术能力、管理能力、项目经验和声誉水平提取出5个一级指标，并进一步细化为22个二级指标，从而建立"投建营+EPC"项目的社会资本适格性指标体系（表8-5）。

由于总结归纳出的评价指标体现社会资本的综合能力存在差异，所以需要根据各指标的内容联系实际操作确定出各指标在考察中的权重。可以采取专家打分法等方式对其进行定量评价，并对其适格等级进行划分，从中选择出最适合的社会资本。

目标	一级指标	二级指标
"投建营+EPC"项目社会资本适格性考察指标	财务能力 U1	资金实力 U11 融资信贷能力 U12 财务担保能力 U13 投标能力 U14
	技术能力 U2	工艺、工程技术 U21 专业人才情况 U22 运行方案的合理性 U23 机械设备等资源状况 U24
	管理能力 U3	项目管理能力 U31 与其他组织交流配合能力 U32 风险管理能力 U33 运营维护能力 U34 管理体系规范化程度 U35 企业文化素质 U36
	项目经验 U4	类似工程的质量优良率 U41 类似项目运营管理经验 U42 类似工程在建合同额 U43 类似项目投融资、建设经验 U44
	声誉水平 U5	社会责任履行程度 U51 相关合作方评价 U52 过往项目履约率 U53 业主满意度 U54

3. 慎重选择定标方法，提高采购效率

财政部以财金〔2016〕92号文件印发《政府和社会资本合作项目财政管理暂行办法》的通知，项目实施机构应当优先采用公开招标、竞争性谈判、竞争性磋商等竞争性方式采购社会资本方，鼓励社会资本积极参与、充分竞争。政府方在对"投建营+EPC"项目招标时，可根据项目实际情况采用公开招标、竞争性谈判、竞争性磋商等竞争性方式。

"投建营+EPC"模式对社会资本要求较高，目前市场中具备该模式下的管理能力和经验的承包人较少，所以在选择招标方式时，不宜采用较大范围的直接抽签或较大范围的票决抽签定标方式。

选择多少投资人参与投标最合适，我们可以采用以下公式来计算：

$$A \leqslant 10\% \times P/C$$

其中，A为最合适的候选投标人数，P为承包商参与该项目预期的利润率，C为承包商参与投标的费用占整个工程项目总投资的百分比。

假定P为10%，C为0.20%，则A不大于5。

政府方在形成候选投标人短名单时，要使邀请的投标人在5家左右，一般说来，政府方要求投标人在投标阶段提交的设计方案设计深度越高，投标人的工作量越大，投标人数目应该越少。可能三个候选投标人来参与投标就是最合适的。

六、中标价格难管控

（一）痛点描述

"投建营+EPC"模式拥有直接与业主议标的优势。采用议标的方式虽然可以节省工程业主在招投标阶段发生的各项费用，减少项目前期支出成本，但是承包商通过议标与工程业主进行一对一的谈判，能够避免与竞争对手直接进行价格竞争，工程的中标价格往往较公开招标要高。"投建营+EPC"项目投资人与工程建设企业签订联合体协议共同投标的情况最多见，在投标过程中，工程建设企业的各种测算是从EPC承包方角度还是从投资方角度做出的，这是一个需要明确的问题。出于报价习惯等原因，工程建设企业在报价时会忽略投资方报价与承包商报价的区别，而在签订承包合同阶段意图将所能预期到的变更、索赔等各项风险转嫁由项目公司承担。这种操作往往导致在工程合同中对EPC中的边界条件规定与政府招标时规定的不一致。

（二）管控措施

全过程工程咨询单位在编制招标文件时可以要求投标联合体就服务价格和工程价格分别报价，工程报价的意义在于考察服务报价的合理性，因此整个项目不论是投资部分，还是其中的EPC部分，政府划定的边界条件是一致的。

七、承包商话语权边界难确定

（一）痛点描述

"投建营+EPC"模式下承包商往往会利用话语权在劳务派遣、材料采购等方面给工程施工带来便利，节省实施成本。承包商为了保护自己的投资，一般会努力向项目公司的控股股东争取董事会和/或管理层的部分席位，如董事、财务总监等，如果项目公司的控股股东很强势，坚决不同意授予作为小股东的承包商以董事或高管席位，那么承包商可能转而向获得知情权和/或监督权努力，如查阅公司账簿和决策文件、列席董事会、监事会和高管决策会等权利。

基于EPC承包商的双重角色，如何把控承包商话语权的设置，才能既达到监管承包商的作用，同时又不损害承包商作为小股东的合法权益。这是一个困扰业主的难题。

（二）管控措施

全过程工程咨询单位在招标文件或合同中约定政府对项目公司的董事、监事、经理和其他高管任命以及对项目公司经营和决策权占据主导权，而作为合资方以小比例参股形式拉动EPC承包工程及项目运营维护服务的承包商，在董事、监事、经理和其他高管任命以及对项目公司经营和决策权方面则处于弱势地位，获取不到董事、监事、经理或其他高管的名额，无权参与项目公司的经营决策。但是必要时可以在合资文件中设置保留事项（Reserved Matters，即需要作为小股东的承包商同意才能决定的重大事项），以保障作为小股东的承包商的合法权益。

八、项目风险难分配

（一）痛点描述

"投建营 +EPC"项目普遍生命周期长，有的可超过三十年的特许经营期，在如此长的周期内，很可能由于政治、技术等因素变动而导致不可预见的风险发生，这既包括不利于项目实现的负面因素带来的各项成本增加等，也可能包括有利于项目的积极因素而带来的成本减少或利润增加。因此，项目风险合理分配是成败的关键因素，也是公共部门和私人部门合作谈判的焦点之一。在"投建营 +EPC"模式中，绝大部分建设工作由社会资本方（项目公司）完成，若在风险分配等问题上不能准确根据项目实际情况分配，则有可能导致不恰当地将社会资本方承担的风险由政府方承担，从而导致投资失控。

（二）管控措施

1. 投融资条款设置重点关注可控风险

投建营项目的投融资安排是项目实施的关键环节，强化投建营项目融资合同及融资条款的设置之目的在于防范投建营项目投融资风险。整个项目的实施过程中存在着复杂多样的项目风险，而项目融资风险与项目风险虽是不同的概念，但二者之间存在着密切关系，项目风险事件的发生可能会引发项目融资风险。项目融资风险主要反映在借款及还贷条件上，一旦融资成功，项目公司是否有能力偿还贷款，主要看项目的建设及运营情况，与项目的建设经营模式、项目的前期预测是否准确、政府的各种支持是否到位、项目产品的实际市场需求等有关。

项目风险按照风险因素是否可控分为可控风险、不可控风险。可控风险是指与投建营项目的具体实施相关、有成熟的或可借鉴的相应措施来降低或消除其负面影响的风险，该类风险是融资合同及融资条款设置需要关注的重点事项，当发生或可能发生无法还贷、无法按期完工、无法满足贷款发放条件等风险事项时应当及时采取相应的补救措施消除影响。

2. 遵循风险分配的基本原则，保证项目风险分担的合理性

"投建营 +EPC"项目合同的目的就是要在政府方和项目公司之间合理分配风险，明确合同当事人之间的权利义务关系，以确保顺利实施和实现物有所值。全过程工程咨询单位在设计合同条款时，要始终遵循上述合同目的，并坚持风险分配的下列基本原则：

"投建营+EPC"项目具体的风险分配需要根据项目实际情况，以及各方的风险承受能力，在谈判过程中确定，在实践中不同合同中的风险分配安排可能完全不同。

（1）通常由政府方承担的风险，包括：A.土地获取风险（在特定情形下也可能由项目公司承担）；B.项目审批风险（根据项目具体情形不同，可能由政府方承担，也可能由项目公司承担）；C.政治不可抗力（包括非因政府方原因且不在政府方控制下的征收征用和法律变更等）。

（2）通常由项目公司承担的风险，包括：A.如期完成项目融资的风险；B.项目设计、建设和运营维护相关风险，例如完工风险、供应风险、技术风险、运营风险以及移交资产不达标的风险等；C.项目审批风险（根据项目具体情形不同，可能由政府方承担，也可能由项目公司承担）；D.获得项目相关保险。

（3）通常由双方共担的风险：自然不可抗力。

"投建营+EPC"项目合作周期长，合同签订时不确定因素较多，建立完善的风险分配机制尤为重要：

1）建立针对整个项目周期的动态风险管理理念。项目整个寿命周期都有发生风险的可能，每个阶段的风险也都不是独立存在的，可能会影响其他阶段，需要被整体管理。在目前的风险分配机制中没有对共同承担的风险需要按照承担风险的比例来进行风险承担的收益分配或对其进行补偿的问题进行具体的分析与引导，同时对发生的不确定风险没有给出解决方法。因此，在进行风险分配时，对于现存的风险分配机制要加以补充，对于风险的分配，在预期的风险之外，要允许针对不确定风险进行动态调整，对与其所产生的收益或需要的补偿进行动态分析。

2）对风险建立专门的风险系统管理机构。良好的风险分配管理需要专门的管理机构。管理部门应为项目建立专门的风险评估模型，确定风险承担、解决和控制能力，做好风险评估与控制。例如，可以建立网络信息部门，利用网络信息技术等手段对项目风险进行监控，对风险分配进行动态调整，对风险所带来的收益和所造成的损失进行动态分配。

3）签订合同时允许设置动态条款。签订合同时应按照具体情况允许设置动态条款。在项目实施过程中，各个环节的实施都存在不确定性，应允许按照实际发生的风险进行条款调整，以保障合作双方的基本权利和义务分配的平衡。

为保证公共部门和私人部门权利义务的平衡，在分配风险时，应该按照风险分配的基本原则，且在合同中还应该设置动态条款，允许出现不确定风险时，对风险进行再分配。公共部门和私人部门应该针对项目风险共同建立统一管理监控机构和理念，采用有效的管理措施和技术手段，对风险分配进行动态管理，以保证项目的正常进行（表8-6）。

文件	具体内容
《PPP项目合同指南（试行）》	第三章第十一条规定了PPP项目的风险分配基本框架，即按照风险分配优化、风险收益对等和风险可控等原则，综合考虑政府风险管理能力、项目回报机制和市场风险管理能力等要素，在政府和社会资本间合理分配项目风险。原则上，项目设计、建造、财务和运营维护等商业风险由社会资本承担，法律、政策和最低需求等风险由政府承担，不可抗力等风险由政府和社会资本合理共担
《关于加强中央企业PPP业务风险管控的通知》（国资发财管〔2017〕192号）	对中央企业参与PPP（政府与社会资本合作）业务提出了更严格的风控要求
财政部《政府和社会资本合作项目财政管理暂行办法》（财金〔2016〕92号）	政府应将PPP项目物有所值评价报告、财政承受能力论证报告、采购文件、合同文本等重要资料和数据录入财政部政府和社会资本综合信息平台。实务中，社会资本方无法直接查询本级政府参与的其他PPP项目及有关财政预算支出负担情况，无法确认因所拟投项目的增加是否触碰了本级政府一般公共预算支出10%的红线，故应要求政府方进行全面准确的信息披露，并在协议中设置有关风险防范条款

九、承包商"明股实债"

（一）痛点描述

有些工程建设企业认为，既然自身参与投资的目的在于获得项目施工总承包资格而获取工程施工利润，参与投资并不符合其商业利益。因此，尽管在项目投标文件中将自身列为投资小股东，却往往会在公司章程或者其他与实际投资人签订的法律文件中，约定了与股东身份应当拥有的权利义务不一致的内容。例如，大股东在项目建成后按实际投资额加利息的价格购买工程建设企业的股权；约定工程建设企业不参与项目公司管理，也不承担项目公司的亏损；将工程建设企业的出资时间拖后并在到期前零对价转让给大股东，以实现其并不实际支付出资的目的等。上述关于"明股实债"的约定将会影响工程建设企业在"两标并一标"情形下获得项目承包权的合法合规性，从而可能会对整个项目的顺利实施产生重大的不利影响。

因此，大股东应当在"投建营+EPC"模式中采取措施防范和避免工程建设企业在项目公司中的"明股实债"问题，使工程建设企业真正成为本项目的投资人，履行股东的相应权利并承担相应义务，从而从根源上保证工程建设企业在"两标并一标"情形下获得项目承包权的合法合规性。

（二）管控措施

1. 严格甄选合作对象

全过程工程咨询单位应进行充分尽职调查，通过各类信用信息平台、第三方调查等方式审查合作方资格资质信誉，选择经营管理水平高、资质信誉好的合作方。对存在失信记录或行政处罚、刑事犯罪等违规违法记录的意向合作方，要视严重程度审慎或禁止合作。

不得选择与参股投资主体及其各级控股股东领导人员存在特定关系（指配偶、子女及其配偶等亲属关系，以及共同利益关系等）的合作方。

2. 合理确定参股方式

结合经营发展需要，全过程工程咨询单位应合理设计向业主建议持股比例，以资本为纽带、以产权为基础，依法约定各方股东权益。不得以约定固定分红等"名为参股合作、实为借贷融资"的名股实债方式开展参股合作。

3. 严格财务监管

全过程工程咨询单位要加强运行监测，及时掌握参股企业财务数据和经营情况，发现异常要深入剖析原因，及时采取应对措施防范风险。加强财务决算审核，对于关联交易占比较高、应收账款金额大或账龄长的参股企业，要加强风险排查。对风险较大、经营情况难以掌握的股权投资，要及时退出。不得对参股企业其他股东出资提供垫资。严格控制对参股企业提供担保，确需提供的，应严格履行决策程序，且不得超股权比例提供担保。

十、股东核心权益难保障

（一）痛点描述

小比例投资带动EPC的模式下，大股东往往需要联合工程承包企业向金融机构申请项目建设资金贷款，这时便涉及担保问题。通常融资机构会要求投资人出具基于还款增信目的的担保，如基于股东出资责任的出资担保，基于达成商业运行的完工担保等。由于工程承包企业既是投资者又是承包商的双重身份，因此应注意区分应该由其承担的担保责任。

在此类协议谈判过程中，大股东应关注分配给工程总承包商的义务与权利是否匹配，以及其作为大股东的核心权益如何得到保障，"投建营+EPC"模式下投资带动的是集设计、采购、施工一体化的工程总承包，业主对承包商实施项目的干预减少。因此，如何在签署上述协议时明确相关权益，建立在项目开发和经营阶段核心权益的法律保护机制至关重要。

（二）管控措施

在EPC合同中约定监管方式，维护业主方的合法利益。本项目的监理单位、质量检测单位及造价预算单位的选择由大股东作为招标人依法选择，并约定由大股东对其进行管理和拨付相关服务费，以防止监理单位、质量检测单位及造价预算单位受制于中标参股投资方而不作为的情况而损害大股东的合法利益。同时，由大股东在建设期内牵头组建考评小组，从人员到位、设备投入、工程质量、进度控制、安全文明等方面对项目建设管理情况进行监督检查。通过定期考核与随机考核相结合的方式，对公司建设管理情况进行考核，并将考核结果作为处罚的依据。

十一、材料设备价格难确认

（一）痛点描述

由于招标时设计深度不够，会产生大量的材料设备无投标报价或信息价参照，由于政府投资项目的特殊性，如果这些无价格参照的材料都需要通过招标的方式进行确认价格，一方面工期目标难以实现，另一方面通过招标竞争后确定的材料设备价格空间已经很小，工程总承包单位无利可图，势必影响项目的顺利实施。

（二）管控措施

材料设备价格的核定要有合法、合理、高效，基于上述原则，全过程工程咨询单位可建立材料设备价格核定流程和机制，建议成立多部门价格联合评审组，做到认质认价规范化、透明化。

十二、标段划分

（一）痛点描述

标段划分是制定招标方案的重点，也是工程总体筹划的关键环节，标段划分是否合理不仅影响建设管理单位管理人员的配备和相关资源的投入，而且对工程项目进度指标的完成具有一定的影响。

（二）管控措施

标段划分应视建设工程规模、建设工期、工程量大小、施工方案、施工方法、施工和管理难度、拟划分标段的投资、拟划分标段接口等综合权衡利弊后，然后进行划分。

十三、合同条款不明确易造成法律纠纷

（一）痛点描述

第一，付款条件。工程款可分为预付款、进度款、结算款。预付款应从是否设置预付款、预付款比例、支付时间限制以及抵扣条件等多方面考虑。进度款是问题最多的领域，工程款支付过多，容易造成承包商工作怠慢，影响工程进度，或被承包商挪为他用；工程款支付过少，容易造成承包商拖欠农民工工资，引起社会不良影响。第二，进度考核指标。EPC 项目从设计开始，直到项目竣工验收完成，整个项目工期长，必须抓项目进度，才能保证项目按目标完成。

（二）管控措施

要明确进度款支付的节点、列明扣除的有关费用、罚款的细则、核对工程量、确定项目单价、申请支付的资料要求等。工程结算款应按照审计结算报告支付。同时，业主应确保项目资金落实及建立工程款支付的相关制度，保证承包商能准时获得工程款。例如某管廊项目，在招标时，已经把预付款、进度款、结算款有关规定在合同中详细列明。如预付款按合同暂定价的10%计取，在签订合同15天内支付，并约定预付款回扣点为工程进度款达到合同建安造价的30%，开始从工程支付款中分一次性扣回。

EPC项目的工期目标决定了在招标文件中要明确项目里程碑事件控制点，如工程开工竣工时间、初步设计完成时间、施工图设计完成时间、主要结构施工完工时间、安装工程完工时间、关键设备采购时间等。同时，全过程工程咨询单位要建立 EPC 项目进度管理体系，确定进度考核指标，对项目进行宏观的把控。

第三节　项目建设阶段

建设阶段是"投建营+EPC"项目建成工程实体的阶段，是管控的重点阶段。为保证项目的建成效果，业主有必要对项目进行监控。但在监控过程中，业主有时会遇到很多难题，这很可能是"投建营+EPC"项目甚至是普通工程项目中的痛难点，只有解决这些痛难点，才可能使业主对项目实行有效监管，达到项目目标。

一、项目投资控制难，投资低效益、高浪费

（一）痛点描述

在"投建营+EPC"项目中，大多小股权承包商只是为了可以拿到项目建设权才对项目进行投资，与大业主共同投资项目成为项目的股东。这就产生了承包商在股东利润与承包商建设利润之间的博弈，即承包商在建设过程中为获得更高的建设利润而提高建设成本。因此，业主应尽力避免此类问题，防备承包商在建设项目的过程中利用自身对项目建设的控制权，与供货商等串通谋取不合理的利润。

（二）管控措施

1. 对项目实行全过程控制

对项目的控制应贯穿于工程设计、采购、合同签订、施工过程和竣工结算等各个方面，它是集经济、技术与管理为一体的综合性工作。一定程度上，投资效益的好坏可根据工程造价的高低进行判断（但并非绝对），也充分反映政府管控水平的高低和工作质量。

所以在建设项目实施过程中，全过程工程咨询单位可协助业主对项目进行全过程的造价管理，对造价实行静态控制、动态管理，并承担相应的经济责任风险。只有合理地确定和有效地控制工程造价，才能合理使用投资，达到最佳投资收益的目的。

2. 成立多部门价格联合审查组

为避免承包商通过抬高工程材料、设备采购价格获取不合理利润，全过程工程咨询单位可在"投建营+EPC"项目中成立多部门价格联合评审组，核定项目材料、设备的采购价格，建立合法、合理、高效的流程和机制，做到认质认价规范化、透明化。

二、规划设计不合理问题难克服

（一）痛点描述

工程设计质量的好坏，不仅决定着项目的工艺技术，更决定着工程造价的高低。实践表明，在保证安全可靠的基础上，在合适的设计标准和使用性条件下，降低造价的潜力非常大。因此，要降低工程造价，首先应把好设计关。若是对项目的规划设计不合理，很大程度上可能会导致项目失败。

（二）管控措施

1. 抓好设计方案比选

项目是否能以较少的投资取得最佳的效益，在很大程度上取决于设计质量的优劣。没有高质量的设计，就没有高质量的工程，精心设计是工程质量的重要保障。全过程工程咨询单位可协助业主首先抓好设计方案的比选，择优选定相对理想的设计方案。

2. 建立专门的设计图纸审查部门负责对设计图纸的审查

设计图纸审查工作不能流于形式，应有充分的评审时间和明确的评审意见。设计图纸应重点审查包括工程结构系统，构造状况，设备选型，管道线路系统及防火、环保等多方面内容，力求设计内容全面、系统，设计图纸精细、准确，各方面均符合技术规范和业主自身的要求。另一方面，设计图纸审查部门也应审查初步设计图纸与施工图设计图纸之间的差异性，是否存在偷工减料的行为。

3. 在设计阶段引入造价咨询制

在设计审查部门中设置造价咨询师，全过程地对设计阶段进行技术经济的分析和造价控制。

三、造价、工期、质量控制协调管理难度大

（一）痛点描述

项目建设目标的理想状态是同时达到最短工期、最低造价和最高质量，但在实际工程

中这是很难实现的。三大目标组成的目标系统是一个相互制约、相互影响的统一体。其中任何一个目标的变化，都势必引起另外两个目标的变化，并受它们的影响和制约。当强调造价和质量时，工期就不应要求过严；当强调项目的造价和工期时，质量就不能要求过高但必须达到合格工程；当强调质量和工期时，造价就不能要求过严。当有这种情况发生时，必须由业主做最后的决定。

（二）管控措施

全过程工程咨询单位可通过全过程可视化管理管控项目进度与成本。将BIM与工程项目管理信息集成，对项目进度和成本控制过程进行风险响应和实时监控。同时，将进度与合同、费用、质量、安全等融会贯通，并结合现场业务进行实时动态分析，确保项目进度和成本在计划控制范围内。如图8-1所示，为可视化在建设项目中的应用体系。

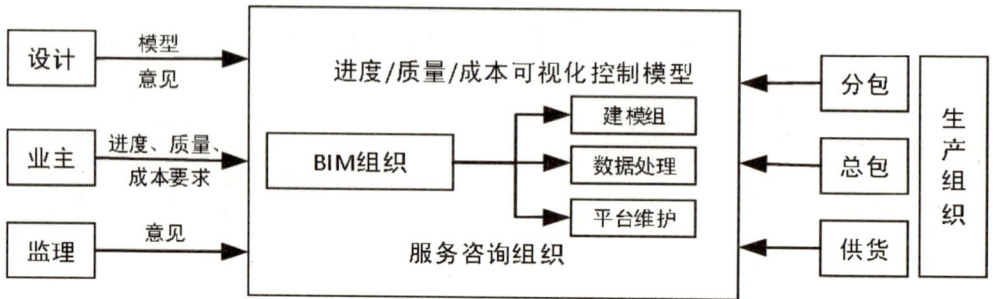

图 8-1　可视化控制应用体系

1. 可视化管理在进度控制中的应用

（1）对施工进度控制数据进行输入查询及修改；

（2）在进行施工进度规划表编制的基础上，更能够呈现网络计划或各类图形的多元化展现；

（3）随时进行图形的变化与数据的更新；

（4）通过实时更新施工进度，对施工过程中出现的问题进行同步修改或制定出改进与补救的方式，并能对施工进度做出进一步的优化；

（5）依照工程开展情况，预测出工程施工的变化趋势，便于管理人员决策的制定。

2. 可视化管理在质量控制中的应用

（1）对隐蔽工程的质量管理。要求施工单位、监理部门在建设的各个时期，按规范对隐蔽工程进行数码拍照，并及时将图片纳入建设管理图片库；

（2）对关键部位的质量管理。诸如桥梁、隧道等关键部位，在建设时期，由自动摄像设备，动态拍摄图片、影像，自动将图片、影像信息纳入建设管理图片、影像库；

（3）对变更工程必须拍照的，一方面可"看"其质量，另一方面可"看"其数量；

（4）在计量支付审批的同时，通过对影像信息的查询与评估，及时、动态地掌握各控制工程的现状，为审批者提供帮助；

（5）在可视化系统中还可建立超级用户查询窗口，影像库中增加工地全貌图，方便高级管理层在办公室快速查看工地现场的现在和过去。

3. 可视化管理在成本控制中的应用

（1）确定工程范围，对工程规模进行细化分解。

（2）将合同中的工程量清单按审批完成的分项和子分项进行分解，明确各分项和子分项的直接费用部分预算数值。

（3）财务部门按照各分项和子分项建立账目，并根据施工进度计划制定成本控制计划。

（4）强化首件子分项工程的成本控制，在相同条件下首件成本将会成为批量生产成本的度量。

（5）建立财务备查系统，将生产材料发放情况录入系统，工程、材料、财务三个部门即时对成本情况跟踪，一旦偏差出现，可立即反馈信息，全面进行分析纠偏，使项目成本在过程中可视化，从跟踪表中清晰掌握各工序的投入情况以便及时调整。

四、合同涉及参与方多

（一）痛点描述

"投建营+EPC"项目体量较大，在整个的项目体系中包含投资方、承包商、施工方、供货商等多方主体，因此项目的不确定性及协调管理难度增大。另一方面，国内落地的"投建营+EPC"项目仍较少，一些合同示范文本的缺失与历史数据、经验的不足，使得"投建营+EPC"项目在严谨度上相对较弱于一般的工程施工项目，工程施工合同有能力做成一个完备的合同，而"投建营+EPC"项目中不确定性的发生大多无法量化（如对周边环境变化对项目运营的影响），这对政府的监管能力提出了更高层次的要求。

（二）管控措施

由于"投建营+EPC"项目合同结构复杂，涉及主体多，事项涉及面广，各方之间可通过协议对权利义务进行约定并依约执行，建立基于责任清单的合同管理机制促进项目顺利实施。以项目融资而言，仅融资协议群就包含几十余份协议，此外，还有投资主协议、实施协议，以及建设期的EPC协议、运营期的运维协议、各类保险保单与咨询服务协议等，而且不同类别的协议之间有些条款相互交织，协议梳理的工作量比较大。因此，全过程工程咨询单位可通过编制责任清单的方式，帮助业主持续、正确、安全地把事情做好。

1. 责任梳理，分类管理

"投建营+EPC"项目合同下每年需要完成的工作任务种类繁杂，涉及的利益相关方众多。全过程工程咨询单位每年年初需要对"投建营+EPC"合同体系中的实施协议、融资协议及各抵质押协议下的工作责任进行全面梳理，编制年度责任清单。依据工作任务的性质，责任清单可以分为3类：规定时间内需要完成的工作、日常或持续性的工作、特定情况下需完成的工作。

（1）规定时间内需要完成的工作

规定时间内需要完成的工作是指协议中明确要求应在一定时间期限内完成的工作，包括投资、融资、建设、完工等关键事项。主要类型包括：项目所需获得的政府许可、批复，项目相关协议的审批、签署，项目建设进程确认，项目生产准备工作确认，项目调试、测试工作确认，承包商、运维商资质确认，保险申购及保单确认，土地注册及抵押事宜，股权注册及质押事宜等。

（2）日常或持续性的工作

日常或持续性的工作是指协议中要求在协议有效期内需持续性完成的日常性工作，以供利益相关方了解项目进度和管控情况。主要类型包括：提交建设季度报告、财务报告、保险报告，提交对应材料的采购和使用清单，支付贷款利息、承诺费、印花税等款项，协议注册及备案等。

（3）特定情况下需完成的工作

特定情况下需完成的工作是指协议中要求在特定情况下需履行的工作，主要涉及项目重大事项的变更。主要类型包括："投建营+EPC"合同、运维合同的重大事项变更，保险索赔事件，公司人事、财报、股权结构等重大事项变更，主要协议的修订或续签，政府许可、批复的变更或补发，报告影响项目完工的重大不利事件，报告税法变更，按照政府、贷款行各方的要求提交项目相关材料等。

2. 责任分解，明确时间

对各个合同协议下的工作任务进行梳理、分解和分类后，如何有效执行协议要求的工作任务、履行协议中的责任，是贯穿项目全程的重点工作之一。项目参建人员需要对合同协议有直观清晰的了解，便于对协议条款进行深度解读、及时履约及风险管控。因此，全过程工程咨询单位对梳理、分解后的各项工作需要明确所需完成的时间节点，尤其是规定时间内需要完成的工作，严格按照协议要求进行明确，并将各项工作分配到各责任人。

3. 督促落实，定期反馈

责任清单不仅体现分工，更体现协作，既需要责任部门牵头，也需要协助部门的大力支持与配合。因此，全过程工程咨询单位将合同协议中的工作任务分配到各责任部门后，应指定专人对各项工作进展进行跟踪，牵头部门和协助部门应正确解读协议要求，统筹推进办理。全过程工程咨询单位对规定时间内需要完成的工作，每月进行跟踪协同；对日常或持续性的工作，每月进行跟踪督促；对需在特定情况下完成的工作，每季度进行督促提醒。对于进度滞后或距离截止时间紧迫的工作，全过程工程咨询单位负责每周督促责任部门加快工作进度，并了解相应部门面临的困难，共同讨论解决措施，采取多层次方式推动完成相关工作；对于已完成的工作，做到工作进展及时更新，定期反馈工作所处状态。

4. 动态修订，形成闭环

全过程工程咨询单位应在年初对项目合同进行责任梳理分析、年末进行落实总结反馈，形成闭环。同时，由于外部条件限制未能按照协议要求在规定时间内完成的个别工作，需要提前与政府和贷款银行等利益相关方进行动态沟通。

五、合同履约失控可能性大

（一）痛点描述

合同履行过程中发生失误的风险有时比合同订立中的风险还要高。一方面，对于政府与承包单位之间的合同，因为合同在订立时往往有公司的高层管理人员亲自参与，还有律师协助，而合同履行过程中部分参与履约的人员对合同内容的理解程度较为浅显，这在一定程度上加大了合同履约失控事件发生的可能性；另一方面，大多"投建营+EPC"项目投资较大，工程较多，会涉及很多的参与方，这在一定程度上加大了合同履约失控的可能性。

（二）管控措施

1. 合同跟踪

在工程项目实施过程中，实际情况千变万化可能会导致合同实施与预订目标（计划和设计）的偏离。如果不采取措施，这种偏差常常由小到大，逐渐积累，最终会导致合同无法按约定完成。因此，全过程工程咨询单位应对工程项目合同实施的情况进行跟踪，以便提早发现偏离，采取措施纠偏。主要内容包括：

（1）跟踪具体的合同事件。对照合同事件的具体内容，分析该事件实际完成情况。

（2）注意各工程标段或分包商的工程和工作。一个工程标段或分包商可能承担许多专业相同、工艺相近的分项工程或许多合同事件，所以业主必须对其实施的总情况进行检查分析。

（3）对重点事件及关键工作进行监督和跟踪

1）及时提供各种工程实施条件，如及时发布图纸，提供场地，及时下达指令、做出答复，及时支付工程款等，为承包商提供良好的施工环境。

2）要求承包商按照合同规定的进度提交质量合格的设计资料，并应保护其知识产权，不得向第三人泄露、转让。

3）督促监理与施工单位必须正确、及时地履行合同责任，与监理和施工单位多沟通，尽量做到使监理和承包商积极主动地做好工作，如提前催要图纸、材料，对工作事先通知等。

4）及时收集各种工程资料，对各种活动、双方的交流做出记录。

2. 合同实施诊断

合同实施诊断是在合同实施跟踪的基础上进行的，是指对合同实施偏差情况的分析。

全过程工程咨询单位对合同实施偏差的分析，主要是评价合同实施情况及其偏差，预测偏差的影响及发展的趋势，并分析偏差产生的原因，以便对该偏差采取调整措施。合同实施诊断的主要内容：

（1）合同执行差异的原因分析。通过对跟踪对象的计划情况和实际执行情况的对比分析，不仅可以得到差异，还可以探索引起这个差异的原因。原因分析可以采用鱼刺图，因果关系分析图（表），成本量差、价差分析等方法定性或定量地进行。

（2）合同差异责任分析。即这些问题由谁引起，该由谁承担责任，这常常是索赔的理由。一般只要原因分析详细，有根有据，则责任自然清楚。责任分析必须以合同为依据，按合同规定落实双方的责任。

（3）合同实施趋向预测。分析不采取调控措施、采取调控措施以及采取不同的调控措施情况下合同最终的执行结果：

1）最终的工程状况：包括总工期的延误，总成本的超支，质量标准，所能达到的生产能力（或功能要求）等；

2）承包商将承担什么样的后果，如被罚款，被清算，甚至被起诉，对承包商资信、企业形象、经营战略造成的影响等；

3）最终工程经济效益（利润）水平。

3. 采取调整措施

经过合同诊断之后，全过程工程咨询单位应根据合同实施偏差分析的结果，督促承包商应采取相应的调整措施。主要有以下几类：

（1）组织措施，例如增加人员投入，重新计划或调整计划，派遣得力的管理人员。

（2）技术措施，例如变更技术方案，采用新的更高效率的施工方案。

（3）经济措施，例如增加投入，对工作人员进行经济激励等。

（4）合同措施，例如进行合同变更，签订新的附加协议、备忘录，通过索赔解决费用超支问题等。

4. 补充协议的管理

项目建设期间拟与各单位签订的各种补充合同、协议的，应在合同、协议签订前，按照备案、审核程序，将拟签订合同、协议交全过程工程咨询单位对其合法性和合理性以及与施工合同有关条款的一致性进行审核。

5. 利用信息平台对合同业务进行全过程管控，提高合同风险控制能力

通过平台，全过程工程咨询单位可将合同关键控制点与合同工作任务进行分解，并将其与工程项目分解结构WBS工作包或关键作业关联，同时与工程项目组织结构OBS执行负责人关联，确保合同关键控制点和关键工作任务受控。同时，平台围绕工程进度计划，建立合同收支两条线及合同执行过程预测预警和对比分析监控体系，帮助总承包商提升合同风险控制能力。

六、合同再谈判频繁

（一）痛点描述

现阶段在我国基础设施领域中"投建营+EPC"模式的运用并不成熟，同时"投建营+EPC"模式本身具有不完全契约的特性，在项目的建设阶段和运营管理阶段存在诸多不确定性乃至风险，经常会出现初始契约难以约定的情况，进而触发政企双方之间的再谈判。项目的再谈判比率随项目的进展呈递增趋势，频繁的再谈判会导致项目的管理效率低下以及资源的浪费。

（二）管控措施

1. 遵循风险责任、收益对等原则设置合同条款

"投建营+EPC"项目的投资大、体量大、周期长等特点不可避免地加大了项目在执行过程中的不确定性和风险性，因此。在设定合同条款时，可将再谈判引入合同，有效规避一些机会主义行为。因此，"投建营+EPC"项目的合同条款设置时，应遵守风险责任、收益、补偿、参与权利对等、权力约束对等、信息沟通对等和协调配合对等原则，如表8-7所示。

"投建营+EPC"合同条款设置原则一览表　　　　　　　　　　　表8-7

序号	原则	应用角度
1	风险责任对等	双方关于计价方式、风险的区分及分配、免责条款的适用等内容
2	风险收益对等	通过对合同条款的剖析，这一原则主要涉及工程价款调整和变更索赔大内容的几个方面。①环境变化方面；②材料价格调整方面；③物价波动方面；④价格调整方面；⑤变更估价方面；⑥变更支付方面
3	风险补偿对等	风险补偿对等条款主要包括收益共享条款、违约罚金条款及损失补偿条款。通过合同对比得出如下分析：①收益共享条款对比分析。收益共享条款中主要包括项目奖励和合理建议两个内容。②违约补偿条款对比分析。违约补偿条款内容主要涉及质量缺陷惩罚、项目延误惩罚以及履约惩罚。③损失补偿条款
4	参与权利对等	参与权利对等表现为合同中关于各项程序的条款约定。具体包括支付程序、索赔程序、变更程序、验收程序与移交程序（或删减移交程序）等内容 政府方在合同事件处理过程中有参与权，并对处理结果设置征求对方意见的环节；社会资本方在合同事件处理过程中有参与权，并对处理结果设置意见反馈的环节
5	权利约束对等	权力约束对等分为政府方约束与社会资本方约束两部分，其中政府方约束表现为支付时限要求与约定、调价时限要求与约定、验收时限要求与约定，社会资本方约束包括工作时限要求与约定、移交时限要求与约定 对政府方进行权力约束，合同事件处理程序中对政府方权力做出约束，不能单方面做出决定；对承包商进行权力约束，合同事件处理程序中对社会资本方权力做出约束，不能单方面做出决定

序号	原则	应用角度
6	信息沟通对等	信息沟通对等分为信息沟通事件、争议处理、重新谈判三方面，其中信息沟通事件的相关条款涉及早期预警条款、信息传递条款、信息共享条款等；争议处理主要是指争议出现时的解决途径：和解、调解、仲裁、诉讼等合同中的相关条款；重新谈判即约定项目进行中二次谈判（再谈判）的相关条款，包括不确定事件的预设等内容
7	协调配合对等	该部分表现为配合协作与应急联动两个方面，其中配合协作涉及设计交底与外部协调等条款；应急联动包括应急处理、联席会议等条款

通过这些原则的设立，可使合同的设立更具合理性，真正做到各方责任、收益、补偿、风险、权利对等，有效降低再谈判行为发生的概率。

2. 事前、事中、事后监管再谈判行为

（1）监管"投建营+EPC"项目再谈判发起方的机会主义行为

全过程工程咨询单位通过审查得出再谈判发起方具有机会主义行为时，应及时介入再谈判事件。全过程工程咨询单位要对履约情况进行监管，对是否存在机会主义行为进行审查。如果全过程工程咨询单位得出再谈判发起方存在道德风险发生机会主义行为，则不必启动再谈判，并对其处以罚金。

（2）监管再谈判触发事件的审查过程及结果

只有在"投建营+EPC"项目合同设置不合理或"投建营+EPC"项目运行过程中出现重大改变以及突发事件导致合同条款不合适时才可以触发再谈判。首先全过程工程咨询单位应对"投建营+EPC"项目合同进行比对，分析在项目合同中是否有相关内容及条款的规定，判断是否可以按照再谈判的启动条件发起再谈判。另外，业主需要对项目运行过程中出现的突发事件是否能够引起的再谈判的审查过程及结果进行监管，保证审查过程及结果的公平合理性，确保"投建营+EPC"项目能够成功运行。

（3）监管再谈判履约情况

在发起再谈判的一方既又没有机会主义行为又符合发起再谈判的条件时，双方的再谈判便会正式启动。在双方再谈判的过程中，全过程工程咨询单位的职能相当于裁判，对双方达成再谈判协议后的履约情况进行监管，避免履约延迟或履约不彻底，最大程度上保障项目的顺利运行。

七、风险控制难

（一）痛点描述

风险是不以人们的意志为转移并超越人们主观意识客观存在的。根据风险管理的原理，投机风险属于决策风险，往往无法预测和防范。但是纯风险往往有规律可循，有可能在风险发生前预测到，采取可行措施加以防范、化解、分散，将风险可能发生所带来的损失降到最低。

（二）管控措施

1. 强化风险意识，对项目实施风险评估和分析

任何经济活动，要取得效益，必然要承担相应的风险。在"投建营+EPC"项目建设中，业主的风险是非常大的，政策性及不可抗力等风险因素都会使业主蒙受巨额损失，甚至投资失败。风险是客观存在的，但是风险的存在并不是一无是处，一般来说，风险与效益的概率共存。这其中的关键，就在于在工程建设中，业主要善于分析风险，并针对项目实施过程中可能出现的风险采取有效的对策，避免、控制和转移风险，以实现预期的投资效果。在"投建营+EPC"项目中，全过程工程咨询单位可采取以下措施协助业主控制项目风险的发生。

（1）树立全员风险管理意识，把风险管理意识贯彻到参与项目的各类人员中，项目建设过程中依法办事，依法履约，通过法律的手段解决违约的问题。

（2）识别项目建设过程中存在的风险，列出风险清单。每个项目的具体风险也会存在一定的差别，因此风险清单的识别应结合具体的项目情况进行分析。

（3）实行风险规划，对风险事实评估和分析。风险分析和评价就是确定风险事件发生的概率和对工程目标影响的严重程度。在预测和识别的基础上对不确定性的风险进行定性和定量分析，为风险防范决策提供重要依据。

2. 推行工程担保和工程保险制度

为防范工程建设中可能出现的各种风险，全过程工程咨询单位可在"投建营+EPC"项目中推行严格规范的工程担保和工程保险制度，保障工程建设的顺利实施。一是承包商投标担保，确保中标的承包商按中标协议签订承包合同。二是承包商履约担保，确保承包商履行承包合同，降低或规避违约风险。三是付款担保。即业主和承包商对分包商、材料供应商的付款担保，确保分包商和供应商得到全部付款。同时还可通过投保建筑职工意外伤害保险、勘察设计等专业化社会中介机构职业责任险、保修保险及工程质量潜在缺陷保险等，以保证"投建营+EPC"项目的顺利实施。

第四节　项目运维阶段

一、承包商能力不足以应对复杂的运维体统

（一）痛点描述

随着技术的发展，行业的创新和发展，运维产品的种类和系统不断增加，生产系统架构日趋复杂，系统设施设备规模日趋庞大，系统运维复杂度不断提高，运维风险产生的影

响和扩散程度进一步加大，降低成本，提高系统可用率，加强合规管理，切实防范风险，已成为运营部门深化体制改革的目标。而目前运营阶段最大的瓶颈是具备运营维护能力的企业稀缺。承包商在运营维护方面尚停留在理论阶段，没有相关运营维护实战经验，存在着管理盲区。政府作为可用性服务费和运营维护服务费的绩效考核机构，承包商如未按合同要求履行运营管理、资产管理职责，提供满足政府或业主绩效考核要求标准的运营服务，则可能导致违约事件及绩效考核扣减项目收益的现象发生。

（二）管控措施

全过程工程咨询单位可以协助承包商合理地组织人员，优化资源分布，提高工作效率。同时，采用最新的高科技技术，提高维护管理工作的效率，降低人力成本，采用BIM技术，将工程项目可视化、信息化、集约化。通过模拟技术取得实验成果，优化施工方案，提高施工效率。同时对信息进行管理，有利于维护人员便捷地查找所需信息。随着北斗卫星体系的建立、5G技术的大面积应用，万物互联以及中国式人工智能的高速发展，这些技术全部可以应用在运营维管中，提高人机协同的和谐度，降低人力成本，提高运营的效率，具有无限可能的经济价值研究空间与不可估量的前景。

二、运营风险保障机制不完善

（一）痛点描述

"投建营+EPC"模式中的运营风险主要有市场收益不足、市场需求变化、收费政策变更、政府信用调整等方面风险。由于承包商都是建设类的企业，项目运作内容上特许期内的运维管理、公共建筑及商服配套工程物业及保洁服务、经营管理，住宅区域服务等都是其所不熟悉的领域，专业性不强等也会增加具体的运营风险，导致在运营中无法及时地发现风险并采取有效措施。

（二）管控措施

1. 建立内部控制管理制度，保障正常运营

运营风险主要体现在承包商的运营管理上，要减少这一类风险对项目运行效果的影响就必须构建系统、科学的内部管理制度，避免因管理不当导致企业效益受损。全过程工程咨询单位在进行内部管理制度建设时，决策管理、风险管理等都是重点建设内容，是项目公司正常运行、维护良好管理秩序、树立良好市场形象的重要保障。

2. 重视规划和智慧化运营管理，提高运营效率

对基础设施建设智能化建设进行规划，全过程工程咨询单位协助承包商建立全面立体的安全防护体系和科学智能的运维管理体系。利用大数据分析、人工智能等技术手段，以标准化为基础、平台化为载体、自动化为手段、智能化为核心，建立完善的运维管理制

度和运维反应机制，实现对运维管理信息系统的多层次、全维度的监控，部署智能化运维管理系统，保障基础设施项目高效、可靠地运行以使风险保障机制得到完善。

三、运营管理能力参差不齐

（一）痛点描述

承包商高效化的管理方式、科学化的管理技术、有序化的管理制度等都会提高项目运营的时效性，也会对项目运营成本带来相应的影响。面对多样化的管理而承包商运营管理能力却是参差不齐的，可能存在对同一问题管理方式不同，导致结果差别。如组织分工不明确、高度集中化管理等，间接性增加其管理带来的风险成本。

（二）管控措施

引进高层次专业化人才，完善人员结构。具备高层次、专业化的工作人员，承包商一方面可以加强内部的培养改善人员结构，另一方面可以通过外部招聘引入新的人才，不断充实人才体系，提升管理人员素质水平。在具备科学的人才结构体系后需要对项目运营的理念进行更新，需要借鉴已有成功的经验，加强对专业领域内工作的处理，对项目中其他一些不熟悉领域的内容可以选择外包的方式提高运作效率，有效完成工作目标。此外，采用"请进来，走出去"的方式，通过对外调研学习，对内聘请相关有经验的专家亲临指导，培养适合项目公司自身运营维护领域的团队并做大做强。提前筹划部署，通过树立运营维护品牌，实现市场份额滚动发展，形成企业新的利润增长点。

四、绩效考核体系可执行力不够

（一）痛点描述

部分绩效考核体系的指标设计不够完备，缺少可执行的细化指标、评分标准、指标权重等，在项目进入执行阶段后，如不调整原考核体系，则绩效考核可能成为形式化的产物。如对考核体系进行调整，双方对于合同履约的认知，以及对于原有体系调整的细节，必将带来高昂的再谈判成本。同时，由于评分标准设计得不够人性化，内容冗杂、繁琐或过于模糊，这样即便指标体系较为完善，也有可能影响考核体系的执行效率。

（二）管控措施

运用平衡记分卡确定成功因素和关键绩效指标考核机制作为项目绩效考核的基本框架。在考核指标设计方面，参照《关于推广运用政府和社会资本合作模式有关问题的通知》（财金〔2014〕76号）制定的5个方面考核指标，借鉴《关于印发PPP物有所值评价指引（试行）的通知》（财金〔2015〕167号）设置的物有所值定性分析指标的思路，通过对各行业已经公开的绩效考核指标进行统计分析，归纳出两级指标库，并设置权重取值范围。在后续项目中开展绩效考核时，首先，根据本项目特征，在指标库中择优选择，组建考核体系；其次，通过项目合同约定动态考核的时点，针对之前绩效考核评价中经常失分的指标，依据其取值范围扩大权重占比，如果比重已达到最大，则通过在指标库中提取相似指标替换经常满分指标的方式加以约束，以期实现对于公共服务质量精益求精的目标。

五、考核指标的动态调整机制差

（一）痛点描述

绩效考核体系设计的考核指标动态调整空间小，导致项目公司缺少对于运营维护质量"精益求精"的动力。目前，在已公开的PPP项目绩效考核方案中，并无对绩效考核指标动态调整的设计，现有考核机制大多以惩戒性为主，缺少切实可行的激励指标，不能调动项目公司对改善上期绩效考核中存在问题的积极性。

（二）管控措施

多方共同监管评价，提高绩效考核方案的落实率。目前，尚无明确的政策文件规定"谁来做绩效考核的主体"。鉴于绩效考核的复杂程度，建议由承包商牵头，由财政部门和行业主管部门共同参与，适时引入第三方机构，共同对项目进行绩效考核。

六、运营收益较低融资风险大

（一）痛点描述

基础设施项目，尤其是城市轨道交通项目，在运营期，由于票价政府制定过低，导致其收益较低，这部分收益很有可能无法为承包商提供稳定的投资回报率，其融资存在一定风险。另外，基础设施项目一旦建设完成后，无法转为其他用途，形成大量固定资产，同时也造成高额沉没成本，一般金融机构不会选择注资。

（二）管控措施

1. 丰富融资方式，拓宽融资渠道

在现有的金融债务融资基础上，扩展到国外银行贷款业务。积极发行地方政府债券和开发新的融资渠道，基础设施项目所带来的收益内部化融资方式不能单纯依靠金融机构，必须是多元化的。通过对各种融资方式进行分析整合，把两种或两种以上的融资方式合并，组成创新型融资方式。

2. 强化成本控制机制，控制运营成本

采用科学方法编制和拟定项目工作目标、成本预算、计划方案、供应计划、应急措施等，妥善解决质量与费用的关系，掌控好进度目标。根据项目界定、项目顺序、项目工期进行分析和规划，控制和节约项目时间，保证项目在预定时间内顺利完成；实行成本分配与成本控制，解决整合、分配产品和服务等问题。运用成本会计等方法，预设成本限额，按照额度支出相关费用，并与实际成本相比较，衡量建设运营的绩效，实现成本最小化。定期检查项目实际支出与预算计划的一致性情况，如果产生收支偏差，应根据偏差的大小及产生偏差的原因采取相应的补救措施，调整和控制成本支出，将项目实际成本控制在预算范围内；注重投资回报补偿，形成可持续的"融资—使用—偿还"机制。提升科学的投入与产出水平，推进基础设施建设事业价格改革，解决投融资价格倒挂问题。同时，完善承包商退出机制，保护承包商投资的合法权益。

七、后期运维成本不可控

（一）痛点描述

针对公共设施领域的项目，需要投入较高的日常运营成本，这也是政府建设运营该类项目需要补贴的主要原因。在公共项目建设运营中，投资与运营的分割会使后续的运营成本不断上升，并且还会频繁出现运营风险。此外，因为实际承担项目运营的政府，把运营成本都转变成了投资者的投资成本，在运营成本远远超出投资回报的预期时，投资方便会选择放弃。

（二）管控措施

首先，全过程工程咨询单位协助业主通过多种途径加强成本管理通过测算，针对大部分基础设施项目工程运营来讲，在总造价中，材料成本价格为60%左右。在项目成本中，材料成本管理是非常重要的。此外，在挑选劳务分包方时需要通过其他手段加强成本管理。

其次，在项目建设运营完成以后，进入到运营阶段时，对比工程成本的实际发生情况和目标成本、预算成本，从中找出成本降低的因素与成本超支的因素。通过分析工程项目运营成本构成以及分析影响成本的因素，对未来成本管理方向进行确定，寻找降低成本的有效途径。

第五节　项目退出阶段

一、退出平台不完善

（一）痛点描述

"投建营+EPC"产权交易市场在我国仍属于新生事物还在探索中，没有形成"投建营+EPC"产权交易市场。为了吸引承包商进入"投建营+EPC"市场，有必要对资本的流动性进行一定的保证。承包商原则上可以通过股权转让的方式退出项目，但股权的转让面临着股权受让方是否属于适合主体的问题，如果有一个完善的产权交易市场，由交易市场负责甄别适合的受让主体，对于"投建营+EPC"项目的发展而言起着事半功倍的效果。尤其是当产权交易市场发展完善后可以提供一站式的服务，从承包商方的甄选，到交易信息的发布、融资的相关服务以及承包商的流转退出等。这将为承包商方积极进入项目提供契机，为"投建营+EPC"项目的蓬勃发展提供强有力的平台和保障。

（二）管控措施

在股权转让中，对于股权的受让者主体是否适合，政府方需要对其资格进行审查。倘若有一个项目产权交易平台，提供一站式服务，从承包商方的甄选，到交易信息的发布、融资的相关服务以及承包商的流转退出等形成一套完整的体系将有利于解决承包商受让者的主体适合问题，助益于承包商进入"投建营+EPC"市场的热情，提高其资本流动性促进"投建营+EPC"项目的可持续发展，促进社会的经济增长。

二、退出补偿机制不健全

（一）痛点描述

在政府和承包商方合作的过程中，项目有可能会因不同的原因而终止。依据终止原因的不同，相应的处理方式也不同。"投建营+EPC"项目首先是公私合作的项目，合作双方主体是政府和承包商，双方之间的关系是"伙伴关系"。在合作过程中，双方应该"利益共享，风险共担"。因此，当"投建营+EPC"项目因不同的原因而中断或者终止时，无论是政府还是承包商都不希望对未完成的项目承担全部责任。但是"投建营+EPC"项目是涉及公共产品和服务的项目，如果不能回购项目，会导致承包商面临破产的可能。然而，也不可能在任何情况下都要求政府去承担回购项目的责任，这对政府方而言不公平。目前，我国对"投建营+EPC"项目承包商退出的补偿方面仍未形成有效机制。

（二）管控措施

1. 建立合理的补偿机制

对于政府回购义务的相关规定应在协议中加以说明，并将其限制在一定的范围之内，以避免损害公共利益。根据公平原则以及过错分担原则，通常仅在项目公司违约导致项目终止时，政府方才可以不完全承担回购义务。在此种情形下，政府方既可以选择回购也可以选择不回购。然而实际情况下，项目通常是基础设施建设和公共事业领域的公共产品和服务，事关社会公共安全和公众利益，社会资本方即使存在违约情形无法继续参与，政府方为了保证项目公共产品和服务的持续供给，仍然会寻求其他方式以继续提供公共产品和服务，在此种情形下，政府的回购义务仍然存在。除政府的回购义务外，还有回购补偿。

2. 统筹结合项目需求目标，因地制宜设计项目退出方案

实践中，政府在项目前期准备阶段经常会产生"重准入，轻退出"的认识误区，在实施方案中仅对项目退出机制作出原则性的简单表述，或者仅对股权转让的相关限制进行约定，使得在具体项目实施过程中承包商的退出缺少可操作性和可预期性。政府方应统筹结合项目需求目标，因地制宜地设计项目退出方案。例如，针对技术专业度要求较高的项目（如轨道交通、环境治理等）可适当提高承包商的退出门槛，如延长其可以退出的期限，并对新引入的承包商的资格条件进行严格的筛选和审查；针对项目未来有再融资需求或资金投入周期较长的项目，可明确要求承包商在落实项目再融资方案或投入全部项目所需资金后方能退出。

3. 重视承包商的退出需求，实现退出机制的多元化设计

实践中，经常会看到实施方案对承包商股权锁定期采用一刀切的方式，通常约定在运营期开始后的特定时间内不允许承包商进行股权的变动，以限制其不当退出。但是事实上，这种退出设计方案并不符合所有项目的实际需求，也不能满足不同类型承包商的退出需要。因此，在前期方案设计过程中就应结合项目实际需求和潜在承包商的合理诉求，进行退出机制的多元化设计。例如，针对主要承担项目融资责任的财务投资人，通常情况下在完成项目融资交割或资金到位后应允许其进行退出，但是对于资金投入周期较长或进行滚动开发的项目，就应当结合合作期内整体资本金的实际投入情况设计财务投资人的退出时间；针对承担项目建设责任的工程企业投资人，通常在项目进入稳定运营并实现有效项目产出后允许其进行退出，但如果承包商采用委托第三方负责项目的运营工作或者在运营期内仍需借助工程企业投资人的资源协调和项目管理能力的，政府方则可以通过限制工程企业投资人的股权转让比例或要求其承诺承担连带责任等方式，对工程企业投资人的退出进行合理的限制。

三、移交评估机制不完善

（一）痛点描述

由于"投建营+EPC"项目在我国发展的期间较短，目前已完成移交的项目较少，未给我国"投建营+EPC"项目的移交方面提供可供参考的一手资料。且因立法的局限性，未就移交评估建立有效机制，这不利于整个"投建营+EPC"项目市场的可持续发展。考虑到"投建营+EPC"项目提供的公共产品和服务涉及社会公共利益，事关重大。因此在"投建营+EPC"项目合同期间届满后，应由公共部门对项目的质量、运营情况进行评估，项目公司将资产移交给公共部门，项目公司解散。对于项目移交，应保证移交后的项目符合双方合作的预期，并保证项目不会因为移交而中断运营。移交时应严格地按照审查项目的质量和运营情况，确保项目的各项设施正常运行，对于项目公司疏于管理维护而导致的项目缺陷应令项目公司整改修缮，恢复其功能。

（二）管控措施

通过引入质量保证金或者风险保证金的形式保证社会资本方在项目的移交过程中恪守本分，避免因逐利而对社会公共利益造成损害。协议中规定，在移交或移交后的一段时间内，要求社会资本方按照项目金额的一定比例缴存质量保证金或者风险保证金。如果在移交或移交后的一段时间内，总承包商有任何的妨害项目运营的行为，则政府方有权没收社会资本方提交的质量保证金或风险保证金。此种担保的方式可以使得社会资本方在移交期间恪尽职守，不会因为合作期间届满而放松要求懈怠履行自身的职责。同时，对于"投建营+EPC"项目的社会资本方可以建立一份白名单和黑名单，在项目履行完毕后，由政府方对社会资本方的履约能力和诚信行为进行评估打分。对于不按合同履约的社会资本方，可以将其列入黑名单，不让其再参与"投建营+EPC"的投标。对于履约能力强，且社会责任感强的社会资本方，可以将其列入白名单，奖励其拥有投标时免于资格审查的权利。采取这种黑白名单的方式，可以使社会资本方在"投建营+EPC"项目的履约过程中兼顾社会共同利益，积极地履行合同义务。

四、缺乏有效退出监管机制

（一）痛点描述

目前"投建营+EPC"项目的监管体制中存在着诸多问题，比如政府各部门之间存在交叉管理、多重监管效率不高、公共产品和服务的定价机制不完善等。对于"投建营+EPC"项目的资本退出，也同样存在着监管机制不完善的情况。实施承包商的退出监管是我国相关的法律法规中极为重要的一条原则。其根本目的包括三点：首先是可以防止承包商以不正当的手段拿到"投建营+EPC"项目,保证市场准入的公平性;第二是防止承包商方垄断经营,以保持其市场竞争力,维护市场秩序和公平竞争;第三是促进承包商方不断提高其公共产品和服务质量。

(二)管控措施

建立承包商退出的监管机制应从以下几个方面着手:首先是政府各部门之间分工明确,相互配合,形成一个运作良好的监管体系,从而对项目运作的全过程进行监管,涵盖承包商的准入到退出的全过程;在条件允许时还可以通过设立专门的监管机构,通过配置不同专业的人员对项目运作全过程进行专业化监管;其次,可通过引入第三方机构的方式,以降低获取信息的成本和监管所需的成本并保证监管的客观性和公正性;再次,完善价格的管制机制,要在不损害社会公共利益的前提下,让承包商获得合理的利润,并且需要根据不同的项目的技术经济特点等因素制定价格;除此以外,还应完善价格听证机制,让公众参与价格的制定。必要时,引进专业的社会中介机构对公共产品和服务的价格进行测算,通过成本约束价格。最后,尊重社会公共的诉求,完善公众诉求的表达渠道。让社会公众加入到项目中,增加社会公众直接表达其诉求的机会。

第九章　基于"投建营+EPC"模式的地铁项目全咨方案

第一节　项目概况

××市地铁44号线是贯穿××市城区南北的轨道交通路网中的主干道之一，工程总投资153.85亿元，线路全长28.2km，车站总数24座，计划5年内通车试运营，运营期为20年。项目拟采用"投建营+EPC"模式进行建设。某大型承包商承担20%的投资任务，并负责项目的整体建设。

第二节　全咨实施总体思路

一、项目建设目标

（一）项目目标

（1）构建当地地铁骨架线网，支持城市总体规划和城市发展目标。

（2）促进当地社会经济的可持续发展，保持生态环保宜居环境。

（3）缓解城市交通压力，为居民出行创造便利条件。

（二）项目管理目标

（1）投资可控。

（2）按期通车。

（3）质量合格、性能达成。

（4）无群体性事件及重大安全事故。

二、服务总体思路

全过程咨询单位按照"一、二、三"的管理思路为业主提供个性化、专业化、精细化的全过程工程咨询服务。

"一种模式"：采用"1+N+X"的服务模式，通过咨询力量整合，加快咨询工作进度和推进执行。如图9-1所示

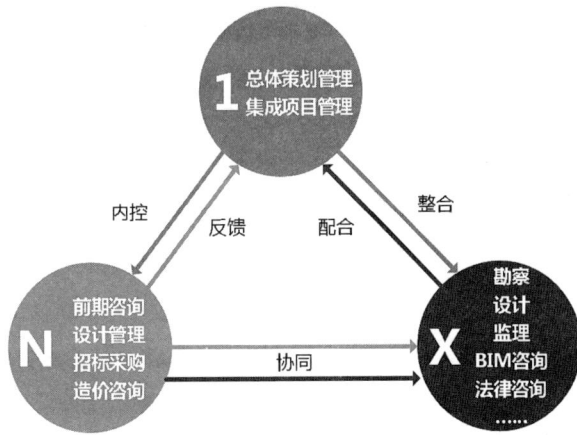

图9-1 "1+N+X"服务模式图

其中："1"是指总体策划管理、集成项目管理；"N"是指全过程工程咨询单位擅长的专业领域，包括前期咨询、设计管理、招标采购、造价咨询、监理；"X"是指外部整合的专业资源，包括勘察、设计、安全等。

"两种手段"："PDCA"循环手段，以BIM支持平台为反馈中心，完成质量管理"PDCA"循环全程跟踪，可实现质量检验流程标准化，提高地铁44号线项目质量控制能力；闭环集成管理手段，基于BIM平台的闭环集成管理，实现前后阶段咨询工作无缝衔接，有效解决各阶段、各专业的条块分割问题，最终实现项目的价值。如图9-2、图9-3所示。

"三大原则"：以业主需求为导向，策划先行为灵魂，以投资管控为主线，项目增值为目标。

三、项目组织架构

本项目采用一个团队集成各方资源及优势力量的组织方式，为全过程工程咨询提供高效率工作的组织环境，实现前期策划又好又快。

如图9-4所示，全过程咨询单位受业主委托，负责监督、协调、配合、管理承包商，拟设置总咨询师及两名副总咨询师，分别负责经济及技术。其中"N"指全过程咨询单位自己能做的部分，"X"指整合外部资源。

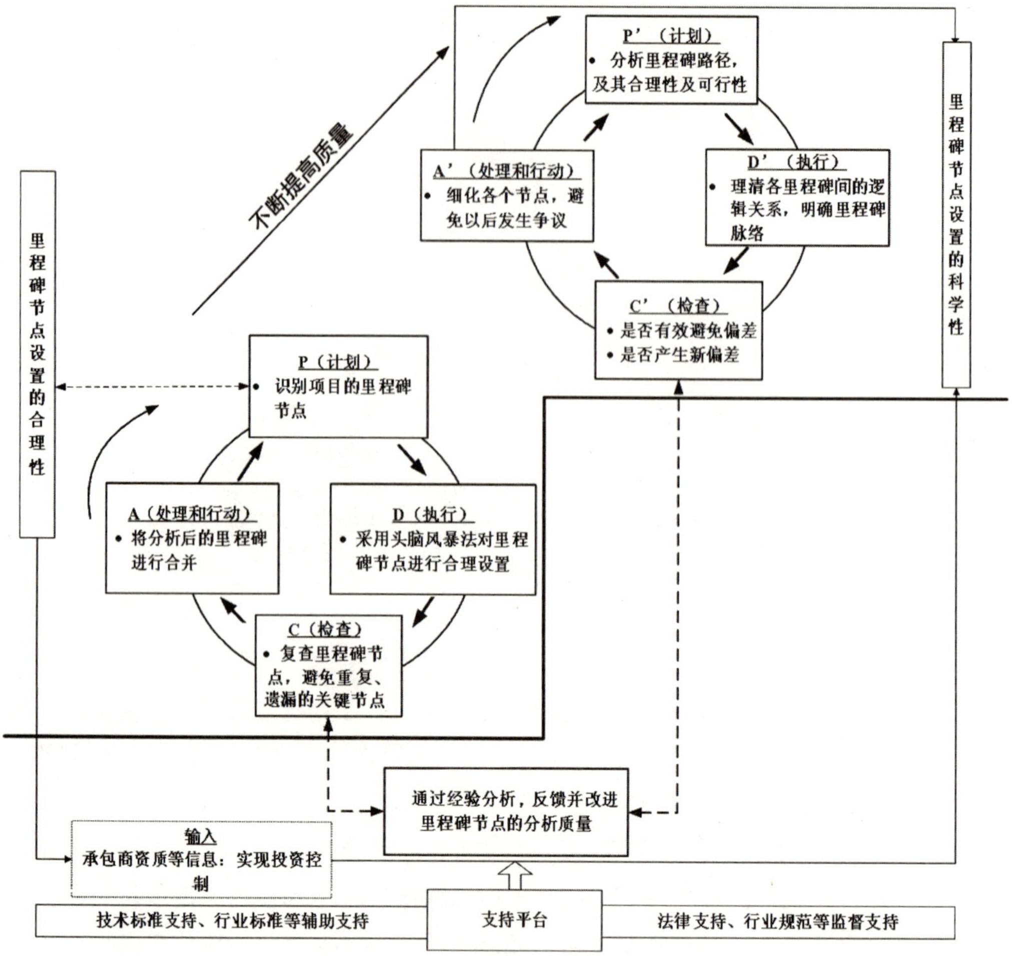

图 9-2 "PDCA" 循环图

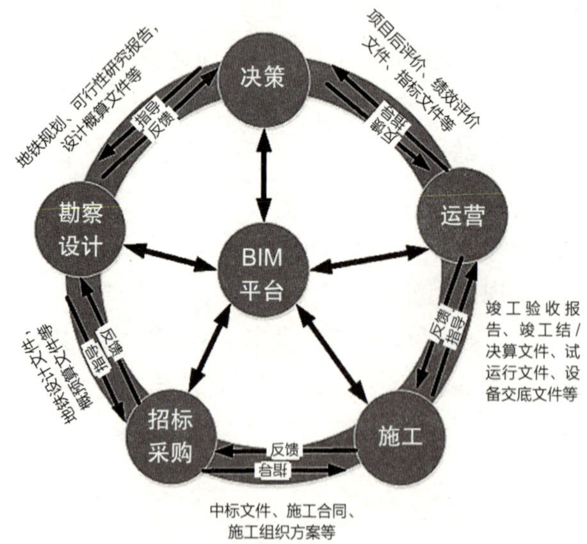

图 9-3 闭环集成管理

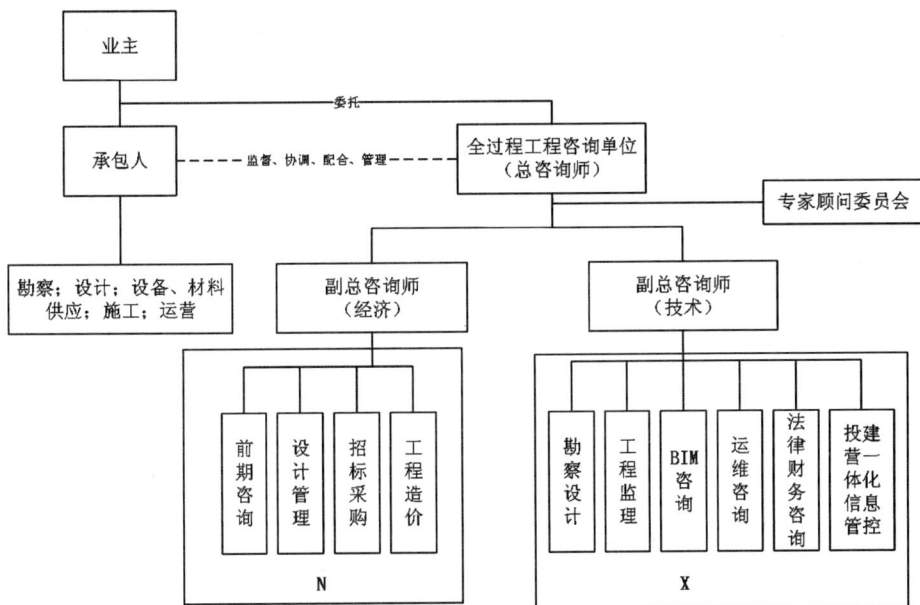

图 9-4　项目组织架构图

第三节　项目风险识别及预控措施一览表

风险管理贯穿项目实施的始终，覆盖项目的所有层面，会对项目质量、进度和成本产生影响，必须采取风险控制措施。地铁项目风险需要制定相应风险的应对措施，避免或减少项目风险损失。根据地铁项目风险因素的特点，本书采用风险应对策略对地铁项目不同风险进行应对。这些应对策略是在项目风险识别和评估结果的基础上提出的。项目风险识别和评价后，如果整体项目风险超出项目的可接受范围，对于完全无法避免和降低的风险，应该采取立即停止项目的策略，避免风险造成项目更大的损失。如果整体项目风险超出项目可接受水平范围，通过采取合理措施能够避免或减少损失的风险，研究制定合适的风险应对措施（表9-1）。

风险分类		风险诱因	控制措施
环境风险	自然环境风险	①地铁44号线工程建设区域隶属于灰岩层地质，建设过程中随时可能出现塌方以及断裂的情况；②地铁44号线地处于亚热带地区，夏季温度较高、冬季温度较寒冷，在夏季作业施工因温度过高有可能出现中暑等情况，而在寒冷的冬季有雨雪以及霜冻天气的出现，容易缩短地铁44号线工程作业总体时间，影响整个建设工程的施工进度	①加强水文气象条件的监测和预报预警，提前掌握施工时间的水文气象条件，从而为恶劣的气候条件做好充分准备，减低恶劣气候条件造成的危害；②做好项目工程施工便道的排水工作，设置相应的积水排水沟，将所积雨水进行集中排放；③建筑人员、建筑、建筑设备、原材料和电气设备必须做好防雨和防雨工作，以确保在雨天正常施工；④修订和完善各种应急计划和方案，加强项目的风险预警工作，包括在建设地铁44号线期间，发生的紧急风险应严格按照《中华人民共和国突发事件应对法》等应急预案进行执行；⑤地铁44号线项目承包人必须按照我国的有关法律要求与保险公司签订保险合同；如果事故风险发生在项目施工期间，项目承包人可向被保险公司支付相应的赔偿
	政治环境风险	地铁44号线建设周期较长，如果国家在相关建设方面的政策出现变动以及调整，政策的变动和调整会使得地铁44号线的方案重新设计，方案的变动意味着人员、施工以及原材料的相对调整，使得人员成本、施工成本以及原材料成本都会产生一定的损失，进而加大整体成本	
财务风险	经济风险	①地铁44号线所需的原材料钢筋和水泥的价格会随着经济的发展以及社会的波动而产生波动，无形中加大了原材料价格的变动所带来的经济风险；②长期建设过程中，施工作业人员的劳务费相应地增加，进而导致地铁44号线经济成本的增加；③随着全球经济的发展与动荡会使得货币的汇率以及利率产生波动，进而为地铁44号线带来经济风险	①通过购买保险类的方式转移风险进而降低风险因素发生带来的危害，地铁44号线可以运用保险型风险转移来预防组织风险因素的发生；②地铁44号线还可以购买第三方责任保险、施工机械损坏保险以及建筑工程一切保险等险种，在施工作业过程中，如果施工区域周边环境、居民以及建筑物受到不同程度的损害则由第三方责任保险全权承担，在地铁44号线施工作业过程中出现的一切安全施工失误均由建筑工程一切保险来承担
	履约风险	承包方以及担保方的经济实力越强，对于地铁44号线的财务保障越高，进而带来的财务履约风险越小，相反则会使得地铁44号线的财务履约风险过高	
	工程变更风险	这里的工程变更风险主要是指导致项目工程的财务款项发生变更的风险，在项目建设过程中进场会遇到工程变更的问题，而涉及工程款项变更则会为地铁44号线的财务带来一定的风险	
	财务管理风险	承包方在财务管理方面的经验和能力欠缺所带来的一系列财务风险	
技术风险	线路方案风险	地铁44号线因其工期复杂、跨度时间久、工序流程繁琐以及设计部门多，因此在线路方案的设计上存在着一些不确定因素，因城市道路的规划以及市政部门的改造都会对地铁44号线的线路方案产生一定的影响	①风险因素主动接受，在项目开展的前期就应该将可能发生的风险因素进行识别、预见以及应急方案的准备，为预防危害的发生奠定基础；②当发生未能预测的风险时，需要权衡一下承担风险和不承担风险所需要花费的财务成本，进而选择被动地接受以期使得地铁44号线整体的项目风险危害降到最低

风险分类		风险诱因	控制措施
技术风险	工程技术风险	①地铁44号线由于施工地区处于灰岩层，该地层结构会伴有地质疏松以及断裂破碎等情况的发生；②同时地铁44号线的建设要错开地下水输送管道，这就要求施工方在建设过程中利用完善的工程技术来避免此类风险事故的发生，在前期工程勘测的时候可能会对水文地质以及相关资料的收集不是十分的准确，就会导致在建设过程中加大工程技术的难度	①风险因素主动接受，在项目开展的前期就应该将可能发生的风险因素进行识别、预见以及应急方案的准备，为预防危害的发生奠定基础；②当发生未能预测的风险时，需要权衡一下承担风险和不承担风险所需要花费的财务成本，进而选择被动地接受以期使得地铁44号线整体的项目风险危害降到最低
	设备安装工艺风险	地铁44号线由于跨度时间比较长，就会导致前期订制的施工作业设备由于经济技术的发展而面临过时以及淘汰的困境，如果按照既定的计划进行机械设备的安装以及施工作业就会导致地铁44号线的施工进度受到一定的影响，如果临时更换设备，需要对原方案进行重新制定，而如果只是考虑使用最先进的设备，就会加大项目工程的资金成本，同时也会为后期的设备维护带来一定的费用成本	
组织风险	投资风险	地铁44号线的投资方的资信情况也是对项目的顺利开展起到关键性的作用，资金的到位情况决定了项目工程进度能否顺利按照原计划进行；同时在地铁44号线的施工过程中，投资方还需要对因项目工程建设而导致迁移或者重建的相关主体进行协调以及安抚，避免出现相关主体因双方未达成一致而导致地铁44号线无法进行施工	①设置应急预算费用。在前期费用审核以及预算的过程中应该将该笔费用进行单独的罗列以及明示出来，同时还根据实际情况将费用分摊到每一笔项目中去；②在地铁44号线要根据现场实际调研的情况来进行施工进度图的绘制，制定完善的施工进度方案；③在施工进度方案完成时候要邀请该领域较为权威的专家以及学者对该施工进度方案进行推敲以及改善，防止后期因施工进度方案的改动而导致地铁44号线的整个施工进度出现延迟；④安排施工作业人员通过加班加点的作业形式来完成落下的施工进度或者是关键的困难节点，为了安抚生产作业人员的情绪以及生活的保障，地铁44号线还应该专门划分一部分费用用来支付加班员工的薪酬以及福利补贴
	勘察风险	地铁44号线在前期进行各类图纸设计的时候，需要对建设区域涉及的地质以及水文情况进行相应的勘察，同时还需要邀请国家相关领域的专家以及学者参与勘察文件的审核与校对，根据自身的经验分析勘察报告文件存在的问题以及需要改进的地方，同时项目工程假设是一项大型的建设项目，存在着诸多的风险因素，因此要加强勘察设计的强度，避免风险事故的发生	
	供应商风险	地铁44号线是一项大型的城市基础建设工程，所需的原材料多种多样，这就要求各供应商能够及时地供应所需的原材料，同时在原材料的选取和供应商的选择上要符合国家、行业以及地铁44号线的要求，避免因原材料供应不及时或者原材料供应的质量不达标而导致整个项目工程的进度处于停滞状态，进而加大整体的风险成本	

风险分类		风险诱因	控制措施
施工风险	安全风险	地铁44号线二期工程是一项大型的城市基础性建设工程，而根据以往城市轨道交通建设经验，出现过重大的安全风险事故，这就为地铁44号线工程敲响了警钟，明白安全的重要性，一旦发生安全危险事故，不论是对生产作业人员还是对地铁44号线工程来说，都是一笔巨大的损失	①对地铁44号线二期工程进行详细和完善的前期地质和水文的勘察，以掌握地铁44号线工程在项目建设区域的资质状况、水文状况、人文地理以及涉及主体单位等的实际情况； ②邀请该领域比较权威的专家学者进行勘察文件的审核，提出相应性的建议和意见，对于在项目工程施工作业的过程中要时刻根据勘察形成的文件结果进行施工作业，当有突发情况发生时要及时报备相关人员进行现场处理，以预防还未出现的风险因素； ③塌方及断裂情况发生时，及时采取措施进行补救，施工方可以应用先进的施工技术对隧道四周区域进行加固与防护，尽量减轻已经发生的风险因素带来的后果； ④地铁44号线在建设过程中应该注重施工作业人员的生命财产安全，要对各方面的风险因素进行细致的分析与预测，尽量将人员和财务与风险性较大的因素放置在一起； ⑤在地铁44号线工程建设前期、中期以及后期应该有规律的对全体管理人员以及主要员工进行管理者能力的培训、对全体施工作业人员进行质量安全教育、施工作业规范、施工注意事项、灭火器的使用以及安全演习等的培训，同时在培训结束之后要进行相应的考试，对于考试不通过的人员再组织二次培训，如果二次培训考试还未通过的人员要进行再次培训或者劝退的考虑，做到不掌握相关规范的人员不予以聘用； ⑥地铁44号线工程在施工作业过程中一定要遵守各制度、程序以及标准，制定的制度、程序以及标准不要轻易的更改与打破，要严格按照规章制定执行； ⑦在技术应急时间的选取上，地铁44号线工程应该将整体的施工进度划分成若干项施工进度，并针对每一项划分的小的施工进度进行技术应急时间的设置
	质量风险	地铁44号线工程前期的勘察设计、图纸设计以及施工改造等环节都有可能因为作业失误而带来一定的质量风险，质量事故的发生往往会为项目工程的整体质量水平以及成本财产安全带来重大的打击，同时质量事故的发生必然会导致整个建设项目的工期停滞，带来一定成本的损失	
	进度风险	地铁44号线工程的进度风险主要是某些不可控因素所导致的工期出现延误的状态，气候环境等外部因素以及施工设计方案等内部因素都会导致施工进度出现延误的情况，施工计划出错、施工过程中安全事故的发生、相关主体征收工作未完成、建设方管理不当、货币汇率的变更以及自然灾害的发生都会直接导致施工进度出现延后的情况，进而影响地铁44号线工程整个施工进度	
	合同风险	地铁44号线工程是一项巨大的基础性建设工程，因此涉及的主体较多，相应的合同签订也较为复杂，不论是业主与分包商、供应商、相关主体、监理商以及设计单位都需要签订相关的合同，而任一项合同都会有较复杂的条款组成，任一项合同条款出现问题都会给地铁44号线工程带来一定的损失，进而会对整个地铁44号线工程进度产生影响	

第四节　项目开发阶段咨询方案

一、投融资模式选择

（一）地铁项目投融资模式概述

地铁44号线项目投资属于公共投资范畴，实则是一个决策到生产到获得公共物品

（地铁）的资金运动过程。在这个资金运动过程中，需要项目融资，即以地铁44号线项目的资产、预期收益或权益作抵押取得的一种无追索权或有限追索权的融资活动。基于此，本方案认为地铁44号线项目投融资是个连续的过程，不可分开，投融资活动贯穿于项目开发阶段到竣工验收，以及运营维护阶段，地铁交付使用整个阶段，投融资管理包括投融资决策、投融资监管、投融资结构优化等过程。如图9-5所示。

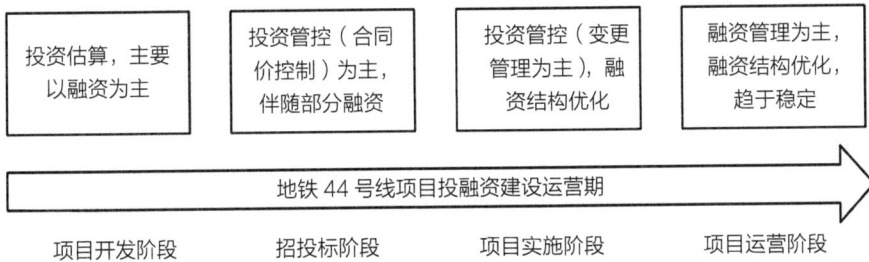

图 9-5　地铁项目投融资持续过程

该过程贯穿地铁44号线项目的整个建设运营期，项目开发阶段，以融资为主，主要进行融资模式的决策选择，投资方面涉及匡算和估算；招投标阶段以投资管控为主，主要涉及合同价管理，伴随部分融资；施工阶段，也是以投资管控为主，主要对项目的合同执行、工程变更、结算进行管理，该阶段同时伴随着融资，尤其是对融资结构的进一步优化。运营阶段主要以融资管理为主，融资结构得到进一步优化，并且趋于稳定。

（二）地铁项目投融资渠道

地铁项目作为我国城市基础设施建设的一个重要组成部分，其投融资模式的演化过程是随着政府对风险承担意愿的发展而发展，地铁项目由政府完全主导到多方参与、多元化主导实现转变过程中有三个阶段：第一阶段，自1978年改革开放以来，计划经济刚刚结束，市场经济刚刚开始，在这一时期的地铁建设完全依靠的是政府出资进行的，并且进行运营管理，与金融资本没有直接的联系。第二阶段，市场经济转型时期（1978～1997年），随着私人资本参与我国地铁建设，加上资本的市场化运作，使得对新的融资模式得到了一定的尝试，并且取得相应的发展。例如，上海久事公司在这一时期关于地铁项目的运作，以及广州市政府关于地铁建设的"四个一点"融资方案等。第三阶段，进入市场经济时期（1997～现在），对于地铁建设部门，为了降低投融资的风险、成本，在许多银行机构愿意提供地铁项目贷款的情况下，作为地铁项目的利益主体，也在不断地探索出更有利于自己降低风险、成本等的投融资模式，如接纳吸收民营资本。

历史上我国地铁项目投融资渠道主要分为以下四种模式：第一，以政府为主导的，通过政府无偿地投入资金进行地铁项目的建设，比如北京、广州在地铁发展初期阶段。第二，以政府为主导的，政府通过银行贷款、债券、出口信贷等方式进行的地铁建设（简称政府主导型的负债型投融资模式），现阶段大部分城市都是采用此种模式。第三，政府和私人资本共同参与地铁建设，实现投资主体多元化的投融资模式。例如，北京地铁4号线、深圳地铁4号线等都通过这种模式，吸引社会资本参与、降低政府的风险及财政压力。第四，政府通过建立地铁建设基金的模式，希望能够提供长期稳定资金持续的进行地铁建设。为此政府通过每年按比例划拨政府财政收入给该地铁建设基金。如表9-2所示。

国内地铁项目投融资渠道 表9-2

城市	投融资主体	投融资渠道	备注（资金来源构成比例）
香港	香港地铁集团有限公司	资本市场工具、中期贷款、出口信贷、短期贷款及银行透支	资本市场和贷款获得的建设资金由运营后的票价收入和物业收入来偿还
北京	北京市基础设施投资有限公司	市区政府投资、银行贷款、外国政府贷款、债券、民企资金、其他社会资本	基础设施投资公司负责投融资、建设管理公司负责建设、运营公司负责运营。
上海	上海申通地铁集团有限公司	政府注资、沿线开发、多元投资、发行地方债券、国外政府贷款、银团贷款	"四分法"改为"二分法"，申通集团负责融资和运营，上海地铁建设指挥部负责建设和管理
广州	广州地铁集团有限公司	市区政府投资、银行贷款、债券、融资租赁等	地铁集团公司负责运营，如亏损以自身信用或经营权质押方式到银行贷款，政府不再补贴
深圳	深圳地铁集团有限公司	财政拨款、国内贷款、外国政府贷款、出口信贷、港铁投资（4号线BOT模式）	4号线由港铁成立的项目公司建设运营，3号线的投资、建设和运营拟引入境外投资者
天津/南京	地铁集团有限公司	政府财政投入资本金、其他通过轨道交通建设基金解决	政府配置资源给地铁公司市场化运作，地铁公司前期把配置资源质押给银行获取建设资金，后期在运作中形成还本付息能力

（三）地铁项目投融资模式分类

现阶段，关于地铁建设项目的主要投融资模式有两种：第一，政府主导型投融资模式；第二，市场化投融资模式。而这两种模式都是通过政府组织的项目投融资模式。

1. 政府主导型投融资模式

以实现经济调控为目标，以政府信用为基础，在政府主导下进行筹集资金的金融活动，并以政府为主体将筹集的资金参与项目投资的行为，这就是政府主导型投融资模式。这种投融资模式是以政府为投融资主体进行的投融资活动，而这种投融资模式筹集资金的形式有两种：第一，通过政府无偿的财政投入；第二，政府通过债务融资的形式，例如政策性贷款、境内外债券、国外贷款等。通过这种模式进行投融资活动的主要优点：首先，以政府信用为基础，可以快速地筹集到资金；其次，这种投融资模式的具体操作简单，可以很好地节约投融资成本；再次，以政府为后盾，可以增加这种模式的可行性。当然，这种投融资模式也存在缺点：这种投融资模式是以政府为主导，政府需要承担大部分的风险，对政府也会产生很大的财政压力；这种投融资模式对政府的融资规模会产生限制，主要是受政府偿债能力、信用度的影响；这种以政府为投融资主体的模式，在后期的体制改革中，不利于引入其他私人资本，导致企业的多元化股份制改革受阻。

2. 市场化投融资模式

以企业的信用为基础，以利益最大化为目的，以项目预期收益作为偿债基础，企业通过商业性贷款、股票发行等形式进行投融资的筹集资金活动，即市场化投融资模式。这种投融资模式筹集资金的形式有两种：企业信用融资与项目融资。企业信用融资是指企业基于其信用作为基础进行的投融资活动，例如银行贷款、股权融资等形式；项目融资是指通过股份制的形式，各投资主体成立项目公司，在政府的指导下，以项目预期收益为代价，项目公司进行相关的商业融资活动。通过这种模式进行投融资活动的主要优点：第一，保持了良好的吸引其他私人资本参与项目建设之优势，可降低政府风险及相应财政压力；第二，在后期的股份制改革中，可逐步完成多元化企业改制。相比而言，此种投融资模式操作相对复杂、融资规模较大、过程繁琐、融资速度慢、融资成本高。

（四）国内地铁项目投融资模式

国内主要地铁项目投融资模式及综合开发情况如表9-3所示。

国内主要地铁项目投融资模式及综合开发情况表　　　　　　　表9-3

项目	北京	上海	广州	深圳
投融资模式	① 政府专项基金：2016～2020年，为了实现1000km目标，政府专项基金每年增加至295亿元（其中建设资金255亿元，更新改造和运营亏损补贴40亿元） ② 投融资模式：北京地铁线路项目融资和平台融资相结合，京投公司承担北京市轨道交通项目建设的投融资任务。按照国家项目法人和资本金的要求，每条线路成立独立的项目公司，项目资本金40%由政府承担，60%债务性融资由京投公司融资解决。在国内率先开展BT、PPP建设模式。在4号线、14号线、16号线建设中引入社会资本，其中PPP部分的总投资466亿元	申通公司作为上海轨道交通的投资、建设和运营的主体。建设投资总体上由市、区财政共同承担。每条线路成立项目公司，沿线区政府负责征地拆迁工作并承担征地拆迁费，各区投入折价入股项目公司，市本级承担土建、机电设备等余下投资。市财政承担轨道交通建设资金来源主要为：① 土地出让收益的5%；② 考虑到轨道交通工程可兼顾人防，故将民防建设资金的50%用于轨道交通工程建设；③ 市政配套建设资金；④ 部分车辆号牌拍卖费（目前约60亿/年，其中约1/3用于轨道交通建设）	广州地铁建设投资2015年前全由政府承担，2015年后政府只承担项目资本金（市本级财政每年拨付100亿元），项目资本金以外的融资由地铁集团负责。建设方面广州地铁集团按传统建设模式实施一体化建设、运营，并通过多元化经营努力实现收支平衡	深圳轨道交通建设资金（除征地拆迁）由市本级负担，征地拆迁费用城区部分由市本级负担，其他区由区政府负责。二期轨道交通建设由市财政出资本金，及由项目融资解决，从第三期（2012年起）开始，政府对轨道交通建设的投入采取"土地作价入股"的方式，财政不再另外安排资金，只负担历史债务还本付息。深圳市2012年以来通过BT、PPP创新投融资模式，在建设进度和物业开发方面成效明显

项目	北京	上海	广州	深圳
综合物业开发情况	经过几十年探索和创新,已初步实现轨道交通资源利用反哺轨道交通建设。目前已开展车辆段上盖、车站综合体、沿线地下空间利用等多途径的沿线资源利用。沿线资源利用理念目标:一是促进轨道交通与城市协同发展,引领疏导城市,二是探索沿线资源反哺轨道建设,三是提升轨道交通建设品质及服务水平	鼓励轨道交通建设主体进行积极参与上盖的开发,同时提出了可以通过协议出让的方式,以及站点周边500米板地跟白地的配套使用等创新措施。综合开发着眼点:一是提高城市土地的利用率。二是优化城市的空间布局。三是弥补部分轨道交通建设成本。好的经验包括: ①找准开发项目的定位; ②找好的合作伙伴,发挥各自专业优势,提升商业价值; ③要有一支专业的团队,做好规划对接、技术对接,政府对接和经济测算; ④在做轨道交通专项规划同时,必须把停车场土地利用规划一起做好,真正落地; ⑤明确上盖开发主体。土地出让方式方面明确地铁作为先行工作主体,实现利益的反馈地铁建设	实施"地铁＋物业"战略,通过地铁沿线土地和物业开发,带动城市各区域空间布局优化,实现土地节约集约利用,推动新型城市化发展。好的经验包括: ①房地产开发与新线同步规划、同步设计、同步建设、同步经营; ②结合地铁新线建设,参照以城市公共交通为依托的"TOD"发展模式,进行沿线站点上盖及周边进行综合开发。以地铁站点,尤其是换乘点、交通枢纽为核心,建设区域性标志性建筑,如大型城市综合体、现代宜居新城等; ③在城市重点功能区、商业网点、交通枢纽等地,联合车站站厅做地下空间综合开发; ④根据节约集约利用土地原则,在车辆段及停车场上盖及周边做综合开发,将原本只有单一的交通设施功能用地开发为兼具交通、居住、商业、办公、娱乐、教育等功能的综合项目; ⑤项目收益用于地铁建设、运营补亏及物业再开发,利用物业开发的造血功能反哺地铁建设	提出"建地铁就是建城市"的发展理念,实现由单纯交通服务向支撑城市发展、以地铁建设引领城市发展转变。有关创新措施: ①在轨道交通沿线形成珠链式土地开发,同时以轨道交通为核心进行交通设施一体化整合土地资源; ②创新土地分层出让; ③按照一体化原则,深化勘察设计深度,协调地铁建设与物业开发同步规划、设计和建设; ④定向招拍挂,通过设置相关条件依法取得地铁上盖物业土地开发权; ⑤土地作价出资:政府将上盖物业使用权以注册资本金方式或项目资本金方式直接注入地铁集团; ⑥上盖物业技术创新:一是在工程可行性研究阶段,同步开展编制沿线物业综合开发专题研究报告和投融资方案研究报告。二是联合科研单位,突破消防设计规范和限高要求; ⑦合作模式多样:自主开发,代开发＋BT,协议合作型,法人型合作,协议合作＋BT

(五)地铁项目投融资方案确定

1.创新地铁项目的投融资模式

在地铁投融资模式创新方面。业主应不断拓宽筹资渠道,通过争取政府财政性资金投入机制、建立直接融资渠道、拓宽间接融资渠道等多种方式逐步建立起适用于各地铁项目的投融资模式;大力开展多元化经营创利增效,加强实施"综合物业开发"战略,进一步提升地铁沿线房地产开发与经营业务,增强自我造血功能;建议每开发一条新的地铁线路成立一个项目公司，为创新项目投融资模式创造条件，并且以项目公司为主体，制定每条新建线路从建设到运营以及投资开发的投建营方案。

2. 优化地铁项目的投融资结构

根据地铁项目建设运营阶段特征，每阶段具有不同的资本结构特征，建造阶段的资产负债率较高，运营阶段资产负债率逐步下降，整个过程中，随着各方利益目标的调整，地铁项目融资结构也应不断调整优化。即地铁项目的投融资是个动态过程，在项目的启动阶段制定初步方案，建设运营阶段的投融资结构方案可根据不同的情况做相应的调整。

二、工程可行性研究

工程可行性研究是对工程项目作出是否投资的决策之前，进行技术经济分析论证的科学分析方法和技术手段。对某工程项目在作出是否投资的决策之前，先对与该项目有关的技术、经济、社会、环境等所有方面进行调查研究，对项目各种可能的拟建方案认真地进行技术经济分析论证，研究项目在技术上的先进适宜适用性，在经济上的合理、有利、合算性和建设上的可能性。对项目建成投产后的经济效益、社会效益、环境效益等进行科学地预测和评价、据此提出该项目是否应该投资建设，以及选定最佳投资建设方案等结论性意见，为项目投资决策部门提供进行决策的依据。

可行性研究是项目建设前期工作的重要组成部分，其主要作用如下：

（1）作为建设项目投资决策的依据。对于可行性研究，在建设项目有关的各个方面都进行了调查研究和分析，并以大量数据论证了项目的先进性、合理性、经济性，以及其他方面的可行性，这是建设项目投资建设的首要环节。项目主管机关主要是根据项目可行性研究的评价结果，并结合国家的财政经济条件和国民经济发展的需要，作出此项目是否应该投资和如何进行投资的决定。

（2）作为筹集资金和向银行申请贷款的依据。银行通过审查项目可行性研究报告，确认了项目的经济效益水平和偿还能力，符合"一行三会"要求时，银行才能同意贷款。这对合理利用资金，提高投资的经济效益具有积极作用。

（3）作为该项目的科研试验、机构设置、职工培训、生产组织的依据。根据批准的可行性研究报告，进行与建设项目有关的科技试验，设置相宜的组织机构，进行职工培训，以及合理的组织生产等工作安排。

（4）作为该项目工程建设的基础资料。建设项目的可行性研究报告，是项目工程建设的重要基础资料。项目建设过程中的技术性更改，应认真分析其对项目经济效益指标的影响程度。

（5）作为对该项目考核的依据。建设项目竣工，正式投产后的生产考核，应以可行性研究所制订的生产纲领、技术标准以及经济效果指标作为考核标准。

工程可行性研究的工作程序：

项目法人与编制单位签订工程可行性研究合同→研究拟建项目的必要性和可行性→方

案设计→方案比选→研究项目实施办法和进度控制→研究项目经济上的合理性→提出结论与建议，编制可行性研究报告→决策部门审批。

可研评审一般委托第三方评审机构组织，组织者从专家库中随机抽取各专业（经济、技术等）相关专家参加评审，邀请并通知发展改革委相关人员、政府职能部门（土地、规划、环保等）相关人员、可研编制单位相关人员按时间参加评审会，地铁项目可研评审中需要评审的内容：

（一）项目建设背景

项目建设背景是项目实施的边界条件，包括项目概述、上位规划研究、建设必要性、工程建设条件等。

（二）项目技术条件

项目技术条件是项目实施的总体原则，包括客流量预测、总体技术标准等。

（三）项目建设方案

项目建设方案是项目实施的关键环节，在总体方案基础上，详细研究土建工程方案、设备系统方案和组织实施方案。

（四）项目适应性分析

项目适应性分析是项目实施的重要保障，包括交通衔接、社会稳定、节约能源、环境保护、文物保护、安全评估、防灾与人防等，并根据外部条件对项目建设方案进行反馈。

（五）项目综合分析

项目综合分析是对项目评审重点、效益、风险等方面开展全面研究，明确结论与建议。

参考《城市轨道交通工程设计文件编制深度规定（征求意见稿）》，可研评审要点如表9-4所示。

由此分析出的可研评审要点主要分为以下几方面：

（一）概述

本部分关注的重点是项目的背景和编制可研项目的必要性。项目的背景需关注是否已有规划，以及经济、政治等其他与项目改造有关方面的因素。另外，就是项目建设的必要性，此项内容重点是要回答或阐述项目为什么要建，建好后对周边环境或产业有什么促进作用等内容。项目背景和建设的必要性论述是否清楚、是否为可研项目、能否成立，这些都是项目能否顺利报批的基础条件，也是整个项目的重点之一。

序号	可研编制内容	可研评审内容
1	项目建设背景	**总论** • 工程背景 • 编制依据 • 任务与范围 • 主要研究内容及结论 • 相关专题研究结论 **项目建设的必要性** • 城市概况 • 城市总体规划概述 • 城市交通现状与规划概述 • 地铁交通线网规划与建设规划 • 项目功能定位 • 建设的必要性 **自然条件与工程地质、水文地质** • 城市自然地理现状 • 城市地形与地貌 • 工程地质条件与评价 • 水文地质条件与评价 • 沿线各类工程的地质和水文地址分析与评价 • 场地地震灾害评价 • 场地地质灾害评价 • 防洪条件评价 • 环境工程地质评价 • 下阶段工作计划和建议
2	项目技术条件	**主要设计原则与技术标准** • 设计原则 • 技术标准 **客流预测** • 预测年限与范围 • 预测依据及相关资料 • 城市客运交通的现状与规划分析 • 预测方法与技术路线 • 客流预测结果与可信度分析 **行车组织与运营管理** • 工程概况 • 主要设计原则和依据 • 客流特征分析 • 系统制式及列车编组 • 运营交路 • 配线 • 运营计划 • 列车牵引计算 • 配线能力核算 • 运营管理 • 运营要求评价

序号	可研编制内容	可研评审内容
3	项目建设方案	**车辆选型** • 选型基本原则 • 车辆使用条件 • 车辆选型分析 • 车辆编组型式 • 主要技术参数 • 附图
		限界 • 设计遵循的标准及规范 • 限界制定原则与内容 • 各种设备和管线布置原则 • 制定限界的主要技术参数 • 区间及车站建筑限界 • 区间疏散平台铺设方式及限界要求 • 附图
		线路 • 设计原则与主要技术标准 • 线路概况 • 沿线现状及规划概况 • 线路总体方案比选 • 线路平、纵断面设计 • 车站分布方案 • 辅助线分布 • 附图
		轨道 • 工程概况 • 设计原则与主要技术标准 • 轨道结构及主要设备的方案研究 • 轨道减振降噪 • 轨道防杂散电流措施 • 无缝线路 • 铺轨基地、轨道附属设施 • 工务维修组织机构及定员 • 附图
		路基工程 • 路基面形状和宽度 • 基床、路堤、路堑 • 地基处理 • 路基排水与路基防护 • 支挡结构 • 过渡段与工后沉降 • 附图

序号	可研编制内容	可研评审内容
3	项目建设方案	**车站建筑** • 主要设计原则及技术标准 • 车站主要功能组成及规模 • 车站形式研究与特征表 • 重要车站方案设计 • 车站特征表 • 车站及相邻地块物业开发 • 车站建筑防火与防淹设计 • 车站无障碍设计 • 车站建筑装修和环境设计标准 • 附图
		地下结构 • 工程概况 • 设计原则和主要技术标准 • 地下车站结构 • 地下区间结构 • 地下结构防水 • 存在的问题和建议 • 附图
		高架结构 • 工程概况及工程主要特点 • 设计原则和主要技术标准 • 高架车站结构 • 高架区间 • 附图
		供电 • 设计原则与主要技术标准 • 系统构成与功能 • 外部电源方案 • 主变电所或电源开闭所的设置 • 中压网络与供电系统方案 • 牵引变电所、降压变电所的设置 • 牵引网制式的选择 • 电力监控、杂散电流和动力照明配电 • 接地与过电压保护 • 用电指标分析 • 主要设备选型原则 • 附图
		通风、空调与供暖 • 设计原则与主要技术标准 • 系统构成与方案比选 • 控制及运行模式 • 减振降噪措施 • 主要设备选型 • 附图

序号	可研编制内容	可研评审内容
3	项目建设方案	给水排水和消防 • 设计原则与主要技术标准 • 沿线市政给水排水管网现状及规划情况 • 生产、生活给水系统 • 排水系统 • 主要设备选型 • 附图
		通信（含乘客信息系统） • 概述 • 设计原则及主要技术标准 • 系统功能 • 系统方案及系统构成 • 主要设备选型原则 • 附图
		信号 • 概述 • 设计原则及主要技术标准 • 系统方案比选 • 系统功能与系统构成 • 系统控制模式 • 主要设备选型原则 • 附图
		火灾自动报警与环境与设备监控 • 概述 • 设计原则及主要技术标准 • 系统功能与构成 • 系统方案比选及接口 • 管理模式 • 主要设备选型原则 • 附图
		自动售检票 • 概述 • 设计原则及主要技术标准 • 票制及运营管理模式 • 系统构成方案及功能 • 主要设备选型及配置 • 附图
		综合监控 • 工程概述 • 设计原则及主要技术标准 • 系统构成及功能 • 系统方案比选 • 主要设备选型原则 • 附图

序号	可研编制内容	可研评审内容
3	项目建设方案	车站设备 • 自动扶梯及电梯 • 站台门 车辆综合基地 • 概述 • 主要基础资料 • 车辆综合基地分布及功能定位 • 车辆综合基地任务范围及总体规模 • 车辆综合基地选址 • 车辆综合基地总平面布置方案及主要设施 • 车辆综合基地主要工艺设备配置 • 相关专业主要技术标准及原则 • 组织机构与定员 • 主要经济技术指标 • 附图 运营控制中心 • 设计原则 • 功能定位 • 中心选址 • 工艺设计 • 相关专业设计 车辆及机电设备国产化 • 车辆与设备国产化原则与要求 • 车辆 • 信号系统 • 通信系统 • 供电系统 • 车站其他设备系统 • 国产化方案及供需市场分析 • 初步"打包"方案与采购计划 • 国产化计算清单和分析
4	项目适应性分析	节约能源 • 工程应遵循的合理用能标准及节能设计规范 • 建设工程能源消耗种类和数量分析 • 当地能源状况分析 • 耗能指标 • 节能措施 环境保护 • 环境现状 • 工程对环境影响分析 • 环境保护措施及建议 安全防范 • 设计原则 • 安全防范基本要求 • 安防设施方案

序号	可研编制内容	可研评审内容
4	项目适应性分析	安防系统 • 概述 • 门禁系统 • 周边防范 • 安检设施 • 附图
		防灾及人防工程 • 防灾 • 人防工程
		管理组织机构及定员 • 建设管理方案 • 运营管理机构与工程项目法人 • 公司组织机构设置方案 • 公司组织定员 • 机构适应性评价 • 人员培训
		工程筹划 • 工程概况 • 工程建设总工期及总进度 • 工程实施前期准备 • 工程进度计划安排 • 全线工程建设重难点分析及专题研究 • 施工用地 • 地下管线迁改 • 道路交通疏解 • 征地、拆迁及安置补偿 • 试运营实施计划 • 附图
		征收补偿及安置方案 • 征收原则、数量及费用测算 • 征收补偿及安置方案
		工程招投标 • 招标原则 • 招标范围 • 招标组织形式与方式 • 招标及采购方案
5	项目综合性分析	投资估算与资金筹措 • 投资估算 • 资金筹措
		财务分析 • 财务分析依据及价格的采用 • 基础数据 • 财务费用效益估算 • 财务费用效益分析 • 不确定性分析 • 财务评价结论及建议 • 附表

序号	可研编制内容	可研评审内容
5	项目综合性分析	经济费用效益分析 • 经济费用效益分析原则 • 经济费用估算 • 经济效益估算 • 经济费用效益分析 • 敏感性分析 • 经济费用效益分析结论 • 附表
		社会效益分析 • 评价目的 • 社会效益分析 • 社会风险分析 • 社会评价结论
		风险分析 • 风险管理概述及风险分析的目的 • 风险分析的依据及方法 • 风险分类及评价标准 • 项目风险识别 • 项目风险评价 • 风险的应对措施 • 风险分析结论与建议
		《建设规划》符合性分析 •《建设规划》中有关本工程的结论 • 与《建设规划》的比较数据 • 差异性分析论证
		社会稳定风险分析 • 编制依据 • 风险调查 • 风险识别 • 风险估计 • 风险防范和化解措施 • 风险等级 • 风险分析结论

（二）经济社会和交通运输发展现状及规划

此项内容主要是研究项目周边的社会经济和交通运输发展现状、相关地铁技术状况及存在问题、交通运输发展趋势。地铁44号线项目需重点关注原有地铁的现状情况，必要时需进行地铁技术状况评定，计算地铁技术状况指数和相应分项指标。

（三）客流量预测

我国地铁控制设计客流按照远期高峰小时客流量来计算，并考虑高峰小时内客流的不均匀性，计入1.2～1.4的超高峰系数，客流预测人员受"宁取上限""留有充分余地""建设规模宁大勿小"等思想的影响，预测客流时取值偏高。导致预测客流量与实际客流量差别很大，导致建设规模偏大，建设标准偏高，工程造价偏高。应该在重点研究地铁对城市发展的支撑引导作用、在城市交通体系中合理分担比例、对其他交通方式的影响等方面的基础上，改进四阶段预测方法，逐步形成一套适合我国国情的地铁客流预测理论和方法。

（四）投资估算及资金筹措

投资估算部分内容需重点关注外购材料单价是否合理，取费是否合理，税率是否合理，有无错计、漏计、多计等内容。资金筹措部分是项目的后勤保障部分，资金来源有无保障，来源的渠道是哪一方面等直接影响项目能否顺利开工。必要时，需当地政府部门出具资金承诺书，确保资金正常合理到位。

（五）实施方案和土地利用评价

实施方案主要涉及工程进度安排和工期预计，另外一个需重点关注点就是招标的基本情况，对勘察、设计、监理、建筑工程、安装工程、设备购置等项目的招标范围、形式、方式进行详细区分，范围包括全部招标和部分招标，形式分为自行招标和委托招标，方式主要是公开招标和邀请招标。

（六）工程环境影响分析

近年来，一方面随着国家新的环境保护法的出台，国家对环境的重视的程度越来越高，另一方面，大气污染不断加重，雾霾现象出现频率增大，直接影响各行各业，严重时危及生命安全，所以，环境影响部分的分析内容要求也越来越严。此项内容重点关注点是改造项目是否有对保护区、水源地和周边居民等造成严重影响的内容，如果有，是否有相应的保护措施等内容。

三、项目勘察审查

地铁44号线项目勘察是建设的关键环节，全面把握地铁岩土工程勘察的关键要点，对满足地铁工程设计施工要求非常重要，如表格9-5所示，分析了我国地铁岩土工程勘察的要点，以期为地铁工程勘察提供理论指导。

四、初步设计

（一）初步设计审查

地铁44号线项目进行地质及地下障碍物勘察后，便进入总体设计和初步设计阶段。设计阶段对投资的控制更容易体现在主动性和事先性上。设计管理对项目投资的影响可以反映在设计期间的两个"二八定理"，工程项目策划阶段（项目建议书阶段和可行性研究

序号		勘察审查内容
1	可行性研究勘察	（1）可行性研究勘察应针对城市轨道交通工程线路方案开展工程地质勘察工作，研究线路场地的地质条件，为线路方案比选提供地质依据； （2）可行性研究勘察应重点研究影响线路方案的不良地质作用、特殊性岩土及关键工程的工程地质条件； （3）可行性研究勘察应在收集已有地质资料和工程地质调查与测绘的基础上，开展必要的勘探与取样、原位测试、室内试验等工作
2	初步勘察	（1）初步勘察应在可行性研究勘察的基础上，针对城市轨道交通工程线路敷设形式、各类工程的结构形式、施工方法等开展工作，为初步设计提供地质依据； （2）初步勘察应对控制线路平面、埋深及施工方法的关键工程或区段进行重点勘察，并结合工程周边环境提出岩土工程防治和风险控制的初步建议； （3）初步勘察工作应根据沿线区域地质和场地工程地质、水文地质、工程周边环境等条件，采用工程地质调查与测绘、勘探与取样、原位测试、室内试验等多种手段相结合的综合勘察方法
3	详细勘察	（1）详细勘察应在初步勘察的基础上，针对城市轨道交通各类工程的建筑类型、结构形式、埋置深度和施工方法等开展工作，满足施工图设计要求； （2）详细勘察工作应根据各类工程场地的工程地质、水文地质和工程周边环境等条件，采用勘探与取样、原位测试、室内试验，辅以工程地质调查与测绘、工程物探的综合勘察方法
4	施工勘察	施工勘察应针对施工方法、施工工艺的特殊要求和施工中出现的工程地质问题等开展工作，提供地质资料，满足施工方案调整和风险控制的要求
5	工法勘察	（1）采用明挖法、矿山法、盾构法、沉管法等施工方法修筑地下工程时，岩土工程勘察除符合《城市轨道交通岩土工程勘察规范》中初步勘察、详细勘察的规定外，尚应根据施工工法特点，满足工法勘察的相应要求，为施工方法的比选与设计提供所需的岩土工程资料； （2）各勘察阶段均应开展工法勘察工作，满足相应阶段工法设计深度的要求。原位测试、室内试验方法及所提供的岩土参数应结合施工方法、辅助措施的特点综合确定
6	地下水	（1）城市轨道交通岩土工程勘察应查明沿线与工程有关的水文地质条件，并应根据工程需要和水文地质条件，评价地下水对工程结构和工程施工可能产生的作用并提出防治措施的建议； （2）当水文地质条件复杂且对工程及地下水控制有重要影响时，应进行水文地质专项勘察； （3）地下水勘察应在搜集已有工程地质和水文地质资料的基础上，采用调查与测绘、钻探、物探、试验、动态观测等多种手段相结合的综合勘察方法
7	不良地质作用	（1）拟建工程场地或其附近存在对工程安全有不利影响的不良地质作用且无法规避时，应进行专项勘察工作； （2）采空区、岩溶、地裂缝、地面沉降、有害气体等不良地质作用的勘察应符合本章规定；对工程有影响的其他不良地质作用应按照国家现行有关规范、规程进行勘察； （3）应查明工程沿线不良地质作用的成因类型、分布范围、规模及特征，评价对工程的影响程度，以及工程施工对不良地质作用的诱发，提出避让或防治措施的建议，满足工程设计、施工和运营的需要； （4）不良地质作用的勘察应采用遥感解译、地质调查与测绘、工程勘探、野外及室内试验、现场监测相结合的综合勘察手段和资料综合分析，根据不同的成因类型，确定具体工作内容、勘察方法，有针对性地开展工作； （5）对城市轨道交通地下工程附近的燃气、油气管道渗漏、化学污染、人工有机物堆积、化粪池等产生、储存有害气体地段，应参照本章有害气体的相应规定进行有害气体的勘察与评价，并提出处理建议

序号		勘察审查内容
8	特殊性岩土	（1）城市轨道交通工程建设中常见的特殊性岩土主要有填土、软土、湿陷性土、膨胀岩土、强风化岩、全风化岩与残积土，若工作中遇到红黏土、混合土、多年冻土、盐渍岩土和污染土等特殊性岩土，应按国家现行有关规范、规程进行岩土工程勘察； （2）在分布特殊性岩土的场地，应通过踏勘、搜集已有工程资料和进行工程地质调查与测绘等，初步判断勘察场地的特殊性岩土种类和场地的复杂程度，结合工程的重要程度，制定合理的岩土工程勘察方案； （3）在分布特殊性岩土的场地，应结合城市轨道交通工程特点有针对性地布置勘察工作。勘探点的种类、数量、间距和深度等，应能查明特殊性岩土的分布特征，其原位测试和室内试验的项目、方法和数量等，应能查明特殊性岩土的工程特性； （4）特殊性岩土的勘探与测试方法、工艺和操作要点等，应确保能充分反映特殊性岩土的工程特性； （5）应评价特殊性岩土对城市轨道交通工程建设和运营的影响，提供设计与施工所需的特殊性岩土的物理力学参数
9	工程地质调查与测绘	（1）工程地质调查与测绘应包括工程场地的地形地貌、地层岩性、地质构造、工程地质条件、水文地质条件、不良地质作用和特殊性岩土等； （2）应通过调查与测绘掌握场地主要工程地质问题，结合区域地质资料对城市轨道交通工程场地的稳定性、适宜性作出评价，划分场地复杂程度，分析工程建设中存在的岩土工程问题，提出防治措施的建议，并为各勘察阶段的勘察与测试工作布置提供依据
10	勘探与取样	（1）钻探、井探、槽探、物探等勘探方法的选择，应根据地层、勘探深度、取样、原位测试及场地现状确定； （2）探应分层准确，不得遗漏对工程有影响的软弱夹层软弱面（带）； （3）勘探点测量应采用与设计相符的高程、坐标系统，引测基准点应满足其精度要求； （4）岩土试样的采取方法应结合地层条件、岩土试验技术要求确定； （5）勘探作业应考虑对工程及环境的影响，防止对地下管线地下构筑物和环境的破坏，并采取有效措施，确保勘探施工安全； （6）钻孔、探井、探槽用完后应及时妥善回填，并记录回填方法、材料和过程；回填质量应满足工程施工要求，避免对工程施工造成危害
11	原位测试	（1）原位测试方法应根据岩土条件、设计对参数的需要、地区经验和测试方法的适用性等因素综合确定； （2）原位测试成果应与原型试验、室内试验及工程经验等结合使用，并应进行综合分析。对重要的工程或缺乏使用经验的地区，应与工程反算参数作对比，检验其可靠性； （3）原位测试的仪器设备应定期检验和标定； （4）原位测试应符合国家或行业有关测试规程的规定
12	岩土室内试验	（1）岩土室内试验的试验方法、操作和采用的仪器设备应符合现行国家标准《土工试验方法标准》GB/T 50123—2019和《工程岩体试验方法标准》GB/T 50266—2013的有关规定； （2）岩土室内试验项目应根据岩土性质、工程类型和设计、施工需要确定； （3）应正确分析整理岩土室内试验的资料，为工程设计、施工提供准确可靠的参数
13	工程周边环境专项调查	（1）工程周边环境专项调查范围、对象及内容，可根据工程设计方案、环境风险等级、工程地质、水文地质及施工工法等条件确定； （2）工程周边环境专项调查应在取得工程沿线地形图、管线及地下设施分布图等资料的基础上，采用实地调查、资料调阅、现场勘查与探测等多种手段相结合的综合方法开展工作

序号		勘察审查内容
14	成果分析与勘察报告	（1）城市轨道交通岩土工程勘察报告，应在搜集已有资料，取得工程地质调查与测绘、勘探、测试和室内试验成果的基础上根据勘察阶段、工程特点、设计方案、施工方法对勘察工作的要求进行岩土工程分析与评价，提供工程场地的工程地质和水文地质资料； （2）勘察报告应资料完整，数据真实，内容可靠，逻辑清晰，文字、表格、图件互相印证；文字、标点符号、术语、数字和计量单位等应符合国家现行有关标准的规定； （3）勘察报告中的岩土工程分析评价，应论据充分、针对性强，所提建议应技术可行、经济合理、安全适用。岩土参数的分析与选用应符合现行国家标准《岩土工程勘察规范》GB 50021—2001的有关规定； （4）可行性研究阶段岩土工程勘察报告宜按照线路编制，初步勘察阶段岩土工程勘察报告宜按照线路编制或按照地质单元线路敷设形式编制，详细勘察阶段岩土工程勘察报告宜按照车站区间、车辆基地等分别编制；报告中应统一全线地质单元、工程地质和水文地质分区、岩土分层的划分标准； （5）勘察成果资料整理应符合相应规定

阶段）和设计阶段已经决定了项目全生命周期80%的费用；初步设计阶段决定了工程项目建设的80%投资。

在此阶段，当设计图纸出来后，全过程工程咨询单位需组织各专业专家逐张审查图纸，重点审查选材是否经济、做法是否合理、节点是否详细、图纸有无错缺碰漏等问题。在认真审阅图纸后，书面整理专家审图意见，与委托方和设计单位约定时间，共同讨论交换意见，达成共识后，进行设计图纸修改。

全过程工程咨询单位对初步设计审查合格后，需按当地建设行政主管部门的规定，将初步设计文件报送建设行政主管部门审查。

全过程工程咨询单位进行的初步设计的审查应当包括下列主要内容：

（1）是否按照总体设计的审查意见进行了修改；

（2）是否达到初步设计的深度，是否满足编制施工图设计文件的需要；

（3）是否满足消防规范的要求；

（4）有关专业重大技术方案是否进行了技术经济分析比较，是否安全、可靠；

（5）初步设计文件采用的新技术、新材料是否适用、可靠；

（6）设计概算编制是否按照国家和地方现行有关规定进行编制，深度是否满足要求。

初步设计是依据国家批准的可行性研究报告的建设范围、规模和主要技术标准，对设计方案、工程措施、工程数量和投资进一步优化和深化。初步设计阶段控制投资的关键在于确定合理的控制目标值、分项投资额度及控制标准，并用以指导设计。

项目初步设计以确保质量为前提，在实现项目的功能、设备和材料质量的优化的条件下，使该项目的总投资小于项目批准的计划投资。原则要求各项费用控制在批复投资估算的规模内，初步设计总概算静态投资应当控制在投资估算的静态投资的105%以内。如无原则性的建设规模及建设标准调整，设计概算总额不得突破投资估算总额的110%。如确需突破的，应该重新申报工程可行性研究报告。

初步设计投资控制的方法主要有：

（1）优选设计单位，激励设计人员对投资控制的主动性；

（2）限额设计；

（3）价值工程；

（4）技术经济分析；

（5）严格审查概算。

（二）设计概算审查

设计概算审查的主要内容有：

（1）审查设计概算文件是否齐全。

（2）审查设计概算的编制依据，审查的重点有：

1）审查编制依据的合法性；

2）审查编制依据的时效性；

3）审查编制依据的适用范围。

（3）审查概算编制深度，审查重点有：

1）审查编制说明；

2）审查概算编制深度；

3）审查概算的编制范围。

（4）审查建设规模、标准，审查重点有：

1）审查概算的投资规模、生产能力、设计标准、建设用地、建筑面积、主要设备、配套工程等是否符合原批准可行性研究报告或立项批文的标准；

2）如概算总投资超过原批准投资估算10%以上，应进一步审查超估算的原因，确因实际需要投资规模扩大，需要重新立项审批。

（5）审查设备规格、数量和配置。

（6）审查建筑安装工程工程费，根据初步设计图纸、概算定额及工程量计算规则、专业设备材料表、建构筑物和总图运输一览表，审查是否有无多算、重算、漏算。

（7）审查计价指标。

（8）审查其他费用。

（9）地下风险的预估。

五、设计优化

（一）TOD的开发模式

TOD是指"以公共交通为导向的发展模式"。其中的公共交通主要是指火车站、机场、地铁、轻轨等轨道交通及巴士干线，然后以公交站点为中心、以400～800m

（5～10分钟步行路程）为半径建立中心广场或城市中心，其特点在于集工作、商业、文化、教育、居住等为一身的"混合用途"，使居民和雇员在不排斥小汽车的同时能方便地选用公交、自行车、步行等多种出行方式。城市重建地块、填充地块和新开发土地均可以TOD的理念来建造，TOD的主要方式是通过土地使用和交通政策来协调城市发展过程中产生的交通拥堵和用地不足的矛盾。TOD是国际上具有代表性的城市社区开发模式。同时，也是新城市主义最具代表性的模式之一。可以运用在地铁项目的开发中，尤其是在尚未成片开发的地区，通过先期对规划发展区的用地以较低的价格征用，导入公共交通，形成开发地价的时间差，然后，出售基础设施完善的"熟地"，政府从土地升值的回报中回收公共交通的先期投入。

（二）功能需求分析

车站建设过程中经常会出现投资失控的现象，车站越大，成本越高。究其原因主要是车站的附加功能越来越多。这就需要对车站功能进行分析，主要分析车站的基本必需功能和非必需功能，对于非必需功能可以利用其他的方式去融资。例如，车站附加的商业设施就不是功能必需的，因此不一定要由政府来投资，可以利用其他的方式进行融资。以满足基本功能为目标，更有利于集散，更加便捷。

经分析，最基本的地铁44号线地铁车站的构成要素是站台、通道、售检票机、站厅、站长室。车站首先应具备最基本的上下车的站台。例如，日本的农村车站就只有一个站台，并无其他设施，而且因为这里上下车的人不多，站台只有一小段，不需要那么长；第二个就是通道。这个通道是从站台站厅和检票机去的。通道有多种形式，可以是走廊、楼梯、电梯、自动扶梯；第三是需要有售检票机和站厅；第四需要有厕所和站长室。站长室主要是指管理用房，这些就是车站的最基本的构成。

（三）模块化设计

模块化设计已经从一种理念转变为一种较成熟的设计方法，模块化产品方便拆卸和再组装，可以增加产品系列，缩短产品研发和制造周期，节约成本，快速应对市场变化。随着模块化设计的逐渐成熟，该设计方法已经被运用到建筑、家居、电子产品、服装等各个领域。

地铁44号线的设备要实现模块化，当某个模块发现问题时，只需要把这个出问题的模块拿去检修，车辆下是类似于抽屉的一个个模块，只需将这些模块抽出来换上新的抽屉，将新的抽屉拿回去检测，这些已经充分说明车辆已经实现模块化。因此管理人员的维护也需要模块化，如果按照这种思维进行建设，基地的建设将会发生改变。而且这种模块和以往的专业的模块是不一样的。可能一个模块有很多专业，也可能一个专业修理有很多不同的模块。这就不能按照一个模块一个专业的方式区别建设。

六、投资限额设计

地铁44号线项目开发阶段的投资限额分配是指全过程工程咨询单位利用利益相关者诉求分析所得出的项目需求，制定项目的设计目标体系，并结合本项目全生命周期的成本分析和功能分析，从而拟定各个设计目标的投资分配限额（图9-6）。

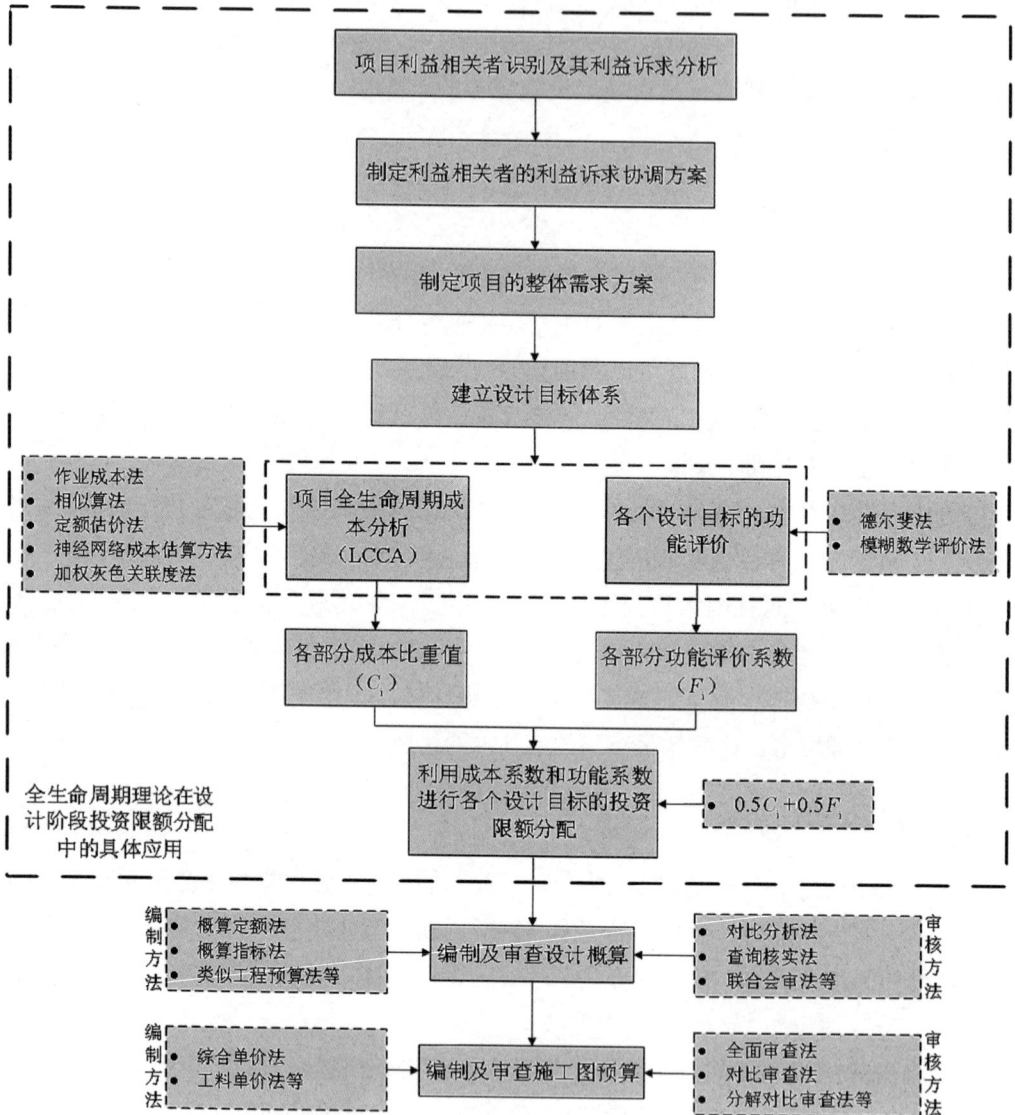

图 9-6 投资限额分配的研究路线图

关键环节：

（1）建设项目的需求分析；

（2）建设项目全生命周期的成本分析及功能评价；

（3）各设计专业的投资限额分配。

在设计概算和施工图预算的编制之前，全过程工程咨询单位应根据项目全生命周期成本分析或利用已完工程数据库的结果，在限额设计和价值管理的基础上对各个设计专业和功能目标进行合理的限额分配。

通过引入价值工程原理，对设计限额总值进行合理分配，按照地铁44号线项目的价值系数确定各个设计目标的目标成本比例，再结合考虑类似工程的经验数据进行调整，而不仅是机械地参考以往类似工程的技术经济资料，简单地将投资估算总额切割分块分配到各单位工程或分部工程中来确定设计限额，从而达到限额设计投资分配中功能与成本的有机统一，体现出限额设计的主动性。

七、可施工性分析

开展地铁44号线项目设计可施工性研究工作的基本程序可分为七步：

（1）全过程工程咨询单位成立可施工性研究小组。可施工性研究小组可以在项目组的基础上成立，项目经理作为可施工性研究小组的总负责人，首先应建立完善的组织机构（图9-7），健全具有可操作性的规章制度，确定实施建设项目可施工性研究的基本程序，明确最终目标和阶段目标，并将目标分解给各管理部门，使建设项目按照最终目标的要求协调进行；对小组成员的优化组合，使小组成员都有进取精神，思想中存在市场竞争意识；项目的优化统筹安排，各个小组干系单位之间密切联系，提高工作效率；建立小组成员经济责任制，对小组成员进行考核、评估，实行节约提奖的政策；提倡项目优化过程的集成化和信息化以及项目最终的精品化。

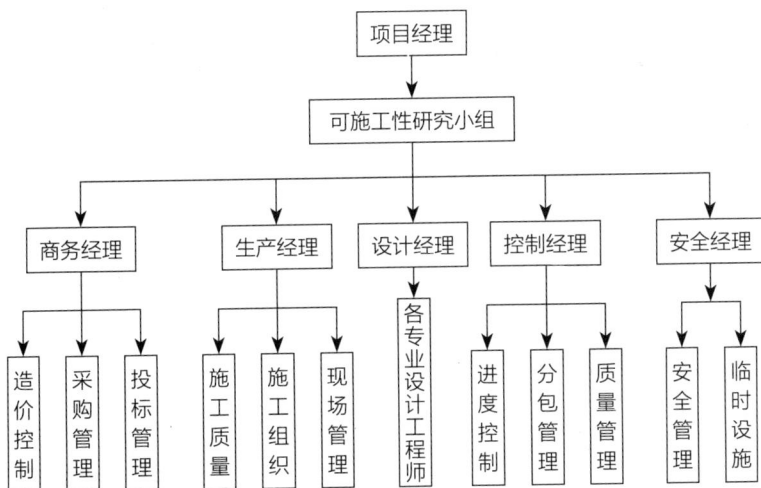

图9-7 可施工性研究组织结构

（2）明确研究对象，确定可施工性研究的原则。可施工性研究小组需根据建设项目的投资、功能、规模、地点、设计等相关要求及业主的实际需求做出深刻分析，了解项目当地的自然条件、施工技术条件及社会条件，结合不同的工程类型后，全过程工程咨询单位要在保证满足业主要求下，尽量做到经济合理、安全实用、美观大方三者妥善结合，总结影响项目可施工性的影响因素，得出可施工性研究的原则。

（3）研究优化可施工性的措施。充分发挥小组成员丰富的可施工性研究经验，收集并整理分析同类建筑的优化资料，并按内容性质和使用性质进行分类，归档整理。在满足建设项目的工期、造价、质量、安全以及环境友好的前提下，系统性地考虑施工阶段的需求，在满足建设项目使用功能的前提下对研究对象进行系统分析，采用头脑风暴法获得更多的优化方案，从而得到提高其可施工性的措施或方案。

（4）对可施工性的优化措施进行评估，综合评比，并对它们进行技术、经济评价，择优选择，最终形成一个最优方案。在得到提高建设项目可施工性的优化措施后，针对业主关心的效益问题、工期合理、工艺技术上的先进性和合理性等进行评估，采用价值工程、层次分析法等方法，建立建设项目可施工性评价指标体系，分析各优化方案的优缺点，计算多种方案的综合价值或者质量指标体系中的数值，通过综合比对计算得到的数值进行综合评价和比较，以综合评价中得到的数据作为依据，对方案进行反馈修正，使方案进一步优化，选择性价比最高的方案，或者综合各方案（包括原方案）的优点，提出一个全新的方案，做出最后的决策。

（5）应用可施工性研究的成果、提供跟踪服务。在实施的过程中可施工性研究小组应该提供跟踪服务，在实施的过程中再吸收现场广大施工人员的智慧和宝贵的施工经验，对方案进一步优化，若在实施中发现存在不合理的地方，现场进行修正，修正完交由可施工性研究小组报批，整理归纳；若在施工现场无法当场解决，应及时召集可施工性小组，召开可施工性研究小组会议，依托集体的力量，发挥团体经验、智慧，设计出一个施工可行，性价比高的方案，并指导施工人员实施。

（6）评价实施效果。实施效果代表的是可施工性研究的成果，实施效果如何代表着可施工性研究小组的研究是否成功。工程竣工以后，将工程项目建成投产后所取得的实际效果——经济效益和社会效益等情况与前期预测情况相对比，与项目建设前的情况相对比，达到总结经验、不断提高建设项目可施工性研究的目的。

（7）建立可施工性经验数据库。可施工性研究人员每承揽一个项目，从前期的资料收集、整理、分析，到后期研究报告的撰写几乎都是从头开始，从零做起，完全没有利用到过去建设过程中取得的成果，花费了大量不必要的时间和精力，造成资源的浪费。把以往成熟的可施工性研究成果输入数据库，使研究过程中的经验、教训得以记录总结和升华，将无序的知识系统化管理，使研究成果升华为"可再利用资源"，不仅可以实现知识共享和再利用，还可以提高研究效率。最后生成建设项目可施工性操作手册等指导文件（图9-8）。

可施工性研究小组具有能够优化方案，缩短工期等一大批优势，能够给业主带来巨大的效益，在工程的建设过程中实施可施工性研究能够节约6%～10%的工程造价，缩短8.7%～43.3%工期；而且从整体收益上看，投资回报率最高可以达到20倍。

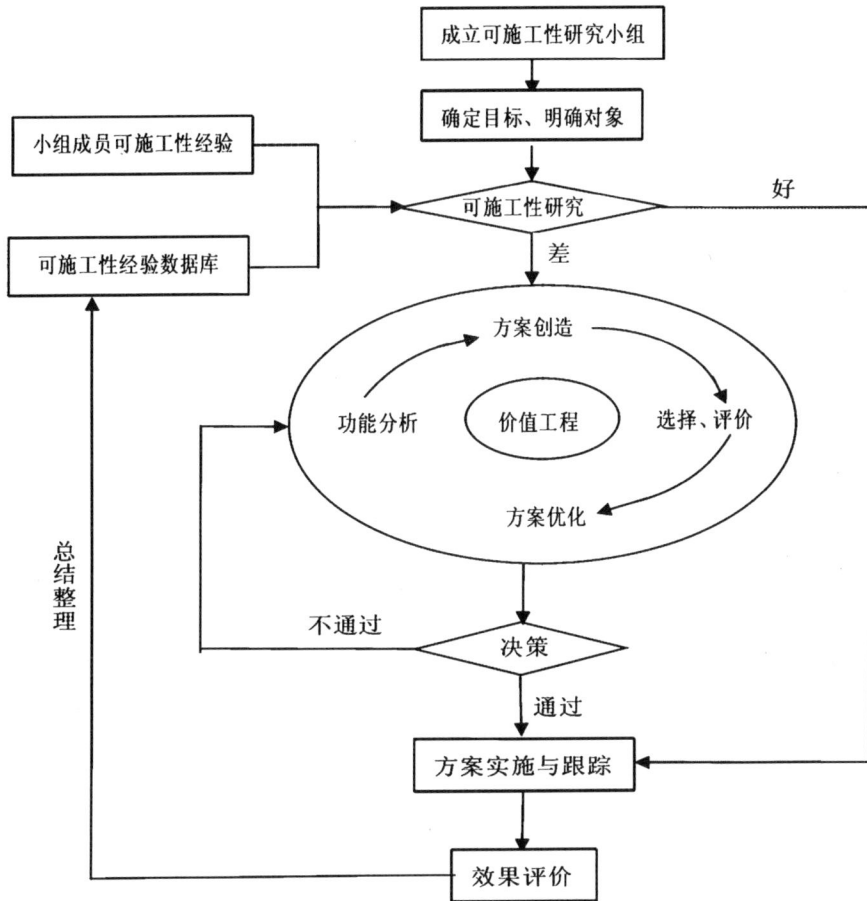

图 9-8　可施工性研究流程

八、管理框架组建

项目准备阶段初期，县级（含）以上地方人民政府需建立专门协调机制，主要负责项目评审、组织协调和检查督导等工作。项目采购阶段需组建评审小组与采购结果确认谈判工作组，项目移交阶段需组建项目移交工作组。主要包含两个步骤：

（一）协调机制的组建

县级（含）以上地方人民政府可建立专门协调机制，主要负责项目评审、组织协调和检查督导等工作，实现简化审批流程、提高工作效率的目的。

（二）项目实施机构的组建

项目实施机构的组建由政府指定的有关职能部门担任，负责项目开发、采购、监管和移交等工作，项目实施机构在项目准备阶段主要负责编制项目实施方案或委托第三方机构编制，项目实施方案具体包括项目概况、风险分配基本框架、项目运作方式、交易结构、合同体系、监管架构、采购方式选择等7项内容。

1. 编写项目概况

项目概况主要包括基本情况、经济技术指标和项目公司股权情况等。

基本情况主要明确项目提供的公共产品和服务内容、项目采用政府和承包商合作的"投建营+EPC"模式运作的必要性和可行性，以及项目运作的目标和意义。项目提供的公共产品和服务内容应根据项目产出说明、可行性研究报告等描述项目建设内容以及最终形成的公共资产或相关服务内容；项目采用"投建营+EPC"模式运作的必要性可从国家或省市相关政策要求阐述采用此模式符合政策要求、采用此模式能够化解地方债务危机减少财政支出压力、采用此模式能够提高公共物品或服务的供给效率等角度叙述。项目采用"投建营+EPC"模式运作的可行性从政府层面和承包商两个层面进行可行性分析；项目运作的目标从本项目合理风险分担目标、最佳运作方式目标、有效交易结构目标等项目目标阐述。项目运作的意义主要是提升财政投资资金的使用效率、改善公共基础设施的服务质量实现双方互利双赢。

经济技术指标主要参考项目可研报告、项目区位分析报告、产出说明、项目开发阶段财政承受能力论证等报告中的相关内容进行编写。明确项目区位、占地面积、建设内容或资产范围、投资规模或资产价值、主要产出说明和资金来源等。

项目公司股权情况主要明确是否要设立项目公司以及公司股权结构。其中，项目公司的成立不是强制性要求。

2. 拟定风险分配基本框架

地铁44号线项目的风险分担以风险分配优化、风险收益对等和风险可控等为原则，综合考虑合作主体的风险管控能力与项目汇报机制等要素，在政府和承包商之间合理分配项目风险。风险分配基本框架的编制有三个步骤：首先，风险因素的识别。风险因素的识别为如表9-6所示的方法，风险因素可采用以上一种或多种方法识别。

风险因素识别方法 表9-6

序号	名称	内容	优点	缺点
1	德尔菲法	在对所要预测的问题征得专家的意见之后，进行整理、归纳、统计，再匿名反馈给各专家，再次征求意见，多次循环，直至得到一致的意见	避免专家意见影响，集思广益，预测全面	过程比较复杂，花费时间较多；定性的方法，主观性强
2	核查表法	根据自身的工程项目管理经验或者利用他人的实践经验，对工程项目中可能出现的风险因素进行归纳总结，将这些资料列成表，然后与当前项目的建设环境比较，分析可能出现的风险	按照以前经验总结，参考对照核对表，节省时间和成本	需要收集大量相关资料，增加了风险管理成本
3	风险树法	在前期预测和识别各种潜在风险因素的基础上，运用逻辑推理的方法，沿着风险产生的路径，求出风险发生的概率，并提供各种控制风险因素的方案	应用广泛、逻辑性强，分析结果具有系统性、准确性和预测性	常用于直接经验较少的风险辨识，当应用于大系统时，易产生遗漏和错误

序号	名称	内容	优点	缺点
4	敏感性分析法	在项目寿命期内，测定其中一个或几个因素发生变化时对项目指标变化的影响。	在一定程度上对不确定性因素的变动对项目投资效果的影响做了定量的描述，有助于搞清项目对不确定因素的不利变动所能容许的风险程度	没有考虑影响因素发生变化的概率，主要依靠分析人员凭借主观经验来分析判断，存在片面性
5	工作分解结构法	工作分解结构以可交付成果为导向，对项目要素进行的分组，它归纳和定义了项目的整个工作范围，每下降一层代表对项目工作的更详细定义	由于项目管理的其他方面，如范围、进度和成本管理，也要使用工作分解结构，在风险识别中利用这个已有的现成工具并不会给项目管理增加额外的工作量	面对大的工程项目时，分解过于复杂、繁琐

其次，确定分配原则，将识别的风险因素按照一定风险分配原则进行合理分配。风险分配原则有以下三类：

第一类：最优风险分配原则。在受制于法律约束和公共利益考虑的前提下，风险应分配给能够以最小成本（对政府而言）、最有效管理它的一方承担，并且给予风险承担方选择如何处理和最小化该等风险的权利。

第二类：风险收益对等原则。既要关注承包商对于风险管理成本和风险损失的承担，又尊重其获得与承担风险相匹配的收益水平的权利。

第三类：风险可控原则。应按照项目参与方的财务实力、技术能力、管理能力等因素设定风险损失承担上限，而不宜由任何一方承担超过其承受能力的风险，以保证双方合作关系的长期持续稳定。

在分配期间具体应坚持：承担风险的一方应该对该风险具有控制力、承担风险的一方能够将该风险合理转移；承担风险的一方对于控制该风险有更大的经济利益或动机，由该方承担该风险最有效率；如果风险最终发生，承担风险的一方不应将由此产生的费用和损失转移给合同相对方；建设与运营类风险包括设计风险、建造风险、财务风险与运营风险由社会资本承担；法律、政策和最低需求风险由政府承担；不可抗力等风险由双方共同承担。

最后，确定本项目最终风险分担结论。

3. 确定交易结构

交易结构主要包括项目投融资结构、回报机制和相关配套安排。

项目投融资结构根据项目建议书、项目概算批复等文件说明项目资本性支出的资金来源、性质和用途，项目资产的形成和转移等。

项目回报机制根据项目的性质（准经营性项目或非经营性项目）说明社会资本取得投资回报的资金来源，包括使用者付费、可行性缺口补助和政府付费等支付方式。

相关配套安排主要说明由项目以外相关机构提供的土地、水、电、气和道路等配套设施和项目所需的上下游服务。

4. 确定合同体系

地铁44号线项目合同体系是指，项目参与通过签订系列的合同划分与明确各方的权利义务，其中项目合同是最核心的法律文件，还包括项目合同、股东合同、融资合同、工程承包合同、运营服务合同、原料供应合同、产品采购合同和保险合同等。合同体系包括两部分，即合同体系的概述、项目边界条件的概述。

（1）合同体系的概述是根据项目采用的具体运作模式、各阶段参与方主体、项目运营期限及融资情况等因素，确定股东合同、融资合同、EPC合同、运营服务合同、保险合同、原料供应合同和产品采购合同等合同。

股东协议根据项目资金来源情况，确定股东之间建立长期的、有约束力的合约关系。股东协议包括项目公司的设立和融资、项目公司的经营范围、股东权利、履行地铁44号线项目合同的股东承诺、股东的商业计划、股权转让、股东会、董事会、监事会组成及其职权范围、股息分配、违约、终止及终止后处理机制、不可抗力、适用法律和争议解决等内容。

融资合同是项目公司投融资方签订的项目贷款合同、担保人就项目贷款与融资方签订的担保合同、政府与融资方和项目公司签订的直接介入协议等多个合同。

EPC合同是在项目建设阶段，由于项目公司本身具备自行设计、采购、建设项目的条件，因此确定将全部设计、采购、建设工作委托给承包商，并由项目公司与该承包商签订EPC合同。

运营服务合同是在项目运营阶段，项目公司将相应的运营权交给具有运营能力的承包商，并与其签订运营服务合同。

保险合同是由于地铁44号线项目资金规模大、生命周期长，负责项目实施的项目公司及其他相关参与方通常需要对项目融资、建设、运营等不同阶段的不同类型的风险分别进行投保。保险合同内容涉及货物运输险、工程一切险、针对设计或其他专业服务的职业保障险、针对间接损失的保险、第三方责任险等。

以上合同体系均应明确项目边界条件，项目边界条件是项目合同的核心内容，主要包括权利义务、交易条件、履约保障和调整衔接等边界。

（2）权利义务边界主要明确项目资产权属、承包商承担的公共责任、政府支付方式和风险分配结果等。项目资产权属根据项目采用的运作模式、承包商是否拥有项目土地使用权等内容确定。其中，项目资产包括两种形式：建设期内投资建设形成的项目资产、项目运营期内因更新重置或升级改造投资形成的项目资产；承包商承担的公共责任一般包括完成项目建设、接受项目机构的监督与监管、妥善运营与维护等内容；政府支付方式通常包括两种，政府付费与可行性缺口补助，地铁项目的项目性质确定采用可行性缺口补助的支付方式，风险分配结果根据风险分配基本框架内容编写。

交易条件边界主要明确项目合同期限、项目回报机制、收费定价调整机制和产出说明等。项目合同期限的确定根据政府支出能力和社会资本收益率测算，一般情况下，财政支出越多，特权经营期越短；财政支出越小，特许经营期越长；地铁项目选择可行性缺口补助，收费定价调整机制根据运营维护期间的通货膨胀情况、市场需求、相关政策等内容，设定相应的调价周期及启动机制；产出说明根据项目的可行性研究报告获取项目建成后项目资产所应达到的经济、技术标准，以及公共产品和服务的交付范围、标准和绩效水平等相关数据。

履约保障边界主要明确强制保险方案以及由投资竞争保函、建设履约保函、运营维护保函和移交维修保函组成的履约保函体系。

调整衔接边界主要明确应急处置、临时接管和提前终止、合同变更、合同展期、项目新增改扩建需求等应对措施。

5. 明确监管架构

监管架构主要包括授权关系和监管方式。授权关系主要是政府对项目实施机构的授权，以及政府直接或通过项目实施机构对承包商的授权；监管方式主要包括履约管理、行政监管和公众监督等。履约管理即合同监管，保证项目公司服务质量符合合同规定，以持续保证政府对项目公司的要求得到遵从和履行。行政监管即保证项目公司的产品和服务质量符合行业通行技术标准和特殊规范，确保其服务高质高效、稳定安全、价格和费用支付安排合理。公众监督是为了防止公共部门滥用权力，应建立公众监督体系。除涉及国家安全、国家秘密、商业秘密之外的政府采购项目，应全面公开政府采购信息，接受社会公众监督，通过投诉及建议渠道，借助网络等多媒体对相关信息与数据进行管理与分析，从而形成双向监督网络。

其中，项目开发阶段主要监管内容包括项目审批环节、组织和财政承受能力论证、管理架构组建、实施方案审批等。项目采购阶段主要监管社会资本采购、谈判和合同监管等。项目执行阶段主要监管项目设计审批、项目开工条件、项目公司组建、融资监管、监理单位招标监管、项目建设期间的进度控制、质量控制、资金监管、安全监管、竣工验收及工程结算监管、项目运营期间的产品质量与维护监管、绩效监测与支付、中期评估等。项目移交阶段主要监管移交条件及程序监管、移交内容监管、项目性能测试、资产交割、绩效评价等。除政府监管主体外，其他监管包括项目用户监管、社会公众监管和项目利益相关方监管。

第五节 招采阶段咨询方案

一、招标策划，编制招标计划书

（一）确定招标采购方式——公开招标＋下浮率报价

采用资格预审方式确定意向投资人，入围公司可与业主进一步商讨项目细节，就合同条件、会议记录与项目技术规范等提出意见和建议，在最后竞争阶段，采用公开招标方式发布招标公告，各入围公司根据招标文件要求提供最终财务方案、法律方案、项目建议书、建设与运营方案，以最低价奖励的评审标准确定最终中标人。中标人负责项目融资、设计、施工、采购、试运行、运营和维护，业主将在建设期及运营期支付投资人相应合同金额。当项目需求统一明确，采用固定总价合同；不确定建设规模与建设标准，采用下浮率报价与最终批复概算作为上限价的结算方式。考虑到本项目的具体情况，采用下浮率报价。

（二）确定招标介入时点及招标范围——初设及概算批复

采用"投建营＋EPC"模式的项目，一般在初步设计和概算正式批复后，通过"投建营＋EPC"一体化公开招标方式确定小股权投资的总承包单位。招标的EPC总承包范围包括施工图勘察设计、材料采购、施工、运营以及缺陷责任修复。投资人的投标内容主要包括特许经营权期限和以批复概算为基准的工程总承包价。

如果政府方参与项目建设，则事先确定政府方的持股比例范围，主管部门组织"投建营＋EPC"招标时，仅需在资格预审文件及招标文件中对投资人需投资部分的比例进行说明，剩下部分由政府方持有。

（三）设置招标条件，确保招标方式和招标文件内容的合法性

"投建营＋EPC"模式下招标条件涵盖了特许经营项目投资人及设计施工总承包单位的选择，使两项招标内容合二为一，明显提高了投标人的资格要求，使符合双项条件的潜在投标人大大减少，市场的有效竞争性变小。由于缺乏通用的招标文件范本及明确的相关规定，招标方式的合法性和招标文件内容的合法性需要引起足够的重视。为此，本项目设置了以下招标条件：

（1）采用公开招标方式，并接受相关企业组成联合体参与投标，以增加潜在投标人，扩大有效的市场竞争。

（2）采用资格预审流程，在投标前对潜在投标人进行资格审查。一是可以获取潜在投

标人的数量信息，及时调整下一阶段的招标条件，以防流标情况的发生；二是通过资格预审筛选出满足资质要求且有实力的企业成为合格投标人，为项目的顺利实施创造条件。

（3）对招标文件内容进行严格的会稿和审核，严禁出现涉嫌"以其他不合理条件限制、排斥潜在投标人或者投标人"的相关条款。

（四）两阶段评标、提前清标——保障中标人质量，暗标——规范清标小组、评标专家行为

应与当地政府相关部门、招标采购平台沟通，采用两个阶段评标，先评EPC技术方案标，再评报价标，需要主管部门同意此种采购方式。

评技术方案标时，组织清标小组，由招标人、设计方案编制单位、可研报告编制单位、咨询单位、外聘专家等组成，对各家设计图纸进行审图，对技术方案进行审查，形成清标记录，在评标开始前交给评标专家，供其评标参考。

技术标合格的投标人，其报价方为有效报价。报价评标前先进行报价清标，形成报价的清标记录。在报价评标时，交给评标专家，由评标专家进行最后的综合打分，对投标人进行综合排名。清标时发现的问题，在合同谈判时由投标人予以澄清，并达成共识。

为了防止清标小组、评标专家的不规范行为，对技术标、报价标均采用暗标。

（五）未中标补偿

考虑到各投标人投入了大量的人力、物力，比照传统设计方案征集的惯例，对未中标单位给予适当补偿。在中标结果公示后，按照投标人的排序，中标单位不予补偿，未中标但排名靠前的单位补偿额度略大，排名靠后的单位略低。相对于很多项目巨大的总投资而言，这些补偿费虽然不多但却是有必要的，能为项目节约大量投资、减少后期纠纷。

（六）明确第三方咨询监管，确保监管手段有效

本项目的监理单位、质量检测单位及造价预算单位的选择由××市政府作为招标人依法选择，并约定由××市政府对其进行管理和拨付相关服务费，以防止监理单位、质量检测单位及造价预算单位受制于中标社会资本方而不作为的情况而损害××市政府的合法利益。同时，由××市政府在建设期内牵头组建考评小组，从人员到位、设备投入、工程质量、进度控制、安全文明等方面对项目公司建设管理情况进行监督检查。通过定期考核与随机考核相结合的方式，对项目公司建设管理情况进行考核，并将考核结果作为处罚的依据。

（七）主动接受全过程审计，及时处理和纠正建设过程中的问题

对工程建设项目进行开工前审计、过程跟踪审计和竣工决算审计，将事后审查与事前、事中监督并举，强化对工程建设领域的全方位审计监督，确保整个工程实施处于受控

状态，这能有效克服事后监督的局限性，并可以从源头遏制工程领域的腐败，从而对廉政建设产生积极作用。

（八）为使投标单位的技术方案、报价真正具有可比性，统一招标标准

招标人给出概念方案、现状条件、规划条件、功能需求，要求潜在投标人在现有方案基础上进行优化、深化，要保证各家的设计的出发点满足招标文件要求，基于统一的平台来编制技术方案和报价。必要时在设计图纸中，要明确主要材料设备的品牌范围、档次要求，使得各家报价基于统一的标准。

（九）根据建设需要划分若干个监理标段，确定一家综合实力较强的监理单位作为监理牵头单位

地铁项目建设周期长，参与单位多。根据××市44号线项目建设情况，全过程工程咨询单位将监理单位外包，在监理招标阶段就明确并设置监理牵头管理单位，做好本监理标段工作的同时，还应负责其他监理牵头及代建工程协调事务。监理牵头管理工作归口于项目公司工程部，依据监理合同约定及业主管理要求，监理牵头单位协助全过程工程咨询单位结合地铁建设项目管理规定制定牵头管理办法，明确授权范围和管理目标，理清工作流程。以牵头管理办法作为牵头监理单位工作行动指南，牵头监理单位组织编制监理牵头管理工作行动方案。牵头监理工作并非履行监理总包职能，由于地铁建设过程的特殊性，通过授权项目使监理组织协调服务范畴更宽泛，使监理细致优化的组织协调管理更贴切项目业主管理初衷。

地铁44号线项目充分利用监理牵头管理单位综合管理能力、专业技术资源优势，减少全过程工程咨询单位应对多家监理单位的工作问题的衔接，通过牵头监理单位的统一组织，高效保证全线监理工作在质量控制、进度控制、投资控制、安全管理、信息管理、合同管理一致性。通过监理牵头管理单位对全线有关第三方监测、质量检测、据实结算工程实施过程中存在的全线共性问题的收集和梳理，有利于轨道建设过程中项目总咨询师对解决影响建设关键性问题的决策效率。

监理牵头管理工作内容包括：

1. 协助建设运营公司制定管理办法

由于地铁44号线工程采取"投建营+EPC"建设模式，建设单位是新成立的建设运营公司，部门设置及人员配置，均处在组织结构优化及人员分工管理优化的初期阶段，随着项目的启动建设，有关工程质量、进度、投资、安全、合同等诸多方面的管理办法和制度均需结合本工程建设特点而制定。作为监理牵头管理单位应充分利用过往地铁项目管理经验，协助全咨单位对相关工作的工作流程及管理要求，参与管理办法的讨论并提出合理化建议。作好管理办法或工作细则实施前的宣贯工作，收集办法实施过程中存在的问题，及时报告全咨单位进行优化。

2. 牵头负责对其他监理标段的总协调和监理资料汇总

（1）本工程线路长、标段多，单位之间往来信息量大，对监理统一牵头协调管理有利于信息的传播。使建设单位从"单对多"发散式信息发布模式得到优化，提高办事效率和确保信息传递的及时性。更有利于建设单位的管理。定期组织各监理单位召开牵头协调会，通过会议加强各单位之间的沟通，共同研究监理工作中的问题，寻求解决问题的办法，有助于项目的推进。

（2）定期组织观摩和培训活动，宣贯建设过程中国家有关部门新出台的规范、标准、制度。

（3）监理资料汇总管理是监理牵头管理的重点，地铁工程资料管理无全国性统一的规定和标准，项目启动之初需与市城建档案馆加强沟通，并结合投建营项目责任主体的划分情况，统一全线工程用表格式、编写和归档要求。组织并邀请档案馆或市建委相关专家对全线施工标段、监理标段进行交底培训，注重档案资料过程管控和纠偏，督促各单位按规定执行。

（4）定期组织各监理单位开展全线巡查工作，成立巡查组，相关成员由各监理标段派出，形成巡查通报，通过全线巡查发现有关质量、安全、进度控制过程中存在的共性问题，对共性问题的处理，有利于提升管理品质，杜绝工程诟病的蔓延。

（5）牵头组织建设单位、各标段监理单位、总包单位结合地铁44号线项目的工程特点，制定地铁44号线工程质量验收层次划分原则。合理的验收层次划分，能更加科学地评价工程质量，有利于对工程施工质量进行过程控制和对其进行验收。

（十）标段划分

1. 土建和轨道工程标段划分

地铁44号线土建工程所占投资比例和工程量最大，是工程实施的关键，其标段划分是否合理，将直接影响该线的建设工期、工程质量和工程造价。根据预先制定的标段划分原则、总工期要求和已建工程经验，经综合分析和研究及评价后，标段划分如表9-7所示。轨道工程的轨道铺设视工期要求，划分1～2个标段。

土建工程标段划分　　　　　　　　　　　　表9-7

标段编号	标段内容	标段数量
XXTJ-01~	车站、区间	7
XXTJ-02~	车站装修	7
XXTJ-03	车辆段	1

2. 主要机电设备采购标段划分

地铁工程建设，通信、信号、供电、综合监控、环控和自动售检票等系统所采用的机电设备较多，为便于招标采购和实现系统集成及开通前的系统联调，其标段划分如表9-8所示。

标段	标段编号	标段内容	标段数量
机电设备采购一	XXSB-01	车辆	1
	XXSB-02	开关柜	2
	XXSB-03	整流器	2
	XXSB-04	电力监控设备	1
	XXSB-05	接触轨	2
	XXSB-06	通风设备	2~3
	XXSB-07	给水排水设备	2~4
	XXSB-08	车辆检修设备	4~6
	XXSB-09	FAS/BAS设备	2~4
	XXSB-10	AFC设备	1
机电设备采购二	XXSB-11	电梯、自动扶梯	1~2
	XXSB-12	轨道车、内燃机车	2
	XXSB-13	信号设备	1
	XXSB-14	通信设备	1
	XXSB-15	其他设备	3~5
	XXSB-16	设备招标代理	1~2
	XXSB-17	系统设备集成	2~4

3. 设备安装工程标段划分

设备安装工程涉及的专业较多，工序和工艺复杂，各系统设备需通过轨道运输至安装位置，且受轨道铺设等因素的限制，为减少同一时间内各系统间的相互干扰，按照系统集成方案，其标段划分如表9-9所示。

设备安装标段划分 表9-9

标段	标段编号	标段内容	标段数量
设备安装施工	XXAZ-01	变电所设备安装、主电缆铺设	1~2
	XXAZ-02	接触轨架设	1
	XXAZ-03	环控系统设备安装与调试	1~2
	XXAZ-04	通信设备安装与调试、电缆铺设	1
	XXAZ-05	信号设备安装与调试、电缆铺设	1
	XXAZ-06	FAS/BAS系统设备安装	1
	XXAZ-07	AFC系统设备安装	1
	XXAZ-08	电梯、自动扶梯安装	1

4. 工程监理

根据主要专业施工标段的划分和设备安装工程标段的划分，工程监理标段划分如表9-10所示。

工程监理标段划分   表9-10

标段	标段编号	标段内容	标段数量
施工监理	XXJL-01~	土建及装修施工监理	4~5
	XXJL-02~	设备安装施工监理	3~4
车辆制造	XXJL-03	车辆监造	1

二、招标准备管理要点

(一) 资格预审文件管理要点——采取合格制，设置资质、财务、业绩等指标

本项目资格预审采取合格制，由评审小组对投标人提交的资格文件进行审查，并确定进入详细评审阶段的投标人名单。采购资格评审表设置如表9-11所示。

地铁项目"投建营+EPC"采购资格评审表   表9-11

地铁"投建营+EPC"项目采购资格评审表				
投标人：				
评审指标：				
序号	指标名称	指标要求	是否通过	格式或提交资料要求
1	营业执照	合法有效，注册资本满足采购文件要求		提供合法有效的营业执照和税务登记证的复印件，应完整的体现出营业执照和税务登记证的全部内容
2	税务登记证	合法有效		
3	法人代表身份证明、法人授权委托书和授权代理人身份证(或法人代表身份证)	按照采购文件中提供的相应格式提供		按采购文件规定格式提供
4	工程设计资质证明材料	符合采购文件要求		市政公用行业设计甲级及以上资质证明材料复印件，须携带原件备查
5	施工资质证明材料	符合采购文件要求		市政公用工程施工总承包一级及以上资质证明材料复印件，须携带原件备查
6	安全生产许可证	符合采购文件要求		安全生产许可证复印件，须携带原件备查
7	2019年度经审计的财务报告、自有资金银行证明书、银行资信证明	符合投标人须知前附表要求		提供2019年经审计财务报告、自有资金银行证明书、银行资信证明复印件，携带原件备查
8	已建地铁工程施工业绩	符合投标人须知前附表要求		以竣工验收证明文件或相关政府部门出具的项目竣工验收证明为准

続表

序号	指标名称	指标要求	是否通过	格式或提交资料要求
9	项目经理执业资格及业绩证明材料	符合投标人须知前附表要求		项目经理执业资格及业绩证明材料复印件，携带原件备查
10	投标保证金	符合投标人须知前附表要求		银行电汇凭单复印件，携带原件备查
11	联合体协议（如有）	以联合体方式参加投标的提供		按照采购文件规定的格式提供
12	无重大违法记录的书面声明	投标人参加政府采购活动前3年内在经营活动中没有重大违法记录的书面声明		加盖投标人单位公章

投标人必须通过上述全部指标。

注：以上要求投标人需提供清晰的复印件装订入响应文件内，同时投标人应携带原件备查。

资格预审条件（资质要求）：申请人（或联合体任意一方）出具本项目的《出资承诺函》，申请人承诺在签订投资协议后7年内分期注入不低于约15.39亿元的资本金。

申请人资格要求：申请人需符合《中华人民共和国招标投标法》规定的条件，并具有较强的投融资意愿及能力、建设能力。

联合体设置要求：如申请人以联合体形式参与资格预审，则联合体内的成员不得超过三（3）名，并明确由联合体牵头人代表所有联合体成员负责投标、委派项目负责人和项目建设、运营阶段的主办、沟通、协调等工作。

申请人资质要求：申请人必须具备市政公用工程施工总承包一级以上（含一级）资质（若为联合体投标，联合体牵头人必须满足该项要求）；并具有有效的企业安全生产许可证，具有相关工程建设、投资经验。

（二）招标文件编制要点——技术部分响应文件应包括法律方案、财务方案、投标人建议书、建设与运营方案、报价等

1. 法律方案

法律方案应包括但不限于如下内容：

①对项目协议的接受：投标人是否接受项目协议各项条款内容的明确陈述。

②对项目协议的优化或调整建议：以对项目协议的内容不提出不利于采购人的实质性修改为前提，如投标人对该等项目协议内容有优化或调整建议，则可在法律方案中以协议偏差表的方式提出对具体项目协议条款之优化或调整建议。

③内部审批流程：投标人若被确定为中选投标人，自收到中选通知之日起，为完成项目协议草签或正式签署项目协议所需要的内部审批程序和时限。

2. 财务方案

财务方案应包括但不限于投标人财务状况报告、融资方案、保险方案、运营成本分析、报价等内容。项目报价总分100分，土建部分、列车与铁路部分、运营部分各占50分、31分、19分。以最低价奖励的评审标准确定最终中标人。

3. 投标人建议书

投标人建议，说明总体服务措施，主要设计人员安排，设计质量保证体系，设计进度计划及保障措施，地铁区间及车站设计理念，后续设计服务安排以及其他建议等。设计文件还应包含为完成本项目设计工作拟投入本项目的主要设计人员的业绩、资历和同类项目经验以及设计团队近五年代表性工程设计项目及相关设计案例。

4. 建设运营方案

建设运营方案主要包括建设方案概述、施工组织设计、防汛度汛应急预案、运营方案、移交方案、投标人业绩以及其他补充内容。

（1）建设方案概述

建设方案概述主要对本项目建设运营方案进行重点介绍，对建设运营方案的核心内容和关键条款进行简要概述。

（2）施工组织设计

投标人编制施工组织设计的要求：编制时应简明扼要地说明施工方法，确保工程质量、安全生产、文明施工以及环境保护、冬雨季施工、工程进度、技术组织等方面需要采取的主要措施。用图表形式阐明本项目的施工总平面、进度计划以及拟投入主要施工设备、劳动力、项目管理机构等。

（3）防汛和度汛应急方案

主要是防汛和度汛组织机构、应急机制、现场准备、机械材料准备、汛期现场布置图、主要的防汛和度汛方法、应急演练等内容。

（4）运营与服务方案

主要包括营运、管养与维护方案、安全管理和突发事件处理方案、环境保护方案。

（5）移交方案

主要包括对本项目及其他相关设备设施资产、档案资料等的移交工作计划、移交验收程序。

三、评标管理要点

（一）组建评标委员会：应由技术、经济、法律等方面的专家组成

评标委员会由实施机构代表以及技术、经济、法律等方面的专家组成，成员人数为五人，评审委员会成员名单在中选结果确定前保密。评审现场由全体评审委员会成员推举产生评审委员会主任一名，主持本项目评审工作。评审委员会成员应当客观、公正地履行职责，遵守职业道德，对所提出的评审意见承担个人责任；评审委员会成员及工作人员应对整个评审活动保密；评审委员会成员实行主动回避制度。

评标委员会成员有下列情形之一的，应当回避：

①投标人或投标主要负责人的近亲属；

②项目主管部门或者行政监督部门的人员；

③与投标人有经济利益关系，可能影响对响应公正评审的；

④曾因在采购、评标以及其他与采购有关活动中从事违法行为而受过行政处罚或刑事处罚的；

⑤与投标人有其他利害关系。

（二）商务标报价评审：设置建安费、可研勘察设计费下浮率报价、征地费用以外的投资成本年回报率报价、征地费年投资回报率报价指标

评标委员会成员对资格审查通过的投标文件进行商务报价评审，由评标委员会全体成员进行集体讨论后统一评分，商务报价计分标准如表9-12所示。

商务报价计分标准 表9-12

序号	费用名称	评分标准	得分	
			最高	最低
1	土建部分下浮率报价	1）下浮0%，得0分，下浮2%，得4分，下浮0%～2%的中间值采用直线内插法计算得分。下浮超过2%时，报价下浮率最高者，得5分；2）费率下浮率>2%的投标人分值计算方法为：合格投标人得分=4+[（合格投标人计价费率-2%）/（最低投标报价费率-2%）]	50	0
2	列车与铁路部分下浮率报价	1）下浮0%，得0分，下浮5%，得4分，下浮0%-5%的中间值采用直线内插法计算得分。下浮超过5%时，报价下浮率最高的，得5分；2）下浮率>5%的投标人分值计算方法为：合格投标人得分=4+[（合格投标人勘察设计费率-5%）/（最低投标勘察设计费率-5%）]	31	0
3	运营部分报价	1）下浮0%，得0分，下浮2%，得4分，下浮0%～2%的中间值采用直线内插法计算得分。下浮超过2%时，报价下浮率最高者，得5分；2）费率下浮率>2%的投标人分值计算方法为：合格投标人得分=4+[（合格投标人计价费率-2%）/（最低投标报价费率-2%）]	19	0
合计：			100	0

（三）技术标评审：对法律方案、财务方案、投标人建议书、建设与运营方案制定详细的评审标准

1. 法律方案评审

法律方案的评审主要考察投标人对采购文件提供的《项目投资协议》及其附件的响应和修正情况，评审依据为采购文件要求提交的法律方案。如果投标人在响应申请文件及其中的法律方案中提出未包括在"政府核心边界范围"的变更，则该等变更建议将不会被接受，该响应申请文件将被拒绝，具体实质性变更标准在政府方要求"核心边界范围"中设置。法律方案满分为100分，占总分的5%。在不违反实质性条款要求条件下，如果法律方案涵盖了对项目协议的响应和修改，则可得基本分60分；分值分布及评审标准如表9-13所示。

法律方案评审表 表9-13

分值	60～70分	70～90分	90～100分	得分
评审标准	没有提出实质性变更，但提出较多修改和变更意见，对项目实施影响较大，不利用项目实施	基本响应项目协议条款，但提出少量修改和变更意见，对项目实施影响不大	完全响应项目协议条款，或修改和变更意见，更有利于项目成功	

2. 财务方案评审

财务方案的评审主要考察投标人实施本项目的财务计划和安排情况，评审依据为采购文件（商务部分）要求提交的财务方案。财务方案评分由评标小组评委负责评审，对财务方案的可行性将按照以下标准进行评估和比较：

①总体上是否符合招标文件中所述的财务方案内容；

②拟采用的融资结构是否可行，投标人有无对项目公司提供建设期担保；

③在招标文件中规定的时间内，是否有完成融资交割的融资方案和实施能力；

④保险及设施、设备等资产保值方案是否合理。

财务方案满分为100分，占总分的10%，分值分布及评审标准如表9-14所示。

财务方案评审表 表9-14

评分项目		评分子项及分值	评分标准	得分
财务方案	出资方的财务状况（60分）	投标人的净资产规模；资产负债比例（60分）	投标人净资产规模（50分）：如净资产规模达到20亿元以上，则得50分；如净资产规模在15亿～20亿间，则得30分；如净资产规模在10亿～15亿间，则得20分。资产负债比例（10分）：如资产负债比例低于80%，则得10分；如资产负债比例在80%～90%，得5分；如资产负债比例高于90%，得0分	
	融资方案（20分）	项目的融资计划，包括详述资金的来源和使用、资金成本、资本结构、年度借还款计划表、项目融资风险分析及其控制方案和项目融资担保方案（15分）	融资计划的设计科学合理，资金来源可靠（4分），筹资成本相对较低（3分），年度借还款计划与项目公司盈利预测一致（3分），对融资风险有充分的分析及有效的控制手段（5分）	
		投标人提供的财务支持及其他外部融资支持文件（5分）	财务支持文件的各项条款合理（2分），所提供的资金支持能够足以确保项目的顺利实施（2分），投标人愿意给予项目公司一定的财务支持（1分）	
	保险方案（20分）	项目总体商业风险分析和风险控制措施，计划投保的险种及保险金额，预计保险费率和保费支出（20分）	对项目总体风险有充分的认识并可以提供有效的控制措施（8分），投保险种及金额能够防范项目设施的主要风险（8分），保险费率及保费支出合理且符合预测的财务报表（4分）	

3. 投标人建议书评审

投标人建议书的评审主要包括设计团队的资质情况、业绩状况、人员配备等。本部分满分100分，占总分的15%。分值分布及评分标准如表9-15所示。

投标人建议书评审标准表　　　　　　　　　　　　　　　表9-15

评审内容	评审标准	得分
一、投标人建议书（80分）		
1.1总体要求（5分）	建议书结构是否合理，内容是否齐全，可酌情得0~5分	
1.2投标人建议书（60分）	建议书考虑的设计范围、规模及主要内容与初步设计一致，得5分，否则不得分	
	设计组成人员安排合理，职责分工明确（5分）	
	质量保证体系合理，有明确的质量目标和制图标准（5分）	
	有明确的设计进度计划和保障措施（5分）	
	降低工程造价的建议及措施，具有可行性（20分）	
	施工图设计建议关于地铁的设计理念及内容是否符合初步设计的要求，内容是否全面、合理（10分）	
1.3新工艺、服务承诺及设计重难点分析（15分）	采用新技术、新材料、新工艺等情况（5分）	
	后续服务与承诺（5分）	
	对设计重点、难点的分析（5分）	
二、设计团队近五年代表性工程设计项目及相关设计案例（10分）		
2.1类似工程设计项目数量，提交合同关键内容部分的复印件，原件备查（6分）	承担长度20公里以上地铁的设计：每个得1分，最高不超过3分；没有不得分	
2.2获得相关技术奖项，提交相应证书复印件，原件备查（4分）	承担的地铁设计，近五年内获得国家级行政部门或行业协会表彰得2分，没有不得分	
三、拟投入本项目的主要设计人员的业绩、资历和同类项目经验（10分）		
3.1设计总负责人情况（5分）		
3.1.1资历（担任过类似工程设计项目数量）（5分）	承担类似地铁的设计得1分，最高得3分；没有不得分	
3.2团队人员配置情况（5分）		
3.2.1专业人员执业资格及职称（5分）	配备人员具有高级职称，每1人得1分，最高得2分。没有不得分。投标人的设计人员配备，有一级注册结构师执业资格，1人得1分，最高3分。没有不得分	

4. 建设与运营方案评审

建设与运营方案考察投标人建设并运营该项目所需的建设管理能力和运营管理能力，评审依据为投标人应响应文件（技术部分）要求提交的建设与运营方案。建设与运营方案评分由评审小组负责评审，评审的主要标准将参照行业技术规范和要求，同时考虑建设与运营方案是否总体上符合响应文件（技术部分）所述的建设与运营方案内容要求，以及技术方案的先进性、可靠性、适用性。

建设与运营方案满分为100分，占总分的15%，分值分布及评审标准如表9-16所示。

建设与运营方案评审表 表9-16

评审项目		内容	评分标准	得分
建设与运营方案	施工组织设计（60分）	项目管理机构（6分）	项目经理（或注册建造师）、项目技术负责人及项目管理机构人员构成情况。优秀的得5～6分，较好的得3～4分，一般的得0～2分，差的不得分	
		平面布置图（3分）	生产管理方便，道路顺畅（1分）；安全布置图（2分）	
		施工方案（10分）	各主要分部施工方法符合项目实际，须有详尽的施工技术方案，工艺先进、方法科学合理可行，能指导具体施工并确保安全。优秀的得8～10分，较好的得5～7分，一般的得1～4分，差的不得分	
		工期保证措施（5分）	在施工工艺、施工方法、材料选用、劳动力安排、技术等方面有保证工期的具体措施且措施得当。有控制工期的施工进度计划。应有施工总进度表或施工网络图，各项计划图表编制完善，安排科学合理，符合本项目施工实际要求。优秀的得4～5分，好的得2～3分，一般的得1分，差的不得分	
		质量保证措施（6分）	施工项目应有专门的质量技术管理班子和制度，且人员配备合理，制度健全。主要工序应有质量技术保证措施和手段，自控体系完整，能有效保证技术质量，达到承诺的质量标准。优秀的得5～6分，较好的得3～4分，一般的得1～2分，差的不得分	
		安全保证措施（6分）	施工项目应有专门的安全管理人员和制度，且人员配备合理，制度健全，各道工序安全技术措施针对性强，符合实际且满足有关安全技术标准要求。现场防火、社会治安安全措施得力。优秀的得5～6分，较好的得3～4分，一般的得1～2分，差的不得分	
		劳动力投入（6分）	各主要施工工序应有详细周密的劳动力安排计划明细，有各工种劳动力安排计划，劳动力投入经济合理，满足施工需要。优秀的得5～6分，较好的得3～4分，一般的得1～2分，差的不得分	
		施工机械投入（6分）	投入的施工机械、设备、机具有详细计划且计划周密，设备数量、选型配置、进场数量、时间安排合理，满足施工需要。优秀的得5～6分，较好的得3～4分，一般的得1～2分，差的不得分	
		主要物资计划（6分）	投入的施工材料有详细计划且计划周密，数量、选型配置、进场数量、时间安排合理，满足施工需要。优秀的得5～6分，较好的得3～4分，一般的得1～2分，差的不得分	
		防汛和度汛方案（6分）	防汛和度汛方法符合项目实际，须有详尽的应急方案，方法科学合理、可行，应急预案能确保汛期项目进行。优秀的得5～6分，较好的得3～4分，一般的得1～2分，差的不得分	

评审项目		内容	评分标准	得分
建设与运营方案	运营管理方案（30分）	在整个运营期内的连续运营方法及保障方案（10分）	运营体系完善，管理流程合理，责任权属明确，日常检测体系科学（6分）；紧急预案设置可操作性强（4分）	
		对项目设施的良好维护和保养方案（10分）	维护体系完善，日常及非日常的各项检查、维修、维护、改进计划可操作性强（10分）	
		恢复性大修及移交方案（10分）	最后恢复性大修方案和移交方案合理，可操作性强（5分）；性能保证满足要求（2分）；移交测试程序可操作性强（3分）	
	施工方类似工程施工业绩（10分）	施工方类似工程施工项目业绩数量（以竣工验收证明文件或相关政府部门出具的项目竣工验收证明为准）（10分）	承担长度20公里以上地铁的施工：每个得2分，最高不超过6分；没有不得分	

（四）评标程序：初步评审合格后进入详细评审，初步评审采用合格制，详细评审采用百分制综合评估法

评标委员会先进行初步评审，初步评审合格后进入详细评审，详细评审采用百分制综合评估法：评审委员会将根据评审细则对响应文件进行综合评审，每个评标委员会成员就投标人响应报价、投标人建议书、建设运营方案、业绩、财务方案、法律方案等分别评分，各部分得分之和为该评标委员会成员对该投标人的综合评分，评标委员会各成员综合评分的算术平均值加上奖励分为该投标人的最终得分。评标委员会在评标结束后应编写评标报告，并在报告中按照得分从高到低的顺序向采购人推荐1～3名中标候选人。若投标人综合得分相同，按响应报价得分顺序排列，综合得分相同且响应报价得分相同的，按建设运营方案优劣顺序排列。

四、项目运作及合同体系的构建

经综合考虑了××城市地铁项目的弱经营性及投资风险等因素后，其项目运作方式结构如图9-9所示。项目由社会资本解决项目的投融资、建设和运维问题，建成后项目公司将地铁设施移交给××市政府，并由社会资本在运营期内提供相关的运营维护服务。由于社会资本小比例参股获得EPC工程及运营服务，项目的设计、建造、财务和运维等商业风险由社会资本承担。××市政府负责牵头成立考评小组，在项目建设期内对项目公司进行建设绩效考核，督查工程项目的管理情况，确保工程的质量、进度、造价、安全等各项指标符合项目合同规定及国家验收标准。在项目运维期内对社会资本进行运维绩效考核。

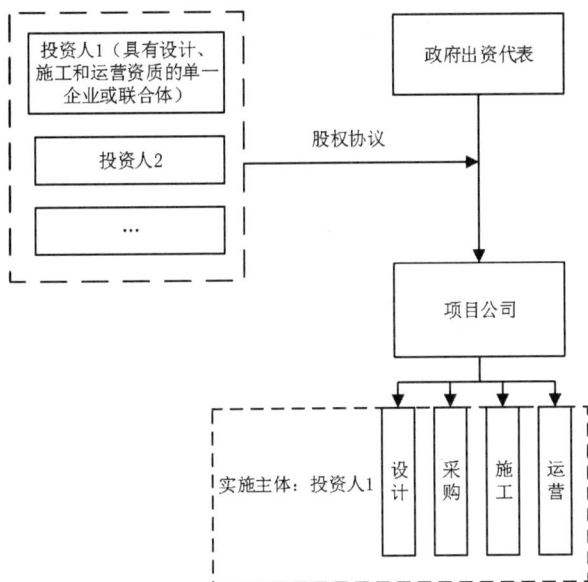

图 9-9　项目运作结构图

"投建营+EPC"模式下合同主体多，包括政府、社会资本方、融资方、EPC承包方等，各方参与内容不同，权利和义务各不相同，构建一个合理可行的合同体系是项目运作成败的关键。根据图9-9所示的项目运作方式，本项目构建的合同体系结构如图9-10所示。

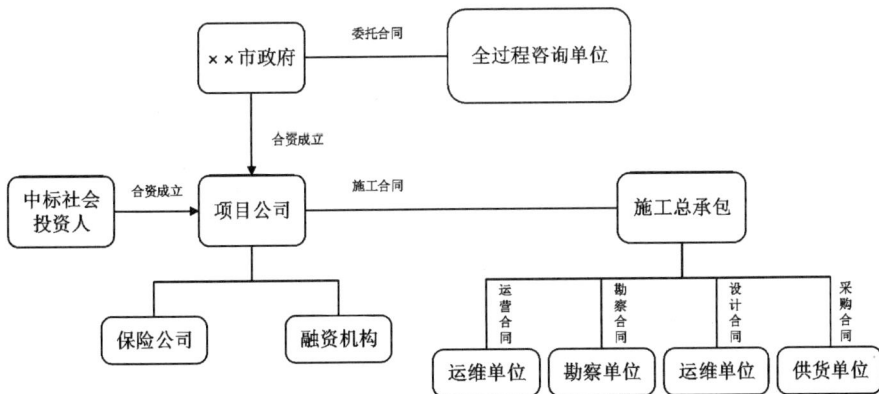

图 9-10　项目合同结构图

××市政府授权的项目实施机构与社会资本签署的《投资协议》是整个项目合同体系的基础和核心，政府方与社会资本方的权利义务关系以及项目的交易结构、风险分配机制等均通过此确定，并以此作为各方主张权利、履行义务的依据和项目全生命周期顺利实施的保障。××市政府授权的项目实施机构应以资格预审谈判后形成的《合作意向书》及其他文件等约定内容为基础与社会资本签订EPC+运营合同。

同时××市政府有权另行委托相关的专业工程咨询机构对工程项目的质量、进度、造价及安全文明施工等内容进行监管，也可依据《投资协议》对项目公司进行绩效考核并实施监管。

第六节 实施阶段咨询方案

一、质量管控

在地铁项目的建设过程中，全过程工程咨询单位中的监理部门应按照法律、法规以及有关技术标准、设计文件和建设工程承包合同，代表业主对施工质量实施监理，并对施工质量承担监理责任。监督承包商严格执行国家有关规范，全面履行合同的质量条款要求。与此同时，承包商也应建立和健全质量管理体系，按合同规定对工程施工质量负全责，向业主提交合格的建筑成品。

（一）工程质量的评价标准

地铁工程主要参照《建筑工程施工质量验收统一标准》GB 50300—2013和《地下铁道工程施工质量验收标准》GB/T 50299—2018，以及与工程内容有关的施工规范和质量验收标准。规范采用的优先顺序依次为国家标准、行业标准、地方标准、团体标准、企业标准（合同另有约定除外）。

在工程施工前，承包商应根据招标文件、施工图、合同范围确定相关的工程质量验收规范（包括名称、版本号），在施工组织设计（含专项施工方案）中详细罗列。承包商应对所报的质量验收规范的全面性（全面覆盖合同内容）、有效性（规范为施工时有效版本）、合理性（优先采用次序合理）负完全责任。其次，全过程工程咨询单位应要求承包商在施工现场至少备有一套完整的施工规范和验收标准供现场质量检查、监督使用。

（二）施工前技术准备

为使工程施工能按设计要求顺利实施，确保整体工程质量，工程开工之前全过程工程咨询单位监理部门应重点抓紧组织该项目的设计文件及图纸的会审、设计交底、交桩、贯通测量与施工放线，复核实施性施工组织设计、临时工程和放线，工程材料和设备的检查等工作，这些工作是监理部门审核、建设分工审批"工程开工报告"的主要内容。

1. 设计文件和图纸会审

施工图设计完成后，由全过程工程咨询单位组织和主持对设计文件和图纸进行会审，设计部门、监理部门、承包商等相关专业派人参加，共同核对设计文件和图纸。

（1）土建工程

1）能否满足当前开工需要；

2）收地拆迁、绿化迁移、管线迁改和交通疏解工程是否易于实施；

3）周围建筑物的保护方案是否安全可靠；

4）结构工程有无错、漏、碰、缺，有无与现场实际不符之处；

5）施工工法是否可行等。

（2）机电设备安装工程

1）能否满足当前开工需要；

2）图纸有无错、漏、碰、缺，有无与现场实际不符之处；

3）施工工法可否操作等。

若图纸经审核不能满足施工需要，全过程工程咨询单位将通过设计驻现场代表敦促设计部门尽快提供。如发现错、漏、碰、缺或有与实际不符之处，提交设计部门修正和补充。图纸会审应注重图纸的可实施性、安全性和对原招标图纸的修改可能引起工程变更或设计变更的问题。图纸会审完成后进行设计交底。

2. 设计交底

开工前必须进行设计交底，由全过程工程咨询单位组织和主持，设计部门、承包商和监理部门等派员参加。设计单位介绍内容包括：通过设计交底，承包商与驻地监理工程师应明确设计意图、设计内容、技术要求，保证按设计要求实施。

3. 交桩、贯通测量与施工放线复核

驻地监理工程师、承包商均应将交桩、贯通测量与施工放线复核工作作为质量控制的重要内容。全过程工程咨询单位应督促承包商按下发的《地下铁道工程施工质量验收标准》GB/T 50299—2018有关规定执行。

4. 实施性施工组织设计

开工前，承包商必须编制完成实施性施工组织设计送驻地监理工程师审批，驻地监理工程师审批、签署意见并报业主备案后实施，施工组织设计按招标文件中所要求的内容编写。施工组织设计的重点放在措施的可行性、可操作性上，可将投标文件的施工组织设计完善成实施性深度后送审。

5. 检查临时工程和设施

驻地监理工程师应检查承包商的临时工程和设施，检查其数量能否满足正常生产需要，能否保证人员安全、材料合格与设备完好，是否符合施工组织设计要求，如有问题必须限期改进。

（三）工程材料和设备

1. 工程材料和设备的检验

凡运至施工现场供工程使用的材料应有产品出厂合格证及技术说明书，并由施工单位按规定要求进行检验，并向监理提出检验或测试报告，经全过程工程咨询单位审查并确认其质量合格后，方准进场使用。对未经全过程工程咨询单位验收或验收不合格的材料，全

过程工程咨询单位书面通知施工单位限期将不合格的工程材料撤出现场。当总咨询师对供货方所提交的有关产品合格证明以及施工单位提交的检验和试验报告有疑问时，总咨询师可以再行组织复检或抽样试验，确认其质量合格后方允许使用。

对于施工单位所准备的各种材料、设备等的存放条件及环境，事先应得到总咨询师的确认，如存放、保管条件不良，总咨询师有权要求其加以改善并达到要求，方予以确认。对于现场配置的制品，要求施工单位事先进行试配，达到现行规范、规程要求方准进行施工配制。

对于机电设备工程，用于现场工程检测的设备必须符合相关法规要求，需检定的仪器必须在有效期内。检测设备必须报总咨询师批准方可使用，工地应建立在用设备台账，确定设备进场及使用状态。

2. 混凝土工程管理

为保证工程质量及环保要求，承包商应提前联系供应商，并按工程需要的品质要求，将混凝土配合比一式三份报监理批准后方准使用。上报资料除混凝土配合比设计外，还应有强度试验报告、抗渗试验报告（如有抗渗要求的话）、水泥、混合料及外加剂的二证（即出厂合格证、使用前的复验合格报告）、砂、石料的检验报告等。施工单位应对使用的商品混凝土质量负最终责任。因情况特殊，不能使用商品混凝土的必须报建设分公司批准，并向上级有关部门办理手续。

3. 钢筋工程管理

（1）钢筋材料抽样复检

到现场的钢筋必须是业主招标文件中给出的生产厂家的产品，进场后承包商应会同驻地监理检查出厂合格证，并及时按规范规定的要求做好抽样复检，经复检合格，驻地监理认可，即可用于地铁44号线工程。

（2）隐蔽工程检验

钢筋成品属隐蔽工程，在浇筑混凝土前应经承包商质检人员自检、驻地监理复检、市质监站监督员认可，并填写检查证。若市质监站监督员因故不能前来检查认可，可委托驻地监理检查认可，但要做好记录。

（3）钢筋焊接检验

钢筋焊接检验是工程成品质量性能的检验，电焊工、对焊工必须持证上岗。在施工前由监理指定参与焊接的电焊工、对焊工（水平较低者）按照与现场相同的作业条件（平、立、侧焊）和与成品相同焊接参数（单、双面焊、焊缝长度、熔焊厚度、焊接电流等）焊接试件送检。试件合格证明施焊者焊接工艺合格和焊接参数合理，否则应找出原因，纠正后重新送检，送检合格才能全面进行焊接作业。监理有权对焊接成品进行抽检以确认焊接质量。

（四）检测及试验

1. 桩基及基坑检测

桩基和基坑检测执行当地法规及现行规范。在桩基和基坑施工时，要密切注意周围建筑物的稳定情况，（按实际情况布点观测）发现问题及时报告并处理。车站地基应有完整的地质资料。在基坑开挖完成后，应及时通知市质监站、勘测单位及设计单位，会同驻地监理、施工单位五方共同验槽，并委托有资质的单位采用触探、钻探取样等方法进行土工试验，检查地质情况与设计是否相符，完善有关资料。

2. 工程试验的监督与管理

（1）工程试验与原材料品质的检验报告是工程的主要质保资料，不但要保证符合规范规定的数量，还要保证其真实性。因此，工程试验必须由具备资质且有CMA认证的试验室完成。

（2）为加强工程质量管理，强化工程材料质量监控及强化工程质量监督，必须执行市建设局关于施工试验见证取样和送检及建材质量监督抽检的制度。承包商应委托有资质的检验试验机构承担地铁44号线工程原材料及工程质量的随机抽检任务，向业主提供质量监控成果。如抽查不合格，承包商对此应负全部责任。

（3）由于承包商没有执行和贯彻国家的有关的施工、检验、验收规范致使出现以下情况时，承包商应承担由此引起的工程延期验收、委托有资质的试验检测机构采用其他非常规手段对工程质量进行鉴定的费用。

1）材料试验频率不够；

2）材料送检出现遗漏、缺项；

3）结构性能检验没有进行。

（五）施工质量管理

1. 质量管理体系

按合同要求，各承包商开工前必须建立起行之有效的质量管理体系，要有明确的组织和人员。驻地监理工程师要检查承包商质量管理体系的到位情况及各项细节，考查人员的素质、资质、资格证书、上岗证等，若发现问题应研究解决措施，提出意见和建议，并报业主备案。当问题严重到可能损害工程质量和进度时，驻地监理工程师可令其停工，限期整顿，并向业主报告建议解决的办法，直至更换承包商。

承包商应创造符合职业卫生与安全要求作业环境，保证施工操作人员在良好的条件下作业，有利于建造出符合质量要求的工程。对不符合要求的工程点，监理工程师应发监理通知责令纠正。

2. 检查工程施工单位主要技术负责人员到位情况

审查施工单位承担任务的施工队伍及人员的技术资质与条件是否符合项目要求；审

查分包单位、供货单位、试验单位的技术能力和管理水平是否符合项目要求。监督与协助施工单位完善工序质量控制，使其能将影响工序质量的因素自始至终都纳入质量管理范围；督促施工方对重要的和复杂的施工项目或工序做为重点，设立质量控制点加强控制，及时检查与审核施工方提交的质量统计分析资料和质量控制图表；对于重要的工程部位或专业工程，全过程工程咨询单位还要再进行试验和复核。

3. 施工技术交底

在工程开工前，由监理工程师组织施工设计交底。施工设计交底是由设计单位对承包商就工程设计要点、设计意图、施工注意事项作详细介绍，施工单位技术负责人在施工各阶段对管理层和操作层作施工技术交底。施工技术交底的内容包括：施工内容与施工组织、施工工艺和主要施工参数、工程质量要求和验收标准、容易出现的质量通病的预防、安全技术要求等。未经施工技术交底，相应的工程施工不得实施。

4. 特殊工种持证上岗制度

为保证工程质量和施工安全，焊工、电工等特殊工种必须持证上岗，严禁无证作业。承包商应设立特殊工种人员名册，并报监理工程师批准方可进场从事相关作业。

5. 开工申请

为使工程施工开工后能顺利进行，不因准备不足造成错误，中断延误，在每个单位工程项目开工前，承包商必须按要求填报"工程开工报告"，经驻地监理工程师审核，业主审批后才能开工。开工申请审批的主要内容包括：设计交底，设计文件及图纸会审，交桩贯通测量与施工放线复核，实施性施工组织设计，临时工程设施，材料、机具和劳动力配备，质量管理体系及管理人员到位情况。

分部分项工程第一次开工前，承包商也必须送"分部分项工程开工报告"，附上该分部分项工程实施性方案，驻地监理工程师参照单位工程开工申请的审查要求予以审批，并报业主备案。

6. 施工构筑物（基坑、暗挖区间）与地表建筑物的监测

在工程施工期间，承包商应按照工程监测的有关规范及招标文件、施工组织设计的要求，建立监测工作小组，制订并落实监测和报告制度，项目部应指定专人负责工程的监测工作，确保施工构筑物和地表建筑物的安全。监理工程师应对承包商落实监测工作的情况进行监督，不符合规定的应发出监理通知责令纠正。

7. 防水工程管理

地铁建设工程每工点都要有完整的防水施工设计图并由设计部门向驻地监理、承包商作技术交底。施工前，承包商编制防水工程的施工组织设计经监理批准后，严格按图施工。如有变更，按地铁公司变更管理办法办理。

承包商对防水工程质量负全部责任，各承包商和驻地监理应根据业主下发的防水施工要求和验收标准严格施工。各承包商按设计图纸要求的材料品种、规格和质量要求购买防水材料。各类防水材料进场都要有产品合格证，产品质量检验报告。防水材料进场后，承

包商按要求，每批送CMA认可的试验室进行常规指标的性能检验，合格后方可使用。

防水工程均应进行样板工序的施工，样板段工程须经样板验收合格后，方可开展后续工程施工。每一道工序施工完毕，由防水工程责任工程师自检签认后，并交驻地监理检查验收合格签认后，方可进入下一道工序。

8. 样板工序管理

执行样板工序管理，对主要工序均经样板验收合格后再全面展开。样板工序需经建设分公司、设计单位、驻地监理及承包商四方的有关人员进行检查、验收。样板的数量按照各专业特点和质量管理的需要确定，各专业样板验收数量不低于以下要求：

（1）挖孔桩、钻孔灌注桩、钻孔咬合桩、冲孔灌注桩、旋挖钻孔灌注桩、连续墙的第一次终孔；

（2）主体结构的第一块底板、顶板；

（3）顶板的第一块外防水；

（4）矿山法施工隧道的第一次内衬浇筑混凝土（含初支基面）；

（5）低压配电：桥架20m；

（6）通风空调：风管制作包括直管、三通、弯头三种结构，安装长度20m；集中冷站区间冷冻水管安装20m（含保温5m），车站冷冻水管安装20m（含保温5m）；

（7）给水排水：区间消防水管安装40m；气体灭火系统高压集流管安装20m、低压管道安装20m；

（8）建筑装修：公共区天花吊顶，公共区墙面（含一个广告灯箱），公共区不锈钢扶手栏杆，出入口上盖；

（9）设备用房结构墙：墙体砌筑一个检验批（不少于3个用房）；

（10）轨道项目：整体道床、钢弹簧浮置板、道床板、道岔、长轨焊接；

（11）车辆段项目按照建筑工程和铁道工程的专业划分进行样板验收，样板验收的工程量不少于一个检验批数量。样板工序验收应在承包商自检合格、监理审核通过后申报进行，需备有所有与样板验收有关的资料供查验。样板经验收合格后，相同工序即由驻地监理按样板工序的要求进行检查、监督。样板验收不仅是工程实体验收的多方检查，同时对承包商质量管理体系及监理的工程质量监督工作的运作情况也是一次全面的检验。

9. 隐蔽工程的检查管理

（1）隐蔽工程的检查与监督是质量管理的重点和关键。驻地监理对隐蔽工程的施工过程进行经常的、重点的巡查与监督，凡无法事后检查的，均应旁站监督。

（2）在该项被隐蔽工序结束，承包商的施工员、质量控制工程师确认已达到检查程度和标准时，应如实填好该项隐蔽工程检查证，并备齐有关附件资料，及时通知驻地监理进行共同检查。经驻地监理检查合格，给予签证认可，再进行下道工序。

（3）凡检查不合格，驻地监理未予签认的隐蔽工程，承包商不得隐蔽和继续下一工序施工。

（4）重要隐蔽工程，如车站主体结构基底，明挖区间隧道箱体基底、基础桩（含抗拔桩）、底板及顶板钢筋，结构防水层等应通知市质监站进行监督认可。

10. 性能检验

规范要求的性能检验必须要有监理工程师见证，工程没有经过性能检验不得办理验收。必须通知设计部门、项目业主代表参加的结构性能检验项目如下：

（1）锚杆抗拔试验；

（2）桩基加载试验；

（3）地基承载力试验；

（4）管片（预制构件）抗弯强度试验；

（5）排水管闭水试验；

（6）建筑物外墙砖粘结强度试验；

（7）桥梁荷载试验；

（8）道路基床弯沉试验和承载板等。

必须通知设计单位、项目业主代表参加的设备性能检验项目如下：

（1）反映了设备或系统的主要功能的性能检测项目；

（2）合同或招标文件中的特殊约定项目；

（3）质量风险较大的、需要严格把关的项目。

11. 交接验收

交接验收属于机电和系统工程质量的过程控制措施，是某一设备或线路安装确认质量合格所必须经过的验收程序。机电和系统应进行的性能试验和交接验收包括（但不限于）以下项目，业主单位应将以下试验和验收作为机电和系统工程的质量控制点：

（1）通风与空调系统的系统调试、综合效能的测试与调整；

（2）低压电气装置的交接验收；

（3）力变流设备试验及调试；

（4）1kV及以下配线工程交接验收检查；

（5）33kV高压电器工程交接验收；

（6）1500V直流电器工程交接验收；

（7）自动喷水灭火系统验收；

（8）综合布线系统工程电气性能测试；

（9）压力管道的强度及严密性试验；

（10）火灾自动报警系统的系统调试；

（11）限界检查；

（12）建筑物室内环境污染检测；

（13）自动扶梯整机安装验收；

（14）建筑物饰面砖现场拉拔实验；

（15）气体火系统功能验收；

（16）通信设备调整试验；

（17）信号工程的系统调试；

（18）牵引供电系统冷滑和热滑试验；

（19）新技术、新工艺、新材料、新设备要求的鉴定试验。

（六）工程验收

若合同约定的工程内容已全部完成，承包商应及时提请工程验收，驻地监理应对工程验收的申请进行审核，审核的内容包括工程实体完成情况、工程质量验收情况、工程资料整理情况、工程结构性能检验结果、外观质量的评价、工程实测实量的结果。经审核无误，报业主申请验收。承包商应提供工程质量自评报告，监理部门应提供工程质量评估报告、设计部门提供工程设计质量报告。对验收中发现的问题形成验收会议纪要，承包商对存在问题进行整改，监理监督整改工作的落实，整改完毕应向建设分公司书面反馈整改的最终结果。

需要市质监站参与的样板分项工程验收、重要分部中间验收、工程竣工验收由监理部门负责通知。工程竣工验收前的工程资料审核、工程安全评价由承包商与政府质量监督部门联系办理。

（七）工程质量事故的处理及管理

（1）当基桩承载力或成桩质量未达到设计要求时，不得仅对不合格桩进行处理即予以验收，应分析原因并按未达到设计要求的桩数加倍扩大抽检。根据全部检测结果，由全过程工程咨询单位或业主单位会同勘测设计部门、施工单位共同研究确定处理方案或进一步检测的方法和数量，并报市质监站。扩大抽检应采用原抽检用的检测方法或精确度更高的检测方法，当因未设声测管而无法采用超声透射法扩大检测时，应采用钻孔抽芯法。

（2）因基桩质量事故导致扩大检测时，其增加的工程费及检测费用全部由承包商负担。

（3）其他工程质量事故，由全过程工程咨询单位或业主会同设计、施工单位共同研究确定处理方案，并报市质量监督机构。因此导致的补救措施费用或报废、返工费用由质量事故责任方承担。

（4）发生工程质量事故应及时通知全过程工程咨询单位及业主代表。

（八）完善的制度体系为工程质量提供保障

为了确保项目工程的施工质量，总咨询师与驻地监理工程师对本工程的施工生产进行全过程、全方位的质量监督、检查与控制，即包括事前各项施工准备工作质量控制，施工过程中的控制，以及各单项工程及整个工程项目完成后，对建筑施工及安装产品质量的事后控制。为了达到全过程、全方位、各环节的质量控制要求，全过程工程咨询单位在施工阶段在可通过建立以下制度保障施工质量。

1. 总咨询师负责制度

工程项目实行总咨询师负责制，全权代表全过程工程咨询单位履行委托管理合同，承担管理合同中所规定的全过程工程咨询单位的责任和任务，总咨询师对外向业主负责，对内向全过程工程咨询单位负责，确保委托项目管理合同的全面履行。

2. 管理月报制度

监理工程师督促施工单位做好日、周、月的工作报告。工作报告应包括投资、进度、质量、安全和文明施工情况。全过程工程咨询单位每月向业主提交管理月报，管理报告应包括投资、进度、质量、安全和文明施工情况。

3. 开工申请制度

要求施工单位在各项开工准备工作完成以后填报工程开工报审表，驻地管理工程师对准备情况进行逐项检查审核，签署是否同意开工的意见报项目经理批准，总咨询师应同监理部门沟通取得一致意见后下达是否开工的指令。

4. 现场管理部例会制度

每周由总咨询师召开全体管理人员会议，总结上周工作，布置下周管理要求，讨论和解决管理中的有关问题。

工地每两周召开一次工地例会，由现场全过程工程咨询单位、设计部门、施工、监理部门参加，例会的主要内容是检查上一次例会讨论的工作完成情况，解决工地现场出现的有关问题，协调各方关系，安排下一步工作，例会由总咨询师会同监理部门主持召开并形成会议纪要。

5. 质量保证体系审查监督制度

审查施工单位的质量方针政策、质量目标、宣言、质量要求、质量工作计划和指示、质量检查规定、质量管理工作程序、质量标准和关系。

审查施工单位对本项目的质量方针政策、质量目标、质量要求、质量工作计划和指示、质量检查的规定、质量工作程序是否满足项目目标实现的需要，审查项目质量体系是否反应在合同、项目实施计划、项目管理计划和工作计划中。

6. 施工图会审及设计交底制度

图纸会审是减少图纸错误、提高设计质量的重要手段，也是保证施工顺利进行的有效措施。对于分批分阶段提供的设计图纸还需分次组织会审。正式会审前，施工方应组织内部预审，将预审内容交管理方汇总形成统一意见。正式会审由总咨询师主持，会审纪要由全过程工程咨询单位会同监理部门记录、整理，并经与会各方签认盖章。

7. 施工组织设计和施工方案报审制度

施工单位在工程开工前，必须向全过程工程咨询单位申报施工组织设计。在每一个分部工程和主要分项工程、重要部位，以及采用新材料、新工艺组织施工时，均应报审施工方案。施工组织设计和施工方案未经管理工程师审查同意，施工单位不得擅自施工。

8. 工程材料、半成品质检制度

订货前，施工方应提出样品、厂家资质证明和单价，经管理工程师会同设计、业主研究同意后（必要时进行封样处理）方可订货；到货后及时将出厂合格证及有关技术资料报送全过程工程咨询单位审核；主要材料进场必须有出厂合格证和材质化验单，如有疑问，全过程工程咨询单位可重新抽样送检。工程材料、半成品必须经全过程工程咨询单位认可后方可使用，否则不准用于工程。

9. 隐蔽工程验收制度

隐蔽工程验收必须在施工单位自检合格后，填好隐检单（专职质检人员签字并附有关材料证明），经总咨询师会同监理部门现场验收合格签署意见后方可进入下一道工序（施工方一般应提前24小时通知验收内容、时间和地点）。

10. 工程变更签证制度

业主、设计部门提出的设计变更及修改通知必须经总咨询师会签后交施工单位执行。施工方提出的技术核定，要取得总咨询师同意签字后向业主和设计部门提出。

对于提出的设计变更、修改通知及技术核定，总咨询师应侧重于对工程质量、进度、投资是否有不利影响进行审查。

11. 施工工艺样板先行制度

对于装修阶段有条件的施工工序（如粉刷、管道及电气安装等部分工序）应要求施工单位按照管理的要求提供样板施工；由施工单位、全过程工程咨询单位会同监理部门对样板进行评价、提出修改意见、直至样板施工符合要求；大面积施工对照样板推广、展开。

12. 工程质量事故处理制度

如施工单位出现重大质量事故，全过程工程咨询单位应督促承包商按国家有关规定，以最快的方式向上级有关部门报告，并及时呈报书面报告。承包商必须严格保护事故现场，采取有效措施抢救人员、防止事故扩大；需要移动现场物件时，应当做出标志，绘制现场简图并做书面记录。若出现重大质量事故的工程，全过程工程咨询单位要协助有关部门调查处理。

13. 工程停工/复工制度

对于多次出现不合格的工程，全过程工程咨询单位将依据合同中所规定的权利和义务进行处理，必要时由监理下达停工令，令其停止施工。对于不合格工程，承包商按规定修补或返工重做，达到合格后才能予以验收和计量，否则继续返工，直至建议终止合同，撤销其承包资格。

二、进度管控

工程进度控制是编制工程控制性进度计划，提出工程控制性进度目标，并以此为基础审查批准总承包单位提出的施工实施进度计划，检查其实施情况，督促总承包单位采取切实措施实现合同目标要求。当实施进度发生较大偏差时，及时向业主单位提出调整控制性进度计划的建议意见，并在通过批准后完成其调整。

（一）建立健全组织结构

地铁44号线工程严格落实计划和统计管理组织机构及人员，由各承包商、监理部门、设计部门、全过程工程咨询单位组成强大的计划和统计组织机构，保证信息逐层上报反馈。全过程工程咨询单位应确立地铁44号线的目标体系，制定详细的计划管理工作制度和严格的工期变更管理制度，规范计划和统计报表的审批流程，制定统一的统计报表格式供参建各方使用。

（二）完备的计划目标体系

地铁44号线的计划目标体系包括工程总策划、各工点总体计划、年度计划、季度计划等信息，是包含宏观到微观，整体到局部的综合进度计划管理体系。

1. 工程总策划

制定总的工期目标，包含合同标段策划、招标计划、施工场地和临时水电计划、设计计划、土建工程计划、设备采购计划、安装工程计划、调试计划、验收计划等。工程总策划是地铁44号线工程建设进度管控的指导性文件。

2. 工点总体计划

承包商进场现场条件稳定后，按照合同工期、投标文件精神和施工组织的安排编制工点总体计划，根据工序之间的逻辑关系、人力投入、资源配备情况合理组织，均衡生产，以网络计划的形式上报工点总体计划。它是各个承包商上报的最重要的计划文件。根据各工点的总体计划，可细化工程总策划，形成业主的总体控制计划，并每月定期进行跟踪，检查监督合同工期执行情况，监督对总策划工期目标的影响。

3. 年度计划、季度计划、月计划

分别将工程总策划、工点总体计划分解细化为年度计划、季度计划、月计划，包括投资计划、资金计划、形象进度目标等。地铁44号线项目部、总承包商、全过程工程咨询单位各个主体分解落实总工期目标。

4. 轨行区调度计划

地铁44号线工程在系统设备和车站设备安装阶段，隧道内轨道、供电、通信、信号和区间冷冻水管等工作共同展开，为了确保轨行区作业安全和协调各单位的进场作业时间，每周下达调度计划，每日实施24小时调度作业，安排轨行区的施工重点、施工进度指标。

5. 反馈机制

计划目标体系建立后，为了保证各项计划的贯彻实施，全过程工程咨询单位应建立及时的信息反馈制度，利用现代管理手段，以计划目标体系为标准进行及时的监控，对目标有潜在危险的项目进行预先警告并采取相应的措施。在执行中，主要以合同为界面分层次

进行管理，合同内的作业项目以承包商控制为主，业主全面掌握各承包商总体计划执行情况的信息，监督协调各个合同执行中出现的偏差对其合同的影响，协调关键接口工期，根据工程推进的实际进展调整工程总策划。

（三）进度计划的编制与执行

地铁44号线工程建设总承包商应对工程进度计划编制的原则、内容、编写格式、表达方式、进度计划提交、更新的时间及使用的软件等作出统一规定，并通过全过程工程咨询单位转发给各施工承包商，照此执行。

1. 进度计划的编制

（1）确定工程进度计划编制原则

各标段工程进度计划编制必须以工程承包合同和业主的工程进度计划指令以及国家有关政策、法令和规程规范为依据；分标段工程进度计划的编制，应在确保工程施工质量、合理使用资源的前提下，并建立在合理的施工组织设计的基础上，做到组织、措施及资源落实，以保证工程项目在合同规定工期内完成；工程各项目施工程序要统筹兼顾、衔接合理和减少不必要的干扰；施工要保持连续、均衡；采用的有关指标既要先进，又要留有余地；分项工程进度计划和分标段进度计划的编制必须服从总进度计划要求。

（2）统一进度计划内容要求

地铁工程进度计划内容分为上一步工程进度计划完成情况报告和下一步工程进度计划说明。上一步进度计划完成情况主要包括：主体工程完成情况、投资计划完成情况、存在的问题及原因；下一步进度计划说明主要包括：采取的施工方案和施工措施、工程项目的进度和工程量、主要物资材料计划耗用量、施工现场所需各类人员、设备订货与交货以及使用的安排、工程价款结算情况以及下一时段预期的工程投资额、其他需要说明的事项、进度计划网络、需业主提供的边界条件。

（3）统一进度计划提交、更新的时间

每月5日、15日报土建和设备安装的旬计划，每月25日报工程月计划，工程年度计划应在本年度的12月25日前提交。

（4）进度计划编制步骤

项目进度计划常采用关键日期表、甘特图、关键路线图（CPM）以及计划评审技术（PERT）等方法进行制订，具体制订步骤如下：

计算工程量→确定各单位工程的施工期限→确定各单位工程的开、竣工时间和相互搭接关系→编制初步施工总进度计划→编制正式施工总进度计划。

2. 执行进度计划

在项目实施过程中，常会因为外部环境和条件的变化而造成实际进度与计划进度发生偏差，因此应对实际施工的实施情况进行跟踪调查，及时发现偏差并加以纠正，以免项目进度计划的执行受影响。

项目进度计划执行过程中，全过程工程咨询单位应从以下四方面进行进度管控。

（1）组织管理措施

分解项目任务目标；落实项目管理部成员分工，明确具体控制任务和管理职责，确实做到责任到人；确定工作协调会制度，定期组织实际进度和计划目标的比对，分析存在的问题，及时采取措施进行调整与纠正；总承包单位依据施工合同有关条款、施工图及经批准的施工组织设计制定进度控制方案，对进度目标进行风险分析，制定防范性对策，经总咨询师审定后认真执行。

（2）技术管理措施

总咨询师应审批施工单位报送的施工总进度计划和年、季、月度施工进度计划，并由全过程工程咨询单位对进度计划实施情况进行检查分析；其次，由总咨询师审批施工单位报送的施工组织设计及施工方案，使其能满足施工进度的需要；总咨询师检查进度计划的实施，并记录实际进度及相关情况，当发现实际情况滞后于计划进度时，应分析偏差原因并指令施工单位采取调整措施。当实际进度严重滞后于计划进度时应及时报告业主单位，与其商定下一步措施。

（3）经济管理措施

由于施工单位的原因造成的进度滞后，全过程工程咨询单位应针对具体原因要求施工单位增加资源投入或重新分配资源；根据合同中关于进度控制的相应奖惩条款，对施工单位实施经济奖惩，督促其提高工程进度；确保资金的及时供应。

（4）合同管理措施

全过程工程咨询单位根据施工合同的约定，督促施工单位按计划完成各阶段的工作；其次，在选择分包单位时，全过程工程咨询单位应督促总承包单位结合项目总进度计划，在分包合同中明确所分包工程的工期，督促其实施。

（四）项目内部接口的管理

内部接口管理主要为各相邻标段间的进度衔接和各专业间的接口，主要内容如图9-11所示。

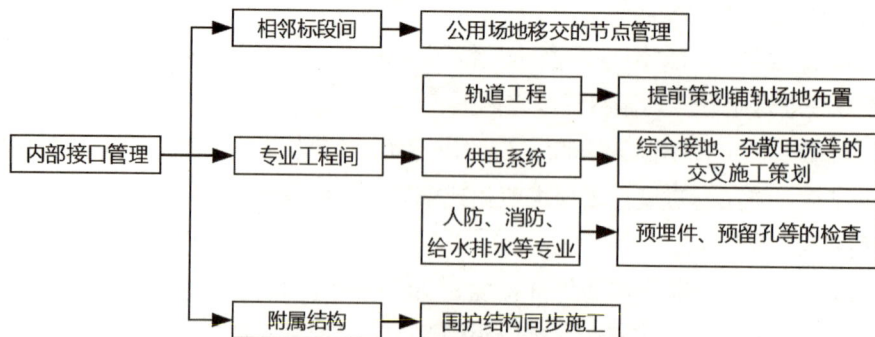

图9-11 内部接口管理主要内容

1. 相邻标段间的接口管理

相邻标段间的进度衔接主要涉及共用场地的移交问题，全过程工程咨询单位需要根据全线的"里程碑"工期要求和进度计划，给定具体移交时间。为充分考虑信息的流通和相邻标段间的沟通与协同，全过程工程咨询单位可将定期召开的安全生产例会由会议室转至各分包的施工现场，让各分包商间充分了解相邻标段的现场施工进度情况，一切从现场出发，从而建立起良好的协调管理机制。

2. 专业间接口管理

一个专业的实施情况会影响后续专业的借口管理，如土建工程是地铁项目的基础，涉及所有后续专业的接口管理，在土建施工中需要重点关注的接口管理主要有铺轨基地的场地策划、综合接地和杂散电流施工以及其他站后工程预埋件检查。对于轨道工程，全线的铺轨基地在进行土建施工场地规划时应考虑后期铺轨施工的场地需求，以免铺轨队伍在提前进场进行施工准备时影响土建施工进度。供电系统的综合接地和杂散电流属于隐蔽性工程且与土方存在交叉施工，因此需做好施工组织策划，保证土方施工进度的同时，对综合接地和杂散电流的施工不产生影响。对于其他的站后工程，如人防、通风、给水排水等专业，涉及预埋件的预埋或预留孔洞的设置工作，在土建施工过程中应适时检查预埋件或预留孔洞有无漏项以及是否满足相关专业的施工要求，为后期土建工程的交付验收做好准备工作。

3. 其他方面的接口

对于车站附属结构施工组织策划应提前考虑土建施工过程，可将具有工作面的附属结构围护结构与车站围护结构一同施工，以减少后期设备二次进场和管理等费用。

（五）建立完善考核激励机制

施工进度管理需建立起行之有效的考核激励机制，以充分调动各分包单位的工作积极性和主观创造性，在保证安全和质量的前提下，对完成和未完成进度计划的分包单位分别给予奖励和处罚。

1. 优化考核方法

对于施工总承包管理下的考核管理，总承包项目经理部需重点加强进度计划的定量考核和节点工期考核。对各分包标段进度计划的定量化考评一般主要以完成总产值为依据，往往忽略了标段内工点间的产值贡献差异以及整体进度的协调。因此，为均衡各工点间的施工进度，可取各工点产值的加权平均对各分包标段的进度进行定量化考核。其中，对工点进度考核可取实际完成产值与计划产值的比例（大于1时取1），而工点产值对整个标段贡献的加权平均系数取其计划产值与标段总计划产值的比例，同时对重要的关键节点可加大其考核权重。此外，可将分包项目部是否对作业班组建立了考核激励制度以及执行效果亦纳入总包对分包标段的考评管理中，因为施工班组的作业效率和积极性对施工进度产生的影响最为直接。

2. 建立预警机制

除定量化考评外，还需建立进度管理的预警机制。对于节点工期的考核可对节点的重要程度进行分类，并建立分级的预警机制和单独的奖惩标准。总承包部定期发布不同级别的节点预警通告，并给出相应的处理和奖惩办法，分部标段需采取积极措施以确保节点工期按时完成。

3. 实行约谈机制

总承包单位可发挥其对分包单位的行政管理手段，对进度管控出现偏差的标段根据其偏离程度实行分级约谈单位领导的机制，并通过现场的施工进度管控水平衡量其后续的市场行为，最大限度地激发其潜在的创造性，具体的管控流程和要点如图9-12所示。

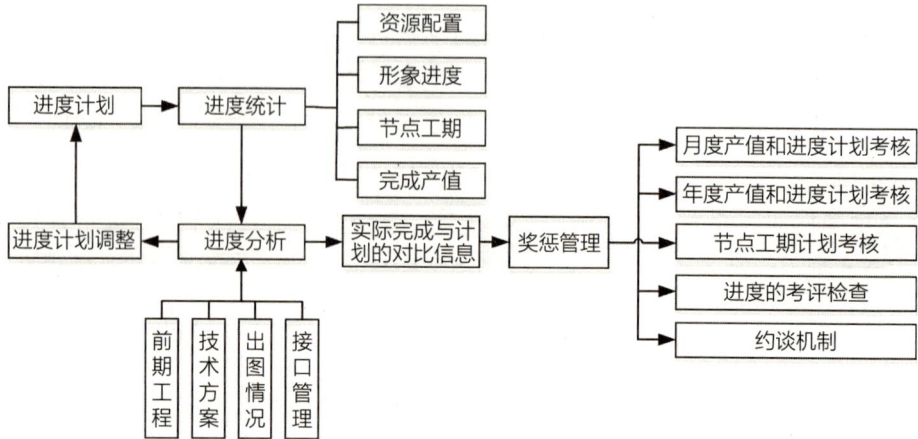

图 9-12　施工进度控制流程和要点

三、投资管控

（一）基于WBS及风险控制的投资管控

"项目分解结构"就是按一定的原则把项目分解成任务，任务再分解成若干项工作，再把每项工作分配到每个人的日常活动中，直到分解不下去为止。"工作分解结构图"是实施轨道交通项目、创造最终产品或服务所必须进行的全部活动的清单，是生产状态管理、进度管理、经费控制质量管理和资源分配的有力保障体系。如图9-13所示，为轨道交通建设流程图。

1. 基坑开挖施工风险

由于岩溶发育、地质条件复杂、围护结构和降水设计或施工缺陷、土方开挖、主体结构施工及使用各种特种设备（龙门吊、汽车吊等）运输车辆和施工机具等因素，造成围护结构变形失稳、透水、坍塌、高处坠落、物体打击、起重伤害、机械伤害、车辆伤害、触电、爆炸、火灾等事故，引发人员伤亡和财产损失。

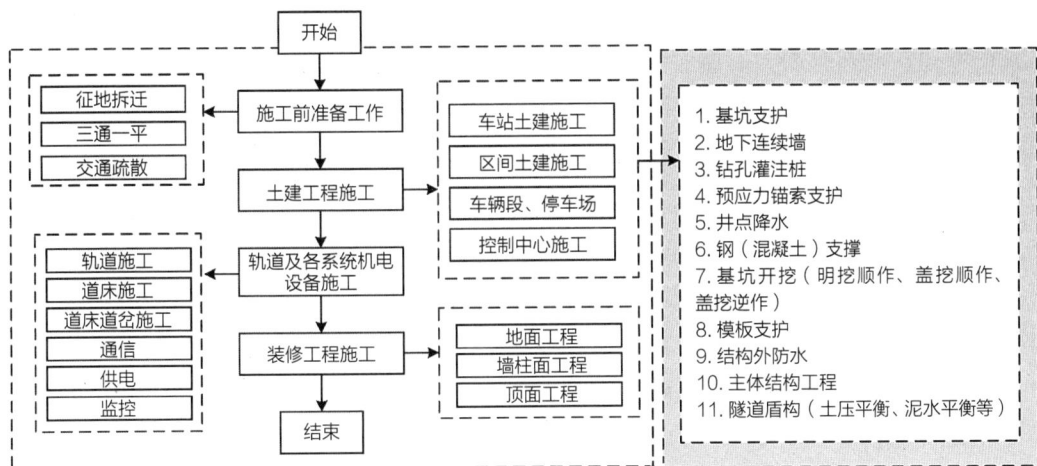

图 9-13　轨道交通建设流程图

2. 矿山法施工风险

由于溶洞、岩溶发育带岩体完整性差等不良地质、竖井开挖、隧道开挖、初支及二衬结构施工、使用各种特种设备（提升井架等）运输车辆和施工机具等因素，造成隧道坍塌、透水、冒顶片帮、起重伤害、机械伤害、车辆伤害、触电、爆炸、火灾、中毒、窒息等事故，引发人员伤亡和财产损失。

3. 周边环境风险

由于基坑开挖、隧道施工等因素，造成周边建（构）筑物、管线（给水管、排水管、燃气管、高压电力管线、通信电缆等）、道路、地表水体等沉降变形、开裂、坍塌、渗漏、泄露、破损等事故。同时，由于周边建/构筑物、管线、道路、地表水体等周边环境因素，造成透水、坍塌、火灾、爆炸、中毒、触电等事故，引发人员伤亡和财产损失。

4. 明挖深基坑工程

土方开挖未按设计进行开挖、及时支护，导致基坑变形过大，周边管线开裂、建（构）筑物发生倾斜或沉陷，或坑内滑坡失稳，严重时导致坍塌事故等。

5. 基坑支护及降水工程

支护体系未按设计要求进行施工、制作和架设，开挖前未对地下埋设设施进行调查，支护方案、降水措施不满足要求。

6. 模板工程及支撑体系

模板工程搭设高度8m及以上；搭设跨度18m及以上；施工总荷载15kN/㎡及以上；集中线荷载20kN/m及以上。

7. 起重吊装机械安装、拆卸工程

起重吊装机械安装、拆卸的单位资质不符合相关规定，起吊前未检查各部件可靠性和安全性，作业人员不具备作业资格，轮式或履带式起重机作业地面不平整、支脚支垫不牢靠。

8. 自然灾害风险

主要指当遇到汛期，台风、暴雨、暴雪、地震等恶劣天气时，轨道交通建设过程中，可能会遭受人员伤亡和重大经济损失。

（二）资金使用计划的编制与偏差调整

资金使用计划是在施工阶段编制的用于确定造价的总目标与分目标，控制工程实施阶段的造价的计划。将资金使用计划与实际资金使用情况结合作出偏差分析，对发生的偏差情况进行及时的分析与纠正，有利于对工程项目资金未来的使用和控制进行预测，提高业主资金的使用效率。因此，资金使用计划的编制与偏差调整是业主造价控制的基础内容。

1. 地铁项目资金使用计划的编制

资金使用计划的编制可分为准备、目标分解和编制三个阶段。在编制项目资金使用计划之前，应提前做好编制人员、资料的准备，充分熟悉本项目的施工合同，对施工项目进行科学的划分。分解工程项目投资目标是编制资金使用计划过程中最重要的步骤。根据投资控制目标和要求的不同，投资目标的分解可以分为按投资构成、按子项目、按时间分解等类型。

（1）按工程项目不同子项目编制资金使用计划

一个工程项目由多个单项工程组成，每个单项工程还可能由多个单位工程组成，而单位工程总是由若干个分部分项工程组成。按照"组合性计价"的划分原则，可划分到分项工程或再细一些。按工程项目不同子项目编制资金使用计划就是按项目划分对资金使用进行合理分配，然后按工程划分对工程预算进行同口径归集计算。

1）地铁工程项目划分

项目划分的粗细程度根据实际需要而定，既要考虑实际预算项目的组成，也要结合工程项目施工形象进度部位的界定。

2）确定工程项目编码

为了使支出预算与以后的造价控制相对应，事先统一确定工程项目造价的编码系统。编码指工程细目码，必须具有科学性、层次性。项目编码要适应根据设计概算或设计预算、合同价编制资金计划的不同要求，尤其考虑好工程项目施工形象进度部位的界定。

3）确定工程项目分项预算

分项工程的支出预算是分项工程的综合单价与工程量的乘积。在确定分项预算时，应进一步核实工程量，以准确确定该工程分项的支出预算。

4）编制工程项目阶段性资金使用计划表

各工程分项的资金使用计划表，一般应包括以下几项内容：工程分项的编码、工程内容、计量单位、工程数量、计划综合单价、工程分项总价。

（2）按工程项目形象进度编制资金使用计划

拟计划编制形象进度报表对资金使用计划进行分析，业主了解工程项目施工动态及投资情况，为业主及时采取措施提供基础资料。编制形象进度报表如表9-17所示。

工程项目形象进度报表 表9-17

序号	施工部位编号	形象进度	已完工程量	总工程量	工程量比例	资金比例
1	1—3	地基处理				
2	2—7	基坑开挖				
3	3—9	支护防水施工				
4	4—10					
5	6—5					
…	…	…	…	…	…	…

2. 工程项目投资偏差纠正

基于工程项目形象进度报表与累计偏差分析采取强有力措施加以纠正，尤其注重主动控制和动态控制，尽可能实现工程项目投资控制目标。全过程工程咨询单位结合实际资金使用情况对资金使用计划作出偏差分析与纠正，并采用四大措施，消除业主不必要的资金浪费，避免投资失控，还能避免在今后的工程项目中因缺乏依据而轻率判断所造成的损失，减少盲目性，增加自觉性，使现有资金充分发挥作用。此阶段成果文件如表9-18、表9-19所示。

按月编制的资金使用计划表 表9-18

时间（月）	1	2	3	4	5	6	7	8	9	10	11	12
投资（万元）												

工程目标造价偏差分析及管理建议表 表9-19

工程名称：地铁44号线工程					业主：	
施工单位：					咨询单位：	
项目名称	目标造价（万元）	实际造价（万元）	偏差		原因分析	
			差值（±）	比例（%）		
咨询单位管理意见	项目负责人：　　年　　月　　日					
建设单位意见	项目负责人：　　年　　月　　日					

（三）工程计量与工程款支付申请的审核

1. 审核工程计量结果

工程量与进度款支付金额直接影响业主的投资造价，对工程计量与进度款支付申请的审核是业主工作的重点。全过程工程咨询单位在进行工程计量与进度款支付申请的审核时，拟采用全面审查法对以下内容进行审查：计量支付时间的审核；工程计量结果的审核；工程进度款支付申请中各具体款项的审核。

按照计价方法不同，工程项目合同范围内已实施工程的工程价款可分为单价子目和总价子目。单价子目进度款的支付按照轨道交通施工图纸进行工程量的计算，乘以工程量清单中的综合单价汇总得来。总价项目以计量资料为基础确定工程形象进度或分阶段支付所需要完成的工程量。

2. 审核预付款支付申请

预付款是地铁44号线工程的主要启动资金，严格按照规定对工程预付款进行审核对项目的成功落地具有重要的作用。其主要审核依据是发承包双方签订的施工合同，预付款的支付数额、支付时限、实际使用情况和工程预付款的扣回方式是审核地铁44号线工程预付款的主要审核内容。

该项目工程预付款审核包括以下几项内容：预付款的支付比例是否符合项目合同规定，支付金额是否按照合同约定金额支付；预付款支付的约定时间是否在工程项目施工合同中进行明确，并且是否在约定时间内进行支付；预付款是否按照合同约定在进度款中进行及时扣回；最后，是否出现工程款支付完成而预付款尚未结清的情况。

预付款审核方案有助于保障预付款支付的准确性与及时性，从而帮助双方履行合同，使项目是顺利进展。如果承包人采用预付款购置用于合同工程的材料、施工设备等，还可以发挥抵御通货膨胀的作用。

3. 审核进度款支付

为了更好地控制工程项目投资，监理工程师必须保证工程计量与进度款支付的工作质量。全过程工程咨询单位在业主进行工程计量与进度款支付审核的过程中，会重点控制每期付款金额与工程款总额的关系，原则上不应超过工程款总额。监理在收到承包人进度付款申请单以及相应的支持性证明文件后的14天内完成核查，提出发包人到期应支付给承包人的金额以及相应的支持性材料。经发包人审查同意后，由监理人向承包人出具经发包人签认的进度付款证书。监理人有权扣发承包人未能按照合同要求履行任何工作或义务的相应金额。全过程工程咨询单位会及时业主对提交材料进行审查，全面审查计量方法、计量数据、计量结果等。

审核承包人提交的进度款支付申请是进度款支付程序中的重点，全过程工程咨询单位在审核进度款支付申请时，应严格审核以下几项内容：分部分项工程综合单价；审核形象进度或分阶段工程量；审核进度款支付比例；审核计日工金额；审核应抵扣的预付款；

审核应扣除的质量保证金；审核工程变更金额；审核工程索赔金额；其他审核注意事项。

（四）工程变更与签证管理

全过程工程咨询机构或其发包的造价部门应在工程变更和工程签证确认前，对其可能引起的费用变化提出建议，并根据施工合同的约定对有效的工程变更和工程签证进行审核，计算工程变更和工程签证引起的造价变化，并计入当期工程造价。

1. 工程变更管理

（1）审查变更理由的充分性

全过程工程咨询机构对施工单位提出的变更，应严格审查变更的理由是否充分，防止施工单位利用变更增加工程造价，减少自己应承担的风险和责任。区分施工方提出的变更是技术变更，还是经济变更，对其提出合理降低工程造价的变更应积极支持。

全过程工程咨询机构对设计部门提出的设计变更应进行调查、分析，如果属于设计粗糙、错误等原因造成的，根据合同追究设计责任。

全过程工程咨询机构对于委托方提出的设计变更，若因不能满足使用功能或在投资可能的前提下提高设计标准经分析可以变更。

（2）审查变更程序的正确性

全过程工程咨询机构审查承包单位提出变更程序的正确性，应按照双方签订合同对变更程序的要求进行审查。如果合同中没有规定，则根据《建设工程价款结算暂行办法》（财建〔2004〕369号）中的规定。在审查过程中主要应注意四个关键环节：

1）施工中发生工程变更，承包单位按照经发包人认可的变更设计文件，进行变更施工，其中，政府投资项目重大变更，需按基本建设程序报批后方可施工。

2）在工程设计变更确定后14天内，设计变更涉及合同价款调整的，由承包单位向发包人提出，经发包人审核同意后调整合同价款。

3）工程设计变更确定后14天内，如承包单位未提出变更工程价款报告，则发包人可根据所掌握的资料决定是否调整合同价款和调整的具体金额。重大工程变更涉及工程价款变更报告和确认的时限由双方协商确定。

4）收到变更工程价款报告一方，应在收到之日起14天内予以确认或提出协商意见，自变更工程价款报告送达之日起14天内，对方未确认也未提出协商意见时，视为变更工程价款报告已被确认。

（3）审查变更估价的准确性

全过程工程咨询机构为了有效控制投资，在施工合同专用条款中对上述条款进行修改，在合同没有适用或类似于变更的工程价格由施工单位提出适当的变更价格，经监理部门审核后，报造价部门进行审核，必要时报业主审批。若施工单位对全过程工程咨询机构最后确认的价格有异议，而又无法套用或无法参考相关定额的，由全过程工程咨询机构或其发包的监理部门和施工单位共同进行市场调研，力争达成共识。对涉及金额较大的项目，由全过程工程咨询机构中（监理部门和造价部门）同施工单位等相关方共同编制补充定额，报造价部门审批，确定变更工程价款。

2. 工程签证管理

全过程工程咨询机构对签证的审查主要包括在几个方面：审查签证主体合法、审查签证形式有效、审查签证内容真实合理、审查签证程序及时间符合合同约定。

（1）签证主体合法

签证主体是施工合同双方在履行合同过程中在签证单上签字的行为人。签证单上的签字人是否有权代表承发包双方签证，直接关系该签证是否有效，关系承包方在履行合同过程中所做的签证是否最终能进入工程结算价。因此，审查签证主体必须为合同中明确约定的主体。

（2）签证形式有效

工程签证相当于施工合同的补充协议，一般来说应采用书面形式，审查内容应当包括签证的当事人，签证的事实和理由，签证主体的签字以及承发包双方的公章。

（3）签证内容真实合理

审查签证内容真实合理，真实性表现在签证内容属实，有些承包单位采取欺骗手段，虚报隐蔽工程量，如虚增道路、场地混凝土的厚度等。另外，建筑材料品种繁多，尤其是装饰材料，表面看上去相同的材料，其价格却相差很远。合理性表现在签证内容应符合合同约定，签证内容涉及价款调整、工期顺延及经济补偿等内容，应坚持合同原则，严格按照合同约定的计算方法、调整方法等进行相应签证。

（4）签证程序及时间符合合同约定

审查应严格遵循合同中约定的签证程序进行签证，未按照时效和程序会导致签证无效。

（五）工程索赔

索赔实际上是业主与承包商之间在分担工程风险方面的责任再分配。合理处理索赔是施工阶段有效避免风险的一种方法。全过程工程咨询机构对于施工过程中索赔费用管理，主要包括索赔的预防及索赔费用的处理。

1. 索赔的预防

全过程工程咨询机构通过工程投资计划的分析，找出项目最易突破投资的子项和最易发生费用索赔的因素，考虑风险的转移，制定具体防范对策。例如，在帮助业主编制招标文件和施工承包合同时，应有索赔的意识，尽力避免由于承包合同不完善而引起的索赔，从而导致工程费用增加。此外，全过程工程咨询机构应严格审查施工单位编制的施工组织设计，对于主要施工技术方案进行全面的技术经济分析，防止在技术方案中出现投资增加的漏洞。

2. 索赔费用的处理

全过程工程咨询机构应严格审批索赔程序，组织监理部门进行有效的日常工程管理，切实认真做好工程施工记录，同时注意保存各种文件图纸，为可能发生的索赔处理提供依据。当索赔发生后，要迅速妥当处置。根据收集的工程索赔的相关资料，迅速对索赔事项开展调查，分析索赔原因，审核索赔金额，并征得委托方意见后负责与施工单位据实妥善协商解决。

四、竣工管理

竣工阶段的工作内容包括：组织进行无负荷单机及联动试车；组织进行项目初步验收，提出问题；审核竣工验收资料；进行竣工验收；进行竣工结算审核工作，解决遗留问题；编制项目竣工决算报表；协助进行竣工决算审查、审计工作；向业主移交项目等。

（一）竣工验收单元

地铁工程作为一个使用功能完整的项目进行整体验收，其工程质量验收单元应划分为单位（子单位）、分部（子分部）、分项工程和检验批。若部分项目开工较晚不能随相应分部工程一并验收，可作为单项工程单独验收。按"具备独立施工条件并能形成独立使用功能的建筑物及构筑物为一个单位工程"的原则，根据工程特点按如下几个方面划分单位。

1. 单位（子单位）工程

（1）每个车站为一个独立单位工程，下设土建、装饰装修、机电设备安装三个子单位工程。

（2）每段区间为一个独立单位工程，下设土建、附属结构（如声屏障）等子单位工程，区间设备安装工程纳入车站设备安装子单位工程。

（3）全线轨道为一个单位工程，可根据里程和区域划分子单位工程，如正线、车辆段、停车场等。

（4）车辆段和停车场每个单体为一个独立单位工程，下设地基与基础、主体结构等分部工程；另设室外建筑环境单位工程（包括附属建筑、室外环境两个子单位）和室外安装单位工程（包括给排水与采暖、电气两个子单位工程）。

（5）每个主变电站为一个独立单位工程，下设地基与基础、主体结构、安装、装修、主变电等分部工程。

在工程验收过程中，考虑到地铁工程建设特点、施工组织实际情况，可简化单位工程验收的组织和程序。当单位工程施工结束并具备验收条件的情况下，总承包单位应及时组织验收，减少不同工程之间的交叉和影响。

2. 分部、分项工程的划分

地铁工程专业较多、各工法交叉较多，分部、分项划分是遵照住房城乡建设部《建筑工程施工质量验收统一标准》和国家铁道局相关验收标准，并结合地铁建设的特点确定的。地铁土建工程各工法分部、分项划分详细情况见《××轨道交通工程建设质量控制用表》。

3. 检验批的验收

检验批是施工过程中条件相同、质量基本均匀一致、有一定数量的材料、构配件或安装项目，可作为检验的基础单位，按批验收。

（二）竣工验收

1. 专项检测（测量）

按照规划审批对项目实地进行测量的过程，并形成工程竣工测量记录表。

2. 质量把控

全过程工程咨询单位组织成立验收工作小组，组织监理部门和施工单位编制竣工验收计划，自检合格的施工项目施工单位应填写工程竣工报告和竣工报验单，报业主批准后使用。

全过程工程咨询单位根据验收内容制定并形成专项工程验收、单位工程验收、工程竣工验收等记录表，督促施工单位及时对验收过程中发现的问题进行工程竣工整改。

（三）项目竣工结算

在对竣工结算阶段的地铁建设工程项目造价进行审核的过程中，需要对结算内容是否与所签订的合同中的内容相符进行确定，同时在审核的过程中，也需要依据招投标文件来进行审核。审核主要是对工程的计量规则、结算定额、调价规定、变更等内容来开展工作，依据合同中的具体要求，结合设计图纸以及工程预算书的标准来对地铁工程进行竣工结算，依次地对工程的建设情况、工程量以及工程建设材料的应用情况进行分层审核，这样可以有效地控制住竣工结算阶段地铁建设工程项目的造价，从而有利于推动城市地铁建设的长远发展。

在地铁工程的竣工结算阶段，相关的结算材料主要包括工程竣工设计图纸、工程设计变更通知文件以及各种相关的地铁工程建设签证说明书等。其中竣工设计图纸主要是指地铁在建设的过程中，所依据的设计实样图。竣工设计图纸主要是由相关的设计人员以及各个施工部门共同设计而成，是依据地铁建设工程的具体施工情况进行的实样图设计，而且该设计图纸经过了详细的审验才得以正式投入到工程建设中，合格的竣工设计图纸都加盖专门的竣工图章，并且对其进行有效的保存，以便日后作为施工参考的依据。

隐蔽工程在建设完成之后，很难对其建设的工程量进行准确的核算。为了能够有效解决这种问题，就需要对隐蔽工程进行施工的同时，做好相关的施工记录，同时进行隐蔽工程图纸的绘制，加强检查验收工作，并需要地铁工程建设的相关单位进行联合签名，保障相关的建设手续的完整，这样才能有效地对隐蔽工程的建设工程量进行核算，使得竣工结算的精确度得到提升。针对地铁工程中所使用的材料需要进行数量和质量的确定，在材料进入现场之前，需要相关的材料集成管理单位和业主同时对原材料的数量进行验收和认同，同时也要对原材料的质量进行有效的检验，并在材料供应单上进行签字。

1. 结算时效控制

建立结算制度，控制结算资料提交节点，召开结算启动会议，召集各单位进行技术交底，明确结算资料清单、制定提交时间、明确责任人及延误责任，控制资料提交时间。

2. 结算质量控制

（1）严格审查工程量

在对工程量进行审核的过程中，需要对工程量进行反复核算，只有这样才能够有效保障工程竣工结算的精确性。在工程竣工结算的过程中，需要依据工程造价、工程量以及工程费用进行审核的开展，而在工程造价、工程量以及工程费用中，工程量是审核的重点内容，在工程竣工结算阶段，工程量的审核工作应该根据相关的竣工设计图纸、工程设计变更通知以及相应的签证等开展，对签证工程量的审核主要是现场签证及设计修改通知书，应根据实际情况核实，做到实事求是，合理计量。审核时应作好调查研究，审核其合理性和有效性，不能见有签证即给予计量，杜绝和防范不实际的开支。一个工程的造价高低主要反映在工程量上，而个别施工单位"高估冒算"或虚报工程量的情况普遍存在。若是在竣工结算审核中不认真复核工程量，将直接影响整个工程的造价。

（2）套用单价的审核

工程造价定额具有科学性、权威性、法令性，它的形式和内容，计算单位和数量标准任何人使用时都必须严格执行，不能随意提高和降低。在审核套用预算单价时要注意如下几个问题：

1）对直接套用定额单价的审核

首先要注意采用的项目名称和内容与设计图纸标准是否要求相一致，如构件名称、断面形式、强度等级（混凝土强度等级、水泥砂浆比例）等。

2）对换算的定额单价的审核

除按上述要求外，还要弄清允许换算的内容是定额中的人工、材料或机械中的全部还是部分；同时换算的方法是否准确；采用的系数是否正确；这些都将直接影响单价的准确性。

3）对补充定额的审核

主要是检查编制的依据和方法是否正确，材料预算价格、人工工日及机械台班单价是否合理。中标合同内单价的合理性问题。

（3）费用的审核

费用的计取应根据施工期间当时、工程所在地工程造价管理部门颁发的文件及规定，结合相关文件如合同、招投标书等确定费率。审核时应注意取费文件的时效性；执行的取费表是否与工程性质相符；费率计算是否正确；价差调整的材料是否符合文件规定。如计算时的取费基础是否正确，是以人工费为基础还是以直接费用为基础。对于费率下浮或总价下浮的工程，在结算时特别要注意变更或新增项目是否同比下浮等。

（四）项目竣工移交

所有参加项目建设的单位，包括设计、施工、监理等部门、总承包商及分包单位等，应在全过程工程咨询单位的统一组织安排下，分工负责，按照工程编序建立项目档案体系，对本公司分管项目的工程文档进行全面系统的收集、整理、归档后妥善保存。

1. 竣工档案移交

（1）以总包单位为主体进行移交。

（2）注意资料的完整性，在移交前，全过程工程咨询单位组织监理部门对移交资料进行核查。

（3）全过程工程咨询单位向委托方移交工程竣工资料，必须在规定的时间内，按工程竣工资料清单目录，进行逐项交接，办清交验签章手续。

2. 项目实体移交

（1）原施工合同中未包括工程质量保修书附件的，在移交工程时，应按有关规定与施工单位签署或补签工程质量保修书。

（2）向使用单位提交工程移交工作计划表，确定工程移交时间及移交项目。

（3）移交过程需要各方签字认可，签字完善的移交记录表需各方保存以备查。

（4）工程未经竣工验收，使用单位提前使用的，应在交付记录表中注明。

（5）编制撤出施工现场的计划安排，全过程工程咨询单位应按照工程竣工验收、移交的要求，编制工地撤场计划，规定时间，明确负责人、执行人，保证工地及时清场转移。撤场计划安排的具体工作要求：

1）临时工程拆除，场内残土、垃圾要文明清运；

2）对机械、设备进行润滑、油漆保养，组织有序退场；

3）周转材料要按清单数量转移、交接、验收、入库；

4）退场物资运输要防止重压、撞击，不得野蛮装卸；

5）转移到新工地的各类物资要按指定位置堆放，符合平面管理要求；

6）清场转移工作结束，解除施工现场管理责任。

（五）项目竣工决算

竣工决算审查

（1）全过程工程咨询单位在过程管理中，应高度重视政府审计的问题，关注过程资料的完整性、合理性，及时将资料归档保存，以便顺利通过审计。

（2）配合业主建立相应的制度，规范各方行为，建立工程变更及签证制度。

（3）审计前，全过程工程咨询单位逐一检查各合同的完成情况，在实际执行中与合同约定有不相符的，如合同范围的改变、合同工期的延误、调价原则的说明等必须加以书面说明。

五、安全管理

（一）临时用电管理

地铁施工现场土建、设备安装、装饰装修等单位较多，且所有的施工都离不开临时用电。施工现场临时用电应采用电源中性点直接接地220/380V三相四线制低压电力系统，采用三级配电两级保护，TN-S接零保护，必须做到"一机、一箱、一漏、一闸"。施工现场临时用电的维护工作，必须由经过安全生产监督局指定地点培训并取得电工作业资格的人员担任，并持证上岗。在日常检查中，总咨询师应尽力避免施工过程中出现各级配电箱漏电保护器的额定动作电流和动作时间配置不恰当、输电线路不规范及各类检查、测试记录不认真填写等问题。

（二）消防安全管理

地铁44号线工程施工空间小，土建的模板、设备的包装、装饰装修材料、油漆等易燃物品随处可见，临时用电的管理不规范、加工场地管理不规范等都是导致火灾事故的重要安全隐患，若不加强管理在地铁狭小的空间里发生火灾事故，救援和抢险都是相当困难的，稍有不慎还可能导致更大的事故。

1. 加强施工现场的动火管理

在地铁内进行动火作业如焊接、切割等，必须在当地的安质部办理动火手续，明确动火人和看护人，配备消防器材并且在清理完作业点四周的易燃物品确认无误后方可作业。

2. 建立应急预案

施工单位应建立应急预案，并进行应急演练和应急物资储备，这是搞好地铁施工现场消防管理工作的重点。如果不进行应急演练，应急物资储备不到位，在地铁狭小的空间一旦发生火灾事故非但不能做到有条不紊地进行应急抢险，还可能使事态扩大。

3. 狭小空间施工现场的消防安全管理

还必须加强临电线路管理和施工现场严禁烟火的管理，切实从源头上控制好火灾事故的发生。

（三）加强临边临口的安全防护

由于地铁施工空间小，特别是车站的站厅、站台和设备区构造复杂，施工人员多且基本都属于交叉作业，因临边、临口处理不好而导致的高处坠落和物体打击事故时有发生。因此，为了有效地防止高处坠落和物体打击事故的发生，凡在楼梯口、电梯口、预留洞口，必须设置栏杆或盖板、架设安全网。在施工的建筑物的所有出入口，必须搭设牢固的防护棚。框架工程楼面周边、跑道（斜道）两侧边、卸料台的外侧边等，必须设置1.2m高的两道防护栏杆、挡脚板或设防护立网。在临边、临口作业时，必须正确佩戴和使用好劳动保护用品，如安全帽、安全带、安全网、防滑鞋等。

在移动脚手架上面的作业平台四周必须设置不低于1米高的防护栏杆，以便固定安全带和防止高处坠落。

（四）危险源控制

在地铁这样的狭小空间里施工，应注意如下危险源：

1. 空气不流通

在进行车站站房或设备用房设备安装施工时，遇装修、电焊氧焊、发电机使用等，极易造成一氧化碳或甲醛中毒，因此在施工前必须提前进行通风排毒和检测，确认毒气浓度不超标才能进行正常施工；对产生有毒有害气体的物资和设备，尽量安放在通风较好的地方。同时施工人员必须正确使用好防毒面具、口罩等劳动保护用品。

2. 粉尘噪声严重超标

在地铁内施工，由于空间狭小空气不流通，若现场的噪声和粉尘散发不出去，指标会严重超标。在这样的环境里施工，时间长了会导致沙眼、硅肺病，耳鸣耳聋等疾病。因此在施工时，工作人员必须正确佩戴和使用好防尘面具、耳塞等劳动保护用品，必要时应轮换作业。

3. 大型设备的搬运

在地铁内各类设备的机柜、漏泄电缆、机电的风机、安全门等大型设备搬运存在的安全隐患是特别大的。要安全地完成这一工作，只有加强各单位间的沟通和协调，制定出具体的搬运和安装方案，待具备安装条件后，利用土建吊装口或铺轨单位轨道车进行搬运，运至安装地点进行就位安装时必须人力充足，由专人统一指挥，防止倒塌、挤压出现人身伤害。

4. 特种作业人员无证操作

电工、电焊工、吊车司机、司索工、架子工等都属于特种作业人员，特种作业人员的操作证必须经安全生产主管部门指定地点培训，考试合格后才能取得，换句话说无证操作证的人员就是未经过特种作业培训的人员，他们对于这些特殊工种的操作规程、安全控制措施等都相当模糊、似懂非懂，这类人员从事特种作业是最容易发生安全事故的。因此，要保证特种作业的安全必须坚持特种作业持证上岗。

5. 交叉作业

在地铁内二次结构以后的施工，各类设备安装、装饰装修等单位相继进场，存在严重的交叉作业和不可避免的施工干扰，各单位进场后都各自开展工作，势必形成工序间的相互制约和影响，同时相互间带来的安全隐患也是层出不穷的。这就要求全过程工程咨询单位要加强各设备管理单位的沟通和协调，形成相互配合相互支持的良好局面，克服各自为政的工作作风，团结协作才能确保安全。

六、信息管理

(一)新型信息电子化档案管理

1. 档案管理信息化建设的重要性

(1)有效提高档案管理的效率

传统的档案管理方式基本需要全人工方式进行操作,例如档案的录入、查找以及分类等操作。这样的方式有着工作效率低,错误率高等劣势。针对这些问题,以互联网为代表的信息技术与档案管理工作相融合,建立新型的信息化档案管理工作模式,使档案管理能以计算机为载体进行电子化管理的实现。信息化档案管理能够提供快捷的档案查询、浏览、插入以及传输等操作,有效提高工作效率。不仅如此,信息化的档案管理能够节省经济开支,降低人力资源,最重要的是能够保障档案的安全性与规范性。

(2)有效增强档案资源的共享性

基于互联网技术的信息化档案管理模式,能够增强档案信息管理的共享性。由于档案有着不可复制的特点,因此档案的异地查阅是非常困难的。档案管理的信息化建设能够改善此类问题。依靠互联网技术,能够快捷地完成档案查阅和传输等工作。另外,将有价值的可共享的档案信息进行网络共享,能够充分提高档案资源的利用率,使其发挥更好的作用。

(3)有效提高档案的安全性

档案的安全性包括物理安全以及内容安全两个方面。由于传统的档案均为纸质存档,因此,受温度、湿度等环境因素影响很大,存储时间面临很大的挑战。而电子档案的出现,有效地解决了档案存储期限的问题,通过安全备份,可以保障档案长时间的存储。另一方面,传统的纸质档案在进行异地传输以及搬运的过程中,会遇到自然破坏以及人为破坏的因素。然而,互联网技术的电子档案传输,有效地避免了运输过程中对档案的损害。

2. 基于互联网的档案管理信息电子化建设方法

基于互联网的档案管理信息电子化建设方法,不仅局限于设备购买阶段。档案管理的信息化建设的核心方法在于对档案资源本身的数字化建设。现代档案信息化是一个大型的系统工程,主要包括了档案数据资源的整理、索引创建、纸质档案内容电子化以及档案分类等工作。档案信息化建设不仅局限于依据目录查询服务,还应充分运用数字档案资源的内在关系,为用户提供各项有价值的信息服务,这才是档案管理信息化的根本目的。另外,档案资源的数据库资源建设也是完成上述目标的重要步骤。现代档案管理,不仅由纸档文字构成,还包含了声音、录像等影像资料。运用当前主流的多媒体数据库建设方法,能够很好地解决多元档案数字存储工作。档案数据库的建设,能够为档案存储以及各项查阅服务提供有力的数字基础,能够有效地满足当前社会不断发展的需求。

（二）工程管理资料

1. 合同管理资料的主要内容

在工程管理资料中，主要包含工程合同、施工投标申请书和中标通知书及施工承包合同等内容，具体如表9-20所示。

合同管理资料的主要内容 表9-20

编号	档案资料	资料类别
1	工程合同	合同
2	施工投标申请书和中标通知书	合同
3	施工承包合同	合同
4	授权管理工程师通知	合同
5	项目经理授权通知	A
6	分包申请书	B
7	分包单位资质认定书	A
8	分包合同书	合同
9	材料、设备、构件供销合同	合同
10	施工组织设计审核签认（附施工组织设计）	A
11	工程变更	A
12	工程索赔申请书	B
13	工程索赔批复意见书	A
14	合同外工程协议	合同
15	开工批准文件	A
16	工程报验单	B
17	工程竣工移交证书	A
18	工程保修期解除证书	A
19	最终证书	A

注：A类为项目负责人、监理专业工程师编写（签认、签发），B类为承包商向项目负责人申报单。以下表格同。

地铁项目涉及的参与方众多，对合同资料进行有序管理有利于保证项目建设资料的真实性、完整性，有利于项目建设程序的推进。

2. 工程进度控制资料的主要内容

工程进度控制的资料中，主要包括进度控制实施细则、开工申请、开工令、施工进度计划审批（年、月）（附施工进度计划）、施工进度计划内与实际完成偏差分析报告等内容，具体如表9-21所示。

工程进度控制资料有利于项目参建各方对项目进度进行深入了解，及时对项目建设过程中出现的进度偏差进行调整，保证项目工期目标得以实现。

	工程进度控制资料的主要内容	表9-21
编号	档案资料	资料类别
1	进度控制实施细则	A
2	开工申请	B
3	开工令	A
4	施工进度计划审批（年、月）（附施工进度计划）	A
5	施工进度计划内与实际完成偏差分析报告	A
6	施工计划变更申请	B
7	施工计划变更审批	A
8	延长工期申请	B
9	延长工期批复	A
10	停工令	A
11	复工申请	B
12	复工令	A
13	材料、设备、构件进场计划	B
14	材料、设备、构件进场计划审批	A
15	每月进度报表	B
16	每月进度报表审核	A
17	施工人员、机械（日）进场记录复核	A

3. 工程质量控制资料的主要内容

工程质量控制资料中主要包含质量控制实施细则、施工方案和施工措施审批、工程质量问题报告、隐蔽工程检查记录等内容，具体如表9-22所示。

	工程质量控制资料的主要内容	表9-22
编号	档案资料	资料类别
1	质量控制实施细则	A
2	施工方案和施工措施审批	A
3	工程质量问题报告	A
4	隐蔽工程检查记录	A
5	原材料抽检记录	A
6	进场设备、构件抽检记录	A
7	工程质量抽检记录	A
8	不合格工程通知	A
9	不合格材料构件、设备通知	A
10	工程暂停指令与复工令	A
11	工程质量事故评估报告	A

编号	档案资料	资料类别
12	工程质量事故处理核查意见书	A
13	新工艺、新技术、新材料、新结构技术鉴定审核意见书（附鉴定）	A
14	检测部门质量信息反馈处理记录	A
15	分项、分部工程报验单	B
16	分项、分部工程验收记录	A
17	单位工程质量综合评定表	A
18	技术资料汇总表（复印件）	C
19	单位工程质量保证资料检查表（复印件）	C
20	分部工程质量保证资料检查表（复印件）	C

注：C类资料取自交工技术档案。

保证工程质量控制资料的完整性能够对建设过程中各关键环节、隐蔽工程的质量进行有效监控，避免由于质量问题出现返工情况，对项目的进度、质量及成本控制具有较大的影响。

4. 工程投资控制资料的主要内容

工程投资控制资料包括投资控制实施细则、计量清单（或工程预算书）、年度（季）资金使用计划申报表、年度（季）资金使用计划批复、年度（月）资金使用计划批复等内容，具体如表9-23所示。

工程投资控制资料的主要内容 表9-23

编号	档案资料	资料类别
1	投资控制实施细则	A
2	计量清单（或工程预算书）	A
3	年度（季）资金使用计划申报表	B
4	年度（季）资金使用计划批复	A
5	年度（月）资金使用计划批复	A
6	工程变更预算审核	A
7	工程索赔付款审核	A
8	计日工单价审认证书	A
9	投资动态情况报告	A
10	工程（月）结算申报	B
11	工程（月）结算审核	A
12	工程（月）付款申请	B
13	工程（月）付款凭证	A
14	工程竣工结算申报	B

编号	档案资料	资料类别
15	工程竣工结算审核	A
16	工程付款汇总表	A
17	合同外工程预算审核	A

投资资料的完整性有利于保证项目投资管理目标的实现，以求在建设工程中能合理使用人力、物力、财力，取得较好的投资效益和社会效益。

5. 工程日常管理资料的主要内容

工程日常管理资料包含管理规划、管理日记、管理月报、管理通知等内容，具体如表9-24所示。

工程日常管理资料的主要内容 表9-24

编号	档案资料	资料类别
1	管理规划	A
2	管理日记	A
3	管理月报	A
4	管理通知	A
5	现场指示	A
6	项目经理巡视记录	A
7	备忘录	A
8	会议记录	A
9	商洽记录	A
10	合理化建议采纳情况	A
11	管理档案交接记录	A
12	总结	A
13	收发文登记本（附收文）	A
14	图纸收发登录	A

工程日常管理资料主要记录了工程建设过程中召开会议的会议记录及管理规划、洽谈记录等，地铁项目的大体量要求其必须保证日常管理资料的完整性。

第七节　运维阶段咨询方案

一、定价调价原则

（一）实行价格听证制度

由于地铁44号线项目的公益性及外部性，在收费价格的制定或调整过程中，需要综合考虑政府的财政补贴能力、私营部门的运营效益及公众的可支付能力。为保证地铁44号线项目收费定价的合理性，应实行价格听证制度。地铁44号线项目的价格听证，可选择具有相关工作经验或相关专业的公众代表参与，扩大价格听证参与者的范围，充分听取各方的意见，保证利益相关方的利益需求，完善收费价格制定和调整的制度。同时，政府、社会资本方及公众可通过价格听证制度充分表达对地铁44号线项目收费标准的意见或建议，在综合各方的相关意见后，政府可对地铁44号线项目的收费价格做出相应调整，保证收费价格的合理性。因此，实行价格听证制度不仅能避免信息不对称的问题，还能提高收费价格制定或调整的透明性，有利于保障利益相关方的利益需求。

（二）构建价格信息监管平台

构建地铁44号线项目信息监管平台在现代技术的支持下，让社会群体监督和了解地铁44号线项目的评审标准、项目信息、实施情况等相关信息，保证地铁44号线项目各个实施过程公正透明、严加监管。这说明政府越来越重视信息平台在地铁44号线项目中作用。地铁44号线项目的收费价格调整也是"投建营+EPC"项目实施过程中的某一环节。为保证收费价格制定和调整的合理性，构建地铁44号线项目收费价格信息监管平台，公开价格制定和调整的标准和流程，以及考虑的价格指标，让社会群体实时监督价格变化轨迹是否有依有据。因此，应该建立地铁44号线项目价格信息监管平台，让利益相关方都明确定价和调价的过程，提高制定收费价格的透明程度，以便于各方的有力监督。

（三）实施动态调价制度

在实际情况中，地铁44号线项目收费价格会受到其他因素的影响，有时这些因素对价格的影响是不稳定的。例如，客流量、运营成本对地铁44号线收费价格都有影响，但客流量也会影响运营成本。客流量与运营成本不是长期稳定不变的，它们会受到经济水平及市场价格的影响而产生波动，这就造成收费价格也会产生波动的情况。但为了确保社会资本方的投资收益，也基于地铁44号线项目的公益性，政府需要综合考虑三方的利益，在公众可承受范围内，适当调整轨道交通的收费价格。因此，轨道交通的收费价格不具有稳定性，可通过建立动态调价制度，在三方满意的状态下，保障利益相关方的效益需求，实现项目的稳定发展。由于社会资本参与地铁44号线项目的投资、建设及运营过程中，项目的收费价格不再是由政府单独制定。社会资本会考虑自身利益问题，在项目亏损的情况下提出调价申请，政府需要在综合平衡社会资本和公众的利益的前提下审核私营部门的调价申请。

二、应急演练

（一）应急预案

（1）运营单位编制的应急预案应满足各级政府应急预案的协同要求。

（2）运营单位应编制突发事件应急预案，主要包括：

1）运营突发事件应急预案。应对设施设备故障、火灾、列车脱轨、列车相撞和突发客流等的应急预案。

2）自然灾害应急预案。应对地震、台风、雨涝、冰雪灾害和地质灾害等的应急预案。

3）公共卫生事件应急预案。应对突发公共卫生事件的应急预案。

4）社会安全事件应急预案。应对人为纵火、爆炸、投毒和核生化袭击等恐怖袭击事件的应急预案。

（3）应急预案编制应科学合理，内容完备，针对性和操作性强。

（二）应急演练要求

（1）运营单位在试运营前应进行以下应急演练：

1）道岔故障处理、手动操作道岔办理进路、屏蔽门故障、列车故障救援、电话闭塞和大小交路列车折返等演练；

2）突发停电事故演练；

3）火灾、爆炸事故演练；

4）突发客流演练；

5）列车相撞、脱轨事故演练等。

（2）应开展相关应急处置部门和相关单位参加的综合性应急演练。

（3）运营单位应根据演练中发现的问题修改完善应急预案。

（三）应急组织与装备

（1）运营单位应建立专、兼职应急抢险队伍。

（2）运营单位应配备应急所需要的专业器材和设备。

三、绩效评价体系构建

地铁44号线项目实施过程中，需在公共项目和服务数量、质量以及资金使用效果等方面进行综合评价，评价结果将直接作为可行性缺口补助的依据，影响价费标准、财政补贴以及合作期限的调整。

根据项目投资大、周期长、不确定因素多，以及交易的结构特点，按项目的建设阶段，设定两套绩效评价体系，即建设阶段绩效评价指标与运营阶段绩效评价指标。其中，建设阶段绩效评价指标设置，可根据财政部出台的相关绩效评价指引文件完成。根据已调研的地铁工程相关项目将地铁运营阶段绩效评价指标划分为运营服务指标、运营安全指标、运营设备服务指标等三部分。具体内容如表9-25所示。

运营阶段绩效评价指标 表9-25

一级指标	二级指标	三级指标
运营阶段绩效评价指标	运营服务指标	乘客满意率
		车辆正点率
		有效乘客投诉率
		电梯可靠度
		车辆服务可靠度
		车辆清洁
		车站清洁
	运营安全指标	乘客上网
		车辆冲突
		拥挤踩踏事故
		停电
		列车运行图兑现率
		乘客出入闸机可靠度
	运营设备服务指标	自动售票机故障率
		自动充值设备率
		信号系统故障率
		供电系统故障率
		屏蔽门故障率
		车辆系统故障率
		列车退出正线运营故障率

（一）优化关键绩效指标

基于以上绩效考核指标的基础上，优化关键绩效指标，细化考核内容。将客运服务、安全管理、卫生管理、信息管理等内容加入绩效考核标准中，形成机制，严格执行。具体绩效考核内容：

（1）票务服务

维持足够的员工及可靠的自动收费系统以便有效地收取票务收入。自动收费系统如发生故障无法使用时，须及时引导乘客使用其他可用设施。确保如售票机、充值机、进出闸机等票务服务系统设备在人机交互界面设计及操作流程上要按照政府方会同市内其他轨道交通线路各运营公司商定的标准，做到市内全网统一，方便乘客操作。

（2）垂直电梯、扶手电梯服务

须提供及维持足够且可靠的扶手电梯和垂直电梯，以便能安全、有效、高效地运送乘客。

（3）信息服务

向乘客提供必要的现场咨询服务及远程咨询服务，满足乘客实时查询（信息服务）所列信息的需要。地铁44号线运营区内或出入口附近和与其他轨道交通换乘的合理区域内设置并维持足够且有适当照明的中英文对照的信息，此等信息须即时、准确、有效，包括但不限于：本车站首末车时间、列车间隔时间；乘客守则、警告标志；轨道线路换乘信息、车站周边公交站点换乘信息及周边地图信息及车费表及票务政策。在列车运行中，在车厢内通过广播或电子显示屏等设备播报列车运行方向、站名、换乘及其他必要的运营服务提示信息。在切实可行的范围内及时告知乘客列车服务中断、延误、临时调整发车频率或首末班车发车时间的情况及原因，并按有关规定配合市政府发布自然灾害预警等信息。保证地铁44号线内的资讯系统及其他电子媒介优先满足地铁44号线运营服务信息、应急指引及安全文明乘车等宣传需要，运营信息、公益宣传所占运营时段比例不应低于适用法律规定的相关标准。

（4）通信服务

在运营区内为控制中心与运营中的列车、车站及车辆段、经营性空间以及其他对于安全运营必需的场所之间提供维持地铁44号线的正常运营及维护所必须的通信设施。或通过合理的商业协商的方式，确保由相关电信运营商在车站站厅、列车车厢提供能够稳定使用的移动通信服务。

（5）乘客环境

根据适用法律，在地铁44号线项目设施范围内：维持合适的温度及通风条件，为乘客及工作人员提供舒适的环境；承担环境卫生责任，定期监督张贴宣传海报和宣传性质的其他物品，如有变动、发生污损或恶意撕除，应及时更换；妥善保管危险化学品，按规定严格处置维修等过程中产生的污染物；按照国家相关要求，将站、车内外的噪声和振动控制在国家环境评价标准允许范围之内；在乘客可以进入的任何场所以及随时需要人员进行工作的场所提供足够的正常及应急逃生照明设备。

（6）环境噪声污染防治

地铁44号线设施建设期间需穿越或邻近已建成设施、建筑物和居民区的，项目公司应当按照市环境保护主管出具的环境影响报告书或适用法律的要求设置隔声屏障等合理措施避免或尽量减少对设施、建筑物和居民区的干扰，并达到适用法律的标准和要求；地铁44号线设施运营和维护期间需设置隔声屏障的，按照后建服从先建的原则，由后建设施、建筑物的投资主体负责建设及维护费用，项目公司应允许并提供必要协助；隔声屏障的设置或维护应在不影响客运服务及安全的条件下进行。

（7）其他服务

根据适用法律，在地铁44号线设施范围内：对残障乘客提供必要服务，协助其顺利进出闸机和乘车；对发现走失的儿童或有乘客身体不适时提供必要的人道主义援助；建立遗失物保管及招领制度，按照适用法律处理。

（二）安全管理

1. 安全考虑

在整个特许运营期内，遵守适用法律关于安全运营的相关规定，并按照特许运营协议的规定，始终确保地铁安全运营。运营和维护地铁44号线须充分顾及轨道交通安全，以及使用地铁44号线的乘客和服务于地铁44号线的工作人员的安全。

2. 安全管理系统

须建立和维持一套安全管理系统，建立安全生产管理组织网络体系；建立安全生产责任制，明确各岗位安全职责；建立安全生产相关规章制度；建立各工种安全生产操作规程，在合理而切实可行的范围内检查、控制和降低安全风险至可接受的程度。

3. 安全管理相关要求

总体要求：运营区内的各种设施（含车辆、设备、建筑）运行必须保证安全，符合有关的适用法律的要求。

（1）在整个运营期，地铁44号线的安全运营至少应满足以下要求：不得有对健康和生命构成危害、影响环保和公众利益的因素，不得发生人身伤亡和重大财产损失等责任事故；在地铁站点、站厅、出入口等公共活动区内，对可能出现危险的设备、部件、物品，应该合理设置危险防护措施，防止乘客和工作人员意外接触和产生伤害；按照反恐、消防管理、事故救援等适用法律的有关规定，就地铁44号线项目设施内的报警、灭火、逃生、防汛、防爆、防护、监视、紧急疏散照明、救援、急救箱等器材和设备等进行定期检查、维护，按期更新，并保持完好、有效；地铁站点内应设有预防各类突发事件的防范措施，及防止次生灾害的措施，这些措施包括预防监视、告警、信息、指挥、处置、救护等；制定安全手册及相应的安全管理制度，并在距开始全线试运营日一个月前提供给政府方备案；对于危害地铁44号线运营安全、妨害运营服务或扰乱运营秩序的行为，须予以劝告、报警、制止及其他妥善措施，保障运营安全。

（2）项目设施的管理、维护和重置均按适用法律和特许运营协议的要求进行。项目公司应对所有的重置设备进行登记并建立地铁44号线项目设施的管理及维护档案。

（3）项目公司在不停运的情况下对地铁44号线进行重大的扩建、改建和设施改造的，须于扩建、改建或设施改造前五个月内制定安全防护方案，并报政府方备案后方可实施。

（4）项目公司在开展新业务或应用新技术时，应充分论证并确保地铁运营安全。

4. 检测与安全评估

（1）项目公司须对地铁44号线关键部位和关键设备进行长期监测，并进行定期检测。

（2）地铁44号线项目设施属于特种设备的，项目公司须按照适用法律使用、保养，接受法定检测机构的检测。

（3）项目公司须依据适用法律及政府方要求定期开展运营安全风险评估工作，并向政府方提供相关报告；在全线试运营之前的运营条件评审中，应包含安全评估的相关内容；全线试运营开始后，则应每三年委托独立的、具有相关资质或者经验的第三方专业机构组织开展运营安全风险评估工作，并向政府方提供相关报告；项目公司须针对上述评估中出现的事故隐患和不可接受的安全风险，制定改进措施并予以落实，并将改进措施和落实情况上报政府方备案。

（4）如项目公司存在管理混乱、发生安全事故，或者频发其他事故及故障、存在安全事故隐患且无法证明达到安全生产条件的，政府方可以临时要求项目公司委托第三方机构开展运营安全评估。

（5）项目公司引进新技术以及增加或变动主要设施等，且对地铁44号线运营安全产生影响的，须委托第三方专业机构对该等项目、技术及设施进行安全评估，并把安全评估结果提交政府方备案。

5. 事故隐患消除

项目公司建立的安全管理体系须包括隐患消除和风险控制为核心的管理制度和操作规程，发现地铁44号线项目运营存在事故隐患的，须于发现时立即采取相应的措施控制和消除事故隐患。

6. 安全宣传

项目公司须积极开展安全宣传教育活动，包括：①向乘客提供知识讲座，利用多种媒体开辟应急教育公益栏目，向乘客介绍避险、自救、互救、减灾、逃生等基本知识和技能；②编写地铁44号线安全出行指南、突发事件应急手册等宣传资料，并在地铁44号线车站醒目位置摆放以供乘客取阅。

四、绩效考核的实施与保障

绩效考核方案实施与保障考核是手段，而非目的。要通过考核，使其运营效率得以提高，公共服务输出得以改善，使项目公司积累运营经验、提高管理水平的同时获得经济收益，体现考核效益和效果。如何操作项目的绩效考核，需要设计项目绩效考核操作指导手册；如何固化考核过程和收集考核数据，需要通过研发项目绩效考核系统的IT工具做支撑；如何使考核内容贯彻到项目公司日常运营工作中，需要各相关单位共同长久的努力。

（一）制度保障

为实现优化绩效指标和激励机制得以顺利落实，需要政府方、项目公司以及其他利益关联方都要做好相应的制度保障工作。

1.本级政府建立专项保障制度

目前我国尚未形成系统的、专门针对项目全生命周期的绩效评价规范，也没有就绩效评价的原则、对象、组织实施、共性指标、监督管理、结果运用等方面制定相应的办法和实施细则。为推进项目顺利实施，规范管理，树立项目绩效意识，本级政府可在借鉴各部委各地区近年来相关政策法规基础上，制定本区域内项目绩效评价管理办法、实施细则、评价指南、共性指标和工具方法，形成绩效评价的制度体系和顶层设计，为绩效评价工作的开展奠定基础。市本级政府可以建立"投建营+EPC"专项保障制度，将绩效考核与政府支付责任紧密挂钩的同时，按照国家相关规定要求，完善政府审批职责。明确部门职责加强监管专业性和监管力度的同时，使项目公司年度补贴和激励的实现得到保障。

2.各利益关联方的协同配合

完整的绩效管理过程包括绩效计划的制定、绩效监控、绩效评价和问责四个阶段，每个阶段都需要利益相关者的充分参与。根据政府、社会资本、项目公司在利益诉求和职责履行上的差异，以结果链为主线，从投入、过程、产出和效益四个环节，分别开展"投建营+EPC"预算支出绩效评价、社会资本运营绩效评价、项目绩效评价。这些绩效评价既要相互联系，又要体现差异性。项目实施机构交通局作为行业主管部门，按照已建立的绩效考核体系，委托第三方对项目公司运营情况进行定期考核，同时组建由市财政局、市交通局、市地铁集团（行业从业者），以及市民代表组成的绩效监督小组，不定期对地铁三号线项目进行运营情况考察，并将考察结果计入当期绩效考核指标。市财政部门严格按照绩效评分结果进行可行性缺口补贴的支付情况，奖惩分明，激励相容。项目公司在绩效考核体系制定完成后，深入学习贯彻落实考核标准。要转变传统的国企观念，对绩效考评给予高度的重视。在公司内部建立与绩效考核相匹配的内控制度，跨部门组建内控小组，加强内部管理严控服务质量，在问题出现之前做出预防措施和维护保养计划。在运营的过程中向专业第三方绩效考核机构学习成熟的绩效管理经验，积累运营经验、提高管理水平。

（二）技术保障

上述绩效机制得到合理优化完善后，关键绩效指标及各分项指标更加详细，更加可量化。因此，需要更加完备的信息管理平台，帮助项目运营更加方便的记录，也利于管理者、监督者更加清晰地掌握项目运营情况以及绩效执行情况。

1.推进信息化建设，搭建绩效信息平台

绩效管理强调用数据说话，用业绩说话。对地铁44号线项目来说，项目绩效管理体系的引入改变了其管理规则，大大提高了企业的管理工作效率。为了更有效地推动绩效管

理系统的顺利实施，避免数据不准确和过时的指标信息。为避免主观因素导致绩效评估体系的客观性受影响，可以采用和推广统一的指标体系和数据收集工具。明确和标准的数据收集过程，明确指标的具体负责人。在行业主管部门的指导下，项目公司应建立统一的指标体系和数据收集公示监测平台。确保地铁44号线项目绩效考核是系统的、科学的、完善的、能够落实到位的。信息平台包括但不限于以下模块：

（1）地铁44号线项目绩效考核流程指引；

（2）项目绩效考核指标体系建立指引；

（3）项目绩效考核结果公示系统；

（4）地铁44号线项目绩效考核结果监测系统；

（5）公众监督系统。

2.建立绩效指标数据库

绩效指标设置是绩效评价的关键环节，为了推进地铁44号线绩效评价，需要尽快形成地铁44号线绩效评价的基本框架、共性指标。并在基本框架和共性指标的基础上，建立针对不同对象、不同阶段、不同行业的绩效指标库。参照历史标准、行业标准、规划标准、国际标准等，以形成地铁44号线提供基础设施和公共服务的成本数据库。

第八节　全咨支持系统

一、BIM技术

由于地铁44号线项目是城市交通的大动脉，起着骨干作用，它对城市的发展有深远的影响，并且其规划设计是一项综合性强、涉及面广的工作，因此在城市轨道交通规划阶段要做大量的准备工作，特别是应当结合城市的总体规划和交通规划，进行充分论证，以使项目更具合理性，并能保证城市轨道交通的可持续发展。影响城市轨道交通规划的因素有很多，包括自然、社会、经济、工程、环境等多方面，它们相互影响、相互制约，也导致了地铁项目方案的多样性，项目规划本质上是一个系统化、大规模的设计问题。

传统的规划管理是对项目的总平面、立面、剖面等二维图纸的设计文件的审查，对于地铁44号线项目这类向城市的纵向立体方面发展的项目，二维图纸难以表达如景观通视、地下空间管理等数据，因此规划管理开始向三维发展。目前国内外均有关于三维城市技术的应用。很多城市已建成的三维规划管理体系能从建筑物体量、空间形态、空间影响等方面整体分析和考察设计方案，但仅能从中抽取简单的几何信息，无法将模型赋予真实性计算。

因此，提出运用BIM技术优化目前的三维规划管理体系，基于大数据技术和云计算技术为应用环境，以BIM模型的创建、管理、共享为基本内容的BIM协同管理和共享应用平台，可以将土建、安装、造价BIM模型上传到系统服务器，系统自动对模型中的工程成本数据进行解析，形成一个多维度的结构化企业级项目基础数据库，实现BIM图形数据、报表数据共享，提升项目和企业协同能力。可进行账号管理、组织架构、工程管理、权限分配、角色设置等管理，储存空间可以积累和管理企业指标、企业价格信息、BIM数据库等资源；平台数据库：支持将系统数据库安装在企业服务器上（私有云服务器模式），教学模型数据存储在企业自身的服务器上，保证模型信息的安全管理，并可通过积累模型打造用户自己的基于BIM应用的建设工程云数据中心。

构建基于BIM技术的项目管理系统平台的整体架构是由信息整合与共享模块与组织集成协同工作模块构成。信息整合与共享模块项目各参与主体借助于BIM项目管理平台实现项目文件资料审批、储存、共享；组织集成协同工作模块主要是通过平台客户端对模型信息进行插入、抽取、调用、管理、分享，具备多用户同时操作同一模型的互操作性。

（一）BIM协同管理平台应用思路

BIM项目协同管理是以平台为集成载体，根据项目各参与方的工作职能可划分为BIM管理与BIM应用实施。全过程工程咨询单位发挥BIM总协调的角色，审核各参与方BIM专项应用成果，并以专项应用数据作为项目管理决策依据，有效开展项目管理工作实现建设目标。设计单位、施工单位以全过程工程咨询单位编制的BIM实施手册完成BIM应用实施。通过全过程工程咨询单位主导、各参与方在项目全生命期协同应用BIM技术，充分发挥BIM技术的最大效益和价值。各阶段的BIM专项应用与BIM平台的关系如图9-14所示。

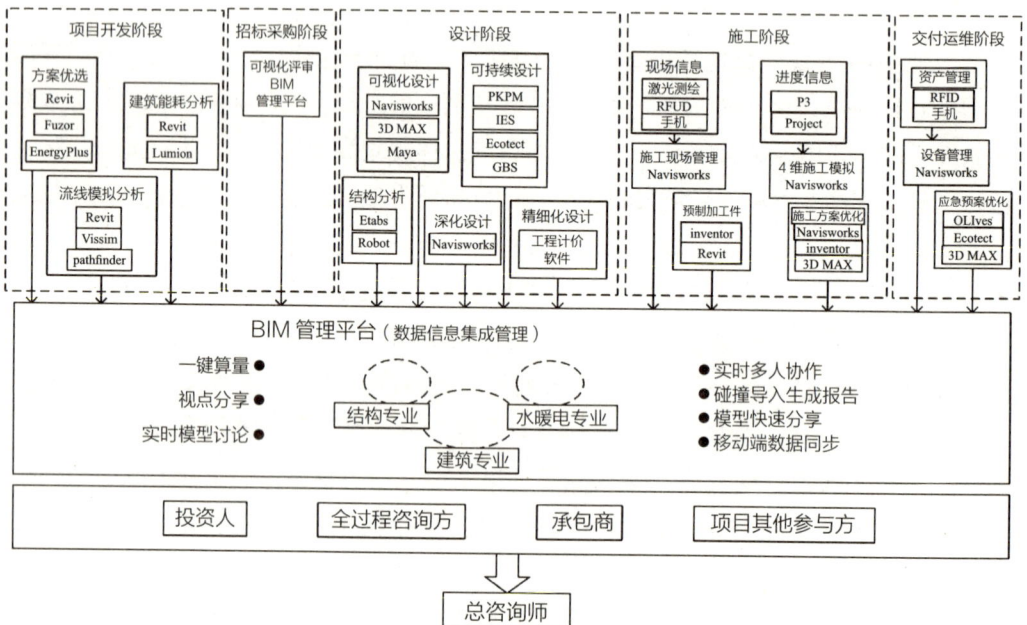

图9-14 BIM技术辅助全过程工程咨询整体实施框架图

如图9-14所示，BIM技术辅助全过程工程咨询，其关键并不在于应用点的多少，而是在于通过BIM管理平台实现数据信息的集成管理，从而可以在一定程度上解决信息多次传递、零成本、不走样，达到各参与方协同管理的目的。基于BIM的协同管理平台是以建筑信息模型和互联网的数字化远程同步功能为基础，以项目建设过程中采集的工程进度、质量、成本、安全等动态数据为驱动，结合固化了项目建设各参与方管理流程和职责的相关平台产品进行项目协同管理的过程。协同管理的范围可涵盖设计、施工、咨询等参与方的管理业务，项目各参与方可以根据自身需求和能力建设企业自身的协同管理平台，未来较为理想的管理平台方式应该是做到各方协同管理。

协同管理平台应根据各种使用场景及用途，考虑网页端、桌面端及移动端各种终端应用模式；同时应考虑模型调用的及时性，配备相应的软件设施与网络构架。应制定详细的数据安全保障措施和安全协议，以确保文件与数据的存储与传输安全，为各参与方之间的信息访问提供安全保障。应制定统一的协同标准作为基本准则，规范具体应用行为。应明确规定协同管理平台存储文件的文件夹结构、格式要求、命名规则、数据容量等，便于实施逐级分层的管理。

1. 信息整合与共享

鉴于全过程工程咨询服务涵盖项目开发至项目竣工移交，咨询服务内容的复杂多样性、综合性、专业性。全过程工程咨询单位有效利用BIM技术的信息储备、共享；多方高效协同管理的先天优势。以BIM技术为手段打通各阶段项目咨询的信息传输通道，开展以项目造价管理为基础，融合项目策划、招投标管理、施工管理、竣工结算管理、全过程工程造价咨询、工程项目管理等多专业融合的全方位咨询服务。同时，有效提高设计、施工效率与精细化管理水平，提升工程设施安全性、耐久性、可建设性和维护便利性，降低全生命周期运维成本，增强投资效益。

在项目全过程工程咨询过程中，以项目的全生命周期内的工作内容为主线，将建设项目的信息划分为：管理信息、技术信息、外部信息和历史信息。按照信息分类，对来自各方面、各阶段的信息进行统一的存储和管理，以保证信息的标准化、信息的及时更新和信息共享。

2. 组织集成与协同

全过程工程咨询单位在提供全过程工程咨询服务过程中，基于工程项目全生命周期的视角，运用建设运维一体集成化管理模式，将传统管理模式下相对分离的项目策划决策阶段、设计阶段、建设实施阶段和运营维护阶段在项目实施过程、项目各参与方、项目目标三个方面进行有机集成，实现项目整体功能优化和价值提升的目标。各参与方依托信息共享平台实现信息的及时交流和在线通信，通过协同信息流可提前了解其他相关专业的工作进度、开始结束时间及工作地点，避免合作方在时间和空间上存在隔阂。在项目实施过程与项目各参与方集成的基础上，全过程工程咨询单位总咨询师团队对项目各参与方的目标进行有效控制。通过信息交流平台传达任务并接收反馈，可及时有效了解现场情况，提高施工现场管理效率。依托互联网信息平台，信息可以更好地向下游传递，并在同级之间传达反馈，信息的高度透明有助于减少工程建设中的扯皮现象。全过程工程咨询项目集成框架图，如图9-15所示。

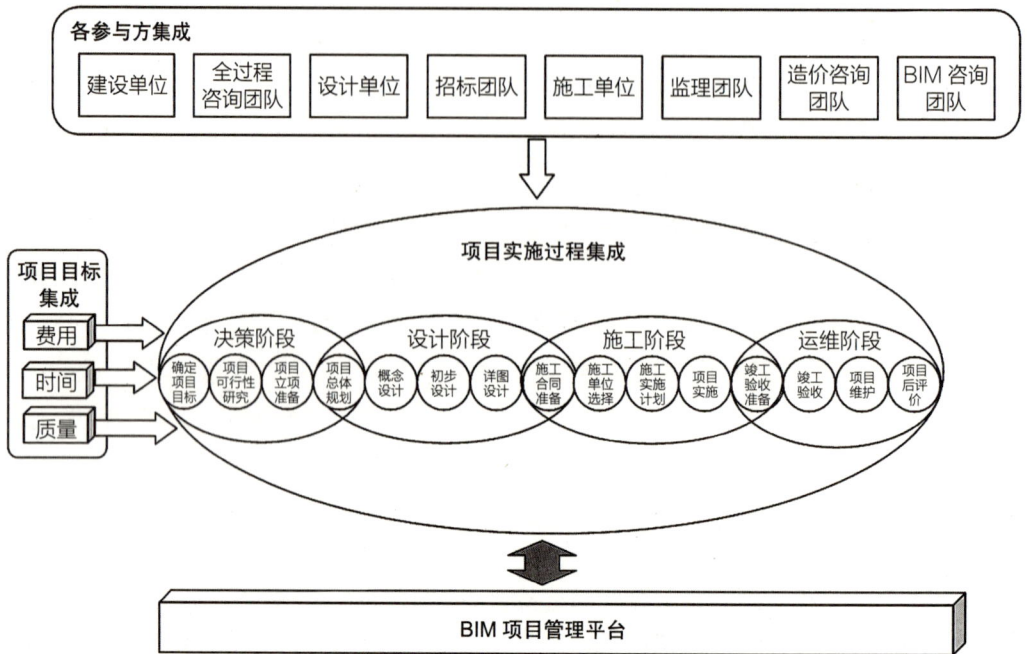

图 9-15　项目全过程工程咨询项目集成框架图

（二）BIM应用实施流程

从项目管理角度来说，BIM应用于项目管理中的流程是协作式流程，发生的所有管理行为都是基于同一个BIM模型。不管设计单位还是施工单位都是在同一个模型上进行扩展与应用，最后交付给业主的除了实物外还包括BIM模型。基于BIM的项目管理流程与工作内容还是与二维项目管理流程大致相同，BIM在项目管理中的改变体现在对信息流程和业务流程的改变。信息流程的改变是指由传统的分散式信息传递模式转变成基于BIM数据库的信息传递模式，各参与方只需将信息数据提交至BIM信息数据库，其他各参与方就可以获取项目信息，同时也可以在BIM数据库中获取自己相关的信息，这种信息交换模式简化了信息的传递路径，提高了信息传递效率。业务流程的改变主要是指与传统项目管理流程相比项目管理任务前移。用BIM的管理综合以及模拟施工，可以提前发现施工中可能存在的问题，规避风险，有效降低工期、成本增加的风险。

与传统流程相比，BIM管理流程工作内容不变。设计阶段的概念设计、方案设计、初设等包含在BIM建模中，设计单位的交付成果不再是简单的CAD图纸，而是BIM模型；施工阶段，项目的三大目标控制通过BIM模型的来实现，施工单位可以利用BIM模型的4D模型进行施工进度的安排，并通过BIM技术与RFID技术相结合获取建设项目实时动态，以此进行成本的动态管控；后期运营管理阶段，除了工程实体的交付外还包括了BIM模型的交付，这个模型将伴随着建筑物的全生命周期，为业主后期的运营管理提供信息支持，真正实现项目的全生命周期管理。

根据项目全过程划分，BIM全过程咨询服务应用于项目开发阶段、项目招采阶段、项目实施阶段、项目运维阶段咨询服务。

1. 项目开发阶段

项目开发阶段咨询是全过程工程咨询的首要工作，对未来项目实施起到指导和控制作用，是开展咨询的服务的行动纲领与指南。此阶段全过程工程咨询单位的关键管理控制点在于辅助业主进行产品定义与产品标准的确定；协助业主进行项目建议书和可行性研究报告的策划和内容起草。项目建议书与可行性研究报告包括初步可行性研究阶段、可行性研究阶段、项目评估阶段、项目决策审批阶段，主要从市场、技术、生产、政策法规、经济、环境等方面对项目建议书进行细化。

初步设计时，在技术和经济上对拟建工程的实施进行全面的安排，也是对工程建设进行规划的过程。工程设计工作内容包括编写设计任务书，组织方案设计、初步设计、施工图设计等设计咨询服务工作。关键管控点包括审查概预算、审查设计成果，从而进行设计优化，开展限额设计。对应于设计阶段的三个关键管控工作，设计阶段的 BIM 技术应用目标是验证项目可行性研究报告提出的各项指标，进一步推敲、优化设计方案，依据方案设计阶段相关要求，完善初步设计阶段的各专业建筑信息模型，并利用各专业建筑信息模型进行设计优化，为项目建设的批复、核对、分析提供准确的工程项目设计信息，并为施工图设计阶段提供数据基础。

2. 招采阶段

招采阶段是在前期阶段形成的咨询成果如可行性研究报告、业主需求书、相关专项研究报告、不同深度的勘察设计文件、造价文件等基础上进行的招标策划，并通过招投标活动，选择具有相应能力和资质的承包人，通过合约进一步确定建设产品的功能、规模、标准、投资、完成时间等，并将投资人和承包人的责权利予以明确。招投标阶段是实现投资人建设目标的准备阶段，该阶段确定的承包人是将前期阶段的咨询服务成果建成优质建筑产品的实施者。本阶段关键工作的完成也迫切需要BIM信息化手段来支撑，进一步提高效率，提升准确度。运用BIM技术进行招标采购策划、合约规划等。

3. 实施阶段

实施阶段是形成建筑实物的重要阶段。同时也是项目管理周期中工程量最大、投入的人力、物力和财力最多、工程管理难度最大的阶段。该阶段主要的工作内容包括投资管理、进度管理、质量管理、职业健康安全及环境管理以及造价管理、跟踪审计、工程纠纷处理等专项工作内容。因此，在项目建设管理中，如何有效地对施工阶段进行管理是策划的一项极为重要的工作。全过程工程咨询单位需要形成如下工作思路：管理施工单位和监理单位及时上传实际工程进度资料并及时更新；由全过程工程咨询单位中相关部门运用BIM模型模拟进度；将实施进度与计划进度情况进行对比，全过程工程咨询单位进行不同情况下的进度调整和控制，进行虚拟模型与实际施工的进度偏差分析工作，最终形成相关进度控制报告。

本阶段全过程工程咨询单位提供的服务范围包括进度管理、造价管理、质量与安全管理、工程量统计及材料管理、施工监理以及施工资料管理。如上内容均可利用BIM技术辅助开展，并且依托BIM项目管理平台完成其工作内容。

4. 运维阶段

地铁44号线运营阶段的能耗和成本管控是运维阶段的核心工作。在项目投入使用前，可以基于BIM技术进行前期的测试和特征表达。在项目移交环节，项目资料也可以通过外部数据库的方式，随BIM平台一起移交。乃至指导科学、合理地维护方案，提升整个地铁44号线项目的运行性能，降低能耗和维护费用，从而降低整体的运维成本。同时，BIM技术还有助于同步提供地铁使用情况、运行、设备等信息。对于一些重要的设备还能追踪其例行维护的历史记录，以便对该设备的使用状态提前做出判断。基于BIM技术的智慧运行维护系统能对突发事件具有快速响应的能力。通过将BIM技术和物联网技术结合，将传感器和终端控制器相连接，对地铁进行健康监测，利用云平台，将每辆地铁能耗计量和节能管理系统相组合，形成一个总的管理系统。总之BIM技术能够以可持续应用的方式，全面支撑绿色运维过程。

二、投建营一体化平台

投建营一体化信息平台可以帮助地铁44号线项目建设实现数字化、智能化，并且可以帮助业主运筹帷幄之中，决胜于千里之外。在单一的EPC模式向投建营一体化模式或EPCO模式延伸过程中，涉及组织、人员、业务、流程、技术、资源等各方面的整合与重构，一定要把工业4.0技术、装备、管理理念一同输出出去，这样才有助于提升项目的投资管控。为了让业主快速适应转型带来的调整与影响，保证转型的平滑过渡与健康运转，需搭建一套成熟而行之有效的投建营一体化信息化管控平台，并保证转型、制度、平台同步到位，实现组织结构的快速建模，并将业务、标准、流程固化到信息系统，以信息化支撑项目运转，支持"投建营+EPC"模式转型落地。

为防范和化解"新基建"市场中的重大风险，业主需树立风险意识，在开展"投建营+EPC"项目的过程中，加强对政治风险等社会环境风险的评估，制定相应的项目风险预防机制和应急预案，提升企业应对风险的能力。同时，业主需要利用信息化工具，搭建一套成熟而行之有效的投建营一体化信息化管控平台，加强对项目的监管，实现对项目投资、融资、建设、运营一体化、全生命周期管控，帮助业主在此类项目中更好地应对风险，实现高质量、可持续发展。

投资风险层面，关注资金走向，提高风险防患能力。通过信息化平台，从"管投向、管程序、管风险、管回报"四个方面，实现对投资项目从项目储备、立项、实施管理、后评价的全周期、一体化管控；同时，利用经济分析评价工具对投资计划的各项经济指标进行评估与预测；借助项目信息库和知识库，为投资项目决策提供参考；通过对资金的实时、动态监控，为各级管理者提供资金信息分析、跟踪、控制和决策依据。

合同风险层面，合同业务全过程管控，提高合同风险控制能力。通过平台，可将合同关键控制点与合同工作任务进行分解，并与工程项目分解结构WBS工作包或关键作业关联、同时与工程项目组织结构OBS执行负责人关联，确保合同关键控制点和关键工作任务受控。同时，平台围绕工程进度计划，建立合同收支两条线，建立合同执行过程预测预警和对比分析监控体系，帮助业主提升项目合同风险控制能力。

进度风险层面，全过程可视化管理、提升工程进度/成本风险防范能力。将BIM与工程项目管理信息集成，实现项目可视化全过程管理，实时监控施工建造进度，对地铁44号线项目进度和成本控制过程进行风险响应和过程监控。同时，将进度与合同、费用、质量、安全等融合贯通，并结合现场业务进行实时动态分析，确保项目进度和成本在计划控制范围内。

采购风险层面，加强采购全过程管理，提升采购成本控制能力。加强对战略供应商的管理，建立供应商评价机制，获取更优惠的价格和优质服务。同时，通过固化、标准化采购制度、流程，建立采购业务控制点，保障采购活动有序开展。

劳务风险层面，科学用工，提升国际人才资源配置能力。在人才选、用、育、留方面建立与责权利相匹配的岗位模型；整合社会技术人才资源，可利用平台，开展远程技术服务、远程培训、远程指导与远程诊断等活动，以降低劳工成本；建立人才动态库，实时监控多项目运转情况与现场人员情况，实现人才资源合理调配。

协同风险层面，各方高效协同，提升企业对各方资源的协调能力。利用"互联网+BIM"技术，实现F（融资）、E（设计）、P（采购）、C（施工）、O（运营）、M（维护）各环节无缝融合，不仅显著提升运营效率，降低基础成本，还能够大幅缩短项目整体建设周期。平台上聚合投资方、设计方、施工方、运营方，以及银行、保险、物流、制造商、用户等，打破地域、时空限制，支持多国语言、多国会计准则，能实现多组织、多投资项目的协调管理。

"投建营+EPC"模式已是未来"新基建"市场的趋势。在此过程中，投建营一体化信息平台作为可靠的工具，可帮助业主整合内外资源，实现从项目前期规划、勘测、设计，到中期施工、建设，再到后期运营、管理的全产业链覆盖，确保各方高效协同，促进投建营业务健康、可持续、高质量发展。当下，数字化、网络化、智能化深入发展，为了助力工程建设，业主投资管控能力，基于自主平台开发的投建营一体化信息平台，综合运用云计算、大数据、工业互联网、移动应用等技术，以信息流带动技术流、资金流、人才流、物资流，帮助各类工厂、园区和城市基础设施建设实现数字化、智能化；帮助业主实现"可知、可视、可测、可控、可评价"。实现对项目投建营一体化、全生命周期管控。

附录：法律法规

（一）法律

《中华人民共和国合同法》；

《中华人民共和国建筑法》；

《最高法建设工程司法解释》主席令第31号；

《中华人民共和国招投标法》2017年修订；

《中华人民共和国招标投标法实施条例》2017年修订；

《中华人民共和国标准施工招标文件》2007年版；

《中华人民共和国政府采购法实施条例》2014年修订。

（二）相关规范文件

国家卫生健康委员会《政府采购管理暂行办法》（国卫财务发〔2018〕17号）；

《建设项目工程总承包合同示范文本》GF-2017-0216；

FIDIC银皮书《设计采购施工/交钥匙工程合同条件》2017版；

FIDIC红皮书《施工合同条件》2017版；

《房屋建筑和市政基础设施工程总承包计价计量规范（征求意见稿）》；

福建省住房和城乡建设厅关于印发《标准工程总承包招标文件（2020年版）和模拟清单计价与计量规则（2020年版）》的通知（闽建筑〔2020〕2号）；

广州市从化区人民政府关于印发《从化区政府投资建设项目工程总承包（EPC）管理办法（试行）》的通知（从府规〔2019〕3号）；

广西建设工程造价管理总站关于《桂林两江国际机场工程计价有关问题的复函》（桂造价函〔2019〕11号）；

黄山市人民政府办公厅关于《推进工程建设管理改革促进建筑业持续健康发展的实施意见》（黄政办〔2019〕1号）；

山西省住房和城乡建设厅关于《推进山西省房屋建筑和市政基础设施工程总承包的指导意见》（晋建市字〔2018〕341号）；

成都市人民政府办公厅关于印发《成都市政府性工程建设项目招标投标活动事中事后监管办法》的通知（成办发〔2018〕38号）；

江西省住房和城乡建设厅关于印发《江西省装配式建筑招标投标管理暂行办法》的通知（赣建招〔2017〕15号）；

抚州市人民政府关于印发进一步规范招标投标市场行为提高招标投标工作效率实施意见（试行）的通知（抚府发〔2008〕26号）；

《标准设计施工总承包招标文件》2012年版；

建设项目工程总承包合同示范文本（试行）（建市〔2011〕139号）；

《EPC工程总承包招标工作指导规则（试行）》（深建市场〔2016〕16号）；

《成华区政府投资工程建设项目采取EPC总承包模式的管理办法（暂行）》（成华府〔2012〕74号）；

《福建省房屋建筑和市政基础设施项目标准工程总承包招标文件（2020年版）》（闽建筑〔2020〕2号）；

《蚌埠市政府投资项目工程总承包招标投标管理办法（试行）》（蚌政秘〔2014〕84号）；

《广西壮族自治区房屋建筑和市政基础设施工程总承包标准招标文件（2017版）》（桂建发〔2017〕14号）；

《政府投资条例》（国务院令第712号）；

《关于促进对外承包工程高质量发展的指导意见》（商合发〔2019〕273号）；

《企业境外投资管理办法》（国务院令2017年第11号）；

《关于进一步推进工程总承包发展的若干意见》（建市〔2016〕93号）；

《建设项目工程总承包管理规范》；

《房屋建筑和市政基础设施项目工程总承包管理办法》（建市规〔2019〕12号）；

《房屋建筑和市政基础设施工程施工招标投标管理办法》〔住房和城乡建设部令第89号（2018修正）〕；

《关于印发房屋建筑和市政基础设施项目工程总承包管理办法的通知》（建市规〔2019〕12号）；

《关于开展政府和社会资本合作的指导意见》（发改投资〔2014〕2724号）；

《关于培育发展工程总承包和工程项目管理企业的指导意见》（建市〔2003〕30号）；

《关于推广运用政府和社会资本合作模式通知》（财金〔2014〕76号）；

《关于创新重点领域投融资机制鼓励社会投资的指导意见》（国发〔2014〕60号）；

《关于调整和完善固定资产投资项目资本金制度的通知》（国发〔2015〕51号）；

《关于进一步鼓励和扩大社会资本投资建设铁路的实施意见》（发改基础〔2015〕1610号）；

《关于组织开展第三批政府和社会资本合作示范项目申报筛选工作的通知》（财办金〔2016〕47号）；

《关于印发政府和社会资本合作项目财政管理暂行办法的通知》（财金〔2016〕92号）；

《关于切实做好传统基础设施领域政府和社会资本合作有关工作的通知》（发改投资〔2016〕1744号）；

《关于印发传统基础设施领域实施政府和社会资本合作项目工作导则的通知》（发改投资〔2016〕2231号）；

《关于推进政府和社会资本合作规范发展的实施意见》（财金〔2019〕10号）；

《关于依法依规加强PPP项目投资和建设管理的通知》（发改投资规〔2019〕1098号）；

《关于加快加强PPP项目入库和储备管理工作的通知》（财政企函〔2020〕1号）；

《关于加强政府投资基金管理 提高财政出资效益的通知》（财预〔2020〕7号）；

《关于印发项目支出绩效评价管理办法的通知》（财预〔2020〕10号）；

《关于印发政府和社会资本合作（PPP）项目绩效管理操作指引的通知》（财金〔2020〕13号）；

《关于政协十二届全国委员会第五次会议第2915号提案的答复》；

《标准施工招标文件》（发展改革委令第56号）；

《建设工程工程量清单计价规范》GB 50500—2013；

《建设工程施工合同（示范文本）》GF-2017-0201；

《建设项目工程总承包管理规范》GB/T 50358—2017；

《建筑工程施工发包与承包计价管理办法》（住房城乡建设部令第107号）；

《工程建设项目施工招标投标办法》〔七部委30号令（2013修正）〕；

《中华人民共和国标准设计施工总承包招标文件》；

FIDIC银皮书《设计采购施工/交钥匙工程合同条件》99版；

FIDIC红皮书《施工合同条件》99版；

《建设项目工程总承包合同示范文本》；

《国有企业境外投资财务管理办法》（财资〔2017〕24号）；

《国务院关于投资体制改革的决定》；

《国务院办公厅关于促进建筑业持续健康发展的意见》（国办发〔2017〕19号）；

《国务院办公厅转发财政部 发展改革委 人民银行关于在公共服务领域推广政府和社会资本合作模式指导意见的通知》（国办发〔2015〕42号）；

《中共中央国务院关于深化投融资体制改革的意见》；

《政府和社会资本合作项目财政管理暂行办法》（财金〔2016〕92号）；

《PPP项目合同指南（试行）》（财金〔2014〕156号）；

《PPP物有所值评价指引（修订版征求意见稿）》（财办金〔2016〕118号）；

《项目支出绩效评价管理办法》（财预〔2020〕10号）；

《政府和社会资本合作（PPP）项目绩效管理操作指引》（财金〔2020〕13号）；

《关于加强中央企业PPP业务风险管控的通知》（国资发财管〔2017〕192号）；

《政府和社会资本合作项目财政管理暂行办法》（财金〔2015〕109号）；

《EPC工程总承包招标工作指导规则（试行）》（深建市场〔2016〕16号）；

《企业会计准则解释第2号》（财会〔2008〕11号）；

《城市轨道交通工程设计文件编制深度规定（征求意见稿）》；

《城市轨道交通岩土工程勘察规范》；

《地铁设计规范》。

参考文献

［1］张西亚，吕玉玲，陈群英.规范医院设备招标采购评标方法［J］.医疗设备信息，2007（5）：64-65.

［2］申涛，陶益民.以设计为龙头的EPC总承包模式与监理工作的特点［J］.四川水力发电，2017，36（S1）：52-53+57.

［3］罗运湖.现代医院建筑设计［M］.北京：中国建筑工业出版社，2002.

［4］葛骁.医院基建工程项目进度与质量控制管理对策研究［J］.居舍，2020（1）：137.

［5］李淑敏.基于控制权EPC模式下工程变更控制研究［D］.天津：天津理工大学，2019.

［6］于晓田.业主视角下EPC总承包项目前期投资管控研究［D］.天津：天津理工大学，2019.

［7］沈维春，徐慧声，王秀娜，等.EPC总承包商模式下工程进度款支付方式［J］.中国电力企业管理，2018（27）：62-64.

［8］严玲，王智秀.DBB与EPC模式下工程价款结算与支付的对比研究［J］.建筑经济，2017，38（12）：30-33.

［9］张前进.EPC总承包项目的合同价款支付关键影响因素研究［D］.天津：天津大学，2016.

［10］宋建清.医院洁净空调系统监理质量控制浅析［J］.建设监理，2015（5）：71-73.

［11］朱命强.我国"PPP+EPC"模式合同体系构建研究［N］.建筑时报，2018-07-26（005）.

［12］李贵修."PPP+EPC"模式理论阐释及其现实例证［N］.建筑时报，2018-07-26（005）.

［13］汪莹."PPP+EPC"模式下选择设计企业作为SPV合作伙伴的研究［D］.成都：西华大学，2017.

［14］乔雅琳.我国高铁项目PPP融资风险管理研究［D］.杭州：浙江大学，2011.

［15］管晓晴."PPP+EPC"模式下项目风险分担研究［D］.郑州：郑州大学，2019.

［16］彭军龙，肖黎，张梓楠."PPP+EPC"模式下总承包商优选研究［J］.长沙理工大学学报（自然科学版），2019，16（4）：73-77+93.

［17］纪彦军.城市基础设施应用"PPP+EPC"模式研究［J］.重庆建筑，2017，16（1）：36-37.

［18］何继坤，陶学明.建设项目DBB模式与EPC模式对工程造价影响的比较研究［J］.四川建材，2014，40（1）：226-227+229.

［19］郭艳鹏.PPP项目社会资本退出机制探究［J］.产业与科技论坛，2019，18（2）：217-219.

［20］王松江，朱黎.PPP项目退出机制综述研究［J］.项目管理技术，2019，17（6）：33-37.

［21］丁颖.X公司湖州市织里镇文体中心PPP项目运营阶段风险评价和对策研究［D］.镇江：江苏大学，2019.

［22］黄茹原，曲森森.国有资产评估项目管理若干问题探析［J］.国有资产管理，2010（4）：51-53.

［23］车青恩.浅谈PPP与资产评估［J］.行政事业资产与财务，2017（1）：87-88.

［24］吴玉珊，韩江涛，龙奋杰，等.建设项目全过程工程咨询理论与实务 [M].天津：天津大学出版社，2018.

［25］陈金海，陈曼文，杨延哲，等.建设项目全过程工程咨询指南 [M].北京：中国建筑工业出版社，2017.

［26］杨宝昆，刘芳.PPP项目全生命周期融资管理研究 [J].建筑经济，2019，40（11）：54-62.

［27］国富旺.PPP项目第三方监管 [M].北京：中国建筑工业出版社，2018.

［28］吴虹鸥，王晓艳，杨明芬.PPP项目审计指南 [M].北京：中国建筑工业出版社，2019.

［29］杨宝昆.PPP+BIM项目全生命周期管理与咨询理论及实务 [M].天津：天津大学出版社，2019.

［30］王亦虹，潘敏，尹贻林.双赢之道 [M].天津：天津大学出版社，2016.

［31］尹贻林.建设项目全过程工程咨询实施方案总汇 [M].天津：天津大学出版社，2019.

［32］任志涛，郭林林，张赛，等."两标并一标"背景下"PPP+EPC"项目社会资本的适格性研究 [J].天津城建大学学报，2019，25（1）：71-75.DOI：10.19479/j.2095-719x.1901071.

［33］纪彦军.城市基础设施应用"PPP+EPC"模式研究 [J].重庆建筑，2017，16（1）：36-37.DOI：10.3969/j.issn.1671-9107.2017.01.036.

［34］陈志聪，吴丽梅."PPP+EPC"模式在普通高校新校区建设中的应用 [J].洛阳师范学院学报，2019，38（2）：66-70.

［35］管晓晴."PPP+EPC"模式下项目风险分担研究 [D].郑州：郑州大学，2019.

［36］陈志聪，吴丽梅."PPP+EPC"模式在普通高校新校区建设中的应用 [J].洛阳师范学院学报，2019，38（2）：66-70.

［37］汪济堂.浅谈"投资建设一体化"经营模式——以总诚公司为例 [J].天津经济，2012（12）：71-72.

［38］李月英.铁路建设投融资+EPC+运营维管模式生态价值研究 [J].价值工程，2019，38（30）：68-70.

［39］马永儒.铁路建设项目采用"投融资+EPC+运营维管"模式的探讨 [J].铁路工程技术与经济，2018，33（5）：37-40+45.

［40］高天.基于再谈判的PPP长期合同研究 [D].天津：天津理工大学，2019.

［41］张峰，许锋.施工总承包模式下地铁土建施工进度管控要点及对策 [J].工程管理学报，2016，30（3）：77-81.

［42］董晨阳.浅析工程项目成本可视化管理 [J].北方交通，2012（9）：146-148.

［43］胡瑛，杨蕾颖.基于BIM技术的工程进度可视化管理研究 [J].价值工程，2018，37（34）：98-99.

［44］王文广，谭华，吴万佳.工程质量可视化管理探讨 [J].公路交通技术，2008（S1）：89-90.

［45］何时有，肖欣，杨宇，等.境外投建营电力项目投融资协议的责任清单式管理探索 [J].项目管理技术，2019，17（9）：119-123.

［46］唐欢，雷雨田."F+EPC"参与各方的八大风险 [J].中国招标，2019（36）：39-40.

［47］李浩歌，吴贞瑶，赵峰，等.城市轨道交通PPP项目盈利模式及风险分析 [J].综合运输，2020，

42（1）：31-37.

［48］孙扬.地铁项目施工中的安全风险与防范[J].四川水泥，2020（1）：272+280.

［49］李宗豪.地铁盾构施工风险的分析与控制[J].智能城市，2019，5（20）：175-176.

［50］张丽君.PPP项目运营期绩效考核现状分析与建议[J].项目管理技术，2019，17（7）：48-51.

［51］柴旭.徐州地铁3号线二期工程建设项目风险管理研究[D].哈尔滨理工大学，2019.

［52］肖鸽.关于工程总承包与工程项目管理的比较研究[J].居舍，2018（2）：169.

［53］崔耕伟.政府与社会资本合作背景下大中型体育场馆行业运营管理研究[D].华中师范大学，2017.

［54］葛建勇.建筑行业PPP模式下存在的问题及对策[J].中国总会计师，2017（4）：130-131.